德国研究丛书

德国经济通论

DEUTSCHE WIRTSCHAFT

殷桐生／著

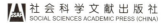

社会科学文献出版社
SOCIAL SCIENCES ACADEMIC PRESS (CHINA)

前　言

我还是想用我主编的《德国外交通论》中的几句话作为《德国经济通论》前言的开篇，以示这是它的姊妹篇。

经过数年的不断努力，《德国经济通论》这部著作终于付梓问世了，停键关机之后，我的思绪又追溯起研究德国经济的心路历程。

我从入学北外攻读德语，到留校任教至今，可以说是同德国结下了不解之缘，使我既领略了它那云蒸霞蔚的辉煌，结识了芸芸众生中的翘楚，也向我昭示了它经受过的苦难和给人类洒下的冤孽。而从事德国经济的教学和研究更是填满了我无数个日日夜夜。

1945 年的德国满目疮痍、百业凋敝。然而曾几何时，人们就发现，它已经插上腾飞的翅膀，飞出战后的荒芜，以其雷霆之力，冲出阴暗的地窟，用奇迹之光，托住了沉沦的落日，复燃了这个善于在逆境中奋起民族的辉煌。12.1% 的国民生产总值增速使人梦寐以求，1% 的通胀率使人叹为观止，0.8% 的失业率使人莫名惊诧，而 1% 的进出口值（指进出口差额占国内生产总值的比例）则更使人思绪连连。德国经济的奇迹响彻了五洋九天，也震惊了七洲四海，令人赞扬，引人神往，催人效仿，发人思量。

然而世易时移，人们日益痛感，德国经济已风光不再。高福利、高债务、高失业、高税收、高成本压得这个以往的奇迹之国喘不过气来，而低增长、低投资更是让它无力再更上一层楼，落到被别人"一览条顿小"的地步。尽管德国官方一再宣传德国经济的九大优势，也只是想说明，瘦死的骆驼比马大，借此聊以自慰罢了。于是，美国人骂它得了"德国病"，欧洲人骂它是"欧洲病夫"，德国的经济学家则大声对这个"德国病夫"呐喊道：

"德国还有救吗？"德国确实是病了，得的是"德国病"，得的是"统一病"。

1990 年根据联邦德国《基本法》第 23 条民主德国加入了联邦德国，这在世界的大湖里扔下了一块不大但也不小的石头，激起了一层又一层的涟漪，中心的话题是统一后的德国实力有多大，会向何处去。我当时也参加了这场讨论，并发表了一篇论文《德国统一与欧洲格局》，认为"德国统一这个'1 + 1 = ?'的问题已成了国际政治学中新出现的'哥德巴赫猜想'，引来诸多力作……人们将可看到在'1 + 1 = 1'的德国先后会出现'1 + 1 < 2'、'1 + 1 = 2'和'1 + 1 > 2'的经济景观"。今天可以说，"1 + 1 < 2"的预见是说对了，但我可没有想到，这个过程会如此之长。它告诉人们，西部可以吃掉东部，但却难以消化东部。这也正是德国新州从中央计划经济向社会福利市场经济转轨得如此艰难的原因。今天德国统一已经过去了近 26 年，尽管它每年以其国内生产总值的 4% ~ 5% 给东部地区输血，西部人均花费了 2 万欧元，使东部人均获得 7 万欧元，仍然不能把东部调养到西部的水平，不能把这个小于（ < ）符号变成等于（ = ）符号。希望德国能在 2019 年真正完成这一壮举。

德国经济的沉沦终于唤醒了这个自尊心极强的民族，从 20 世纪 90 年代末德国开始进行结构改革。施罗德的《2010 议程》同默克尔的"整固、改革与投资"三和弦结合，刚柔并济、相得益彰，使德国对内和对外经济都出现了转机，德国不仅迅速摆脱了国际金融危机的羁绊，而且成了欧债危机中的中流砥柱。今天尽管"德国病"的余患尚未除净，新难又接踵而至，但人们有理由相信，德国真正实现"1 + 1 = 2"甚至"1 + 1 > 2"的时刻将是德国经济重振雄风之日。

中德经贸关系源远流长，即便从 1972 年中国同联邦德国建交至今算起也有近 44 个年头，其间既有凝重的节奏，也有婉约的旋律；既有明川，也有潜流；既有巅峰，也有低谷。但总体来看，鲜花还是远多于荆棘。在国际金融危机和欧债危机的那些岁月里两国关系更是空前加强。可以说，今天中德经贸关系已经成了新兴国家同发达国家之间合作的一个范例。

我在德国学习和研究德国经济的时候曾有过一个强烈的愿望，为我的祖国、我的人民、我的学生、我的读者和我的家人写一本有关德国经济的书，如今这个愿望终于实现了，希望此书能为我国的区域研究贡献绵薄之力，成为一本常可翻阅和参考的图书。为此我要感谢北京外国语大学德语系、北外"211 工程办公室"、社会科学文献出版社以及所有给本书提供过帮助的人，要特别感谢中国社会科学院欧洲所经济研究室副主任、副研究员胡琨博士，他审校了本书的全文，并提出了很多好的建议和意见，也要感谢李微、刘惠宇、邹露、孙嘉惠、李倩瑗、王海涛、梅霖和陈扬八位博士研究生对全书所做的校对。

《德国经济通论》就要"堂前拜舅姑"了，敬请各位专家、学者与广大读者点评和赐教。

殷桐生

2016 年 7 月写于北京

目录
CONTENTS

图表目录

第一章

经济体制

二战后的德国满目疮痍，绝大部分壮年男性死于战争或成为战俘，劳动力极其匮乏。食品、能源短缺，交通瘫痪，成千上万的人住在废弃的地堡里，缺水缺电，忍饥挨饿，如当时科隆有 12% 的儿童达不到正常体重[①]。按联合国规定每人每天摄入的热量应该为 2550 卡路里，而德国人均只有 1300 卡路里，有时只有 800 卡路里。[②] 物价飞涨，货币贬值，黑市猖獗，香烟、巧克力和口香糖成了替代货币。帝国马克只有原值的 5%。连科隆的大主教都对他的信徒说，为了活下去，偷煤炭、偷食品都很正常。时任科隆市市长的阿登纳因为没有暖气也只能和衣而睡。[③] 因此，不少经济学家预计，德国的重建至少需要 40~50 年。

1948 年 6 月 20 日三个西方占领区进行货币改革，工资、养老金、租金、赁金按 1∶1 兑换，银行存款按 10∶1 兑换，即 10 个帝国马克兑换 1 个德国马克，并同时放开了物价，于是货币供应量一下就减少了 93%。

盟国对德管制委员会也主张货币改革，但不同意放开物价，不同意搞"经济自由化"。于是主管经济的艾哈德（Ludwig Erhard）便提前一天，在 6

①　这是本书引用的第一个数据。应该说，德国经济界对待数据是比较严谨的，但同一数据还是会因为出自多门、定期和不定期的修改而不同。有鉴于此，本书便尽量采用新的权威数据，必要时将不同数据并列，数据不同时敬请读者留意其统计时间和统计单位。

②　Yergin, Daniel/Stanislaw, Joseph: *Staat und Markt — Die Schlüsselfrage unseres Jahrhunderts*, Frankfurt/New York: Campus Verlag, 1999, S. 41.

③　Yergin, Daniel/Stanislaw, Joseph: *Staat und Markt — Die Schlüsselfrage unseres Jahrhunderts*, Frankfurt/New York: Campus Verlag, 1999, S. 41.

月 19 日宣布放开物价，因而受到美国驻德司令的批评，提醒他没有盟军的批准不得修改任何规定。艾哈德则毫不退让地说："我没有修改规定，我把它们给废除了。"①

由于许多商人早就预料到这一天，已经囤积了大批货物，所以第二天商店的货架上就摆满了商品，奇迹发生了。

其实在此之前，德国经济界和政界的有识之士早就已经开始谋划德国经济今后应走之路，对于德国在战后究竟应该选择哪一种经济体制曾经有过争论。当时，可供选择的方案有五种：公有制的中央计划经济体制，温和的民主社会主义经济体制，基督教社会主义经济体制，秩序自由主义经济体制和自由市场经济体制。最终德国选择了以秩序自由主义理论为指导的社会福利市场经济体制，希望在资本主义同社会主义之间，在市场经济同计划经济之间寻找一条第三条道路。② 产生这一经济体制理念的基础是对历史与现实的经济理论和实践进行了深入细致的分析。

关于经济体制的理论源远流长，随着时代的发展，理论的分野也越来越多，越来越细。

第一节　市场经济前的经济体制和体制理论

柏拉图和亚里士多德的经济体制观　早在公元前 4 世纪的古希腊时代，人们就已经对经济体制发表了各种不同的看法。当时的社会背景是，国家是以城市形式出现的，农业经济占据压倒性的地位，但在政治和经济方面城市的居民却起着决定性的作用，地中海各国已经开始从事远程贸易。希腊的大哲学家柏拉图（Πλτων Plato）在其名著《理想国》和《法律篇》中就强烈抨击了经济的任何一种赢利行为，他认为，任何个人利益都是违反集体利益的。而亚里士多德（Αριστοτ λη Aristotéles）则在其名著《政治学》（*Politica*）和《尼各马可伦理学》（*Ethica Nicomachea*）中提出要严格区别商品的可利用价值与交换价值，即商品转换成货币或其他商品时的价值。他认为货

---

① Schickling, Willi: *Entscheidung in Frankfurt — Ludwig Erhards Durchbruch zur Freiheit — 30 Jahre Deutsche Mark — 30 Jahre Soziale Marktwirtschaft*, Stuttgart: Seewald Verlag, 1978, S. 89.

② 沈越：《德国社会市场经济评析》，中国劳动社会保障出版社，2002，第 18～24 页。

币本身没有价值，因此他反对提供信贷时收取利息的做法。

阿奎纳等人的经济体制观 到了中世纪，经济体制主要受到土地占有制和城市兴起的制约。烦琐哲学家托马斯·冯·阿奎纳（Thomas von Aquin）、阿尔伯特·马格努思（Albertus Magnus）和约翰·布里丹（Johannes Buridan）也都从事经济问题的研究。马格努思主要是对柏拉图和亚里士多德的经济论点进行评论；布里丹在《关于亚里士多德的八本政治著作》中同样也阐述了对亚里士多德政治和经济论点的看法；而阿奎纳则主要研究经济现象同基督教教义之间的协调性，特别是所谓的公正价格原则问题，他认为公正价格是建立在商品含有的劳动价值之中，他接受了古希腊人反对利息的观点，并在教会法中做出禁止收取利息的规定。

加尔文的经济体制观 宗教改革开始后人们对禁止收取利息的做法提出了疑问，其中尤以加尔文（John Calvin）的论点具有代表性。他在其名著《基督教原理》中首次提出收取利息是合理的，因为人们有了钱就可以购置土地，而有了土地就可以增收。这一论点第一次强调了资本的价值和意义，为现实经济生活创造了重要的前提。

重农主义 1700～1750年是所谓重农主义时期，该时期的主要经济学术观点认为，只有农业才拥有增加值，手工业和作坊只能起加工作用，持该论点的最典型代表人物是法国人弗朗索瓦·魁奈（Francois Quesnay），他强烈要求发展农业，但他对国民经济学的突出贡献却是在方法论上，他所设计的演示国民经济周期运转的三领域模式被视为国民经济核算的前导。

重商主义 重商主义也称作"商业本位"，1750年以后在欧洲流行。它的主要问题是僵硬的价格管理、限制竞争和国家的干预。[①] 重商主义者认为一国积累的金银越多，就越富强；主张国家干预经济生活，禁止金银输出，增加金银输入；强调为了得到这种财富，最好由政府管制农业、商业和制造业；一国的国力依仗的是通过贸易顺差——出口额大于进口额——所能获得的财富，因此应发展对外贸易垄断；通过高关税率及其他贸易限制来保护国内市场；利用殖民地为母国的制造业提供原料和市场。1776年3月亚当·斯密（Adam Smith）在其著作中抨击了重商主义。但是，直到19世纪中叶英国才废弃以重商主义哲学为基础的经济政策。

---

① Suntum, Ulrich van: *Die unsichtbare Hand*, Berlin/Heidelberg: Springer Verlag, 1999, S. 5.

第二节　市场经济体制

市场经济亦称自由经济或交换经济，它产生于封建社会的末期，至今已有数百年的历史。它又可以按强调自由思潮和重视国家与政府干预划分为两大类。下面就按这两大类分别加以介绍。

一　强调自由思潮的经济学流派

（一）古典经济学派（斯密、李嘉图、穆勒、萨伊）

17 世纪的科学革命抹去了笼罩在经济生活中的宗教光环，使理性的意识得到了极大的发展，而资本主义的日益强大又使它可以依靠自身的力量来发展经济，于是自由放任思潮便急剧地膨胀起来，人们迫切希望对经济界这种五光十色的发展做出科学的解释，于是市场经济学的出现便应是顺理成章的逻辑，其代表人物有被称为"古典经济学之父"的英国经济学家斯密及法国经济学家萨伊（J. B. Say），其代表作分别是《国民财富的性质和原因的研究》（简称《国富论》）和《政治经济学概论》。该学派的代表人物还有李嘉图（D. Ricardo）、穆勒（J. S. Mill）等人。

有些经济学家认为，重商主义到市场经济的过渡是同极权主义向民主政治的过渡相伴而生的，而这种过程至今仍没有终结。[①]

斯密要求自由贸易和自由竞争，其最好形式就是市场。他详细阐述了市场的规律及市场与自由贸易的关系，认为自由贸易开辟了市场，同时提供了进行加工制造的条件。他认为，资本家的剩余产品是促进专业化和便于进入更广大的市场所必需的，而更广大的市场则又是推销扩大的产量所必需的。

斯密主张国家不干预经济，提倡经济的自由放任，鼓吹自由竞争，政府只应当起"守夜人"的作用，即保卫社会、保护个人，建设一定的公共事业和公共设施。他认为，经济生活受永恒的经济规律支配，国家干预只会破坏这些规律，从而妨害经济规律的正常运行，给社会的发展造成障碍。他认为自由放任可以富国强民，因为人的每个行为都是从本性出发的。他竭力呼吁把商人和雇主们的利己主义作用从阻碍重重的限制中解放出来，他认为，

---

① Reich, Robert B.: *Die neue Weltwirtschaft — Das Ende der nationalen Ökonomie*, Frankfurt am Main: Fischer Taschenbuch Verlag, 1996, S. 23.

"我们每天所需的食料和饮料，不是出自屠宰商、酿酒师或烙面师的恩惠，而是出于他们自利的打算"，"人类几乎随时随地都需要同胞的协助，要想仅仅依赖他人的恩惠，那是一定不行的。他如果能够刺激他们的利己心，使有利于他，并告诉他们，给他做事，是对他们自己有利的，他要达到目的就容易得多了。不论是谁，如果他要与别人做买卖，他首先就要这样提议。请给我以我所要的东西吧，同时，你也可以获得你所要的东西"。① 斯密认为，一般的人不必去追求什么公共利益，也不必知道自己对公共利益有什么贡献，他只关心自己的安康和福利；这样他就被一只"看不见的手"引领着，去促进原本不是他要促进的利益；在追求自身利益时，个人对社会利益的贡献往往要比他自觉追求社会利益时更为有效。② 这就是著名的"看不见的手"的学说。米尔顿·弗里德曼（Milton Friedman）对此评论说："斯密在当今之所以极为重要，还在于他的'看不见的手'的学说……这是斯密最伟大的成就。"③

斯密的学说系统性强、涵盖面广，包括了分工交换和货币理论、价值理论（使用价值、价值、劳动创造价值、自然价格和市场价格等）、分配理论（工资、利润、地租）和资金再生产理论等，从而开创了"自由放任"市场经济学的先河，并长期占据学术界的统治地位。马克思（Karl Marx）说："在亚当·斯密那里，政治经济学已发展为某种整体，它所包括的范围在一定程度上已经形成。"④ 今天，"自由贸易"（Freihandel）与"自由放任"（Laissez-faire）两词常被混用，其实两者之间还是有区别的，前者并不完全排除对某些生产和消费的干预。⑤

斯密的学说得到了他的后继者萨伊的发展和补充。萨伊提出了著名的"萨伊定律"，他认为在市场交换中，货币只起瞬间的中介作用，卖者卖出商品得到货币后马上又会购买商品，所以买者和卖者、供给人和需求人是同一人。因而经济中的生产活动总是能够创造出足够的需求吸收全部产品，总供

---

① 〔英〕亚当·斯密：《国民财富的性质和原因的研究》，郭大力、王亚南译，商务印书馆，1972，第 13～14 页。

② 〔英〕亚当·斯密：《国民财富的性质和原因的研究》，郭大力、王亚南译，商务印书馆，1974，第 27 页。

③ 〔英〕米尔顿·弗里德曼：《亚当·斯密与当今的联系》，载外国经济学说研究会编《现代国外经济学论文选》第 4 辑，商务印书馆，1982，第 130 页。

④ 《马克思恩格斯全集》第 26 卷第 2 册，人民出版社，1993，第 181 页。

⑤ Blank/Clausen/Wacker：*Internationale ökonomische Integration*，München：Verlag Vahlen，1998.

给与总需求总会趋于均衡。同时，只要工人的实际工资不超过劳动力的边际生产力，工人就不会失业，因此市场还能够保证充分就业。这个宣扬市场可以自动调节总量均衡的理论曾长期统治西方经济学家的头脑，直到资本主义各国出现百万失业大军时才退出经济学界，后来又被"供给学派"祭起使用。

（二）新古典经济学派（杰文斯、瓦尔拉斯、马歇尔）

19 世纪 70 年代，随着古典经济学时代的结束和新古典时代的开启，市场经济学获得了新的发展，其代表人物是英国著名的经济学家和逻辑学家杰文斯（William Stanley Jevons），法国经济学家、洛桑学派和数理学派创始人瓦尔拉斯（M. E. L. Walras）和英国经济学家、剑桥学派创始人马歇尔（A. Marshall），他们的代表作分别为《政治经济学理论》、《纯粹经济学要义》和《经济学原理》。

新古典经济学派认为有三种类型的市场，即完全竞争市场、完全垄断市场和垄断竞争市场。完全竞争市场是指由小企业进行自由竞争的市场，完全垄断市场是指由一个单独企业控制的市场，垄断竞争市场是指由若干垄断企业进行竞争的市场。该学派赞赏完全竞争市场，反对垄断。

新古典经济学派的理论，特别是马歇尔的理论，主要包括均衡价格论（需求、供给和局部均衡价格分析）、生产和消费优选行为理论、市场理论和分配理论（工资、利息、地租和利润），其中最为重要的是他们的"边际理论"。正是通过这一理论他们在价格机制和分配机制方面大大发展了市场经济学，因此也被称为"边际革命"，新古典学派也常被称为"边际学派"。

所谓"边际革命"主要是指他们提出的"边际效用"论、"边际生产力"、"边际成本"和"边际收益"等理论。

"效用"是商品的一种特性，是指个人从消费某种商品中所得到的满足。从消费一定量某种商品中所得到的总满足程度是总效用，而消费量每增加一个单位的满足程度则叫边际效用。经济学家们发现某一商品的边际效用随其数量的增加而减少。将这一发现用在需求价格和消费上便能明白，消费者对某商品愿意付出的价格就以该商品的边际效用为标准。如果边际效用大，消费者愿付出较高的价格，即某商品的价格取决于它的边际效用，而不是它的用处。

"边际生产力"是指在其他条件不变的情况下，追加一单位某种生产要素增加的数量。根据边际生产力理论，工资取决于劳动的边际生产力，利息则取决于资本的边际生产力。如资本不变，企业雇用的最后那个工人所增加的产量便是劳动的边际生产力，它决定了所有工人的工资水平。如果工资高于劳动的边际生产力，企业就应减少工人；如果工资低于劳动的边际生产力，企业就应增加工人；如劳动不变，企业使用的最后那个单位资本所增加的产量便是资本边际生产力，它决定了利息率。如果利息率高于资本的边际生产力，企业便应减少使用资本；如果利息率低于资本的边际生产力，企业便应增加使用资本。

"边际成本"是指每增加一单位产品所增加的成本，"边际收益"则是指企业每增加销售一单位产品所增加的收入，如果边际收益等于边际成本则表明企业获得了利润的最大值。与边际理论有关的还有均衡理论、生产要素理论、等待报酬理论和正常利润理论等。

在评论新古典经济学如何发展了古典经济学时，英国经济学家罗尔（Eric Roll）指出："古典主义强调生产、供给和成本；现代学说关心的主要是消费、需求和效用。边际效用概念的引入实现了这种重点的转移，从那时起它便几乎以无上的权威统治着学术思想。"①

（三） 伦敦学派 （哈耶克）②

伦敦学派的代表是哈耶克（Friedrich August Hayek）。他是继斯密之后最具影响力的社会哲学家之一。他为理解经济的基本要素创立了新的基础，例如将自发秩序视为市场经济的本质。

伦敦学派的基本思想是自由化，主张个人自由、私人企业制度、自由市场制度、最少政府干预、最大化市场竞争、金融自由化、贸易自由化、完全不干涉主义，因此也被称为市场原教旨主义。

该学派强调信息分散、消费主权、中性货币（即流通中间的货币数量仅影响经济中的价格水平，而不影响实际总产出水平）、中性利率（即由储蓄和借贷需求双方共同确定的利率，货币政策要么在利率控制上有效，要么在稳定物价上有效，两者不能兼顾）和经济周期论。

（四） 现代货币主义 （弗里德曼）

现代货币主义的代表人物是弗里德曼，该学派是从批评凯恩斯（J. M. Keynes）学说和凯恩斯主义货币理论中产生的，可以算作是取消货币经济和

---

① 〔英〕埃里克·罗尔：《经济思想史》，陆元诚译，商务印书馆，1981，第360页。
② 蒋自强等著《当代西方经济学流派》，复旦大学出版社，1996，第191~216页。

商品经济分野的数量理论的现代版本。

货币主义继承了古典主义和新古典主义的均衡及和谐的思想。与简单的数量理论相反，新数量理论认为，货币的周转速度取决于货币需求行为，但货币需求和货币周转速度在很大程度上不影响利息。

货币主义重视货币量的调控，认为调控货币量就可以影响名义收入，但有一个时滞，一般是 6~9 个月，而货币增长的变化同通货膨胀之间的时滞平均为 12~18 个月。它强调真正有意义的是实际货币量而不是名义货币量。实际货币量是由名义货币供应量与实际货币需求量之间的相互作用决定的，它最终是由需求来决定的。

货币主义坚持中央银行不能直接调控货币量，因为货币量还要依赖于商业银行和消费者的行为。而一次性提高货币量的增长速度对生产和就业只能产生暂时的实际效应。从长远的眼光来看，货币量较高的增长率只会提高通货膨胀率，因此降低货币增长率是抑制通货膨胀的唯一方法。

货币主义认为，中央财政政策与货币政策相比没有很大影响，而货币政策只能产生暂时的实际效果。

稳定物价是首要的目标，因为它是市场经济适应过程有效运行的前提。国家职能主要在于制定并维持秩序。在有外部影响时可以采取国家干预，但必须因地制宜地权衡利弊。

在国家出现国际收支赤字的情况下，政府可以采取以下四种方法来加以调整：动用黄金和外汇储备，调整国内价格，调整汇率，直接控制与外汇交易有关的交易。

货币主义主张采用浮动汇率，因为它能实现两个重要目标，即自由的多边国际贸易和各国按照自己的意愿实现国内稳定经济目标的自由。

（五）新古典宏观经济学（卢卡斯、萨金特、华莱士和巴罗）

许多经济学家将新古典宏观经济学视为货币主义的现代形式，即所谓的第二货币主义；但也有人认为，新古典宏观经济学与货币主义之间的差别比货币主义与凯恩斯主义之间的差别还要大。新古典宏观经济学的代表人物是罗伯特·卢卡斯（Robert Lucas）、萨金特（T. Sargent）、华莱士（N. Wallace）和巴罗（R. J. Barro）等。新古典宏观经济学的主要理论如下。

1. 完全的价格弹性

这种假设的结论就是价格具有完全的弹性，它是使市场处于均衡状态的关键。市场参与者始终处于供求关系的作用之下，即在均衡价格的条件下进行交换，以错误的价格（非市场清空的价格）达成交易是不可能的，偏离实际市场价格以及均衡价格的局面是不可能长期持续下去的。该理论认为，市场经济的运行有其内在的动态均衡，暂时能打破，但不能根本改变，政府应加以适应。

2. 自然的低就业

对于劳动市场来说，市场清空假设的特点就是"自然的低就业"这一理念。因此，劳动市场只有一个失业率的高低问题，且是同通货膨胀率相容的。由此描述的失业是完全受供给制约的，因而不存在真正的非自愿失业，也并非市场失灵的结果。

3. 理性预期

该理论认为经济主体以有效的形式使用全部拥有的信息，以构成对经济变量未来值的预期，这就是所谓的理性预期弱势形式的出发点。而在所谓的理性预期强势形式里，这些信息还包括了相关的经济模式及其结构，以及所有关于参数及内部和外部滞后变量的知识。

4. 不完全的信息

该理论认为，由于既不能对国家货币政策，又不能对国家财政政策做到始终如一的正确认识，信息就只能是不完全的。

5. 中性品格

该理论表明，本来想对景气周期系统施加影响的国家货币和财政政策根本不能发挥作用，所以偏离生产和就业"自然"水平这一现象是同国家经济政策措施完全无关的。

（六）供给学派（拉弗、费尔德斯坦、吉尔德）[①]

供给学派强调供给的重要性，与强调需求重要性的凯恩斯学说明显对立。供给学派最重要的代表人物是拉弗（A. Laffer）、费尔德斯坦（M. S. Feldstein）和吉尔德（G. Gilder）。

供给学派主张的措施有：第一，降低税率（特别是与生产相关的税率），减税可以在很大程度上刺激生产，从而促进国民经济增长。尽管税率降低了，但是经济的高增长还是会促进税收收入的增加（拉弗曲线）。第二，削减政府支出，限制国家的干预，扩大私人和市场参与者活动的空间。第三，主张低水平的预算均衡，该学派认为国家借贷同样会抑制私人对资本市场的

---

① 参阅王健《当代西方经济学流派概览》，国家行政学院出版社，1998，第 60~74 页。

贷款需求。第四,放松监管,减轻供给方的负担,刺激市场参与者。第五,认为收入的不平均分配是社会整体富裕程度提高的前提。第六,扩大供给会暂时出现供应过量,但可以给价格形成压力。

供给学派的理论对里根(Ronald Reagan)和撒切尔(Margaret Hilda Thatcher)经济政策的形成和发展具有重大影响,并使之成为"里根经济学"和"撒切尔主义",也成为当今许多发达国家经济政策的指导思想。

(七) 新制度经济学(科斯)

美国曾经出现过制度经济学,但没有形成多大影响。因此科斯(R. H. Coase)提出的制度经济学便被称为"新制度经济学"。

新制度经济学研究的是制度的形成、功能和转变以及制度对经济主体行为的影响。在一定程度上,制度就是一个社会的游戏规则。个体的自由受到发展和社会的限制。制度的主要目的在于通过建立一个稳定的秩序来减少人们互动间的不确定性,隐含着社会的制裁力。

新制度经济学认为,制度创新使创新者获得新的利益。影响制度创新的因素有四个,即成本、收益、获得信息的成本和排斥局外企业的成本;制度创新可以在以下三级水平上进行,即个人、集体和政府。

新制度经济学承认新古典经济学的成就并以其为基础。因此,个人主义方法论作为基本理论得以保留,并努力推动以技术为导向的新古典经济理论的继续发展。

新制度经济学明确考虑到经济贸易中的交易成本,认为交易成本包括购买生产要素、支付雇佣要素、搜寻费用、谈判费用和实施费用,影响交易成本的首要因素是市场的不确定性。

新制度经济学重视产权的研究,认为产权应包括私有产权、公有产权和国有产权,不同的产权结构表现为不同的企业制度。

(八) 公共选择学派(布坎南、塔洛克)

公共选择学派是新政治经济学,它研究的是经济和政治之间的关系,因而处于经济学和政治学的跨学科领域,[①] 是以经济学的方法研究政治过程,从市场过程的特点理解政治过程,研究理性行为和均衡的经济范例在政治行为范围内的系统应用。该学派的代表人物是布坎南(James McGill Buchanan)

---

① Obinger, Herbert/Wagschal, Uwe/Kittel, Bernhard (Hrsg.): *Politische Ökonomie*, Obladen: Leske & Budrich, 2003, S. 3.

和塔洛克（G. Tullock）。

公共选择学派的一个突出观点是，政治家出于个人的考虑，特别是连任的考虑，在选举前会放松对通货膨胀的控制以降低失业率。如连任成功，则要采取紧缩政策以降低通货膨胀率，从而导致失业与通胀周期性交替出现。

公共选择学派认为，生产者的利益高于消费者的利益，所以国家不仅容忍无数的竞争限制，而且人为地颁发许可证使其存在；同外部人员相比，内部人员首先应受到保护，例如面临国外竞争的国内生产厂商。该学派主张实施不可逾越的最低价格和最高价格，如能获得国家取货担保，最低价格对生产商有利，首先适用于农业；最高价格会引起货物短缺并由此导致非价格理性，但有利于有条件行动的消费者。在发达的民主国家中，国家日益增长的支出表现在，许多不具有公共商品特征的商品由国家提供，并由国家用税收手段加以补贴。该学派认为，这样做除了有利于国家机构外，还可以通过税收资助把富人的收入再分配给穷人；这对多数人有利，因为在一般的收入分配中，工资的平均值要明显地高于人口的中位数，这样就有超过半数的选民能从收入再分配中受益。

二 重视国家与政府干预的学派

（一）凯恩斯主义（凯恩斯）

19 世纪末 20 世纪初资本主义进入垄断资本主义阶段。资本主义的根本矛盾，即生产社会化同资本主义私人占有之间的矛盾进一步加剧。经济危机、残酷剥削、两极分化、经济垄断日益显示出自由放任的市场经济的弊端。严酷的事实说明，市场运行已不能自动实现社会的总供给与总需求的总量均衡。萨伊定律已无法自圆其说，于是西方经济学家惊呼"市场失灵"。1929～1932 年的资本主义世界经济大危机正是这种矛盾空前尖锐化的集中表现。为了维持资本主义的生存，经济学家们只能求助于国家干预进行宏观调控，这就为罗斯福（Franklin D. Roosevelt）"新政"和凯恩斯学说的产生提供了重要的前提和背景。这对一向信守自由竞争、自动调节、自由放任的资本主义经济原则无疑是一个重大的否定，因此才有"新政"和"凯恩斯革命"之说。

1933 年民主党人富兰克林·罗斯福入主白宫，当时的美国正处于严重的经济危机之中。为了消除经济危机，他采取了国家干预经济的办法，其特点如下。

政府坚持由国家来调整工业，1933 年 6 月通过了《国家工业复兴法》，规定各行业的工业企业要制定全行业遵守的公平经营规章，主要包括企业的生产规模、产品销售范围、价格水平和工资水平等。凡遵守规定的企业，经批准可以悬挂蓝鹰标记。[①]

提高政府财政支出的比重，扩大投资，让大批公共建设工程上马，以创造就业岗位，提高有效需求，刺激经济发展。

政府重视银行在宏观调控中的作用。罗斯福在就职的第二天就下令全国银行休业四天，经营不善者即被勒令清盘，经营良好者颁发执照重新开业。由联邦存款保险公司对存款人的存款进行担保，以提高银行的信用，加速货币的回笼和流通。政府要求并保障雇员和雇主组织起来，再通过这些组织进行宏观调控。政府坚持由双方进行谈判，签"集体合同"，确定雇员的最高工作时数和最低工资水平。

政府提供补贴，让农民休耕大片土地并屠宰大批牲畜来解决生产过剩和经济危机问题。

这种国家干预经济的做法取得了立竿见影的效果，美国经济开始复苏，生产开始回升，劳资矛盾缓解，人民生活提高，较快地走出了危机。

凯恩斯是英国著名经济学家，1936 年出版了《就业、利息和货币通论》这一名著，提出一系列全新的理论学说，尤其在市场不均衡、政府干预和宏观调控方面。凯恩斯主义的核心是用总需求不足，即有效需求（指能给经营者带来利润最大值的社会总需求）不足来解释经济危机和失业。

凯恩斯提出由于"边际消费倾向递减"、"受资本资产未来收益预期制约的资本边际效率递减"和货币的"流动偏好"这三大规律（三个基本心理因素）及货币量的作用，社会的有效需求便会不足（主要是消费不足和投资不足），从而形成资本主义危机和失业的根源。其中"消费倾向"决定消费需求，"收益预期"决定资本边际效率，"流动偏好"和货币量决定利息率，而资本边际效率和利息率又决定投资需求。因此只有人为地刺激消费和投资，增加社会的有效需求，才能消灭"非自愿失业"，达到充分就业。

凯恩斯抛弃了新古典经济学关于"储蓄支配投资"的观点，强调"投

---

① 罗斯福入主白宫后，为了保证《国家工业复兴法》的实施，政府以印第安人崇拜的神鸟蓝鹰为标记，发动"蓝鹰运动"（Blue Eagle），凡遵守该法的企业悬挂蓝鹰标志。几周后，有 250 万名雇主与政府签署了协议，他们给自己的产品标上蓝鹰，以示守法。

资支配储蓄"。他不认为通过利率的自动调节可以使储蓄全部转化为投资，而是认为储蓄与投资只能通过总收入的变化来达到平衡。他认为，总收入等于消费和储蓄的总和，总支出等于消费和投资的总和，总收入恒等于总支出。

根据上述判断，凯恩斯认为应改变自由放任的市场经济，实行国家干预和宏观调控经济的政策，主张"国家多负起直接投资之责"要"指导消费倾向"，要运用"宏观财政政策""宏观货币政策"来刺激消费、增加投资。

所谓"宏观财政政策"是指国家通过财政政策来实施经济干预，"国家必须用改变租税体系、限定利率及其他方法，指导消费化倾向"。

所谓"宏观货币政策"是指政府通过对货币供应的控制来促进总需求的增加。按照凯恩斯的看法，在国家干预经济总需求的手段中，财政政策要重于货币政策。

凯恩斯主义是在第二次世界大战前夕提出的，这为各资本主义大国利用国家干预这一手段将国民经济绑在战车上提供了重要的武器。而第二次世界大战后国家资本主义的迅速发展，国家干预经济手段的增多，更为凯恩斯主义的传播提供了广阔的天地，最终使其发展为资本主义国家的垄断经济学。

然而20世纪六七十年代资本主义社会连续遭到战后经济危机的袭击，尤其是前所未有的"滞胀"使人们对凯恩斯主义产生怀疑，于是各种新的流派迭出。凯恩斯主义也形成三大分支，一是美国的"新古典综合派"，二是英国的"新剑桥学派"，三是新凯恩斯主义经济学。此外，新自由主义学派（尤其是现代货币主义）、熊彼特（J. A. Schumpeter）思想、瑞典学派和新制度学派纷纷登场。尽管某一学派在某一国度或某一地区占有上风，但从全局看，仍然是新古典综合派占据统治地位。

（二）新古典综合派（汉森、希克斯、萨缪尔森、托宾、帕廷金、克洛沃）[①]

"新古典综合派"是对旧凯恩斯宏观经济学和古典微观经济学的"新古典综合"，持这种经济学思想的学者被称为"新古典综合派"，也称"凯恩斯右派"，其主要代表人物是美国经济学家汉森（A. H. Hansen）、萨缪尔森（P. A. Samuelson）、托宾（J. Tobin）、帕廷金（D. Patinkin）、克洛沃（R. W. Clower）和英国经济学家希克斯（S. J. R. Hicks）等人。他们的基本论点如下。

---

① 参阅梁小民《西方经济学导论》，北京大学出版社，1993，第301～328页。

第一，认为当代资本主义经济是"混合经济"，即"市场机制＋国家干预"。

第二，主张综合运用多种政策来解决多种矛盾，从而达到多种政策目的，根据经济中出现的繁荣、萧条、危机和复苏相应采取紧缩和扩张政策，或采用扩张性财政政策与紧缩性货币政策的组合，或采用紧缩性财政政策与扩张性货币政策的组合。此外，还应采取正确的利率政策来控制信贷，采用外贸、外汇管理政策来鼓励进口，限制出口；采用正确的就业政策或服务市场政策增加就业机会；采用正确的工资政策，如实行工资－物价指导线，用税收控制工资的增长，硬性冻结工资与物价等。

第三，坚持认为实现"充分就业"（失业率低于4％）是可能的，而且是必需的。如果某年的实际国民生产总值小于该年的潜在国民生产总值，便应通过赤字财政与货币政策人为地刺激总需求，以实现充分就业。

新古典综合派扬弃了不少凯恩斯的论点，在不少方面又恢复了新古典经济学的主张，这也算是一种否定之否定。但该学派在国家对经济的干预方面却同凯恩斯主义一脉相承，而且其实际效果也是显著的。这突出表现在下列几个方面：国家利用自己的手段保证经济增长、就业、物价、外贸均衡、环保、福利等方面的协调发展，为经济发展创造一个相对较好的环境；增加政府的支出，特别是增加军备和国防经费，扩大市场的需求，推动经济的增长；增加教育、卫生和科研的经费，使经济拥有扎实的科学基础和合格的劳动力；提高福利保障，提高雇员的劳动积极性，缓解劳资之间的矛盾；国家对经济进行计划化，减少生产的无政府主义，缓解经济危机；国家对新兴经济部门和基础设施增加投资，为经济的整体发展提供有利条件；国家运用立法、行政、信贷、担保、补贴等手段来保护企业的利益，开发和扩大海外市场。

（三）新剑桥学派（罗宾逊、卡尔多）

"新剑桥学派"又称"凯恩斯左派""后凯恩斯经济学"，主要代表人物是英国经济学家罗宾逊（Joan Robinson）和卡尔多（N. Kaldo）等人。他们的基本理论如下。

第一，认为新古典综合派在分配、就业、物价、均衡及投资与储蓄关系等理论上背离了凯恩斯学说，而重新祭起了新古典经济理论的某些学说。

第二，强调市场机制的调节功能很差，"滞胀"正是由"市场操纵"引起的：初级部门（食品、燃料和基本原料）的生产同第二级部门（制造业部门）生产之间比例失调，而市场却无法调节价格，因为价格受成本制约被企业操纵产生通货膨胀，国家又采取紧缩财政和货币政策来应对，这就迫使企业减少劳动力需求，使低收入家庭更加贫困，造成经济发展的停滞，其结果是，通货膨胀与经济停滞和失业并存，出现"滞胀"。

第三，指出资本主义存在持续的社会利益冲突，其痼疾反映在收入分配的不合理上。这是因为在一定收入水平上工资和利润呈反方向运动，而工资又是由实际工资（指真实能买到多少东西的购买力）和货币工资（指名义上给了你多少钱）组成，前者主要取决于利润率，后者则主要取决于历史和劳资议价力量对比这些外生条件。其结论是，分配不取决于边际生产力，而是取决于历史上形成的财产关系，取决于资本所有者取走利润的多少。正是这种持续的社会利益冲突加剧了市场的不均衡。

第四，坚持国家干预，特别要求国家实行收入均等化政策，如合理的税收制度，给低收入者补贴，提高失业者文化技术水平，制定合理的财政政策，降低军费，增加民用服务的投资，限制进口，增加出口，创造更多就业机会，政府购买公司股份等。

（四）新凯恩斯主义经济学（曼昆、罗默）

新凯恩斯主义经济学也称新凯恩斯主义，是指产生于 20 世纪 80 年代的宏观经济学派，也称"凯恩斯中派"，其代表人物是曼昆（N. Gregory Mankiw）和罗默（David Romer）。该学派秉承了凯恩斯学派的传统。不同的是，早期的凯恩斯主义理论是用工人对名义工资的幻想来解释工资刚性现象，新凯恩斯主义经济学的主要任务是对工资和价格刚性进行微观经济层面的论证。新凯恩斯主义经济学试图指出，为何在个体合理化的情况下还会出现刚性问题。从原则上讲，只有在不完全市场，企业可以确定价格时，这种问题才可能出现。因此最符合新凯恩斯主义经济学模型的市场形式是垄断市场或者垄断竞争控制的市场。在微观经济层面，个体理性行动时也会产生价格刚性，如菜单成本、协调失灵和迟滞现象（指解决失业问题的迟滞）便可能是引发这种现象的原因。

所谓菜单成本（Menu Costs）理论有狭义和广义两个概念。狭义上它是指一个企业在发生价格变动时支付的成本，例如一个饭馆因重新印刷菜单新增的费用；广义上则是指在发生价格变动时增加的组织和信息费用，例如印刷、发送价目表的费用以及消费者的不满等。

交错调整价格和工资论，也称工资滞后论（Lohn Lag），是指工资的调整总是在价格调整之后，而不是在其前。这使雇主获利，雇员受损。

（五）熊彼特经济思想（熊彼特）

熊彼特是美籍奥地利经济学家，被称为"90 年代的经济学家",[①] 影响深远。他强调创新的重大意义，突出充满活力的企业家的贡献，并用这一因素来解释经济景气波动的现象，从而开启了创新理论的先河。他提出了资本主义发展到社会主义社会的设想，但却否定马克思的观点。

新熊彼特假设由熊彼特的有关理论发展而来，该理论认为在绝对企业规模（即所谓的新熊彼特假设 I）或相对企业规模（即所谓的新熊彼特假设 II）与技术进步之间存在关系。

新熊彼特假设 I 认为，研发的效率随着企业绝对规模的增大而提高，因为大企业拥有必要的财源进行充满风险的革新。此外，大企业也可以同时进行几个研发项目，从而降低了风险。研发设备也可以得到更好地利用，这样一来就能在革新性生产中实现规模经济（economies of scale）和范围经济（economies of scope）。

新熊彼特假设 II 认为，革新活动与企业的相对规模有关。因此，企业必须事前拥有市场实力并且有望在限定的时间内获得创新盈利，占据垄断地位，从而为研发投资积累必要的资金，以免第三方迅速进入市场。

然而 20 世纪 80 年代的研究表明，建立在新熊彼特假设 I 和新熊彼特假设 II 基础上的技术进步与绝对和相对企业规模之间存在普遍因果联系的论点是站不住脚的。相反，工业的特性如生产技术、产品被授予专利的可能性和市场增长的差别有更高的说明价值。它决定一个行业的发展进程，而行业的发展进程同时也决定了绝对和相对企业规模及技术进步。

（六）瑞典学派（维克塞尔、林德贝克）

"瑞典学派"又称"北欧学派"或"斯德哥尔摩学派"，它在 20 世纪 20～30 年代形成，60～70 年代受到世界的关注。其代表人物是维克塞尔（J. G. K. Wicksell）和林德贝克（A. Lindbeck）。该学派的主要经济学说包括"一般均衡和总量理论"、"动态的过程分析"、"预期理论"、"小国开放经济

---

① Strunz, Herbert: *Joseph A. Schumpeter und die moderne Betriebswirtschaftslehre*, in Bleich, Susanne/Jia Wenjian: *Kommunikation in der globalen Wirtschaft*, Frankfurt am Main: Europäischer Verlag der Wissenschaften, 2003, S. 109.

模型"、"中央计划经济理论"和"自由社会民主主义理论"六个方面。其中最为引人注目的是最后两个学说,因为它不同于大多数西方经济学家的理论,却是瑞典福利国家市场经济的思想基础。该学派认为,他们提出的动态过程分析对"中央计划经济"可能特别适用,资源配置也可以通过中央银行的货币措施来调节,使企业接受中央计划的指导。而林德贝克设计的"自由社会民主主义"则更为引人注意,因为他坚持,这种体制应由国有化、福利国家和市场经济三者混合组成。①

林德贝克所主张的"国有化"是指主要部门的国有化,瑞典的公共事业基本上都是国有制。与此相比,他提出的"福利国家"和"市场经济"则具有丰富得多的内涵。

所谓"福利国家"具有三大特点,即收入再分配、扩大集体服务设施和集体服务、政府稳定经济。收入再分配是用来抑制贫富两极分化的措施。维克塞尔认为:"与一切都让自由竞争任意起作用时相比,一个富人同一个穷人之间的交换,如果按社会规定的适当的价格进行,那就可能导致对双方都要大得多的效用——从而对整个社会有大得多的总效用。"②他主张由社会或由工会来规定最低工资或最大限度的工作日。扩大集体服务设施和集体服务来源于维克塞尔的"要把尽可能最大的幸福扩大给所有的人"③和林德贝克的"一个理想的社会应当把福利普遍给予社会的成员,使人人得到幸福"④的思想。

在瑞典学派学者的眼中市场经济应重视企业一级的分权化,改进竞争,反对垄断。这就是说,可以把集中的权力分散到每个企业,这样既利于政治的分权和民主,也利于经济的运作,"而要使得分权化在复杂的工业体系中成为可能,那就必须较大程度地依赖市场"。⑤

瑞典学派很重视分散的企业决策体系同集中的国家决策体系的结合。国

---

① 〔瑞典〕阿萨·林德贝克:《新左派政治经济学——一个局外人的看法》,张自庄、赵人伟译,商务印书馆,2013,第94~95页。

② 〔瑞典〕维克塞尔:《演讲集》第1卷,伦敦,1934,第77页。

③ 〔瑞典〕维克塞尔:《经济学的目的与方法》,载〔瑞典〕林达尔编《维克塞尔经济理论文选》,伦敦,1958,第66页。

④ 〔瑞典〕阿萨·林德贝克:《新左派政治经济学——一个局外人的看法》,张自庄、赵人伟译,商务印书馆,2013,第66页。

⑤ 〔瑞典〕阿萨·林德贝克:《新左派政治经济学——一个局外人的看法》,张自庄、赵人伟译,商务印书馆,2013,第66页。

家决策机构不限于各级政府，还包括代表各种政治、经济、行业利益的利益集团，例如工会联合会、雇主协会以及工业联合会、批发商和进口商联合会等。

瑞典学派强调宏观调控，认为政府首先要编制短期、中期和长期计划，设立经济计划委员会作为咨询机构。此外，该学派重视从税收（调整税率）、金融、财政（信贷、私人和公共投资比重）和福利（从"摇篮到坟墓"的福利计划，包括医疗保险、养老金、失业救济）等方面来进行宏观调控。

第三节　中央计划经济体制

一　马克思主义经济学基本原理

19 世纪中叶，马克思和恩格斯（Friedrich Engels）一起先后发表了《共产党宣言》和《资本论》等重要著作，创立了无产阶级政治经济学，即马克思主义政治经济学。

马克思主义经济学的基本观点有：强调人类的物质生产活动是人类从事其他各种社会活动的先决条件，是人类社会存在和发展的基础；每个劳动过程必须具备三个简单的生产要素，即劳动者的劳动、劳动资料和劳动对象；在社会生产中，生产力是生产的物质内容，而生产关系则是生产的社会形式，生产力决定生产关系的性质，生产力的发展和变化决定着生产关系的发展和变化，生产关系一定要适应生产力的状况；劳动者是生产力的主体，在生产力中是起主导作用的因素，是社会生产力中最根本的力量；生产关系就是人们在物质资料生产和再生产过程中结成的相互关系，也叫经济关系，包括人们在一定生产资料所有制基础上所形成的，在社会生产过程中发生的生产、分配、交换和消费关系；随着社会生产力的发展，社会经济制度由低级阶段向高级阶段逐渐发展演变，人类社会要经历五种基本社会经济制度，即五种社会生产关系，包括原始社会经济制度、奴隶制经济制度、封建主义经济制度、资本主义经济制度和社会主义经济制度（它是共产主义社会的初级阶段），而这种社会发展的动力就是阶级斗争；社会主义终将取代资本主义，因为资本主义的根本矛盾是生产的社会化与生产资料的私人所有制之间的矛盾；这种生产资料的私有制是人剥削人的根源，而剥削无产阶级的剩余价值则是这一剥削的最主要的形式；人类的理想社会是共产主义社会，其初级阶段是社会主义社会，社会主义的口号是"各尽所能，按劳分配"，共产主义的口号则是"各尽所能，按需分配"。

二　马克思、恩格斯的计划经济思想

与市场经济相比，计划经济的历史要短得多。它主要经历了以下几个阶段。早在空想社会主义者绘制今后社会主义蓝图时他们已一再提出有计划、按比例组织和管理经济的思想。在马克思分析和批判资本主义生产的无政府时他也指出未来的共产主义社会中，随着商品、货币关系的消失以及私有制和异化的扬弃，资本主义的无政府状态式的自发经济将被有计划的生产、交换、分配所代替。他指出："小孩子同样知道，要想得到和各种不同的需要量相适应的产品量，就要付出各种不同的和一定量的社会总劳动量。这种按一定比例分配社会劳动的必要性，绝不可能被社会生产的一定形式所取消，而可能改变的只是它的表现形式，这是不言而喻的。自然规律是根本不能取消的。在不同的历史条件下能够发生变化的，只是这些规律借以实现的形式。而在社会劳动的联系体现为个人劳动产品的私人交换的社会制度下，这种按比例分配社会劳动所借以实现的形式，正是这些产品的交换价值。"① 马克思和恩格斯还共同把未来的共产主义称之为"一个自觉的有计划的联合体"，② "生产者按照预定计划调节生产的社会"。③ 恩格斯在他的著作中更进一步阐明了这种计划经济的思想。他指出，这样做有下列好处。

第一，有利于消除资本主义生产的无政府状态和周期性经济危机。一旦无产阶级取得政权，就会对资本主义经济体制进行改造，把原来归资产阶级掌握的社会化生产资料变为公共财产，"社会生产内部的无政府状态将为有计划的自觉的组织所代替"，④ "从此按照预定计划进行的社会生产就成为可能的了"⑤。

第二，能最大限度地节省劳动时间。劳动时间在生产中具有重大作用，只有节省劳动时间才能提高工作效率。

第三，能实现生产要素的合理分布。"只有按照统一的总计划协调地安

---

① 《马克思恩格斯选集》第 4 卷，人民出版社，1995，第 580 页。
② 《马克思恩格斯全集》第 25 卷，人民出版社，1974，第 745 页。
③ 《马克思恩格斯全集》第 25 卷，人民出版社，1974，第 291 页。
④ 《马克思恩格斯选集》第 3 卷，人民出版社，1995，第 757 页。
⑤ 《马克思恩格斯选集》第 3 卷，人民出版社，1995，第 759 页。

排自己的生产力的那种社会，才能允许工业按照最适合于它自己的发展和其他生产要素的保持或发展的原则分布于全国"①。

第四，能更好满足每个社会成员的需要。恩格斯认为，"通过有计划地组织全部生产，使社会生产力及其成果不断增长，足以保证每个人的一切合理的需要在越来越大的程度上得到满足"；② 也标志着人们完全自觉地自己创造自己的历史，"社会生产内部的无政府状态将为有计划的自觉的组织所代替。生存斗争停止了。于是，人才在一定意义上最终地脱离了动物界，从动物的生存条件进入真正人的生存条件……只是从这时起，人们才完全自觉地自己创造自己的历史"。③

上述引言和分析说明以下结论。

计划经济的思想来源于马克思和恩格斯。他们在这个问题上有全面的论述，而且形成了体系，但这种思想并不是大量社会实践的理论归纳，而只是一种分析、认识、看法、预测和设想，是一种学说。马克思和恩格斯本人自然认为他们当时的看法是正确的，但他们从未说过他们的理论肯定是百分之百的正确，没有表示他们的理论是颠扑不破的、不容发展的真理，更没有要求别人去强制执行。众所周知，马克思主义是由马克思主义的哲学、政治经济学和科学社会主义理论组成的。但是人们也看得很清楚，马克思和恩格斯从未系统地长篇论述过未来社会主义的体制，这些理论都是他们在批判资本主义时对社会主义的一种设想，而且落笔极其谨慎。他们深知马克思主义是一门科学，不是占卜学和星象学。也正是出于这种考虑，他们还特别明确地指出："所谓'社会主义社会'不是一种一成不变的东西，而应当和任何其他社会制度一样，把它看成是经常变化和改革的社会。"④ 他们还强调说："在将来某个特定的时刻应该做些什么，应该马上做些什么，这当然完全取决于人们将不得不在其中活动的那个既定的历史环境。"⑤ 对于未来的任何一个问题，都要像解数学方程式一样，只有在它本身包含解题的因素时，才能得出答案。

马克思、恩格斯的社会主义理论是在批判当时的资本主义社会的基础上

① 《马克思恩格斯全集》第 20 卷，人民出版社，1971，第 320 页。
② 《马克思恩格斯选集》第 3 卷，人民出版社，1995，第 336 页。
③ 《马克思恩格斯全集》第 19 卷，人民出版社，1963，第 245 页。
④ 《马克思恩格斯选集》第 4 卷，人民出版社，1995，第 693 页。
⑤ 《马克思恩格斯选集》第 4 卷，人民出版社，1995，第 643 页。

产生的。计划经济思想也正是在批判和否定资本主义经济中的无政府和自发现象时产生的。早在 19 世纪 40 年代马克思就宣布，"我们不想教条式地预料未来，而只是希望在批判旧世界中发现新世界"①。

问题恰恰在于教条式地预料未来是容易的，而在批判旧世界中发现新世界就困难多了。应该说，从批判资本主义经济的无政府中发现要搞计划，要实施秩序，这是对人类经济社会发展的一个重大贡献。问题在于：无政府不对，难道反其道而行之，奉行中央集权决策计划就肯定正确吗？生活的实践经常告诉人们，黑的不对并不预示着白的就肯定正确，正确的倒很可能是黑白相间，或是别的什么颜色。哲学上的"否定之否定"原则不就正因此而经常被实践所肯定吗？生活是复杂的，一定不要处处采用简单的两极思维模式，因为人们无论是在理论上或是在实践上都为两极模式付出了沉痛的代价。关于市场经济和计划经济的争论情况也很可能是如此。马克思、恩格斯关于社会主义社会的一些重要论说都是有前提条件的，既不可望文生义，更不可断章取义。

实践是检验真理的唯一标准，这一条应当适用于任何人、任何理论和学说。马克思和恩格斯在分析、揭露和批判资本主义，探讨、研究和建立科学社会主义理论上为人类建立了不可磨灭的功勋。但人们也必须看到，他们对资本主义的分析、揭露和批判是建立在大量亲身实践的基础上，而对社会主义的描绘却是建立在对资本主义否定的基础上，并无任何实践。即使巴黎公社也只能算是一次无产阶级革命的实践，而绝不能列为建设社会主义的实践，在这种情况下就更应强调实践对这部分理论检验的重要性和必要性。其实世界上还没有任何一种"影响世界历史进程"的伟大理论是没有任何瑕疵的。马克思等在科学社会主义理论上的缺陷显然无损于马克思主义的整体光辉。社会主义不能在一国胜利不早就被实践检验出不能列入真理的行列了吗？

三 列宁和斯大林计划经济的理论和实践

十月革命宣告了马克思、列宁主义在资本主义的薄弱环节——俄国取得了胜利。但在胜利后的俄国究竟应采取哪种形式的经济体制却是颇费周折的事情。面对外国的武装入侵、落后的国内经济和贫困的人民，列宁

---

① 《马克思恩格斯全集》第 1 卷，人民出版社，1956，第 416 页。

（V. I. Lenin）首先采取了军事共产主义经济体制，后实行新经济政策。但无论是列宁还是斯大林（J. W. Stalin）都把中央计划经济看成社会主义的相应经济模式，并通过制定电气化计划，成立国家电气化委员会、国家计划委员会来实施计划经济。十月革命胜利后的第二年，列宁《在省苏维埃主席代表大会上的演说》中便强调，只有按照一个总的大计划进行建设，并力求合理地使用资源，才能称为社会主义的建设。在《关于人民委员会工作的报告》中，列宁反复强调，没有一个长期的旨在取得重大成就的计划，就不能进行工作；没有电气化计划，我们就不能进行实际的建设。1924 年列宁还进一步把社会主义条件下有计划地分配和配置社会资源从而有计划地组织全部社会生产，界定为"计划经济"，[①] 并且进一步指出计划要有自觉性、超前性、全民性和统一性，计划由全民参加制定，形成"对产品的生产和分配实行全民的、包罗万象的、无处不在、最精密、最认真的计算"，[②] "各个生产部门的一切计划都应当严密地协调一致，相互联系，共同组成一个我们迫切需要的统一的经济计划"。[③] 此外他还提出制订计划的各项原则，如短期计划与长期计划相结合、分清轻重缓急、突出重点、综合平衡、科学性和民主集中制原则等。

尽管列宁提出了有关"计划经济"的系统设想和理论，他仍然像当年马克思一样强调说："要论述一下社会主义，我们还办不到；达到完备形式的社会主义是什么样子，——这我们不知道，也无法说。"[④] 由于列宁过早地离开了人世，他的一整套关于计划经济的设想和原则大部分也都只能停留在纸上。整个计划经济的实施完全由斯大林承担了下来，并于 20 世纪 30 年代末全面加以推行。第二次世界大战后，出现了一批新的社会主义国家，他们基本上都是按照苏联的模式建起了中央计划经济体制。

四　中央计划经济的特点[⑤]

以公有制为主体。所谓公有制包括全民所有制的国有经济和社会主义的

---

① 《列宁选集》第 3 卷，人民出版社，2012，第 718 页。
② 《列宁全集》第 32 卷，人民出版社，1985，第 299 页。
③ 《列宁全集》第 39 卷，人民出版社，1986，第 152 页。
④ 《列宁全集》第 34 卷，人民出版社，1985，第 60 页。
⑤ Gruber, Utta/Kleber, Michaela: *Grundlage der Volkswirtschaftslehre*, München: Verlag Franz Vahlen, 1994, S. 40 – 42.

集体所有制。按照马克思主义的观点，在摧毁了资产阶级国家机器之后，"无产阶级将利用自己的政治统治，一步一步地夺取资产阶级的全部资本，把一切生产工具集中在国家即组织成为统治阶级的无产阶级手里，并且尽可能快地增加生产力的总量"。① 对以个体私有制为基础的个体农业和个体手工业，则采用"示范"和"帮助"的方式将其转变为社会主义集体所有制。"我们对于小农的任务，首先是把他们的私人生产和私人占有变为合作社的生产和占用，不是采用暴力，而是通过示范和为此提供社会帮助"。②

奉行产品经济，限制商品经济。马克思、恩格斯和十月革命以前的列宁都认为，随着资本主义私有制的消灭，商品生产便被产品生产所代替，出现产品经济（即时间经济）。十月革命后列宁已感到商品生产在社会主义条件下是必不可少的，但仍然认为商品、货币关系及价值形式是外来的异物，即资本主义的残余，但是社会主义可以利用它来为经济建设服务。他说："用来交换农民粮食的国家产品，即社会主义工厂的产品，已不是政治经济学上的商品，决不单纯是商品，已不是商品，已不再是商品。"③ 斯大林开始也持同样的观点。然而，随着时间的推移他日益感到商品生产、价值规律是在社会主义经济基础上产生的，即社会主义自身的产物，而不是外来的异物。"为了保证城市和乡村、工业和农业的经济结合，要在一定时期内保存商品生产（通过买卖的交换）这个为农民唯一可以接受的与城市进行经济联系的形式"。④ 但他同时强调，这是一种特殊的商品生产，必须加以限制。例如，他认为生产资料不是商品，只是商品的"外壳"，价值规律不能调节生产，只能调节流通的一小部分，即只能调节消费品。

强调计划，限制市场。中央计划经济体制强调有计划、按比例发展经济，从期限来说，有长期计划和短期计划；从纵向来说，有国家、省、市和企业的计划，并形成纵向计划网络；从横向来说，各个部门、行业都有计划，如资源的分配、生产要素的分配均靠指令性计划，辅之以强制性行政手段。特别要注意下列比例关系，即社会生产两大部类之间，工农业生产内部以及工农业生产与交通运输业之间，现行生产和基本建设之间，物的生产和人的生产之间的比例关系。它强调计划调节，要求社会劳动按照客观需要的

① 《马克思恩格斯选集》第1卷，人民出版社，1995，第293页。
② 《马克思恩格斯选集》第4卷，人民出版社，1995，第498~499页。
③ 《列宁全集》第41卷，人民出版社，1986，第268页。
④ 《斯大林文集（1934~1952年）》，人民出版社，1985，第606~607页。

比例分配到各生产部门,使社会生产适合社会需要。斯大林还特别强调,计划等于法律,它具有强制性,即凡是指令性计划,各级领导机关必须执行。

前面已经谈到,计划经济体制限制商品经济,自然也要限制市场,限制市场的调节作用。因此在这个体制下市场极不发达,基本上只有零售市场。人们认为市场调节带有一定的盲目性,市场上的供需和价格的变化只能作为短期内某种产品生产的增长或缩减的参考,而不能为整个国民经济指示长期的发展方向。

限制价值规律,价格基本上由国家统一规定。中央计划经济对商品经济并不完全排除,但强调要加以限制。而凡是有商品经济的地方,就不能没有价值规律。因此在商品经济受到限制的经济体制内,价值规律也不可能不受到限制。这种限制集中反映在不是由市场的供求关系来决定价格,而是根据计划和比例来决定价格,只有部分商品的价格是放开的,是受价值规律制约的。

政企合一,无微观基层结构系统。根据全民所有制和产品经济的理论,国家直接管理企业,任命企业的厂长和经理,造成企业产权不明确,责、权、利自然也不明确。企业不是真正的经济实体,也不具有法人资格。全民所有制成了无人所有制或少数人所有制,"职工是工厂的主人"成了一句空话。企业无制度,人才不流动,内外无竞争。生产资料通过调拨和集中计划提供给企业。企业领导只需考虑如何完成上级的任务,而不必关心产品的销路和利润高低,实行以产定销,而不是以销定产。由于以计划为依据,企业必然以生产为龙头组织生产,而企业亏损可得到国家资助和补贴。

消灭剥削,反对两极分化,取消物质激励机制,实行独特的分配体制。马克思首先发现了资本家靠榨取工人的剩余价值而发财致富的秘密,进一步论证了全部资本主义的罪恶就在于生产资料的私有制和剥削,因此在他提出的科学社会主义理论中消灭私有制和剥削始终处于中心地位,形成了一套以其为辐射中心的经济体制。斯大林等也全力将此理论化为实践,并采取了一系列的现实措施加以保证。其中,最主要的是建立一套独特的分配机制,严格控制两极分化。

第四节　社会主义市场经济体制

早在 20 世纪 50 年代初当计划经济还处于方兴未艾之际,南斯拉夫的经济学家们便已指出这种经济体制的弊端，需要进行改革。这些理论可概括为以下几个方面：第一，以社会主义自治制度来实现社会主义公有制。第二，中央计划经济体制无法同千差万别和瞬息万变的现代经济相适应。第三，商品和商品经济是现阶段社会主义经济必然的和客观的形式。第四，商品的基本规律是价值规律，而价值规律不是资本主义社会的"专利"。只要社会生产力还没有发展到可以实行"按需分配"的原则时，价值规律就必然发挥作用。社会主义经济机制本质上是以计划原则和价值原则为基础的。第五，市场是自发调节经济过程的机制，是经济活动自我调节的最重要的形式之一，也是经济过程自我组织的关键环节。第六，计划与市场应该相结合，其原则是：保证各经济主体的相对独立性，分散管理与社会调节相结合，加强信息通报和传递以适应市场的需要，使计划能适应瞬息万变的形势。

由于上述理论被付诸实施等原因，南共联盟便被开除出共产国际，南斯拉夫也不再被正统的社会主义视为社会主义国家。

20 世纪 60 年代中期匈牙利开始研究经济改革问题，经济学家们在深入剖析了计划经济的"病症"后指出：国家计划应与企业计划结合，应明确划分国家与企业的决策权限，加强彼此协调，经济调节是结合的主要纽带，直接调节是结合的特殊手段；计划调节应与市场调节相结合，计划调节应起主导作用，市场调节起积极作用，应加强市场的组织性和计划性；宏观调节应与微观调节相结合，宏观经济主要依靠计划，微观经济主要仰仗市场。

匈牙利在这些改革理论的引导下建立起了预算型社会主义市场经济，但由于种种困难改革半途而废。

除此之外，波兰的经济学家兰格（Oskar Lange）、布鲁斯（Virlyn W. Bruse）和捷克的经济学家锡克（Ota Sik）也对计划与市场的关系进行了深入研究，并提出了自己系统的看法。兰格的"计划模拟市场模式"，布鲁斯的"导入市场机制的计划经济"理论和锡克的"市场不等于资本主义"的理论都对当时社会主义计划经济体制的改革产生过重要影响。

1989 年东欧剧变，原因固然很多，而中央计划经济的弊端显然起了特别重要的作用。然而正当西方资产阶级政客们沉醉于所谓社会主义彻底崩溃的喜悦之中时，东方的中国却沉着、大胆、稳妥地进行着社会主义经济体制由中央计划经济向社会主义市场经济的转轨工作。转轨的广度和深度，转轨成功率之高和经济增长之快越来越引起人们的关注。

在经济体制改革上中国取得了三大突破。一是理论上的突破，即把社会主义市场经济作为我们的努力目标，从根本上解除了把计划经济和市场经济看作属于社会基本制度范畴的思想束缚。把市场经济体制同资本主义基本经济制度从理论上分离开来，同时主张在实践上把它同社会主义基本经济制度相结合，形成社会主义市场经济整体。① 早在1979年邓小平同志就已指出"说市场经济限于资本主义，这肯定是不正确的。社会主义也可以搞市场经济"。② 1985年他又说："社会主义制度和市场经济并无根本矛盾。"③ 1992年他更进一步指出："计划多一点还是市场多一点，不是社会主义与资本主义的本质区别。计划经济不等于社会主义，资本主义也有计划，市场经济不等于资本主义，社会主义也有市场。计划和市场都是经济手段。"这就是中国共产党人说出的"我们的老祖宗从来没有说过的话"。④ 二是实践的突破，在企业改造、价格改革等方面取得了重大的进展，宏观调控的体制新框架初步形成。三是改革方法上的突破，中国的各项改革措施都是紧紧围绕调整经济结构、提高经济效益、增加有效供给、抑制通货膨胀、应对国际金融和经济危机来进行的。

第五节　德国的社会福利市场经济体制

一　社会福利市场经济的由来

德国的社会福利市场经济⑤虽然成型于二战后，但这种经济社会体制的产生却可以追溯到19世纪。当时的德国正向现代资本主义转型，经济学家李斯特（F. List）顺应形势，提出了国家主义经济学，随后又不为世界风起云涌的各类经济理论思潮所囿，带领历史学派仍然祭起国家主义经济学的大旗，鼓吹"阶级调和"的社会改良主义政策。1871年德国统一，出现了三年经济繁荣年代（Gründerjahre），德国加速走向垄断资本主义，国内阶级矛

---

① 郝敬之主编《经济体制与基本经济制度》，大连理工大学出版社，1994。
② 邓小平与美国《不列颠百科全书》副主编吉布尼的谈话，1979年11月26日。
③ 邓小平接见美国《时代》周刊总编辑亨利·格伦沃尔德时的谈话，1985年10月23日。
④ 邓小平南方谈话，1992年1月18日至2月21日。
⑤ die soziale Marktwirtschaft 一般都译为"社会市场经济"，但德文的 sozial 有"福利"的意思。根据各类解释的综合分析和征求一些德国著名经济学家的意见，在 die soziale Marktwirtschaft 这一结构中，soziale 确实含有"福利"的意思，因此笔者将其译成"社会福利市场经济"，但其表达的内涵不变。

盾日益加剧，于是新历史学派（即讲坛社会主义，Katheder-Sozialismus）便应运而生，它们提出了各种各样的社会改良主义方案，大搞折中主义，这是"第三条道路"最早的思想渊源①。

二战后，凯恩斯主义风行，社会主义和中央计划经济也显示了强大的力量。此时德国理论界围绕未来的经济社会体制展开了大讨论，有主张实行计划经济模式的，有主张选择市场经济模式的，有主张两者兼顾。在总结了美国自由市场经济的经验和教训以及苏联中央计划经济的成就和问题后，考虑到德国的历史传统和"社会主义"思潮在德国公众中的影响，最终，路德维希·艾哈德选择了经济自由主义者阿尔弗雷德·缪勒－阿尔马克（Alfred Müller-Armack）提出的"社会福利市场经济模式"，由于这一经济模式具有明显的中间道路特征，因而更具操作性和可行性。

二 社会福利市场经济的理论基础

社会福利市场经济的主要创始人是阿尔弗雷德·缪勒－阿尔马克、威廉·勒普克（W. Röpke）和路德维希·艾哈德。②

他们在设计这一经济模式的时候，广泛吸纳了以欧肯（W. Eucken，又译为"欧根"）为代表的弗莱堡学派（Freiburger Schule）的经济政策思想，主要是秩序自由主义（Ordo-Liberalismus，也译为"奥尔多自由主义"③）思想，并认为这是一种既非资本主义，又非社会主义的特定形式的经济，因此也叫"经济人道主义"和"第三条道路"。④ 其核心思想是：第一，经济主体不能随意决定经济活动的形式，必须遵守秩序。欧肯说："每一个人的每一个经济计划和每一个经济活动总是产生于某种经济秩序的范围之内，并且只有在这个当下的秩序范围内才有意义。经济过程总是并且到处是在历史上既定的经济秩序中运行的。这些历史上既定的、实际的秩序可能是坏的；但是没有秩序，一个经济就根本不能运行。"⑤ 第二，国家应当制定这种秩序。第三，国家要确定经济主体都必须遵守的法律和社会福利总体条件。第四，

① 殷叙彝：《第三条道路与社会民主主义的国家理论》，《欧洲研究》2000年第5期。
② 参见刘光耀《德国社会市场经济——理论、发展与比较》，中共中央党校出版社，2006。
③ 沈越：《德国社会市场经济评析》，中国劳动社会保障出版社，2002，第54～56页。
④ 杨雪冬、薛晓源主编《"第三条道路"与新的理论》，社会科学文献出版社，2000。
⑤ Eucken, Walter: *Die Grundlagen der Nationalökonomie*, New York/Berlin/Heidelberg: Springer Verlag, 1989, S. 61－62.

国家必须为竞争秩序确定一个框架，并且不断保护这个框架。第五，在保证自由进入市场和防止垄断的条件下，经济主体可以自主做出决策。第六，市场应该把各参与者的计划协调为一个国民经济的整体。欧肯还强调："市场经济的根本原则就是建立一个充分竞争的运作正常的价格体制。"[1]

德国不来梅大学乌尔里希·罗尔（Ulrich Rohr）教授在论及德国社会福利市场经济构成要素时突出了国家作用、宏观调控和社会公正，"从而有意识地跟自由市场经济或者纯市场经济划清了界限"。[2] 中国社会科学院的裴元伦教授则把社会福利市场经济理论概括为多元性、实用性、开放性、连贯性和系统性。[3]

三　实施市场经济与宏观调控的结合

二战后的世界各国呈现出两极经济体制，即以美国为首的自由市场经济体制和以苏联为首的中央计划经济体制，德国则采取了市场经济与宏观调控结合的"第三条道路"。

经济理论的长期争论至今没有结束，也不会结束，而且会不断出现新的争论，但争论却给经济界不断带来共识。例如今天人们已经很难听到那种绝对主张市场经济，排斥宏观调控、排斥计划的论点，同样也很难读到一味推行计划经济，摒弃市场经济的理念。德国在这一方面应该说做出了令人信服的尝试，那就是始终坚持市场经济与宏观调控的结合。[4]

顾名思义，在德国实施社会福利市场经济，首先要强调的便是市场经济和市场。而谈到市场就必须要弄清下列问题。

按照德国经济学家的观点，市场是多种多样的，至少可以分为以下各类。按市场的交易特征可分为商品市场（Warenmarkt）、服务市场（Dienstleistungsmarkt）、资本市场（Kapitalmarkt）、货币市场（Geldmarkt）以及信贷市场（Kreditmarkt）等；按组织特征可分为有组织市场和非组织市场；按市场进入可分为开放市场、有限开放市场和封闭市场；按条件可分为完全竞争

---

[1] Adam, Hermann: *Wirtschaftspolitik und Regierungssystem der Bundesrepublik Deutschland*, Bonn: bpb. 1992, S. 43.

[2] 〔德〕乌尔里希·罗尔主编《德国经济：管理与市场》，顾俊礼等译，中国社会科学出版社，1995，第7~8页。

[3] 裴元伦：《欧洲的经济改革》，中国社会科学出版社，2013，第308~318页。

[4] 参见戴启秀《德国模式解读——建构对社会和生态负责任的经济》，上海同济大学出版社，2008。

市场和不完全竞争市场；按市场参与者的数量可分为垄断市场、寡头垄断市场和多极市场。

所谓"市场关系"是指市场参与者之间的经济关系，可分为纵向市场关系和横向市场关系。纵向市场关系主要指供需者之间的关系，也就是指现实的和潜在的交换关系；横向市场关系则是指同一市场方面参与者之间的经济关系，如供应者之间的关系或需求者之间的关系。市场关系的研究是市场研究和市场营销研究的一个关键课题。

"市场力量"是指纵向市场关系和横向市场关系中供应者或需求者为了达到自己的目标同其竞争者进行竞争、贯彻其意志的能力。例如某一供应者拥有成本结构上的比较优势，他便可以迫使其竞争对手将其产品压至不愿压到的低价格水平。市场力量实际上是市场的竞争力量，因此一旦处置不当便会成为市场的垄断力量，成为限制竞争的力量。

"市场结构"是竞争理论和竞争政策中的一个概念，主要用来评估市场的竞争功能。按照市场结构原则，评估市场竞争状态的标准既不是市场结果也不是市场行为，而是决定市场形式、状态和组成的各个要素，例如市场参与者的数量、市场的集中程度、产品的同质性（die Produkthomogenität）、市场的透明度（die Markttransparenz）和市场进入的障碍以及国家干预的程度（Ausmaß staatlicher Eingriffe）等。

"市场行为"指的是进入市场的各个企业的竞争行为，特别指寡头垄断市场上各个企业的竞争行为。市场行为的要素包括制定价格的行为、非价格竞争形式和供应者之间的行为规范等。在市场发展的不同阶段（例如扩张阶段、停滞阶段），其应用也有所不同。

德国的社会福利市场经济正是全面推行市场经济，强调市场关系、市场力量、市场结构和市场行为的。

德国所指的"宏观调控"不完全是指国家和各级政府的行为，参与宏观调控的还有中央银行、工会、雇主协会，此外还有一系列协调机构，如专家委员会（der Sachverständigenrat，即所谓的"五贤人"，die "Fünf Weisen"）和景气委员会（der Konjunkturrat）[①] 等。

社会福利市场经济的宏观调控同其目标相连，主要包括以下几个部分。

（1）促进竞争，保证经济和技术的进步，从而促进经济持续、适度地

[①] 过去译为"经济委员会"。

增长；

（2）执行景气政策，保持就业的稳定和增长，达到充分就业；

（3）保持金融和货币的稳定，稳定财政，控制通货膨胀，保持货币、汇率和物价的稳定；

（4）推进外贸、外贸平衡和持续适度地增长，实现货币的可兑换性，保障外贸自由，扩大世界贸易的分工和建立对外经济的平衡；

（5）执行社会福利政策，维护社会公正，保持社会福利的安全、社会福利的公正、社会福利的进步和收入、资产分配的公正；

（6）推进环保。

正是由于德国社会福利市场经济强调"宏观调控"，因而也被人称为"管制资本主义"。[①]

四 主张四大经济自由和四大矫正要素[②]

社会福利市场经济追求四大自由，即消费自由、开业自由、生产和贸易自由以及竞争自由。

所谓消费自由就是指个人可以任意购买自己希望买到的东西，不论价格、数量和款式，只要有钱，无须购物证等一类的限制。

开业自由，一个人只要有能力有愿望就可以开业。

生产和贸易自由，个人完全可以决定生产什么、出售什么、购买什么。

竞争自由。推动社会的动力在竞争，市场经济的核心也是竞争，因此如何建立一个完善的竞争机制便成了德国经济体制的一个重大问题。谁能最早、最正确地判断人们的需求和愿望并能为人们提供最佳的供给就能获得最大的成功。

竞争主要具有两大功能：一是社会政策功能，二是经济功能。竞争为市场的参与者开启了行动的自由和选择的自由。多家企业进行相互竞争为企业的发展提供了自由，为消费者提供了选择不同商品的自由，也为雇员提供了更换工作岗位的自由，并提供了控制垄断的前提。

然而自由并不是绝对的。在任何情况下都存在滥用自由的危险，于是社

[①] 〔美〕薇安·A. 施密特：《欧洲资本主义的未来》，张敏、薛彦平译，社会科学文献出版社，2010，第161页。

[②] Siehe auch Hardes/Krol u. a. : *Volkswirtschaftslehre — problemorientiert*, Tübingen：Wilhelm Fink Verlag，1995，S. 19 – 32.

会福利市场经济便坚持四大矫正要素。

第一矫正要素是要保证竞争的法制性，即要依法竞争。于是德国颁布了《反对限制竞争法》，成立联邦反卡特尔局（Bundeskartellamt），禁止统一价格口径，禁止企业的垄断性兼并。

第二矫正要素是充分就业（Vollbeschäftigung），前提就是要发展生产，提高就业率。这样就能保证每个就业者都能参与商品和服务的消费。

第三矫正要素是人人都应获得社会福利保障，例如养老、就业、医疗和事故保险等。人们可以通过福利保障获得除工资外的附加收入，国家则可以通过再分配来调节贫富的差距，避免出现过度的两极分化，大力发展中产阶层。低收入者可以少缴甚至免缴税捐，却可获得较多的福利金；高收入者要多缴税捐，而获得的福利金则较少。

第四矫正要素是要有公正的收入和财产分配。为了使收入、资产的分配趋于公正，应向公民（特别是低收入者）提供各类补助和津贴，如储蓄补贴、建房补贴和资产形成补贴，如特设"624 马克法"（现改为"480 欧元法"）等。以立法形式规定使尽可能多的人拥有生产资料，鼓励并保障低收入者购"大众股票"、"职工股票"和添置房产。控制工资增长幅度，工资调整由工会和雇主协会谈判决定。成立企业职工委员会（简称：职委会 Betriebsrat）参与企业某些重大问题的决策。企业实行共决制，鼓励职工参资，监事会有职工代表，在某些产业和行业，其人数与雇主代表人数相等，主管人事经理的任命必须得到职工代表的认可等（详见本书第六章第四节和第五节）。

五 建立、完善并维护社会福利体制

社会福利体制的建立在德国经历了一个漫长的过程。早在第二帝国时代，俾斯麦就拟定了一系列社会福利措施，以缓解国内的矛盾，与工会争夺工人大众（1878～1890 年间社会民主党的前身社会主义工人党被禁），如 1883 年建立了医疗保险，1884 年建立了事故保险，1889 年建立了残疾和养老保险，从而形成纵向和横向的影响。从横向上来看，对整个欧洲，尤其是对西欧形成了重大影响，使欧洲在福利问题上的考虑超出了美国；从纵向上来看，为德国在二战后实行社会福利市场经济创造了重要的前提。

德国的社会福利体制包括医疗保险、事故保险、养老金保险、护理保险（Pflegeversicherung）和失业保险，此外还有父母津贴、子女津贴、公用事业津贴、社会救济、教育资助、住房津贴、资产形成补贴和减免税收等。其中尤以医疗保险、事故保险、养老金保险、护理保险和失业保险最为重要，被称为德国的五大保险体系，其原则就是强制保险，只有独立劳动者可以免除保险。全部的保险金额除事故保险外均由雇主和雇员分担50%，事故保险则全部由雇主承担。除医疗保险外，所有保险人的保险金额比例全都相同，但不断调整。例如从1971年到1997年养老金保险金额比例便从17%上升到20.3%，2002年降为19.5%，2012年升为19.6%，2013～2014年又降为18.9%，2015年进一步下降到18.7%；从1971年到1997年医疗保险金额比例从8.2%上升到13.4%，2003年为14.3%，2012～2015年再升为14.6%；失业保险金额从1970年的1.3%提高到2006年的6.5%，之后逐年下降，2010年为2.8%，2011～2015年为3.0%；护理保险金额从1995年开始时的1%上升到2012年的1.95%，2013～2014年再升为2.05%，2015年进一步升至2.35%（详见本书第三章第八节）。

重视社会福利作用是出于以下的考虑。

缓解贫富之间的差距。自由市场经济忽视社会福利，造成社会的严重两极分化。德国由于实行社会福利市场经济，其基尼系数大多在0.30上下浮动，从而形成了一个庞大的中产阶层，其人数已经占到全国人口的60%。

缓解国家和个人之间的矛盾。

缓解企业与个人的矛盾。

缓解社会弱势群体的困难。

第六节　社会福利市场经济体制与"德国病"[1]

社会福利市场经济自运行以来成绩显著，但随着时间的推移，也逐渐显露出弊端。人们将其概括为五大核心问题，即收入和资产的不平衡、企业集中、"魔力四边形"目标难以完成、经济发展不稳定以及环保问题。[2] 而实践却告诉人们，问题远不止此。进入20世纪80年代，德国经济发展虽有起

---

[1] 参阅殷桐生《德国经济与"德国病"》，《国际论坛》2001年第2辑，外语教学与研究出版社，第66～69页。

[2] Taenzer, Uwe: *Soziale Marktwirtschaft*, *Grundlagen und Aufgaben*, *Ökonomische Kernprobleme in Deutschland*, Stuttgart: Ernst Klett Verlag für Wissen und Bildung, 1992, S. 100–158.

伏，但大体仍在低增长中徘徊，特别在统一之后。美国经济学家将此归因于德国社会福利市场经济的体制，并称之为"德国病"；欧洲人骂它是"欧洲病夫"，德国的经济学家博德（Thilo Bode）和博尔曼（Stefan Bollmann）也将德国称之为"病夫"①，萨拉辛（Thilo Sarrazin）则在其名著中气愤地说："德国正在自我除名，我们是怎么拿我们的国家来冒险的"，② 著名经济学家辛恩（Hans-Werner Sinn）则大声喊道："德国还有救吗？"③ 之后他又写了一本继续为其辩护的《集市经济，德国：出口冠军还是副班长》④。德国确实是病了，得的是"德国病"，还得了"统一病"。严格说来，这一病况直到施罗德（Gerhard Schröder）上台开始结构改革才有了明显的转机。

这一概念令德国人既感到羞愧，也感到愤慨，但在冷静思考之余，又感到不无道理。

一 "德国病"的症状

第二次世界大战后德国全境一片废墟。然而只经过了短暂的低谷期，从这片废墟中便升腾起两个经济高速增长的德国，于是世人便惊呼这是"金色的年代"、是"银色的年代"、是"经济奇迹"，并以此为据，声称"德国已经找到了克服资本主义固有矛盾的钥匙"。

然而好景不长，1967 年联邦德国就经历了战后第一次经济危机；1973 ~ 1974 年石油价格暴涨引发了资本主义世界又一次经济危机，联邦德国虽然受害不重，却也未能幸免；1979 ~ 1982 年资本主义世界爆发了战后最大的一次经济危机，联邦德国亦是伤痕累累，最终导致大名鼎鼎的经济学家赫尔穆特·施密特（Helmut Schmidt）领导的社民党政府倒台。可以说联邦德国经济此后虽有起伏，但始终走不出低速增长的怪圈，原因何在？

美国经济学家普遍认为，问题出在体制上，出在社会福利市场经济的体制上。1776 年"国民经济学之父"斯密在《国富论》中深入阐述了市场这

---

① Bode，Thilo u. a.：*Patient Deutschland — Eine Therapie*，Stuttgart/München：Deutsche Verlags-Anstalt，2002.

② Sarrazin，Thilo：*Deutschland schafft sich ab — Wie wir unser Land aufs Spiel setzen*，München：Deutsche Verlags-Anstalt，2010.

③ Sinn，Hans-Werner：*Ist Deutschland noch zu retten*？München：Ulstein Buchverlage，2005.

④ Sinn，Hans-Werner：*Die Basar-Ökonomie — Deutschland：Exportmeister oder Schlusslicht*？München：Ulstein Buchverlage GmbH，2005.

只"看不见的手"的功能，从而开创了"自由放任市场经济"的先河。① 之后，经过 200 多年的沧海沉浮，从单一自由放任的市场经济中已经派生出四大类资本主义市场经济模式，即美国的"自由市场经济"（自由放任的市场经济）、日本的"政府指导型市场经济"、瑞典的"福利国家市场经济"和德国的"社会福利市场经济"。其中尤以美国的自由市场经济和德国的社会福利市场经济之间的争论最大，核心问题是社会福利应在经济发展中占何地位，国家应在经济发展中起何作用。

德国自 1871 年统一以来，经过不断的完善，逐渐建成了一套令世人为之瞠目的社会福利体制；第二次世界大战后，艾哈德、缪勒－阿尔马克等人在德国经济学家欧肯领导的弗赖堡学派的"秩序自由主义"理论基础上，继承重视社会福利的传统，扬弃美国在此领域的弊端，在市场经济体制中给社会福利以重要地位，决定建立社会福利市场经济。② 经过 60 年的风风雨雨，该体制取得了重大的成就，但也暴露出很多问题，特别是从 1969 年社民党执政以来，社会福利急剧膨胀，严重制约了德国经济的发展，第一、二次石油危机又使德国经济再伤元气。1982 年科尔（Helmut Kohl）政府上台后，原本想执行供给导向经济政策，削减高额福利费用，然而由于积重难返，也由于削减福利将影响芸芸众生的切身利益，更由于"德国统一"后东部经济嗷嗷待哺，于是不得不打消改革的初衷。结果是，福利费用有增无减，经济依然只能在低速中徘徊。1993 年整个德国包括西部地区竟然都出现了历史上少有的负增长（分别为 -1.2% 和 -1.4%），从而招来了国内外一片更为激烈的批评，但多数人仍然抱住现行的福利体制不放。据统计，1994 年 67% 的德国西部居民和 85% 的德国东部居民均表示反对触动现有的社会福利体制。③

面对这一形势，德国媒体自然不甘寂寞。1997 年，在"社会福利市场经济之父"艾哈德 100 周年诞辰的日子，《新闻周刊》便组织力量就社会福利市场经济体制问题进行了一场民意调查，结果是十分令人悲哀的：这个一向让德国人引以为荣的经济体制，在 1994 年时尚能获得 53% 居民的"好

---

① 〔英〕亚当·斯密：《国民财富的性质和原因的研究》（上卷），郭大力、王亚南译，商务印书馆，1972，第 13～14 页。
② Erhard, Ludwig: *Wohlstand für alle*, Düsseldorf, 1957.
③ 〔德〕赛康德：《争夺世界技术经济霸权之战》，张履棠译，中国铁道出版社，1998，第 404 页。

感", 而到了 1996 年这一比例便大幅度下降, 仅有 40% ; 相反, 对该经济体制不抱"好感"者却从 23% 升至 29% 。1990 年德国统一时, 东部地区的德国人中对社会福利市场经济体制抱有"好感"者高达 70% , 不抱"好感"者只有 5% , 而到了 1997 年, 前者下降到 24% , 后者则上升至 41% 。更令人悲哀的是, 参加调查者认为, 即便在 10 年以后, 社会福利市场经济也无法改变这一现状, 经济形势必然是每况愈下。耐人寻味的倒是, 人们普遍认为, 10 年前市场经济成分同社会福利成分几乎均衡, 而在这 10 年中, 前者的比重日益增大, 后者的比重则日益减少。半数以上的人认为, 10 年后前者将明显超过后者。

结论很清楚, "德国病"病在体制上, 病在德国实际执行的社会福利市场经济这一体制上。其症状如何? 根据笔者的看法, 主要表现为"五高、两低、一结构", 即高福利、高劳动成本 (Arbeitskosten)、高国债、高税收、高失业、低投资率、低增长和结构问题。

福利的高低主要反映在国家的福利费率上, 反映在国家支出的福利费用所占国内生产总值的比例上。从 1871 年引进福利体制开始到 1970 年为止的 100 年时间里, 德国的福利费率从 1% 上升到 30% 左右。

如此高的福利费主要是用在支付高额工资附加费上。如 1996 年德国制造业中每个工人的年均劳动成本为 86200 马克, 其中直接工资为 47400 马克, 约占总成本的 55% , 工资附加费为 38800 马克, 约占总成本的 45% , 是美国和日本的 2.5 倍。[①] 高额工资附加费必然导致高额的劳动成本。1998 年德国每小时的劳动成本为 23.03 欧元, 远远高出其他发达国家。面对如此高额的劳动成本, 德国企业的国际竞争力下降自然也就不足为奇了。

福利费的另一支出大户是养老金。由于人口日益老化和养老金的不断提高, 德国面临严重的养老金问题。20 世纪 60 年代初当德国提出动态养老金体制时, 领取养老金的时间平均不到 10 年, 到 1993 年已上升到 16 年。同时, 在职人员和退休人员的比例不断降低, 而且还将进一步降低。1993 年 100 个在职人员要供养 36 个退休人员。

根据美国经济学家刘易斯 (Alexander Lewis) 的理论, 一国的资产状况会极大地影响该国的经济发展。而德国为了支付上述高额福利费用不得不大

---

① 本节有关数据除特别注明出处外, 均引自德国历年的数据报告 (Datenreport) 和经济年鉴 (Jahreswirtschaftsbericht) 。

量举债，从而恶化了自己的资产状况，进而制约了经济的增长。1982年科尔接替施密特任联邦总理时联邦德国的国债（联邦、州和乡镇①国债总计）为6000亿马克，到1998年政府更迭时，已上升到15000亿马克，每年需支付的利息为830亿马克，相当于整个税收的1/5，是联邦政府的第二大开支。1990年德国的全部债务（指总债务加上无担保的养老金负债）已占国内生产总值的213%，而美国仅为151%。②

在资本主义世界，政府的财源主要有两个，一个是前面谈到的借债，另一个则是征税、征捐。为了支付高额的福利费，国家不得不一再提高税率，例如1997年德国的税收就占到国内生产总值的40.3%，德国个人所得税的最高税率为56%，企业税最高税率为59%，工商收入的最高税率为47%，公司留成利润的最高税率为43%，其起征税率为25.9%，这在发达国家均排在前列。例如同期美国的税收只占国内生产总值的29.7%，个人所得税最高税率仅为30%，企业税最高税率亦仅为30%（KPMG统计为40%）。③ 高税率带来的后果是极其严重的：它挫伤了企业、个人的生产和投资积极性，迫使纳税大户外迁或将投资转向国外，也使偷税漏税和打黑工盛行。

众所周知，福利和就业之间也有着紧密的关系。长期以来，德国失业情况十分严重，进入20世纪90年代后，登记的失业人数已经三次越过400万大关。如果加上备用劳力，加上正在接受培训或改行培训的人员，德国的失业人数仍然超过700万，相当于1929～1932年资本主义世界经济大危机时德国的失业人数。据1996年纽伦堡劳动市场和职业研究所统计，因失业造成的额外负担高达1590亿马克，人均40000马克。导致德国如此高失业率的原因固然很多，但最直接的原因是高福利。例如，当时德国的每个失业人员一般可以领到相当于本人失业前三个月平均工资67%的失业金或57%的失业救济。他们完全可以依此体面地生活下去，如果再能打点"黑工"，收入甚至不会低于就业时。因此他们并不渴望重新就业。一位经济学家不无感慨地对笔者说："现在在德国政府连雇佣失业者来清扫冬天积雪的本事都没有，

---

① 德国的行政体制划分比较复杂。一般来说可以分为联邦、州（一些州下还分行政区）、县市和乡镇。Kommune和Gemeinde过去常译为"地方"，这不合适，因为Kommune涵盖县市和乡镇，却不包括州，可以译为"城镇"；Gemeinde则可译为"乡镇"。但在财政和税收统计领域一般只列联邦、州和乡镇三级，县市则列入州的范围内。

② 引自莱斯特尔·图罗夫（Лесмел Щулоб）的《资本主义的未来》第102页，纽约，1996。

③ 联邦财政部2000年10月发布的《重要税收的国际比较》，引自 www.bundesfinanzministeri-um.de，最后访问日期：2014年5月6日。

大冬天的，谁愿意离开温暖的家，跑到这冰天雪地的世界里来。"

造成高失业的另一个原因是工作岗位的过度保障——解聘保护。当年引进这一举措本是为了保护雇员免遭无端的解雇而失业。按照《解聘保护法》的规定，企业只有在下述三种情况下可以解雇职工：职工个人的原因，例如失去了劳动能力；职工的工作态度，例如不愿干活，或不愿好好干活；企业的原因，例如企业某一部门关闭或是倒闭。然而事与愿违，随着工作岗位保护措施日益加强和费用的不断提高，该举措也发生了异化。如今企业要解雇职工，就要花费一大笔解雇费，所以企业宁愿放弃扩大再生产，甚至减产也不愿去冒万一经营不善要解雇职工需支付高额费用的风险。于是就出现了令人难以置信的情况：从 1973 年到 1998 年德国就没有再净增过就业岗位。[①]这说明，德国对解雇采取过分保护措施带来的不是失业的减少，而是失业的增多。美国则不同，它在同期创造了 4000 万个新的就业岗位，从而大大改善了自己的就业状况。

这里还需要指出的是，社会福利体制对私人储蓄、货币资本和实物资本的影响也很大，因而对投资和经济增长的影响也很大。正是德国社会福利体制中的高福利、高税率、高成本和高额解聘费恶化了德国国内的投资环境，吓跑了众多的国内外投资者，造成外国资金不内流，本国资金向外流的尴尬局面。

投资是经济增长的关键，低投资必然带来低增长。对比一下德国从 1951 年至今的国民生产总值或国内生产总值的增长率我们就可得出相应的结论。1951 年到 1957 年联邦德国国民生产总值（不包括柏林和萨尔州。德国的 16 个州中有 6 个是双名，本书均采用简称，请见以下对照表[②]）的增长率依次为 9.7%、9.3%、8.9%、7.8%、12.1%、7.7% 和 6.1%。进入 20 世纪 70 年代和 80 年代，这一增长速度明显放慢，到了 90 年代则大幅度下降，从 1992 年至 1998 年德国国内生产总值的增长率依次为 1.9%、-1.0%、2.5%、1.7%、0.8%、1.9% 和 1.9%。回顾德国福利和增长的全过程，人

① 〔德〕赛康德：《争夺世界技术经济霸权之战》，张履棠译，中国铁道出版社，1998，第404 页。

② 德国共分 16 个州，即巴登 - 符腾堡（巴符州）、巴伐利亚、柏林、勃兰登堡、不来梅、汉堡、黑森、梅克伦堡 - 前波莫瑞（梅前州）、下萨克森、北莱茵 - 威斯特法伦（北威州）、莱茵兰 - 普法尔茨（莱普州）、萨尔、萨克森、萨克森 - 安哈尔特（萨安州）、石勒苏益格 - 荷尔斯泰因（石荷州）、图林根。其中勃兰登堡、梅克伦堡 - 前波莫瑞（梅前州）、萨克森、萨克森 - 安哈尔特（萨安州）、图林根和柏林都是新州，但在历史统计时，西柏林除外。

们看到的是一条令人深思的轨迹：福利费用同增长幅度大体上成反比，福利费用的上升带来的并不是增长的提高，而是增长的下降。

现实是残酷的，尽管不少德国经济学家至今还不愿承认德国经济得过"德国病"，但也不得不长吁短叹地确认：德国经济曾跌入"社会福利国家陷阱"[①]。

建立并发展社会福利保障本是一件大好事，但搞得过急、过多同样也会走向反面。当人们在赞美德国社会福利体制"健全"和"完善"的同时，千万不要忘记这一点。在这方面德国在给世界提供了大量宝贵经验的同时，也向世界展示了其沉痛的教训。显然，这一点对于正在进行福利体制改革的国家具有重要的借鉴意义。

二 "德国病"能治愈吗？

"病"和"死"是既有联系又不等同的一组矛盾。在这里谈"德国病"能否治愈同谈资本主义能否"长生不老"是全然不同的两个命题。资本主义由于它自身无法克服的矛盾必然是多"病"缠身，而且终究会因病入膏肓而"死亡"，但这并不等于说，它一生"病"就不能治愈，就注定会因此死亡。在资本主义存在的数百年里，它已病过很多场，但大多得到了治愈，而且在近数十年内有了新的发展。讲清这一点既是向真理的回归，也是实事求是研究"德国病"能否治愈的前提。

应该说，德国经济得了病是个不争的事实，大凡具有正常理智的政治家和经济学家是很容易看清的。但看清是一回事，治疗却是另一回事。从看清到治疗到治愈不仅有一段很长的路要走，而且路上潜伏着无数难以克服的障碍，因为这里涉及的是体制问题、结构问题，是芸芸众生赖以维持生计的福利问题，这对"一个党在台上，一个党在台下"的资本主义国家来说是一个"生死抉择"问题，因为只要一触动福利这一敏感问题，就会丢失选民，就会导致执政党倒台。施罗德算是吃了豹子胆，一上台就试图触动这一问题，结果一下子就丢掉了6个州、市的执政大权。如果不是联盟党不争气，自乱阵脚，施罗德早已不可能拥有当时的局面。今天提出这一论点既说明治疗"德国病"的难度，也说明治愈"德国病"的可能。

出路在改革，有些经济学家甚至认为出路在"转轨"，就是说，德国不

---

① 克里斯蒂安·封·克罗考夫：《德国的衰落》（*Der deutsche Niedergang*），斯图加特，1998。

仅东部有体制转轨问题，西部也有体制转轨问题。而"改革"和"转轨"虽说历来都是困难的，但又都是可能的，关键在于把握其根本的规律，那就是：能否达成社会的共识，包括各主要政党之间以及不同利益集团之间的共识。其实，当今德国政坛朝野两党之间对德国面临的问题看法基本类同，应对的措施也是相似的，只是因为党派之别，才相互攻击。但近年来人们已经看到了一种新的动向，即社民党不再像往常那样，一定要寻找"另一种选择"，而是敢于使用联盟党的方案，尽管还是"犹抱琵琶半遮面"，而联盟党也采取了相应的"边批边放"的做法，与社民党适度相向而行。此外，历届联邦政府也加大了不同利益集团之间，特别是工会和雇主协会之间在解决重大敏感问题上合作的力度，大力提倡"社会进行对话并达成共识的积极性和能力"，① 而成立由政界、经济界和工会高层代表组成的"劳动、培训和竞争力联盟"则是一个突出而典型的范例。

能否坚持改革，能否坚持结构改革。从建国到 1966 年，德国经济合理而高速地运转，创造了举世瞩目的经济奇迹，人们几乎感觉不到结构问题的存在。1966～1967 年的经济危机虽然给人们敲响了警钟，却并没有真正让人们警醒。随着时间的推移，结构问题日益严重，20 世纪 70 年代人们已经明显感觉到结构需要改革，但碍于它的全局性和复杂性，历届政府几乎都是雷声大、雨点小地走走过场而已，于是结构问题日益严重。在投资、消费、产业、金融、区域经济、国际收支、基础设施、教育、人口、所有制、劳动市场、人均收入等结构方面都出现了问题，必须大力进行改革。毋庸讳言，要进行这样的改革或转轨，社会上很快就会出现得益者或部分得益者、失益者或部分失益者。一定要注意的是，即使在改革初期也要使改革的整体得益者尽量多于改革的整体失益者。人们已经看到联邦政府在决定降低工资附加费的同时，降低起征税率，提高起征税额，提高子女津贴。在降低养老金保险时，则提高生态税来予以支持等。

能否逐步改变德国经济"五高、两低、一结构"的状况，特别是能否削减福利费用，尤其是工资附加费，是德国经济改革的关键问题。要解决这些问题，则一定要逐步削减劳动成本，降低税率，减少国债，抑制高失业率，以吸引投资，推动增长。

事情很清楚，联邦政府不仅看到了问题，而且已在着手解决问题，但受

---

① Schröder/Blair: *Der Weg nach vorne für Europas Sozialdemokraten*, 08. 06. 1999, in: Wikipedia.

到德国现有政治、经济制度和自身矛盾的严重制约，这就要求联邦政府在某些领域必须取得突破。应该说，这一点施罗德政府和默克尔（Angela Merkel）政府至少是部分做到了。

1998 年末施罗德上台后德国便开始进行结构改革。施罗德的《2010 议程》同默克尔的"整固、改革与投资"三和弦结合，刚柔并济、相得益彰，使德国对内和对外经济都出现了转机，不仅迅速摆脱了国际金融危机的羁绊，而且成了欧债危机中的中流砥柱。如今，尽管"德国病"的余毒仍远未除净，新难又接踵而至，但人们有理由相信，一旦德国真正实现了 1 + 1 等于 2 甚至大于 2 的时刻将是德国经济重整雄风之日。

三 如何看待德国的社会福利市场经济？

德国的社会福利市场经济体制是许多德国政治家和经济学家引以为自豪的东西，他们四处兜售，百般推崇，说其意义远超出了经济的范畴，是德国根本自由制度的核心要素。① 那么究竟应当如何看待德国的社会福利市场经济体制呢？在这里必须要分清它的理论与实践，在实践中又要分清成功与失败。

（一）从理论上来说

它以"秩序自由主义"为指导，强调"秩序加自由"，强调宏观调控，这就限制了自由资本主义的无政府状态；它主张"使所有雇员参与生产资料占有"，建立"股东社会"，其矛头直接对准了生产资料的私有制，对准了产品的私人占有制；它强调福利，旨在缓和生产中人剥削人的关系。

因此对资本主义的自由市场经济来说，它无疑是一种改革。但它坚持生产资料的私有制，这不仅在理论上制造了目标冲突，也最终导致了它在关键改革中的失败。

（二）从实践上来看

它确实产生了很好的效果，对资本主义做出了一定的改革，因而缓和了社会矛盾，推动了德国经济的发展，出现了经济奇迹。

但是由于社会制度的制约，这种改革是有限的，关键的改革是失败的，这表现在：德国至今还是一个私有制社会，没有解决资本主义的根本矛盾。

---

① Bundesministerium für Wirtschaft, *40 Jahre Soziale Marktwirtschaft in der Bundesrepublik*, Sinzig/Rhein: Grunzke & Partner, 1989, S. 5.

雇员的参资比率不到 10%，离所谓的"使所有雇员参与生产资料占有"的目标还相距十万八千里；雇员收入的增长远低于雇主；如今认为德国经济关系是公平的德国人只占 15%。人们对此不断提出尖锐的批评，强烈要求改变这种状况。

事实说明，不改变私有制，不消灭剥削，经济上的平等、人道是无法达到的，所谓股东社会、福利最佳、共同富裕也只能是空谈。

"以市场经济这一点而论，资本主义和社会主义的市场经济具有相当多的共同之处。如果把私有制的独特性质考虑在内，那么作为资本主义市场经济经验总结的西方经济学对中国社会主义市场经济具有很大的借鉴意义"。① 而社会福利市场经济同社会主义市场经济从理论上来说共同之处更多，就更值得我们很好地研究。它们都是一种平等、自主、竞争和开放的经济运行方式，也是由国家宏观调控的现代市场经济。但两者之间在理论上也有不同，在实践上区别就更大了。

---

① 高鸿业主编《西方经济学》（微观部分），中国人民大学出版社，2004，第 11 页。

第二章

新州经济体制的转轨

第一节　世界经济体制的分野

经济体制的分野往往取决于两个主要标准：所有制形式和经济的协调机制。马克思认为生产资料的所有制是其根本的体制分野标志。[①] 西方经济学家一般将世界经济体制分为三大类型，具体分类如下。

A 型　中央计划经济

B 型　分散经济计划型市场经济，其中又分四类：

B_1 型　资本主义市场经济

B_2 型　社会福利市场经济

B_3 型　福利国家市场经济

B_4 型　政府主导型市场经济

C 型　社会主义市场经济，其中又分成三类：

C_1 型　国家预算型社会主义市场经济

C_2 型　参与型社会主义市场经济

C_3 型　中国特色社会主义市场经济

一　中央计划经济

中央计划经济亦称中央管理经济或中央集权决策计划经济，其典型模式

[①] Timmermann, Heiner: *Wirtschaftsordnungen im Dialog*, Saarbrücken, 1989.

为原苏联及前经互会其他各国所采用，改革开放前的中国采用的基本上也是这一模式。

二　分散经济计划型市场经济

分散经济计划型市场经济是以市场经济来分散计划经济，在市场自发形成的货币价格基础上进行经济核算，企业以赢利和扩大收入为经营目的。主要有以下四个分支。

（一）资本主义市场经济

资本主义市场经济亦称自由市场经济或竞争性市场经济或垄断主导型市场经济，其典型模式在美国。该经济体制的主要特点是：私有制为主体，市场物价导向，实行自由企业制度，私营企业为市场主体，以垄断为主导，鼓励竞争。政府实行有限的宏观调控，经济核算主要建立在产品和生产要素的自由市场上，并通过市场参与者的自治组织扩展到社会福利保障领域，优先考虑以市场来解决社会福利保障问题，而不重视社会福利计划。

（二）社会福利市场经济

社会福利市场经济的典型模式在德国，其主要特点是：私有制为主体，市场物价导向，主张个性发展和自由，坚持竞争，但强调法制和秩序；谋求建立强大的中产阶层，突出再分配，控制社会两极分化；重视社会福利保障和劳工保护；奉行积极的景气政策，尤其要求货币稳定、充分就业和收支平衡，实施结构改革，保证经济增长所必需的法律、基础设施和生态条件；国家要采取一切措施来保证达到最大的市场一致，使价格体制能正常运转。

（三）福利国家市场经济

福利国家市场济也叫计划市场经济，其典型模式在瑞典，主要特点是私有制为主体，但合作经济广泛；市场物价导向，但重国家、集体、法制和社会福利。所谓合作经济是指那些人们自愿联合、合作的一种所有制形式，可称之为个体联合所有制，主要形式是消费合作社和生产合作社。该体制同时拥有以垄断资本为代表的企业决策体系和反映各集团利益的集中的国家决策体系；突出社会保障的强制性，奉行福利社会的收入分配政策、工资和劳动市场政策，经济民主化，利润分成；主张充分就业和福利平等；国民生产总值中国家所占份额较高，政府的年度财政收入所占的比例也较高。

（四）政府主导型市场经济

政府主导型市场经济的典型模式在日本，其主要特点是：私有制为主体，市场物价导向，但重政府介入，重政府指导性经济计划，通过各项金融政策来确保分配的公正和经济的增长；推行产业政策诱导，谋求产业、技术和出口结构的优化，经济高度组织化，拥有有效的经济管理体系，"官""民"结合；强调法制，在投资、公共服务、福利、广告、反垄断等领域都有严格的立法，保证公平竞争；重视科技、新技术、信息及信息的共享。

三 社会主义市场经济

社会主义市场经济是（非必须坚持的）中央计划经济同分散的企业规划经济相结合的经济体制。其特点是：公有制为主体，但谋求各种实现形式，同时主张各种所有制的共存；国家从事远较其他市场经济强大的宏观调控，至少有一级调控机构，并拥有强制性权力；基本上取消了对企业的指令性计划，企业以市场为导向，其终极核算以赢利和扩大收入为目的；谋求"按劳分配"为主，其他分配形式共存，注意控制社会的两极分化。

（一）国家预算型社会主义市场经济

国家预算型（etatistisch）社会主义市场经济的典型模式出现在 1968 年引进新经济机制以后的匈牙利，其特点是：公有制为主体，国家调控经济和市场，国家保留对企业生产资料的所有权和使用权，特别是选拔和撤销企业领导人职务的权力和投资决定权；国民经济计划的主要任务是有计划按比例地将国民收入用以消费和积累，拟定个人、社会消费和各部门、各地区的积累份额，并采用间接的方式通过物价、工资、投资、贷款、汇率和外贸政策等经济杠杆来实现计划目标。但该体制谋求市场配置资源，取消了对企业的指令性计划；企业有权决定日常管理，以市场需求和计划数据为经营导向，以盈利为目的；国家可以采用非正式的方式进行调控，同时强调有计划的集中管理和市场的积极作用，强调它们之间有机的联系。

（二）参与型社会主义市场经济

参与型（partizipatorisch）社会主义市场经济亦称民族社会主义－辛迪加型市场经济。其典型模式是前南斯拉夫的工人自治管理经济体制，主要特点是：公有制为主体，不允许私人占有企业的资源和投资，企业中的资金和地产这类资产亦不包括在经济核算之中；企业采用自主管理、托管或租赁这样的公有制实现形式，市场物价导向，经济核算主要建立在产品和生产要素的自由市场基础上。

所谓工人自治管理是指企业的设置管理活动均由工人自己根据"一人一

票"的原则来加以领导，以自治协议和社会契约来取代国家的作用。职工或通过全体大会或通过公决直接参与决策，或通过所选代表，通过工人委员会、职工委员会、生产者委员会间接参与决策。

其公有制的实现形式是生产资料的社会所有制，经济所有权和使用权均为职工集体所有，实行企业非国有化。联邦预算收入只占国民收入的11% ~12%；强调激励机制，强调计划服从和适应市场，计划经济同市场调节相结合，职工的收入同企业收益挂钩，职工以谋求个人最高收入为自己的行为准则。但社会可实行严格的调控，直接控制价格，冻结工资。谋求合作精神支配下的市场资源配置，实行开放经济。银行采用分散的体制，实行低贷款利率。

（三）中国特色社会主义市场经济

中国特色社会主义市场经济正在建立之中，西方学者对此的研究尚不多，亦不系统，主要根据我国公开发表的资料。已经可以看到如下主要特点。

（1）把市场经济体制的建立同社会主义制度的建设结合起来，把经济建设与经济体制的改革和建设放在国家工作的中心。强调市场经济是法制经济，重视在生产、流通、经营、消费、投资等方面的立法和司法。

（2）形成以公有制为主体，国有、集体、个体、私营经济和外资经济等多种经济成分并存、平等竞争、共同发展的新格局，积极探索公有制的实现形式，以股份合作制和股份制为主要形式的产权制度改革步伐不断加快。

（3）形成以按劳分配为主体，多种分配相结合（例如按资分配、按经营分配等）的分配格局，兼顾效率与公平。

（4）强调市场起决定作用，市场物价导向，市场配置资源。大力发展商品经济，培养市场体系，推进价格改革，逐步放开绝大多数商品的价格，大力发展各类零售和批发商品市场，积极培养生产要素市场，包括资本市场、房地产市场、劳动市场、技术和信息市场等。绝大部分的农产品已经放开经营，农产品的商品率有了极大的提高，绝大部分商品已进入市场自由流通，计划管理的生产资料与生活资料品种已经大幅下降，基本形成了市场决定价格的机制。

（5）加大国有企业的改革力度，进行企业改革试点，扩大企业自主权，增强企业活力，探索建立现代企业制度的途径。企业向独立的法人实体和市场竞争主体转变，靠自我改造、自我发展向自主经营和自负盈亏的方向发展。推进企业的承包、租赁、兼并、出售、拍卖、破产等项改革向纵深发展。

（6）发展多种形式的家庭联产承包责任制，调动农民发展商品生产的积极性，建立统分结合的双层经营体制，调整农产品价格，改革粮棉流通体制和农业生产资料流通体制，健全农产品市场体制，向专业化、商品化、社会化发展。

（7）重视宏观调控，强调由行政指令性的直接控制向主要运用税率、利率、汇率和货币量等经济、法律手段的间接调控转变。

（8）拉开收入差距，同时又重视防止和消除社会两极分化，使整个社会逐步地走向共同富裕。

（9）大力进行国家财税体制改革，引进了所得税，并不断调高起征税率（从800元提高到3500元）；从2016年起全面推行"营改增"（即将营业税改为增值税）政策，建立以增值税为主体，以营业税和消费税为补充的新型流转税制度。实行分税制财政体制，建立转移支付制度。

（10）建立中央银行和商业银行的二级银行体制，初步建成中央银行宏观调控体制，逐步改进调控方式。将原有国家专业银行划分为国家政策性银行和国有独资商业银行，以国有商业银行为主体、政策性金融与商业性金融分离、多种金融机构并存的金融体制初步形成。运用各种货币政策工具调节货币供应量。金融业务不断创新，金融资产不断扩大。

（11）不断完善对外开放体制，加强对外开放的法制建设，先后颁布了一系列的法律规章，引导外商投资农业、能源、交通、原材料等基础产业、基础设施以及高新技术和出口创汇型企业。努力发展对外经贸关系，开展对外经贸合作，积极引进外资，建立经济特区，加速与世界经济接轨，向多层次、全方位的对外经贸格局发展。2013年9月29日正式建立了中国（上海）自由贸易试验区，政府对该地区的贸易活动不过多干预、对外运入的货物不收或征收优惠关税，并取得了积极的效果。于是2014年底中央决定，进一步建立中国（广东）自由贸易试验区、中国（天津）自由贸易试验区和中国（福建）自由贸易试验区。

（12）重视在建设物质文明的同时建设精神文明。

2016年3月中国政府提出了《国民经济和社会发展第十三个五年规划纲要》，有下列六大要点：①保持经济中高速增长，推动产业迈向中高端水平。②强化创新引领作用，为发展注入强大动力。③推进新型城镇化和农业现代化，促进城乡区域协调发展。④推动形成绿色生产生活方式，加快改善生态环境。⑤深化改革开放，构建发展新体制。要全面深化改革，坚持和完善基本经济制度，建立现代产权制度，基本建成法治政府，使市场在资源配置中起决定性作用和更好发挥政府作用，加快形成引领经济发展新常态的体制机制和发展方式。2016 年和 2017 年更要大力推进国有企业改革。推进股权多元化改革，开展落实企业董事会职权、市场化选聘经营者、职业经理人制度、混合所有制、员工持股等试点。同时要更好激发非公有制经济活力。在项目核准、融资服务、财税政策、土地使用等方面一视同仁。依法平等保护各种所有制经济产权，严肃查处侵犯非公有制企业及非公有制经济人士合法权益的行为，营造公平、公正、透明、稳定的法治环境，促进各类企业各展其长、共同发展。⑥持续增进民生福祉，使全体人民共享发展成果。

经过近 40 年的艰难摸索，中国终于找到了一条通向具有中国特色社会主义的道路，这是马克思主义新的发展，是一条前人从未走过的道路。然而无数的事实告诉人们，没有试验就不会有成功，没有牺牲也就不会有胜利。当人们跨过"卡夫丁峡谷"建成真正的社会主义的时候，就能真正体会到今日试验、奋斗、牺牲的价值。在这条道路上是绝不会缺少后来者的。

第二节　西方经济体制转轨理论

波兰经济学家克勒德克（Grzegorz W. Kolodko）说："21 世纪的前夕，全球经济一个最重要的特点是广泛的后社会主义转轨过程。在欧洲和亚洲一共有 30 多个国家，其人口多达 15 亿，占全人类的 1/4，卷入了这场急剧而壮观的变革。"①

于是这样一场经济体制的转轨便成了世界经济学家研究的热门课题，有的经济学家甚至已将其径直称为转轨经济学。但据笔者所见，无论是从广度、深度或是成熟程度来看，该理论目前都还难以称之为一门经济"学"，然而可以预计，随着各国经济体制转轨实践的深入和向理论层面的升华，转轨经济学的诞生只不过是个时间问题。

所谓经济转轨用西方经济学家的话来说，就是一个长期无大变化的经济体

---

① Kolodko, Grzegorz W.: *From Shock to Therapy — The Political Economy of Postsocialist Transformation*（Unu/Wider: *Studies in Development Economics*）（Hardcover）by Kolodko, Grzegorz W. pulished by Oxford University Press, USA, 2000.

制突然消亡，向另一个经济体制过渡。它不同于"改革"，那是在原有体制基础上进行的变革，并不改变体制本身，而"转轨"却要改变体制本身。在此前提下西方经济学家提出了一系列的经济转轨理论，大致可以归纳为三个流派。

（1）以美国经济学家萨克斯（Jeffrey Sachs）为代表的体现新自由主义学派的经济转轨理论。该理论并不完全拒绝国家干预，但要限制国家干预的范围，强调局部改革是远远不够的，必须以自由市场机制迅速、全面取代计划经济体制。政府的作用主要是实现宏观经济稳定，进行完全彻底的自由化和市场化改革，也就是人们常说的"大爆炸"理论或"休克疗法"理论。

（2）以美国经济学家、诺贝尔奖获得者斯蒂格利茨（Joseph E. Stiglitz）为代表的体现新凯恩斯主义学派观点的经济转轨理论强调，传统市场已经失效，因此所有的市场和信息都是不完备的，很多问题单靠市场机制是根本无法解决的，因而需要政府干预，但应把干预范围集中在失效巨大的领域。

（3）以美国斯坦福大学教授麦金农（Ronald I. Mackinnon）为代表的体现发展经济学的新古典主义学派观点的转轨理论认为，经济转轨国家的经济落后，特别是其市场经济体制落后，因此要按发展经济学理论来实施转轨，应由政府来决定"经济自由化的顺序"，特别在转轨初期，政府对国有企业、财政金融、价格、外贸等领域应加强控制。[①]

德国经济学家虽然未能进入三家之行列，但面对新州的经济转轨现实，还是写出了不少力作，一方面介绍欧肯的经济转轨思想[②]，另一方面也提出了自己的新论。[③]

当代西方经济转轨理论涉及面很广，除前面已介绍过的世界经济体制的分类和市场经济与计划经济的分析、比较外，还包括转轨理论的任务、转轨的战略、转轨任务的重点、转轨任务的先后配置、转轨方法的选择、转轨战略的确定性和不确定性、转轨的障碍和困难。现将这些论点分述如下。

一 经济转轨理论的任务

德国奥登堡大学经济学教授彼得斯（Hans-Rudolf Peters）对经济转轨理

[①] 参见刘文革、段颖立《西方转轨经济理论述评》，《经济理论与经济管理》2002年第2期，第72~75页。

[②] Weber, Rolf L.: *Walter Eucken und der Wandel von Wirtschaftssystemen*, in: *WiSt*, Heft 11, Marburg, 1992.

[③] Schüller, Alfred/Barthel, Alexander: *Zur Transformation von Wirtschaftssystemen*, in: *WiSt*, Heft 2, 1992.

论的任务做了高度的概括。他认为："在经济体制领域内通用经济转轨理论的任务就在于对不同经济体制的实现典型在向另一类经济体制实现典型转变时的缘由、问题、目标和手段进行研究。从现实的经验看，既有以生产资料私有制为主体的市场经济体制向社会主义中央领导的生产经济的转轨，同样也有社会主义计划经济向市场导向体制的嬗变。"经济转轨理论的任务就是要在该转轨理论的基础上去发展有效功能的经济体制，使"生产资料的支配权能向资源最佳配置和最能满足社会需求的经济主体转移；该经济主体应能准确地获得商品短缺和其他相关经济要素的信息，能够制定出最大程度减少商品短缺的合理有效的计划；应使该经济主体获得刺激，节约包括环保用品在内的生产资料和生产过程中的原材料，最终生产出高质量、高价值的商品；应该使该经济主体的计划和实施在经济活动的分工中得到协调，以保证生产满足需求；应监督该经济主体计划和实施的目的性，惩治错误的计划，使未来的生产组织得更细致，能更有效地保护生态"。[1]

二　转轨的战略

前文已经谈到，转轨是指一种经济体制的根本转变。由于西方经济学家对社会主义经济体制与资本主义经济体制的根本区别看法不同，在转轨的战略上意见自然也就不可能相同。经济体制理论专家考尔内认为，社会主义经济体制同资本主义经济体制的区别主要反映在企业对预算限制不同的重视程度上，因此转轨的重点也就应该集中在这里。而德国经济学家阿尔弗雷德·舒勒（Alfred Schüller）则认为，社会主义经济体制同资本主义经济体制应从占统治地位的所有制（国有制、社会所有制和私有制）和经济核算（决算导向、价格导向）的方式上来加以区别。从中央计划经济向社会主义市场经济的过渡就是在保留生产资料的集体所有制的同时将决算导向的经济核算体制转变为价格导向的经济核算体制；如果要进一步向社会福利市场经济转轨则还需要把生产资料的集体所有制转变为私人所有制。[2]

研究转轨问题主要是研究两种（或三种）状态：始发状态和目标状态，

① Peters, Hans-Rudolf: *Transformationstheorien und Ordnungspolitik*, in: *WiST*, Heft 8, 1990.

② Schüller, Alfred: *Probleme des Übergangs von der Staatswirtschaft zur Marktwirtschaft* in: Hamel, Hannelore: *zum 60. Geburtstag*, *Zur Transformation von Wirtschaftssystemen*: *Von der Sozialistischen Planwirtschaft zur Sozialen Marktwirtschaft*, *Arbeitsberichte zum Systemvergleich der Forschungsstelle zum Vergleich wirtschaftlicher Lenkungssysteme*, Nr. 15, Marburg, Juli 1990.

有时也需要研究现实转轨状态。

始发状态的问题就很多,例如:产权结构,经济刺激体制的效率,市场结构,经济决策机构的功能以及各转轨领域的价格、金融和货币状况等。

目标状态就更难以确定了,即便说是向市场经济过渡也还远没有说清楚体制的特点,是向日本的经济模式转轨,还是向德国的社会福利市场经济体制模式转轨;是准备实行美国的自由资本主义,还是前南斯拉夫的工人自治,这些问题都需要认真地加以研究和确定。

转轨状态的研究看起来似乎容易些,实际上争论也很大。例如,转轨状态顾名思义自然是过渡状态,可不可以把它视为目标状态?大多数西方经济学家认为,转轨经济状态只能是过渡状态,不能视为目标状态。这一过渡状态实际上是一种混合体制,新老体制因素并存,充满着矛盾,不是此消彼长,便是彼消此长,因而显得十分不稳定,政治上和经济上的倒退随时都有可能发生。

对于从中央计划经济向市场经济转轨的过程,西方经济学家的看法亦大相径庭。萨克斯特别主张"大爆炸"式的休克疗法;另一部分人则持相反观点,认为应采取"碎片工程"的渐进方针,逐步消除旧体制,逐步建立新体制。今天转轨的实践已经证明,是采用突变还是采用渐变的转轨方式关键取决于转轨过程中的各类限定因素。为了迅速消除出现的重大问题,稳定经济形势,控制局势,一举摧毁保守势力的反抗,采取突变的方式是必要的。但大量的正反两方面的经验和教训又同时告诉人们,转轨主要仍应采取渐变的方式,市场经济同样也是不可能在一夜之间建成的。原因如下。

转轨是一个"创造性破坏"的过程。"破"易"创"难,"破"快"创"慢。"创"需要的时间要比"破"需要的时间长得多。"破"而不"创",或"创"而不稳,就会形成真空或半真空,"创"需要一个长过程。

经济学家霍普夫曼(Arndt Hopfmann)认为,社会进化不是一个线性、同质,超越各阶段、各边缘条件的同一过程,而是一个复杂的、涵盖多个层面的平衡和不平衡过程的聚合,局部还包含有不同强度及强度更迭的重叠。[①]

此外,经济体制转轨涉及千家万户的切身利益,涉及全民族的根本利益和长远利益,需要有足够的时间来统一人们的认识,至少需要三个共识:广

---

① Hopfmann, Arndt: *Transformationstheorie — Stand, Defizite, Perspektiven*, Münster: Lit Verlag, 2001.

泛的政治共识、社会福利共识和对所谋求的市场经济体制的基础及转轨战略
具有的共识。

这里说的政治上的共识不仅是指共同为一个可以信赖的、扎实的改革计
划而奋斗，同时还指争取国际支持和保证改革计划的前提条件，也涉及加入
国际金融体系和国际组织的问题。

取得并保持社会福利的共识也十分重要，特别是在不受国家机关的制约
和发展协定工资谈判手段方面。这是在取得初步改革成果之后继续保持改革
势头所必要的。

所谓对谋求的市场经济体制的共识，是指在建立何种市场经济体制（社
会主义市场经济、社会福利市场经济、日本模式和美国模式等）上的共识。
只有具备了上述共识，才能拟定共同的、扎实的转轨战略。

与此同时也必须强调，在全局上不宜采取突变的方式并不等于在局部上
亦不可采取。例如物价的放开便应采用突变和渐变相结合的方式来进行：大
部分物价突变放开，小部分渐变放开。

三　转轨任务的重点

针对计划经济向市场经济转轨任务的重点，西方经济学家的意见很不一
致，分类和分类标准自然也不可能相同。

经济学家法雷尔（Larry C. Farrell）[1] 认为，从计划经济向市场经济转轨
需要完成下列八大任务。

（1）产权问题。应在产业大小和种类不同的企业中引进不同的私有法来
界定自主管理和外资所有权问题。

（2）竞争的市场。取消中央配置资源，按需求来调整物价，自由竞争，
制订反托拉斯法、合同法和破产法，取消补贴，消除再分配价格以利于收入
的转让。铲除垄断企业，鼓励建立外资企业和小企业。

（3）将不同的货币兑换率并轨，建立可兑换货币。

（4）金融改革。放开利率，商业银行与中央银行分立，建立银行间货币
市场，减少金融部门的准入障碍，建立独立的中央银行和金融部门的监督
机构。

---

[1]　摘自法雷尔 1991 年著作的第 13 页。法雷尔是美国经济学家，其名著是《探寻企业的精神》
（*Searching for the Spirit of Enterprise*）。

（5）引进劳动市场。禁止企业解雇工人，引进失业保险和福利保障网，进行改行培训和集体议价。

（6）实施强制性硬性预算。政企分开，改革结算机制，引进利润法则，压缩信贷，禁止在税收和法规上的交易，企业行为非政治化。

（7）政策的稳定性。减少财政赤字，提高利率，执行反通货膨胀政策（按收入纳税政策，对外竞争），控制货币供应量。

（8）管理和教育。培训管理人员，进行普遍教育（在利润和竞争方面），根据业绩来提拔管理人员，保证国家管理人员执行利润导向政策。

世界银行的研究报告则把体制转轨中的宏观经济成分归结为以下四个主要方面，下面再分若干个小项。①

1. 宏观经济的稳定与控制

（1）稳定计划的实施：

政府与企业

财政紧缩

信贷紧缩

面对现存问题（货币超发、银行亏损）调整支出措施，实现对外收支平衡

2. 价格和市场改革

（1）商品与服务：

国内价格改革

国际贸易自由化

销售体系（运输和市场服务）

住房服务

（2）劳动力：

放开工资与劳动市场

（3）金融：

银行体制改革

其他金融市场改革

利率改革

3. 发展私有产业、推行私有化和企业改造

放宽企业进入和退出的限制

---

① 摘自世界银行报告（1991a），第 12 页。

企业管理

建立私有产权

（1）界定和配置产权：

农业土地

工业资本

住房存量与商业实际资产

行业与企业改造，包括打破垄断

4. 重新确定国家的作用

（1）法制改革：

修改宪法、财产法、合同法、银行法、竞争法等

法律机构改革

建立自然性垄断的制约机构

信息体系（会计和审计）

建立间接管理经济的工具与机构

税收体制与管理

预算的收入与支出监管

建立间接的货币监管机构

社会福利领域

失业保险

养老金与社会救济

（2）社会服务：

健康与教育等

经济学家沃尔穆特（Karl Wohlmuth）更进一步提出衡量转轨成功与否的四大标准。经济学家罗曼（Gerhard Lohmann）则认为，转轨主要涉及两大问题：一是建立和改造制度的可能和局限；二是从哪些方面来理解这些制度，以什么标准来评估这些制度及其改造。①

综合各方意见，西方经济学家认为，转轨的重点应当集中在以下几个方面。

（1）改变国家的功能和作用；

（2）实行私有化；

---

① Lohmann, Gerhard: *Wirtschaftliche Transformation als Ordnungsproblem*, Baden-Baden: Nomos Verl. -Ges, 1997, S. 22.

（3）实现宏观经济的稳定和监督，紧缩金融和信贷，减少计划经济造成的历史负担，如货币超发和银行亏损，要紧缩开支，实现国际收支平衡；

（4）进行价格改革，或立即全面放开物价（但全面放开物价往往会造成通货膨胀），或有选择地放开物价，尤应注意房租和工资要逐步放开；

（5）建立市场竞争机制，减少中央配置资源，提高生活必需品的价格，保护竞争，消除竞争限制，建立反卡特尔局，制定合同法和破产法，削减补贴，铲除市场垄断势力，建立并扩大中小企业，改善销售体制（运输和市场服务）；

（6）改革货币体制，硬化软预算限制，建立功能有效的货币体系，建立可兑换硬通货以及货币和资本市场，改革银行体系，如建立中央货币银行和商业银行网点，取消外汇管制，调整利率；

（7）改善和加强法制建设，修改宪法，拟定产权法、合同法、破产法和竞争法，改革司法机关，制定对付自然垄断的框架；

（8）改革信息体制（会计和审计）；

（9）建立间接管理经济的机构和手段，如建立税收体制和管理，实施对预算收入和支出的监督，建立间接监管货币的机构和制度；

（10）加强社会福利保障，如建立失业保险、养老保险、社会救济和社会服务，加强医疗卫生和教育事业等；

（11）改革劳动市场，如削减难以为继的工作岗位，削减无盈利劳动，尤其是对环境造成污染的劳动，改变人浮于事的状况，实行扩大就业措施，建立第二劳动市场，解聘在职的退休人员，引进提前退休制度；

（12）改革工资结构，拉开部门内部和各部门之间的工资档次，将工资同市场和生产率的发展挂钩，同劳资双方的集体谈判挂钩。

在上述重点转轨任务中争论最大的是两个问题：一是改变国家的功能和作用问题，二是私有化问题。

关于改变国家功能和作用的争论主要围绕一个问题，是限制还是扩大国家的职能，这是计划经济同市场经济间明显的分水岭。一切市场经济的拥戴者都坚决主张限制国家的职能，认为国家只应该起"守夜人"的作用。德国经济学家更提出国家的职能应该是"多到必要，少到可能"（soviel wie nötig, sowenig wie möglich）。[1] 沃尔弗拉姆·恩格斯（Wolfram Engels）还指

---

① Keim，Helmut/Steffens，Heiko：*Wirtschaft Deutschland*，Köln：Wirtschaftsverlag Bachem，2000，S. 120 – 126.

出："我们需要的是一个小而有运作能力的国家，建立起来的却是一个大而虚弱的国家。"[①] 而斯蒂格利茨则认为"向市场经济过渡并不是要弱化而是要重新界定政府的作用"。他提醒处于改革的国家不要把"市场"与"政府"对立起来，而是应该在二者之间保持恰到好处的平衡。他认为，国家应当集中做下列事情：（1）确保竞争；（2）确立游戏规则；（3）进行价格改革；（4）保持宏观稳定与微观转型有机结合；（5）注重增量改革，即创立新制度和新企业；（6）私有化不是改善资源配置效率的唯一途径，确立竞争机制比私有化更重要；（7）要控制改革时序和转型速度，改革要以渐进方式进行；（8）兼顾公平与效率。[②]

在私有化的问题上争论非常激烈。马克思主义告诉我们，评价一个社会制度有三条标准：生产资料所有制、生产中人与人的关系和产品的分配。其中生产资料所有制在制约社会制度方面，起着决定作用。它也是区别社会主义同资本主义的主要标志。因此生产资料所有制的转轨便是最本质的、最深刻的体制转轨，激烈的争论自然是不可避免的。学者们一方面分析了社会主义国家实行的国有制和公有制，另一方面也解剖了撒切尔夫人的私有化，智利、苏联和东欧中亚国家[③]以及玻利维亚的私有化，同时提出了自己有关私有化的论点，下面列举几个有代表性的西方经济学家的论点。

德国经济学家赫尔穆特·莱波尔特（Helmut Leipold）认为："私有化这一概念的意义很广泛，它不仅是指国有企业转变为私人资产，而且也指经济的非国有化和市场的强化，其中也包括国有企业和混合经济企业引入市场和竞争条件。最好是所有的企业都按私人经济方法来领导，按利润导向来经营。纯供给思想和日益增长的垄断地位应当让位于有效的、市场导向的经营方式。"[④]

美国经济学家斯蒂格利兹则强调，在公有企业和私有企业中，同样面临激励问题，政府在公有企业部门改善经营的激励机制完全具有可行性，实行

① Engels, Wolfram: *Mehr Markt — Soziale Marktwirtschaft als politische Ökonomie*, Stuttgart：Seewald Verlag, 1976, S. 118.

② 〔美〕约瑟夫·E. 斯蒂格利茨：《社会主义向何处去——经济体制转型的理论与证据》，周立群等译，吉林人民出版社，1998。

③ 许新主编《转型经济的产权改革——俄罗斯东欧中亚国家的私有化》，社会科学文献出版社，2003；Herr, Hansjörg/Hübner, Kurt（Hrsg.）：*Der "lange Marsch" in die Marktwirtschaft*, Berlin：Fachhochschule für Wirtschaft Berlin, 1999, S. 107。

④ Leipold, Helmut：*Die Politik der Privatisierung und Deregulierung — Lehren für die Wirtschaftsreformen im Sozialismus*, Marburg, 1991, S. 136.

私有化和政府直接控制企业同样能有效地完成效率目标。这表明私有化可以进行，但应放到次要的位置。[1]

法国经济学家彼扎吉·艾伦斯坦认为，广义的私有化是指将国家从具体的生产经营活动中解放出来，放弃过度的集中管理和行政干预。因为根据新自由主义观点，集中管制有意无意地扼杀了私人首创精神和个人积极性，违背了市场自由竞争原则。[2]

更多的私有化鼓吹者（如法国经济学家 G. 苏拉克等）认为，只下放权力、减少干预而不进行产权私有化不是本来意义的私有化，是片面的私有化，也不能解决提高企业效率的问题；对于国有企业，需要解决的首要问题是产权私有化，产权私有化是私有化的主要形式和关键所在。[3]

意大利银行家 R. 普洛奇认为，政府为了政治集团及党派的狭隘政治利益，对国有企业的经营活动大加干预，将它所领导的国有企业作为国家宏观经济及地区政策随意试验的工具来使用，这种不负责任的做法使国有企业经常陷入非理性的投资活动中：即使发生亏损也要接纳劳动力就业，维持政治上需要而经济上没有效益的虚构业务和无效生产。[4]

争论中一些经济学家还一再引用德国经济学家欧肯的下列论点："社会福利市场经济不是以生产资料公有制为基础，而必须以生产资料私有制为基础。因为私有制是竞争制度的前提之一，没有生产资料私有制，竞争是不可能的，私有制是自由的国家制度和公共秩序的前提，私有制会给全体社会成员带来最大的利益和福利。"[5]

四 转轨任务的先后配置

转轨任务确定之后，如何执行就成了突出的问题。是齐头并进，毕其功于一役，还是区别对待，先后配置，这是西方经济学家们研究的另一个重要课题。他们认为，在这方面应当坚持两条原则：第一，所有改革都必须以市

---

[1] 参见刘文革、段颖立《西方转轨经济理论述评》，《经济理论与经济管理》2002 年第 2 期，第 72～75 页。

[2] 彼扎吉·艾伦斯坦：《国营部门的私有化》，巴黎，1988，第 67 页。

[3] 威克斯、莱特：《西欧的自由化政策》，伦敦，1989，第 4 页。

[4] 威克斯、莱特：《西欧的自由化政策》，伦敦，1989，第 18 页。

[5] Eucken, Walter: *Die Grundlagen der Nationalökonomie*, New York/Berlin/Heidelberg: Springer Verlag, 1989.

场经济为导向，不可放弃任何一个改革，从原则上来说也不可把任何一个改革置后，而是必须在所有领域同时进行改革，因为这些领域是彼此相互紧密联系在一起的；第二，与此同时也必须考虑，某些部门在某一阶段可以前置，可以加大力度，而另一些部门在某一阶段则可以后置，可以减少力度。在不同的阶段可以把注意力集中在不同的部门，这是有限的人力、财力、物力和精力所必需的，这是不同的改革实现期所必需的，这也是某些特殊部门的巨大敏感性和整体性所必需的。他们认为，应该对转轨任务做以下的先后配置。

首先必须稳定宏观经济，接着进行物价和商业政策的改革，再着手税制和福利体制的改革。这些改革必须迅速推进，因为只有通过物价和税收的刺激，只有通过开放市场和国际竞争才能提高商品和服务的供给。要迅速、广泛地推行"小私有化"，即中小企业的私有化，因为它制约着就业、竞争和社会的稳定。

大型企业的改革必须同银行和金融体制的改革结合进行，必须同机构和管理体制的改革结合进行，必须同政治和法律框架条件的改革结合进行。这是因为一家企业要独立核算、自负盈亏，就必然需要银行提供服务，就必须拥有外汇。而这一点在银行体制、资本市场和外汇市场改革之前是无法实现的。需要强调的是，这些领域的改革只有经过中长期的发展才能看到成果，因此它们应该略为后置，绝不能让这些领域改革的复杂性来影响人们在政治和福利上获得的共识。

私有化是转轨过程中最敏感、最复杂的问题。在何时应进行私有化问题上意见分歧非常大：有人认为，私有化应在价格改革之后进行，这样股东们可以获得正确的市场信息；有人却认为，私有化应在价格改革之前进行，这样原资产所有者便无法对价格信号做出反应，从而避免"内部人控制"导致资产被非法侵吞；有人认为，私有化应在企业非垄断化之前进行，这样就可以把这些"私人垄断企业"投入国际竞争中去，投入与新投资者的竞争中去；又有人认为，应该先搞企业非垄断化，再搞私有化，这样可以对私有化做充分的准备，并可分阶段长期来做。苏东问题专家范布拉邦（Van Brabant）认为，私有化至少要经过三个阶段（即产权的界定、股金的评估和售价的确定，还要研究在吸收外国投资时本国自主权是否会丧失等），才能同其他改革步骤达到有机的协调，特别是同资本市场的发展、竞争政策的执行和企业权利的界定相协调。

五　转轨方法的选择

当前世界上正在进行经济体制转轨的国家不少，各国经济学家提出的转轨理论和建议也很多，究竟应该采用哪种转轨方法呢？

（一）将转轨问题作为分配问题来解决

一些西方经济学家认为，一国经济体制需要转轨就是因为它运转不灵，无法推动经济的增长，无法提高人民的福利。于是他们强调，只要参加该体制的各经济主体没有了通过改变该体制来改善个人福利地位的刺激，该体制便会为所有人接受。这样他们便把体制转轨的结果同分配挂起钩来，把各经济主体对分享社会福利利润所能施加影响的程度同转轨的方法联系了起来。

一个体制转轨的结果取决于转轨的方法，如果转轨方法得当可以提高总体的福利水平，如果转轨方法不得当也可以降低总体的福利水平。回顾一下东欧和俄罗斯的实际转轨情况便不难看到这一点。东欧各国开始转轨时，个人、组群和社会的总体福利水平绝对恶化，尤其在俄罗斯，那些一向受到国家补贴的矿山和重工业等部门的工作人员的福利大为恶化，由于生产的滑坡，供应状况也江河日下；同样的状况也可在原民主德国地区找到答案，当时那里私人购买力急剧下降，只能靠西部的输血才渡过了难关。

欧肯认为，为了使居民购买力得到平衡而对市场结果从分配角度进行干预，其目的是使转轨国家在宏观层面上获得稳定，避免出现个人竞争的副作用。克罗滕（Norbert Kloten）则认为这是"为了在转轨过程中减少出现的痛苦而在社会福利政策方面所采取的选择性措施"。[①]

（二）个人的转轨期望

经济体制转轨涉及亿万人的利益，各项法规牵动着亿万人的发展，因此每一个人都会在这一重大的问题面前做出自己的抉择。一个经济主体只要看到某一法规对提高自身的福利水平有利，至少是无害，他就绝对不会弃它而去；然而一旦他看到某一新法规能够提高其福利水平，他就会毅然决然地抛弃手中的旧法规，转而对新法规趋之若鹜。

（三）典型组群的期望

转轨中不仅要考虑到个人经济主体对转轨的期望，还要考虑集体经济主体，即企业、企业联合会、工会、社会团体和国家管理机构对转轨的期望。

---

① Kloten, Norbert: *Die Transformation von Wirtschaftsordnung*, Tübingen, 1991.

本来在中央计划经济体制下是不存在利益集团的，但在经济体制转轨的实际过程中却发现这些国家的企业领导和工人代表机构同利益集团有不少雷同之处，因此在此一并予以介绍。

典型组群就是企业，这是一国经济活动的核心和基础，而企业联合会则是其利益的代表机构，在经济活动和转轨工作中也起着重要的作用。[①] 它们同个人经济主体不同，有着巨大的组织规模和能力，能对该国的经济体制施加重大的影响。它们估计风险的能力和决定转轨福利收入以及补偿数额期望值的能力都比任何其他经济主体要强，因此，一旦它们预感到其行动权利会发生贬值时，会比个人经济主体更为关心体制的转轨工作；而当它们预感到其行动能力会发生增值时，则会比个人经济主体更为关心体制的稳定。此外，企业和企业联合会能够组织其利益因而也更能实现其利益，它们的决策能力也很强。

同企业和企业联合会相反，工会是比较明确地站在原体制一边的。即使你给它们提供福利收入，它们也不会同意体制的转轨，也不会支持新建立的体制。在行动权利的变化和发展上它们总是习惯于常规的分析，宁愿保留现有体制。然而当它们看到转轨将会提高其收入时，是不会排除对新体制的欢迎和支持的。此外还要考虑到，这些工薪人士在经济体制转轨中会失去他们参与决策的权力，在能否获得承诺给他们的补贴方面也是心神不定。另外还有一点很重要，那就是这些工薪人士流动性很小，他们不像其他经济主体那样到处奔波，而资产行动权利的分散化恰恰意味着资本的流动化，因此他们对此不感兴趣，因为这不符合他们的利益。然而一旦工会看到在现有体制下其福利收入会明显下降时，它们也会同意体制转轨的。但它们不会像企业那样从长线来考虑问题，而是从短期考虑出发，尽量将承诺给它们的收益最大化，同样也是从短期考虑出发，尽量将其可能遭受的损失最小化，因为它们担心，由于自己参与决策地位的日益恶化，在签订长期协议时其谈判权力和执行权力都将大大受到限制，所以它们对短期改革的成果更感兴趣。从转轨工作来看，必须要通过持续的转轨成就来教育它们，不要只热衷于短期的体制改革。

政府和国家机关从原则上来说对经济体制转轨是不可能有多大兴趣的。原因之一是，它们无法肯定自己在转轨之后会不会丧失影响和决策权力；原

---

① Eichener, V. u. a.: *Organisierte Interessen in Ostdeutschland*, Marburg, 1992.

因之二是，向市场经济体制的转轨意味着权力的分散和下放，这一点显然是不符合政府和国家机关心愿的。

这就意味着政府和国家机关在转轨问题上处于一种矛盾的心态。一方面，它们在体制转轨的形势下不得不放弃一部分自己的权力；另一方面，它们又必须注意在新体制中使自己的决策地位不受影响。

以上已经谈到了转轨中各种利益集团的情况和期望，他们各有自己的特点和能力，也都善于根据自己的能力来洞察形势、分析得失以便保住、获得甚至增加自己的权力、权利和地位。这也就意味着，转轨是否能够获得成功，在一定意义上也取决于国家能否满足他们的利益，能在多大程度上满足他们的利益，也取决于国家是否有能力在他们的利益之间建立一种平衡、一种妥协。

（四）民主转轨还是集权转轨

西方经济学家根据他们的传统教育，总是十分注意把一国的政体按民主和集权来加以区分，在转轨中也不例外。就其论点来说大致可以归纳为以下三类。

第一类认为经济体制同政治体制是相互依存的。根据东欧国家和西欧国家的比较可以看出，自由的、有益于经济增长的经济体制总是同民主的政体联系在一起的，而中央计划经济体制则总是同集权政体联系在一起的。由此可以得出结论，要想保持转轨的稳定，要想取得转轨的成功，一定要以该国实行民主化为前提。

第二类看法恰恰与此相反，他们大量运用亚洲"发展中专政"国家的事例来说明，只有集权的国家机构才有能力建立一个有利于经济增长的分散的经济体制。特别需要强调的是，这样的集权国家机构在执行转轨计划时可以从长计议。

第三类看法是一种折中的观点，他们认为不应该把政治体制的相关条件泛泛地搬到经济体制转轨上面来。转轨能否成功关键是能否保持政治和经济体制的稳定。集权国家也好、民主国家也好都可以做到这一点，但也可能都做不到这一点。

在这一背景下就要研究在集权政体和在民主政体下究竟会有哪些利益集团在起作用。在集权政体下，一般说来，只有那些易于组织并能为其成员提供远高于个人参与费用的利益集团才能起作用，那就是企业和工会，也可能是军队或是其他有组织的特殊利益集团。而个人经济主体一般是不会起来活动的，因为他们为此所要承担的费用远比他们为此所能获得的利益要高。

出于这样的考虑，集权政体会采取一切办法来满足那些会对其产生威胁或是支持其保持权力的利益集团的需求，但这种满足将会是选择性的，而且随着政府的更迭还将会是轮换性的。然而不管集权政体是选择性还是轮换性地来满足有关利益集团的需求，它们都会调集巨额资金来长期维护自己的权力。而非国有经济主体的潜在谈判能力及其不可预测的、不可意料的破坏潜能始终都将是集权政府的心腹之患。

民主政体需要考虑的主要是两个问题。第一，选民利益集团，这是一批选民组成的集团，他们需要国家来保护自己的利益。他们的武器是宪法给予他们的选票，因而同样可以决定国家机构或国家主要领导和工作人员是否能够保住现有的权力。第二，是与宪法和选民无关的一些利益集团，他们由于种种原因同样可以对现行政权施加影响或构成威胁。因此民主政体一是必须准备一批资金来满足那些立足于宪法之外的利益集团的需求，二是在选举期间必须准备一笔资金来满足那些对他们而言生死攸关的选民的利益。

不同的政治体制对于国家资金的临时配置也有影响。一般说来，集权的国家随时可以满足现有的或是潜在的利益集团的需求，由于这些利益集团的数量有限，因此很容易就能遴选出需要满足的对象。而民主政体国家则需要准备好选举期间的经费，同时也要考虑到其他利益集团的活动和需求。

集权国家要想取得经济体制转轨的胜利就必须要让企业看到转轨能给它们带来新的利益，同时要向工会一类的现有的或潜在的利益集团提供补偿。要达到这一点，国家必须敛聚大量的经费，这就大大限制了它们在转轨过程中放弃自身权力的可能性。

民主国家则相反，它们完全可以在选举期间放弃它们用来满足特殊利益集团利益的中央权利，这样它们在选举之前的一大段时间就不用担心潜在利益集团的活动，并能够同意将大量行动权力下放，因为它们会预计到，它们保留下来的权力能够增值。它们需要做的只是让那些立足于选举程序外的利益集团向它们做出妥协和承诺，使它们能在选举期间有足够的资金来对那些选民集团进行补贴。

在这种情况下，就很难说哪一种政府体制更适合于经济体制的转轨。集权体制容易在转轨问题上同有关利益集团达成共识，因为它们为数不多，但政府担心潜在的分配利益问题，所以不敢大幅度放权。这样造成的后果很可能是无法长期稳定转轨的进程；而民主体制则面临另一种麻烦，它们很难同为数众多的利益集团就转轨问题达成共识，于是就要动用巨额的经费，因而难以启动经济体制的转轨。但是，由于它们拥有一套选民集团活动的制度，因而可以从时间上来配置经费，从而保证转轨进程的长期稳定。

六 取得转轨成功的条件

要取得转轨的成功必须具备三个条件。

第一，体制转轨后资源的配置是否更为有效、分配是否更为公正、体制是否更为稳定，关键是受动者和参与者之间的关系处理得是否更为得当，说得更直白一点，那就是要看对相关的经济主体的利益考虑得如何。

第二，各个集体的成员对转轨方法的看法越是一致，则转轨成功的可能也就会越大。问题是转轨是一种改革，是一种权力权利的再分配，不可有完全一致。总会有改革的得益者和改革的失益者之别。也有一些经济学家提出，一个集体越小，取得转轨方法上的一致也就越是容易。在实际执行中还会有越来越多的人看到，为了取得更好的转轨成果，应该将现有的需要转轨的集体划小。其结论是：如果转轨的进程难以得到大家的赞同，就要创造条件来使这一转轨进程真正获得大家的赞同。

第三，各利益集团之间对转轨谈判的看法是否一致。看法越是一致，则转轨成功的希望也就越大。因为这样国家主管机构就无法采用大家都明显无法接受的转轨做法，各利益集团在转轨的过程中也无法单独采用其他利益集团所不同意的转轨方案，也不能照自己的理解来执行转轨方案。

这里列举的条件都是希望经济体制转轨获得成功的必要条件。它们是西方经济学家从各国的转轨中得出的主要结论，例如新加坡就充分利用它从马来西亚分出、自身又是一个城市国家这样的机遇，采用各类措施统一相关利益集团的目标设想，从而取得了经济体制转轨的成功。

总体来说，要想使转轨获得成功的确需要不少条件。前面着重介绍了西方经济学家谈得较多的政治体制质量同转轨的关系。实际上体制转轨还需要许多常规条件，例如如何从时间和空间上组织转轨的各项措施，以便提高经济、政治和社会转轨成功的希望等。

七 突变还是渐变

关于转轨是采用突变还是渐变，西方经济学界同样是仁者见仁、智者见智。

一部分学者，如卡尔沃（Calvo）和弗伦克尔（Frenkel），萨克斯和阿波尔特（Apolte）等人，坚持经济转轨只能采取突变的方法，因为渐变在政治上是难以执行的。他们认为拉长转轨的过程会助长各利益集团局部利益的膨胀，也会使转轨国家那虚弱的行政机构感到不安。但这部分学者也认为，采用突变的方法耗资巨大，只有政治上强大的国家可以执行，只有在转轨问题上具有基本共识的国家可以采取。这一观点对东欧国家的经济体制转轨起了很大的消极作用，[1] 而魏登费尔特（Werner Weidenfeld）的建议则显得较为克制。[2]

另一部分学者，如施雷特尔（Schrettl）、罗兰（Roland）和默雷尔（Murell）等人则认为，突变的方法耗费的福利资金太大，因此只有在特殊的情况下才能采用。从社会福利的原则上来说，是不应该采取突变方法的，只能采取渐变的方法，当然这样做会拉长转轨的时间，造成福利水平的下降，但这可以通过分配政策来加以弥补。

也有一部分学者，如埃格尔（Eger）和魏泽（Weise）等人认为尽管渐变可以作为唯一转轨方式，但必须强调，不能把它用于那些存在强大反对派的国家，即使是渐变也不能不顾及各个利益集团的局部利益。

最具说服力的还是那些注意区分渐变和突变的论点，这些论点主要强调：除货币政策措施只能采取突变的方式外，所有其他政策措施，例如私有化、法制和福利体制的重建以及选举制度的改革等都应该拉长时间，进行渐变。

显然，到今天为止也还不能对渐变和突变下最后的结论，但是非的天平已经越来越倾向于渐变，因为无论是从论点的全面性，还是事实的可行性来看，它都具有越来越大的说服力。东欧某些国家在新自由主义指引下，大搞"休克疗法"，强调"大爆炸"、重视"突变"造成的失败也从反面对此做出了注释。[3] 1990～1993 年东欧 6 国国内生产总值急剧下跌更是对此提供了很有说服力的证据[4]：例如保加利亚降低 27.41%，波兰降低 13.94%，罗马尼

---

① Wehner, Burkhard: *Das Fiasko im Osten*, Marburg, 1991.

② Weidenfeld, Werner: *Demokratie und Marktwirtschaft in Osteuropa — Strategie für Europa*, Bonn: bpb. 1995.

③ 田春生：《新自由主义学说及其政策在转型国家的失败——以俄罗斯转型前 10 年的结案为例》，载中国世界经济学会编《世界经济前沿问题报告 No.1》，社会科学文献出版社，2005，第 374 页。

④ Nützinger, Hans G.: *Osterweiterung und Transformationskrisen (Schriften des Vereins für Sozialpolitik*, Band 277, neue Folge), Berlin, 2000.

亚降低 28.25%，斯洛伐克降低 24.05%，捷克降低 20.85%，匈牙利降低 20.51%。[①]

八 渐变的形式

既然越来越多的人倾向于转轨应采取渐变与突变相接合并以渐变为主的办法，加之本来就有很多人主张渐变，因此对渐变的研究自然就越来越盛行，其中尤以经济学家勒施（Loesch）的模式最为引人注目。

勒施没有拘泥于渐变还是突变的争论，而是将转轨措施从时间上分为三个阶段：准备阶段、启动阶段和适应阶段。其中，准备阶段主要是制定法律和建立机构，为市场经济打下组织和制度的基础，为市场经济建立法律框架；启动阶段主要是以市场经济为导向改革资源配置的规定，按时启动市场经济资源配置的进程；适应阶段则主要从福利政策上来保证转轨的稳定，要采取措施，将宏观经济的平衡同微观经济的效益有机地结合起来，要扭转经济负增长的趋势，控制住转轨中必然会出现的结构适应过程。

九 转轨战略的确定性和不确定性

转轨能否成功取决于多种因素，其中转轨的战略十分关键，但正像捷克前财政部部长克劳斯（Vaclav Klaus）所指出的那样，这种战略既具有确定性，也具有不确定性。他认为转轨的确定性主要有如下表现。

转轨是一种广泛的改革，必须全面进行、坚持不懈、不断加深。即使局部发生错误和偏差，也不要因此而止步，不要因噎废食。

不要在改革计划上过多地纠缠不休而掉入"改革陷阱"，重要的是要对改革进行自觉的引导并加以坚持。

改革政治家们在改革进程中应能对意外出现的问题迅速做出反应并采取相应的措施。应当看到，当前的许多改革家还不具备这种能力。他们总是认为只有在提出详细的总体计划之后才能继续进行改革。

保持宏观经济的稳定，特别是国家财政的稳定是改革成败的关键。但宏观经济的稳定却不能以牺牲生产者和企业家的利益为代价，否则又会落入"改革陷阱"之中。

改革要有透明度，尤其是各项规定、条件、程序和义务等都必须明文告

---

① Levcik, Friedrich: *Die Transformation der Wirtschaft im Osten*, Heidelberg, 1994, S. 176.

知各方，以便各有关方面和人员能对价格和市场信号做出正确的反应。

转轨战略的不确定性主要是指：生产厂商对价格和税收的刺激能否做出正确的供给反应？提高养老金收入会产生什么后果？如何对这部分的收入征税？改革的先后配置是否得当？外部世界经济休克和世界经济框架条件发生的变化会对本国的改革发生什么影响？

十　转轨的障碍和困难

经济体制的转轨是一种变革，而要变革就不可能没有障碍和困难。从市场经济向计划经济转轨是这样，从计划经济向市场经济转轨也是这样。它在过去和现在已经遇到许多的阻力和困难，今后还将遇到许多阻力和困难。这些阻力和困难主要来自旧体制得益者和集团的反对，因为改革要剥夺他们的特权，或是降低他们的收益，所以他们也会千方百计来阻止转轨的不断向前推进；这些阻力也来自深深陷入旧思想与旧观念的人和集团。

改革必然要放开价格，物价、房租、贷款利率等的上涨会引起公众的不满。

改革会带来失业，百万失业大军不仅会给国家带来沉重的经济负担，造成公众的强烈不满，也会给社会带来严重的不稳定。

改革会减少社会福利、减少补贴，这也必然招致公众的不满。

上述情况一般都发生在转轨的初期，此时转轨的效益还不明显，转轨的效益和代价不成比例。这就大大加重了转轨的难度和阻力。

西方经济学家特别强调，转轨的时间越长，转轨的问题会越多，转轨中断的危险也越大，转轨逆转的可能性也就越大。

第三节　前民主德国经济的概况

民主德国的解体有很多原因，如戈尔巴乔夫（Michail Sergejewitsch Gorbatschow）的出卖，昂纳克（Erich Honecker）的保守，联邦德国的支持，民德官员的滥用职权、贿选等等，[①] 但突出的原因是民德的经济几乎已经面临崩溃的边缘。[②] 库尔特（Eberhard Kuhrt）在 1999 年出版的 *Die Endzeit der*

① Maier, Gerhart: *Die Wende in der DDR*, Bonn: bpb, 1991.
② Galbraith, John Kenneth/Stanislaw-Menschikow: *Kapitalismus und Sozialismus*, Köln, 1988.

DDR-Wirtschaft 一书对此有全面的分析。[1] 纽伦堡大学经济学教授拉赫曼（Werner Lachmann）更进一步认为，民德是失败在其生产不能满足人民的真正需求，失败在刺激、道德和知识问题上，失败在没有一个人愿意超出其义务从事工作上。人们的劳动得不到奖励。[2] 今天我们应该拥有更多的时间、更多的数据、更加科学的视野，能对此做出较为客观的分析。

（1）企业结构僵化，物质刺激完全被置之不顾，因而严重压抑了劳动者的积极性。1989 年民主德国的整个国民经济劳动生产率只相当于联邦德国的 28.5%，工业领域则还要低于这一比例。煤炭和能源部门尽管盈利，但造成极大的环境污染。电器工业和电子工业落后于世界先进水平两个技术代。生产资料工业的增加值不仅数量很低，在一些关键部门质量也很差。此外，厂房破旧，新建、改建和修缮工作远远跟不上需求。

（2）企业基本上不以市场为导向，它们主要关心生产，主要关心完成任务，因而缺乏活力，缺乏技术革新的积极性；产品不以顾客的需求为导向，品种少、质量差，缺乏市场竞争能力；企业亏损严重。根据 1990 年的统计，民主德国的全部企业中 36% 处于亏损，24% 濒临破产，只有 40% 盈利。

（3）企业人浮于事，所谓"已经消灭了失业"只是掩盖"隐性失业"的一块遮羞布。民主德国的"隐性失业"高达 25% ~ 30%。这种人浮于事和"隐性失业"正是由于缺乏竞争和实际上禁止解雇人员所造成的。

（4）企业设备陈旧，25% 的机器和设备的寿命都超过了 20 年，折旧率在 50%，因而完全不能适应当今新技术的发展。绝大部分的工艺、规格和企业的规划都缺乏竞争能力。

（5）经济结构，特别是第三产业落后于时代的发展。工业结构也极不合理，重工业占据绝对的统治地位；四大工业部门（基础材料和生产资料工业、生活资料工业、饮食和奢侈品工业）间的资源分配很不恰当。

（6）经济的地区分布很不合理，南北差异很大。萨克森和图林根地区工业发达、农业落后，而梅克伦堡地区的农业人口则占了很大的比例；柏林地区有 53% 的人在第三产业工作，占全国的第一位，而在南部工业区这一比例则很小。

---

① Kuhrt, Eberhard: *Die Endzeit der DDR-Wirtschaft* — Analysen zur Wirtschafts-, Sozial- und Umweltpolitik Obladen: Leske & Budrich, 1999.

② Lachmann, Werner: *Über die Folgen der Einheit*, Sonderdruck, Erlangen, 2003, S. 12 – 13.

（7）中央计划经济必然导致经济与企业的高度集中和大企业的垄断。这一点在民主德国的企业规模结构中反映得尤为突出。20世纪80年代末，民主德国又刮起了一股建设综合企业（Kombinate）风，国有企业不仅要从横向上联合，而且要从纵向上联合。一个综合企业一般都拥有20~40个企业，有的甚至拥有150个企业，4万~7万名工作人员，而且极其分散。这样的综合企业，用德国基尔大学世界经济研究所教授西伯特（Horst Siebert）的话来说，是难以逃脱"恐龙的命运"的，结构自然也是同市场经济的分工原则格格不入的。

（8）经互会和"社会主义劳动分工"虽然有助于各成员国国民经济的发展，但也大大限制了它们的竞争能力。这是因为，根据斯大林的两个平行市场的理论，经互会各成员国的产品主要都是在经互会范围内流通，而没有机会同西方产品进行竞争。由于经互会各国产品的工艺和技术本来就落后于西方，现在又加上这闭关自守、墨守成规的低水平流通，发展自然十分缓慢。于是经互会各国的许多产品在国际市场上几乎毫无竞争能力，其中也包括民主德国的产品，尽管在其重点经济部门中，有一半的人员从事着外贸出口业务。

（9）在机车车辆制造、信息技术、起重机制造和渔船制造等部门有70%的产品出口，但都是向东欧市场出口的，没有同西方产品竞争的机会。

（10）生产是生活水平的基础，生产率水平的低下自然不会使人民的生活水平有迅速的提高。根据1990年的统计，民主德国人的平均收入只相当于他们联邦德国同胞平均收入的34%，远低于联邦德国人。

民主德国经济的40年给人们提供的是一组令人失望的数字：人均国民生产总值、实际收入、货币和实物资产仅相当于联邦德国的1/3，人均外贸额是联邦德国的1/4，人均净附加值是联邦德国的50%，投资总额只占实际替换和现代化需求的85%，72%的电话交换技术是30多年前的。

但是，在这里我们也必须强调，在对计划经济和民主德国经济状况进行正确评估时，需要更多的应该是理智而不是偏激。许多西方经济学家都指出，不能把新联邦州的经济说得一无是处。人们不应该忘记，在20世纪50年代、60年代和70年代民主德国经济都曾经取得过重大的发展，民主德国在许多经济领域处于经互会各国的前列，并进入世界十大工业国的行列。

关于两个德国的生活水平有各种各样的统计。今天，我们根据两国公布的统计资料来分析，结论可能较为接近现实。1950年民德的生活水平相当于联邦德国的61%，1955年上升到72%，1956年下降到66%，1965年进一步下降到 61%。① 以联邦德国前德意志内部关系部编撰的《联邦德国与民主德国的数字比较》为例，1982 年民德人均消费猪肉 55.8 公斤（49.7 公斤，括号内为西德数字，下同）、家禽 10.3（9.9）公斤、其他肉类 24.9（28.8）公斤、蛋类和蛋类制品 301（283）个、牛奶 100.9（85.9）公升、黄油 15.7（7.0）公斤、面粉 91.2（63.0）公斤、食用土豆 144.9（74.1）公斤、蔬菜 95.6（69.3）公斤、水果 70.2（127.1）公斤、糖和糖制品 44（36.1）公斤、咖啡 3.2（5.9）公斤、啤酒 147（148.1）公升。另据联邦德国《时代周刊》1990 年第 27 期报道说，1989 年民德居民每 100 户中拥有小汽车 54.3 辆，彩电 47.5 台。也就是说，在日常生活必需品，尤其是食品上民德居民达到很高的消费水平，与联邦德国居民不相上下。

第四节　前民主德国解体时的经济状况

关于民主德国和联邦德国成立时两国经济起始情况的比较也有各种各样的说法。比较普遍的看法是：1. 1939 年民德所在的德国中部同联邦德国所在的德国西部都属德国高度工业化的地区，工业、农业和交通都属整个德国的发达地区，其经济发展得同样很快，如当年德国中部的人均工业净产值为 725 帝国马克，柏林地区更是高达 855 帝国马克，西部为 609 帝国马克，但民德所在的地区原料和能源匮乏，蕴藏量大的主要是褐煤和钾盐；2. 二战中民德所在地区的工业设备受损较小，约为 20%，低于其他地区；3. 战后赔款巨大，苏方估计为 43 亿美元，西方估计为 100 亿~120 亿美元，因此 1946 年底，那里的人均产值只相当于 1936 年的 22%。②

1949 年民主德国成立，它同所有东欧国家一样全盘照搬苏联的经济模式，建立起中央计划经济体制。1963 年它开始对此体制进行改革，引进所谓"规划和领导国民经济的新经济体制"。20 世纪 70 年代随着埃利希·昂纳克对党和国家领导权的掌握，民主德国经济又开始了向旧体制的回归，中央计划经济有了进一步的加强。

对于民德经济的发展情况，当时的联邦德国经济研究所有十分详细地跟

---

① 肖辉英、陈德兴：《德国：世纪末的抉择》，当代世界出版社，2000，第 268 页。

② Feldenkirchen, Wilfried: *Die deutsche Wirtschaft im 20. Jahrhundert*, München: R. Oldenbourg Verlag, 1998, S. 52.

踪研究。① 1974 年、1977 年和 1984 年出版的《民主德国经济手册》就是典型的一本 。② 1980 年联合国公布了 60 个国家的经济数据，其中虽不包括民德，但根据波兰和匈牙利的数据，专家们还是换算出了民德的数据，其劳动生产率只等于联邦德国的 54%。③ 今天我们当然更愿意了解一下，当时民德的高层是怎么看的。

一 政治局决议草案罗列的问题——民德经济的"实况"

1989 年 10 月 24 日克伦茨（Egon Krenz）上台不久，德国统一社会党中央委员会政治局做出决议，决心于同月 30 日对民德经济作一次实事求是的研究，于是委托有关部门起草了一份有关民德经济形势"不加粉饰"的决议草案（密件 b51158/89）。该决议草案共分 5 个部分。第一部分是成绩和问题部分，主要是谈问题；第二部分是各类解决措施的建议；第三部分是同苏联的合作（仅 190 个字）；第四部分是同联邦德国及其他资本主义国家的关系和合作；第五部分涉及的是对当时民德面临形势的应对方针。

德国统一后笔者有幸拿到了这份草案的复印件，细读了第一部分之后感到同那些大吹特吹"伟大成就"之类的报告、演说、文件和决议相比，此件要实事求是得多。现将其中主要数据和评价公布于此，从中也可看出民德经济的一些接近真实的情况。

决议草案一开始仍然表示，"德意志民主共和国在建设发达的社会主义社会方面取得了重大的成就"，"在 17 年的时间里国民收入实现了大幅度的增长，年均约 4%"，"1980～1988 年人民的实际收入有了改善，年均增长 4.4%"，接着便罗列了如下一系列的问题。

（1）近几年来由于生产积累下降增长趋缓。

（2）1988 年和 1989 年间连续不断的低于平均数的收成再次要求我们进口粮食。

（3）过去制订的"要联合企业什么都能自己做"的战略导致了效益的重大损失，出现了成本上升的趋势，从而削弱了国际竞争力。

（4）现有的领导和规划体制，虽经中央和地方各级机构的巨大努力，仍

---

① Jung, H. u. a.：*BRD-DDR Vergleich der Gesellschaftssysteme*, Köln, 1971.

② Pohl, Reinhard：*Handbuch DDR-Wirtschaft*, Hamburg：Rowohlt Verlag, 1985.

③ Görzig, Bernd/Gornig Martin：*Produktivität und Wettbewerbsfähigkeit der Wirtschaft der ehemaligen DDR*, Berlin, 1991, Vorbemerkung, S. 2.

然不能胜任必须发展 1000 件小产品的生产和对中小企业及地方供应经济实行有效领导和规划的任务，因为缺少经济的、价格的和市场的调节。

（5）在劳动生产率的国际比较中民主德国目前已落后于联邦德国 40%。

（6）积累已从 1970 年的 29% 下降到 1989 年的 21%，其后果要比原先估计的严重。

（7）生产性投资的积累率已从 1970 年的 16.1% 下降到 1988 年的 9.9%，非生产部门包括住宅建设的积累比例从 20 世纪 70 年代以来一直只有 9% 左右。生产性积累的滑坡是生产增长速度和国民收入疲软的主要原因。

（8）设备的损耗率过高：从 1975 年到 1988 年工业设备的损耗率由 47.1% 上升到 53.8%，建筑业的设备损耗率从 49% 上升到 67%，交通业的设备损耗率从 48.4% 上升到 52.1%，农、林和食品业从 50.2% 上升到 61.3%，因此工业部门中的手工劳动差不多要占到 40%。

（9）1986 ~ 1990 年国民收入的增长速度预计只有 3.6%，远低于 1985 年的速度，而且一直呈下滑趋势。

（10）第八次党代会以来，消费的增长一直高于生产，从而使国家的债务从 1970 年的 20 亿马克上升到 1989 年的 490 亿马克。

（11）居民货币收入的发展速度快于供应居民商品基金的速度，这就造成了购买力的巨大膨胀和供应的严重短缺。例如 1980 ~ 1989 年居民的货币收入年均增长 4.3%，而商品基金年均增长只有 4%，形成 138.9% 比 131.4% 的不正常比例，从而造成连续不断的、日益巨大的购买力膨胀，在 1986 ~ 1989 年能直接影响国内市场的数额约为 60 亿马克。

（12）1986 ~ 1989 年居民的货币收入年均增长 4.3%，而作为实际收入重要组成部分的第二工资袋的社会福利基金间接收入年均增长却为 4.9%。

（13）1986 ~ 1988 年国家财政对居民在住房、物价、交通、教育、卫生、文化、体育和休养等方面的津贴和补助年均为 7%。

（14）1989 年和 1990 年国家预算中的支出要高出收入，国家只有进一步举债 200 亿马克才能填补这一窟窿，这样民德的全部债务将上升到 1400 亿马克。

（15）早在 1971 ~ 1980 年，进口就比出口多了 210 亿马克，于是从 1981 年开始便大力压缩进口，以便减少国际收支中的赤字。1986 ~ 1990 年原计划的出口顺差为 231 亿马克，实际上最后成了 60 亿马克的逆差。

（16）1989 年预计的外汇收入只能偿还 35% 的外汇支出，主要是还债、付息、进口。其他的 65% 则要通过银行借贷和其他渠道来支付，要以债还债，而为了支付利息就必须动用一半以上的新增收入。

（17）国际上在衡量是否能给予一个国家贷款时，往往是看该国当年的还债率是否超过了 25%，即需要偿还的贷款和利息是否超过了其出口的 25%。这就意味着，它必须有 75% 的出口收入来支付进口或是其他的开支。按民德当年的出口来看，其还债率应为 150%。据此，为了偿还贷款和利息，民德必须在 1990 年削减 25%～30% 的消费，并耗费 300 亿马克的国内产品，这相当于计划中国民收入三年的增长幅度，在民德当时的条件下，这是根本不可能做到的事。

二 政治局决议草案提出的解决办法

该决议草案在第二部分提出了一系列解决问题的建议，其中突出的是两个指导思想：第一，未来的根本的社会目标必须在考虑到本国特殊的经济态势的情况下同本国的经济条件结合起来，要把根本上改变民德的经济政策同经济改革结合起来；第二，要采用紧急有效措施和长期有效措施来进行经济改革。其具体内容如下。

（1）加强生产性积累，紧缩非生产性投资。首先是加强出口创汇型部门的生产性积累，以保证国家的支付能力。

（2）把现有的人力和资源集中用于解决配套问题、解决国民经济的相互协调问题、解决保证从苏联获得原料的出口问题、解决出口增长问题和居民的供应问题等。

（3）对劳动力资源进行机构调整，改变整个国民经济和上层建筑中生产人员同非生产人员比例失调的状况，大力裁减管理人员、办公室人员和社会组织机构中的专职人员。

（4）坚持社会主义的按劳分配原则，工资的提高必须同效率的提高挂钩，对于不需要的劳动、旷工和个人造成的损失要扣除工资和薪水。

（5）应在维护现有设备、设备现代化和合理化上进行投资以限制就业岗位，平衡劳动力的不足，把劳动力用到最需要的部门去。

（6）为了保持国内市场的稳定和出口基金，必须在保持社会福利应有的措施和符合国民经济条件的情况下从根本上改革补贴和价格政策。

（7）取消一切不符合按劳分配原则与导致浪费及投机的补贴和价格政策。

（8）鉴于当前的形势不可能给予全额的补偿，因而需要采取进一步有利于贯彻按劳分配原则、控制购买力的举措。

（9）提高高档消费品的生产，进一步提高本国诸如牛奶、肉类一类农产品的质量，开发服务和加工业，建立实物资产，必要时也可出售公寓住房来对购买力加以分流。

（10）降低成片住宅区建设中的资源使用，因为它们占去了非生产部门全部投资的75%。

（11）要通过上述措施来大大提高整个国民经济的再生产，迅速降低成本，要通过开发能够大量赚取外汇的生产结构来提高国民收入。为此必须进行经济改革。

（12）大力压缩各级规划和管理费用，取消一切无法在中央进行处理和解决的集中办公的做法，大力提高联合企业和一般企业的承包能力。

（13）取消中央的日报、旬报和月报规划和决算。

（14）把国家科技规划项目从3800项削减到600~800项。这些项目在内容上应是有决定性的，具有中央影响并应由中央来决定的，应把国家的采购从40项削减到25项。

（15）产品种类的统计交由联合企业经办，不再进行生产中新产品率的形式上的确定。

（16）大力提高联合企业和一般企业在贯彻计划中的义务，以此作为在本企业拥有的基金范围内对内部和外部市场做出灵活反映的前提条件。

（17）停止联合企业对中小企业的接管，要研究在何处可以将其分解。

（18）要通过为中小企业、手工业和加工制造业提供更好的物质条件来支持中小企业和地方国家机关为满足需求所尽的责任，尤其是为满足1000件小产品所尽的责任，要给上述领域供求的经济影响和相应的物价的确定留有更大的余地。

（19）迅速拟定手工业和加工制造业的税法。

（20）应当放宽劳动力规定和投资条件。

（21）在拟定联合企业、一般企业、合作社，包括手工业和加工制造商独立赢利原则框架时要把重点放在从物质上推动它们赚取外汇的积极性方面。它们可以参加外汇收入的分成。

（22）大大提高货币作为劳动、经济成绩和败绩标准的作用。

（23）要保证各个领域统计和信息的真实性。

总的说来，就是要在实施民主集中制使每个问题能在拥有必要的、更大权威的地方获得最佳解决的情况下，发展一种以市场条件为导向的社会主义计划经济。

决议草案在第三部分用寥寥数笔阐述了应同苏联保持并发展双边合作关系，强调要"无保留地"贯彻两国合作政策，要消除对苏联改革的"双重态度"。

决议草案在第四部分谈到要拟定一个同联邦德国及其他资本主义国家进行建设性合作的方案。其中特别引人注目的是，加强同法国等资本主义国家的合作，因为这些国家希望民德强大，以便抗衡联邦德国。其出发点是，即使前面提到的全部建议都能落实，也未必就能保证获得必要的外贸顺差。决议草案认为，如果是在1985年，经过巨大的努力目标还有可能实现，而今天已经根本没有这种机遇。仅就停止举债一项便要在1990年把人民的生活水准降低25%～30%，这样民德政府就不可能再执政下去。再说，即使人民能同意这么做，国家也拿不出这么多可供出口的商品，所以必须要加强同联邦德国以及其他资本主义国家的合作。其具体建议如下。

（1）要研究同它们合作的一切形式，以便通过生产力的提高向国内外市场提供更多的商品。通过这些项目可以保证再融资，这样，一方面民德可以获得经济收益，另一方面又可以向第三国市场出口。

（2）民德希望在同联邦德国及其他资本主义国家的康采恩和公司进行合作时，能获得许可证和技术，能开展租赁业务。

（3）为了使中小企业、手工业和加工制造业现代化，尤其是在纺织工业、制鞋工业、玻璃和陶瓷业、粮食和食品工业领域可以接受贷款，以后再借助生产力的提高按期归还。

（4）民德希望在能源、环保、化学及其他领域进行合作，希望能对上述领域的一些大型项目先进行咨询，再进行深入的谈判。这些项目如能实施，将对合作的双方都有利。

（5）要提高从资本主义国家到民德进行旅游活动的吸引力。

所有上述举措必须在1992年就能扩大外汇的收入，以保证国家的支付能力。尽管有这些举措，为了保证国家1991年的支付能力，还必须超越现有的贷款界限，同联邦德国政府就增加20亿～30亿马克贷款举行谈判。必要时可以用1996～1999年的过境关税作为担保。

这些建议将进一步提高民德的债务，是一种冒险。但是这样的债务是偿还得起的。它可以为民德从根本上来改革其经济政策赢得时间，也可避免国际货币基金组织的专断。

决议草案最后明确表示，"民主德国排除任何同联邦德国重新统一或建立邦联的想法。但我们在我们的建议中却找到了通向米哈伊尔·谢尔盖耶维奇·戈尔巴乔夫设想建立欧洲大厦的道路，在那里两个德国将能作为友好的邻邦找到自己的位置"，"作为希望和远景的标志，民主德国愿意在1995年考虑，是否由民主德国首都同柏林（西）一起来申办2004年奥运会"。

尽管在这份决议草案中不乏自我安慰的信心，但人们从中仍不难看出，民德的经济已经到了崩溃的边缘。问题是，情况实际上比这还要严重，这就为其最终解体埋下了最大的祸根。[1]

第五节　新州经济体制转轨的步骤[2]

1990年10月3日德国再次实现统一，统一后的德国马上就面临新州经济转轨的问题。众多的经济学家纷纷提出各类方案、建议和战略，如维尔格罗特（Hans Willgerodt）等[3]。科尔政府则几乎使出了浑身解数来推动这一进程，重点是"改制"[4]、"整固"[5]和"输血"，并取得了不小的成绩，但问题还是很多。

一　财政体制转轨

综合前文所述，民主德国的财政体制问题很多，财政状况非常混乱，转轨的任务因而也就十分艰巨。德国政府不得不在新联邦州采取了一系列重大的举措，特别是向新联邦州转移资金。[6]

德国新州的经济体制转轨与其他东欧国家有很多相似之处，但也有不少相异之处。最大的不同有两点：其一，有联邦德国的社会福利市场经济作为

---

[1] Kuhrt, Eberhard: *Die Endzeit der DDR-Wirtschaft — Analysen zur Wirtschafts-, Sozial- und Umweltpolitik*, Obladen: Leske + Budrich, 1999.

[2] 参阅李新春、陈凌、张胜洋《回归市场——民主德国经济转型与国企改造》，广东人民出版社，1999。

[3] Willgerodt, Hans: *Untersuchung der Wirtschaftspolitik*, Köln, 1990; *Vorteile der wirtschaftlichen Einheit Deutschlands*, Bamberg, 1990.

[4] Rühl, Christof: *Institutionelle Reorganisation in den neuen Ländern*, Marburg, 1992.

[5] Rühl, Christof: *Konsolidierung des Binnenmarktes in den neuen Ländern*, Marburg, 1992.

[6] Wegner, Eckhard (Hrsg.): *Finanzausgleich im vereinten Deutschland*, Marburg, 1992.

楷模；其二，有联邦德国的财政支持。由于新、老州之间在经济发展和人民生活水平上存在巨大的差距，也由于新州的经济转轨需要庞大的投入，老州向新州"输血"便成了不可避免的决策。仅 1990 年，德国政府就三次要求追加预算来资助统一的进程，向东部提供了 450 亿马克的财政援助。1991～1996 年老州向新州分别提供了 1400 亿马克、1520 亿马克、1770 亿马克、1600 亿马克、1850 亿马克和 1840 亿马克的财政援助，按新州全部人口计算，人均约 62000 马克。从 1991 年至今西部向东部的输血已经达到 1.3 万亿欧元，年输血额相当于德国年国内生产总值的 4%～5%。这意味着德国老州的每个公民为新州建设支付的资金已经超过 2 万欧元，新州的每个公民可从老州得到约 7 万欧元以上的援助。这自然加重了两个地区人民之间的隔阂。

为了向新联邦州"输血"，德国设立了各类基金，采取了各类措施。①

（一）"德国统一基金"

在各类基金中，"德国统一基金"是最为重要的。它是作为联邦特别资产成立的，总额为 1150 亿马克。其中，950 亿马克是通过信贷筹集的，200 亿马克则是通过联邦津贴筹集的。每年应付利息为当年债务额的 10%，由联邦和州各承担一半。这是用来补贴新联邦州财政赤字的。

在德国统一实现后，"德国统一基金"每年支付费用的 85% 用于对东部 6 个新州的特殊资助，以满足其一般性财政需求，并按其居民人数分配给各州，柏林（西）的人数不包括在内；"德国统一基金"每年支付费用中所剩的 15% 则用于中央在上述各州地区的公共开支，此项规定于 1991 年春取消。

（二）"信贷结算基金"

在德国统一过程中，根据货币联盟的规定，东马克分别按 1∶1 或 2∶1 兑换成西马克，这给各家银行的收支造成了巨大的窟窿，必须通过平衡债权来得到补偿。按照统一条约规定此类平衡债权连同原民主德国的全部债务都列入"信贷结算基金"，总额为 1100 亿马克，利息由联邦和托管局各承担一半。

（三）"东部繁荣共同事业"工程

1991 年 2 月 20 日联邦政府提出"东部繁荣共同事业"工程草案，并于同年 3 月 8 日得到联邦议院的批准。该工程的全部资金总额为 240 亿马克，1991 年和 1992 年各为 120 亿马克。列入该工程范围的有以下经济举措。

---

① Bundesministerium für Wirtschaft: *Wirtschaftliche Förderung in den neuen Bundesländern*, 1991.

（1）地方投资总额，特别是学校、医院和养老院的修缮补贴和财政经费。1991 年共 50 亿马克。

（2）劳动市场政策附加措施，加速就业岗位建设的附加支出。1991 年为 25 亿马克，1992 年支付授权①为 30 亿马克。

（3）对加速改善交通基础设施进行资助，包括铁路和公路。1991 年支出为 14 亿马克，1992 年支付授权为 42 亿马克。

（4）对出租房和自用房修缮和现代化进行资助，对地方用房私有化进行资助。1991 年支出 9 亿马克，1992 年责任授权也为 9 亿马克。

（5）加强困难地区"改善地区经济结构"的共同任务。1991 年支出 6 亿马克，1992 年责任授权也为 6 亿马克。

（6）资助新联邦州的造船厂。1991 年支出 1.3 亿马克，1992 年支付授权为 7 亿马克。

（7）紧急环保计划，在同各州协调的基础上对供水和废水处理设施的整治和扩建进行资助，对紧急整治垃圾存放地的各类举措和确保对环境有特殊威胁的工业设施安全的各类举措进行资助。1991 年支出 4 亿马克，1992 年支付授权也为 4 亿马克。

（8）修缮大学设施和大学生宿舍。1991 年支出 2 亿马克，1992 年支付授权也为 2 亿马克。

（四）联邦整固计划

该计划包括各类举措，涉及 1993 年联邦预算、1993 年追加预算、偿还旧债、财政平衡、继续执行托管局任务等领域。

偿还旧债、财政平衡和继续执行托管局任务等方面的举措如下。

（1）（作为托管局和信贷结算基金义务的）清偿历史旧账基金中的本息负债，从 1995 年起每年总额为 400 亿马克；

（2）增补联邦国家财政平衡费，如（1995）财政能力缺额增补调拨为 70 亿马克，（1995）特别需求——增补调拨和根据基本法 104 条 a（4）规定的财政补贴为 325 亿马克；

（3）（1994～1996 年）住房建筑旧债的利息为 33 亿马克；

（4）联邦工业资产（托管局过去的企业）的私有化和整治，从 1995 年起每年为 30 亿马克。

---

① 所谓"支付授权"是指议会向政府等行政机构授权可在财政框架内跨年度支付的款项。

（五）团结公约和团结附加税

德国统一时联邦政府由于对原民德的经济困难和新州经济转轨所需资金严重估计不足，因而保证不会提高税收。而一年后的事实已经让它感到国库羞涩，于是不得不一改初衷，宣布 1991/1992 年度提高消费税一年，并同时征收团结附加税。团结公约规定，从 1991 年 7 月 1 日起至 1992 年 6 月 30 征收团结附加税，税额为所得税和公司税的 7.5%，由于均系每半年征收一次，实际各为 3.75%。1993 年 3 月联邦政府同各州州长以及社民党商定了一个团结公约。其主要内容有三项：第一，提高税收；第二，修订联邦－州财政平衡法；第三，实行东部德国建房计划。条约规定，从 1995 年起新州每年能获得 560 亿马克的资助，其中老州承担 10%。1993～1994 年停征，1995 年起无限期地征收团结附加税，税率为 7.5%，只有年毛收入不足 19819 马克的未婚者或年收入不足 37207 马克的已婚者不必缴纳，同时提高财产税和保险税，这样联邦可以增加 310 亿马克的收入。同时规定，要节支和补贴 90 亿马克。

团结条约和团结附加税在德国人民和新、老州之间引起了巨大的争议，老州人民怨声载道，强烈要求取消该税，至少是降低。就连联邦财政部部长魏格尔（Theo Waigel）也认为，应在削减团结附加税上迈出第一步，于是 1998 年起把团结附加税降至 5.5%。月收入在 1397.99 欧元以下的一级税卡持有者和月收入在 2642.99 欧元以下的三级税卡持有者可以免缴。该项税收将延续到 2019 年。从 2005 年至 2019 年，该项计划共计有 1565 亿欧元可供支配。①

实行东部德国建房计划是指把联邦重建贷款署的信贷从 300 亿马克提高到 600 亿马克，用来支付新州的住房现代化和在其他领域的投资。

（六）欧共体（欧盟）的资助

德国的统一使德国新州自动成为欧共体的一部分。由于新州经济发展相对落后，根据规定可以享受欧共体有关资助。欧共体以其地区基金参与新州和东柏林地区经济资助工作，从 1991 年到 1993 年每年提供 10 亿马克，从 1994 年起新州和东柏林则享受最高资助级的待遇。

（七）其他资助举措

加强投资　民主德国不愿接受外国直接投资并不表示它不投资。它不

---

① Schayan，Janet：《德国统一 25 周年》，*Magazin Deutschland*，CH2/2015，第 21 页。

仅搞投资，而且比例并不比西方发达国家少。1980 年民主德国投资额率 28.9%，1985 年为 25.9%，1987 年为 26.0%，1989 年为 24.2%。民主德国投资的主要问题是缺乏一个国民经济资源配置机制。例如民主德国没有市场利息，即没有资金价格。这样也就没有了可靠的尺度把昂贵的资金引向最能盈利的项目，投资者也无法拟定风险的排序，因而就出现资金的错误配置。

建立金融市场　所谓金融市场指的是货币、信贷和资本市场，是为全民经济提供货币、信贷的重要源泉。它的主要任务是把紧缺的金融资源，特别是居民的储蓄和企业的多余流动资金引向有效使用的地方，以支付盈利性投资，其中以证券交易所最为重要。需要强调指出的是，股票和证券交易所都是同风险联结在一起的。

转换税收体制　废除旧的企业上缴利税制度，代之以新建税收制度；原则上采用老联邦州的各类税法和税种，制订并颁布符合新联邦州的特别税法，例如税收更动法等；为了振兴经济、加大投资力度，减免了很多税收，废除了一些税收，提高了一些免征税的比例；减免中小企业的税收；设立专家委员会，研究下一步措施。

尽管采取了上述一系列措施，新联邦州的税制依然远达不到老联邦州的水平，更谈不上尽善尽美了。偷税漏税极其严重，1991 年新联邦州人均纳税收入只相当于老联邦州的 13%，乡镇的情况就更为严重，只占 1%。

通过财政平衡来提高收入　联邦德国地区之间的经济发展情况也很不平衡，因此制定并执行所谓的财政平衡政策。这是一种援助机制，由联邦和财力较强的州向财力较弱的州提供经济援助。新联邦州自然可以享有这样的财政平衡优惠。

通过发展地区经济来提高收入　新联邦州也是欧盟（欧共体）经济不发达的地区，因此可以获得额外的经济补贴；统一以后"改善地区经济结构"这一法规便扩大到了新联邦州和东柏林，据此它们可在 5 年内获得投资补贴；每年可以获得 300 亿马克的额外补贴；欧盟每年从其地区基金中再提供 10 亿马克的补助，1994 年开始又从其结构基金中每年提供 140 亿马克的结构基金补贴，加大了对德国新联邦州的资助。

二　货币改革

财政改革离不开货币改革，而货币改革则是极其复杂的问题。它涉及银行体制的改革、货币体制的转轨和外汇市场的改革等一系列问题。[①]

（一）银行体制改革

每一个国家都由银行，特别是由中央银行来发行和管理货币、主管货币的流通。然而经济体制的不同也必然带来银行体制的不同。计划经济体制下的银行体制远不同于市场经济体制下的银行体制。因此经济体制的转轨必须把银行体制的转轨作为重要内容。

1990年3月18日民德部长会议决定，将国家银行的任务分开，准备按联邦德国的模式建立两级银行体制。1990年7月1日建立两德货币联盟，将西德马克引进民德，民德国家银行将货币主权转交给德意志联邦银行，从此失去中央银行职能，它的其他任务也由各大银行承担。

（二）建立两级银行体制

联邦德国的社会福利市场经济是建立在典型的两级货币和信贷体制基础上的。这个体制的重要内涵就是：一个独立于政府之外的中央银行、各类商业银行以及功能健全的货币和资本市场。

在新联邦州建立两级银行体制是在两个层面上来进行的：一是确立德意志联邦银行在新联邦州的中央银行地位与功能，二是大量建立商业银行和抵押银行。

在新联邦州建立了许多商业银行和抵押银行，采取的是一"变"、二"建"的方式，即把民主德国的储蓄银行和合作社银行变为独立的信贷机构，既做储蓄业务，也做贷款和证券业务，同时新建了许多商业银行和抵押银行。

独立银行要管理私人和企业的资金和资产，就必须要有监管，必须按照西方经济大国在"巴塞尔俱乐部"拟定的银行监管规定运作。

（三）将现有银行分散化、非专业化

所谓分散化就是指解散国家银行，分散它的功能。它的中央银行的功能由德意志联邦银行来行使，它的商业银行功能由新成立的德意志贷款银行公司以及其他一些新建的国家银行来承担。它的贷款部门则变成了独立的私人银行。非专业化是指建立一个综合银行体制的市场经济银行结构。在新联邦州今后的银行体制中占主导地位的是综合商业银行，此外还有信贷银行、公法储蓄银行、大量的合作社银行（人民银行）和外国银行的分行及代表处。

---

① 　Fröhlich, Hans-Peter: *Währungspolitische Weichenstellungen in Osteuropa*, in: *WiSt*, Heft 1, 1993.

（四）西德银行接管东德银行和贷款机构

改变新联邦州银行体制结构的目标就是建立老联邦州的银行结构，因此由西德银行来接管东德银行便成了捷径。德意志信贷银行公司一成立，德意志银行、德累斯顿银行这两家西德的大银行便立即向其投资，德意志银行投资10亿马克，同德意志信贷银行公司共同建立了122个分行，聘用了8500名工作人员；德累斯顿银行则投资5亿马克，同德意志信贷银行公司共同建立了75个分行。1991年仅德累斯顿银行一家在整个新联邦州地区就拥有150个业务点。这些业务点中的大部都是在引进西德马克之后按西方的模式建立起来的。

（五）建立分行和代表处

许多西德银行和一些外国银行纷纷通过在新联邦州建立分行和代表处来扩大自己的业务。

（六）扩大业务面

民德银行的经营面十分狭窄，因而在扩大业务面上新联邦州的银行面临巨大的挑战。经过数年的努力，情况便有了很大的变化，新联邦州的银行已经拥有了从事老联邦州银行全部正常业务的能力。

三　货币体制转轨

在经济体制转轨中，货币体制转轨占有一个重要的位置。建立一个能够正常运作的货币体系和一个可以兑换的硬通货是体制转轨中一个不可或缺的条件。

（一）西马克取代东马克

1990年7月1日民德引进了西马克，按规定不满15岁的儿童可以按1∶1的汇率兑换2000马克，15～60岁的人可以同样汇率兑换4000马克，60岁以上的人则可兑换6000马克。按此规定，一个四口之家，一般可兑换12000马克。而且在此之后，一切均以西马克计价和支付。这样一来，民德人便从过去挣软通货变成挣硬通货，在国际收入水平上一下子上升了好几个档次。

按说货币体制的转轨是一个长期且艰难的渐变过程，然而由于当时两个德国出现的特殊情况，人们采取了特殊的措施，实行突变，如1990年成立了货币联盟，把西马克引进民德，东马克一下子被西马克所取代。于是奇怪的事情发生了，尽管两个德国之间积怨很深，在统一问题上又颇多龃龉，民主德国各政党之间更是剑拔弩张，在引进西马克问题上却是空前的一致。更奇怪的是，民主德国各党各派都能捐弃"钱"嫌，一致对"西"，力抗以德意志联邦银行行长珀尔（Otto Pohl）为首的联邦德国政要的主张，强烈要求按照1∶1汇率将东马克兑换成西马克。看来，当时的人们似乎都被科尔的1∶1许诺所陶醉，而没有时间去考虑，这将会造成什么样的后果。今天德国统一已经过去好多年了，人们已经变得理智了许多，能够比较正确地来判断这一步了。

德国经济学家汉克尔（Wilhelm Hankel）认为："随着民主德国人如此热衷于（西）马克的引进，人们已在不知不觉地，但却是如饥似渴地吞下了这颗糖衣炮弹，正是这颗糖衣炮弹使本来还过得去的民主德国经济不得不趋向于毁灭，因为它怎么也无力支撑起这平均统计为1∶1.8的颇得人心的汇率给民主德国马克带来的'超级增值'（个人储蓄为1∶1，余额和债务为2∶1）。"[1]

西马克与东马克之间实际汇率究竟应该是多少，可说是众说纷纭。德国统一前的黑市上，两种货币的汇率大概在1∶8和1∶12之间；民主德国要赚1个西马克大概要花4.4个东马克；西德州银行估计，把西马克引进民主德国意味着东马克的巨大增值，实际增值大概在200%~300%。这必然会给民主德国的出口、民主德国产品在国际市场上的竞争、民主德国企业的生存以及民主德国的就业带来极其严重的后果。事实也正是如此。

德国经济学家格罗岑格尔（Gerd Grözinger）则持另一种看法。他说："我认为，货币联盟在经济上毫无意义，而在政治上是必要的。如果民主德国存在得再长一些，它的政府就会躺在波恩身上，它的决策能力便会相应地受到限制。这样便不难得出结论，这样的格局在民主体制下是不可能稳定下去的。应当提出的问题倒是，用这种总体方式，在短时期内采取联邦德国的经济和管理体制是不是正确的方案。"[2]

根据经济体制转轨理论，货币体制的改革本属于最困难的步骤。它需要较长的时间和配套的措施。德国采取突变的方式，让人容易接受，又易于执行，却带来严重的后果。德国这样做是由于受到当时形势的制约，但付出的昂贵代价是值得人们深思的。

（二）保证币值的稳定

联邦德国突出物价的稳定，但要保证物价的稳定首先需要建立两级银行

[1]　Hankel, Wilhelm: *Die sieben Todsünden der Vereinigung*, Gütersloh: Siedler Verlag, 1998.

[2]　Grözinger: *Nur Blut*, *Schweiß und Tränen*, Marburg, 1991.

体制：有一个政治上独立于联邦政府之外的中央银行，它可以不接受联邦政府的指令，以管好货币流通和稳定币值为自己的天职；同时又有一个以竞争为导向的商业银行网。这样的两级银行体制便可在原则上保证不搞政治性的货币供应，而是执行一条严格按法律规定的货币政策。

（三）削减超发货币额

货币体制转轨过程中有三项任务是彼此相连、不可分割的：其一，削减并消除超发货币额；其二，稳定币值；其三，对外经济的支持。

在计划经济体制下，人们经常会看到一块金牌的两面：一面是储蓄比例很高，购买力膨胀；另一面却是国家在加紧发行纸币。这种互不相容的矛盾现象却真真实实地出现在一个社会之中。其原因并不复杂：购买力膨胀并不是劳动生产率高、收入多造成的，而是因为商品严重匮乏、生产资料商品无人问津和缺乏货币、资本市场造成的；而政府大印纸币是因为非如此不能支付高额的补贴，不能填补巨额的财政赤字。这种两面夹攻造成的严重后果便是货币超发，最终造成累积式通货膨胀（或称现金余额通货膨胀）。因此在货币体制转轨一开始，就应该极力消除货币超发，无论是作为存储值还是作为流动值都应该如此。新联邦州自然也应奉行此原则。

（四）坚持货币量的目标

德国非常重视货币量对经济的微调功能。在新联邦州货币体制转轨中，德国经济学家们很重视确定货币量 M3 的浮动幅度，即所谓"目标走廊"（Zielkorridor）。他们认为，这个目标走廊必须控制在 3.5% 到 5.5%，或者 4% 到 6%，或 4.5% 到 6.5%。除个别年代外，实际执行情况也是如此。

（五）执行正确的汇率政策

当时联邦德国的马克还是国际上仅次于美元的主要货币，也是世界上最坚挺的货币之一。但是由于德国东部经济的动荡和西部经济的衰退，世界上有不少人起来呼吁，要求联邦德国马克贬值，都遭到德国联邦银行的严词拒绝。他们认为，采用联邦德国马克贬值的办法绝不是对付国际经济挑战的正确方法，用不断降低货币市场利率来迫使联邦德国马克贬值不啻是对以稳定物价为目标的货币政策的出卖。这将会严重影响国际上对马克稳定的信任，抬高长期利率，导致通货膨胀，降低实际收入，推迟内部结构适应的改革，给工资合同谈判制造麻烦，损害马克在欧洲货币体系内的稳定功能。

正是因为采取了稳定币值等一系列措施，新联邦州的经济才能逐渐由"乱"到"治"，由滑坡到恢复，也正是因为采取了这一系列措施，新联邦州的货币体制转轨才得以逐步实现。

（六）外汇市场改革

随着货币联盟的建立，西马克进入了民主德国，进入了今天的新联邦州。从另一个侧面看，民主德国是在一夜之间实现了货币的自由兑换，一夜之间完成了外汇市场改革。但它却给人们带来了一些新的经验和教训。

东欧各国，包括苏联，过去首先出于政治目的，故意把本国货币汇率调高，以证明本国货币的坚挺。例如 1985 年国际外汇市场上 1 卢布约等于 25 芬尼或 10 美分，而苏联国内 1 卢布却等于 1.2 美元或 3 马克；1 个东马克在国际外汇市场上约等于 10 个芬尼，而在民德境内却等于 1 个西马克。按照民德制订的"最低兑换"规定，所有去民德的西德人和西方人都必须按 1∶1 的汇率，以每天 25 马克的额度用西马克来换取东马克。

经济体制转轨开始，这些国家便反其道而行之，把汇率调低。根据联邦统计局的核算，同德国马克的购买力平价相比，波兰兹罗提的汇率调低了 225%，匈牙利福林的汇率调低了 100%。

其实，一国货币既可以人为地调高汇率，也可以人为地调低汇率，各有其利弊。就看货币管理部门从什么角度出发来考虑问题了。

总结民德和新联邦州突然引进硬通货的教训，西方经济学家们认为，应当采取局部的或是分阶段的方法来引进外币的可兑换性：获取外汇者首先应局限于企业，局限于生产性的金融交易。这种最低要求也符合国际货币基金组织的可兑换定义。国际货币基金组织章程第八条规定，成员国手中只有经常项目的收支和转让才不受外汇限制。因此，只有在转轨的后期才能考虑货币的全面可兑换性。

分阶段引进货币的可兑换性一般都体现在从货币的不可兑换性经汇率多轨制到汇率单轨制的过渡。改革外汇市场政策一般都是从实行汇率的多轨制开始。所谓汇率多轨制，指的就是多种汇率并存的体制，一般包括贸易往来的官方汇率、非贸易往来的官方汇率、外汇交换基准汇率、外汇交流市场汇率、外汇黑市市场汇率等。这些汇率在外汇市场改革的初期都有它一定的作用，却使外汇投机商大发其财，造成金融体制混乱，因此必须尽早向单轨制过渡。

在自由市场经济体制下企业可在世界各地做生意，所以它们必须能够自由拥有外汇。因此政府或是外贸管理机构必须给它们分配外汇，使它们能从世界各地进口最便宜和最好的原料和资本货物。但是企业家们用这些外汇往往不是去买原料和资本货物，而是去买最走俏的高档消费品在国内出售，或是在国内购买廉价商品到国外按高价卖出，因为供货厂商迫切需要外汇。为了赚取外汇它们宁愿降价出售。这样，企业家虽然大发其财，国家外汇储备却大幅度下降，而便宜的原料和资本货物仍然无法买到。

为了避免上述外汇分配方法，东欧各国采取了许多措施。它们一般都是先实行本国货币的内部可兑换性，同时不断提高国内企业和国内公民的外汇拥有量，最后再实现本国货币的对外兑换性。

四　价格体制转轨

欧肯说过，最重要的问题是使价格机制充分发挥作用，如某个政策不能达到这一点，那它就会失败。这是一个战略要点，从这里可以控制全局，因而就必须集中全部的力量把握这一点。从欧肯的论说中，我们自然不难得出结论，价格体制的转轨是整个体制转轨的战略要点，必须尽全力去解决。

民德实行的是中央计划经济，出于政治和意识形态的考虑，十分热衷于人为地控制价格，从而扭曲了价格。物价长期的扭曲最终导致了物价关系同国民经济短缺关系和需求结构之间严重的失衡，其后果是十分严重的，也是讽刺性的：馒头用来喂猪，住房租出去空存，电能被大量用来取暖，造成巨大的浪费，因此价格改革势在必行。[①]

今天在世界上既有物价导向的市场经济，也有决算导向的市场经济。其实决算导向是绝不可能产生真正的市场经济的。市场经济必须以放开大多数商品和服务价格为前提。因此，物价不能靠行政命令，而必须以市场的供需关系为动因。所以在经济体制转轨中人们必须注意：一定要建立一个运作良好的市场物价体制，一定要放开国家规定的商品和服务价格，一定要由市场的力量来决定商品和服务的价格。但是如何放开价格，还需要认真考虑和周密安排。

根据转轨理论，放开价格有两种方式，一种是全面突变方式，另一种是渐进持久方式。全面突变方式可以毕其功于一役，且不排除在此之后对某些价格进行调整，但它非常可能导致通货膨胀。

采用渐进的、逐步放开物价的办法就是要一步一步地为价格机制创造必要的、重要的条件。这样做可以避免通货膨胀，给人们以安全感，但很可能

---

① Schmachtenberg, Rolf: *Die soziale Abfederung der Preisreform in der DDR*, Bonn, 1990.

煞费时日，久久打不开局面，因为几乎所有物价主管单位都对物价改革缺乏热情。如无外力的推动，这种渐进的、逐步放开物价的做法就会成为一场旷日持久、久拖不决的消耗战。另外，旧的价格体系，即使是扭曲的价格体系，经过多年的磨合，已经建立起自己独有的平衡（哪怕是暂时的、不合理的平衡）。今天一旦部分物价脱离了这一平衡，就必然会产生不平衡，进而出现大量的新问题。特别是某些基本原材料（例如煤、钢、铁等）的行政命令价格将会在整个价格体系改革中不断起干扰作用，因为其他商品几乎都受它们的制约。一旦它们进入其他商品内部必将造成成本的扭曲，进而造成价格的扭曲，带来灾难性的后果。

成立货币联盟后不久，民德的价格结构已经发生了很大的变化：生活必需的商品和服务价格迅速攀升，而非生活必需商品和服务的价格、工业产品的生产价格却急剧下跌。耐人寻味的是，上述商品和服务价格回落的程度同生活必需商品和服务价格的上扬程度几乎持平。

1990年初能源、交通和房租价格大幅度上调：电和煤气的价格上涨了200%，铁路车票上涨了80%，近距离交通费上涨了44%，1991年4月后邮电价格涨到了老州的水平，到1991年4月一个四口之家的生活物价指数上升了12.4%。与上一年同期相比，1991年10月1日起价格大幅度上涨：房租价格上调300%，电价格上调205%，煤气价格上调380%，固体燃料价格上调400%。

从新州不同的价格结构中我们可以看到如下特点。

（1）过去被行政命令特别压低的价格现在平均提高了100%～200%，其他商品和服务平均只提高了10%；

（2）低于老州价格的商品价格上涨，高于老州价格的商品价格不涨，甚至下跌；

（3）与世界当时流行的看法相反，1990年初新州的物价水平不仅没有上涨，反而下跌。

这是因为当时的物价尽管已属市场导向，但重点部门仍然保留着补贴。

五　新劳动市场和就业政策

所谓劳动政策是指劳动市场政策、就业政策和工资合同政策。民德的劳动政策完全不同于联邦德国，而德国的统一又给新州的劳动政策带来巨大的困难，因此劳动政策的转轨任务也非常繁重。

　　民德一向自诩为无失业的国家。其实一个劳动生产率很低的国家是没有什么资格来吹嘘自己已经消灭了失业的。按照劳动生产率的理论，民德的隐性失业是相当严重的。据西德统计，那里的隐性失业率达25%～30%。问题是，隐性失业毕竟不是显性失业，至少是不同于显性失业。因此，当德国统一后在新州出现失业大军，人们难以理解的心态倒是完全可以理解的。1991年春天，新州的劳动市场已处于"崩溃的前夕"。到1991年夏新州的体制转轨已经导致1/3工作岗位的丢失，到1997年初新州的失业人数已达125.7万人，失业率为16.8%。其原因何在？这是人们不得不弄清的问题。

（一）新州高失业率的原因剖析

　　新州高失业率的原因很多，主要是：1.民德隐性失业显性化。民德的隐性失业其实有两层意思，一是说民德也有失业，只是人们出于政治和意识形态的考虑想方设法把它掩盖了起来；二是说民德的劳动生产率很低，如按联邦德国的劳动生产率来衡量，则民德将有大批人失业。德国统一后这两方面的矛盾都暴露了出来。2.整治现有企业的必然后果。民德原有企业中1/2以上需要整治，这就需要削减难以为继的工作岗位。亏损企业及其工作岗位、污染环境的企业及其工作岗位都不得不关闭或削减，整治必须进行，而整治总是同裁员联系在一起的。否则就根本不可能提高企业的国际竞争力和劳动生产率。3.新州中还有10%的原有企业或由于不能面对市场，或由于产品缺乏竞争力，或由于设备陈旧，或由于经营不善而面临巨大困难，即便是采用西方经营机制也难以救活，或已不值得下大气力去救活，因而不得不倒闭，由此又产生一大批失业人员。

（二）采用的解决失业问题的举措

　　德国统一后新州采取了一系列措施来解决失业问题，主要有三个方面：其一是创造新的就业岗位；其二是采取各类创造就业条件的措施，设立培训和改行培训岗位；其三是提供补助和津贴，以减少失业者的困难。

　　（1）创造新的就业岗位。德国统一以来新联邦州建立了许多新的企业，仅1990年1月到1991年3月新登记的企业就达36万个，登记关闭的企业达4.6万个。所谓新登记企业不只是指全新投产的企业，也包括改建的企业、扩建的企业和改变法律形式的企业，真正新建的企业要比登记的少得多，大概在10万家。新建的企业主要在服务部门，包括生产性手工业和饮食业。

　　（2）增加部分时工，提高短工待遇。

　　（3）限制外来就业和打黑工。

（4）要求已到退休年龄的在职人员一律退休，鼓励提前退休。

（5）成立就业和培训公司。

（6）减薪就业。

（7）大力开展培训、进修和改行培训，创造就业条件。

（8）向失业人员提供经济补贴。

（9）提高劳动市场和失业救济金的支出。

（10）去西部就业。德国统一以后，东西部之间的边界已经消除。东部人自然懂得利用自己新获得的就业自由和迁居自由去西部就业。于是大批人员涌向西部，一下子就是40万人，到1994年10月为55万人。这给本来失业人员已超过百万的西部陡增更大的困难，因为西部到东部就业的人总共才6万人。这样巨大的反差一方面造成对西部的压力，另一方面也确实缓解了一些东部严峻的失业形势。

（11）建立第二劳动市场。其做法是，一方面号召失业者自己去找工作，另一方面鼓励有关单位雇用他们，付给他们高于失业救济金而低于工资的报酬。但这部分报酬不是由企业支付而是由政府当局拨给。这样一来，失业者有了工作，增加了收入；企业增加了劳动力，提高了生产，却并不增加支出；政府当局投入了经费，买来了就业率，也买来了社会的相对安定，所以这一措施深受各方面的好评和支持。

六　工资制度的转轨

民德的工资结构是扭曲的，那里的工资首先是根据政治和意识形态来确定的，而不能反映劳动者在他的贡献做了必要的扣除后从社会领回一份与其劳动相适应的报酬，不能反映按劳分配和多劳多得的原则。同一工种内工资档次少、档差小、增长慢。因此工资不能作为提高劳动生产率的手段，这自然是同市场经济的原则相违背的，必须加以改革。新州对工资体制的改革是通过以下措施来进行的。

（一）引进西马克后工资自动增值

1990年7月1日民德引进了西马克，民德人在收入水平上一下子上升了好几个档次。

（二）引进老州的工资、薪水以及报酬体制和结构，迅速提高工资水平

到1991年春新州已引进了老州大多数部门的工资体制和结构，原则上按西部工资合同的50%～70%运作。在劳动生产率几乎无任何增长的情况

下，在其他部门、其他方面都毫无发展甚至倒退的情况下，这不啻是一针安抚人心的强心剂。

（三）执行新的工资合同政策

在两个德国签署的第一个国家条约中，双方已经确认，东部的劳资双方都享有他们西部同事的同等权利。单就工资来说涵盖面也很宽，改革工资体制也必须从广义上来理解，它还涉及工资附加费、养老金、税捐、参股和工时等一系列问题。由于条约明确规定，到 1994/1995 年度东部应该达到西部的工资水平和标准，劳资双方在工资方面都做了很大的努力。其主要措施如下。

（1）劳资双方谋求工资的适度增长；

（2）兼顾工资附加费、养老金和各类税捐；

（3）鼓励并实施职工参股；

（4）缩短工时。工资改革和工时密切相关，工时延长意味着工资降低，工时缩短则意味着工资增加。统一前民德人一般每周工作 43.5 小时，统一后缩短为 40 小时，后来再缩短到 38.5 小时。此外，假期也延长到 30 天。

在采取了上述措施后，新州职工的工资有了很大的增加。这对社会的安定、职工生活水平的提高、就业的稳定和劳动市场的减压都起到了积极的作用。

七　外贸体制的转轨

对外经济和对外贸易是国民经济的重要组成部分。要实现经济体制的转轨，就必须改革对外经济和对外贸易体制。

德国统一后新州的对外经济和对外贸易由于外部无市场、内部缺动力、国家少外汇、产品没质量已经处于十分困难的境地。柏林墙开放后的 1989 年下半年民德的对外经济赤字就翻了一番。至于对外贸易，1990 年上半年进口仅下跌 15%，到 1990 年下半年，仅以 7 月到 10 月计，进口便下跌了 70%。其同东欧各国的贸易几乎全部中断，同西方的贸易则呈现巨额赤字。

（一）新州对外贸易困难的原因

（1）西德沿用了民德同经互会各国之间的贸易惯例：过去民德同这些国家进行贸易都是以转账卢布来结算，历来为顺差。现在情况发生了变化，转账卢布同西马克的汇率与过去它同东马克的汇率相比贬值 50%，从 1 个转账卢布值 4.67 个东马克贬值为 1 个转账卢布只值 2.34 个西马克。这样一来，东德的出口商收入便减少了一半。

（2）新州缺乏有竞争力的产品，上市的产品无法满足顾客在功能、耐用、装潢和装配上的需求；它们不仅难以在国外，尤其难以在西方占领市场，而且连国内市场也难以保住，因为老州的产品已经大量涌入新州市场。此外，新州的企业都想通过转轨来扩大它们同西方的外经和外贸关系，而宁愿牺牲它们彼此之间的传统经贸关系。

（3）苏联和其他经互会各国都担心，随着德国的统一，新州必然很快实现与西方一体化，它们便不可能再履行自己的进出口义务。

（4）新州企业缺乏在西方市场上推销它们商品的经验和基本知识，这一缺陷很难一下子得到纠正和改进。

（5）大批高水平的科技人员出走，严重削弱了新州企业的革新能力，徒工的培训也被严重忽视。

上述原因给新州的对外经济贸易带来巨大的困难，使那里的对外经济贸易部门处于难以为继的境地。然而，新州对外经贸体制悲惨的状态既为对外经贸体制的转轨带来巨大的困难，也为对外经贸体制改革带来难得的机遇。它们是在以下政策推动下起步的。

（二）实行外贸自由化

德国经济学家克勒（Claus Köhler）曾经说过："东欧由计划经济组织起来的国民经济，其崩溃的时间恰好与西方一体化进程强化的时间相一致，这不是巧合。两类发展的原因是一致的，那就是第二次经济革命。二百年前破天荒的技术进步发明了机器，引起了第一次经济革命——工业革命。今天各国经济又面临着类似的发展。世界再一次经历着一场由微芯片、电脑和卫星支撑的飞速的技术开发。它引起了信息体制的革命。一个消息只需几秒钟就可传遍全世界。这一发展引起了交通革命，三个小时就可从欧洲飞到美洲，火车可以开到每小时 300 公里，甚至还要快。就国家来说，从经济上看国界已没有任何意义。"①

需要强调的是，一开始执行外贸自由化政策是得不到多大收益的，因为它不完善：德意志内部贸易结算往来体制依然未变，东马克在非正式贸易中大幅度贬值。

（三）推动东部贸易

新州各出口企业由于转账卢布贬值而蒙受了不同程度的损失。1600 家企

---

① Köhler, Claus: *Der Übergang von der Planwirtschaft zur Marktwirtschaft in Ostdeutschland – 4 1/2 Jahre Treuhandanstalt.* Berlin, 1995.

业为此申请 60 亿马克的出口支持。联邦经济局和托管局为支持对苏贸易已经提供了 35 亿马克。从 1991 年初开始德国同前经互会各国的交易要用硬通货来支付,于是新州的商品又开始涨价,直到苏联也愿意同德国用市场价格结算,问题才有所缓解。

对苏贸易开始时得不到赫尔梅斯担保,因为苏联外贸银行不愿承担还款保证,而这一条正是提供赫尔梅斯担保的前提。当这一问题获得解决后,联邦政府便于 1991 年确定为对苏出口提供限期赫尔梅斯特别担保,承担 100% 的信贷风险,信贷额度上不封顶,同时延长贷款期和宽限期,贷款期最长可到 10 年,宽限期最高可到 3 年。联邦政府还保证在这些合同到期后仍将通过提供担保来支持与前经互会各国的贸易。1994 年为支持东部贸易,联邦政府在对各单项进行严格审查的基础上,继续向独联体提供了 35 亿马克的出口担保。后来尽管特别担保条件已不复存在,联邦政府仍然继续在最高限额外为反向贸易和项目融资提供担保。

(四) 提高出口产品质量

新州采取了综合治理的方法,依靠企业改造、产权界定、经营体制改革、技术改造、设备更新、产品换代、装潢翻新、产品检验、售后服务、加强竞争等步骤和措施来提高产品的质量。其中特别引人注目的是建立产品合格保证体制和发展营销战略,尤其是发展消费品工业的营销战略和纺织、服装工业试验计划。

(五) 加强对西方和德国西部的贸易竞争力

新州企业在激烈动荡之后,不少最终仍然站住了脚跟,并开始了向外的发展。它们积极同外国商会合作,通过举办国内外贸易博览会、产品展、买主大会和合作交易所等各种形式,大力展开外贸攻势,逐步占领了少量西方国家市场,其中尤以对德国西部贸易的逐步增长最为引人瞩目。其原因如下。

(1) 废除了德意志内部贸易结算往来体制,取消了重大的出口限制;

(2) 为了先占据市场不惜代价,不惜亏本出售,因为今天这已纯属国内贸易问题,西部既不能指责东部搞倾销,也不能采取反倾销政策,更何况西部产品进入东部远较反方向的为多;

(3) 清仓与廉价出售;

(4) 挑选优质产品到西部销售;

(5) 短期销售的损失由中期销售的增长来弥补;

（6）1992 年把担保的最高额提升到 50 亿马克。

八　农业体制转轨

经济体制转轨不仅涉及工业经济，也包括农业经济。在民德，农业占有相当大的比重，加之计划经济下的农业体制同市场经济下的农业体制又有很大的不同，因此农业经济体制转轨尽管是必需的，但却是困难的。为此，统一后的德国采取了一系列新做法。

（一）为农业转轨立法

早在 1990 年 6 月 29 日，当时民德的人民议院就通过了《农业结构调整法》，1991 年 7 月 3 日德国联邦议院又颁布了《农业调整修订法》，以加速农业转轨的进程。整个新州农业体制的改革主要就是在这两部法令指导下进行的。

（二）改革农业组织结构

根据上述两个法令，各新州首先改组了农业生产合作社，采取三种形式，即解散、划小和合并，但一律实行生产资料的私有制，在私有化的基础上改组（或新建）具有竞争能力的生产单位。国有农场的改革则由托管局负责。

此外还有新成立的农业家庭经营点和民法公司，但为数很少。合伙公司或是资本公司发展很快，合伙公司一下就增长了 4 倍。所谓合伙公司就是重建者或新建者合作经营的一种农业组合。资本公司则主要从事农业经营中的副业生产，它们受税收政策和补贴政策的双重制约。

与此同时，新建个人企业和协作关系却雨后春笋般地涌现出来，数以万计（1994 年为 17800 个）。现在已有不少人把自己的或过去合并进合作社的土地和房屋租给这些个人企业，曾是农业生产合作社社员的个体农民则改行从事各种新出现的服务行业。

（三）还债

截止到 1990 年 7 月 1 日，民德农业所欠旧债已达 760 亿马克。这些债务都是农业生产合作社因无力支付搞科技开发和购买机器设备费用而欠下的。实际上旧债已经成了阻碍新州农业发展的拦路虎。所以联邦政府不得不从"托管局单项偿还债务经费收入"中调拨 14 亿马克来帮助那里的农业还债。

（四）重建农业企业，使现有农业企业现代化

德国东部新建、改建和扩建了许多农业加工企业，从而创造了大量非农

业就业岗位，扩大了农产品的销售和加工能力，给新州经济的发展和转轨注入了活力。

（五）采取多种资助措施

要使农业发展加大投入，新州采取了大量资助措施，其主要的如下。

（1）提供 30 万马克以下的贷款，贷款期为 10 年，如系不动产则为 20 年，并减息 5%。

（2）为偿还农业企业的重建费提供 16 万马克以下的国家贷款，利息 1%；为偿还农业现代化的费用提供 50 万马克以下的国家贷款，利息为 3.5%。

（3）除减息外还提供一次性津贴，最高为 4 万马克，津贴的多少视投资的方式而定。对具体生产部门还规定了特殊的资助标准。例如，（1）牛奶生产，如只有在现有牛奶产量范围内的投资和每个劳力 40 头奶牛或每个企业 60 头奶牛的投资才能获得资助；（2）牛肉生产，如拥有的大牲畜，单位不超过三个并各有一公顷的饲料生产地，这样的投资方能获得资助；（3）养猪，如一家企业拥有的猪圈不超过 300 个可以获得资助，35% 的猪饲料必须由本企业生产；（4）家禽的肉蛋生产，如设备能有益于环境和家禽的保护可获得资助；（5）饲养牲畜只有在可以储存 6 个月经济肥的情况下方可获得资助。在各项资助中至少要有 10% 由本人或本企业提供，如现有生产合作社从事合理化、市场适应、保护环境和牲畜等工作亦可获得资助，条件原则上雷同。

（六）新州与欧共体农业一体化的举措和欧共体的资助

德国统一后，新州自然要同欧共体农业政策实行一体化。这实际上包含两方面的内容：一是新州要尽快按欧共体的要求实行农业改革，二是欧共体按规定给予新州各类补贴。为了在农业领域与欧共体实现一体化，新州采取了以下一些措施。

（1）从 1990 年 7 月 1 日起为农业设立官方干预站，实行欧共体干预机制，采用干预价格。农产品只要无法按目标价格卖出，国家便以干预价格买入，存入干预站，待时机合适时再卖出或另做处理。但纺织品和畜产品不实行干预机制，而是建立最低价格机制。

（2）根据欧共体的估定，部分农户调整农业产量，实行提产、限产和休耕。由于新州各类农畜产品缺乏准确的统计数字，又难以换算，欧共体同意原则上暂时不调整产量，但对牛肉以外的畜产品实施限产，对燕麦和土豆以外的农产品实施提产。德国统一时联邦政府竭力把新州大部分贫瘠的土地纳入欧共体的共同农业政策中去，以获得更多的补贴。此后这类土地理所当然地成了限产和休耕的主要对象，这部分"被遗忘的土地"以每年50%的比例列入休耕范围。从地区上看，它们主要集中在梅前州、勃兰登堡州和南部中央山脉地区，总面积约在100万~150万公顷。

（3）改革生产结构和生产过程，提高产品质量。对出口设立补贴，对进口征收差价税或其他税。在国营生产合作社实行提前退休试点。取消按农牧业划分经营范围的做法。调节各农业企业的规模和牲畜的头数。把非农业部门和工作（例如建筑）从农业领域剥离出去。大力发展农业机械、农业加工和农业销售，增建屠宰场、挤奶场和糖厂。

（4）裁减冗员。

在此基础上欧共体便按有关规定向新州提供各项补贴，包括农业补贴、落后发展地区发展和结构调整补贴与农区补贴，以加速新州农业结构的调整和农业的发展。为此欧共体向德国增加30亿埃居（ECU，欧洲货币单位的缩写）的结构基金补贴，主要用于牛奶、糖、黄油、猪肉和牛肉等生产部门的干预和补助。

（七）由西方公司收购新州的农业加工企业，关闭难以为继的农业加工企业

前文已经谈到新州的农业加工业落后，因此在德国统一后不久不少西方公司或西德公司便进入新州，收购或兼并那里的农业加工业。典型的例子便是丹麦和西德公司收购那里的制糖工业。在此之后新州的制糖工业便有了迅速的发展。

九　商业体制转轨

民德的商业具有其工业和农业共同的特点。批发业完全受计划经济控制，零售业则主要由两大家主宰，即国营商业公司和消费合作社商业公司。

应该说，民德基本生活必需品的供应是充足的。政府也一再强调，商业的目标就是要不断满足人们在物质文化上的需求，要满足人们在提高工作和生产效率上的需求。问题在于商业也是国民经济中的一个组成部分，它不可能脱离计划经济这个全局而存在，而必须受它的制约。因此人们在这里看到的是同样的情景，必须进行改革。

德国统一后新州商业的转轨具有以下几个主要的特点：结构改革、老州大商业集团公司的涌入、收购和兼并新州国营及合作社商店，建立大型、现代化的零售商业网点等。

（一）结构改革

改革民德商业体制是从改革商业结构入手的。

（1）打破垄断，将原有大供应点划小，并实行私有化，由托管局的下属机构——商业私有化协会出面，通过两次招标，将原有的垄断国营商业公司划为一万个大小不等的商业点出售。结果是，除极少数实在难以出售者外迅速被抢购一空。

（2）使消费合作社相对集中。与国营商业供应点的垄断形成反差的是，商业消费合作社过于分散，全国有198个。此后经过努力已将它们合并成54个独立经营的消费合作社和3个地区联合会。改组的原则是掌握好规模。

（3）改革上游和下游部门同商业部门的关系。

（4）注册和注销保持均衡。近几年来在新州出现了许多现代化的商店，不少还正在建设之中，但是关闭的商店也不在少数。注册和注销的商店基本持平，但这不是静态的平衡，而是动态的平衡。恰恰在这种平衡中人们看到了商业体制的转轨。

（二）西德公司收购和兼并新州的商店并在新州建立自己的业务网络

德国统一后，许多西德的康采恩和商业公司竭力收购和兼并新州的国营商业公司和消费合作社，比如它们就收购和兼并了国营商业公司的14个中心商店。许多西德公司则开始同新的商业联合会合作，这些商业联合会大多是由消费合作社改建过来的。

许多西德商业公司不仅收购和兼并新州的商店，而且还在那里建立自己的独立业务网络，新建了许多大商店、大超市。由于新州缺乏新的大型建筑，这些大商店和大超市很多都是建在帐篷、旧厂房或临时房屋里。

老州商业公司大批进入新州，引起了新州国营商业公司和消费合作社公司的极大不满和恐慌。其原因一是新州居民更愿意买老州商品；二是老州商业中产、供、销的关系远比新州的为好；三是新州商业无力按时、按质、按量来供货。因此，在新州的商业结构中老州商业日益占统治地位。

（三）发展零售商业

大力发展大型商店，商店数字扶摇直上。1989年民德只有22000家零售商业点，1994年新州已有零售商业点80000多家，而且各家都很注意加大投入来实现自身的现代化。

十　环保体制的转轨

在环保问题上，民德是欧洲立法最多的国家之一。可能是由于立法太多，无所适从，整个民德的环保工作实在乏善可陈。直到 1988 年政府才开始真正处理长期积累的各类污染。由于一直采用落后技术开采褐煤获取能源，就不可能不造成极大的环境污染。根据联邦环境、自然保护和核安全部 1990 年 11 月的临时统计，当时就已经发现 28459 可疑之处，其中 2457 处被列入"老大难"的范畴。

德国经济学家施普伦格（R. U. Sprenger）认为，为了整治德国东部地区严重的环境污染，2000 年前需要在新州投入 2110 亿马克才能达到老州的水平。然而由于财政的短缺现在每年只能从"生态建设"行动计划中投入 170 亿马克，所以能做的事比要做的事少得多。

（一）正确统计"老大难"问题和污染可疑面

过去民德政府对环境污染的"老大难"问题和可疑面从未进行统计，自然也无法拟定一个科学的整治计划。德国统一后联邦政府决定，一定要查清新州环境污染中的"老大难"问题和可疑面。1990 年 11 月有了一个初步结果，这一结果同其他调查大体一致。按老州的标准，在新州使用的生产设备中有 70% 是不合格的。一个潜在的投资者在收购或兼并某个企业时，首先就要考虑污染的原因和现状。此外，有 20%～40% 的下水管道漏水，还有农业上大量使用杀虫剂以及对土地施加过多的粪肥和其他肥料的问题。

（二）立法

要整治环境必须立法。早在签订统一条约时双方就强调了环境保护的重要性和必须采取的措施。1990 年民德《环境框架法》生效，1991 年颁布了"生态建设"行动计划。1992 年拟定的"东部繁荣共同事业"对新州的发展至关重要，其中同样包含有"环境紧急计划"。为了从环保的角度加速地产的出售，托管局制订了解除生态旧账风险的原则，同时颁布了《消除企业私有化和促进投资障碍法》，其中有两条涉及环境权利增长和环保哲学与历史的原则以及四条环境权利原则，即肇事者原则、共同负担原则、组群负担原则和合作原则。此后又强调预防原则，强调预防应重于治理。此外，还有豁免条款，规定可以免除对造成环境污染"老大难"问题应负的责任，但豁免只局限于 1990 年 7 月 1 日前造成的环境损害，涉及老设备的所有者和购买者。

（三）投入

新州环境污染特别严重，但却不能援引肇事者原则，老设备的所有者和购买者又都享受赔偿豁免，所以环保的投入就成了一个十分重要的问题。

"东部繁荣共同事业"在 1991 年和 1992 年共为环保提供了 4 亿马克。对此，前联邦经济和财政部部长席勒（K. Schiller）认为，这根本谈不上什么投资前景问题，大多数钱都会进入消费领域。联邦环保部部长认为，短期先要投入几百万马克来解决垃圾问题，几千万马克来调查污染情况，每年再投入 20 亿马克真正用在整治上，共约 10 ~ 15 年。事实上，为了达到在 2000 年赶上老州环保先进水平的预定目标，需要支付比上述估计多得多的经费。

（四）培养高水平环境保护人才

环境保护对新联邦州来说实际上是一个新课题，加之高水平人才匮乏，所以必须建立一个有效的管理体制，并大力引进高水平人才；老州也向新州派出一批，从事培训当地人才的工作。

（五）大规模整治

根据联邦环保部的估计，在全部 30000 个怀疑点里有 2500 个"老大难"问题和 196 个点必须首先整治。联邦政府立即要做的事有三件：调查、评估和确定重点，接下来采取的就是安全措施、直接预防危害措施和整治措施。在环境保护方面要立即完成下列重点任务。

整治现有"老大难"污染问题，特别在将老工业部门改为居民点时；整治褐煤露天矿，包括治理劳西茨（Lausitz）和中德运河的水资源；新建和扩建环保基础设施，例如利用私人专门技术和资金来建立净化设施、废物处理设施等，集中在以下几个项目上。

整治褐煤和能源经济，包括水资源。问题特别严重的是 3500 个矿井和露天开采地、900 个坑道、1170 个地表断层区和人工通道。投入的资金以及监督和整治费用预计为 400 亿马克，每年 10 亿马克，州环保部预计为 2100 亿马克。

消除铀矿"老大难"污染问题及其后果。这一问题涉及的范围很大，包括 1500 平方公里的受怀疑地区、400 个工业基地和矿井、18 个停产和两个正在生产的淘汰设备（约 1.3 亿土石方）、300 个含核辐射和重金属的废石堆和危房。其整治费用预计达 150 亿马克。

原苏军驻地的各类污染设施要整治，废油和废气污染需要尽快清除。其费用预计将为 20 亿马克。

整治水污染。新州的水污染问题也很严重，只有43%的河水适合于饮用，而真正符合饮水标准的只有1%。为了解决这一问题，需要采取一系列措施，例如挖掘运河、加固堤防、整治运河网、整治和扩大废水处理能力、提高处理废水设备的质量和减少农业上的废水污染等。

必须整治的还有福尔肯罗达（Volkenroda）钾盐山的有毒垃圾存放站、比特费尔德（Bitterfeld）的废物处理场、普雷姆尼茨（Premnitz）附近的垃圾中心。

十一 建筑和住房体制的转轨

在国民经济中建筑业占有一个突出的地位。它涉及人民的生活水平、投资、融资来源和货币流通等一系列问题，因此始终受到人们极大的关注。民德的建筑业和住房体制有如下特点。

（1）房租很低。补贴额高导致房租很低，平均80马克，约等于家庭平均收入的5%，远不能偿付住房的建造和维修费用。

（2）住房匮乏。民德共有710万套住宅，每套住宅平均面积为65平方米（联邦德国为85平方米），难以满足人民的需求。

（3）住房质量差。全部住房中有52%是1948年前建的（32%，括号内为联邦德国数字，下同），37%还是1919年前建的（1%），20%无淋浴设施（1%），27%无厕所（2%），16%已根本无法修缮。

（4）新建、改建和扩建的建筑很少。新建筑只占60%，改建和扩建的建筑占14.6%。

（5）建筑业亏损巨大。

德国统一后新州立即开始对建筑业和住房政策进行改革。其具体做法如下。

（1）逐步放开房租。从1991年10月1日开始逐步提高房租，与1990年同期相比房租上涨了300%，因此同时提高房补。住房的建筑费、改建费以及维修费在一定程度上都应该由房租来偿付。

（2）改变建筑公司结构。分解和改组大建筑公司，将建筑、安装和特殊建筑联合企业中的规划和设计部门独立出来，成为独立企业。技术部门一般都剥离出来，独立经营，并实行私有化。改组了过去直属专区的住房建筑和深层建筑联合企业。

（3）鼓励居民拥有住房产权和维修住房。国家鼓励居民个人拥有住房财产、自己修缮住房，以负担补贴的形式向居民提供拥有住房产权的附加补贴，并将过去的国有住房首先出售给现居住者。

（4）向私房拥有者和私人房东提供优厚的住房建筑贷款，并为此建立稳定的法律基础，制定以市场为导向的利率机制，以鼓励他们从事住房建设，并克服由于要适应利率以及其他新出现的情况而给自己带来的困难。

（5）联邦为各新州提供卖房资助。联邦政府决定，只要各州在出售住房时承担由此而要偿还的部分债务，则联邦政府将提供一半的资金服务，1992年共提供了 4.5 亿马克。

（6）加快住房建设，大量建造福利公寓。为了尽快满足新州对住房的迫切需求，联邦政府号召大量新建、修缮、改建和扩建住房，特别是大量建造福利公寓。这类公寓拥有现代公寓所应具有的一切必要的条件和设施，但造价较低，工期也较短，容易较快建成。1993 年建房申请获得批准数比 1992年增加了 3 倍。

十二　福利体制转轨

社会福利体制本不属于经济范围，但却同经济有着密切的关系。现代社会福利政策也日益不同于传统的社会福利政策。它不再局限于国家以"保护者"和"平衡者"的身份来对收入进行再分配，而是涵盖了人们全部生活领域的状况。离开了社会福利体制的转轨，经济体制的转轨是无法保证的。社会福利体制转轨的原则是进行体制改革，逐步实行老州的各项规定，条件不成熟时，先执行过渡规定。统一后的德国设计的是全方位社会福利体制的改革，包括养老金、失业保险、医疗保险、事故保险、社会救济等。

十三　生产资料所有制的转轨

生产资料所有制是社会评价的一个最重要的标志，因此生产资料所有制的转轨便是最本质的、最深刻的体制转轨。

（一）民德国民经济的结构

要将一国经济私有化，必须首先研究该国国民经济的结构，有三条标准：不同生产资料所有制的结构、就业结构和企业规模结构。由此可以判断，民德国民经济的结构可以说有以下三大特点。

生产资料的国有制和公有制占统治地位。私营企业在国民生产总值和工业生产中只占 3.9% 和 2.5%，每 50 个就业人员中只有 1 个独立劳动者，而在联邦德国则有 8 个。

民德工业和建筑业部门的工作人员占全体就业人员的 44.0% （31.0%，括号内为联邦德国的占比，下同），农林部门的占 10.8% （4.6%），交通和信息部门的占 7.4% （5.7%），手工业部门的占 5.0% （13.5%），商业部门的占 10.3% （12.9%），其他服务部门的占 22.5% （32.9%）。

50 人以下的企业只占全部企业的 9% （50%），51～200 人的企业占 25% （36%），201～500 人的企业占 25% （9%），500 人以上的企业占 41% （5%）。这就是说，民德的企业结构呈倒三角形。中、小企业微乎其微，在国民经济中不起多大的作用。相反，大型企业占据压倒性地位，其典型代表就是所谓的联合企业。

（二） 新州私有化的特点

新州的私有化有很多特点，这是由以下原因造成的。

随着德国的统一，德国老州的社会制度和生产资料所有制都依法扩大运用到了新州。新州原则上就是按照老州的模式来改造那里的国民经济、社会制度和生产资料所有制的，特殊的做法很少。

老州的大量"输血"为新州解决私有化出现的巨大问题提供了经济保证。

由于东马克兑换西马克的汇率原因，加上工资增长过快，新州大量的工厂经营不善，比其他东欧各国工厂经营得还要差。

在这样的情况下，人民参与国有企业出售收入的分配就没有多大的意义。但不少人却从中得出了以下一些结论。

（1） 企业的私有化应重于企业的整固。

（2） 基于新州拥有其他东欧国家所不具备的条件，那里私有化的速度可以加快。托管局可以采取出让的办法，私有化的透明度应该更大。

（3） 在出售谈成以后便应该将谈判的细节公布于众，但价格和买主姓名除外，这样其他的投资者可以有机会另出条件和价格。

（4） 不必把整个企业出售给某个投资者，而是出售生产的某些部分，尤其是那些经过剥离的联合企业内的某些生产部分。这非常有利于买卖的成交。原民德国营和集体企业的产值分别占全国国民生产净产值和工业生产总值的 96.1% 和 97.5%，从这个角度来看新州的私有化又不可能进展得很快、很顺利。因此必须设立专门的高效率机构，采取非常的措施。

（三） 托管局的主要任务

在新州私有化的过程中，托管局起了决定性的作用。该托管局是 1990

年 3 月 1 日由莫德罗（Hans Modrow）政府建立起来的。它的主要任务是对当时的国有企业实行托管，把它们变为资本公司，准备进入市场。德国统一后托管局的任务扩大了，重点主管以下工作。

迅速私有化，迅速剥离联合企业，建立富有竞争性和整体效益的构架；

坚决对企业进行整治，如有可能则在整治后实行私有化；

谨慎地对无法进行整治的企业实行停产；

在竞争中实行私有化，尽可能获得国际赞誉；

全部企业私有化，不允许某些部分企业长期在托管局"抛锚"，尽量不搞合资企业；

负责企业的管理、专门技术、销售渠道和市场；

负责就业问题的谈判，以保证具有竞争性的就业岗位的维护和创造；

执行并监督整治计划，包括发放债务、偿还贷款和提供信贷担保；

甄别原企业主索回财产的权利；

处理把资产对象归还给地方的要求。

（四）弄清产权问题，推进再私有化

民德的产权问题特别复杂。两德在签署第一个国家条约时便首次试图来解决这一问题，当时通过了一个联合声明。然而在德国统一后仍有大量的资产问题没有解决，主要涉及两大问题：1945 年至 1949 年的产权问题和 1949 年后的产权问题。1949 年是个关键，因此也被称为"49 规则"。[①]

1. 1945 年至 1949 年的产权问题

在此期间苏占区实施非法西斯化，剥夺法西斯头子的财产，共没收了 3843 家企业，关闭了 676 家企业，其中 213 家作为对苏联的赔款。61% 的工业实行了国有化，受苏联控制。与此同时，没收了 330 万公顷的土地，占整个私有土地和森林面积的 42%，50 万迁居者和小农场主分得了土地。

根据由联邦议院和联邦参议院组成的调解委员会于 1994 年所做的决议，这一没收决定不得改变。因此原企业主不得收回上述财产，但可以用廉价买回。这一规定也适用于 1945～1949 年被无偿没收的从东部逃到西部人的 31000 块土地和 3000 家企业。这些土地和企业全部为国家所有。

对迁居者和小农场主在土改时分得的土地则做了限定，不许将这部分土

---

① 姚先国、〔德〕H. 缪尔德斯：《两德统一中的经济问题》，科学技术文献出版社，1992，第 116～120 页。

地出让、抵押和继承。1990 年 3 月民德政府颁布了关于土改时期土地权利的法令，取消了上述限制。但对很多情况仍然没有讲清楚，例如，谁有权利来支配这部分土地。因为在此之前的所有法令对于此类产权变化既没有完全讲清楚，也没有完全查清楚。

在此之后颁布的新法令则规定，1990 年 3 月 15 日以后在土地证上作为合法人登记的自然人即为合法资产所有者。对这些资产所有者那些按《财产转移法》有优先资格的人可以提出免费转让财产的要求。这样就使土改时的土地可以转让，从而减少了那些处理资产善后问题单位的负担。

2. 1949 年以后的产权问题

为了解决 1949 年以后被没收的工业、农林企业的产权问题，新州颁布了《资产法》，其中对上述企业的归还问题也做了具体规定，明确此类企业原则上均应归还原主。如果无法归还原企业，则应给予赔偿。《资产法》还规定废除国家对过去所谓"共和国叛逃者"财产管理的规定。处理方法如下。

1953 年后逃往联邦德国的人遗留下的 80000 块土地归托管局管理，由于债务和税收过高等原因，实际上归国家所有。

1953 年前联邦德国人在民主德国约有 100000 块土地和 2000 家企业的财产，按 1953 年出逃人的办法处理，也归托管局处理。同样由于债务和税收过高等原因，也归国家所有。

1953 年后联邦德国人通过继承关系在民主德国约有 70000 块土地。这些土地开始不由机关管理，现在同样出于债务和税收过高等原因，大多归国家所有。

1972 年被国有化的 12000 家私人小型工商业全部归还原企业主。无法归还的由托管局提供赔偿。

托管局负责处理的 400 万公顷的土地中，包括绝大部分森林主要交由地方管理。

再私有化是德国新州私有化的一项重要手段，人们本来以为这样可以刺激原企业主投资的积极性。然而大量的事实却作了相反的证明，多数人并不愿意扩大投资。于是联邦议院不得不于 1991 年 3 月 15 日通过了排除企业私有化障碍促进投资的法律，该法律规定：截至 1992 年 12 月 31 日，在安排房地产和企业方面，原企业主或房地产主可以优先进行投资；原企业主欲依法继续管理企业，必须为此做出担保；如原企业主提供的治理投资规模不及国有单位，那就对原企业主的退还要求不予考虑；如企业现拥有者担心企业须退还原企业主而对投资持保留态度时，则可不考虑退还要求；投资者如不信守承诺，则必须将财产归还。

（五）德国新州企业私有化的模式和做法

私有化主要运用两种模式：拍卖模式和谈判模式。从中还可以派生出以下五种做法。

1. 自由出售

所谓自由出售是指不采用任何形式同某一买主进行的谈判，这在私有化开始时常被采用。当时的情况是，不少联合企业已同西部企业签订了合作协议，要求对方来接管本企业。这就意味着，在出售该企业问题上，托管局面对的是一个不能更改的既成事实。企业这样自由出售有利也有弊：有利之处是，企业可以迅速私有化；不利之处是，托管局成了聋子的耳朵，起不了任何作用。

2. 投标

托管局采用较多的是投标法，由托管局通过直接谈话要求投资者投标。这类投资者都是要出售企业的同行。这种投标法尤其适合于大型企业私有化，如化工企业、钢铁企业、造纸企业等，因为希望购买这类企业的买主较少。托管局认为采用这种方法出售企业的好处是，可以用最快的途径谈妥私有化的全部做法：剥离、初步整治、拟定合同、最终出售等。其坏处是，整个决策过程缺乏透明度，不能保证平等竞争。谁要是没有被找谈话，就没有投标的机会，自然也就没有参与竞争的机会。

3. 有限招标

如果要出售的是中小企业，而且结构比较简单，托管局一般都采用有限招标的办法。几乎所有纺织服装工业、木材家具工业的可私有化企业，托管局都是采取国际有限招标的办法。这是一种程式性的做法，托管局开列一系列的条件同买主进行谈判。与招标法相同的是，只要求某些投资商投标。比如，托管局在为 54 个木材家具工业企业进行招标时，可以发出 2000 份标书。托管局认为这种方法的好处是，可以有针对性地同能入选的买主谈判，决策过程是透明的，局外人也可得知，容易取得理想的出售价格。由于谈话人是由托管局圈定，它便可以从一开始就将那些只盯着不动产的买主排除在外。其坏处是，这样做很有可能会把理想的买主漏掉，从而失去最好的收益。

4. 公开招标

托管局两次采用了公开招标的方法，第一次是在 1991 年 1 月对 30000 家商业分销店进行大规模私有化的时候，第二次是在出售大企业的时候。公开招标也就是标准化投标。任何人都可以参加投标，但是成功的可能却不相同，因为托管局对所有投标人都提出要求。入选的标准有个人的专长、企业整治方案、买主的出身等。托管局特别注意，倾向于将这些企业卖给该企业的职工。这样就可以大大减少企业被挪作他用的风险。对零售商业大规模私有化的目的之一，就是要建立一个大的中产阶层。应该说，通过公开招标，这一目标显然是达到了。

5. 公开拍卖

公开拍卖也是公开投标。在公开拍卖时原则上要将除价格以外的全部条件公布。每个投标者都知道其他投标者的条件。然而托管局却不愿采取这种方法，它反对的理由是，对它说来，买价只不过是所有标准中的一种，算不上什么重要标准。西方经济学家们则认为，这种说法难以服人。其实，在公开拍卖时也可以提出一连串目标。例如，可以先定一个最低买价，但是中标的只能是开出最高投资额和能提供最多就业岗位的人。

公开拍卖还有一个特殊形式，那就是通过发行股票来实行私有化。托管局也不赞成这种做法，理由是没有一家企业适合于通过交易所来搞私有化。

托管局在研究采用哪种方法进行私有化时，原则上考虑两个因素：一是成功的机会，二是需要多少时间。其目标是要迅速地、成功地私有化。如果在实践中两者不可兼得，则更重视前者。它在大多数的情况下会采取谈判解决问题的办法，哪怕要多花去一些时间。

6. 其他做法

企业乡镇化。可将企业出售给乡镇，成为乡镇的资产。

不动产的租赁购买模式。不动产不仅可以出售，也可以出租，这种购买模式可以随同企业的出售一起使用。

挑出应停产企业中的某些部门出售。一般说来，需停产的企业并不是全部都无法运转了。因此托管局十分注意选出其中的可用部分出售，以便保存一部分工作岗位。

（六）　为私有化提供优惠的条件

为了加速私有化，德国新州提出了一系列优惠条件：售价不涨；引进视产量而定的分期付款方式，这特别适用于内买（Buy-in）管理；迅速处理再私有化申请，同等对待私有化和再私有化；优先考虑市场运作企业；放宽市场出入限制；对企业提供咨询；提供可以优惠支付的条件等。

（七）新州私有化的结果

德国托管局于 1994 年底结束了私有化的工作。当时的私有化情况见表 2 – 1。[①]

表 2 – 1　新州私有化情况

私有化开始时的企业数（剥离和分离后）	14500 家
私有化的企业	13900 家
私有化的地产	18813 公顷
私有化的农田	34704 公顷
私有化的林地	2155 公顷
遗留企业	600 家
私有化收入	650 亿马克
投资承诺	2070 亿马克
托管局债务	2700 亿马克

资料来源：联邦统计局，自行列表。

（八）对新州私有化的不同看法

私有化涉及的是一种社会制度和经济制度的根本变化，一是涉及财产和资产的重新分配，二是涉及将过去没收的资产又重新归还原主，三是涉及人民经过长期的辛勤劳动和储蓄建立起来的国家财产和资产问题。

在这样的情况下，德国新州的私有化无论是在德国新州的民众中间，或是德国的经济学家中间都不可能不引起不同的甚至对立的反应，[②] 特别在以下四个问题上。

1. 围绕归还过去没收财产问题的不同意见

这是一个激烈争论的话题。许多人认为，这是德国政府自统一以来犯下的最严重的错误。因为并没有一个人要求联邦政府对原民德政府的行为负

---

① Mayr，Robert：*Die Privatisierungspolitik der Treuhandanstalt — eine Analyse zum Vertragscontrolling auf der Basis einer empirischen Untersuchung*，www. google. com. hk/boo…2014 – 05 – 13；KPD/ML：*Der Beitritt Wie die DDR zur BRD kam*，3. Auflage（erweitert），letzter Zugriff am 25. 07. 2010.

② Leipold，Helmut：*Probleme und Konzepte der Privatisierung von Staatseigentum*，in：*WiSt* Heft，2，Marburg，1992.

责，将历史的车轮倒转到 1949 年已给德国社会带来不必要的动荡。

此外，人们本来以为，这些原企业主在拿到退赔的企业和资金后会用这些资金来整治企业，推动新州经济的发展。然而现实正好相反，2/3 的原企业主根本不愿在新州投资，他们或将这笔退赔的资金存入银行，或到德国西部和国外去投资。为此人们大失所望，将此称作"老企业主的封杀"。

2. 围绕企业垄断与否问题的争论

反垄断本是联邦德国社会福利市场经济的一项重要原则。德国统一本应给德国经济提供最好的机遇，通过剥离联合企业、新建中小企业和提高中小企业的竞争能力来遏制垄断的发展势头。然而事与愿违，这股垄断的势头不仅没有得到遏制，反而得到助长。这是因为西部的大企业早就看准了这一点，并制定了相应的对策。于是它们便竭力收购东部的同类企业，以此来削弱竞争，发展垄断，获取高额利润。

3. 围绕财政是否平衡问题的争论

将整个国民经济出售按说是十分不可思议的事情，这必然会带来资产存量同资金存量之间的严重失衡。一方面是资产的巨大供给，另一方面是资金储备的严重短缺。后果是预料之中的：大幅度地压低企业的售价。按民德最后一届政府的统计，民德全部国有资产为 13000 亿马克，经联邦德国复核后仍有 6000 亿马克，托管局在实际估价后制定的初期资产负债表中该财产又被减少到负 2100 亿马克，最后托管局的实际债务为 2700 亿马克。于是人们自然会问，这不就意味着国有资产的流失吗？民德人民 40 年辛勤工作的成果究竟到哪里去了？谁是德国新州私有化的牺牲品？

4. 对私有化和托管局的不同评价

人们对私有化的举措和结果的看法显然不同，进而导致了对托管局的不同评价。一部分人大骂它是扼杀东德经济和就业岗位的"刽子手"，另一部分人则为其辩护。施特罗特（Alfred Strothe）还专门为此写了一本书《托管局：好于他的名声》。[1]

第六节　新州的经济和转轨现状

德国统一后新州便开始了艰难地由中央计划经济向社会福利市场经济的

---

[1]　Strothe，Alfred：*Treuhandanstalt：Besser als ihr Ruf*，Holm：Agrimedia Verlag，1994.

转轨，暴露了许多令人深思的问题。德国统一每逢 5 和 10 周年，媒体都会发表大量文章，主要涉及以下方面。

一 总体上肯定新州的发展

各媒体大力介绍了新州经济转轨以来的发展和进步。无论是哈梅尔（Eberhard Hamer）的"三年报告"[1]，施密特的"三年报告"[2]，奥本兰德（K. H. Oppenländer）的"六年报告"，[3] 蒂尔泽（W. Thierse）的"十年报告"，[4] 勃兰特（A. Brandt）的"十五年报告"[5]，还是布鲁姆（Ulrich Blum）[6] 的"二十年报告"，以及联邦和各州统计局出版的《德国统一 25 周年》[7]，都十分详尽地介绍了新州转轨的成就和仍然存在的问题。经济史学家勒斯勒尔（Jörg Roesler）在其著作中从五个方面将这些成就归结为"东部繁荣"：（1）通过托管局进行了私有化；（2）职员变成了中产阶层；（3）社会福利可以承受的人才培养；（4）拯救了工业的核心；（5）边缘部门的繁荣。[8] 帕克（Karl-Heinz Paqué）也从五个方面对此做了分析：艰难的遗产、迅速的启动、强化的发展、工业新貌、德国统一的价值。[9] 哈勒经济研究所（IWH）前所长布鲁姆说，"我们成功地把两个经济体系整合为一个运转良好的整体"，虽然东西部尚有一定差距，但有一点是肯定的，"没有东部，西部的发展也不可能像今天这样强劲"[10]。

中国学者也对此进行了深入的研究，并发表了他们的成果，如姚先国教

---

[1] Hamer, Eberhard: *Ende-Wende-Wiederaufbau*, Hannover, 1993.

[2] Schmiedt, Rudi: *Zwischenbilanz — Analysen zum Transformationsprozess der ostdeutschen Industrie*, Berlin, 1993.

[3] Oppenländer, Karl Heinrich: *Wiedervereinigung nach sechs Jahren — Erfolge, Defizite, Zukunftsperspektiven im Transformationsprozess*, Berlin/München: Dunker & Humbolt, 1997.

[4] Thierse, Wolfgang/Spittmann-Rühle, Ilse: *Zehn Jahre Deutsche Einheit*, Bonn: bpb, 2000.

[5] Brandt, Adelhaid: *Lust oder Frust? 15 Jahre Deutsche Einheit*, 2006.

[6] Blum, Ulrich: *20 Jahre Deutsche Einheit — Schöpferischer Aufbau*, in Wirtschaftsdienst, 30. 09. 2010.

[7] Statistische Ämter des Bundes und der Länder: *25 Jahre Deutsche Einheit*, 2015.

[8] Roesler, Jörg: *Ostdeutsche Wirtschaft im Umbruch 1970 – 2000*, Bonn: bpb, 2003, S. 70 – 93.

[9] Paqué, Karl-Heinz: *Die Bilanz — Eine wirtschaftliche Analyse der deutschen Einheit*, Bonn: bpb, 2010.

[10] Blum, Ulrich: *20 Jahre Deutsche Einheit — Schöpferischer Aufbau*, in Wirtschaftsdienst, 30. 09. 2010.

授的《两德统一中的经济问题》[1]、丁纯教授的《统一后德国经济发展的回眸与前瞻》 等。[2]

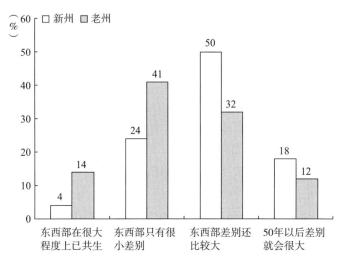

图 2 - 1　如何看德国统一

资料来源：2014 年柏林勃兰登堡社会科学研究中心。

二　转轨的特点

新州的经济体制转轨突出的有以下四大特点：（1）以西部的体制为模板，"照猫画猫"。之后则逐渐认识到，"德国的分裂（Teilung）只能以分列（Teilen）的方式来解决"，[3] 于是"照猫画猫"变成了"照猫画虎"，继续改革生产资料所有制，大搞私有化。然而由于原企业经营不善，资不抵债，购者寥寥，政府只好降价以求，甚至向购买者提供一定的资金补偿，因此出现了一马克购买一家企业的奇观。[4] 结果，全部国有企业出售后，政府不但没有赢利，反而负债 2700 亿马克。（2）经济转轨步履艰难、困难重重。（3）采用激进的转轨政策，搞突变，一举放开市场，放开价格，即所谓的"休克疗法"，造成持续的经济滑坡。（4）政府以大量的资金投入和政策倾

① 姚先国、〔德〕H. 缪尔德斯：《两德统一中的经济问题》，科学技术文献出版社，1992。

② 丁纯：《统一后德国经济发展的回眸与前瞻》，《欧洲》1996 年第 3 期，第 21～31 页。

③ Bergmann, Hellmuth u. a.: *Probleme von Raumordnung, Umwelt und Wirtschaftsentwicklung in den neuen Bundesländern*, Hannover: Verlag der ARL, 1991, Vorwort Ⅶ.

④ Brockhoff, Klaus: *Unternehmer im Übergang zur Marktwirtschaft*, in: *WiSt*, Heft 2, 1992.

斜作为经济转轨的物质保证，为此，不得不引进所谓"团结附加税"，造成德国政府的巨大债务和老州居民的巨大负担。越来越多的老州人把新州看成是输血的无底洞。他们非常失望地说，除去一张放大了的德国地图外，统一没有给他们带来任何好处，反而加大了他们的负担。[①]

三　经济有了较快发展

统一后新州的经济有了较快的发展，劳动生产率（人均国内生产总值）有了很大的提高，从原先占老州的28.5%提高到2004年的71%，但此后曾一度陷入停滞。出口率已提高到34%，仍低于老州的46%。这是因为，统一以后，虽说有大量资金迅速投入基础建设与住房建设，但对工业与其他行业投入不足。东部缺少作为营业税大户的企业集团，而更多的是西部工厂车间的延伸，因此巩固东部经济的新计划显得尤为重要（参见图2－2、图2－3、图2－4）。

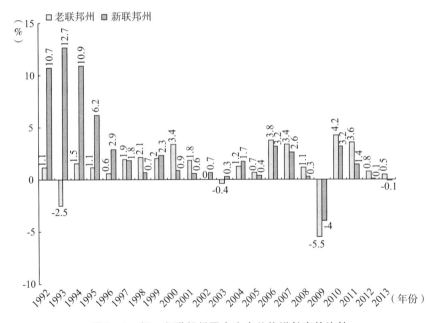

图2－2　新、老联邦州国内生产总值增长率的比较

资料来源：国民经济总核算工作组，2013年8月/2014年2月，新、老联邦州中均不包括柏林。

---

① Köhler, Claus: *Der Übergang von der Planwirtschaft zur Marktwirtschaft in Ostdeutschland*, Berlin, 1995.

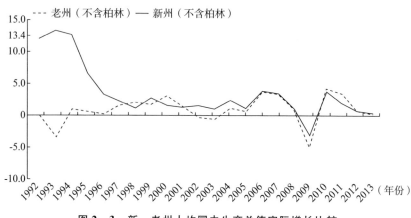

图 2-3 新、老州人均国内生产总值实际增长比较

资料来源：联邦政府关于德国统一现状的年度报告，2014。

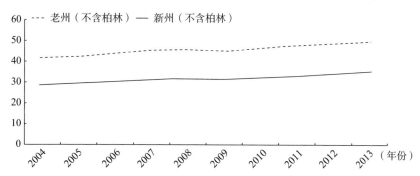

图 2-4 新、老州劳动生产率（每小时的国内生产总值）比较

资料来源：联邦政府关于德国统一现状的年度报告，2014。

四 人均可支配收入有很大提高，但还是低于西部

从 1991 年到 2012 年，新州（不含柏林）人均可支配收入增长了 28% 左右，但依然落后于西部，相当于全德平均水平的 85.9%，远低于老州①。其中柏林的人均可支配收入则出现了同比下降。其实，1998 年新州的劳动生产率已经达到老州的 60%，雇员的毛工资达到 74%，净工资达到 85.2%，但此后便不得不暂停，因为联邦政府违反工资的增长必须适应劳动生产率增长的经济规律，人为提高新州的工资水平已经造成巨大的工资劳动生产率的缺

---

① 引自联邦政府《2014 年德国统一状况年度报告》。

失（1998年为24.1%），企业不得不纷纷破产（参见图2-5）。

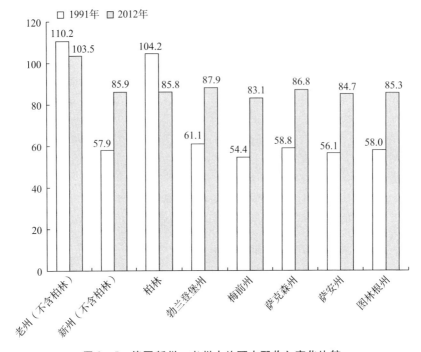

图2-5 德国新州、老州人均可支配收入变化比较

资料来源：各州国民经济总核算工作组，2013年8月/2014年2月。

根据市场调研机构GfK的数据，2014年德国东部的人均国内生产总值为2.5万欧元，相当于意大利的水平，但仅为西部的71%；东部的人均月工资为2317欧元，西部超过3000欧元；东部家庭平均拥有资产8.7万欧元，西部为19.9万欧元；东部拥有自有房产的人不到1/3，西部为1/2。[①]

五 经济和社会福利状况有了明显改善，但同老州相比仍有差距

人们看到，国家对新州的巨额投资已经使那里的经济和社会福利状况有了明显的改观。首先，陈旧的基础设施得到了现代化的改造；其次，新州居民的生活状况有了较大的改善；再次，与老州相比，新州受全球金融危机的负面影响相对较小；最后，新州福利有了明显的改善，但整体看来，新州同老州相比仍有差距，如三岁以下儿童日托人数的增长就远落后于老州（参见图2-6）。

---

① 引自联邦政府《2014年德国统一状况年度报告》。

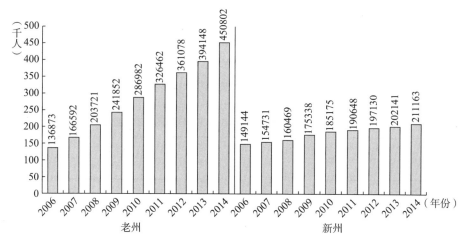

图 2 - 6　2006～2014 年新州、老州三岁以下儿童日托人数比较

资料来源：联邦统计局。

六　研发投入增加

针对科研水平的落后，新州（包括柏林）逐步加大了研发经费的投入。2012 年该地区研发投入已经超过欧盟 28 国的平均水平，接近美国和老联邦州的水平。其中经济界投入占到国内生产总值的 1.02%，公共支出占到 1.54%，合计达到国内生产总值的 2.56%（参见图 2 - 7）。

图 2 - 7　2012 年新联邦州研发投入占国内生产总值的百分比比较

资料来源：联邦统计局。

七　人才流失

两德统一以来总计已有近 300 万人离开了新州，而同期从西部前往东部的居民只有 100 万人。如表 2 - 2 所示，与 1991 年相比，2013 年联邦五个新州萨安州、图林根州、梅前州、萨克森州、勃兰登堡州的从业人员分别减少了 21.5%、15.8%、14.3%、11.7% 和 10.2%，只有柏林增长了 5.2%。[①]仅巴伐利亚一州就有百万东德人就业。

表 2 - 2　与 1991 年相比 2013 年东部从业人数的变化

州名	萨安州	图林根州	梅前州	萨克森州	勃兰登堡州	柏林
变化	- 21.5%	- 15.8%	- 14.3%	- 11.7%	- 10.2%	+ 5.2%

资料来源：《德国统一 25 周年》，联邦和各州统计局，2015。

　　流失的人才中大部分是中青年熟练劳动者，包括西部紧缺的熟练女工。这使东部地区快成了"人才空城"，革新力量远远落后于老州。有人估计，过去几年德国西部的经济增长有 1/4 应归功于在德国西部工作的原民德人，一些从老州到新州投资办企业的经营者感到，那里的工人和技术人员从思想观念到技术水平同老州相比都有很大差距，与他们共事非常吃力。但从 2001 年开始，东西部迁居的差距在逐年缩小，2013 年已几乎持平，一些原本从东部迁居到西部的居民又重新迁回东部，但精英人才大部分依然留在西部（参见图 2 -8）。

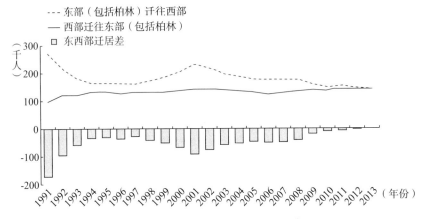

图 2 - 8　1991 ～ 2013 年东西部迁居情况

资料来源：联邦统计局。

　　可供参考的具体数字是：1991 年东部迁入西部的人口为 249743 人，2013 年为 150617 人；1991 年西部迁入东部的人口为 80267 人，2013 年为

141732 人。[①]

1990 年德国统一后新州的生育率急剧下降，1994 年开始逐步回升，2007 年开始超过老州，但整个德国的生育率仍然偏低（参见图 2 - 9）。

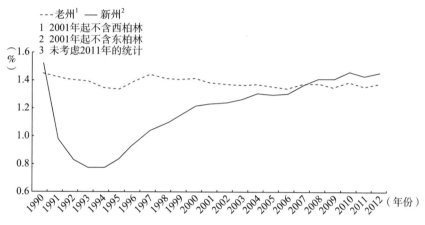

图 2 - 9　1990～2012 年新、老州生育率变化比较

资料来源：联邦统计局。

八　失业率居高不下

除了人才外流，失业率居高不下也是一个主要问题。新州平均失业率为 18%，大约是老州的两倍。东部失业率居高的原因，在于统一前东部设备陈旧，产品无竞争力，统一后大批企业破产，2005 年一度接近 20%，2013 年仍接近 10%（全国为 6.9%）。

新老州失业率的差距直接带来的后果就是收入的差距。此外，东部人至今仍很难进入职场高层，他们对现行政策普遍不满，同工而不能同酬，当然就没有任何平等可言。不少人对前途感到迷茫，结婚率呈现显著下降趋势。不少人都认为，在新、老州之间"具体的墙拆除了，精神上的墙却升高了"（参见图 2 - 10）。

九　赶上老州仍有困难

总体上看，新州要完全赶上老州还很难。这是因为：（1）新州严重缺乏高科技、信息技术部门和人才，如德国 100 家最大的企业中，没有一家总部

① Schayan，Janet：*25 Jahre Deutsche Einheit*，in：*Magazin Deutschland*，CH2/2015，S. 19.

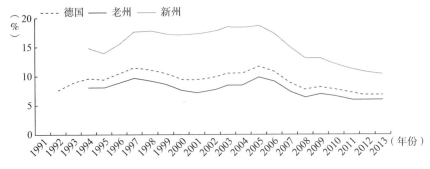

图 2 – 10　1991～2013 年德国、老州和新州的失业率变化

资料来源：联邦劳动局。

在新州；（2）柏林经济每年下滑，拖了新州发展的后腿；（3）新州不断大量向老州移民，近几年尽管回归了一部分，但精英人才回归甚少，新州的人才依然匮乏。预计到 2019 年，新州的富裕州能达到老州贫困州的发展水平（参见图 2 – 11）。

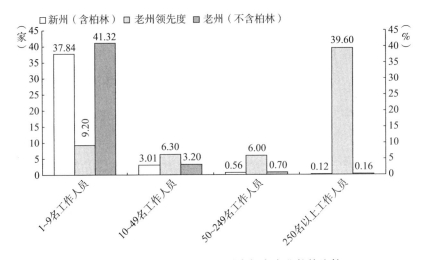

图 2 – 11　2011 年新、老州千人拥有企业数的比较

资料来源：Destatis（Genios）。

第三章

经济政策与经济发展

德国经济政策和经济发展涉及面很广，本章将集中阐述 14 项主要经济政策和经济发展，以及两届政府的经济政策，把财政政策和金融、货币、有价证券、保险政策分别放在第四、五章中单独论述。

第一节　经济政策的类别

欧肯认为，一个社会经济发展的全过程是统一的：引导生产来满足不同的需求，适时建立生产和分配流程，使用某些技术，从空间上来规划使其集为一体。所有这一切都是为了克服现有的商品稀缺。[①] 而要做到这一点就需要经济政策。

因此经济政策就是在资源稀缺情况下影响商品、服务的生产和分配的各类政治措施的总和。[②] 它是一国贯彻其经济理论与思想、实现其经济目标的方针和原则。斯蒂格利茨等人认为，从最高层次来说，经济政策的目标是以平等和可持续的方式达到长期福利的最大化。[③] 经济政策包罗万象、门类繁多。从宏观来看，有供给（导向）政策和需求（导

---

① Eucken, Walter: *Die Grundlagen der Nationalökonomie*, New York/Berlin/Heidelberg: Springer Verlag, 1989, S. 6.

② Adam, Hermann: *Wirtschaftspolitik und Regierungssystem der Bundesrepublik Deutschland*, Bonn: bpb, 1992, S. 21.

③ 〔美〕约瑟夫·斯蒂格利茨等：《稳定与增长：宏观经济学、自由化与发展》，刘卫译，中信出版社，2008。

向）政策、扩张政策和紧缩政策、有增长政策与稳定政策等，又有各项
具体的微观政策。

某一宏观经济政策总是同某一经济理论有关，例如供给（导向）政
策的理论基础便是新自由主义与货币主义，而需求（导向）政策的理论
基础则是凯恩斯主义。此外，某一宏观经济政策又要求相应的微观经济
政策。

一　经济政策的历史发展

经济政策与经济体制密切相关，都要受某一种或某几种经济理论的指导
和制约。早在十六七世纪的重商主义时代就有了经济政策的雏形，那就是要
加强对外贸易，获取出口顺差，手段就是保护关税和推动国内工商业的
发展。

1651 年英国颁布了《航海条例》（Navigationsakte），规定向英国的出口
必须使用英国的商船。

18 世纪中期魁奈在其经济著作《经济表》中首次提出形成、使用和
分配是国民生产总值基础的三个方面。自由主义者强调自由的重要性，
反对国家对经济的干预，是古典自由主义的先驱。斯密和李嘉图的出
现，完善了古典自由主义理论，集中要求自由贸易、无限竞争和私有财
产的保障。

随着世界进入工业社会，经济界出现了两种截然不同的经济政策方案。
一方面，以马克思、恩格斯为首的一批学者提出了全套的科学社会主义理
论，反对生产资料的私有制和个体竞争。在该理论的影响下，德国出现了讲
坛社会主义，古斯塔夫·施穆勒（Gustav Schmoller）、阿道夫·瓦格纳
（Adolph Wagner）和维尔纳·桑巴特（Werner Sombart）领导的新历史学派
强调国家的社会福利责任和社会福利政策。另一方面，在欧洲的其他国家则
出现了新古典主义。

1929～1932 年资本主义经济陷入空前的危机，这就催生了凯恩斯主义和
凯恩斯经济政策，它进一步挑战了当时还占有垄断地位的古典主义和新古典
主义经济政策，因而也遭到了货币主义和供给经济政策的反对。

这两组重大矛盾的较量又派生出新的经济政策矛盾体系，如需求政策与
供给政策、扩张政策与紧缩政策、秩序政策与过程政策、建构政策与调节政
策等。

二　古典主义经济政策与凯恩斯主义经济政策

在第一章中我们已经看到，古典主义经济政策与凯恩斯主义经济政策的分歧是多方面的。其核心分歧就在于，前者鼓吹市场是一只"看不见的手"，应该在这样一个规则机制下通过市场价格和工资率在商品、要素和劳动市场上进行自由竞争；市场在受到干扰后会自动重新回到均衡，供给会自动创造需求；长期看，劳动市场上不会出现低就业，不会出现过多或过少的投资和消费，也不会出现其他的经济危机。实际出现的干扰是因为市场的不完全；国家的活动只能局限于建立并维护框架条件，也就是拉萨尔讽刺的"守夜人角色"；生产资料的私有制必须受到保护。

凯恩斯主义经济政策则与此相反，它认为，失去稳定的市场不总是能依靠自身的力量自动重新回到均衡。这是因为市场的有效需求不足，价格和工资率不仅有弹性，而且有刚性，市场力量不会均衡地分配到每个市场参与者的头上，生产要素也不会自动投放到生产效率最高的部门。这是因为可以不花钱便能从市场活动中获得效用（如搭便车者），还因为某些市场参与者在这场弱肉强食的竞争中遭到毁灭，因此必须要有宏观调控，必须要有国家的介入。

古典主义经济政策坚持认为，由于工资机制的作用，只要降低工资便可达到充分就业。凯恩斯主义则认为，由于劳资协定规定了最低工资的刚性，上述情况不可能出现；凯恩斯主义还特别强调采用国家财政政策（Fiskalpolitik）和投资来推动经济的发展，强调扩大国家的直接财政支出，必要时可以通过借债来推动需求和就业的增长；与古典主义特别强调经济的长期远景和生产要素的有效投入相反，凯恩斯主义特别看重就业问题和短、中期发展。

三　供给（导向）政策和需求（导向）政策

所谓供给导向经济政策源于供给经济学，这是 20 世纪 70 年代在美国兴起的一个与凯恩斯主义相对立的经济学派，是"一个偏重于政策方面的经济学派"，[1] 其基本主张是：（1）重新建立财政政策的行动能力，提高个人的

---

[1]　Schader-Stiftung：*Beschäftigung nach Sektoren*，www. schader-stiftung. de，letzter Zugriff am 05. 07. 2010.

生产积极性和风险意识，推动经济增长，减少失业；（2）持续大幅度地削减个人和公司所得税、企业税、货币收益税，放宽折旧条例，以刺激人们的劳动、储蓄和投资的积极性；（3）通过放松管制（die Deregulierung）来改善竞争；（4）减少国家对经济生活的干预，特别是改变国家干预的方向和内容，主张通过减税来实行"供给管理"，依靠市场的力量自动调节经济，废除束缚生产的各类规章制度；（5）采取相对紧缩的货币政策，严格控制货币量，使货币量的增长同长期的增长潜力相适应；（6）大规模削减福利开支，提高个人和企业的投资能力；（7）增加就业岗位，削减失业金；（8）缩小政府开支，平衡国家预算，消除财政赤字，鼓励储蓄和投资，加速资本形成，推动生产。

作为共和党右翼代表的里根大选获胜成功担任美国总统后，全盘接受了供给学派的这些理论，同英国的撒切尔一起分别否定了罗斯福的"新政"和英国经济学家贝弗里奇（William Ian Beardmore Beveridge）的福利国家思想，实施供给导向经济政策，并取得了引人瞩目的成就。此后，世界各主要发达国家都开始强调供给的重要性，开始推行供给导向经济政策。

供给经济学的主要论点是：私人经济成分本身是稳定的，一国经济如果因外因而失衡则会依靠自身的力量逐渐向均衡回归。国家的干预无论主观愿望有多么美好，只会延缓这一过程，甚至会引起混乱。供给经济学家们反对凯恩斯主义者关于造成失业的原因是有效需求不足的论点。他们认为，每一供给自身就创造了需求，因为供给创造了收入，而收入自然就提高了需求。这就是塞伊定律。

货币主义供给经济学家们同样认为经济自身能够调节均衡，于是他们当然也就认为国家没有任何理由来对经济进行干预。国家的干预只会使经济失衡，而不会使经济恢复均衡。他们也同样坚持国家不必试图去"抹平"经济发展中的周期性波动，因为这是正常的。

随着时间的推移和现实的教育，目前推行极端供给政策的国家已经为数不多。越来越多的国家开始奉行温和的供给政策，其特点是当市场失灵时，欢迎国家的干预，例如可以采用环保政策、科研政策来纠正市场失灵所带来的后果，同时认为应赋予国家更多的权力和任务，例如建立和维护基础设施，确定教育的框架条件，通过福利政策来减少个人的困难。即国家应当奉行一种协调政策，而不是经营，因为国家不如市场经营有效，只要市场不失灵，国家就应当通过放权和私有化给市场提供机会，例如在交通和通信领域的放权活动等。

需求导向经济政策实际上就是凯恩斯经济政策，或是根据凯恩斯的经济思想制定的经济政策。这种政策的出发点是，认为有效需求不足是经济不振、失业增加的原因，只有通过增加国家和私人的有效需求才能得以解决。

需求导向政策的宗旨是通过扩张的货币和财政政策来提高全社会的需求，从而解决失业和经济增长问题。1929～1932 年的世界经济危机使凯恩斯认识到，由于劳动市场不能自动保持平衡，于是产生就业不足，进一步导致世界经济危机。至于劳动市场不能自动保持平衡的原因，他认为，那是因为劳动市场还不完善，因而无法像供给主义者认定的那样运转。工资和其他价格的刚性使市场力量陷入瘫痪状态，如果工资不能迅速适应，就会出现失业。因此国家必须加大投入来提高工资，进而提高全社会的需求，以创造就业机会，至于加大投入的资金来源则依靠借贷。

凯恩斯理论原本是分析短期经济过程的。在景气情况不振时，凯恩斯认为应刺激需求，在景气高涨时应该抑制需求，因此需求政策开始时是稳定政策，采取的手段是货币和财政政策，具体来说是降低利息来刺激投资和消费，提高国家需求来推动投资，例如在基础设施上的投资和住房投资。相反，如果景气过分高涨，则应该通过提高利息和税收、降低国家消费来降低景气。供给政策是试图从长期角度来提高整个经济的潜力，而需求政策则把重点放在抹平短期需求的浮动上，因此也被称为过程政策。

凯恩斯的需求理论是应运而生的，因此一经提出便受到多方面的拥护，特别是受到雇员阶层及其代表政党的拥护。德国从 1966 年社会民主党参与执政开始到 1969 年社会民主党主要执政，需求政策得到愈来愈多的使用。1966～1967 年德国出现了战后的第一次经济危机，时任联邦经济和财政部部长的席勒大幅度启用需求政策，强调宏观调控，大大提高国家支出的份额，从而迅速扭转了局面，使德国经济重新回到增长的道路上。然而随着 1973 年第一次石油危机爆发，德国同时出现了通货膨胀和经济衰退、失业激增的"滞胀"局面，于是凯恩斯理论陷入生存危机，便逐步被施密特政府放弃。特别是科尔的联盟党再次上台后，重新启用供给政策，而红绿联盟执政后则强调要放弃社民党传统的需求政策，实行供给和需求相结合的政策。

从总体上看，需求政策目前正受到越来越多的批评。越来越多的经济学家反对需求政策。他们认为，提高国家支出份额一是使越来越多的企业国有化；二是大大提高了国家的举债，使国家债台高筑，不堪重负；三是压抑了私人的积极性；四是如想通过降低利息来刺激投资需求则会引发通货膨胀。此外，提高需求并不能明显地减少失业，特别是如果此类失业不是增长性的，而是结构性的，如夕阳工业过大、国家的维护性补贴过多、劳资合同过于僵化、劳动力素质过低等。此时想通过提高需求来降低甚至消除失业无异于缘木求鱼，无济于事。凯恩斯认定，同时提高税收和支出能提高经济的增长，但却缺乏有说服力的证据。一方面企业税的提高降低了企业投资的积极性，另一方面国家举债的增加加重了国家支付利息的负担，同时又压抑了私人的信贷需求，只有同时提高私人的储蓄额才能避免利率的上扬。

四 扩张政策和紧缩政策

经济实际上是多种矛盾的组合体，其中的各类矛盾始终处于不断的运动之中，处于旧的平衡不断被打破，新的平衡不断再建立的过程之中。前面讲到的供给和需求政策便是这样的一组矛盾，而扩张政策和紧缩政策则是另一组矛盾。

扩张政策和紧缩政策实际上主要是指在处理经济增长、就业率和币值稳定之间不同重点的政策。扩张政策是把经济增长和消除失业放在突出的地位，而能相对容忍通货膨胀的发展。当一国经济需要摆脱萧条追求振兴时往往采用这一政策，具体的做法是紧紧抓住投资、消费和出口这三大经济增长要素，扩大基本建设投资（包括设备投资和建筑投资这两大方面，包括加大引进外资和举债的力度），增加消费（扩大内需，包括增加国家支出的份额和私人消费这两大方面）和加强出口。同时采取货币贬值、降低利率和存款准备金率、增加流动性的政策，提供投资优惠、扩大开业支持等。

采取扩张政策的利弊是十分清楚的，那就是经济增长，失业回落，但通货膨胀率提高，国家债务加大，财政赤字增多。

紧缩政策的做法正好相反，它把确保币值的稳定、降低通货膨胀放在突出的地位，而能相对容忍经济增长缓慢和失业率的提高。当一国经济需要控制过热的发展、降低通货膨胀率、稳定财政、稳定币值、减少举债和减少财政赤字时往往采用这一政策，具体的做法同样是紧紧抓住消费、投资和出口这三大经济增长要素，但采取相反的做法，那就是控制和压缩消费（特别是压缩国家支出的份额），控制和压缩基本建设投资和出口。常用的政策是减少国家的债务，压低甚至取消国家财政赤字，提高利率，减少流动性，将本国货币增值等。

采取紧缩政策的利弊也是十分清楚的，那就是控制甚至消除通货膨胀，减少甚至消除国家债务和财政赤字，但经济增长放缓、停滞甚至出现负增长，并且失业上升。

某个政党、某个阶层、某个集团在执行供给还是需求导向政策时往往具有传统的偏好，因为这同该党、阶层和集团（或其代表的阶层）的利益有关。例如供给导向政策比较有利于企业家，而需求导向政策则比较有利于广大的平民百姓，尤其是其中的低收入者。因此以往的一国政府往往会执行一个比较一贯的供给或需求导向政策，而如今在现实社会中却出现了新的情况。例如欧洲的社会民主主义者一贯奉行需求政策，因为这有利于雇员和低收入者，也就是说，有利于他们所代表的阶层。但严酷的现实却告诉人们需求政策在推动经济的健康发展上已经面临越来越大的困难。而原本标榜自己是工人阶级政党的社会民主党则早已公开宣布自己是全民党、是代表全民利益的。于是他们便逐渐弱化，甚至有时局部抛弃他们传统一贯采用的需求政策，强调供给同需求政策结合、以供给政策为主。这在施罗德和布莱尔（Tony Blair）这两大社会民主主义领导人于1999年6月8日发表的《伦敦宣言》中得到了最好的证明。

但扩张政策和紧缩政策不同。尽管某些不同的集团和阶层对执行扩张政策和紧缩政策也有某些偏好，因为这两种政策给他们带来的利弊不同，但对一国政府来说却没有这样尖锐和巨大的利害差别，而是都可以采用，甚至是必须采用的，因为这符合经济发展的规律，也符合事物发展的辩证关系。一般来说，在实行两党制的西方国家，一个政党上台往往都会采取所谓"stop-and-go-policy"，即所谓的先停止后前进的政策，也即先紧缩后扩张的政策。这是因为，对芸芸众生说来，物价的稳定往往比国内生产总值增长几个百分点更重要、更直接。而一个新上任的政府如果立即采取紧缩政策，老百姓会很快感到，物价稳定了，手里的钞票值钱了，这样一来就会很快取得人民的信任。此外，前任政府往往都是因为搞扩张政策以致造成物价飞涨而被迫下台的，于是采取紧缩政策往往能收到立竿见影的效果。

紧缩政策能短期见效但却不能长期坚持，因为人们不能长期只满足于物价的稳定，而看不到经济增长给自己带来的好处，更不能容忍由于经济增长乏力而失业的现实。"发展才是硬道理"不仅是从长期和根本的角度来讲的，不仅是对广大人民群众来讲的，也是对政府的政绩来讲的，它是考核一届政府政绩的根本尺度，自然也是能否继续执政的试金石。因此各执政党在大选前为了连任便开始采取扩张的政策，以谋求获得更多的选票。

二战之后西方各发达国家由于采用凯恩斯主义，相继出现"滞胀"这一奇特的现象，即经济停滞与通货膨胀同时出现，相互影响。这给各国在治理上带来了巨大的困难，于是越来越多的政府不得不放弃那种先紧缩后扩张的阶段性经济政策，转而大大提高了它们交替运用的频率，采用多调整、小步伐的做法：提高调整的频率，减小每次调整的幅度。

现在也有越来越多的国家分别在不同领域同时使用扩张政策和紧缩政策，例如同时采用增加投资、扩大吸引外资和控制货币量的做法，利用两种政策的相互制约作用，既推动经济的增长又控制住通货膨胀，达到软着陆的目标。中国当前采用的积极的财政政策和稳健的货币政策便是一个很好的注释。美国112个月经济连续高增长、低通胀的事实尽管有各种各样的解释，但同时使用扩张政策和紧缩政策不能不说是一个重大的原因，也是实现软着陆的一个成功的范例。

五 其他宏观政策

（一）稳定与增长政策

这是德国非常强调的一种经济政策。一是突出稳定，使经济不过热也不过冷；二是强调增长，但更重质的增长，而且强调稳定是增长的前提。广义的稳定政策包括所有国家为在高就业、币值稳定的前提下达到宏观经济均衡而采取的措施；狭义上则指影响经济运行过程的政策措施。

（二）秩序政策和过程政策

秩序政策是指所有法律组织措施的总和，是经济政策的执行者通过相应的经济宪法确立的经济体制的长期框架条件。其作用是通过界定每个经济行为者的决定，保证每个经济部分符合秩序和相互协调。秩序政策的形成首先是受现存的经济体制影响，社会政治和文化价值观也会施加影响。

过程政策是经济政策的特定领域，是分析国家对经济过程施加影响的可能性。

（三）建构政策和调节政策

按照欧肯的理论，建构政策涵盖七大方面：（1）建立充分竞争、运转正常的价格机制；（2）确定货币政策的优先地位；（3）建立公开市场；（4）保护私有财产；（5）保障合同自由；（6）确认担保责任是"经济界的自造权力"，反对有限责任公司对责任的限制；（7）保证经济政策的稳定性。

调节政策从属于建构政策，它是用来解释对市场过程进行经济政策干预的。例如在实施严格的公开市场政策时要对自由垄断进行少量的调节。

第二节　德国经济政策的沿革

1871 年德国统一后发展迅速，很快成为新兴的工业大国，先后发动了两次世界大战。第二次世界大战后德国全境一片废墟，但经过货币改革，仰仗社会福利市场经济体制，依靠人民的奋发图强精神，借助美国的大力支持，联邦德国迅速恢复并发展了国民经济，创造了经济奇迹，至今仍为世界各国津津乐道。

进入 20 世纪 70 年代，联邦德国经济发展日益缓慢，尤其在 70 年代末的第二次石油危机冲击下，经济发展呈现空前的颓势。20 世纪 80 年代科尔政府竭尽全力使经济恢复了缓慢的增长。进入 20 世纪 90 年代后不久，当人们陶醉在国家统一的喜悦中时，有识之士就明显觉察到德国经济已陷入了停滞。然而辉煌的过去及其带来的老本始终麻木着德国的芸芸众生，使他们难以认识、更难以承认这种停滞。实际上这种停滞已经持续了多年，"药方"开出了千千万万，"灵丹"也服用了万万千千，但人们仍然看不到一个尽头，于是麻木的神经才逐步感到一丝的痛楚，"德国经济真的病了"！

德国经济的沉沦终于唤醒了这个自尊心极强的民族，从 20 世纪 90 年代末开始进行结构改革。施罗德的《2010 议程》同默克尔的"整固、改革与投资"三和弦结合，刚柔并济、相得益彰，使德国对内和对外经济都出现了转机，不仅迅速摆脱了国际金融危机的羁绊，而且成了欧债危机中的中流砥柱。人们有理由相信，一旦德国真正实现了 1 + 1 等于 2 甚至大于 2 的时刻将是德国经济真正重振雄风之日。

经济政策同经济体制是密切相关的。德国决定实行社会福利市场经济体制后，也同时制定了一系列经济政策。①

就德国经济的发展和政策而言，其经济政策大致可以分为八个阶段。

---

① 郭景仪：《联邦德国经济政策探索》，www.cnki.net，最后访问日期：2014 年 2 月 20 日。

一 重建阶段（1945～1958 年）

二次世界大战后德国的经济全面瘫痪，食品和能源供应、交通、市场、货币体系完全崩溃，人均卡路里摄入量远远达不到标准，儿童严重营养不良，通货膨胀，帝国马克已经完全失去价值，代之以的是香烟货币。1948 年 6 月 20 日西方三个占领区进行货币改革。由于各企业和各商业部门早有准备，存储了大量的商品，因此货币改革一开始，各商店货架上便堆满了商品。德国的经济奇迹便由此开始。

联邦德国成立以来长期由联盟党执政，他们实施社会福利市场经济。从 1949 年开始德国国民生产总值以年均 9% 的速度递增，1955 年更是达到了创纪录的 12.1%。

在这一阶段中，联邦经济主要是以欧肯的秩序自由主义经济理论为指导的，力图试行社会福利市场经济理论指导下的经济政策。能够看清楚的是宏观调控、货币和财政政策不直接以传统新古典主义的"守夜人"理论和利息、流动资金思维模式为依据，20 世纪 50 年代主要是通过减税和降低折旧来推动私人投资、促进经济增长和降低失业，重点是保持物价稳定。[①]

二 欧洲一体化和经济持续增长的阶段（1958～1971 年）

这一阶段的主要标志是 1958 年成立的欧洲经济共同体以及 1967 年由三个共同体合并成立的欧洲共同体（欧共体）。1966 年社民党同联盟党组成大联合政府，恰逢发生二战后第一次经济危机，于是社民党便尽力劝说并影响联盟党日益执行需求政策，明确以凯恩斯主义的需求导向为经济指导思想，提出《稳定与增长法》和两个总额为 88 亿马克的"景气计划"，第一次明文规定了"魔力四边形"及其目标值：（1）币值稳定，通胀率不得超过 1%；（2）持续适度的增长，国民生产总值年增长率为 4%；（3）充分就业，冬季的失业率不超过 0.8%；（4）对外经济平衡，进出口值（Außenbeitrag）占当年国民生产总值的 1%。对外经济平衡原本指商品和服务进出口的平衡，今天亦可以表示国际收支的平衡和经常项目收支的平衡。进出口值的定义也不是单一的：一是表示商品和服务的进出口差额，如 2015 年德国的出口为

[①] Grunenberg，Nina：*Die Wundertäter — Netzwerke der deutschen Wirtschaft 1942 – 1966*，München：Pantheon Verlag.

14189.55 亿欧元，进口为 11820.11 亿欧元，两者相减得出进出口值为 2369.44 亿欧元；二是表示该差额占当年国内生产总值的百分比。如 2015 年 为 7.8%；三是表示该差额在国内生产总值增长中的贡献率，即其冲量值。 如 2015 年该值在德国国内生产总值 1.7% 的增长中占 0.2%，其余的 1.5% 是国内需求所做的贡献。

之所以称其为"魔力四边形"，是因为这四个目标往往处于冲突之中，只有依仗魔力方能达到。[1] 在长期的经济实践中，"魔力四边形"日益受到挑战：一是目标值太高，达不到；二是至少应增加两条边，即福利和环保；[2]三是质疑"充分就业"这一目标。[3]

经济政策的重点是加大宏观调控，增加国家支出，扩大社会福利，积极扩大内需，尤其是加强建筑业，大力发展地面和地下建筑，反对限制竞争，推动农业生产，出台了影响深远的"大众股票"政策和"624 马克法"。1969 年社民党同自民党联合执政，全力推行凯恩斯经济政策。[4]

三 有限增长阶段（1971~1979 年）

这一阶段的特征是，随着经济的增长，联邦德国开始确立其在欧共体的主导地位，但大力执行凯恩斯主义的结果带来了日益严重的"滞胀"，于是，1974 年施密特上台后就逐步放弃了凯恩斯的经济政策，试图消除"滞胀"，但收效甚微。

由于美国经济日益不景气，大量美元流入联邦德国和欧洲市场，而美国政府已无力维持传统的布雷顿森林体系，不得不在 1971 年宣布放弃美元同各国货币的固定汇率。这正中联邦德国政府的下怀，于是联邦德国马克同美元的汇率从固定的 1:4（可以上下浮动 1%）增值为 1:3.42。在此情况下联邦政府重新获得了驾驭经济发展的动力。然而 1973~1974 年的第一次石油危机也对联邦德国经济进行了冲击，使联邦德国的失业率上扬，通货膨胀率攀升，债台高筑，出现危机。与往日经济危机不同的是，此次危机给整个

① Sperber, Herbert: *Wirtschaft verstehen*, Stuttgart: Schäffer-Poeschel Verlag, 2007, S. 25 - 27.

② Czada, Peter: *Wirtschaft — Aktuelle Probleme des Wachstums und der Konjunktur*, Opladen: Leske Verlag + Budrich GmbH, 1984, S. 187 - 190.

③ Röpke, Wilhelm: *Civitas humana — Grundfragen der Gesellschafts- und Wirtschaftsreform*, Stuttgart: Verlag Paul Haupt Bern, 1979, S. 366 - 372.

④ North, Michael: *Deutsche Wirtschaftsgeschichte — Ein Jahrtausend im Überblick*, München: Verlag C. H. Beck, 2005, S. 386.

资本主义世界带来的是"滞胀",即在经济发展停滞的同时出现了通货膨胀。显然这是同各国执行凯恩斯的需求导向经济政策密切相关的。于是包括联邦德国在内的很多国家都纷纷放弃凯恩斯主义,转而采用货币主义政策,把控制货币量放在核心地位,情况有所好转,但好景不长,1979年又爆发了规模更为巨大的第二次石油危机。

四 第二次石油危机阶段 (1979～1982年)

第二次石油危机使联邦德国经济全面衰退:失业率迅速攀升,国家债台高筑。施密特政府使出浑身解数,进一步加快其摆脱凯恩斯经济思想的步伐,企图力挽狂澜,结果仍然无济于事。联邦德国出现高失业率、高国债率、高破产率,施密特领导的红黄政府在联盟党提出的"建设性不信任"投票中失利。科尔领导的黑黄政府上台执政。

五 缓慢增长阶段 (1983～1989年)

1982年联盟党和自民党组成的联合政府上台后,竭力推行新自由主义的供给导向经济政策、降低税收、改善融资条件、增加投资、加强竞争、强化劳动和风险意识、削减福利支出、减少公共赤字、铲除过时的结构,使联邦德国经济缓慢地复苏。

六 "统一病"阶段 (1990～1998年)

1990年德国统一后国家货币政策和财政政策都面临巨大的挑战[1],先从国外开始。但德国工业在世界市场上的滑坡在国内起先并没有引起多大的注意,因为重新统一的暂时繁荣掩盖了一切危机的兆头。[2] 但自1992年中期以来,新州经济却全面崩溃,国内生产总值急剧下降,失业率飞速攀升[3],问题纷至沓来,百姓怨声不断。[4] 科尔政府不得不一改初衷,做出调整,重新启用传统的凯恩斯宏观调控政策,增加举债。然而,由于加入欧洲经货联盟在即,联邦政府又不得不再次祭起紧缩货币政策的旗帜来稳定国家财政,以

---

[1] Hoffmann, Lutz: *Warten auf den Aufschwung — eine deutsche Bilanz*, Regensburg, 1993.

[2] Seitz, Konrad: *Wettlauf ins 21. Jahrhundert*, Berlin: Siedler Verlag, 1998.

[3] Sesselmeier, Werner: *Der Arbeitsmarkt*, Marburg, 1991.

[4] Engels, Wolfram: *Soziale Marktwirtschaft als politische Ökonomie*, Stuttgart: Seewald Verlag, 1976.

期达到趋同标准。1996 年开始，德国经济面临全面衰退，最终导致已经连任
16 年的联邦政府总理科尔下台。

七　大步改革阶段（1998～2005 年）

1998 年施罗德领导的红绿联盟政府上台。这在联邦德国历史上是一个全
新的联盟组合，执行的也是一个全新的经济政策——左派供给导向经济政
策，也称"新中派"经济政策。原本标榜自己是工人阶级政党的社民党早已
公开宣布自己是全民党，并且逐渐抛弃了传统一贯的需求政策，一经掌权便
公开宣布放弃传统的需求政策，祭起了供给和需求政策相结合的大旗，强调
要同时发挥国家和市场的作用，兼顾雇员和雇主利益，提出全面改革的
《2010 议程》，准备对德国经济的痼疾——结构问题动大手术。遗憾的是，
由于准备不足又操之过急，再加上外部条件的干扰，经济发展时好时坏，远
未达到改革的预期目标。

八　小步改革和应对国际金融危机、欧债危机阶段（2006 年至今）

2005 年底默克尔领导的大联合政府上台，推行"社会民主主义包装下的
新自由主义经济政策"[1]，强调"整固、改革与投资"三和弦（Dreiklang），
降低改革的力度，实施"绣花"式的改革方案，整固财政，加大投资，经济
重新开始复苏。2009 年默克尔率领的黑黄联盟取代了大联合政府，继续推行
原经济方针。然而一场突如其来的国际金融危机和欧洲债务危机几乎窒息了
良好的经济增长势头，国内生产总值降到了历史的最低点，下降 5.1%。黑
黄联合政府不得不全力应对接踵而来的各项危机，由于未雨绸缪，加之应对
较为得当，德国经济终于在 2010 年走出危机，而且顶住了欧债危机的冲击。
2013 年底大联合政府再次执政，继续执行默克尔的经济方针，推出养老金改
革和全国统一的最低工资标准，进一步应对欧债危机的干扰。

综合德国经济政策的沿革可以看到以下发展规律。

不同政党惯用不同的经济政策，但日益显示出趋同之势　众所周知，德
国联盟党惯用供给政策，社民党则惯用需求政策。但随着公开宣布自己已是
全民党，随着经济在党派争论中地位的提高，社民党就逐步放弃了自己传统
的需求政策。施罗德 1998 年上台后就宣布其政府将执行供给为主兼顾需求

---

[1]　Rippert, Ulrich: *Neoliberale Politik in sozialdemokratischer Verpackung*, 02.12.2005.

的经济政策；科尔上台时还明确表示其政府要执行供给导向的经济政策，然而随着德国统一后经济形势的恶化，他也不得不转而采取凯恩斯主义的经济政策，大举借债。尽管如此，人们还是越来越看清楚，德国正在日益扬弃凯恩斯主义，更多采取供给导向经济政策，特别表现在削减国家的福利费用额度和国家的支出份额上。2005 年出现了第二届大联合政府，2013 年又组成了第三届大联合政府，这进一步说明了两党之间在经济思想和经济政策上的趋同之势。

交替或同时使用紧缩和扩张政策　德国历届政府已经日益以经济形势的现实为依据，交替或同时使用紧缩和扩张政策，但始终把稳定和控制通货膨胀放在首要地位。后来为了成立和加入欧洲经货联盟的需要，为了使债务总额和年度财政赤字达标，德国政府更是大力推行紧缩政策，虽然控制了通货膨胀，但却给经济增长和就业带来困难。

"魔力四边形"得以保持并得到发展　魔力四边形是德国经济发展中提出的一个重要的辩证模式，指的是币值稳定、持续适度的增长、充分就业和对外经济平衡四大经济指标，也是德国宏观调控的主要领域。1967 年的稳定与增长政策更赋予每一领域一个特定的目标值。由于在实施中，这四项目标值难以达到，联邦政府便对此做了修正，公布了新的年经济发展目标值，即通胀率应保持在 0%～2%，持续适度的经济增长应在 3%～4%，充分就业的失业率为 0.7%～3%，对外经济平衡的目标值则应为经常项目收支的 1% 和国内生产总值的 1.5%～2.0%。

"魔力四边形"是对德国经济发展轨迹的一个长期研究的总结，也是对德国经济今后发展的一种指导标准。问题是这种总结是建立在德国经济高速发展的基础之上的，当 20 世纪 70 年代德国经济开始步入停滞阶段，日益失去强劲的发展势头时，本来就难以同时达到的四项指标就日益成为"镜中之花"和"水中之月"，个别项目达标也只能说是罕见。例如在 1974 年前，失业率除 1967 年因经济危机稍微偏离外，多数年份实际指标同额定指标一直较为接近。但 1974 年、1975 年和 1976 年失业率急剧上升，1996 年、1997 年和 1998 年连续三年失业人数都突破了 400 万人大关，2002 年底更达到创纪录的 470 万人，远远超过了标准。于是此后的历届政府都把经济政策日益向控制和降低失业率方面倾斜，改变就业政策，把就业政策的重点转到加大基础设施建设、改善投资环境、促进私人的消费和投资需求，引进低工资工作、加大打短工的力度，进而提高就业需求面；持续适度增长的指标在 1967 年前基本是符合的，但 1967 年至 1976 年差距增大，1976 年后又较为接近，1993 年后则日益偏离，但至今还看不到德国政府采用何种重大举措来使国内生产总值达到 3% ~ 4% 的增长率；对外经济平衡本是一个非常受伙伴国欢迎的口号，然而由于欧洲货币联盟的建立，更由于国际金融危机和欧债危机的侵袭，德国实际上已经放弃了这一目标，竭力在追求出口顺差，2001 ~ 2015 年德国的进出口值分别为 2.0%、4.6%、4.0%、5.1%、5.3%、5.7%、7.1%、6.4%、4.9%、5.5%、5.1%、5.9%、5.8%、6.7% 和 7.8%；与目标值较为接近的只有物价指标，也是人们至今多少还能聊以自慰的领域。

从另一角度看，"魔力四边形"在实践中也证明了自己的威力，至少让人记住不要片面性和绝对化。而人们从中也感悟到，为了全面发展经济，必须增加经济发展的决定因素，于是提出增加环保和福利两大要素，出现了"魔力六边形"和"魔力多边形"的呼吁。

执行较为趋同的经济政策共同应对国际金融危机和欧债危机　2008 年国际金融危机、2010 年欧债危机先后冲击了德国。默克尔政府不得不调整常规的经济政策，全力以赴地来应对这两场危机，强调国家干预，挽救和加强管控虚拟经济，引进债务法规，力保实体经济稳定，推进改革，特别是结构改革，突出保出口、保就业。对于这些非常规的应对危机政策，各党派之间几乎没有特别大的分歧。

第三节　增长政策

经济增长是一国经济发展的重要标志，在一个国民经济体内每时每刻都会生产出一定的商品和服务，包括初级产品、中间产品和最终产品。对此一般是每年做一次统计，但在统计时只统计最终产品。

经济增长的因素可以分为两大类：一是生产要素投入量，二是全部要素的生产率或广义的技术进步。这就是说，增长依靠的是加大生产要素的投入、提高生产要素的生产率和技术进步。[①] 应该说，在这两方面德国都是做得不错的，因而也就保证了其经济的持续增长（参见表 3 – 1）。

---

① 于洪平主编《发展经济学》，东北财经大学出版社，1999，第 66 页。

表 3 – 1　2014、2015 年德国经济总体发展的角值（Eckwerte）[1]

	2014 年	2015 年	2016 年度预测
如未特别加以注明，则指与上一年变化的百分比			
国内生产总值的形成			
国内生产总值（排除价格因素）	**1.6**	**1.7**	**1.7**
从业人数（国内）	0.9	0.8	0.9
从业人均国内生产总值	0.7	0.9	0.8
每一劳动小时的国内生产总值	0.4	0.5	0.6
附告：			
失业率（欧洲国民经济总核算体系标准）[2]	4.7	4.3	4.5
失业率（联邦劳动局标准）[2]	6.7	6.4	6.4
以当年价格论计的（名义）国内生产总值的使用			
消费支出			
私人居户和无经营目的的私人组织的消费支出	1.9	2.5	3.0
国家的消费支出	4.1	4.5	5.4
基本建设总投资	5.0	3.1	3.9
库存变化和贵重物品净值的变化（10 亿欧元）	－ 22.0	－ 35.2	－ 36.8
国内需求	2.6	2.6	3.7
进出口值（10 亿欧元）	196.4	236.9	238.1
进出口值（占国内生产总值的百分比）[7]	6.7	7.8	7.6
国内生产总值（名义）	**3.4**	**3.8**	**3.4**
排除价格因素的（实际）国内生产总值的使用			
消费支出			
私人居户和无经营目的的私人组织的消费支出	0.9	1.9	1.9
国家的消费支出	1.7	2.8	3.5
基本建设总投资	3.5	1.7	2.3
设备投资	4.5	3.6	2.2
建筑投资	2.9	0.2	2.3
其他投资	3.1	2.7	2.5
库存变化和贵重物品净值的变化（冲量值）[3]	－ 0.3	－ 0.4	0.0
国内需求	1.3	1.6	2.3
出口	4.0	5.4	3.2
进口	3.7	5.7	4.8
进出口值（冲量值）[3]	0.4	0.2	－ 0.4

续表

	2014 年	2015 年	2016 年度预测
如未特别加以注明，则指与上一年变化的百分比			
国内生产总值（实际）	**1. 6**	**1. 7**	**1. 7**
价格变动（2010 年为 100）			
私人居户的消费支出[4]	1. 0	0. 6	1. 1
国内需求	1. 2	1. 0	1. 4
国内生产总值[5]	1. 7	2. 1	1. 7
国家收入总值的分配			
（国内公民）			
雇员报酬	3. 8	3. 9	3. 6
企业和资产收入	3. 8	4. 6	3. 8
国民收入	3. 8	4. 1	3. 7
国家收入总值	3. 5	3. 7	3. 4
附告（国内公民）：			
雇员	1. 1	1. 1	1. 1
工资薪水总额	3. 9	4. 0	3. 7
雇员人均工资薪水总额	2. 7	2. 9	2. 6
私人居户可支配收入	2. 3	2. 8	2. 9
储蓄率[6]	9. 5	9. 7	9. 6

注：1 2015 年前为联邦统计局的临时数字，2016 年 1 月统计。

　　2 涉及的是所有从业人员。

　　3 库存以及进出口值占上年国内生产总值百分比的绝对变化（＝对国内生产总值增长的贡献）。

　　4 消费者物价指数；与上年的变化：2015：0. 3%；2016：0. 9%。

　　5 雇员人均单件产品工资成本，同上年相比的变化：2015：1. 8%；2016：1. 6%。

　　6 储蓄占私人居户可支配收入的百分比，包括获得的企业赡养权。

　　7 经常项目收支差额：2015：＋8. 1%；2016：＋7. 8%。

资料来源：2016 年度经济报告。

　　与此同时，人们确实也看到了经济增长带来的负面影响，那就是环境和资源的被破坏。于是世界开始出现一种反对经济增长的论调，从而爆发了一场经济要不要增长的争论，这突出反映在 1972 年罗马俱乐部的报告之中。报告对世界的未来充满了悲观，原因是：不可再生资源，如石油及其他不可再生能源的储量有限，总有一天会枯竭；可再生资源面对日益增长的人口也会越来越少。于是提出"增长限度论",具体表现在要求实现"零增长"。他们认为,提出"零增长"并不会妨碍人们福利水平的提高,因为增长包含了生产对环境会造成污染、对生命质量会造成损害的产品。

尽管报告对"零增长"加以说明和澄清,但还是要说这场争论没有开始结论就已经清楚了,环保要实施,资源要保护,但经济不能不增长,否则人们对物质的不断追求也就不可能实现,而一旦没有明显的、大幅度的增长,社会也就不会进步。这一浅显的道理是用不着过多的理论探讨和文字阐述的。但争论还是给人们带来了很大的收益,因为批评经济增长的人往往都是越出经济的框架,主要批评经济发展给生态系统和社会福利保障带来的问题,因而强调依仗技术进步的内涵式增长。但也有不同意见,如经济学家诺思(Douglass C. North)就认为组织机构的变化以及产权的框架条件要比技术革新更能推动经济的进步。[1]

结论是清楚的。增长是必需的,这是社会发展的需要,是满足人们对物质需求不断增长的需要,是提高人们生活水平的需要,是保持充分就业的前提,但今后主要应追求质量的增长,而不是数量的增长。为此应加强市场的力量,推进研究和开发活动,增强投资,提高国家和私人的需求等。

不少经济学家还认为,在计划经济和市场经济竞争的情况下,在社会主义与资本主义竞争的情况下,经济发展的快慢就不可能不成为国际竞争的一个手段和标志、不可能不成为一种经济体制是否成功的试金石。

更多的经济学家则认为,增长是需要的,但环境和社会福利问题绝对不应该低估。必须大力采取措施,保护环境,实现福利公正。

联邦政府在总结了上述各类观点之后强调,经济增长绝非单纯的经济目标,它对内外政治都起着重大的作用。如果把经济增长视为一个充满矛盾的发展过程,视为一个争夺市场、争夺势力范围、争夺收入和资产分配的过程,那么增长就是解决这一矛盾和冲突的最重要的前提和条件,特别是解决各经济主体之间收入和资产分配的前提和条件。这里指的分配斗争涉及两个层面。一个层面是国家同私人企业之间在如何使用国内生产总值上面的斗争,另一个层面是工会和雇主协会在雇员和雇主收入上的竞争。

一 国民经济总核算

国民经济总核算是对宏观经济的统计,从数量上描述某个时期内某经济

---

① Altmann, Jörn: *Wirtschaftspolitik*, Stuttgart/Wien: Paul Haupt Verlag Bern, 2000, S. 57.

领域的状况。其重点是国内生产总值（BIP）与国家收入总值（BNE）的形成、使用和分配的核算。国内生产总值被视为最重要的生产标准，国家收入总值则是收入标准。

国民经济的总核算已有很长的历史。早在 17 世纪中期，英国就进行了第一次国民收入和资产核算。对于其进一步发展具有重要意义的是经济周期理论，主要代表人物有魁奈、马克思和凯恩斯。此外，对于德国来说，值得一提的是 19 世纪初的国民收入估算和一战后的国民生产总值核算。目前世界总核算表现方式影响很大的是德国 1993 年的国民经济总核算体系，这一体系也构成了欧洲国民经济总核算体系的基础（参见表 3 - 2）。

表 3 - 2 2013～2015 年国民经济总核算

单位：10 亿欧元

	2013 年	2014 年	2015 年
总附加值	2536.860	2623.090	2724.977
农林渔业	20.040	17.903	15.194
制造业（不包括建筑业）	655.525	674.793	702.116
包括：加工业	572.594	593.565	616.178
建筑业	113.329	120.738	127.503
商业、交通、餐饮业	396.251	407.163	421.923
信息和通信	122.887	127.478	133.361
金融和保险业	104.745	107.605	106.734
地产和住房	283.599	291.822	304.313
企业服务业	276.394	290.201	305.703
公共服务、教育、卫生	460.639	478.391	497.451
其他服务业	103.451	106.996	110.679
国内生产总值	2820.820	2915.650	3026.600
消费支出	2104.642	2156.210	2221.869
私人消费支出	1562.704	1592.164	1632.652
国家消费支出	541.938	564.046	589.217
基本建设总投资	557.304	585.089	602.946
设备投资	181.253	189.795	197.332
建筑投资	277.226	291.751	297.162
其他投资	98.825	103.543	108.452
库存变化和贵重物品净值的变化	-10.533	-22.030	-35.159

续表

	2013 年	2014 年	2015 年
商品的国内使用	2651.413	2719.269	2789.656
进出口值（出口减进口）	169.407	196.381	236.944
出口[1]	1283.139	1333.186	1418.955
进口[1]	1113.732	1136.805	1182.011
国家收入总值	2882.035	2982.444	3093.768
国民收入	2096.608	2176.188	2265.117
雇员报酬	1430.774	1485.290	1542.772
企业和资产收入	665.834	690.898	722.345
国内生产总值			
排除价格因素 2010 = 100	104.39	106.06	107.85
国内生产总值变动率，排除价格因素%	0.3	1.6	1.7

注：1 商品和服务。后来公布的数字为：出口 11959 亿欧元，进口 9481 亿欧元，进出口值 2479 亿欧元，请见本书的第七章、第二节德国外贸的迅速发展及表 7 - 3 和表 7 - 4。

资料来源：Statistisches Jahrbuch 2015，自行列表。

二 德国国内生产总值、人均总值和劳动生产率

今天衡量一国经济发展水平有众多的标准，如综合国力、购买力平价、国民生产总值（Bruttosozialprodukt）和国内生产总值（Bruttoinlandsprodukt）等标准。它们各有各的长处，也各有各的短处。相对来看，国内生产总值较为全面和实用一些，也是今天国际上运用得最多的一个标准，但也不能说它能绝对全面、准确地反映一国人民的福利水平。

（一）国民生产总值，也称国民产值

国民生产总值是指在一定时间内（一般为一年）一国国民经济生产的全部产品和服务减去先为给付、加上净要素收入（Nettofaktoreinkommen）后的总值。所谓净要素收入也称"同世界其他地区（die übrige Welt）原始收入之差"，即加上国民在外国的收入，减去外国人在本国的收入。在资本主义国家，国民生产总值可视为经常性生产开支的总和，国家通过购入商品和服务参与支付了这笔开支。[1]

----

① Musgrave，R. A. u. a.：*Die öffentlichen Finanzen in Theorie und Praxis*，J. C. B. Mohr（Paul Siebeck）Tübingen：eine Arbeitsgemeinschaft der Verlage，1994，S. 20.

（二）国内生产总值，也称国内产值

所谓国内生产总值是指在一定时间内（一般为一年），一国国民经济生产的全部产品和服务减去先为给付后的总值，不分本国国民抑或是外国公民，自然也不计世界其他地区的产值而是指该国范围内生产的全部产品和全部服务。这一标准比较准确地反映了该国国内的总产值。1993 年开始，德国便采用了这一标准，目前这一标准已经越来越多地为国际上所承认和采用（参见图 3 - 1）。

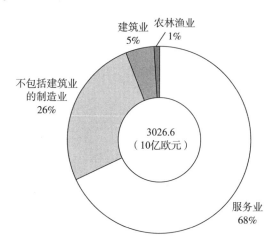

图 3 - 1　2015 年国内生产总值的构成

资料来源：联邦统计局，2016。

统计国内生产总值有两种方法：总值和人均总值。人均（和时均）国内生产总值也就是劳动生产率。

1. 国内生产总值的增长情况

德国的国内生产总值（以及 1993 年前的国民生产总值）除极少数年份外一直呈上升的态势，但增长幅度相差甚远。1950 年为 1436 亿马克，1974 年为 5950 亿马克，1991 年为 15346 亿欧元，2015 年为 30266 亿欧元（参见图 3 - 2 和图 3 - 3）。

德国统一后新州的经济几乎崩溃，1990 年国民生产总值下降 13.2%，1991 年进一步下滑 26.5%，1992 年总算走出低谷，取得了 6.8% 的恢复性增长。相反德国老州在统一后的最初两年经济发展很快，1990 年增长 5.7%，1991 年增长 5.0%，1992 年回落到 1.8%，1993 年竟然出现了 1.4% 的负增长。"统一病"显现。

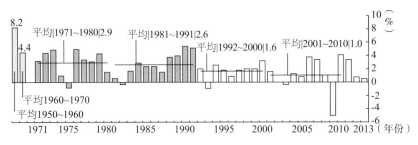

图 3 - 2　1950 ～ 2013 年德国经济增长情况

注：1950 ～ 1970 年的数据不可同其后各年的数据相比，其扣除价格因素的数据是以 1991 年的价格为准的，而其后各年的数据则是以上年的价格为准的，在 2011 年修改国民经济总核算时只对 1991 年后的数据做了回算，1991 年前的数据不变。

资料来源：联邦统计局，2014 年。

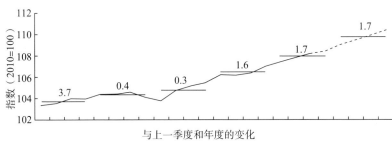

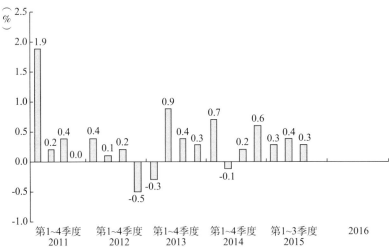

图 3 - 3　2011 ～ 2015 年德国国内生产总值的变化

资料来源：联邦统计局，2016。

2. 劳动生产率的增长情况

关于德国劳动生产率（人均国内生产总值）的增长情况参见图 3 - 4 和

表3－3。

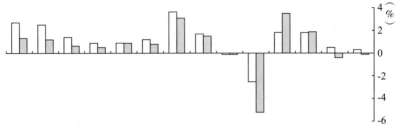

图3－4 德国劳动生产率的变化

资料来源：联邦统计局，2014统计年鉴。

表3－3 1991～2015年德国国内生产总值和人均国内生产总值增长一览表

年份	国内生产总值		人均国内生产总值	雇员人均月毛工资额
	总额 （10亿欧元）	扣除价格因素与上年 变化的增长率（%）	以当年价格核算 （欧元）	以当年价格核算 （欧元）
1991	1534.6	—	19186	1675
1992	1648.4	+2.2	20453	1846
1993	1696.9	-1.0	20903	1925
1994	1782.2	+2.5	21888	1961
1995	1848.5	+1.7	22636	2018
1996	1875.0	+0.8	22895	2042
1997	1912.6	+1.7	23310	2043
1998	1959.7	+1.9	23890	2060
1999	2000.2	+1.9	24367	2086
2000	2047.5	+3.1	24912	2114
2001	2101.9	+1.5	25527	2156
2002	2132.2	+0.0	25850	2187
2003	2147.5	-0.4	26024	2211
2004	2195.7	+1.2	26614	2223
2005	2224.4	+0.7	26974	2230
2006	2313.9	+3.7	28093	2248
2007	2428.5	+3.3	29521	2281
2008	2473.8	+1.1	30124	2333

续表

年份	国内生产总值		人均国内生产总值	雇员人均月毛工资额
	总额 （10 亿欧元）	扣除价格因素与上年 变化的增长率（%）	以当年价格核算 （欧元）	以当年价格核算 （欧元）
2009	2374. 2	− 5. 1	28998	2333
2010	2495. 0	+ 4. 0	30517	2387
2011	2609. 9	+ 3. 3	31914	2466
2012	2666. 4	+ 0. 7	32550	2538
2013	2820. 8	+ 0. 3	33343	2593
2014	2915. 7	+ 1. 6	34177 *	2663 *
2015	3026. 6	+ 1. 7	34483 *	2740 *

注：＊个人核算。

资料来源：2016 年经济报告，2015 年经济报告，2014 统计年鉴，该年鉴对以往的统计做了修正。
2016 年经济报告又对过去的统计做了修正。此处只用了改动后的 2013 年、2014 年和 2015 年的数据。

三 产值、附加值、先为给付和总附加值的增长情况

产值是以货币形式表现的，在一定时期内生产的最终产品或提供服务的价值量。附加值就是指产值减去先为给付后的总产值，总附加值也就是指总产值减去总先为给付后的总值。先为给付就是指产值出现之前所有预先支付的价值，例如成本。国内生产总值就是指总产值减去总先为给付加商品税再减去商品补贴的数额。具体情况见图 3 – 5 和表 3 – 4。

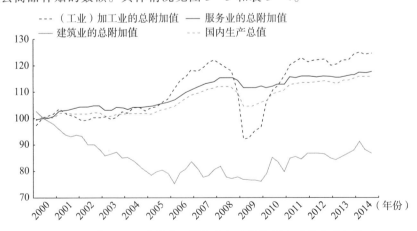

图 3 – 5　2000 ~ 2014 年工业、建筑业、服务业扣除价格因素后的总附加值（2000 = 100）

资料来源：联邦统计局。

表 3 - 4　2010 年各经济部门产值、先为给付和附加值

	产值	先为给付	附加值
	按当年价格计算（10 亿欧元）		
农林渔业	51.35	31.87	19.48
除建筑业外的制造业	1698.85	1166.94	531.91
其中：加工业	1554.69	1091.07	463.62
建筑业	224.67	132.05	92.62
商业、餐饮酒店业	756.05	370.75	385.30
金融、租赁和企业服务业	1060.43	378.64	681.79
公共和私人服务业	782.56	253.80	528.76
所有经济部门	4573.91	2334.05	2239.86
	扣除价格因素与上年变化的百分比（%）		
农业渔业	-1.4	-2.1	-0.3
除建筑业外的制造业	11.1	11.5	10.1
其中：加工业	11.8	12.1	11.3
建筑业	2.1	2.4	1.7
餐饮酒店业	4.3	5.5	3.2
金融、租赁和企业服务业	2.3	3.1	1.9
公共和私人服务业	2.7	3.9	2.1
所有经济部门	5.7	7.5	4.0

资料来源：联邦统计局，自行列表。

四　国内生产总值的三个方面

德国把该国的国内生产总值分解为三个重要方面，即形成面（Entstehungsseite），是由哪些要素构成的；使用面（Verwendungsseite），用在什么方面；分配面（Verteilungsseite），分配给哪些单位、哪些人员。

形成面就是指国内生产总值是由下列要素成分组成的，包括产值、先为给付、总附加值、营业税、进口税（商品税）及商品补贴等。具体说来，就是总产值减去总先为给付得出总附加值，再加上营业税和进口税减去商品补贴就形成了国内生产总值。国内生产总值加上净要素收入就是国民生产总值，也称国家收入（Nationaleinkommen）。

使用面就是指国内生产总值的使用情况，具体来说也就是私人、无经营目

的的私人组织的消费支出以及国家的消费支出，基本建设总投资，包括设备投资、建筑投资以及其他投资，库存变化，贵重物品净增加值以及进出口值等。

分配面则是指国内生产总值加上世界其他地区初始收入差额便等于按市场价格核算的国家收入总值，减去折旧便等于按市场价格核算的国家收入净值，减去生产税，减去进口税，加上国家补贴便等于国民收入，再把"国民收入"分成雇员报酬以及企业及资产收入两大部分。这就是国内生产总值分配的全部内涵。

表 3 – 5　2015 年国内生产总值的形成、使用和分配

从形成面来核算	
总附加值	27250 亿欧元
+ 商品税 – 补贴	3016 亿欧元
= 国内生产总值	30266 亿欧元
从使用面来核算	
+ 投资总额	6029 亿欧元
+ 私人消费支出	16327 亿欧元
+ 国家消费支出	5892 亿欧元
+ 进出口值	2369 亿欧元
– 库存变化及贵重物品收入净值	351 亿欧元
= 国内生产总值	30266 亿欧元
从分配面来核算	
+ 雇员报酬	15428 亿欧元
+ 企业及资产收入	7223 亿欧元
= 国民收入	22651 亿欧元
+ 生产税 + 进口税 – 补贴	2976 亿欧元
+ 折旧	5311 亿欧元
= 按市场价格核算的国家收入总值	30938 亿欧元
– 减去世界其他地区初始收入差额	672 亿欧元
= 国内生产总值	30266 亿欧元

资料来源：联邦统计局，自行核算，自行列表。

五　三驾马车对国内生产总值的贡献

一国国内生产总值主要是由消费（私人消费和国家消费）、总投资和进

出口值（进出口差额）构成的，这也是国内生产总值的使用面。图 3 - 6 和
表 3 - 6 就显示了 1992 ~ 2012 年德国这三驾马车使用面的发展及其对德国国
内生产总值的贡献情况。

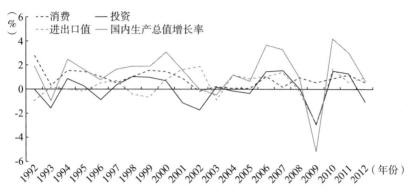

图 3 - 6　1992 ~ 2012 年三驾马车对国内生产总值的贡献

资料来源：联邦统计局（注：以 2005 年为基准年，排除价格因素）。

表 3 - 6　2014 年与 2015 年三驾马车对国内生产总值增长的贡献率①

单位：%

	2014	2015	2016 预测
国内生产总值增长 = (1) + (2) + (3) + (4)	**1.6**	**1.7**	**1.7**
(1) 私人消费	**0.5**	**1.0**	**1.0**
(2) 国家消费	**0.3**	**0.5**	**0.7**
(3) 总投资	**0.4**	**- 0.1**	**0.4**
（3a）库存变化	- 0.3	- 0.4	0.0
（3b）基本建设总投资	0.7	0.3	0.5
建筑投资	0.3	0.1	0.2
设备投资	0.3	0.2	0.1
国内需求 = (1) + (2) + (3)	**1.2**	**1.5**	**2.1**
商品与服务的出口	1.8	2.5	1.5
商品与服务的进口	- 1.5	- 2.2	- 1.9
(4) 进出口值	**0.4**	**0.2**	**- 0.4**

资料来源：联邦统计局，2016，自行列表。

①　详见本章第五节《结构政策》中的《增长要素结构问题》。

第四节　景气政策

所谓景气是指生产潜力使用率在排除季节、行业和特殊影响后的周期浮动。它的参照值是生产潜力，即潜在增长率，这是指全部生产设备、技术和资源（即劳动力、资本）在充分就业、开工充足和不出现严重通货膨胀情况下的产量，而景气则是指国内生产总值与生产潜力的偏离。

一　景气理论（长波理论、长周期理论、经济周期理论）

所谓景气理论是说明资本主义经济发展的长期趋势中呈现繁荣（扩张）与萧条（衰退）周期交替运动的一种理论。一个周期一般分为四个阶段，即繁荣、萧条、危机、复苏。从经济的一个高点（或低点）到经济的另一个高点（或低点）称之为一个周期，上升周期和下降周期并不是对称的。

衡量景气情况的标准是实际国内生产总值及其变化幅度，如果国内生产总值连续两个季度下降，则称之为衰退，如果衰退的幅度超过一定的程度则称之为萧条。关于这方面的理论如下所示。

基钦周期（Der Kitchin-Zyklus）　是资本主义经济中一种为期较短的有规律的经济波动。基钦（Joseph Kitchin）根据对物价、生产和就业的统计资料所做的分析，认为资本主义经济每隔40个月出现一次有规律的上下波动。

尤格拉周期（Der Juglar-Zyklus）　尤格拉（Clement Juglar）把经济周期分为繁荣、危机、出清三个阶段。强调价格水平的变动是经济周期波动的主要原因，因为它会引起货币、信贷和金融体系的混乱，认为资本主义经济每隔9~10年出现一次周期波动。

库兹涅茨周期（Der Kuznets-Zyklus）　库兹涅茨（Simon Smith Kuznets）认为资本主义经济每隔20年左右出现一次周期波动。

康德拉季耶夫（康德拉梯也夫，康德拉捷夫）周期（Der Kondratieff-Zyklus）　康德拉季耶夫（Nikolai D. Kondratieff）于1925年发表了《经济生活中的长波》一文，认为，这种长期周期是资本主义发展过程本身所固有的，资本积累是其产生的主要原因。生产技术的变革、战争和革命以及新市场的开辟等都不是影响这种周期的偶然事件，而是这种周期的合乎规律的组成部分，他认为资本主义经济每隔50~60年左右出现一次周期波动。

熊彼特周期理论　熊彼特以重大创新为标志，把世界经济的发展划分为

3 个长周期；以中等创新为标志，划分中周期；再以小创新为标志，划分短周期。他认为每个长周期包括 6 个中周期，每个中周期包括 3 个短周期。他认为，一个经济周期总与一些革新浪潮紧密相连。而这种革新的浪潮常常具有确定的形式，并以此作为该经济的特征。如 1780～1840 年的工业革命，1840～1890 年的经济发展以钢铁和蒸汽机为特征，1890～1950 年则以电力、化学和汽车工业为特征。

20 世纪 70 年代以前，长周期理论并未受到西方经济学家的重视，直到"滞胀"出现以后，他们才试图以此来解释"滞胀"的出现。

实际景气循环理论　20 世纪 80 年代中期出现了一个新古典学派，他们坚持物价短期也是可以浮动的，并在此基础上，提出了"实际景气循环理论"。

所谓"实际景气循环理论"就是强调货币工资、货币量和物价水平等的名义变动不会对生产和就业的实际状况产生影响，生产和就业状况的实际变动是由于其他实际经济变动造成的，那就是国家的财政举措或是生产技术的变化，即生产率休克，或是经济主体的重点发生了变化。

"实际景气循环理论"一是强调物价短期也是浮动的，二是特别强调劳动供给在景气过程中的作用。传统经济学论点的基础是劳动供给是稳定的，劳动市场上的工资是刚性的。而"实际景气循环理论"则认为，劳动市场是开放的，因而就会出现劳动供给的浮动，如劳动市场上的实际工资提高，则劳动供给便增加，于是产出便会增加。

而应用景气政策则始终反对从供给上来解释景气循环现象，坚持从需求上来解释这一现象。

不管这两种理论自身如何解释，实际上还是出自供给导向理论和需求导向理论的总体系，只能算是一家之言。两者之间还有共同之处，那就是普遍认为，景气的波动同国际经济发展的状况有关，一国经济的发展必然受到国际经济发展的影响和制约，这种受影响和受制约的程度会因该国的大小和开放程度的不同而异。国家越小受影响越大，国家越是开放受影响也就越大。

二　德国的景气政策

德国作为一个外向型国家自然也难以逃脱这种国际景气周期的影响。德国成立以来经历过长时期的经济奇迹，也经历过 6 次重大的经济滑坡，即 1966～1967 年、1973～1974 年、1981～1982 年、1993～1996 年、2001～

2005 年和 2008 ~ 2009 年，但每次情况不尽相同。

德国遴选的景气指标见图 3 - 7。

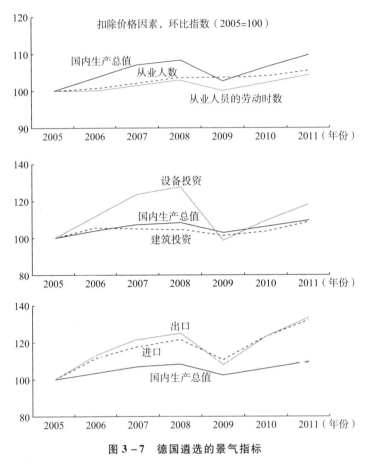

图 3 - 7　德国遴选的景气指标

资料来源：联邦统计局。

衡量景气的标准是看相对发展，看今年的发展同去年发展的比较，重相对数。国内生产总值增长的绝对数并不能成为景气繁荣的指数。例如德国国内生产总值 2011 年上升了 3.7%，2012 年增长了 0.4%，2013 年增长了 0.3%，三年虽然都在增长，却不能说它景气状况良好，而要说其景气发展减弱；相反如果一国国内生产总值去年下降 4%，今年下降 1%，尽管仍是负增长，但应称为出现了复苏的迹象。

德国执行景气政策的主要手段就是国家财政政策和货币政策。

国家财政政策主要是指国家可以通过税收和支出政策来直接或间接影响

整个经济的发展。一旦景气过热需要抑制，国家便可依法停止动用联邦银行的预算，可以提高所得税和公司税，只要不超过 10%，也还可以提高折旧条件；如果景气不振需要加温，国家便可以提高国家支出份额，增加投资，包括设立投资奖，可以接受更多的信贷，财政部部长有权增加限度以下的债务，也可以动用景气平衡储备金额，还可以降低所得税和公司税，最长为一年，最多为 10%，并使税收的预支适应景气的状况，来刺激整个经济的需求。

货币政策同样可以影响景气状况，哪怕是只能起到中期的影响。其主要手段是调整利率、汇率、货币量与流动性。

第五节　结构政策

一　经济结构问题的特点

所谓"结构"是指某个整体中局部与整体、局部与局部的相互关系。经济结构也就是指经济这个全局中局部与整体、局部与局部的相互关系。这种关系的平衡是暂时的，它始终是处于变化之中，因为经济要发展就必然会打破暂时的平衡，形成不平衡。之后经过外部的调控和内部的进化又会出现新的平衡。这种平衡—不平衡—新的平衡—新的不平衡便是推动事物发展的动力。人们的责任就是研究这种内外部变化的规律，采取正确的措施推动其向前发展。

笔者认为，今天讲经济结构一定要明确下列几点[①]。

（1）经济结构是无处不在的，因为经济就是由无数个对立统一的矛盾组成的，既包括单相矛盾，也包括多相矛盾，而矛盾就是结构；

（2）经济结构既有宏观的，也有微观的，既有大的，也有小的，既有长期的，也有短期的，我们研究的经济结构大多是指大的、长期的；

（3）经济结构问题 20 世纪的 20 年代已经提出，但至今没有形成统一的理论和定义，重要的论著也不多；

（4）结构是始终处于变化之中的，既有内生变化，也有外生变化，既有积极的，也有消极的，既有正确的，也有错误的；

---

① 参见徐丽莉《德国经济结构问题》第 12 部分，吉林人民出版社，2015。

（5）经济的结构问题是经济的核心问题，经济总体的成功都是结构的成功，经济总体的失败也都是结构的失败；

（6）正是由于经济结构的上述特点，经济的结构问题往往被人忽略，而一个睿智的政府往往就在于它能紧紧抓住经济的结构问题。

二 经济结构的体系

经济结构问题是无所不在的，因此经济结构的体系也是无限的。但我们研究的经济结构内涵却必须是有限的，于是就出现了各种各样的体系：有"产业结构政策"和"区域结构政策"二元体系；有投资消费结构、产业经济结构、金融结构、区域结构和国际收支结构五元体系；[1] 也有笔者主张的结构多元体系，因为经济结构无处不在，其涵盖面很广，我们必须抓住其中主要的和关键的，至少可以包括要素禀赋结构、宏观经济结构、增长要素结构、产业结构、能源结构、财政结构、金融结构、收入结构、福利结构和区域结构等。

经济结构变化就是指国民经济中各个方面相互关系比例持续不断的位移，这是各地区、各部门供给、需求和生产要素发展的不平衡引起的。

所谓结构分析就是指对现有结构进行科学的分析，为正在进行的结构改革提供信息，同时提出今后经济增长的预测和进一步进行结构改革的建议。

三 经济结构理论

经济结构问题其实远古即有。美国经济学家诺思就指出："在一万年前，已经有过一系列令人迷惑的经济组织，与其他非经济的制度相互影响着。我们能不能从这些事物中将决定经济绩效的基本结构提取出来？"[2] 但真正形成理论还是很晚以后的事情。

真正的经济结构理论是英国人配第（William Petty）于 17 世纪提出来的，后来又经过美国经济学家库兹涅茨、里昂惕夫（W. Leontief）和英国经济学家克拉克（C. G. Clark）的补充和发展，到 20 世纪的五六十年代达到新

---

[1] 项俊波：《结构经济学——从结构视角看中国经济》，中国人民大学出版社，2009。
[2] 〔美〕道格拉斯·C. 诺思：《经济史上的结构和变革》，厉以平译，商务印书馆，1992，第14 页。

的制高点，主要代表人物有美国科学家罗斯托（W. W. Rostow）和希金斯等人。而为人们津津乐道的三产理论则是由英国经济学家费希尔（Ronald Aylmer Fisher）和克拉克提出的，经法国经济学家弗拉斯蒂埃的补充而完善的。

德国学者主要有安德烈森（Knud Andresen）、[①] 许布尔（Lothar Hübl）、舍佩尔斯（Walter Schepers）、[②] 凯姆（Helmut Keim）、克洛特（Henning Klodt）[③] 和拉格尼茨（Joachim Ragnitz）[④] 等人。

中国对经济结构问题的研究开展得较晚，近年来发展得较快，重要的著作有林毅夫的《新结构经济学：反思经济发展与政策的理论框架》、项俊波的《结构经济学：从结构视角看中国经济》、冯兴元的《欧盟与德国——解决区域不平衡问题的方法和思路》以及徐丽莉的《德国经济的结构问题》等。

四 经济结构问题

第二次世界大战后的德国，经济几乎处于"零起点"，但这也给它提供了画最新、最美图画的机会，因而也不存在多大的结构问题，"社会福利市场经济"展现了较强的生命力。1966～1967年的经济危机已使人们感到存在经济结构问题，联邦政府也首次提出了结构改革方案，却并没有真正引起人们的警觉。此后经济结构问题日益严重，但历届政府几乎都是稍稍提醒一下而已。人们对其议论纷纷，"只见楼梯响，不见人下来"。直到拟定《2010议程》时结构问题才算真正得到了重视，但似乎仍远未达到应有的高度。那么德国的经济结构问题究竟有多大呢？

生产要素的结构问题 要素禀赋结构是指一国生产要素的禀赋结构，也就是劳动、资本和土地这三大生产要素之间的结构。[⑤] 今天这种要素禀赋的结构已经日益扩大和延伸。一是扩大到了知识和技术，它们已被不少经济学家称之为第四生产要素；二是资本已被扩大到了人力资本；三是土地已经从

---

① Andresen, Knud u. a.: *Nach dem Strukturbruch*, Bonn: bpb, 2011.

② Hübl, Lothar/Schepers, Walter: *Strukturwandel und Strukturpolitik*, Darmstadt: Wissenschaftliche Buchgesellschaft, 1983.

③ Keim, Helmut/Klodt, Henning: *Strukturwandel und Arbeitsmarktproblem in Deutschland*, in *Die Weltwirtschaft*, 2004, Heft 3, Heidelberg: Springer-Verlag.

④ Ragnitz, Joachim: *Sektoraler Strukturwandel in Deutschland seit 1991*, Marburg: Schüren, 2004.

⑤ 林毅夫：《新结构经济学：反思经济发展与政策的理论框架》，苏剑译，北京大学出版社，2012。

地基、厂房扩大到了基础设施、资源和矿藏。而持续的经济发展恰恰是由要素禀赋的变化和持续的技术创新来推动的。[1]

就这些方面而论，德国的生产要素结构是畸形的：资本相对雄厚，但国家的净财富大幅度下降，总债务至今高达 70% 以上；劳动力较为丰富，一半多人从业，但高素质劳动力缺乏；技术高度发达，基础设施完善，但原材料缺乏，煤炭储量虽然尚可列入世界前列，但褐煤污染大，石煤价格贵。这种畸形的生产要素结构严重影响着其他的经济结构。

宏观经济结构问题　宏观经济结构是指德国主张的"魔力四边形"或"魔力六边形"或"魔力多边形"。按"魔力四边形"来说就是物价、增长、就业和对外经济的结构情况。以 2015 年为例，物价上涨 0.3%，经济增长 1.7%，失业率 6.4%，进出口值是 7.8%。从中也可以看出德国宏观经济结构的突出问题：经济增长 1.7%，远低于目标值；失业率尽管达到了近年来的最低值，但离目标值仍然是远而又远；进出口值是 7.8%，大大超出对外贸易平衡的规定，也远高于过去 1.0% 的目标值；只有 0.3% 的通胀率达到标准。

增长要素结构问题　这是指内需（私人消费和国家消费）、总投资（库存变化和基本建设总投资）以及进出口值这三驾马车在拉动国内生产总值增长时的比例结构。也以 2015 年为例，私人消费拉动国内生产总值增长 1.0%，国家消费拉动国内生产总值提高 0.5%，总投资压低国内生产总值下降 0.1%（库存变化 -0.4%，基本建设总投资 0.3%），三项构成了国内需求的 1.5%（按凑整核算），再加上进出口值的 0.2%，便形成了 1.7% 的国内生产总值增长。显然，这样的增长要素结构是无法让人满意的，因为总投资竟然成了负数。

产业结构问题　当代经济学家认为一个国家的经济包括三个产业，即第一产业——农林渔业，第二产业——工业（可以包括矿业，也可将矿业单列），第三产业——服务业。产业结构就是指一产、二产和三产之间的比例关系。一般说来，结构演变是通过两组大的统计标准数据来显示的，即三个产业所占国内生产总值或国民生产总值和就业人数的比例。[2] 因此统计时就有两个数据，一是人数，二是产值，人数和产值并不一致，例如 1950～1971

---

① Aden, Menno: *Märkte, Preise, Wettbewerb — Eine Einführung in die soziale Marktwirtschaft*, Berlin: Verlag Neue Wirtschaftsbriefe, 1992, S. 27–31.

② Ragnitz, Joachim: *Sektoraler Strukturwandel in Deutschland seit 1991*, Marburg: Schüren, 2004.

年联邦德国第三产业就业人数的比例从34%上升到43%，而产值所占比例却始终保持在40%左右。其改革的趋势就是一产向二产和三产的转移，或是一产和二产向三产的转移。例如1882年德国的农业就业人数占全部就业人数的42.2%，1971年在联邦德国只占8.2%；1991年德国一产、二产（不含建筑业）、建筑业和三产增加值占国内生产总值的比重分别为1%、30%、6%和63%；2012年其产业结构就发生了很大的变化，三个产业的相应比重分别为1%、26%、5%和68%，并保持到2015年。具体情况见图3-8和图3-9。

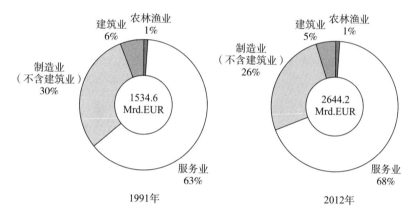

图3-8　1991年同2012年德国产业的比较（单位：10亿欧元）

资料来源：联邦统计局，2013统计年鉴。

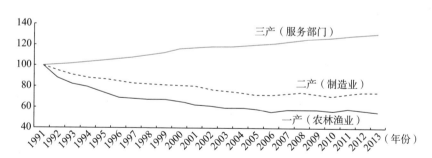

图3-9　1991～2013年三个产业就业人数变化（1991＝100）

注：皆表示每年的均值。

资料来源：联邦统计局，2014统计年鉴。

当前德国产业结构问题主要表现在如下方面。

（1）三大产业结构很不合理，发展也很不均衡。目前在德国的国内生产总值中一产产值大幅度下降，二产不仅同样大幅度地下降，而且产业内部出现了严重的结构问题，但仍然是出口的主力。与此同时，三产则大幅度增加，但出口率不高，不到10%；劳动生产率也不高，在20世纪70年代和80年代同二产大体持平，进入90年代则明显下降。然而与其他发达国家相比，德国的二产比例仍较高，三产比例则较低。不少西方经济学家因此认为，德国正是因为拥有这样的产业结构，才能如此快地摆脱了国际金融危机的冲击，于是呼吁要学习这样的"德国模式"①，搞"再工业化"。

（2）结构性失业扶摇直上，占全部失业人数的70%以上。所谓结构性失业就是指三产无法吸纳一产和二产释放出的多余劳动力。例如20世纪90年代以来三产共创造了400万个就业岗位，而一产和二产损失的就业岗位则更多。②

能源结构问题　德国的能源结构问题很大，突出的是禀赋问题：德国拥有丰富的煤炭资源，但石油、天然气和核燃料极其贫乏。现在决定弃核，也准备弃煤并限制石油和天然气进口，德国能源将何以为继？当然是可再生能源，但技术问题很多，开发费用昂贵，导致电价上涨（详见本章第十二节）。

财政结构问题　财政结构问题首先涉及收入和支出的结构。德国本来一向重视财政平稳，但随着向东部输血日甚、福利开支年增，德国也连续出现财政赤字，国家债台高筑，于是默克尔政府决定颁布新债务法规，实施债务刹车，以期解决这一问题。此外，联邦、州和乡镇的收入分成结构及州际财政平衡结构都有问题。

金融结构问题　德国的金融结构问题很大。一是银行融资模式和金融市场融资模式的结构问题。德国过分依靠前者，后者相对羸弱，因此融资困难。二是德国盈利银行同非盈利银行的结构问题，前者比例太低（30%），后者比例太高（70%），效益偏低。三是混业全能银行同专业银行的结构问题，前者太多，后者太少，经营缺少特色。四是大小银行的结构问题，目前是两极分化严重。德国银行的集中度超高，最大三家银行的资产占全部银行业系统资产的比例长期位居高位，最高时曾达89.5%，美国只有13.3%，而小银行又过多、过密，形成资源的浪费（详见本书第五章第二节）。

---

① 研究世界经济经常会碰到"德国模式"这个概念，对此国内外学者都撰写过不少论著。一般都是突出德国的社会福利市场经济模式。中国的李稻葵教授则是从"稳健的公共财政体系"、"政府大力扶持下的实体经济"、"稳健的房地产市场"、"审慎的金融体系"和"'家'业长青"等5个方面论说了"德国模式"，详见其同罗兰贝格编著的《中国经济的未来之路——德国模式的中国借鉴》。

② *Jahreswirtschaftsbericht 2006*，1. 2006.

收入结构问题　收入结构是指各个不同部门的平均收入以及不同人员、不同年龄段人员的工资和薪金收入。在这方面德国问题也不少。突出的是雇员同雇主和资产收入的结构问题，2000 年德国的雇员报酬占国民收入的比例（即工资率）为 72.1%，企业和资产收入的比例为 27.9%。到了 2011 年工资率下降到 67.2%，企业和资产收入的比例为 32.8%。随之而来的则是贫富收入之间的结构问题，富人收入越来越高，穷人收入与富人收入的差距越拉越大，贫困人口的比例越来越高，如今已达 16.1%，成了欧盟中贫富差距最大的国家。还有一个很难让人理解的问题，男女收入结构竟然也会成问题，而且是大问题。以 2009 年为例，德国男雇员的月平均毛工资为 3320 欧元，女雇员只有 2729 欧元。同工而不同酬到如此地步，着实令人瞠目（详见本章第七节）。

区域结构问题　区域结构涉及自然区位优势，包括原料储藏量、交通条件、自然环境、基础设施、劳动力资源、就业密度、居住结构、工资待遇等因素。区域政策便是指"国家投入资金以求解决区域经济发展差距的政策"，也叫"区域发展政策"或"区域结构政策"。[①]

德国的区域结构问题主要是"东西结构问题"和"南北结构问题"，即东穷西富和北穷南富。从东西部可支配收入来看，如以全德为 100，1991 年西部的老州为 110.2，东部的新州（不包括柏林）为 57.9，到了 2012 年老州为 103.5，新州（不包括柏林）为 85.9；从贫困率来看，2007~2009 年全德为 12.6%，新州为 18.8%。即便从老州来看，也存在南北差。以国内生产总值的增长指数为例，莱普州、黑森州和巴伐利亚州最高，不来梅和柏林最低；从人均工资收入来看，最高的是州级市，最低的是农业区；从居住结构来看，总趋势是城市化和密集化，交通和居住的发展给农业带来了重大的负担。

德国区域结构政策的主要计划是"改善区域经济结构"共同任务，它是随着 1969 年《改善区域经济结构共同任务法》而出台的。1990 年德国统一后，德国的"改善区域经济结构"共同任务分为两大部分：一是西部地区共同任务，二是东部地区共同任务。[②]

---

① 冯兴元：《欧盟与德国：解决区域不平衡问题的方法和思路》，中国劳动社会保障出版社，2002。
② 冯兴元：《欧盟与德国：解决区域不平衡问题的方法和思路》，中国劳动社会保障出版社，2002。

五 德国的结构政策

所谓结构政策实际上就是结构改革政策。结构改革既是经济增长的结果，又是经济增长的前提。经济结构之所以需要不断改革，是因为经济领域各部门的发展始终处于变化之中，始终处于打破旧的平衡和建立新的平衡的变化之中。在一国经济的发展中供给与需求以及生产要素之间的平衡总是暂时的、相对的，而不平衡总是长期的、绝对的。当经济发展的方方面面经过结构调整达到新的平衡时新的不平衡便已开始，再次需要结构调整。[1]

（一） 德国结构改革政策的重点

1967 年联邦德国爆发了战后第一次经济危机，稳定和增长都发生了问题。当时的经济和财政部部长卡尔·席勒拟定了一个稳定增长法，第一次提出结构改革方案。

要进行产业结构改革，就要使从业人员从产值低的产业进入产值高的产业，即从一产进入第二、三产业，或从第一、二产业进入三产；解决就业问题；改善生产要素的适应流动（die Anpassungsmobilität）情况，加快或放慢适应进程（der Anpassungsvorgang），消除生产的瓶颈（der Produktionsengpass）和设备过剩（die Überkapazität）；引进高科技生产；更好调控价格机制和生产要素的分配，使各类生产要素能够得到最佳的配置和最好的利用，从而获得最大的利润。

1998 年施罗德上台后首先通过"吕鲁普（Bert Rürup）计划"提出了养老、医疗和护理保险的全面改革方案，接着通过"哈尔茨（Peter Hartz）计划"提出全面改革劳动市场、就业、失业救济的方案，之后又提出《2010议程》，在强调前两个"计划"的同时重点要解决降低工资附加费，提高投资和消费，改善劳动市场供给和需求的激励机制，推动独立开业和个人负责等问题，才算真正面对并开始解决德国经济的结构问题。

（二） 德国结构改革政策的特殊目标

在结构改革中德国特别重视以下三个问题。

（1） 保护特殊的经济部门，尤其是钢铁、能源和农业部门，这是有关防务安全和国计民生的要害部门，一定要保证相关重点产品的供应；

---

[1] Berli News: *Strukturwandel zur Wissenswirtschaft*, www. berlinews. de/archiv – 2002/1211, letzter Zugriff am 13. 10. 2010.

（2）使某些经济部门能够尽快适应结构改革的发展形势，改善生产要素的适应能力，加快或是减慢某些调整过程，消除生产中的瓶颈和设备过剩；

（3）推动那些私人企业因资金不足或风险太大而无法从事的高科技发展，促进未来生产的发展，例如数字处理和航空航天工业、核工业和海洋产业等。

经济结构问题是每个国家都会碰到的大问题，因为一国的经济在发展中都会受到外部因素和内部因素的制约，受到主观因素和客观因素的影响，关键是要认真对待。从前文中我们已经可以看到，德国经济的结构问题是很严重的，但始终没有受到历届政府的重视。近十几年来，施罗德政府和默克尔政府做了不小的努力，推行积极的结构改革政策，结构问题有所缓解，但无论从广度还是从深度上来看都远达不到解决的地步。可以预言，德国如不继续进行经济的结构改革，以此现状很难经受住更大危机的冲击。

第六节　税收政策

一　德国的税收种类

德国的税收政策包罗万象，先分成两大类，即直接税和间接税。所谓直接税是指应纳税人和纳税人是同一个人，纳税的是其经常性的收入或盈利，[①]如所得税；间接税则是指应纳税人和纳税人不是一个人，如增值税。

德国实行四级分税制（也有人认为是三级分税制），[②] 联邦、州和乡镇以及欧盟各获得一部分，算上欧盟是四级，不算则是三级（具体情况参见表3－7和图3－10）。

表 3－7　大额税收的归属和数额

	税收归属	2007 年	2008 年	2009 年
		单位：百万欧元		
增值税	B/L/G/EU	127522	130789	141907

---

① Simons, Heinz-Josef: *Steuern*, Augsburg: mvg-verlag, 1996, S. 181.

② NWB-Redaktion: *Wichtige Steuergesetze mit Durchführungsverordnungen*, Herne/Berlin: Verlag Neue Wirtschafts-Briefe, 1999.

续表

税收归属		2007 年	2008 年	2009 年
		单位：百万欧元		
工资税[1]	B/L/G	131773	141895	135165
能源税	B	38955	39248	39822
进口营业税	B/L/EU	42114	45200	35084
工商税	G/B/L	40116	41037	32421
估定所得税	B/L/G	25027	32685	26430
烟草税	B	14254	13574	13366
非估定收益税[2]	B/L	13791	16575	12474
减息/清偿税	B/L	11178	13459	12442
团结附加税	B	12349	13146	11927
地产税 B	G	10358	10451	10580
保险税	B	10331	10478	10548

注：B – 联邦，L – 州，G – 乡镇，EU – 欧盟

1　扣除子女津贴后。

2　扣除联邦财政局报销费后。

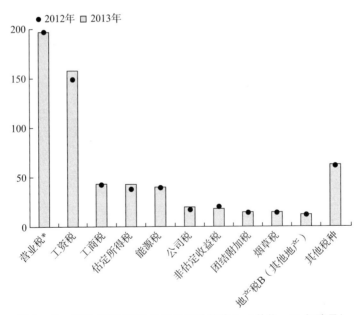

图 3 - 10　2012 年和 2013 年部分税种的收入（单位：10 亿欧元）

注：＊包括进口营业税。

资料来源：联邦统计局，2014 统计年鉴。

德国的全部税收分五大类：1. 联邦、州和乡镇共享税，其中包括增值税、工资税、工商税、估定所得税和公司税；2. 联邦和州的共享税，其中包括进口营业税、非估定收益税和减息/清偿税；3. 联邦专享税，其中包括能源、烟草税、团结附加税、咖啡税、烧酒税、矿物油（石油）税、保险税、其他联邦税收和关税；4. 各州专享税，其中包括资产税，机动车辆税，啤酒税，地产收入税（属于州的部分），赛马、彩票和体育竞赛税以及其他的州税收；5. 乡镇专享税，其中包括地产税 A、地产税 B 以及其他的乡镇税收。

德国的税种很多，而且不断更名和变化。统计时选用的样本名称有时也不同，上述两表就不同。有时用所得税、营业税，有时用工资税、增值税。所得税同工资税有相同之处，也有不同之处。工资税一般可以说成个人所得税，但不能等同所得税，因为还有其他所得税。所得税可以说是税种，工资税可以说是税目。至于增值税与营业税则是两个独立而不能交叉的税种，交增值税时不交营业税，交营业税时不交增值税。凡是销售不动产、提供劳务、转让无形资产的交营业税；凡是销售动产、提供加工修理修配劳务的交增值税。此外，增值税是价外税（价外税是由购买方承担税款，销售方取得的货款包括销售款和税款两部分），营业税是价内税（价内税是由销售方承担税款，销售方取得的货款就是其销售款，而税款包含在销售款中并从中扣除）。所以在计算增值税时应当先将含税收入换算成不含税收入，即计算增值税的收入应当为不含税的收入，而营业税则是直接用收入乘以税率即可。收益税是指以所得额、收益额为课税对象的税种。它同所得税不同，所得税是以纯收益额为征税对象的税收体系，其中纯收益额是总收入扣除成本、费用以及损失后的余额。

德国各类税种的收入额度差别很大。其中收入最大的是所得税、增值税和营业税，尤其是所得税，占德国全部税收总额的 35% 左右，因而在历次税收改革中都处于关键地位。

纳税人应向其所在地主管税务机关缴纳税费。如纳税人取得的收入为非货币资产或者权益的，其收入额应当参照当时的市场价格计算或估定，由此得名"估定所得税"或"非估定收益税"。

二　所得税

核算所得税是一项十分复杂的工作，首先必须弄清收入的各个种类。德国分七大类征收所得税，即农林业、工商企业、独立劳动、非独立劳动、租赁、资产以及其他收入（参见表 3-8）。

表 3 - 8　2001 ~ 2010 年所得税的增减情况

年份	单身基本免税额度 年收入（欧元）	起征税率（％）	最高税率（％）	免税年劳动报酬		每个子女的年免税额（欧元）			每月子女津贴（欧元）			
				I/0税级	III/0税级	总数	子女免税额	照看/教育/培训	第1个	第2个	第3个	第4个及以上
2001	7206	19.9	48.5	10382	19438	5080	3534	1546	138	138	153	179
2002	7235	19.9	48.5	10368	19476	5808	3648	2160	154	154	154	179
2003	7235	19.9	48.5	10368	19476	5808	3648	2160	154	154	154	179
2004	7664	16.0	45.0	10783	20417	5808	3648	2160	154	154	154	179
2005	7664	15.0	42.0	10784	20418	5808	3648	2160	154	154	154	179
2006	7664	15.0	42.0	10784	20418	5808	3648	2160	154	154	154	179
2007	7664	15.0	42.0 45.0 *	10784	20418	5808	3648	2160	154	154	154	179
2008	7664	15.0	42.0 45.0 *	10784	20418	5808	3648	2160	154	154	154	179
2009	7834	14.0	42.0 45.0 *	11000	20844	6024	3864	2160	164	164	170	195
2010	8004	14.0	42.0 45.0 *	10680	20220	7008	4368	2640	184	184	190	215

注：＊富人税。

资料来源：联邦财政部。

在核算所得税时要界定一切应当扣除的开支，如下所示。

（1）为获得该收入而付出的费用，如广告费等；

（2）特殊支出，如税务咨询费、已支付的教会费、预防费和捐献等；

（3）非寻常负担，系指超出了一般界限的私人生活支出。

德国对所得税采取累进制的征收方法，即收入越高，纳税的税率越高。按2016 年的规定，分为五个大区：一、免税区（Grundfreibetrag），凡年收入在8652 欧元以下的单身者或 17304 欧元以下的已婚者可以免缴所得税。二、第一累进区（Progressionszone 1），进入这一区的是超过上述收入的人，即 8652 欧元及以上的单身者或 17304 欧元及以上的已婚者，其超出部分最低按 14% 缴纳所得税，这也就是所谓起征税率。单身者每增 1000 欧元收入，提高两个百分点的税率，已婚者每增 1000 欧元收入，提高一个百分点的税率。如收入提高到 13669 欧元及以上的单身者或 27338 欧元及以上的已婚者，要按 24% 缴纳所得税。三、第二累进区（Progressionszone 2），进入这一区的人单身收入最低为 13670 欧元，最高为 53665 欧元。已婚者最低为 27340 欧元，最高为 107330 欧元。最低者应纳税 24%，最高者应纳税 42%。单身者收入每增长 1000 欧元，提高 0.46% 的税率，已婚者收入每增长 1000 欧元，提高 0.23% 的税率。四、第一比例区（Proportionalzone 1），进入这一区的是年收入在 53666 欧元以上的单身者或收入在 107332 欧元以上的已婚者，他们应缴 42% 的所得税。每增加 1000 欧元的收入，应多缴 420 欧元的所得税。五、第二比例区（Proportionalzone 2），收入在 254477 欧元以上的单身者或收入在 508894 欧元以上的已婚者应缴纳 45% 的所得税。收入每增长 1000 欧元，应多缴 450 欧元的所得税。

德国的所得税率最高曾经达到 56%。红绿联盟政府上台后决定将当时 53% 的最高税率降为 51%，2002 年已降至 48.5%，后又降至 42%；大联合政府上台后于 2007 年将其提高至 45%，称之为富人税，税收收入用在文教事业上。

征收所得税中的主要问题如下。

（1）实行所得税的累进制使很多本来希望利用空余时间增加收入的人放弃了初衷，或成影子经济；

（2）出现所谓的"冷累进"，由于所得税税率并不考虑通货膨胀率，因此不管起征税率如何调整，都意味着税率在实际提高，尽管表面看来并无变化；

（3）德国的所得税制十分复杂，因而很难达到应有的透明度。

三　增值税[1]

增值税是以企业所生产的商品或服务的市场增值额为课税对象的一种税收。它作为销售税的变种是在 20 世纪 20 年代首次在世界上出现的。由于只对增值而不是对全部收入征税，增值税避免了许多形式的销售税所具有的多阶段征税的特点，即消除了在销售的中间环节和最终环节对同样的收入重复征税。在开放经济中，增值税既可以对生产征收，也可以对消费征收。所有国内消费的商品按统一税率征税，而出口品则不征税，即要退税。[2] 由于增值税是在国内销售流通中不断增值产生的税种，因此出口中都应减去，一个

① 殷桐生：《增值税 40 年——对大联盟政府提高增值税率的反思》，《德意志文化研究》2006 年第 3 辑，外语教学与研究出版社，第 59～66 页。

② 引自剧锦文、阎坤主编《新经济词典》，沈阳出版社，2003，第 539 页。

外国消费者在其住在国所购买的商品一旦携带出国便可以退税。规定退税这一点是为了促进本国商品的出口。

在德国，增值税是仅次于所得税的税种，属间接税，它同矿物油税、烟草税、咖啡税和啤酒税这些特殊消费税不同属一般消费税，是营业税的一种特殊形式，也就是所谓的净营业税，因为每个企业只需缴纳它所增值的这一部分营业额的税。从供货开始一直要征收到卖到消费者手中为止。于是，纳税人便是最终消费者。企业、公司都不增加负担，自然也不增加成本。例如，德国的某家公司生产衬衫，当它买进衣料时要向国家缴纳营业税；批发商向零售商供应该衬衫时，或是零售商向顾客供应该衬衫时同样要缴，顾客也同样要缴税，于是衬衫就增值，就涨价。需要突出强调的是，各公司、批发商和零售商都可以向财政局退回所交的增值税，而顾客却不能退税。这就意味着，作为最终消费者的顾客承担着全部增值税的费用。[1] 增值税从引进以来其内涵和税率一直在变化（见表3－9）。

表 3 - 9　德国增值税税率变化

实行时间	减税税率（%）	正规税率（%）
1968 年 1 月 ~ 1968 年 6 月 30 日	5	10
1968 年 7 月 1 日 ~	5.5	11
1978 年 1 月 1 日 ~	6	12
1979 年 7 月 1 日 ~	6.5	13
1983 年 7 月 1 日 ~	7	14
1993 年 1 月 1 日 ~	7	15
1998 年 4 月 1 日 ~	7	16
2007 年 1 月 1 日	7	19

资料来源：联邦财政部，载于 Copyright @ 2008 by Focus Online GmbH。

德国商品和服务的增值税税率分为三档，即正规税率、减税税率和免税。1968 年引进增值税时，减税税率的商品和服务共计为 54 种，主要包括食品、农产品、活的动物、（非广告的）书刊、图片、卡片、乐谱、出版物、某些文物、收藏物、客运短途车票以及有利于公益的商品和服务等；免征增值税的有赁金、医疗服务、冷房租（指不包括暖气等费用的房租）、银行开

---

[1] Lexikon, in: www. hanisauland. de/lexikon/m/mehrwertsteuer. html-50k, letzter Zugriff am 20. 05. 2012.

户费、音乐会及展览会的支出等。增值税税额会在购货收据上标明。

从 1998 年 4 月 1 日开始德国的增值税率为 16%，2007 年 1 月 1 日开始默克尔政府将其提到 19%。这一决定一出台便在德国社会引起了轩然大波，各类不同阶层均有人士群起而攻之，经济学家海宁（Dietmar Henning）斥之为"对人民的宣战"，[①] 有的经济学家则批评这一举措是"我们共和国历史上最大的增税计划"，自民党主席韦斯特韦勒（Guido Westerwelle）则将其称为"经济界的毒药"。

其实，提高增值税税率有利有弊。默克尔政府在决定提高增值税率时是充分权衡了这样做的利弊的，所以同时决定减低失业保险费。特别是考虑到德国的增值税税率本来就偏低，在欧盟各国中按税率高低排在倒数第 3 位，提到 19% 后也只居倒数第 9 位，列中游，较容易被大众接受。[②] 具体情况参见图 3 - 11。

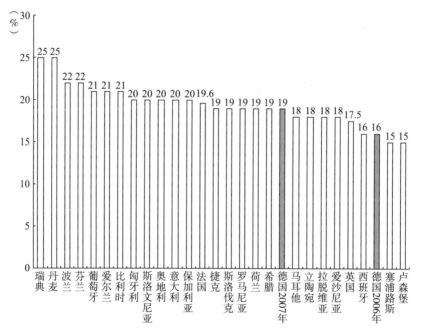

图 3 - 11　欧盟各国增值税税率比较

资料来源：联邦财政部，2008 年 1 月。

---

① Henning, Dietmar：*Kriegserklärung an die Bevölkerung*，in：www. wsws. org/de，letzter Zugriff am 24. 05. 2013.

② Bundesfinanzministerium：*Mehrwertsteuer im EU-Vergleich*，01. 2008.

提高增值税有利之处如下。

（1）增加国库收入。仅提高增值税税率一项，2007 年联邦政府就多收入了 227.5 亿欧元，这就大大推进了大联合政府整固财政的步伐，也帮助联邦财政在统一之后首次达到收支均衡。国库则将这 227.5 亿欧元中的 1/3 用来削减工资附加费，1/3 用来整固联邦财政，1/3 用来整固各州财政。

（2）不会提高出口价格，也不会影响出口，更不会导致欧洲央行增息，从而影响欧盟经济的复苏。

提高增值税的弊端亦如下。

（1）会提高通货膨胀率，有碍景气状况的改善。早在提高增值税税率决定前，学者们就纷纷预测，物价会上涨。他们认为，把增值税从 16% 提高到 19% 意味着增税达 18.75%。根据估算，在同样的条件下，价格应该上升近 2.6%，企业主损失利润应为 2.2%。[①] 尤其值得注意的是，不少商店会提前涨价，如烟草制品、卫生用品、服装都会提前涨价，有的则会减质减量，缺斤少两。

（2）增值税不考虑个人的能力和贡献。这种表面上的公正却掩盖着事实上的不公正，特别对领取养老金者和失业者这样的弱势群体不利，因为他们并不能享受与此相连的降低失业保险费的好处，却要多交增值税。

（3）增值税的提高改变了人们的储蓄行为。被调查者中储蓄行为不变的近 50%，40% 准备改变储蓄行为，减少储蓄的占 16.5%，增加储蓄的占 15.4%，7.5% 考虑通过储蓄来补偿增值税提高后增加的支出，1/5 的女性和 1/10 的男性希望多储蓄。[②]

增值税由于自身的特点，因此允许退税。这是外国人要特别注意之处。

如今所有欧盟成员国都已进入统一大市场，它们全部都执行增值税制度，因而很容易理解和执行住在国的增值税规定。而非欧盟成员国的外国人就比较麻烦，必须弄清德国的增值税制度，否则亏了钱不算，还会被说成税盲。非欧盟成员国的外国人除应弄清这一部分的各点之外还应注意下列问题。

---

① Chromow, Robert: *Die Folgen der Mehrwertsteuer-Erhöhung: So rechnen Sie richtig!* 04.07. 2006 in: www. akademie. de/.../tipps/finanzwesen/mehrwertsteuer-erhoehung-richtig-rechnen. html? page = 1 – 39k, letzter Zugriff am 24. 05. 2013.

② Deutsche Postbank AG: *Höhere Mehrwertsteuer — verändertes Sparverhalten* 12. 10. 2006, in: www. presseportal. de/pm/6586/885431/deutsche_postbank_ag/-44k-, letzter Zugriff am 24. 05. 2013.

对进出口商品来说，德国的增值税是落在消费上，也就是落在目的国上。于是所有在德国购买的商品一运送或携带出国便可以退税。退税的手续既可以在出口海关办理，也可以在德国驻该国的使领馆内办理。所不同的是，在出口海关办理的退税率略低于在使领馆办理时的退税率，但比使领馆办理要及时和方便。

非欧盟国家的外国人在德国购物时，绝大多数商场都可为其办理免税手续。一般来说，外国人可以通过店内是否标有蓝白色免税标牌"Tax Free Shopping"（免税购物）来辨识该家商店能否办理免税手续。各商家也都将拥有这个标牌视为荣耀。

是否免税要看购置商品的额度。只有当顾客购买增值税税率为19%的商品总额超过25欧元，或购买增值税税率为7%的商品总额为50欧元时，才可以享受免税待遇。顾客在免税商店可以得到一份绿色的免税单（Ausfuhr- und Abnehmerbescheinigung für Umsatzsteuerzwecke）。在出关之前，将所购物品向海关人员出示，海关在免税单上盖章，顾客再把盖过章的税单寄回商家，便可获得规定的增值税退税额度。但这种方式因为取款比较麻烦（须在欧洲有账户或委托友人领取），一般顾客采取的是退税公司提供的服务，这种方式返税很方便（机场提现或汇入信用卡），但必须付给退税公司手续费而得不到全额退税。不同公司收取的手续费幅度也不一样。以遍布德国各大商家的全球最大退税公司（Global Refund）为例，其提供的增值税返还额度为购物金额的8%到12%，一般情况在10%左右。目前25欧元购物金额通过他们可退3欧元税。此外，顾客也可在世界上任何一个退税点得到以现金方式返回的增值税。

四 生态税

生态税是德国的一个综合税种，涉及石油、煤气等动力能源税，但历史上早就有之。1920年英国的国民经济学家庇古（Arthur Cecil Pigou）早就提出了这一倡议，因此生态税也被称为庇古税。

随着世界的发展，人们已经日益认识到，征收生态税是合理的，因为许多商品的产出都是伴随着生态污染的，特别是能源商品。根据同样的道理，人们在确定生态税时就必须考虑这一税率能否达到减少或治理环境污染的目的。

德国从1999年和2000年开始提高生态税，把每公升燃料用矿物油（石油）税提高6芬尼，每公升燃油税提高4芬尼，每千瓦小时的煤气税提高

0.32 芬尼，每千瓦小时的电税提高 2 芬尼。以后每公升燃油税和每千瓦小时电税每年增加 0.5 芬尼，直至 2003 年。

在德国设立生态税时人们是从"双利"出发的，那就是说，一方面人们试图通过征收生态税来保护环境，另一方面又用这部分收入来补贴养老金保险费。

五　企业税、公司税

企业税实际是企业所缴纳各类税种的综合，过去含财产税、营业资本税、营业收益税、公司税、团结附加税。从 1998 年起企业税则包括公司税、营业税和团结附加税，而企业税只适用于资合公司（Kapitalgesellschaften，即股份公司和有限责任公司等），不适用于人合公司（Personengesellschaften，即合伙公司、无限公司和两合公司等），适用人合公司的是所得税（详细内容请看本书第六章第十一节）。

六　利息税、资本收益税

德国的资产收入是要纳税的。所谓资本收益税就是利息税的一种形式，也是所得税的一种征收形式。这种税是在银行支付资本收益时直接向财政部门缴纳的。1999 年资本收益税额在利润部分为 25%，例如股票的红利；在固定利息的有价证券利息部分和定期存款、储蓄存款等的常规利息部分均为 30%。

根据储户免税额的规定，资本年收入低于一定的数额便可以免税。从 2000 年 1 月 1 日开始该数额已经降低：单身者从 6000 马克减为 3000 马克，目前为 810 欧元。已婚者则从 12000 马克减为 6000 马克，目前为 1620 欧元。如果储户向银行开具免税声明，储户便可以让银行在其资本收入低于规定数额时免交源头税（Quellenbesteuerung），即资本收益税或清偿税。

资本收益税是一种所得税的预付形式。每个需要纳税的人如其利息和红利收入超过了规定的额度都需要在其所得税中申报。如其个人税率超过资本收益税税率，他必须补缴；如其个人税率低于资本收益税税率，他可以获得退款。这就叫利息税的扣除余额（Zinsabschlag）。例如有位纳税人利息收入应为 100 欧元，付息者按规定支付给他 70 欧元，同时将应缴纳的利息税 30 欧元交付给财政部门，该人实际获得 70 欧元的利息。在他申报所得税后，个人所得税率定为 20%，他的利息收入应纳税款项为 100 欧元，最终确定的纳税额当然为 20 欧元，低于已缴的 30 欧元，于是他可以获得 10 欧元的退款。

征收资本收益税带来了很多矛盾，因为资本的流通是自由的，而且很多人都对征收资本收益税，特别是对其如此之高的额度不满，在德国的国内和国外都导致了巨额的偷逃税案件。于是改革方案纷纷出台，有人提出干脆废除资本收益税；有人认为，可以只交源头税等。现在欧盟和经合组织正在研究如何解决这一问题，因为在这方面的偷逃税款的问题日益严重，他们希望各国要在这一领域加强合作，以应对日益猖獗的资本收益的偷逃税款现象。

过去在德国资合企业股东红利也要折算成所得税，而且要全额折算。而欧洲其他各国大都是半额折算，于是资合企业股东们便叫苦不迭，一再要求当局改成半额折算。红绿联盟政府上台后决定改革资合企业股东红利折算所得税的方法，将过去全额折算制改成半额折算制。过去是将所得红利全额按累进制缴纳所得税，现在则改成了半额折算。人合公司同样按此比例减税，而且其营业税也可折算成所得税。此外，对出售企业股票的纳税规定也作了修改，从 2001 年起出售企业股票也不再纳税。

七　团结附加税

所谓团结附加税是在德国统一后为了支援新州的建设新设立的税种。德国统一时联邦政府由于对原民德的经济困难和新州经济转轨所需资金严重估计不足，做出承诺，保证不提高税收。然而一年的事实已经让它感到国库羞涩，于是不得不一改初衷，宣布 1991/1992 年度提高消费税一年，并同时征收团结附加税。该税原计划为临时税收，1993 年曾一度废止，1995 年又恢复，规定从 1995 年 1 月 1 日起无限期地征收团结附加税，将工资税和所得税税率提高 7.5%，只有年毛收入不足 19819 马克的未婚者或不足 37207 马克的已婚者不必缴纳，同时提高财产税和保险税。这样联邦可以增加 310 亿马克的收入，以利提高对新州的资助；1998 年因老州公民反应强烈，团结附加税税率从 7.5% 降为 5.5%，但至少要交到 2019 年。

八　税收改革

德国人，其中包括经济学家、政治家和一般老百姓都认为，德国的税制过于复杂、不透明、对经济增长不利，也不公正，因此必须改革。尽管世界上没有最佳税制，但历届联邦政府还是在这上面做了不少文章。他们的改革思路大致如下。

（1）实行人头税制，每个公民不论个人情况和收入如何，都缴同样的税额。这样做简便易行，可以大大减少征税的费用，纳税人可以避免本人福利受到不必要的损害。但谁都看得出，这种不顾个人收入和个人情况的征税方法是不公正的，自然也是不可取的。

（2）拓宽所得税的核算基础，降低税率。所谓拓宽核算基础就是要减少所得税的例外规定，为降低税率创造前提。降低税率是保护民众福利、降低征税费用的好手段，因为税前和税后价格差收窄了。

（3）引进消费税。税收改革不一定拘泥于对旧税制的改革，也可以换一个新税制。例如可以用消费税或叫支出税来代替收入作为纳税的基础。这样做就可以避免在当今消费和未来消费决策中的困难，因为无须再缴纳利息税了。另外由于储蓄不再受到歧视，人们会大量储蓄，这样一来消费税便会大大推动整个经济的储蓄和投资活动，从而提高增长。另外消费税是终身平均而公正支付的，不像所得税那样会大起大落。这一点从那些体育明星身上尤其可以得到验证。这些人在他们人生很短时间里收入非常之高，因此纳税也非常之高。然而这些收入是要管他们的终身消费的。如果采取消费税的办法，就可以避免短时期里高额征税，而是实行终身低额征税。消费税同所得税一样是直接税，因此完全不同于增值税，是可以考虑到纳税人的收入和其他情况的，也是完全可以统计出来的，而且同样能实行累进制。

当前德国要求对现有税制进行改革的呼声日益高涨，这种压力主要来自三个方面。一是来自联邦宪法法院，它正在迫使立法人尽快进行广泛的税制改革，因为目前在纳税问题上所发生的事件日益挑战着宪法的规定；二是税制涉及区位竞争问题，当前世界进入全球化时代，区位的竞争日益剧烈，德国在这场竞争中正面临重大的考验和挑战，只有拥有一个最佳的税制，德国方能取得主动，才能在激烈的国际竞争中胜出；三是德国的税制过于复杂，很不透明，一般平民百姓很难弄得清楚，一个个都成了"税盲"，既难以操作，更难以维权，平添了大量的纠纷，增加了无数毫无必要的矛盾和冲突，因而必须改革。

第七节　分配政策

所谓分配政策就是指国内生产总值的分配方法，国民收入则是国民参与收入的总额，它包括非独立劳动（即雇佣劳动）、工商经营活动、独立劳动、资本资产、租赁、农林业及其他收入。除独立劳动外，其他一般被称为企业家活动及资产的总收入。企业家活动及资产的总收入则包括利息和租赁收入、企业家工资和企业家活动收入等。2015 年德国重要分配数据可参见表 3-10。

表 3 - 10　2015 年德国重要分配数据概览

月均毛收入	3612 欧元
劳动成本	32.60 欧元/小时
毛收入比上年增长	2.7%
实际工资比上年增长	2.4%
协定工资比上年增长	2.1%
劳动成本比上年增长	2.6%
男女收入差距	21%

资料来源：联邦统计局，2016。

一　工资种类

绩效能够获得公正的报酬是雇主、雇员及其利益代表机构争论的永恒主题，而劳动合同和协定工资合同正是为此目的而制定的，它们包含了各类法律规定。首先就是要确定下列工资公正性的标准：绩效公正性、市场公正性、需求公正性。在这里一般都会特别强调"日内瓦模式"的四大要求，即智力要求、身体要求、责任心和劳动条件，特别是质量要求。工资是支付工人业绩的报酬，薪水则是支付职员业绩的报酬。

德国的工资种类很多，主要有下列几类。

（1）协定工资（Tariflohn）是指同一行业劳资双方谈判并确定的一个固定时间内的最低工资（小时工资、月薪等）。2010 年德国雇员受协定工资制约的比例为 55%。

（2）最低（小时）工资是指各行业规定的本行业的最低小时工资。2015 年德国开始实行全国统一最低小时工资规定，每小时为 8.5 欧元。

（3）基本工资（Grundlohn）是指合同工资加上经雇员同其上司商定的合同外的津贴。

（4）实际工资（Effektivlohn）是指全部实际支付的工资份额，包括基本工资、绩效津贴、休假津贴或是资产形成支付等。

（5）基础工资（Ecklohn）是指技工们在某一地区和某一行业的协定工资合同期内获得的工资。这是协定工资谈判中的基础工资，一般是指技工们的起始工资。

在协定工资谈判中确定的基本工资和薪水组群就含有因从事工种不同而分成的工资和薪水档次。企业支付给雇员的工资和薪水一般都超过合同工资额。非合同职员则不能享受合同的规定，他们的工资都在劳动合同中单独确定，工资提升也都因人而异。

雇员总收入就是毛工资（Bruttolöhne）或毛薪水（Bruttogehälter）加上人员附加费（Personalzusatzkosten），也称工资附加费（Lohnnebenkosten）。以上的全部收入就是毛收入（Bruttoeinkommen）。从毛收入中扣除公共税捐（纳税和缴纳社会福利保险费）后，剩下的就是私人家庭的可支配收入，也就是净收入、净工资（Nettoeinkommen，Nettolohn），也就是拿到手的收入。一般德国人说的工资收入都是指毛工资数。收入中关键是净收入，即可支配收入，而食品支出总额占个人消费支出总额的比重则称之为"恩格尔系数"。不同人群的净收入占毛收入的比例也是不同的。具体情况可参见表 3 - 11、图 3 - 12。

表 3 - 11　德国（国内）雇员报酬、工资和薪水

单位：10 亿欧元

年份	2007	2008	2009	2010
国内雇员报酬	1180.95	1223.28	1225.86	1259.67
－ 雇主福利保险费	223.37	228.79	233.49	239.22
＝ 工资和薪水总额	**957.58**	**994.49**	**992.37**	**1020.45**
－ 雇员福利保险费	163.44	171.90	176.34	182.52
－ 雇员工资税	171.35	181.28	176.84	172.30
＝ 工资和薪水净额	**622.79**	**641.31**	**649.19**	**665.63**

资料来源：联邦统计局。

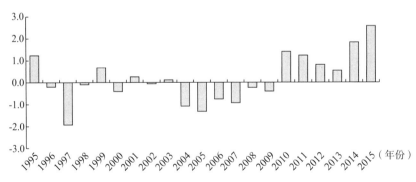

图 3 - 12　1995 ~ 2015 年雇员人均实际毛工资和薪水变化表

资料来源：国民经济总核算，2016 年 1 月。

德国的国民收入包括两大部分：一是雇员报酬，即雇员的工资和薪水；二是企业家的盈利、资产收入。此外还有人员附加费、公共福利费（即转移

支付，如子女费、失业资助或是养老金以及其他日常转移支付）等。

从 1996 年至 2009 年德国雇员人均实际毛工资和薪水除 1999 年、2001 年和 2003 年有微弱的增长外，均呈减少的状况，直到 2010 年默克尔带头加薪才开始回升。

2010 年德国每户家庭月均收入为 2981 欧元，其中 3/4 用于消费，1/2 家庭拥有平板电视，人均年消费土豆 57 公斤、猪肉 55 公斤，1/4 家庭无能力进行度假旅游，1/4 家庭收入拮据，1/6 人口陷入贫困。①

近年来德国的相对贫困人口一直呈上升趋势。

2012 年德国的家庭平均毛收入为 3871 欧元，其中非国家转移支付与转移收入占 5%，资产收入占 10%，国家转移支付收入占 23%，工作收入占 62%。具体情况参见图 3 – 13。

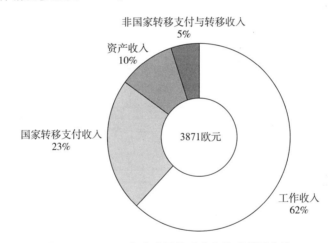

图 3 – 13 2012 年家庭平均毛收入构成的百分比

资料来源：联邦统计局。

二 工资率的变化

研究德国的分配政策，首先必须弄清国民收入中雇员收入和企业、资产收入的结构及其变化。这是研究当代德国社会、德国的利益集团矛盾、雇员同雇主关系的一个重要变量。

所谓工资率就是指雇员报酬占国民收入的比例。2000 年德国的雇员报酬占国民收入的 72.1%，企业和资产收入的比例为 27.9%。到了 2011 年工资

---

① Statistisches Bundesamt：*Statistisches Jahrbuch 2012 — Gesellschaft und Staat.*

率下降到 67.2%，在此期间，2006 年和 2007 年更是降到 63.9% 和 63.2%。这就是说，尽管在 2000～2011 年雇员报酬和企业、资产收入有不同的变化，但雇员报酬相对降低，企业和资产收入相对提高却是一个总的发展势头。事实是，在这 10 年中，德国不仅工资率降低了，实际工资也降低了，增长的仅仅是名义工资。具体情况参见图 3－14。

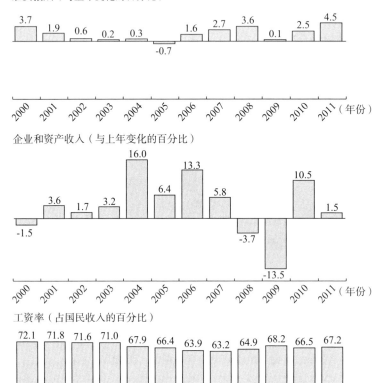

图 3－14　2000～2011 年雇员报酬、企业和资产收入、工资率变化（单位：%）

资料来源：联邦统计局。

三　毛工资收入、净工资收入、可支配收入、劳动生产率、劳动成本和单件产品工资成本

1960 年联邦德国的男性公民月工资为 723 马克，女性公民为 404 马克。

1994 年男性月工资增加到 4263 马克，女性为 3222 马克。老州的私人家庭名义上的可支配收入从 1960 年的 1880 亿马克上升到 1994 年的 18602 亿马克，增加了近 10 倍。排除货币贬值因素，公民的实际收入也提高了很多。

新州的工资和薪水增得也很快。1990 年新州的工资水平只相当于老州的 34%，一年后便升至 45%，1998 年已经达到西部的 74%，但此后便陷入停滞。这主要是因为：德国东西部的经济都陷入停滞；东部的劳动生产率上不去。1990 年新州的劳动生产率只相当于老州的 28.5%，1998 年达到老州的 60%，但毛工资水平却已达到老州的 74%，净收入水平则已达到老州的 85.2%。新州的工资增长超过了其劳动生产率的增长，单件工资成本便高出了老州的 24%，因此暂停执行东西部之间的工资拉平政策。

德国无论是毛工资收入、净工资收入（可支配收入）、劳动生产率和单件产品工资成本（Lohnstückkosten）都很高。但是由于执行结构改革计划，上述各项指标的增幅在进入 21 世纪后，直到 2009 年都收窄了，并出现了负增长：截至 2009 年，毛工资的最高增幅为 2008 年的 2.2%，净工资的最高增幅为 2001 年的 3.2%。2009 年两者竟然都出现了负增长，毛工资下降了 0.3%，净工资则下降了 0.5%；劳动生产率的最高增幅为 2006 年的 3.1%，大多数年份均徘徊在 1% 左右，2009 年竟然狂跌 5.2%；雇员的人均报酬最高增幅为 2008 年的 2.1%，大多数年份徘徊在 1.5% 左右，2009 年则没有增长。

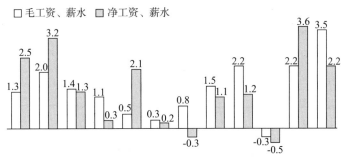

图 3 - 15　雇员人均毛工资、薪水和净工资、薪水（单位：%）

资料来源：联邦统计局。

分配、工资和薪水同劳动成本和单件产品工资成本有着密切的关系。

劳动成本由工资成本和工资附加费成本构成，一般以小时为单位，有时也以月和年为单位，是检验某国、地区生产能力、效率和价格水平的指标。

德国每小时劳动成本长期高于其他发达国家。

单件产品工资成本是指生产某一单件产品（即生产率）花费的劳动成本，又分为按每小时和每人计算两种。这是衡量一个国家、地区和企业竞争力的标准。德国的单件产品工资成本也长期高于其他工业国家。

表 3 - 12　国内劳动生产率、平均工资和单件产品工资成本

年份	劳动生产率[1]		雇员报酬		工资和薪水总额		单件产品工资成本[2]	
	每位劳动者	每个劳动小时	每位雇员每月	每个劳动小时	每位雇员每月	每位雇员劳动小时	按人计算	按小时计算
	Index （2000 = 100）		in EUR				Index （2000 = 100）	
2007	107.27	110.99	2788	24.71	2260.00	20.03	99.30	98.76
2008	107.29	110.79	2842	25.25	2310.00	20.52	101.66	101.10
2009	102.24	108.32	2848	26.11	2305.00	21.13	106.91	106.91
2010	105.40	109.43	2911	26.07	2358.00	21.12	106.00	105.69

注：1　从业者人均国内生产总值（扣除价格因素，环比指数）以及人均从业者小时（分别以 2000 = 100 的指数换算）的变化。

　　2　雇员人均报酬以及雇员的人均小时报酬（分别以 2000 = 100 的劳动生产率指数换算）。

资料来源：联邦统计局。

四　工资附加费（人员附加费）

如图 3 - 17 所示，工资附加费成本问题在德国的企业管理中一直是个重要的问题，因为德国的工资附加费成本在世界上长期名列前茅，以 1997 年为例，当时德国西部单件产品工资成本均额为 49.94 马克，其中 28.36 马克是直接支付给雇员的工资，21.58 马克是工资附加费成本，位居世界第一。第二位是瑞士，之后是丹麦、比利时、瑞典、奥地利、芬兰、荷兰、日本、法国、美国、意大利、英国和西班牙。

人员附加费又分为法定人员附加费、行业人员附加费和企业人员附加费。法定人员附加费包括社会福利费、带薪假期、生病期间的工资照付以及其他法定人员附加费；行业和企业人员附加费则包括假期费、特别支付（奖金和第 13 个月工资等）。

五　雇员的名义工资上升，实际工资下降

根据德国工会联合会和国际劳工组织的统计，进入 21 世纪后，德国政府根据《2010 议程》大力降低劳动成本，特别是大幅度削减工资附加费，

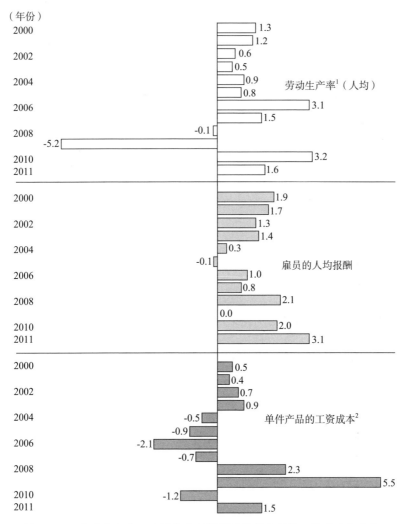

图3－16 劳动生产率、雇员的人均报酬和单件产品的工资成本与上年相比变化的百分比（单位：%）

注：1 从业者扣除价格因素后的人均国内生产总值。
2 与劳动生产率相比的雇员人均报酬。
资料来源：联邦统计局。

名义工资呈缓慢增长，实际工资竟然出现下降。2000～2009 年，德国雇员的实际工资下降了 4.5%，在主要工业国的实际工资增长率的排行榜中名列末尾，跟它类似的只有日本（下降 1.8%）。这固然增强了德国经济的国际竞争力，但却降低了雇员的福利水平，降低了雇员的消费水平，减少了内需。具体情况请参见图 3－18 和图 3－19。

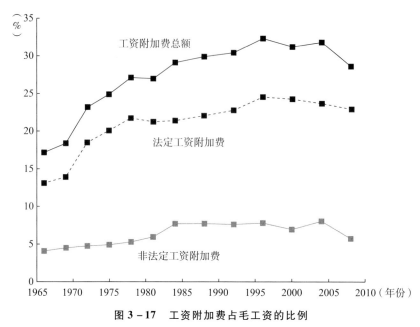

图 3 - 17 工资附加费占毛工资的比例

资料来源：联邦统计局。

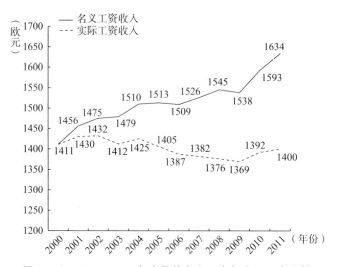

图 3 - 18 2000～2011 年雇员的名义工资与实际工资比较

资料来源：德国工会联合会。

上图显示，2000～2009 年，德国的工资名义增长幅度很小，实际是负增长，排在所列国家的末位。从 2010 年开始默克尔便决定带头加薪，实际工资指数上升。

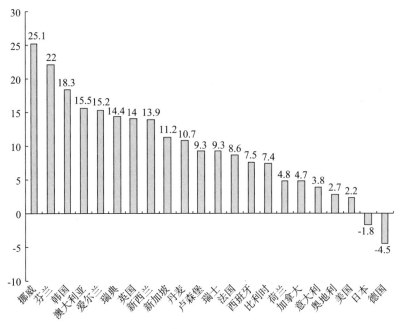

图 3-19　2000~2009 年主要工业国实际工资增长率比较（单位：%）

资料来源：国际劳工组织。

六　贫困人口收入

德国是个发达国家，但也存在相对贫困的人口，贫困率在10%~20%浮动。德国的贫困率是按欧盟标准确定的，即收入低于人口中位数收入的60%（参见表 3-13）。

表 3-13　相对贫困人口比例

贫困线：人口中位数收入的60%	全体人口					
	全德			东德		
	2007~2009 年		2000~2002 年	2007~2009 年		2000~2002 年
	占人口比	贫困率	贫困率	占人口比	贫困率	贫困率
	（%）					
全体人口	100.0	12.6	11.4	17.9	18.8	14.8
性别						
男性	49.1	11.9	10.5	50.0	18.2	13.9
女性	50.9	13.3	12.2	50.0	19.5	15.7

资料来源：联邦统计局。

据联邦统计局 2008 年的数据，德国人中最富有的 10% 拥有全部资产的 53%，最贫困的 50% 仅拥有全部资产的 1%，其余非最富有的则拥有剩下的 46%。2014 年 2 月 26 日联邦统计局公布的一项调研进一步表明，德国人拥有净资产共计 6.3 万亿欧元，但财富分配不均现象为欧盟之首：成年人平均拥有 8.3 万欧元，1% 的最富有者平均资产 80 万欧元，拥有资产最多的是 60 岁以上的单身男子，人均 15 万欧元。16.7% 属贫困（die Armut）人口（按欧盟规定在德国为月收入低于 950 欧元，国际规定为每日收入 1.9 美元以下）。20% 的人一无所有，约 7% 的人资不抵债。西部成年人平均资产为 9.4 万欧元，东部则为 4.1 万欧元。

七　男女同工不同酬

德国是一个发达国家，但男女同工却不同酬，而且差距很大。如 2009 年制造业、服务业各绩效岗内男性的平均工资为 3320 欧元，女性的平均工资只有 2729 欧元，仅为男性平均工资的 82%。况且在大多数绩效岗内男女雇员的比例几乎是不相上下。与此相应的是养老金的差距也很大，如 2013 年老州的男性月均养老金为 967 欧元，女性只有 520 欧元；新州和东柏林的男性月均养老金为 1031 欧元，女性为 747 欧元。这对一个高唱"男女平等"、高喊"人权"的国家来说确实令人难以理解（参见表 3 - 14、表 3 - 15、图 3 - 20）。

表 3 - 14　2006 ~ 2014 年德国男女雇员的收入差距

单位：%

分类	2006 年	2007 年	2008 年	2009 年	2010 年	2011 年	2012 年	2013 年	2014 年
德国									
公用事业	9	9	8	7	7	7	6	6	6
私人经济	25	25	25	25	25	25	25	24	24
总计	21	22	21	21	21	21	21	20	20
老州									
公用事业	11	10	9	9	9	8	8	8	8
私人经济	26	26	26	26	26	26	25	25	25
总计	23	23	23	23	22	22	22	22	22

续表

分类	2006 年	2007 年	2008 年	2009 年	2010 年	2011 年	2012 年	2013 年	2014 年
					新州				
公用事业	1	0	-2	-2	-1	-1	-1	-2	-1
私人经济	11	12	12	13	13	13	13	13	14
总计	4	4	4	4	5	5	6	6	6

资料来源：联邦统计局，收入结构调查，2015 年。

表 3-15 2009 年制造业、服务业各绩效岗内全时制雇员月工资总额

	各绩效岗内雇员人数比			月平均工资总额（无特殊支付）		
	总计	男性	女性	总计	男性	女性
	用百分比表示（%）			以欧元计价		
			德国			
总计	100	100	100	3141	3320	2729
1	11.8	13.2	8.3	5652	5915	4691
2	24.3	24.0	25.0	3735	3904	3362
3	43.1	42.2	45.1	2644	2737	2445
4	14.9	15.4	13.7	2160	2258	1908
5	5.9	5.2	7.8	1807	1888	1684

资料来源：联邦统计局。

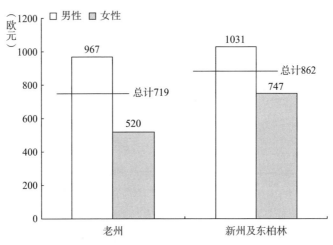

图 3-20 2013 年月均养老金额

资料来源：联邦劳动与社会保障部。

八　劳动成本和单件产品工资成本年均增幅的国际比较

现在通过图 3－21、表 3－16、图 3－22 来看一下德国的劳动成本、单件产品工资成本同欧盟等国的比较。

表 3－16　2014 年欧盟各国每小时劳动成本比较

国别	私人企业（欧元）	与上年比（%）	加工业（欧元）	排名
欧盟 28 国	24.40	1.4	25.30	－
欧元区 18 国	29.20	1.2	31.70	－
丹麦	42.00	1.5	41.60	2
比利时	41.10	0.9	43.20	1
瑞典	40.20	3.0	41.40	3
卢森堡	35.70	2.6	31.40	9
法国	35.20	0.9	36.40	5
荷兰	33.50	1.3	35.90	6
芬兰	32.90	1.4	35.80	7
德国	**31.80**	**1.6**	**37.00**	**4**
奥地利	31.70	3.1	34.30	8
爱尔兰	28.40	0.4	30.90	10
意大利	27.40	0.6	27.60	11
联合王国	22.20	1.7	22.10	13
西班牙	21.00	0.1	22.80	12
塞浦路斯	15.70	－ 3.0	13.10	16
斯洛文尼亚	15.50	2.4	15.30	14
希腊	14.40	－ 0.8	14.70	15
葡萄牙	12.60	－ 1.0	10.60	18
马耳他	11.80	0.6	11.40	17
爱沙尼亚	10.20	6.2	9.40	20
斯洛伐克	10.00	5.1	9.80	19
捷克	9.60	2.1	9.30	21
克罗地亚	9.30	－ 0.7[2]	8.10	22
波兰	8.20	4.2	7.40	24
匈牙利	7.80	3.5	7.50	23
拉脱维亚	7.00	5.9	6.10	25
立陶宛	6.60	4.6	6.10	26

续表

国别	私人企业（欧元）	与上年比（%）	加工业（欧元）	排名
罗马尼亚	4.80	6.8	4.20	27
保加利亚	3.80	2.8	3.20	28

资料来源：统计年鉴2015，联邦统计局。

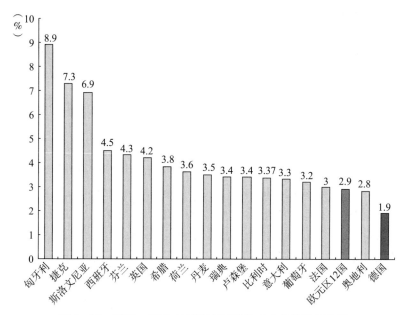

图 3 – 21　2000～2009 年欧盟各国劳动成本年均增幅比较

注：数据包含工业、矿山、能源以及建筑业。

资料来源：Niechoj, T., et al.：《德国劳动成本和计件工资成本与欧洲的比较》，载于 *IMK Report*，Nr. 60，2011，S. 5。

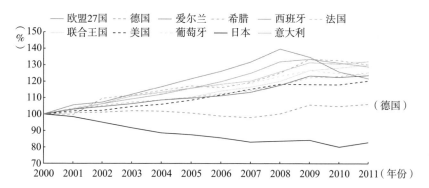

图 3 – 22　单件产品工资成本的国际比较

资料来源：欧盟委员会（2000＝100）。

由图 3－21、图 3－22 可知，德国的劳动成本和单件产品工资成本长期高于其他发达国家。这一方面可以显示其劳动生产率和效率之高，但也让人看到其价格水平之高。这也是施罗德着意要压低之处。2000～2009 年，劳动成本、单件产品工资成本和雇员的名义工资年均增幅都是微弱的，而实际工资和劳动成本年均增幅则都处于发达国家的末尾。

九 最低（小时）工资制度

2013 年组成大联合政府时，社民党提出并坚持要在全国各行业设立最低小时工资制度。联盟党开始不同意，后来做出妥协，同意实行全国各行业最低小时工资为 8.5 欧元，2015 年 1 月 1 日生效。

考虑到各行业最低工资标准的不同情况，德国政府规定法定最低工资的实施有两年的过渡期。在过渡时期内，某些行业劳资双方在联邦范围内达成行业劳资协议，暂不执行法定最低工资，而是执行每小时行业特别最低工资（branchenspezifische Mindestlöhne）规定，直至 2016 年 12 月 31 日。如理发业规定从 2015 年 1 月 1 日到 2015 年 7 月 31 日老州的最低工资为 8 欧元，新州（含柏林）为 7.50 欧元；农林园艺业规定从 2015 年 1 月 1 日到 12 月 31 日老州（含柏林）的最低工资为 7.40 欧元，新州为 7.20 欧元。2016 年 1 月 1 日到 12 月 31 日老州（含柏林）的最低工资提高至 8 欧元，新州提高至 7.90 欧元；纺织和服装业规定从 2016 年 1 月 1 日到 10 月 31 日老州（含西柏林）的最低工资为 8.50 欧元，新州（含东柏林）为 7.50 欧元。2016 年 11 月 1 日到 12 月 31 日老州（含西柏林）的最低工资保持为 8.50 欧元，新州（含东柏林）则提高至 8.25 欧元；2015 年 4 月 1 日到 2016 年 5 月 31 日老州（不含柏林）临时工的最低工资为 8.80 欧元，新州（含柏林）为 8.20 欧元。2016 年 6 月 1 日到 12 月 31 日老州的最低工资提高至 9.00 欧元，新州（含柏林）为 8.50 欧元。

引进最低工资规定是德国分配政策的一项重大改革，尽管也有一些问题，但总体看还是成功的，使 370 万人从中获益[1]，每小时 8.5 欧元的时薪相当于德国 51% 全职工作人员的薪资水平。2015 年德国的最低工资为 1473 欧元，在欧盟各国中排第五位。卢森堡最高，为 1923 欧元。

---

[1]　http：//www. der-mindestlohn-wirkt. de/ml/DE/Alle-Fakten/Zahl-des-Monats/zahl-des-monats. html；jsessionid＝0155BA9854A7BBBB7D6E5C8584CB591A，letzter Zugriff am 22. 02. 2016.

十　德国的工资政策

德国的分配政策坚持三大原则，即劳动原则、需求原则和平等原则。所谓劳动原则就是指按劳分配原则和多劳多得的原则。但是提出多劳多得并不等于在事实上就能做到多劳多得，因为人们由于非主观的原因并不能都做到同工、同劳、同得、同酬。例如健康人同病人，年轻人和老人，男人和女人就是此类情况的典型；所谓需求标准就是说只有当考虑到人们的需求并给以相应满足时，这种分配才是公正合理的；至于平等原则，谁都认为这是理想的，但谁也都认为，绝对平均是没有的。

谈德国的分配首先要区别第一和第二收入分配。第一收入分配指毛收入分配；第二收入分配指净收入以及国家转移支付一类的再分配后的可支配收入的分配。在执行工资政策时依据的原则如下。

劳动生产率导向　德国政府始终认为，为了整体经济利益，全部劳动成本的提高幅度不应超过整个劳动生产率的提高幅度，所谓整个劳动生产率则是指人均国内生产总值。

通货膨胀的平衡要素　单从劳动生产率的角度来决定工资和薪水当然是重要的，但却是远远不够的。这是因为物价也能严重影响收入。一个人可能劳动生产率很高，另一个人可能工资或是薪水增长得很快，但它们都会被通货膨胀所吞没，因此工资政策必须能平衡通货膨胀。

要以整个经济发展中的工资水平走势为依据　德国专家委员会一再要求劳资双方在提高工资中应采取克制的态度，这应是劳资双方"理智的市场态度"。德国2000～2009年名义工资增长缓慢、实际工资下降便是这种态度的反映。

要以就业程度为导向　1974～1975年德国在第一次石油危机冲击下出现了就业危机，于是以就业为导向的工资政策日益显得重要。人们主张，只要存在就业问题，就要注意防止那些备受就业危机冲击的部门以及需要新建的就业岗位的工资不要过于高过劳动生产率。

要考虑工资政策的结构因素　特别要考虑各不同经济部门的工资结构问题，考虑不同行业工资的结构，考虑不同职业的不同类型人员的工资结构问题。

要考虑加速新州的适应过程　德国统一时，新州的工资只相当于老州的34％。这给德国社会带来严重的问题，新州的公民怨气冲天，大骂在德国竟然如此公开推行"同工不同酬",他们是二等公民等,于是联邦政府不得不调集巨资,以尽快解决这一会造成社会严重动荡的问题。

要考虑人们的资产构成 在德国人眼里所谓资产就是指一个人在某个时期其收入资产减去其支出资产所留下的余额,分为货币资产、不动资产和日常使用的资产。对一个私人家庭来说,其住房资产一般要占一家资产的一半,其他一半中的 1/4 是日常使用资产,余下的 3/4 是货币资产。

货币资产的形式发生了重大变化 如今人们已经日益不再像过去那样将货币资产存入银行,而是购买有价证券;股票原本已失去了意义,近来却日益吸引人。

主张资产的再分配 尽力减少两极分化,通过资产的再分配使资产向低处流动。

第八节 福利政策

福利政策是德国一项十分重要的政策,传统上不属经济领域,但今天已经越来越多地被纳入经济领域,成了经济的一部分。由于它涉及芸芸众生的生活,看法说法也就各不相同。有人甚至认为,"福利国家"这种表达使经济体制走向瘫痪,也降低了人们的风险意识和自助能力。[①] 但多数人还是认可德国的福利政策的。他们认为:德国的福利政策促进了德国经济的发展,缓和了社会的矛盾,推动了劳动力的合理流动,扩大了社会就业。但是由于社会制度的制约,这种积极作用也有限。[②]

一 联邦政府的福利政策

今天德国联邦政府的福利政策主要包括下列几个方面(如图 3 - 23 所示)。

德国的福利政策总体上看应该说是成功的,但问题很多。[③] "德国病"的病灶主要也集中在这里。对它"最大的诟病是妨碍和制约了德国总体经济

---

① Neumann, Lothar F. /Schaper, Klaus: *Die Sozialordnung der Bundesrepublik Deutschland*, Bonn: bpb, 1998.

② 李琮主编《西欧社会保障制度》,中国社会科学出版社,1989。

③ Lampert, Heinz: *Lehrbuch der Sozialpolitik*, Berlin/Heidelberg/New York/Tokyo: Springer-Verlag, 1985.

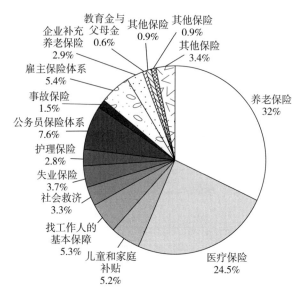

图 3 - 23 社会福利支出

资料来源：联邦劳动与社会保障部：2011 年社会福利预算。

的良性运行，使德国经济陷入'低增长下的高福利—高税收—高负债—高成本—低投资—低增长'的恶性循环，威胁总体经济健康发展。"①

（一）法定养老金制度

该制度是德国最大的福利保险支柱，1997 年其支出金额占到全部福利保险金额的 1/3。德国的养老金保险有三大支柱，即法定养老金制度、企业养老保险制度和私人养老保险制度，其中法定养老金制度占 85%。2015 年每人每月需缴纳月工资的 18.7% 作为养老保险金。

男人的退休年龄原则上为 67 岁，女人退休年龄原则上为 60 岁。退休时的养老金数额视工龄和缴纳的养老金保险数额而定。一个工龄满 40 年的雇员，如按章缴纳养老保险金，退休后每月获得的养老金数额相当于每月净工资的 70%。

德国当前的人口严重老龄化，造成就业者和退休者的比例日益失调。这是由于民众的生命预期大大提高，也是因为从 20 世纪 60 年代生育热之后生育率大大下降。因此德国当前就面临在养老金制度上的重大抉择，是削减养老金，还是提高缴纳养老金的保险金额和退休年龄，或者是双管齐下。有人

---

① 丁纯：《德国社会保障体制的现状与改革》，《国际经济评论》2000 年第 2 期，第 45～48 页。

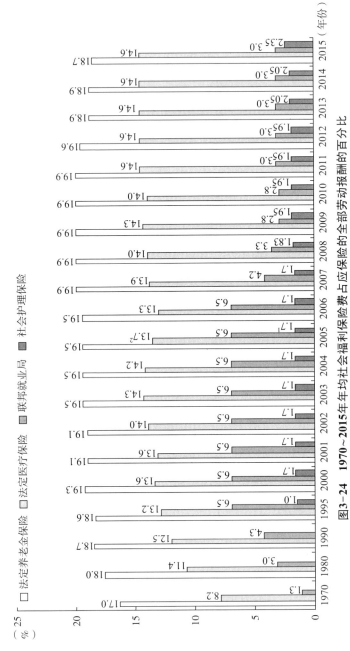

图3-24 1970~2015年年均社会福利保险费占应保险的全部劳动报酬的百分比

注：1 不含2005年1月1日起对无子女者新增的0.25%附加费。

2 系年均一般保险费率（劳资均摊的，不含2005年7月1日至2014年12月31日每位保险者应缴纳的0.9%特保费）。

资料来源：联邦劳动与社会保障部，2016年1月。

预计如果其他条件不变，德国要想以养老保险金来支付养老金，那就必须把养老保险金提高到月工资的 35%。

德国实行的是动态养老金制度，养老金随着工资的提高而相应提高。鉴于上述背景，2003 年德国便将养老金保险由原来的 19.1% 提高到 19.5%，2007 年又提高到 19.9%，2013 年降至 18.9%，2015 年再降至 18.7%。另一个措施就是提高退休的年龄。

德国的法定退休年龄在 1972 年以前男女均为 65 岁，进入 20 世纪 70 年代德国失业率居高不下，于是历届联邦政府都呼吁提前退休，并于 1972 年进行养老金改革，规定女性法定退休年龄为 60 岁，男性为 63 岁，而且规定，凡已工作 40 年的提前退休者提前一年只扣除 2.5% 养老金，这比过去合法养老金保险者扣除的金额几乎整整少了一半，于是造成退休年龄逐渐下降，1981 年已降至 58.4 岁。这一状况给养老金保险带来严重的困难和问题。于是近年来非但不再鼓励提前退休，而且决定将退休年龄推迟到 67 岁。

（二）医疗保险

医疗保险是德国除养老保险之外的第二大保险体制。2015 年每人每月需缴纳月工资的 14.6% 作为医疗保险。承担医疗保险的有两类部门：一类是公立医疗保险公司，另一类是私人医疗保险公司。一般雇员和低收入者均在公立医疗保险公司保险，而企业家、自由职业者和其他高收入者则大多在私人医疗保险公司保险。该体制当时规定，每个公立医疗保险公司的保险者每月需缴纳其毛收入的 14.3%，方能享受医疗保险。私人医疗保险公司的收费额则视年龄和性别而异，年轻人和男性交费较少，中老年人和女性则交费较多，但均高于公立医疗保险公司的规定，因而也能享受高于公立医疗保险公司的医疗服务。保险者如生病 6 周，其工资由雇主照发，如继续生病则由医疗保险机构支付其工资。由于公立医疗保险公司债台高筑、连年亏损，德国人口逐年老化，而出生率下降，生病的人多而交费的人少，德国实施了百年的医疗制度面临严重的危机，不得不进行改革。经过激烈的争论执政党和联盟党终于在 2003 年 8 月 22 日清晨达成妥协。其要点如下。

（1）从 2005 年开始，公立医疗保险公司将不再为镶补假牙支付费用，病人为此必须支付每月毛工资的 0.35%；

（2）从 2007 年开始所有法定公立医疗保险公司的病人必须支付每月毛

工资的 0.5%，方能在生病 6 周后获得医疗保险公司的医疗费；

（3）从 2004 年开始，一个病人在每个季度第一次看病时需一次性缴纳 10 欧元，而不论是否转院治疗或多次就诊；

（4）病人今后住院每天缴纳的住院费从 9 欧元提高到 10 欧元，缴纳日期从最多为 14 天提高到最多为 28 天；

（5）病人需缴纳 10% 的药费，但缴纳的幅度最高为 10 欧元，最低为 5 欧元；

（6）一般病人上述附加医疗保险费的最高限额不得超过其毛收入的 2%，慢性病患者上述附加医疗保险费的最高限额则不得超过其毛收入的 1%；

（7）法定公立医疗保险公司保险者的保险费从 2004 年 1 月 1 日开始从毛工资的 14.3% 下降为 13.6%，2010～2015 年又提高到 14.6%。

上述改革显然是朝野双方妥协的产物，但通过这项改革联邦政府可以节支 38 亿欧元。目前德国国内要求合并两类医疗保险公司，实行全民医疗保险的呼声在日益高涨，许多人要求在医疗保险方面人人平等。

（三）失业保险

该项福利保险建立于 1927 年魏玛共和国时期，规定所有的雇员，包括工人和职员都必须有失业保险，但公务员、法官、职业士兵以及大中小学学生可以免缴保险金额。

失业保险规定，一个工作人员只要按统一的工资比例交满规定的额度后，便可在失业时获得失业金。其具体规定如下。

领取失业金的金额从 1994 年 1 月 1 日开始为失业前最后净工资的 67%，无子女的失业者为 60%，领取时间为 6 个月到 32 个月，视工作时间的长短和年龄的大小而定，年龄较大的失业者可以领到 32 个月。领取该津贴的人，除必须据实在劳动局登记外，还必须是经常愿意接收工作介绍的人。

在此之后如继续失业，则不得再领取失业金，而只能领取失业救济，失业救济不属社会福利支付的范畴，而是一种救济。金额减为失业前最后净工资的 57%，无子女者为 53%。此类失业救济也向那些未能在候补时间找到工作的失业者提供。

如此高额的失业金和失业救济带来严重的后果，失业人员一方面完全可以依靠如此高额的救济金生活，不必为生计担忧；另一方面他们还可以打黑工，两项相加不会低于工资多少，因此大批的失业人员并不急于去寻找工作，更不愿意去"屈尊"从事低下或肮脏的工作。这也是德国失业率居高不下的原因之一。面对如此的重压,红绿联盟决定削减领取失业金的时间,从最高的 32 个月减为 18 个月或 12 个月,同时取消失业救济,将失业救济同社会救济合并,以便推动人们就业。

随着德国失业率的缓和,失业保险费也从 2007 年开始逐步下调,2009 年和 2010 年降至 2.8%,2011～2015 年后又调至 3%。2011 年和 2013 年失业保险费收入分别为 380 亿欧元和 330 亿欧元,支出也为 380 亿欧元和 330 亿欧元,收支相当。2012 年收入为 370 亿欧元,支出为 350 亿欧元,收入高于了支出。近年来德国失业保险的收入和支出情况可参见表 3 – 17。

表 3 – 17 2010～2013 年失业保险——收入和支出

年份	收入		支出			
	总额	其中:保险费占比	总额	其中:		
				积极的劳动资助支付[1]	代替劳动报酬的支付[2,3]	其他支出[4]
	10 亿欧元	%	10 亿欧元			
2010	37	61	45	15	23	7
2011	38	68	38	11	19	7
2012	37	71	35	9	19	7
2013	33	85	33	9	16	7

注:1 包括资助(重)残疾人参与劳动生活等。
　　2 在雇主失业和无偿付能力时来支付养老金、护理保险、停发保险费和融入费用等。
　　3 包括失业金和破产费。
　　4 包括管理支出。
资料来源:联邦劳动局。

(四)护理保险

德国从 1995 年起引进护理保险,规定每人每月需缴纳月工资的 1% 作为护理保险,2000 年提高到 1.7%,2009 年提高到 1.95%,2015 年为 2.35%,2040 年将增至 3%。

(五)基本保险

在德国的全部保险中基本保险是一个重要的方面。这是保障一个人生存的最低条件,包括两个方面:一是社会救济(die Sozialhilfe),一是二档失业金(Arbeitslosengeld Ⅱ)。过去没有二档失业金,而是失业救济金(Arbeitslosenhilfe)。根据"哈尔茨 - 4"计划,德国政府把社会救济同失业救济

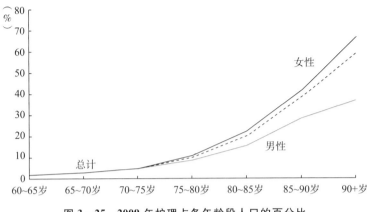

图 3 - 25　2009 年护理占各年龄段人口的百分比

资料来源：联邦卫生部。

合并成为二档失业金，但领取的人群并不相同。对于有从业能力的人来说，这两项是合并的，即二档失业金；但对无从业能力的人（主要是无人赡养和照看的儿童）来说，他们只能领取社会救济，而不能领取二档失业金。2008 年德国有 660 万人在领取这样的基本保险。领取社会救济的共 180 万人，其中 96% 是 15 岁以下的儿童，占领取基本保险人数的 27%；领取二档失业金的有 480 万人（年龄都在 15 ~ 64 岁），占领取基本保险人数的 73%（参见图 3 - 26）。此后人数有所减少，2015 年引进最低小时工资制度后，人数进一步减少。

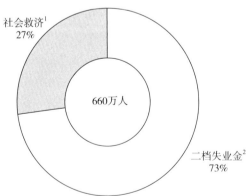

图 3 - 26　2008 年领取基本保险的人数比

注：1　180 万人（无从业能力），96% 是 15 岁以下儿童。
　　2　480 万人（有从业能力者），15 ~ 64 岁。

资料来源：联邦劳动局。

表 3 - 18　德国领取社会救济者概览

领取基本保险者	2016 年 3 月	1038994 人
领取护理补助者	2014 年	452514 人
领取住房补贴的居户	2013 年	564983 家
领取政治避难费	2014 年	362850 人
青少年补助	2014 年	共 377 亿欧元

资料来源：联邦统计局，2016。

二　福利支出的变化

福利支出是指国家为国民的福利支付的金额。德国的全部福利预算包括两大部分，即国家对福利的直接支付以及福利保险支出。

国家对福利的直接支付是指国家直接支付的福利费用，如企业养老保险（betriebliche Altersversorgung），生病期间工资照付（Entgeltfortzahlung bei der Krankheit），子女津贴/家庭给付补助（Kindergeld/Familienleistungsausgleich），税收支付（Steuerliche Leistungen），求职者基本保障（Grundsicherung für Arbeitsuchende），儿童、青年补助，社会救济（Kinder- u. Jugendhilfe，Sozialhilfe），养老金和补贴（Pensionen und Beihilfe）以及其他福利费用等。

所谓福利保险支付费是指国家和各类保险公司在收取雇员、雇主福利保险费基础上支付的各项保险金额，如失业保险（Arbeitslosenversicherung）、医疗保险（Krankenversicherung）、养老金保险（Rentenversicherung）、护理保险（Pflegeversicherung）及事故保险（Unfallversicherung）等。

衡量一国福利保险费用支出高低使用的是社会福利费率（Sozialleistungsquote）。它是指一国支付的福利费占国内生产总值的比例。

从 1871 年德国引进社会福利保险开始到 20 世纪 70 年代的 100 多年中，德国的社会福利费率上涨了近 30 倍，从 1% 上升到 30% 左右。自德国统一的 1990 年至今，国家的社会福利费率大多超过 30%，给德国的财政带来了巨大的压力（参见表 3 - 19）。

德国的社会福利费用尽管上涨得很快，但不同时期上涨幅度很不相同。1995 ~ 2006 年德国的国内生产总值提高了 25.6%，而大多社会福利费用均低于其增长，少数项目甚至出现负增长，如社会救济（ - 23.2%）、失业金和失业救济（ - 34.8%），但子女津贴增长了 243.0%，护理保险的支付也增加了 241.2%。

表 3 - 19   1960 ~ 2015 年的社会福利费率

年份	福利费率（%）	年份	福利费率（%）	年份	福利费率（%）	年份	福利费率（%）	年份	福利费率（%）
1960	**20.9**	2000	**31.2**	2004	**31.5**	2008	**29.0**	2012	**29.6**
1970	**23.0**	2001	**31.3**	2005	**31.3**	2009	**31.3**	2013	**29.9**
1980	**28.3**	2002	**31.9**	2006	**30.2**	2010	**30.6**	2014	**29.7**＊
1990	**25.9**	2003	**32.3**	2007	**29.2**	2011	**29.6**	2015	**29.6**＊

注：＊为预计。

资料来源：联邦劳动和社会保障部（2010），2010 至 2015 年的数据来自© Statista 2014，自行列表。

三　吕鲁普委员会提出的福利政策改革方案

德国的福利体制是完善的、宽泛的，但由于当局没有看清它的另一方面，而盲目扩展造成了严重的后果，成为德国经济衰退的重大原因，也是"德国病"的主要病因。于是德国国内国外都在大声疾呼改革现有福利体制，德国福利部前部长施密特（Ulla Schmidt）为此专门成立了一个吕鲁普委员会，拟定了一个改革现有福利政策、推行新福利政策的计划，引起巨大的反响。

吕鲁普委员会的正式名称是"在福利体系的支付中获得可持续性委员会"。该委员会由政界、科技界、经济界的 26 位著名人士组成，主席是德国国民经济学家、五贤人之一的吕鲁普教授、博士、博士。他的副手是联邦卫生和福利部国务秘书海因里希·蒂曼（Heinrich Tiemann）博士，其他的 24 人中教授、博士 11 名，博士 4 名，还有几家著名企业和协会的重量级人物。

经过半年的紧张工作，该委员会于 2003 年 8 月 29 日提出正式报告。

吕鲁普委员会的报告分六个部分。第一部分为前言，第二部分为人口和经济的框架条件，第三、第四、第五部分分别为法定养老金保险建议、法定医疗保险建议和护理保险建议，第六部分为横向分析。

报告的第二部分集中阐述了人口和经济的框架条件，指出近年来德国人口面临三方面的严重挑战：其一是出生率低下，德国育龄妇女人均只生 1.4 个孩子；其二是人口预期寿命提高，男性已到 81 岁，女性达 84.5 岁；其三是外来人口的流入和本国人口的流出，用不了多久，净流入的外来人口每年就将稳定在 20 万人左右。这就使德国人口结构发生了重大的变化，本土人口数字下降，青老比例日益失调，出现了严重的老化趋势（参见表 3-20）。

表 3-20　德国人口年龄结构

	20 岁以下		20~64 岁		65 岁以上		总计	
	百万	百分比	百万	百分比	百万	百分比	百万	百分比
2000 年	17.4	21.2%	51.2	62.3%	13.6	16.5%	82.2	100%
2012 年	14.6	18%	49.7	61.2%	16.9	20.8%	81.2	100%
2050 年预计	10.7	15.4%	35.7	51.5%	22.9	33%	69.3	100%

资料来源：联邦统计局。

　　德国的移民问题一直令当局头疼，2011 年 8 月对爱沙尼亚、拉脱维亚、立陶宛、波兰、斯洛伐克、斯洛文尼亚、捷克和匈牙利 8 国雇员自由迁徙的限制解除；2012 年 1 月 1 日，对保加利亚和罗马尼亚的某些职群需要欧盟工作许可的规定也已解除。2014 年 1 月 1 日对这两国雇员的完全自由迁徙规定生效。这就大大加速了这些国家向德国的移民。过去，德国一再强调它不是移民国家。现在也不得不承认，它已是仅次于美国的第二大移民国。2015 年欧洲爆发难民潮，仅一年进入德国的难民就达 100 万人左右（参见图 3-27、图 3-28）。

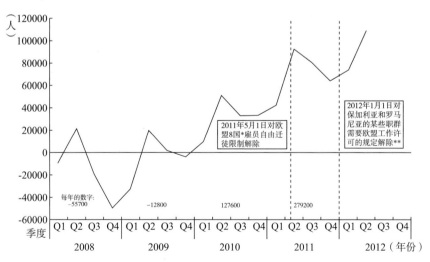

图 3-27　2008~2012 年德国每季度移民差额

　　注：＊爱沙尼亚、拉脱维亚、立陶宛、波兰、斯洛伐克、斯洛文尼亚、捷克和匈牙利。
　　＊＊对保加利亚和罗马尼亚雇员的完全自由迁徙规定要到 2014 年 1 月 1 日才能生效。
　　资料来源：联邦统计局，自行计算。

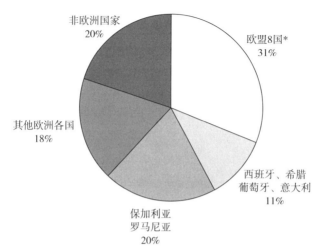

图 3 - 28　2012 年上半年非德裔移民来自的地区

注：*爱沙尼亚、拉脱维亚、立陶宛、波兰、斯洛伐克、斯洛文尼亚、捷克和匈牙利
资料来源：联邦统计局。

报告说，到 2040 年德国人口将比现在减少 400 万人，领取养老金者将由目前的 1350 万人上升到 2030 年的 2200 万人，到 2040 年一个领取养老金者只有不到两个在职者来赡养，而今天还有 4 个人来赡养。

报告的第三部分全面介绍了该委员会关于养老金保险的建议方案。其要点如下。

认为应从两方面同时入手。一是将每月缴纳的养老金保险额从现在占每月工资的 19.5% 提高到 2030 年的 22%。为此，委员会建议引进一种"可持续要素"来进行调节。这种"可持续要素"的作用就是可以自动对变化了的人口状况和就业做出反应：如就业时间提高，养老金额就提高得更多；如领取养老金的人数增长得比支付养老金的人数快，养老金的提高幅度就降低。

二是将法定退休年龄从 65 岁提高到 67 岁。具体说就是从 2011 年开始，每年提高一个月，经过 24 年，达到将退休年龄提高两岁的标准。

第四部分是关于法定医疗保险的建议。

委员会讨论了两个不同的方案，即公民保险方案和健康总额付款方案，提请大家讨论哪一种方案更符合医疗保险的可持续性。

所谓公民保险方案的要点是：取消不同公民医疗保险的界限，倘若保险者有其他收入，也同样要按比例缴纳保险费。公民保险方案将减少中低收入者的负担，增加高收入者的负担。

所谓健康总额交款方案的要点是：医疗保险费全部同工资脱钩，雇主目前承担的雇员的一半医疗保险费份额改为工资或是薪水，每个保险人每月平均只需向其医疗保险公司缴纳 210 欧元左右的保险费，医疗保险所坚持的互助和均衡原则将通过税收来体现。这样今后医疗保险费如再变动，就不会影响工资附加费。

第五部分是关于护理保险的建议，委员会提出了一个"代际负担平衡方案"，旨在解决人口发展造成的代际负担的不公正和不平衡。委员会建议，从 2005 年开始逐步将护理费动态化，把护理费的变更同物价和工资的变动挂钩，要按照年物价的上涨率与实际工资增加额的一半来调整护理费。

第九节　劳动市场政策

有关德国劳动市场的情况请参见表 3 – 21。

表 3 – 21　2015 年德国劳动市场重要数据概览

项目	时间	数值
从业人数	2015 年 12 月	4327 万
未从业人数	2015 年 12 月	191 万
未从业率	2015 年 12 月	4.5%
失业人数	2016 年 1 月	292 万
失业率	2016 年 1 月	6.7%
提供的就业岗位	2016 年 1 月	58.1 万
强制保险的职工数	2015 年 3 月	3052.8 万

资料来源：联邦统计局，2016 年 1 月。

一　德国的就业情况

近几年来德国的就业人口超过 4000 万人，失业人数（包括长期失业人数）已降至 300 万人以下。根据联邦统计局的最新统计，2015 年 12 月居住地在德国的从业者达到 4327 万人，未从业人数 191 万人，失业人数为 292 万人。其具体情况可参见表 3 – 22、图 3 – 29、图 3 – 30 和图 3 – 31。

表 3 – 22　1991～2014 年德国的从业人数

年份	总人口 （千人）	可从业者 （千人）	无业者 （千人）	从业者 （千人）	雇员 （％）	独立劳动者 （％）
1991	79984	40932	2159	38773	90.8	9.2
1992	80594	40740	2534	38206	90.5	9.5
1993	81179	40752	3057	37695	90.3	9.7
1994	81422	40972	3323	37649	90.0	10.0
1995	81661	40957	3228	37729	89.9	10.1
1996	81896	41198	3505	37693	89.7	10.3
1997	82052	41438	3808	37630	89.6	10.4
1998	82029	41788	3732	38056	89.6	10.4
1999	82087	42020	3403	38617	89.7	10.3
2000	82188	42394	3137	39257	89.8	10.2
2001	82340	42536	3193	39343	89.8	10.2
2002	82482	42648	3523	39125	89.6	10.4
2003	82520	42711	3918	38793	89.4	10.6
2004	82501	43075	4160	38915	89.1	10.9
2005	82464	43441	4571	38870	88.6	11.4
2006	82366	43361	4245	39116	88.6	11.4
2007	82263	43392	3601	39791	88.7	11.3
2008	82120	43433	3136	40297	88.9	11.1
2009	81875	43552	3228	40324	88.9	11.1
2010	81757	43493	2946	40547	89.0	11.0
2011	81779	43603	2502	41101	88.9	11.1
2012	81917	43861	2316	41545	89.1	10.9
2013	82103	44408	2182	42226	89.4	10.6
2014	82384	44674	2090	42584	89.6	10.4

注：2010 年后的为临时数据，独立劳动者中包括帮工的家庭成员。

资料来源：联邦统计局，2014 统计年鉴以及 2015 年 5 月统计。

　　1950 年到 1992 年德国的就业人数从 2120 万人上升到 3821 万人，之后下降到 1995 年的 3773 万人。由于转轨危机，新州的大批居民迁居到老州，就业人数从 1989 年到 1994 年减少了 350 万人，下降到 630 万人。

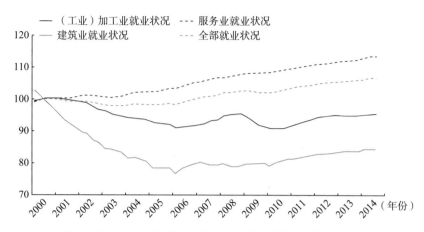

图 3 – 29 工业、建筑业、服务业的就业状况 （2000 = 100）

资料来源：联邦统计局。

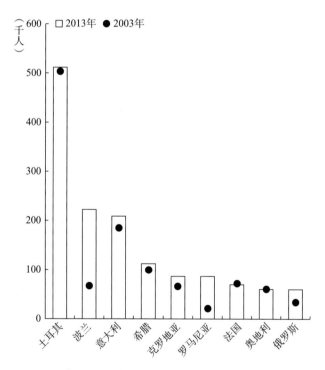

图 3 – 30 2003 年和 2013 年应缴纳社保费的外国就业人员组成的比较

资料来源：联邦劳动局，联邦统计局，2014 统计年鉴（临时数字，均为各年 6 月 30 日的统计）。

1960 年联邦德国地区的独立劳动者占全部就业人数的 15.6%，辅助的家庭成员占 14.9%；1997 年独立劳动者和辅助的家庭成员分别为 10.4% 和

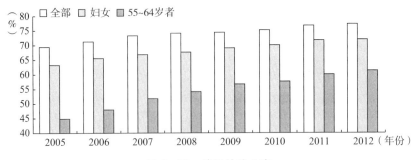

图 3 - 31　德国的就业率

资料来源：欧洲统计局，劳动力调查，2013 年。

1.2%，工人占 33.3%，公务员占 7.6%，职员占 47.6%。1997 年新州的独立劳动者占全部就业人数的 7.8%，辅助的家庭成员占 0.2%，公务员占 3.7%，职员占 46.5%，工人占 41.8%。

进入 21 世纪后失业人数上升，就业人数也缓慢上升，2008 年首次超过 4000 万人，此后几年继续上升。

在德国打短工的人数时高时低。1996 年共 39 万人，1997 年下降到 29.3 万人，而提供的就业岗位却高达 37.4 万人。2005 年默克尔上台后打短工人数不断攀升，2010 年高达 50 多万人，大大缓解了德国的就业形势。此后打短工人数下降，2013 年仅为 12.4 万人，但依仗其他各类措施，失业人数仍然不断回落（参见表 3 - 23）。

表 3 - 23　2010 ~ 2013 年德国短工数量的变化及其构成

年份	短工（平均）		
	总数	男性	女性
	（千人）	（%）	
2010	503	79.2	20.8
2011	148	80.4	19.6
2012	112	83.2	16.8
2013	124	83.2	16.8

资料来源：联邦劳动局，自行列表。

二　德国的失业问题

1950 年联邦德国的失业人数为 158 万人，1958 年降至 68.3 万人，1961

年进一步降至 18.1 万人，达到充分就业水平，直到 1965 年一直都保持在 20 万人以下，失业率不到 1%。20 世纪 70 年代开始联邦德国的失业率日渐上升，1975 年超过了 100 万人。20 世纪 80 年代初超过 200 万人，1983 年开始，随着经济的复苏，联邦德国的就业状况有所好转，到 1991 年失业人数降至 260 万人。此后失业人数大幅度上升，1995 年达到 361 万人。

民德一直坚称，没有失业，其实这只是名义上说法，因为那里有着严重的隐性失业。德国统一后，隐性失业显性化，失业人数不断攀升，几乎一直保持在老州的两倍左右。

进入 21 世纪后，德国失业问题越来越严重，2005 年达到最高峰的 486 万人。如果加上备用劳力和转岗培训的劳力，失业人数已达 700 余万人，其中尤以新州的失业最为严重。如此严重的失业问题在德国历史上只在魏玛共和国的晚期出现过。

失业人员大都为无技能者或低技能者、年龄较大者、健康不佳者、长期失业者以及新州的妇女。具体情况请参看表 3 - 24、图 3 - 32。

表 3 - 24　1991~2013 年德国失业人数变化

单位：人

年份	总数	女性	15~25 岁	55~65 岁	长期失业者	外国人	重度残疾人
1991	2602203	1321649	491539	—	—	221884	—
1995	3611921	1761311	526325	734754	—	436261	—
2000	3889695	1836317	529852	842115	1454189	465660	184097
2005	4860909	2257639	744187	581702	1588089	672801	180907
2010	3238421	1478749	380646	532004	1130446	500831	175357
2011	2975836	1389908	326634	542584	1055353	470218	180315
2012	2896985	1346676	320728	544484	1031722	474283	176040
2013	2950250	1353194	322780	570727	1050435	504440	178631

资料来源：联邦劳动局，联邦统计局，2014 统计年鉴，自行列表。

三　德国高失业率的原因

近年来德国的失业问题有所缓和，但在很长的一段时间内仍相当严重，即便在 2011 年，仍有约 300 万人。在对德国高失业原因的分析上，则是仁者见仁，智者见智。

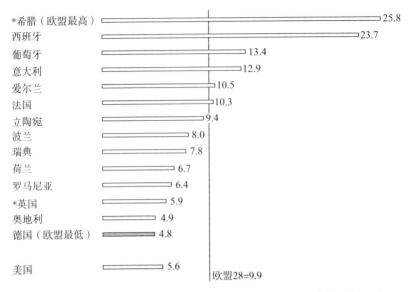

图 3 – 32　2014 年 12 月德国失业人数的国际比较（排除季节因素，%）

注：*希腊和英国的数据采自 2014 年 10 月。

资料来源：欧盟劳动力调研（欧洲统计局）。

联邦统计局，2015。

（一）认为德国是个发达国家，是世界第三（四）经济强国，发展和需求都已达到饱和状态，有人甚至提出"零发展论"和"不发展论"

其实这样的理论是难以自圆其说的。例如美国是世界第一经济大国，但在克林顿执政的 112 个月内，经济保持了持续稳定增长，某些年竟然达到 5% ~6% 的增长率。至于"零发展论"和"不发展论"更是不值一驳，因为人们对物质生活的需求是在不断增长的，一个社会如果不能满足这种日益增长的需求，便会受到人们的批评甚至唾弃。

（二）认为德国经济陷入衰退是外因造成的，主要是美国经济近年来发展缓慢、石油价格上涨和国外及国际经济与金融危机造成的

这样的看法当然有它正确的一面。由于德国经济同美国经济有着千丝万缕的联系，因而造成两国经济兴衰上的互动。但是令人奇怪的是，美国经济好转却难以带动德国经济好转，而美国经济衰退，德国经济便难逃厄运，美国经济只要下降三个百分点，德国经济便要下降一个百分点。至于说到石油价格上涨、国际经济下行和金融危机，这对世界各国的影响应该是基本相同的，但并不是所有国家都陷入了同德国一样的困境。

（三）德国经济衰退的原因显然还是应该从内部来寻找，这就是德国的福利费用过高

如今德国的劳动成本每小时平均约为 37 欧元。在劳动成本中实际工资占有一个突出的位置，如果实际工资的增长超出企业的预计，即便是因通货膨胀率下降而产生，也意味着劳动的价格高于资本，于是企业便会用资本来代替劳动，这就会出现解雇，特别是会出现将生产转移到国外而使本国就业岗位丧失的情况。

（四）技术进步、劳动生产力和职业规格的提高对就业岗位产生了重大的影响

面对劳动价格上涨，企业肯定要采取以资本来代替劳动的方法。其一是解雇职工；其二是用资本购进先进的技术设备，搞合理化措施，实行过程革新，提高劳动生产率。这样带来的后果一是使不少就业岗位丧失，二是职工的现有知识和技能很快老化，于是就出现了因缺乏必要的职业素质而产生失业的情况。但也必须看到，科学技术的进步也能创造新的就业岗位，特别是信息和通信技术的发展为就业创造了新的条件。德国的科学技术和职业素质在世界上均处于领先地位，这就带来了不同的后果。首先是先进的科学技术的确消灭了大量的工作岗位，就拿遍布德国的自动售货机来说，有人估计，只要将其全部拆除，增设小卖部，便可完全解决德国的失业问题，显然这是一种倒退的做法。但从另一个角度来说，德国信息和通信技术发展的缓慢，的确也拖了德国就业政策的后腿。从职工的职业素质来看，德国的职业技术教育在世界上首屈一指，普通教育也达到较高的水平，但这两方面今天都已显出颓势，跟不上飞速发展的世界形势，从而出现了德国失业大军的特殊结构，一方面高规格的职业部门人才缺乏，单单信息和通信技术部门就缺乏 10 余万人，另一方面大量的失业人员因职业素质不高而无法寻找到就业岗位。

（五）德国经济当前面临重大的结构调整

20 世纪 40 年代末至 60 年代初德国经济在一片废墟上兴起，采用了世界上最新的技术和成就，紧紧与世界经济保持同步，取得了历史性的成就，当时几乎没有发现多大的结构问题。但是随着世界经济的迅猛发展，先进的科学技术日益涌现，马克的不断升值，德国的结构问题日益严重，不少工业部门已成夕阳工业。它在高科技上面已经日益落后于美国和日本，在劳动密集型产品方面则落后于一些新兴国家。德国现在的全部失业大军中有 3/4 是结构性失业，只有 1/4 是增长性失业。因此要彻底解决失业问题必须从结构调整上下手，而结构调整绝非一时之举和一日之功。施罗德和默克尔恰恰是抓住了这一点，使德国较为容易地度过了国际金融危机和欧债危机，但德国经济的结构问题还很多、很大，远未解决，必须继续进行结构改革。

（六）欧盟的趋同政策压抑了各国的增长速度

欧盟在决定建立欧洲经济与货币联盟时着眼更多的是引进统一的欧洲货币，而保持该货币的稳定则属于重中之重。于是它制定了一系列的趋同标准，同时成立了欧洲中央银行（die Europäische Zentralbank，EZB），并把稳定欧洲货币作为其最重要的任务，具体规定的最高通胀率为不超过 2%。这一系列的规定虽然对稳定货币有利，却为经济的增长带来巨大的负面效应。欧洲经货联盟成立以来各成员国的经济大多未见明显的增长。德国这个欧盟经济增长的发动机 2010 年的财政赤字和国债竟然分别达到 4.1% 和 80.5%，均超过了欧盟的标准。

（七）德国的就业政策存在严重的缺陷

研究德国的就业政策有不同的标准，测定充分就业或失业的官方标准是失业率，这就是指正式登记的失业人数占能从业的雇佣劳动人数的比例，即占实际雇佣劳动人数加上失业人数的比例。此外，还有其他的指标。但就业潜力有多大、就业率有多高，这取决于很多因素，有经济因素、心理因素、政治因素和社会福利因素等，因此研究德国失业也要从政策上入手。

德国就业政策存在缺陷首先表现在解雇保护过严。一个企业如果要解雇一个职工需要支付巨额的解雇费用，于是各家企业宁愿加班加点、宁愿雇临时工，也不愿增加正式员工。国家考虑更多的是如何资助失业人员而不是创造就业岗位。这就是说，国家重点推行的是被动的失业政策，而不是主动的就业政策。

其次，失业救济金额过高。人们依靠 67% 的失业金或是 57% 的失业救济完全可以生活，如加上打黑工甚至会生活得比在职者还要好，因此他们无意积极寻找工作。

再次，数十年来德国的就业结构发生了很大的变化，然而无论就业人员增加或是减少，雇员数字的变化都更为突出。总的来看，雇员的数字在不断增加，雇主的数字在不断下降。

最后，在德国一方面是失业大军，另一方面也有为数不少的空缺岗位，这些空缺岗位均是各企业向劳动局提供的。

按照德国经济学家的观点，所谓失业率和空缺岗位的说法不确切，也不能全面反映一国的就业和失业情况，应该寻找新的更为确切的标准。德国劳动市场与职业研究所就认为，应该把全部没有工作的人员都计算进去，即不仅包括登记的失业人员，也应包括被列在"备用劳力"范畴内的人员。

四　如何解决高失业问题

面对如此庞大的失业大军，历届联邦政府既是忧心忡忡，又是信心满满。科尔两年要将失业人数降低一半的决心最后成了一纸空文，施罗德将降低失业率作为其政府中心工作的宣言成了失业不断增长的一曲挽歌。有识之士也是绞尽脑汁，于是分析、建议、措施便俯拾即是。[1]

（1）促进经济增长，以经济增长来带动就业。

（2）降低工资，但绝大多数经济学家都反对这样做，因为这将危及福利的保障，同时又会降低消费需求，从而影响整个经济的发展。

（3）缩短工时，增加假日，增加部分小时制的工作岗位，把目前每周工作38.5小时减为每周工作35小时。这样可以增加100万个以上的工作岗位。但德国目前几乎已是世界上工时最短、假日最长的国家。这将进一步增加劳动成本，给德国经济的竞争力带来巨大的负面影响。

（4）减少就业人数，方法是把"妇女打入厨房"，显然这将大大打击得来不易的妇女解放，也会进一步加剧男女之间的不平等，降低各家各户的收入。

（5）另一个办法是"把外国人打发回国"。这一呼吁早在联邦德国1967年面临第一次经济危机时已经提出。当时联邦德国失业人数为200万，在联邦德国的外国人也为200万，于是一批排外分子便高呼外国人滚回去。然而实际情况却给了此类排外分子有力的打击。因为一般外国人在联邦德国从事的大都是繁重的和肮脏的工作，诸如运送垃圾、修路等。此类工作联邦德国人并不愿承担。而一旦此类工作无人从事，整个社会的运作便会陷入极度的混乱，于是此举只能作罢。但排外分子仍然不愿善罢甘休，于是又在外籍知识分子头上打主意。但此类人员一般薪水都较高，要解雇他们，需要支付巨额的解雇费，各企业和公司也只能望而却步。进入20世纪90年代后外国人的问题日益突出，排外情绪加剧，甚至发生杀害外国人的事件，这激起了国内、国外以及整个社会的愤怒，于是德国的领导层和舆论界又不断呼吁要使

---

[1]　Matthöfer, Hans: *Agenda 2000 — Vorschläge zur Wirtschafts- und Gesellschaftspolitik*, Bonn: Verlag J. H. W. Dietz Nachf., 1993, S. 27 – 31.

外国人进一步融入德国社会，并受到国民的支持，以新纳粹分子为代表的这股排外势力也不得不有所收敛。

（6）降低退休年龄，鼓励男性工作人员 60 岁、女性工作人员 55 岁退休。这样每年可以增加 15 万～20 万个新的工作岗位，但这样会提高退休者与从业者的比例，给养老金问题增加更大的困难。

（7）有人甚至提出增加一年学制，以便推迟一批人进入就业领域。

看来方案很多，大致可以归纳为体制性、政策性、结构性和成本费用方面的改革，[①] 但掣肘因素也很多，困难重重。人们只能看着失业人数年复一年地增加而无所作为。而联邦议院人口调查组的研究报告却让人们另作思考。

该报告说，到 2030 年德国具有劳动能力的人口将减少 700 多万，到 2040 年则要下降 1000 万。这就表明，尽管当前德国失业人数已经达到 300 万左右，但至少从长期看不必过虑，因为仅靠人口，特别是具有劳动能力人口的自然减员便可缓解甚至消除这一矛盾。从长远看，德国的劳动力不是多余，而是不足。这一统计像一剂镇静剂大大安定了被高失业弄得焦头烂额、精疲力竭的政界和经济界的神经。但远水仍然解不了近渴，于是哈尔茨委员会的建议便应运而生。

五　哈尔茨委员会建议

哈尔茨委员会成立于 2002 年 3 月 6 日，由德国政界、经济界、企业界的 15 位著名人士组成，主席是大众汽车公司经理哈尔茨。

哈尔茨委员会于 2002 年 8 月 16 日提出了报告，共 13 章，其要点如下。

（1）三年后将失业人数从 400 万减少到 200 万，把工作介绍周期从 33 周减少到 22 周，把劳动局的失业金支出从 400 亿欧元减少到 130 亿欧元。

（2）将原联邦劳动署（Bundesanstalt für Arbeit）更名为联邦劳动局（Bundesagentur für Arbeit）。目前的实际组织结构是：联邦劳动局是最高层级，即总局；第二层级是 10 个地区分局（Regionaldirektion），即原来的州劳动署；第三层级是 156 个劳动支局（Agentur für Arbeit），即原来的地区劳动署，再辅之以 304 个就业中心（Jobcenter）。这些就业中心或是通过向私人招标建立的，或由地区劳动支局自己来承担的，或采取两者混同的办法建立。就业中心负责把失业人员租借给第一劳动市场公司，或租借给公益和荣

---

① 裴元伦、罗红波主编《中国与欧洲联盟就业政策比较》，中国经济出版社，1998。

誉活动。在就业期间他们可以得到相当于失业金数额的净工资，还可以采取其他融入社会的措施，例如可以学习另一种技能。如学习顺利结束，可以得到一笔奖励。就业中心也可将雇员有偿租借出去，这样就可以同时从劳动支局和经济所得中获得补贴。

（3）对失业者的资助分两个档次来执行：第一档次是一档失业金，这是失业保险费，领取时间从 32 个月缩短为 12 个月（55 岁以下）或 18 个月（55 岁以上），其他各项规定不变；第二档次是取消过去的失业救济，引进二档失业金。而二档失业金远低于过去的失业救济，其数额同社会救济相等，因此一般也称之为"同社会救济合并"，它不是失业保险费，而是生活补贴，2005 年开始时在西部为每月 345 欧元，东部为 331 欧元，2006 年东西部统一标准，同为 345 欧元，之后又将其逐步提到 359 欧元，2011 年 12 月 31 日前为 364 欧元，2012 年 1 月 1 日起增至 374 欧元，2013 年 1 月 1 日起增至 382 欧元，2016 年 1 月 1 日起则按成年、儿童、婚否分成 237、270、306、324、364 和 404 欧元几个级别。获此补贴的时间是无限的。此外，所有无能力工作的人员（主要是儿童）都可以获得这样的社会救济。

（4）提前启动职业介绍，在解雇的当日就应报告失业。失业人员在寻找工作过程中所花费用的 50% 由雇主用下岗资助的形式来承担，剩下的 50% 由雇员从休假补贴和削减加班费补贴中支付。

（5）失业人员如拒绝接受某一就业岗位，必须要有充分的理由。如理由不充分，可暂停其获得就业岗位的机会，暂停时间的长短视拒绝接受工作的理由而定。

（6）要特别重视创造并资助培训岗位，以解决青年失业人员的问题，应通过某个公共基金会向他们发放培训时间有价证券和折扣卡，使他们能够支付培训费用，此外还应向他们提供津贴，增加培训职业。这样一来可减少失业人员，二来可提高今后就业人员的素质。

（7）如 55 岁以上的老龄失业人员从事某种低报酬的、需缴纳福利保险费的过渡工作满一年，则可以向他们提供工资保险，以补偿他们收入的缺额。此外可以降低他们缴纳失业保险费的比例。这样今后他们就无须就业中心的照管，而一到 60 岁便可提前获得扣除一定数量的所谓提前退休养老金。

（8）引进编码卡，以密码的形式记录每个雇员的就业日期和收入证明。一旦该雇员失业，就业中心就可以据此核算该失业人员应获得多少津贴。

（9）各企业要引进就业记录，所有就业记录良好的企业可在失业保险中获得补贴。就业中心和主管部门向各企业提供就业咨询服务。

（10）建立"我－公司"（Ich-AG）和家庭公司，以此来同"打黑工"作斗争。所谓"我－公司"就是建立纯独立企业的第一步，"我－公司"的收入不超过25000欧元，全部纳税比例为10%。为了鼓励成立"我－公司"，失业人员可以从失业保险中获得三年的津贴。

（11）引入"微收入工作"（Minijob，指月收入不超过400欧元的工作）和"低收入工作"（Midijob，指月收入在400～800欧元的工作），其目的是从不会成为独立职业的工作中获得一点收入。

（12）各州劳动分局变成权力的中心，但它不能代替地方的积极性，而是协调彼此的积极性，向各州、各乡镇、企业和协会提供互补的解决问题的方法和资源，其主要任务是：同各大公司打交道，支持就业中心向中小微企业提供咨询，同各州政府联系，协调各州之间的规格计划，对劳动市场进行研究。

（13）引进"就业贷款"（Jobfloater）。一家中小微企业只要在试用期结束后继续雇佣一个失业人员，该企业便可以获得一种贷款。该贷款分两笔支付，一笔是"资助贷款"，另一笔是"后续贷款"（Nachrangdarlehen）。在经过对企业偿付能力的检查之后便可以由银行向其提供。这样，凭借雇佣一个失业人员，企业便可获得最高为10万欧元的贷款。

第十节　价格政策

德国特别重视价格政策，这主要是因为20世纪德国经历了两次恶性通货膨胀，给人们留下了极其惨痛的回忆。2016年上半年德国的重要价格数据可参看表3－25。

表3－25　2016年上半年德国重要价格数据概览

项目	日期	同比变化（%）
消费者价格	2016年6月	0.3
工商产品的生产价格	2016年6月	－2.2
批发价格	2016年6月	－1.5
建筑价格	2016年5月	2.1
进口价格	2016年6月	－4.6
出口价格	2016年6月	－1.3

资料来源：联邦统计局，2016年。

一　通货膨胀和通货紧缩

谈价格政策必然要谈通货膨胀，这几乎是世界各国所面临的一个突出问题。

所谓通货膨胀就是指持续的货币贬值和总体物价上涨，因歉收和罢工等特殊原因造成的暂时的、局部的商品和生产要素的价格上涨不能列入通货膨胀的范围。

通货膨胀因其货币贬值过程力度的不同而被分为潜行通货膨胀、加速通货膨胀和恶性通货膨胀几种。潜行通货膨胀是说这种通货膨胀是人们感受不到的，是隐蔽来到的，其通货膨胀率一般低于 2%；加速通货膨胀的通货膨胀率一般都在 10% 以下，恶性通货膨胀的通货膨胀率一般都在 50% 以上，这大多发生在战后。德国最突出的恶性通货膨胀有两次，第一次发生在第一次世界大战之后的 1922～1923 年，1922 年时的通胀率为 1000%，1923 年竟然达到 100000000%；第二次恶性通货膨胀发生在第二次世界大战之后的 1945～1946 年。

上述通货膨胀均为公开的有统计的通货膨胀，此外还有隐性通货膨胀和累积通货膨胀。出现隐性通货膨胀是因为国家采取行政措施禁止涨价和提高工资，这使价格机制失去了作用，但并没有消除造成通货膨胀的原因。这表现为商品供应的减少，从而引起"现金控管"（Kassenhaltung）的加强，因此也叫现金控管的通货膨胀；累积通货膨胀指的是由于长期采取错误的财政和货币政策造成的通货膨胀。例如德国在第二次世界大战时一方面大量举债，要求中央银行向国家贷款；另一方面严格控制价格，实行配给政策，在当时算是控制了价格，但造成了严重的后果，于是战后便再次出现恶性通货膨胀，帝国马克贬值，这就是典型的累积通货膨胀。

通货膨胀的速度始终处于变化之中，按其变化的情况又可以分为递增通货膨胀率、递减通货膨胀率和稳定递增通货膨胀率等几种。

克服价格和货币政策中的通货膨胀现象曾经是 20 世纪 60 年代之前各发达国家主要的价格和货币政策。但是随着时间的推移人们又逐步发现了另外两大问题，即滞胀和通货紧缩。菲利普斯（Alban William Phillips）经济理论告诉人们，扩张政策尽管会造成通货膨胀，但会促进经济的增长、创造就业岗位，不过从 20 世纪 60 年代开始却出现了另外一种情况，当时各国相继采用了凯恩斯的经济政策，搞国家垄断资本主义，结果在第一次石油价格暴涨危机的冲击下出现了滞胀现象，它集中表现为在通货膨胀的同时经济非但没有增长反而停滞。以当时的德国为例，原油价格上涨了一倍，包括原油在内的原料价格指数上涨了150%，生活物价指数的增长创下了历史纪录，而经济增长却处于停滞状态，1975年竟然首次出现了负增长。这种空前未有的滞胀现象严重打击了包括德国在内的各发达国家的经济。

到了20世纪80年代情况又出现了新的变化。由于许多发达国家相继采取了紧缩的货币政策，于是又出现了通货膨胀弱化的现象，其集中表现为通货膨胀率下降，价格逐渐回落，并最后走向稳定。

与通货膨胀相反的是所谓通货紧缩问题。通货紧缩不同于通货膨胀弱化。通货膨胀弱化是指通货膨胀率下降，但仍处于可接受的范围，而通货紧缩则是指通货膨胀率已经低于零，呈负数。它对一国经济的发展非常有害，最突出的表现是1929～1932年的世界经济危机，当时德国的消费者物价水平降低了30%多，商品堆积如山但问津者锐减，于是造成大批人员失业。以德国为例，1929年的失业人数为190万，到1932年便猛增至560万。到了20世纪90年代末欧盟各国为了建立经货联盟，引进欧元，制定了趋同标准，于是各国再次执行紧缩的货币政策，通货紧缩问题又再次抬头，有人已经在高呼小心重复1929～1932年的通货紧缩。实际上两者之间还是有本质区别的，1925～1934年的消费者物价呈起伏状，既有通货紧缩，也有通货膨胀，而1989～1998年的消费者物价则呈现平稳的态势。

通货膨胀的原因很多，但从长期看主要是由货币量的增加引起的。传统的通货膨胀理论主要认为有两种原因：一种是价格压力造成的通货膨胀，叫价格压力通货膨胀；另一种是需求增加造成的通货膨胀，叫需求吸入通货膨胀。

价格压力通货膨胀主要是因为提高名义工资和初级、中间产品的价格引起的；企业主面对工资和初级、中级产品价格的提高，便肯定会将其转嫁到本企业制造的产品上，甚至在工资和初级、中级产品价格没有提高的情况下，企业主为了提高利润也可能会提高产品的价格，从而出现利润压力通货膨胀。价格的提高必然会带来提高工资的要求，于是便会出现常见的工资与价格竞相螺旋式上升的局面。而这一局面的出现又是因为分配矛盾引起的，所以又称分配斗争型通货膨胀。

需求吸入通货膨胀则是由于经济过热，各企业面对日益增长的需求便提高物价，导致通货膨胀。

此外还有一种输入型通货膨胀，其出现有以下两大原因：一是某个国家十分开放，与世界经济有非常密切的联系，十分依赖国外的原料和市场，因此一旦其他国家出现通货膨胀，一旦国外原料和商品涨价，它也就不得不输入通货膨胀，1973～1974 年和 1979～1980 年的两次石油价格暴涨使西方国家普遍输入了通货膨胀；二是某个国家为某个固定汇率集团的成员，它有干预义务来支持双边汇率，从而引起通货膨胀。值得注意的是，价格的增长同失业又有着非常密切的关系。描述这一关系的便是著名的菲利普斯曲线。菲利普斯认为价格的上涨会降低失业，价格的下降则会增加失业。到了 20 世纪 70 年代中期这一理论便不断受到货币主义者和新古典宏观经济学家的批评。

当今的通货膨胀理论是货币主义者创立的。他们认为，通货膨胀的最主要原因是过度的货币投入和过快的货币周转。一旦货币量的增长快于整个经济生产量的增长，那就会出现过度的货币沉积现象，在生产设备开工率满负荷的情况下，这种货币的沉积现象必定带来通货膨胀。

对于通货膨胀，古典经济学家几乎都持否定的态度，而凯恩斯等人则认为温和的通货膨胀无害，甚至有利。这种温和的通货膨胀一般指通胀率不到 3%，欧盟定为 2%，发展中国家则定得略高一些，一般为 4%。

经济学家一般都不承认商品和服务的价格有所谓稳定的时候，认为这有悖于市场经济的原则。他们认为关键是要保持物价整体水平的稳定，当一部分商品和服务涨价时另一部分商品和服务则应当降价，以取得物价整体水平上的稳定。欧洲经货联盟建立后，同样强调价格的稳定，要求把通胀率控制在 2% 以内。德国一般都会坚决执行这一标准的，有时甚至更为严格。从 1994 年开始，除个别年份外，德国政府始终把通胀率控制在 1.5% 左右，不超过 2%。

二 德国的消费者物价指数

一国人民生活水平主要取决于两大要素，即收入和物价。收入提高固然能提高人民的生活水平，物价稳定同样会相对提高人民的生活水平。因此消费物价的变化便同收入一样成为经济政策中一个重要的课题。民意调查反复证明，对于许多人来说，物价的稳定是第一位的。然而，物价却不可能始终保持稳定。德国在经济发展的全部目标中，尤其重视物价的稳定，但认为，这种价格的稳定不是指个别的、局部的，而是指全局的，也就是价格水平（Preisniveau）的稳定。

德国有多种物价指数，如生活物价指数（包括或不包括食品）、国民

（内）生产总值的物价指数、工商产品生产价格指数、农产品生产价格指数、批发价格指数、基本原材料工业指数、投资商品工业指数、消费商品工业指数、进口价格指数、出口价格指数、建筑价格指数，其中以四口之家雇员家庭的消费者生活物价指数为衡量物价变化的最重要依据（参见图 3 – 33、表 3 – 26 和表 3 – 27）。

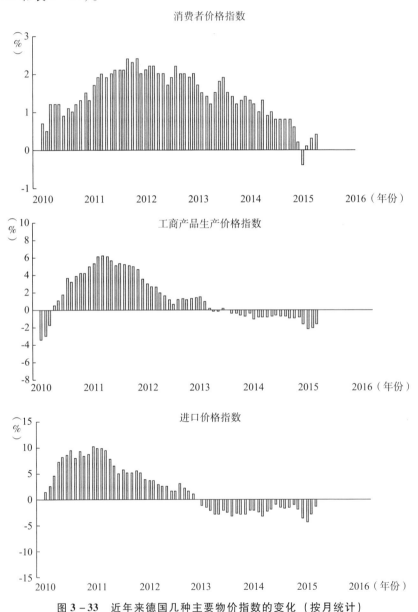

图 3 – 33　近年来德国几种主要物价指数的变化（按月统计）

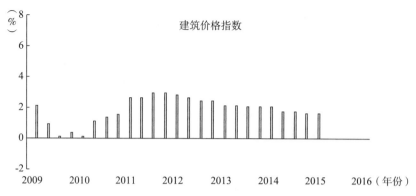

图 3 – 33　近年来德国几种主要物价指数的变化（按月统计）（续）

资料来源：联邦统计局，2015。

表 3 – 26　2010 ~ 2015 年 12 月德国消费者物价指数变化一览表

年、月	2010	2011	2012	2013	2014	2015.12
指数	100	102.1	104.1	105.7	106.6	107.0
同比变化	0	2.1%	2.0%	1.5%	0.9%	0.3%

资料来源：联邦统计局，2014 统计年鉴及 2015 年 12 月统计。

表 3 – 27　2015 年 1 月 ~ 2015 年 3 月德国各主要价格指数变化

年、月	消费者物价指数	零售价格指数	工商产品生产价格指数	批发价格指数	出口价格指数	进口价格指数
2015 年 3 月	107.0	105.4	104.4	105.2	102.6	105.3
2015 年 2 月	106.5	104.6	104.3	104.2	101.6	104.7
2015 年 1 月	105.5	104.0	104.2	103.7	100.2	104.4

资料来源：联邦统计局，2014 统计年鉴及 2014 ~ 2015 年 3 月度统计。

第十一节　消费者政策

一　收入与消费体制

根据凯恩斯理论，经济衰退和就业不振同有效需求的不足有着密切的关系，因此国家应该采取措施来提高消费者的收入，包括工资和薪水收入、资产收入和利息收入等。收入的应用一般都分为两大部分，即消费和储蓄。如果一个家庭的收入提高，则消费必然提高。边际消费率显示，如果收入增加

1 个单位，则消费便增加 0.75 个单位，即如果增加 1 欧元的收入，则消费便增加 0.75 欧分，剩下的 0.25 欧分便成为储蓄。除此之外还有一种所谓的自主和绝对消费，它同工资没有关系。

自 1977 年至 1991 年，德国的收入和消费之间大体是按此比例发展的。私人家庭的边际消费倾向为，收入每增加 1 个单位，消费便增加 0.71 个单位，0.29 个单位进入储蓄的行列。近年来德国居民收入、消费和储蓄的变化可参见图 3 - 34 和图 3 - 35。

可支配收入[1]

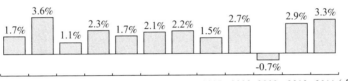

以当年物价计算的私人消费支出[1]

私人居户储蓄率[2]

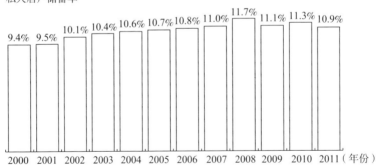

图 3 - 34　2000 ~ 2011 年收入、消费和储蓄的变化

注：1　与上年变化的百分比。
　　2　储蓄占私人居户可支配收入的百分比
资料来源：Statistisches Jahrbuch 2013。

大量调查证实，消费者对短期收入增加和长期收入增加的态度是不同的。美国经济学家弗里德曼认为，有两种收入，一种是持续收入，另一种是

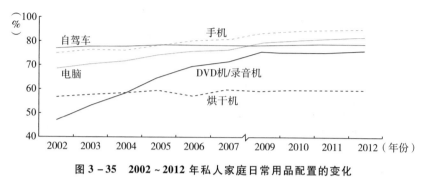

图 3-35 2002~2012 年私人家庭日常用品配置的变化

资料来源：Statistisches Jahrbuch 2013。

临时收入。在持续收入和消费之间存在一种比例关系，而临时收入一般不会影响消费。一个家庭对于短期收入的浮动不会直接做出反应，只有当出现长期收入改善时，该家庭才可能将一大部分的新增收入用于消费方面，而短期收入的增加大多被储存起来。根据美国经济学家莫迪格里阿尼（F. Modigliani）的生命周期理论，各家各户都会计算出其一生的收入并将该收入尽可能妥善地用在不同的人生阶段。

所谓消费者政策是指一切旨在妥善贯彻并保护消费者利益的措施和决定。这一政策以竞争模式作为导向，包含向消费者提供信息、消费者保护和对消费者进行教育的各类措施，此外还包括企业和经济联合会采取的消费者导向措施，例如仲裁、调解和咨询措施和机构。德国执行消费者政策的是消费者联合会。

消费观念是人们对待其可支配收入的指导思想以及对商品价值追求的取向，是消费者主体在进行或准备进行消费活动时对消费对象、消费行为方式、消费过程、消费趋势的总体评价。

二 德国消费观念的变化

由于影响消费观念的因素在不断变化，所以消费观念也一直在变化，德国人的消费观念主要经历了以下三次大的转变。

建国初期的消费需求扩张和消费限制 战后初期由于物质空前匮乏，人们生活极度贫困，因而具有一种强烈的消费欲望，再加上战后通货膨胀严重，德国人一改传统节俭的习惯，希望尽可能多地消费，及时将得到的钱花出去，但是由于供给不足，因而形成了供不应求的卖方市场。消费者在产品上没有太多选择空间，主要是以购买生活必需品为主，着眼物美价廉、崇尚理性消费。

20 世纪五六十年代的多样化消费和符号消费 随着"经济奇迹"的出现，大量产品充斥市场，出现了供大于求的现象，人们的消费观念也相应发生了很大变化，消费方有了更高层次的追求。"重品牌、重式样、重使用"，成为人们消费观念首先或主要的内容。在同一时期的另一变化也值得关注，即消费本身变成一种符号、一种象征。它体现在消费者的时尚、名望、奢华等身份上，成为消费者社会地位的标识。在消费社会中，这一符号价值日益成为商品和消费的一个重要组成部分，被认为和交换价值起着几乎同等重要的作用。这种符号价值的作用伴随着广告、包装、展览和大众传媒的扩大而不断增强。这一时期，大众将超前消费和消费至上的消费观念发挥到了极致。

20 世纪 80 年代的消费伦理与享乐主义 随着德国经济从经济危机中逐步恢复，就业率再次上升。这一时期，一方面人们对消费伦理的重视方兴未艾，而另一方面对生活品质的要求变得更高，由此产生了以享乐主义为特征的另一派消费观念，整个德国消费观念呈现出两极分化的发展态势。

三 德国消费观念的特点[①]

由于消费者的观念受众多因素的影响，各国消费者的消费观念都极其不同。德国消费者的观念自然也具有不少特点。

一是中高档消费需求旺盛。德国是个发达国家，人们的收入丰厚，生活水平很高，因此日益青睐中高档消费品，如家用电器、住房、汽车、高档家具，尤其热衷于外出旅游度假。2008 年全年德国旅游业总营业额达到 506 亿欧元，居世界第四位。

二是购买产品重质量、重品牌。在价格与质量产生矛盾时，一般消费者往往会将质量放在价格前面，首先考虑的是商品质量，其次才是价格。

三是重视商品的环保性能。

四是消费习惯始终比较节俭。尽管收入水平很高，德国人始终保持传统的节俭美德。像利得尔（Lidl）和阿尔迪（Aldi）这样的廉价超市在德国市

---

① Keim, Helmut/Steffens, Heiko (Hrsg.): *Wirtschaft Deutschland*, Köln: Wirtschaftsverlag Bachem, 2000, S. 15 – 36.

场上的占有份额高达45%，而在英国的市场占有率只有17%。

五是个性化消费已成主流，尤其表现在汽车产业上，如宝马公司就公开表示，"对于要求特别高的顾客，如果我们的个性化选择不能满足他的要求，我们还可以提供个性化生产。只要是符合安全、品牌特征和法律规定的要求，我们几乎都可以满足"。[1]

四　德国的消费者政策[2]

德国十分重视消费者保护，拥有全面、细致的消费者政策。其主要内容如下。

（1）改进市场透明度；

（2）重视在消费者利益和供给商利益之间进行协调；

（3）限制供给商的活动天地；

（4）改善消费者的法律地位；

（5）保护消费者不受欺诈、不遭受不正当的销售行为，不得给消费者施加吃亏上当的合同条件，不向消费者提供危险的产品，保护环境；

（6）通过消费者利益的集体代表来应对市场的不平衡；

（7）在乡镇、各州、联邦政府和欧盟层面建立并加强消费者政策的利益代表机构来对付供给经济方的各个协会，以便从机构上保证消费者参与对公私供给商的影响；

（8）采取措施向消费者提供信息、咨询和教育；

（9）通过自由贸易内部的有效竞争来加强消费者的市场地位；

（10）廉价提供最佳的公共服务。

德国的消费者政策是全面的、细致的，也是很有效的，它为消费者市场的健康化做出了重大的贡献。但德国市场的购买力远远不足，市场的透明度也不够，国家的调剂功能正面临巨大的挑战和困难。政府被迫在同限制竞争的斗争中一再做出妥协，一再制定补充条款，一再允许"部长兼并"（Ministerfusion），尤其允许在国际市场上竞争的跨国公司进行兼并。[3]

---

[1]　郑红：《德国个性化消费已成主流》，《人民日报》2014年6月18日，第23版。

[2]　Keim, Helmut/Steffens, Heiko（Hrsg.）: *Wirtschaft Deutschland*, Köln: Wirtschaftsverlag Bachem, 2000, S. 65 – 87.

[3]　Keim, Helmut/Steffens, Heiko（Hrsg.）: *Wirtschaft Deutschland*, Köln: Wirtschaftsverlag Bachem, 2000, S. 80 – 89.

五 消费的增长

在德国消费是指私人消费、国家消费和投资消费。私人消费首先是指零售营业额，它受多种因素制约，如增长、就业、收入和商品供给等。

1964 年联邦德国的一个中等收入的四口雇员之家的月可支配收入为 904 马克，私人消费为 823 马克，其中 2/3 用于食品、衣着和住房。1994 年其可支配收入达到 5200 马克，私人消费为 3958 马克，其中用于食品、衣着和住房的只占 57.9%，其他收入则用于业余消费、汽车、教育和电话。这就意味着，德国家庭的恩格尔系数大大降低了。

2015 年私人居户消费支出增加了 1.9%，国家消费增加了 2.8%，基本建设总投资增加了 1.7%，其中设备投资增加了 3.6%，建筑投资增加了 0.2%，其他投资增加了 2.7%。根据联邦统计局 2016 年发布的数据，2015 年德国拥有因特网的居户占 85%，有平板电视的居户为 81.3%，2014 年户均居住面积为 91.4 平方米，人均居住面积为 46.5 平方米，户均房间数为 4.4 间。[①]

第十二节　能源政策

一 德国的能源结构、变化与问题

德国是世界第五大能源市场，但其能源禀赋却呈畸形态势，特点是：（1）煤炭资源丰富，可采储量为 240 亿吨，其中褐煤占 71.5%，石煤（也称硬煤）占 28.5%；（2）石油、天然气缺乏，石油储量仅为 9000 万吨，这连当今德国一年的消费都无法满足，因此其绝大部分的原油都必须从国外进口，天然气储量为 3000 亿～4000 亿立方米，本土的开采量仅为总需求的 1/5，大部分天然气同样靠进口；（3）核能是德国的重要能源，核电技术先进，核电站工作天数和有效发电时间均居世界前列，但安全性令人担忧；（4）德国的风能、水能、太阳能、地热、生物能源等可再生能源都有一定的潜力，但也相对有限。显然，这样的能源禀赋自然就决定了其独特的能源政

---

① 统计年鉴 2015，联邦统计局。

策，也就决定了其能源结构以及能源结构的变化。

德国能源结构的变化可分为三个阶段：第一阶段从以煤为主到以油为主；第二阶段是实行能源结构的多元化；第三阶段是在决定退出核能后大力发展可再生能源。

德国煤炭资源丰富，煤炭长期以来是德国的第一能源，第二次世界大战后又获得了新的发展。1950 年石煤和褐煤的消费占全部能源消费的比例高达88%，石油和天然气的消费比例只有 4.8%。然而到了 1970 年上述两种能源的比例却发生了天翻地覆的变化：1960 年德国石煤供热、发电和钢铁消费分别为 61.3Mt、22.1Mt 和 31.3Mt[①] 标煤，合计 114.7Mt 标煤。但随着石油和天然气资源的广泛使用，煤炭资源日益被代替，以致到 20 世纪 60 年代中期石油的消费便超过了石煤这一最重要的能源。之后煤炭的消费虽有起伏，但总体呈下降趋势。到 2007 年德国石煤供热、发电和钢铁消费分别下降为0.3Mt、18.8Mt 和 4.1Mt 标煤，合计降至 23.2Mt 标煤，下降了近 4/5。[②] 石煤和褐煤的消费占全部能源消费的比例降至 37.9%，石油和天然气的消费比例则飙升至 58.6%。[③]

然而 1973 年的第一次石油危机却给依赖进口石油的西德经济敲响了警钟，1979 年的第二次石油危机更进一步促使西德政府大力进行能源结构调整，降低能耗，鼓励开发和使用可再生能源，减轻对进口石油的依赖程度，同时扩大进口渠道，实行进口多元化。

这种能源结构多元化的突出表现是压低石油的消费比例，增加天然气和核能的消费比例。例如石油的消费比例从 1970 年的 53.1% 下降到 1990 年的42.6%，1999 年更进一步下降到 21.8%，而天然气的消费则从 1970 年的5.5% 上升到 1990 年的 16.9%，核能更是从 1970 年的 0.6% 飙升到 1990 年的 15.7%（另一统计为 28%）。[④] 关于德国能源消费结构的具体情况可参见图 3 - 36。

1986 年发生了震惊世界的切尔诺贝利核泄漏事件，这在德国引起了特别

---

① Mt：Megatonne，百万吨。

② 李宏军、张艳、吴金焱、赵迎春：《德国煤炭工业现状》，《中国煤炭》2010 年第 2 期，第123～126、128 页。

③ Deutsche Bank：*Energie kostet Geld. Sparen Sie beides*，Frankfurt am Main：Karl Wenschow GmbH München，1981.

④ 吴建藩：《德国石油储备的建设与管理》，《石油化工技术经济》2002 年第 2 期，第 53～57 页。

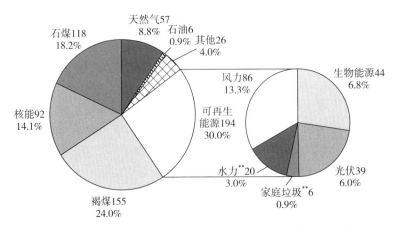

图 3 - 36 2015 年德国的发电总量（单位：太瓦时 TWh）*

* 现有数字 ** 可再生部分

地热因量小未列入。

资料来源：能源结算公司，2015 年 12 月。

巨大的反应，反核力量日益壮大。于是德国政府先后做出关闭核电站、大力开发可再生能源的决定。2011 年的日本福岛核电站事故更使默克尔一改初衷，决定在 2022 年之前彻底关闭全部核电站，同时大力发展可再生能源，以弥补能源的缺口。于是，德国又进入了一个能源结构改革的新阶段，依此想在 2020 年把温室气体的排放量减少 40%。

根据德国能源结算公司的上述报告，2015 年德国的发电总量达到 648.0 太瓦时，① 其中特别值得注意的是：（1）石煤和褐煤的火力发电尽管已从 1990 年的 57% 大幅度地下降，但仍占全部发电量的 42.2%；（2）石油发电已经降至 0.9%；（3）核能发电比重同样大幅度地下降，从 1990 年的 28% 降至 2015 年的 14.1%；（4）可再生能源的发电量已经达到 194 太瓦时，占全部发电量的 30%。

由于德国能源禀赋结构畸形，国际能源矛盾日益尖锐，能源结构不断变化，能源新技术日新月异，德国也面临日益严峻的能源问题。

（一）大部分能源依赖进口

德国是世界上继美国、中国、俄罗斯和日本之后的第五大能源消费国，

---

① TWh：Terawattstunde，太瓦小时。有关"瓦"的进位如下：1 瓦 =1W = 每秒做功 1 焦耳；十瓦 =1daW =10W；百瓦 =1hW =100W；千瓦 =1kW =1000W；1 兆瓦 =1MW =1000kW；1 吉瓦 =1GW =1000MW；1 太瓦 =1TW =1000GW；1 帕瓦 =1PW =1000TW；1 艾瓦 =1EW = 1000PW；1 泽瓦 =1ZW =1000EW；1 尧瓦 =1YW =1000ZW。

但 2/3 左右的能源依赖进口。其中，所需原油 95% 以上、天然气将近 80%、石煤将近 60% 来自国外。石油进口量占世界石油进口总量的 5.5%，天然气进口量占世界天然气进口量的 13%。而且这种依赖程度日益加深，从 1991 年的 44% 增长到 2002 年的 63%。[①] 按照产业经济学的观点，能源同粮食和钢铁一样是一定不能大幅度依赖外国的，因为这将会给相关国造成巨大的安全风险。需要特别指出的是，德国过去的石油和天然气输入国大多位于危机和不稳定地区。

（二）核能被广泛否定

1960 年联邦德国建立了第一座核电站，经过数十年的发展，德国的核电能力逐步形成，技术也比较先进，并占有重要的地位，在德国的总发电量中所占比重仅次于煤炭。

1986 年发生了切尔诺贝利核泄漏事件，以绿党为首的反核力量进一步壮大。1998 年，德国绿党与社民党组成了德国历史上第一个联邦层面的红绿联合政府，签署了联合执政协议，其中重要的一点就是分阶段关闭核电站。

2000 年 6 月 14 日，红绿联盟政府和核电企业双方达成原则协议，有秩序地结束利用核能，限期利用现有的核电站，不再批准建立新的核电站，到 2021 年基本关闭现有的核电站。2002 年，德国便制定了《有序结束利用核能进行行业性生产的电能法》，明确规定了上述目标。2005 年默克尔上台后对弃核决定日益缺乏热情，但碍于联合执政的社民党的掣肘未能明确展现。2009 年黑黄政府上台后她便毫无顾忌，迅速做出推迟关闭核电站的决定，遭到广泛的反对。而 2011 年的日本福岛核电站事故最终彻底打乱了默克尔的如意算盘，党内外的巨大压力迫使她不得不改变初衷，重新决定，在 2022 年之前彻底关闭全部核电站，同时大力发展可再生能源，以弥补能源的缺口。

（三）煤炭资源的利用饱受诟病

德国煤炭资源丰富，长期是第一能源。但是随着环保问题和石油、天然气的横空出世，煤炭资源的利用饱受诟病，如污染环境、开采成本昂贵、粗放开发、低效利用、效率低下，因此停止使用褐煤早已成了德国的环保目标之一。根据德国应用生态学研究所的数据，褐煤的二氧化碳排放强度数值达

---

① 付庆云：《美、德、英、日等国能源结构变化和发展方向》，《国土资源情报》2005 年第 7 期，第 8～12 页。

到了每千瓦时 1153 克，相比之下天然气每千瓦时二氧化碳排放强度仅为 428 克。最新民调显示，34% 的受访者认为德国应在 2030 年前退出煤炭发电，80% 的受访者支持政府在 2040 年中期退出煤炭发电，95% 的受访者支持从短期到中期逐渐放弃煤炭，甚至历来与采矿行业关系密切的德国社民党也对此次调查结果表示支持。[1]

然而，由于种种原因，支持继续使用煤炭资源者并不少，特别在联邦政府宣布退出核能不得不让煤炭资源"新生"之后，煤炭资源的利用又迎来了一个新的局面。问题是，尽管德国的煤炭业采取了大量的措施，随着煤炭资源的"新生"，德国的污染物排放量还是增加了。仅 2012 年，整个德国的污染物排放量就增加了 1.6%，很多城市空气质量都不能达标。2013 年 2 月欧盟终于向德国 33 个城市发出了警告。[2]

（四）可再生能源未得到充分的开发

德国在很长时间内并没有意识到本国在能源问题上的风险，也没有认识到发展可再生能源的迫切性和重要性，以致直到 2005 年，可再生能源在整个德国初次能源使用中的比例仅为 5.3%，不仅低于经合组织各国 6.1% 的平均水平，也低于 13.0% 的世界平均水平，更低于瑞典的 27.9%（参见表 3-28）。

表 3-28 可再生能源在能源结构中的比重比较

年份 国别	2000 年	2001 年	2002 年	2003 年	2004 年	2005 年
德国	3.1%	3.4%	3.8%	3.9%	4.3%	5.3%
瑞典	31.9%	29.1%	26.4%	25.9%	26.5%	27.9%
经合组织国家	6.1%	5.8%	5.9%	6.1%	6.1%	6.1%
全世界	13.7%	13.7%	13.6%	13.5%	13.3%	13.0%

资料来源：*OECD Factbook* 2007：*Economic, Environmental and Social Statistics*，http://www.oecd.org/site。

其主要原因是：（1）可再生能源价格昂贵、稳定性差、严重受气候制约。

---

[1] 王晓苏：《德国煤炭消费量居高不下——民众呼吁 2040 年退出煤电》，《中国能源报》2013 年 5 月 13 日，第 12 版。

[2] 郑红、管克江、刘歌：《德国 33 个城市遭欧盟警告》，《人民日报》2013 年 3 月 2 日，第 3 版。

（2）缺乏与之匹配的智能电网和输电线路，因为德国的可再生能源基地一般都远离消费地区。（3）发展潜力不大。（4）破坏景观视觉，造成土地贬值，影响旅游。（5）传统煤炭工业的干扰。2003 年德国修改《可再生能源法》时，煤炭业就曾与风能行业展开了激烈斗争，时任总理施罗德最后保证给石煤行业在 2006～2012 年再补助 170 亿欧元才通过了上述法案。（6）德国的天然气采购政策的干扰。德国与最大天然气供应商签订的供应合同期限很长，有些合同甚至签到了 2030 年，无法中途换成可再生能源。①

（五）能源结构改革矛盾重重

回顾第二次世界大战后德国的能源结构，人们会看到其有了巨大的变化，但业内人士更看到这种变化的特点：从增量变化（如扩大石油、天然气和核能）日益进入存量变化（如退出核能领域，压缩石油、天然气的进口和消费量，削减本土煤炭的开采量，提高石煤的进口量，增加可再生能源的产量和消费量）。这就涉及各行业、集团和芸芸众生的切身利益，他们就不能不各吹各的号，各放各的炮，很难形成一种共识，其突出表现在以下几个方面。

电价上涨。由于大力开发和使用可再生能源，电价大幅度上涨。仅从 2011～2012 年来看，电价就上涨了 10%。预计在未来 10 年内电价还要上涨一半。② 对此，民众叫苦不迭。

政府提出了发展可再生能源的雄心勃勃的目标，但缺少配套计划，智能电网、储存和分配系统、供电线路都没有落实。于是联邦政府各部门之间、联邦与州、乡镇之间相互争执、彼此扯皮的事件频频发生。③

煤炭业更是陷入多重两难境地：既要削减产量，又要补充因退出核能领域引发的能源不足；既要关闭现有矿山，又要将其改为绿色能源的生产基地；既要削减本土产量，又要扩大进口；石煤较少污染环境，但开采费用高，要削减本土产量，扩大进口；褐煤开采费用低，但污染环境严重，却要保产。

能源问题实际上涉及的是能源领域的结构问题，而每个能源领域又都有自己的利益集团，因此不同能源领域的兴衰实际上反映了该领域利益集团的兴衰。而大利益集团又都是依附于不同的政党，所以相关政党的"在朝"或是"在野"，是"兴"或是"衰"也就直接影响到这些利益集团，直接影响

---

① 陈海嵩：《德国能源问题及能源政策探析》，《德国研究》2009 年第 1 期，第 9～16 页。
② 管克江：《三大挑战考验德国能源政策》，《人民日报》2013 年 4 月 20 日，第 8 版。
③ 管克江：《三大挑战考验德国能源政策》，《人民日报》2013 年 4 月 20 日，第 8 版。

到能源各领域的"兴"与"衰"。"挺核"还是"弃核","保煤"还是"压煤"都是这一逻辑发展使然,在大选的前夕就更是如此。

德国的能源问题是同欧盟的能源问题,特别是同周边国家的能源问题密切相连的。以往德国用电高峰时,大量从邻国进口核电和火电,发电高峰时又向其输出风电。好在多年的做法已逐步成为常规,邻国大多已经适应。如今一变,邻国措手不及,于是怨声载道。

此外,目前世界的能源格局正处于巨大的变化之中,天然气正在成为最大的能源种类,特别是页岩气这一非常规天然气在美国的日益大规模开发又使德国的能源结构改革面临着新的挑战。

二 能源战略

德国面对特殊的能源禀赋、结构和问题,不得不一而再、再而三地提出、修改其能源政策。2010 年 9 月 28 日德国政府更是推出了其全方位的"能源方案"长期战略,规划直到 2050 年。

长期战略涵盖了能源的各个侧面,如可再生能源开发、能效提升、核电和化石燃料电力处置、电网扩充、建筑物能源、运输机车能源、能源技术研发、国际合作等方面。

然而 2010 年能源战略墨迹未干,便发生了日本福岛核泄漏事故。这对该能源战略中关于推迟关闭核电站的规定无疑是一个沉重的打击。于是德国政府赶紧对该"能源方案"再次进行调整,重申放弃核电,逐步关闭境内的核反应堆,到 2022 年彻底摆脱对核电的依赖;在 2020 年前把可再生能源的发电量增加一倍,达到 35%;2020 年在 1990 年的基础上减排 40%,2050 年减排至少 80%;减少能源消耗、提高能源效率,以 2008 年为基准,2020 年初级能源使用量减少 20%,2050 年减少 50%,能源生产率年均提高 2.1%,2020 年电力消耗减少 10%,2050 年减少 25%(参见表 3 – 29)。

表 3 – 29 德国"能源方案"战略主要远景目标

单位:%

项目	2020 年	2030 年	2040 年	2050 年
与 1990 年相比温室气体排放	– 40	– 55	– 70	– 80
可再生能源在最终能源消耗总量中占比	—	30	45	60
可再生能源在电力消费中占比	35	50	65	80

续表

项目	2020 年	2030 年	2040 年	2050 年
与 2008 年相比初级能源使用量	– 20	—	—	– 50
与 2008 年相比电力消耗量	– 10	—	—	– 25
与 2005 年相比交通部门最终能源使用量	– 10	—	—	– 40
与 2010 年相比建筑物初级能源使用量	—	—	—	– 50

资料来源：德国经济部、环境部"能源方案"。

能源战略强调"3E"目标，即能源安全（energy security）、经济效率（economic efficiency）和环境可持续（environmental sustainability）。[①]

由于德国本土能源生产远远满足不了需要，必须从国外大量进口能源，因此能源战略突出强调能源安全，尤其要重视新型能源、可再生能源的利用，同时要求能源进口的多渠道化。为保证能源供应的安全性，政府宣布，将继续保持石煤的核心采矿地位和褐煤的世界竞争力，要实现能源的节约高效和合理使用。

能源战略要求提高能源的经济效率和竞争力，使电力和燃气市场协调自由化，继续增加煤炭进口量，减少国内煤炭生产量；通过补贴逐步关闭亏损煤矿，利用专项基金来保证矿井关闭后矿工的再就业。

能源战略突出了能源领域的环保性，并指出这是能源政策的重点，要使用高效率、环保型、节约资源的火力发电技术，将进一步增加可再生能源的投资、开发和利用，使得这些能源在未来的能源生产中占有比较高的份额，政府将通过专项投资来促进和保证能源环保技术的发展，以促进德国企业环保技术的出口，为本国创造更多的就业机会。[②]

2014 年 3 月，德国政府通过"德国可再生能源改革计划"，对目前的可再生能源政策进行了"彻底改革"。

改革后的《可再生能源法案》（修订）（EEG 2014），被称为 EEG2.0，仍保留了 2012 年《可再生能源法》的整体架构。其核心举措如下。

降低补贴力度和设定侧重点。将可再生能源的平均补贴水平从当前的 17 欧分/度下调到 2015 年的 12 欧分/度，重点是要控制非水电可再生能源的补贴

---

① *Energiekonzept der Bundesregierung*，28. 09. 2010.

② 姜德义、刘春、金平、王国栋：《德国能源经济的变迁与能源政策的未来取向》，《中国矿业》2003 年第 6 期，第 25 ~ 27 页。

成本。补贴侧重更加经济有效的可再生能源类型（即陆上风电和光伏领域）。

实施市场导向型电价补贴制度，即可再生能源企业直销电和市场补贴金制度。这样生产可再生能源的企业就必须考虑这些电的市场需求，从而提高可再生能源和市场的整合度。而在过去，由于政策保证收购所有的可再生能源电力，导致新能源不顾市场供求，而过度增加市场供应，对批发市场造成较大的冲击。

对发电主体自用的发电部分也征收可再生能源附加费。

改革后的能源政策充分考虑了可再生能源与传统能源发展之间的矛盾，弥补了随着时间推移所浮现的政府补贴措施的不足，通过市场机制规范可再生能源企业。这标志着德国可再生能源的发展进入引导投资和重点扶持的新阶段。

三 压缩石油消费，使石油进口多元化

（一）德国石油的储量、产量和消费量

根据美国《油气杂志》的统计，德国 2005 年拥有的已探明石油储量共为 3.90 亿桶，主要产自北德平原及上莱茵谷地、阿尔卑斯山山前高原的零星油田，其中一半以上的产量来自北海潮汐平原的米泰尔普拉特（Mittel-plate）合资油田。

德国的石油储藏量很少，产量也很低，而且日益呈下降的趋势。1970 年本国产油量为 753 万吨，2010 年仅为 250 万吨，石油自给率也相应从 7% 下降为 2%。2011 年由于新油田投产、老油田增产以及技术进步，产量比上一年有所增加，达到了 260 万吨（参见表 3 – 30）。

表 3 – 30　1970 ~ 2011 年德国的石油产量

年份	1970	1980	1990	2000	2007	2008	2009	2010	2011
产量（万吨）	750	460	360	310	340	310	280	250	260

资料来源：综合相关数据，自行列表。

与储量和产量低相反，德国的石油消费量却不断飙升，1950 ~ 1970 年德国的石油消费便有了突飞猛进的发展，1970 年为 1.06 亿吨，1999 年达到 1.35 亿吨。其原因是：（1）世界油价低廉；（2）德国经济迅猛发展，人们希望使用便利、廉价的能源，尤其在燃料及化工原料等领域石油更显示出其超乎煤炭的优越性；（3）供暖由煤改为石油；（4）人民生活有了很大的改

善，使用以汽油为燃料的轿车的数量日渐增加；（5）自地中海及北海港口（热那亚、马赛、汉堡、威廉港）至德国南部和莱茵－鲁尔区的输油管道建成。于是石油占全部能源消费的比重便从 1950 年的 4.7% 迅速增至 1970 年的 53.1%（参见表 3 - 31）。

表 3 - 31　1970～1999 年德国石油供需情况的变化

单位：千吨

项目	1970 年	1985 年	1990 年	1992 年	1995 年	1997 年	1998 年	1999 年
本国产油量	7535	5900	4900	3900	2950	2870	2890	2500
石油进口量	98786	117600	120400	133500	100000	132000	131000	132500
石油消费量	106321	123500	125300	137400	102950	134870	133890	135000
进口依靠率（%）	93	95	96	97	98	98	98	98
储备天数（以纯进口量为基准）	–	96	133	116	119	118		117

资料来源：吴建藩：《德国石油储备的建设与管理》，《石油化工技术经济》2002 年第 2 期。

由表 3 - 31 可以看出，德国石油的进口依靠率从 1970 年的 93% 上升到 1999 年的 98%。

（二）实施能源品种多元化，减少对石油的依赖

1973 年的第一次石油危机和 1979 年的第二次石油危机后油价暴涨，形势迫使德国不得不采取坚决而果断的措施来实施能源品种多元化，减少德国经济对石油的依赖。

1. 设立并提高燃油税

德国在 1992 年 12 月 21 日制定了《石油税法》（*das Mineralölsteuergesetz*，2006 年被《能源税法》取代），1999 年和 2000 年又两次修改该法，提高燃油税水平，并规定今后将逐年提高燃油税。2000 年 3 月 29 日的关于修改石油税法的规定确定每 100 升无铅汽油（1 升汽油等于 0.722 公斤）在 2000 年缴燃油税 30 马克，2001 年缴 60 马克，2002 年更是提高到 46.05 欧元。

2. 实施税收差价，鼓励使用天然气

上述《石油税法》规定对天然气适用优惠税率，即每 100 公斤液化天然气在 2000 年缴税 7.4 马克，2001 年交税 14.8 马克，2002 年交税 11.4 欧元，2003 年至 2009 年缴税 15.2 欧元，都低于使用石油的税率。

3. 大力节约用油

德国打算以节能、使用天然气、开发可长期使用的可再生能源、扩大与俄罗斯及东欧国家的电力合作等措施来保证能源供应，不再提高并逐步缩小石油在德国一次能源消费量中的比重，同时强调，这一方针即便在控制煤及核能使用的同时也要坚决执行。

为了大力节约能源，德国政府特别强调要节约用油。在这一方针指导下，德国各大汽车公司都纷纷推出节能车型，以获得销售和盈利的新增长点。如德国大众汽车公司率先推出新波罗（Polo）车，该车每行驶 100 公里只需耗油 3 公升。德国政府还进一步要求在 2010 年前各种车型耗油都应控制在每 100 公里 5 公升以内。

采用了如此重大的举措后，德国的能源结构和对进口石油的依赖便发生了重大的变化。1970 年，本国的产油量约为 753 万吨，石油消费比重为 53.1%，到了 1997 年，便降为 287 万吨，石油消费比重也下降为 39.6%。

（三）逐步降低对中东地区和欧佩克成员国的石油进口依赖，实行石油进口多元化

然而即便采取了上述措施，2010 年德国仍是全球第八大石油消费国，消费量高达 1.057 亿吨，占世界石油消费总量的 2.7%，排在美国、中国、日本、印度、俄罗斯、巴西和沙特之后。其中绝大部分靠进口，占世界石油进口的 4.3%，成为全球第六大石油进口国，排在美国、中国、日本、印度、韩国之后。

长期以来德国的石油进口主要依靠中东地区和欧佩克成员国，其中大多是危机地区或是动荡地区。两次石油危机已经给德国连续敲响了警钟，然而直到 1980 年联邦德国进口的石油中 62% 仍然来自上述地区。于是德国便下大气力来解决这一问题。经过多年的努力，如今德国已经从俄罗斯、挪威、利比亚、英国、哈萨克斯坦等 26 个国家进口石油，从欧佩克的进口已经降至 18.2%。如 1999 年德国进口石油 1.1 亿吨，其中来自俄罗斯的为 2750 万吨，占总进口量的 25%；其次是挪威的 2600 万吨，占 23%；英国的 2000 万吨，占 18%；利比亚的 1500 万吨，占 13%。但德国媒体对从俄罗斯进口如此大量的石油依然非议不断。

（四）建立石油储备

从 1965 年起联邦德国就开始建立石油储备，要求各炼油公司及石油进口公司亦按此方针执行。1974 年联邦德国制定了《能源安全保障法》，规定政府和企业都必须建立石油储备。

1974 年开始德国便在北德平原的地下岩洞建立了 400 万吨规模的国家石

油储备基地。1976 年联邦德国加入了国际能源机构，开始按相当于上一年的 90 天石油净进口量来储备石油。1978 年 7 月 25 日联邦德国颁布了《石油及石油制品储备法》，决定建立石油储备体系。该法经数次修改，于 1998 年 4 月 15 日最后敲定，规定石油储备体系的责任还是回到保障 90 天的石油储备量。政府石油储备的动用完全由政府确定，控制很严，不轻易投放。2000 年国际油价暴涨，美国已决定动用其战略石油储备，德国企业和居民也希望政府效法美国开放战略石油储备，但德国政府仍然没有同意。

德国还规定，企业也应拥有石油储备，如炼油公司应拥有 15 天的储备，石油进口公司和使用石油发电的电站均应拥有 30 天的石油储备。

四　退出核能

联邦德国第一座核电站于 1966 年并网发电，最后一个修建的核电机组完工于 1989 年。在此期间联邦德国核能有了飞速的发展，但伴随着核能发展的却是日益高涨的反核运动，到 20 世纪 80 年代中期，在欧洲以德、法为中心就爆发了几十次总数近十万人的反核大游行。

1986 年 4 月 26 日切尔诺贝利核电站事故后，反核运动进入高潮。各国都有大批的反核人士强烈要求关闭核电站。

1998 年社民党和绿党获得大选胜利，它们在《联合执政协议》中就宣布要逐步关闭核电站。

2000 年 6 月 14 日红绿联合政府与能源供应大企业就两个目标达成协议，一是有秩序地结束作为经营性电力生产的核能使用，二是核电站在保留使用的期限内必须保证较高的安全水平。2002 年德国修改了《核能法》，决定到 2022 年彻底退出核能领域。

2009 年黑黄政府上台，开始考虑延长核电站的运营期，遭到强烈反对。2010 年 4 月便有 15 万人走上街头，抗议核电站"延寿"，9 月下旬柏林更是举行了一场大型抗议。但执政党仍然十分坚决地要把核电站延长，最长达 14 年。联邦议院议员裴佛认为，核能占德国电力供应将近 1/4，放弃这种廉价、低碳、当地的能源，"后果会非常严重"。[1] 这是因为联邦政府考虑到，核能计划如延长 8 年将为公共事业增加 210 亿欧元至 730 亿欧元的额外利润。政

---

① 王磊编译《德国的能源难题：默克尔要帮核电厂"延寿"？》，《中国报道》2010 年第 11 期，第 75 页。

府通过对这部分额外收益征税每年便可筹集到 23 亿欧元，可以用来降低财政赤字。2010 年 9 月 5 日黑黄政府与四大能源企业达成了延长核电站运营的协议，原则规定，7 座于 1980 年之前建造的核电站再延长运营 8 年，约在 2020 年退出，其余的 10 座核电站允许再延长运营 14 年。9 月 28 日联邦议院以 308 票对 289 票的微弱多数通过了该能源法。反对派当天就对此表示强烈抗议，议会中的反对党以及 9 个联邦州立即提起宪法诉讼。

2011 年 3 月 11 日日本福岛核电站发生核泄漏事故，联邦政府与有核电站的州的五位州长一起决定，首先由核安全委员会与相关负责的核管理机关对各核电站的安全进行检查，并通过伦理委员会（Ethikkommission）发布的《安全的能源供应》（*Sichere Energieversorgung*）推动社会对于核能使用风险的讨论。在此基础上联邦政府于 2011 年 5 月 30 日宣布，决定尽快关闭核电站，并于 6 月 6 日提交退出核能的一揽子法律修订草案，决定 2022 年前全面弃核，关闭所有的核电站。现在已经关闭了 17 座核电站中的 8 座，包括比布利斯 A（Biblis A）、比布利斯 B（Biblis B）、比伦斯比特尔（Brunsbüttel）、伊萨儿Ⅰ（Isar Ⅰ）、耐克维斯特海姆Ⅰ（Neckarwestheim Ⅰ）、菲利普斯堡Ⅰ（Philippsburg Ⅰ）、下威悉河（Unterweser）这七个核电机组，另有一座克吕默尔（Krümmel）核电站在此前就已经关闭，其他 9 座将在今后的 11 年里先后关闭，其顺序是：2015 年格拉芬莱茵菲尔德（Grafenrheinfeld），2017 年贡德雷明根 B（Gundremmingen B），2019 年菲利普斯堡Ⅱ（Philippsburg Ⅱ），2021 年格罗恩德（Grohnde）、贡德雷明根 C（Gundremmingen C）和布罗克多夫（Brokdorf）三座，余下的伊萨儿Ⅱ（Isar Ⅱ）、埃姆斯兰（Emsland）和耐克维斯特海姆Ⅱ（Neckarwestheim Ⅱ）三座也将于 2022 年底全部关闭。[①]

德国的弃核决定令国内外震惊，各方反应也不尽相同。其突出的问题是，到 2020 年德国要损失 89.4 亿度（1 度 = 1 千瓦时）的电，2011～2016 年核能税收入每年将减少 10 亿欧元，此外还有关闭核电站的经营亏损问题。专家估计，德国退出核能预计将花费 2300 亿欧元，其中增加新设备需要的费用为 2020 亿欧元，860 亿欧元给太阳能，460 亿欧元给风能，30 亿欧元给生物能。如果风能发电功率需要加大，还要增加 120 亿欧元的额外费用。为提高能源使用效率，也可能需要新投资 170 亿欧元，粗算需要约 2330 亿欧

---

① 摘自维基百科，2013 年 3 月 14 日下载。

元，如果加上风能的改进费用则需要 2450 亿欧元。① 这些能源和财政缺口如何来填补呢？

很显然，为了应对弃核带来的电力短缺，德国必须从邻国进口核电，从国外进口更多的天然气、煤炭和石油，还得提高国内煤炭发电的比例。这样至少会带来五大问题：（1）新增的能源进口费和减少的核能税收这样的财政窟窿如何填补，是举债还是拆东墙补西墙？（2）新增的天然气和石油显然将大部分从俄罗斯进口，这就必然会增大对俄罗斯能源的进一步依赖；（3）会推高其他国家的能源价格，从而给整个欧洲能源工业带来负担；（4）削减直至完全放弃核能这样的清洁能源，增加化石能源和石化能源必然使德国碳排放量显著增长，加大 2020 年实现减排 40% 目标的难度；（5）放弃本国的核能是为了安全，进口外国的核电又是为了填补弃核造成的电力短缺，那安全因素又在哪里？难道使用外国的核电就没有安全问题了吗？

很显然，德国决定弃核不仅影响了国内，而且影响到国外，影响到欧洲，影响到邻国，自然也就引起国外的不同反应。

欧盟现有 143 座核电站，分布在 14 个国家，核能占欧盟能源总量的 14%。其中，法国有 58 座核电站，英国有 19 座，德国有 17 座，瑞典有 10 座，西班牙有 8 座。德国弃核后法国、英国、波兰、捷克、斯洛伐克、芬兰和瑞典等国都公开表示将新建或增建核电站，法、英两国尤为坚决，而意大利、西班牙、瑞士等国则表示要步德国的后尘，逐渐弃核。

从欧盟各国对德国弃核的明确表态中人们看得很清楚，弃核的根本原因并不在于安全问题，否则为什么会有这么多的国家此次并没有跟着德国这个领头羊走，因为人们都会提出一个简单的问题：德国出于安全目的退出了核能领域，难道德国使用法国的核能就没有安全问题吗？这曾经也被默克尔斥之为"荒谬"②。但这样"荒谬"的事却实实在在地在德国上演着。

事实说明，用安全需要对弃核问题一言以概之实在是"荒谬"的，而仅仅运行了 13 个月就面临拆除的米尔海姆－凯利希（Mülheim-Kärlich）核电站就充分说明了这一点。③

米尔海姆－凯利希核电站隶属于德国莱茵集团（RWE），1986 年投入使

---

① 摘自《德国快讯》2011 年第 6 期。
② 管克江、黄发红：《德国弃核，无关安全》，《人民日报》2013 年 6 月 19 日，第 22 版。
③ 管克江、黄发红：《德国弃核，无关安全》，《人民日报》2013 年 6 月 19 日，第 22 版。

用仅仅 13 个月，法院就判定其选址计划变更违反审批程序，勒令其终止运行。该电站项目经理库尔特·泽斯特亨说："核电站采用的技术完全符合现代标准，拆除核电站完全是政治决策，并非受到安全因素左右。"[①] 这番话明确告诉人们，米尔海姆－凯利希核电站也好，德国其他的核电站也好，它们的"开""关"之争固然同能源结构转型有关，从根本上说，却完全不是安全与不安全之争，而是各党派怕失去民心、怕失去选票，是执政党和反对党政治博弈的一种反映。

国际能源署（IEA）也同样指出，放弃发展核电将会影响德国的能源安全、经济效率和环境的可持续发展：（1）能源供应投资中取消核能将会减弱供应多样性，增加能源进口依赖（尤其是天然气）；（2）在核能有效使用期内关闭核反应堆将会影响经济效率，而且不可避免地要增加新发电类型的短期投资；（3）在环境方面，核电不排放温室气体，有助于温室气体的减排。[②]

2013 年 6 月 27 日至 29 日第三届"面向 21 世纪核能部长级国际大会"在俄罗斯圣彼得堡举行，来自 80 多个国家和地区的近 600 名官员和专家出席会议。国际原子能机构总干事天野之弥在开幕式致辞中呼吁各国对核电前景保持乐观和信心，称核电是一种"久经考验"的能源方式，而且安全性正在增强，各国应当"充满自信"地面对核能的未来。目前，全球共有 434 台核电机组在运转，在建的有 69 台。他乐观地表示，今后 20 年至少增加 80 台到 90 台。[③]

五 科学使用煤炭资源

（一）德国的煤炭资源

世界上已探明可开采的煤炭资源高达 4200 亿吨，德国是世界上石煤和褐煤储量最大的国家之一，其煤炭的地质蕴藏量约为 2300 亿吨，应用当今技术可开采的煤炭约 240 亿吨，在各国煤炭可采储量排行表中列第 6 位。按照德国目前的开采规模，其煤炭储量可供开采 286 年，仅次于澳大利亚，列第二位。这是德国地质局过去对德国煤炭储量数十年来的统计。近十多年来，德国大大加强了对煤炭储量的调查研究，数据不断变动，而且变动的幅

---

① 管克江、黄发红：《德国弃核，无关安全》，《人民日报》2013 年 6 月 19 日，第 22 版。
② 陈海嵩：《德国能源问题及能源政策探析》，《德国研究》2009 年第 1 期，第 9～16 页。
③ 谢亚宏：《核电不能丢，仍然有前途》，《人民日报》2013 年 6 月 30 日，第 3 版。

度很大，如 2004 年统计只有 1.83 亿吨，2009 年统计为 67 亿吨，比 2004 年提高了数十倍；2010 年则统计为 407 亿吨，比上年增加了 6 倍，超过传统统计的 240 亿吨。[①]

德国煤炭分石煤和褐煤两大类。石煤埋藏深，井工开采，开采费用昂贵。褐煤埋藏浅，露天开采，开采费用低廉。

（二）德国煤炭业的变化

由于种种主客观原因，德国煤炭工业近几十年来发生了重大的变化，突出表现在结构、产量、就业人数和进出口上面。

1. 结构变化

几十年来，德国煤炭开采业一直进行着结构变革，矿山由 1957 年的 150个减少到 1980 年的 39 个，2001 年的 11 个，再到 2007 年的 8 个；产量由1957 年的 1.5 亿吨降至如今的 2400 万吨；职工人数也相应地由 60 万人减少到如今的 3 万人。[②] 这在德国工业界中是空前的，其中尤以 20 世纪 90 年代的变革最为剧烈，自 1990 年以来，煤炭开采量及就业人数均减少了一半多（参见表 3–32）。

表 3–32 德国最后 8 家煤矿

煤矿原名	Ibbenbüren	Hamm	Marl	Gelsenkirchen	Bottrop	KampLintfort	Duisburg	Ensdorf
煤矿中文译名	伊本比伦	哈姆	马尔	盖尔森基兴	博特罗普	肯普林特福特	杜伊斯堡	恩斯多夫
职工数（人）	2600	3300	4200	2900	4100	3800	3000	5300
年产量（万吨）	180	240	331	200	370	340	220	490

资料来源：《德国最后 8 家煤矿》，《汉堡晚报》2007 年 1 月 31 日，自行列表。

除数量结构发生变化外，德国煤矿的经营结构也发生了很大的变化。如鲁尔区的鲁尔煤炭公司（RAG）已发展成以煤炭开采为核心的国际康采恩采矿技术公司，推出了众多利润高、适销对路的新产品，并已占到公司营业额的 3/4，但公司 2/3 的就业岗位仍来自于开采领域。

---

① 中国煤炭资源网：《德国 2010 年煤炭储量是上年的 6 倍》，2011 年 6 月 10 日，http://www.ccoa.news.com/101773/103222/160301.html，最后访问日期：2016 年 1 月 25 日。

② （Verfasser unbekannt）：*Die letzten Zechen in Deutschland*，in *Hamburger Abendblatt*，31.01.07.

2. 煤炭产量日益下降

联邦德国成立后煤炭工业有了飞速的发展，1957 年煤炭产量达到顶峰。之后因石油和天然气的广泛使用和环保因素的日益提高，德国的能源结构发生了很大的变化，煤炭产量日渐下降。20 世纪 70 年代的石油危机造成煤炭业的短期回暖，德国统一后煤炭的绝对储量和产量也一时有所提高，德国决定弃核后煤炭业又出现了"新生"。但总体来看，煤炭的产量呈下降趋势，1996 年开采量为 4870 万吨，2000 年降为 3330 万吨，2005 年则降至 2600 万吨。

当前德国政府已经决定，今后将以每年开采 2000 万~2200 万吨煤炭作为长期的开采目标，这样一方面能保证煤炭产量的可持续性，另一方面又能保证经济及发展的需要。

3. 劳动生产率提高、补贴降低、成本降低、就业人数减少

为确保德国能源资源供应的稳定以及开采的适度，德国煤炭业的首要目标是提高劳动生产率、降低成本、重视发展高效企业、优化开采技术、不断协调井上和井下作业的流程。21 世纪初这一举措已日益显示出其优势。

以井下作业每班次的作业量计算，开采煤炭的劳动生产率已明显改善；自 1995 年执行煤炭补贴政策以来，煤炭的开采成本已下降了约 15%。1980 年，德国煤炭每人每班井下作业量及每个开采日每个矿井的开采量分别为 3948 公斤和 8723 吨，到 2000 年便分别提高到 6685 公斤和 9890 吨。[1]

德国政府自 1995 年起对本国煤炭的开采给予补贴，以平衡本国煤炭相对于第三国煤炭以及其他能源所处的竞争劣势和失业人员的补贴。根据 1997 年 3 月确定的煤炭协议，在 2005 年之前，德国政府对开采煤炭的补贴将不断减少，以降低实际成本，提高竞争力。1996 年，政府补贴为 52 亿欧元，就业人数 85000 人；2000 年，补贴减为 42 亿欧元，就业人数也降至 58000 人。[2]

4. 进出口变化

德国统一后石煤出口为 540 万吨，褐煤出口为 86 万吨，石煤进口为 1086 万吨，褐煤进口为 300 万吨。此后，石煤出口日渐减少，进口则日益增加，褐煤出口则无大变化，但进口减少；2000 年石煤出口仅为 33 万吨，进口却为 2387 万吨，褐煤出口 52 万吨，进口减为 186 万吨；2008 年石煤出口

---

[1] 中国驻德国大使馆经商参处：《德国煤炭现状分析》，载中国商务部网站。http://www.mofcom.gov.cn/article/i/jyjl/m/200207/20020700027583.shtml，最后访问日期：2016 年 1 月 25 日。

[2] 中国驻德国大使馆经商参处：《德国煤炭现状分析》，载中国商务部网站。

略有上升，为 52 万吨，进口却飙升至 4235 万吨，褐煤出口上升到 112 万吨，进口则下降为 12 万吨。

2001 年 1 至 10 月，德国共进口煤炭 3000 万吨，比 2000 年同期增长了 29.4%，进口的具体情况分别为：波兰 838 万吨，南非 460 万吨，澳大利亚 364 万吨，哥伦比亚 270 万吨，欧盟 246 万吨，独联体 209 万吨，中国 138 万吨，捷克 102 万吨，美国 90 万吨，加拿大 82 万吨，委内瑞拉 46 万吨，印度尼西亚 38 万吨，其他国家 116 万吨。[1]

2010 年德国煤炭进口又发生了变化，共进口煤炭 40855964 吨，其中俄罗斯 11133634 吨，占全部进口额的 27.25%；哥伦比亚 7859662 吨，占 19.24%；欧盟 5996315 吨，占 14.68%；美国 5713625 吨，占 13.98%；南非 3288132 吨，占 8.05%；澳大利亚 3001667 吨，占 7.35%；加拿大 871833 吨，占 2.13%；其他国家 1613547 吨，占 3.95%。[2]

2012 年德国共进口煤炭 4500 万吨，其中俄罗斯占 24%，美国和加拿大各占 21%，哥伦比亚占 20%，澳大利亚占 9%，波兰占 8%，南非占 4%。[3]

目前，德国煤炭进口量超过德国市场的 50%，并有继续增长的趋势，其原因主要在于：1. 本国煤炭开采量不断下降，国内煤炭供应的缺口在 3000 万吨至 4000 万吨；2. 自产煤价格过高，长期以来，德国自产煤的价格同国际市场价格之比始终约为 3∶1，而且德国生产企业一直感到进一步降低成本十分困难；3. 德国现行有关环保和空气保护的法律、法规严格制约了德国煤炭开采业的发展；4. 德国政府决定减少石油和天然气的消费并退出核能领域，因而不得不提高煤炭的消费比例。

（三） 新战略下的煤炭能源政策

1. 煤炭业 "新生"

面对新的能源态势德国政府认为，为了保障能源供应稳定，德国需要煤炭等基础能源，并决定，为了弥补风力和太阳能发电的不足，计划在 2020 年之前新增容量达 1000 万千瓦的火力发电站。

不少学者也纷纷发表论著，认为对德国来说，当前不应排斥煤炭资源，

---

① 中国驻德国大使馆商经参处：《德国煤炭现状分析》，载中国商务部网站。

② （Verfasser unbekannt）：*Deutschlands Kohleimporte*, www.quetzal-leipzig.de, abgerufen am 26.02.2013.

③ *Fakten und Zahlen — Vereinigung Rohstoffe und Bergbau eV*, www.v-r-b.de/pages/layout1sp.php? idpage=15, abgerufen am 26.01.2013.

而应加强技术改造，降低碳排放量，提高煤炭的能效。其中不少人还提出，煤炭工业的困难是暂时的，随着石油和天然气能源的逐步枯竭，煤炭将会进一步显示出其巨大的潜力。只要大力改进技术，提高煤炭的能效，煤炭肯定会重回第一能源的地位，甚至会焕发出前所未有的新功能。据路透社报道，行业协会 Debriv 2012 年的数据显示，虽然德国的绿色能源政策加强了对风能、太阳能等可再生能源的补贴，但褐煤的开采率依然维持在 5.1%，褐煤发电厂 2012 年贡献了约 159 太瓦时的电力，占德国电力生产总量的 25.7%。[①]"德国莱茵技术监督顾问有限公司"发电站专家鲁尔夫·施勒塞尔认为，只有传统的煤矿才是德国真正的自有资源，在可再生能源能够保障供给之前，它将是德国最安全的基础能源保障。"我认为，只有发展传统能源才能实现德国的能源转型，在未来，德国将继续需要传统能源"[②]。

据统计，德国最大能源企业意昂集团 2012 年上半年的燃煤火力发电量同比上升了 10%。排名第 2 位的德国电力工业巨头莱茵集团的燃煤火力发电量也同比增加了 12%。自默克尔宣布逐步关闭国内核电站以来，德国国内的燃煤消费量同比增长了 4.9%。[③]

2014 年 1 月 7 日德国电视一台《每日新闻》报道，2013 年德国褐煤发电创造了两德统一以来的最高纪录，褐煤发电量再次提高 0.8%，达 162 太瓦时。德国经济研究所（DIW）迪克曼（Jochen Diekmann）认为，这一发展趋势的原因一方面在于欧盟碳排放交易的二氧化碳排放权价格非常低迷，另一方面在于仅 2012 年就新建了相当多的火力发电厂，总发电功率达到 2743 兆瓦，而停止发电的老发电厂总功率为 1321 兆瓦。能源经济学家凯姆菲特（Claudia Kemfert）教授警告说，这可能是对"欧洲气候政策的致命一击"。

2. 建立新型火力发电厂

德国的多数发电厂已运行 25 年以上，个别设备已超过 50 年，必须陆续进行电厂改造和电网更新。而弃核政策的推行，直接导致燃煤火力发电的增多。莱茵集团近日正式在科隆近郊启动了采用最新技术的褐煤火电站，发电效率可达 43%。对此，德国环境部部长阿尔特迈尔（Peter Altmaier）赞赏

---

① 王晓苏：《德国煤炭消费量居高不下——民众呼吁 2040 年退出煤电》，《中国能源报》2013 年 5 月 13 日，第 12 版。

② 郑红：《德国火力发电获得"新生"》，《人民日报》2013 年 2 月 27 日，第 22 版。

③ （作者不详）：《德国推行弃核政策》，载中国投资咨询网，2012 年 11 月 22 日。http://www.ocn.com.cn/free/201211/dianli221028.shtml，最后访问日期：2016 年 1 月 25 日。

称，该电站不仅促进了减排，而且对能源的成功转换也做出了很大贡献，但碳排放多的问题仍然没有解决。因此，德国政府将利用欧盟提供的机会，促进拥有碳捕获和碳储藏技术的高效化石燃料电厂建设，发挥碳排放交易的作用，推动发电企业现代化，并希望 2016 年前能够实现。

3. 利用废弃煤矿建立水力发电厂

德国大批煤矿关闭，这促使不少企业家和学者思考如何利用这些废弃的矿区。总体的想法是将煤矿同清洁能源相结合，如鲁尔谷（RuhrValley）公司就在积极进行此类试验。而鲁尔煤炭公司（RuhrkohleAG，简称 RAG）已经计划在德国西部城市博特罗普的一处矿井生产环境友好型的清洁电力。其具体设想是，在距地面 1000 米深的大而空的矿井下，放置水力发电机，再利用地面现有湖泊的水，飞流直下千米，驱动井下的发电机，使其提供源源不断的电力。之后再将这些水抽回原湖泊，如此循环使用来生产电力。

六 大力开发可再生能源

德国的能源禀赋、结构和问题迫使人们不断考虑、研究、斟酌、拟定和调整其能源政策。经过多年的争论和比较，人们终于发现在开发可再生能源上存在最大的共识。于是可再生能源在德国便有了前所未有的发展空间。日本核电站事故发生后德国股市可再生能源企业股大幅度上扬，而核电站企业如意昂集团和莱茵集团的股票则大幅下跌。位于汉堡的太阳能生产厂 Conergy 的股票在交易开始后涨幅达 90%，此后仍然保持 60% 以上的涨幅，市值顷刻间翻了一倍。当日最大赢家还有太阳能世界（Solarworld）、Q-Cell 以及风能装置生产商 Nordex 等可再生能源企业。这些股票在日本核电站事故前已经连续数月大幅度下跌。[1]

（一）可再生能源的重要意义[2]

关于未来的可再生能源发展情况可参见图 3 - 37。

大量研究证明，传到地球的太阳能是人类能源需要的几万倍。联邦政府的研究报告也表明，到 2050 年可再生能源将保障 1/2 的能源消耗。斯坦福大学认为，世界要想转型到可再生能源，需要花费 1000000 亿美元，而要想保住核能和化石能源的花费则要大得多。德国航空航天中心（DLR）研究报

---

① 摘自《德国快讯》2011 年第 6 期。

② Wikipedia：erneuerbare Energien.

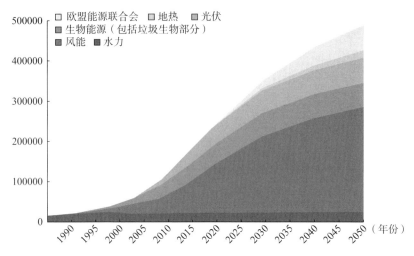

图 3 - 37   2050 年前德国可再生能源发展示意图 （单位：吉瓦时 GWh）

资料来源：可再生能源统计工作组，2012 年 12 月。

告更进一步指出，只需把北美和中东沙漠中 0.3% 的土地建成太阳能电站，就能生产出足够的电和饮用水。单靠蒙古的太阳能和风能就能满足中国的华东和朝鲜以及日本的需要。2020 年德国陆上风能就可满足德国能源消费的 1/5，只需国土面积的 0.75%；生物能源也可满足能源消费的 15%，但只需 370 万公顷土地，不存在与粮食争地的矛盾。

越来越多的专家认为，人类必须逐步摆脱对化石能源的依赖。这是因为据目前的估计，世界的石油耗尽需要 41 年，天然气需要 62 年，石煤需要 124 年。国际能源署也认为，2020 年石油将达到其最高开采额，这其中还包括非常规石油。如果单计常规石油，则其最高开采额早已在 2006 年达到。到 2030 年世界石油的产量将比 2012 年下降 40%，欧洲天然气的开采量从 2000 年开始已经下滑。

专家们还分析了不同能源的温室气体排放量，可再生能源生产中的 CO_2 要低得多。2007 年统计，褐煤发电厂每度电排放的 CO_2 为 1153 克，而水力和风力发电站每度电只排放 10.30 克 CO_2。

德国环境问题专家委员会 2010 年就认为，到 2050 年德国只需依靠可再生能源就能满足全部能源的消费，有人甚至认为 2030 年就可以达到这一标准。

在能源开发中德国强调可再生能源，在可再生能源中则更强调发展风能和太阳能，而不像过去更重视水能和生物能源。

（二）德国可再生能源的现状

从 2000 年至今德国可再生能源发展迅速，表现在下列几个方面。

1. 可再生能源发电总量增长

关于德国近年来可再生能源的发电情况可参见图 3 – 38 和图 3 – 39。

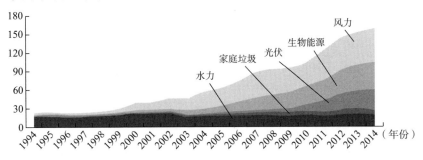

图 3 – 38 可再生能源总发电量的变化（单位：1 太瓦时）

资料来源：AGEB，AGEE Stat，2015.1。

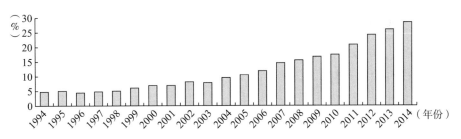

图 3 – 39 可再生能源占总发电量的百分比

资料来源：AGEB，AGEE Stat，2015.1。

2. 可再生能源占全部能源的比例提高

1990 年德国可再生能源在发电、供暖、燃料、占能耗比和占一次能耗比上在全部能源中的比例分别为 3.1%、2.1%、0.0%、1.9% 和 1.3%，到了 2011 年就飙升至 20.3%、11.0%、5.5%、12.5% 和 11.0%。其具体情况请参见表 3 – 33。

表 3 – 33 1990 ~ 2011 年德国可再生能源在全部能源中所占的比例

单位：%

领域＼年份	1990	1995	2000	2001	2002	2003	2004	2005	2006	2007	2008	2009	2010	2011
发电	3.1	4.5	6.8	6.7	7.8	7.5	9.2	10.1	11.6	14.3	15.1	16.4	17.1	20.3
供暖	2.1	2.1	3.9	4.2	4.3	5.0	5.5	6.0	6.2	7.4	7.6	8.9	10.7	11.0
燃料[1]	0.0	0.06	0.4	0.6	0.9	1.4	1.8	3.7	6.3	7.4	6.0	5.4	5.8	5.5
占能耗比	1.9	2.2	3.9	4.1	4.5	5.0	5.8	6.8	8.0	9.5	9.3	10.2	11.2	12.5

续表

年份 领域	1990	1995	2000	2001	2002	2003	2004	2005	2006	2007	2008	2009	2010	2011
占一次 能耗比[2]	1.3	1.9	2.9	2.9	3.2	3.8	4.5	5.3	6.3	7.9	8.1	8.9	9.9	11.0

注：1. 2002 年前指公路交通的燃料消费，2003 年起指整个发动机燃料消费，不包括飞行汽油、军用和内河航运的燃料消费；

2. 按效率法算出。

资料来源：可再生能源统计工作组。

意昂能源集团将在今后 5 年里建造 100 亿瓦可再生能源发电厂，这相当于 10 个大型煤电厂。莱茵集团也计划建造 170 亿瓦可再生能源项目。可以预见，德国的可再生能源还将获得进一步的发展。

3. 设备运营营业额提高

随着可再生能源日益广泛的应用，其设备运营的营业额也在不断上升，2011 年达到 138 亿欧元。其具体情况可参见图 3-40。

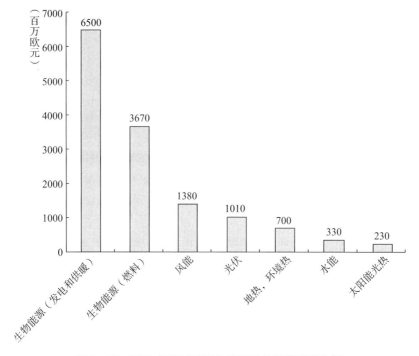

图 3-40　2011 年德国可再生能源设备运营的营业额

资料来源：联邦环境部，根据巴符州太阳能与氢研究中心的报告，2012 年 7 月。

4. 可再生能源领域就业率上升

德国的可再生能源的发展也为劳动市场做出了贡献。2004 年德国在可再生能源领域工作的雇员仅有 160500 人，到了 2009 年便增加到 340800 人，2011 年更达到 381600 人，增加了一倍多。今天在可再生能源领域工作的人已占德国全部就业人数的 1%。关于 2009 年德国可再生能源的就业状况可参见表 3 - 34。

表 3 - 34 2009 年德国可再生能源的就业状况

能源种类	生物能源	风能	太阳能	地热	水能	其他	全部领域
就业人数	128000	102100	80600	14500	7800	7800	340800
占比	38%	30%	24%	4%	2%	2%	100%

资料来源：维基百科的"可再生能源"，自行列表。

5. 电价上扬

可再生能源电价不断上扬，2009 年其每度电的电价为 1.2 欧分，2010 年提高到 2.3 欧分，2011 年进一步涨到 3.5 欧分，2012 年又微涨到 3.6 欧分，2013 年更是从 3.6 欧分飙升到 5.3 欧分，狂涨约 5 成。[①] 近期，德国能源局发布的电价预测显示，未来一年，德国普通的 4 口之家摊派到电费中的可再生能源税费将上涨 107 欧元，达到每年 417 欧元，而 2009 年仅为 77 欧元。[②] 尤其是海上风能发电价格昂贵，每度电高达 14 欧分，而且随着应用规模的迅速扩大，其附加费也随之扩大。与此同时，化石能源的价格由于主客观的原因上涨得更快，2012 年 8 月汽油和柴油的涨幅为 9.4%，暖气用油的价格甚至上涨了 13.5%。2014 年统计，每户德国普通家庭每年需要多支付 230 欧元的电费作为新能源费，而且还要涨。[③]

电价的上涨已引起德国政府的特别重视，它正积极采取措施来不断降低可再生能源的电价，适当提高石化能源的电价。

6. 温室气体排放量下降

使用可再生能源的重大利好就是降低了温室气体的排放量，仅 2011 年

---

① （作者不详）：《德国可再生能源政策剖析（上）——电价上涨过快，公平问题凸显》，摘自人民网-财经频道，2012 年 11 月 30 日。http://www.finance.people.com.cn/n/2012/11/28/c349962 - 19728113.html，最后访问日期：2013 年 7 月 24 日。

② 黄发红：《德国能源转型拉响警报》，《人民日报》2013 年 9 月 16 日，第 22 版。

③ 黄发红：《德国能源转型，效率公平难两全》，《人民日报》2014 年 7 月 25 日，第 22 版。

一年德国的温室气体排放量就减少了 1 亿 3000 万吨二氧化碳当量。

关于 2011 年德国通过使用可再生能源减少的温室气体排放量（单位：百万吨二氧化碳当量）的具体情况请参见图 3 - 41。

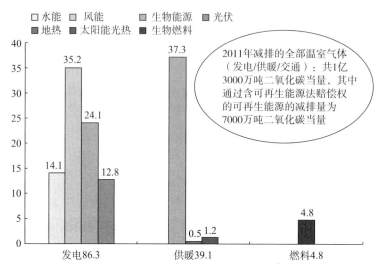

图 3 - 41　2011 年德国通过使用可再生能源减少的温室气体排放量

资料来源：联邦环境局，根据可再生能源统计工作组的报告，2012 年 7 月。

2014 年 12 月 3 日德国政府通过了 2020 年气候保护行动方案，决定在原先承诺减排的温室气体基础上追加减排 6200 万 ~ 7800 万吨二氧化碳当量，其中 2200 万吨将分配给电力领域，700 万 ~ 1000 万吨分配给交通运输领域，360 万吨分配给农业领域，300 万 ~ 770 万吨分配给工业、服务、贸易、垃圾处理等领域，150 万 ~ 470 万吨分配给建筑领域，剩余部分将通过国家能效行动计划来实现。[①]

（三）德国风能开发概况

风能被誉为 21 世纪的绿色能源，其开发利用越来越受到世界各国的重视。其中，2011 年全球风能总功效为 237670 兆瓦，2011 年新增风能总功效为 40564 兆瓦，2011 年全球风能的利用情况可参见图 3 - 42。

德国在开发可再生能源中尤其重视风能的开发，汉堡、下萨克森、不来梅、石荷以及梅前等北德 5 个州级政府达成共识，呼吁德国完全废弃核能，大力发展以风能为主的绿色能源。经过近几年的努力，德国的风能发电技术

---

① 管克江、郑红：《德国为能源转型目标再加码》，《人民日报》2014 年 12 月 5 日，第 22 版。

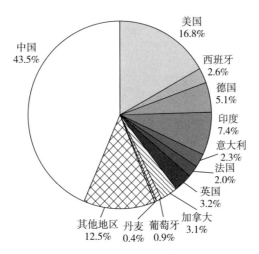

图 3 − 42　2011 年全球风能的利用情况

资料来源：全球风能理事会 2011 年风能报告，2012 年 7 月。

有了长足的发展。

风能设备迅速增加，供电量逐步提高，累计装机及发电量已稳居欧洲第一，约占全球份额的 20%；

风电设备制造业世界领先；

海上风电开始经营；

举行风能设备展会，成为该行业风向标。

关于 1990～2011 年德国风能设备发展的情况请参见表 3 – 35，关于 2007～2011 年德国风能每月供电的情况可参见图 3 – 43。

表 3 − 35　1990～2011 年德国风能设备发展的状况

年份	1990	2000	2005	2006	2007	2008	2009	2010	2011
设备数	405	9351	17474	18578	19344	20147	20965	21572	22284
是否达到设计能力	是	是	否	否	否	否	否	否	否

资料来源：可再生能源统计工作组，自行列表。

2010 年德国的发电风机总装机容量 3 万兆瓦（装机容量×运转小时 = 发电量）。海上风机发展较为滞后，仅 52 台，但装机容量较大，52 台达到 200 兆瓦。2010 年德国的风机总销售额占世界的 16.1%。当前德国一方面对陆上风机进行大规模的更新换代，另一方面则是大力发展海上风机，到 2030

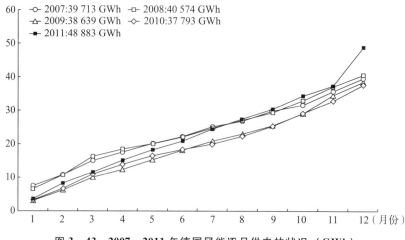

图 3 - 43 2007～2011 年德国风能逐月供电的状况（GWh）

注：1GWh 为 1 吉瓦时。

资料来源：可再生能源统计工作组，2012 年 7 月。

年海上风机装机容量将达到 2 万～2.5 万兆瓦，总投资额 1000 亿欧元以上。①根据德国联邦政府于 2010 年 9 月 28 日推出的"能源方案"长期战略，为探索经验，德国将先建 10 座海上风电园，为此复兴信贷银行已于 2011 年启动了总额为 50 亿美元的贷款。2011 年开始，德国政府将进一步完善法规，提高风电发展的要求。

（四）水能资源的利用

德国从 19 世纪末建设了第一座水力发电站，如今共拥有 677 座水力发电站，分为三大类型，即 585 座流水发电站、59 座蓄水发电站和 33 座抽水蓄能发电站，设计能力（即设计的装机容量）约 8000 兆瓦。所谓流水发电站就是利用河流的落差来发电。德国的河流众多，但落差大的却不多，主要集中在南部和西部的多瑙河、莱茵河和美因河，东部和北部则很少，设计发电能力为 2600 兆瓦；蓄水发电站则是靠建水库蓄水来发电，因此大多建在山区，数量也不多，全部蓄水发电站设计发电能力为 240 兆瓦；抽水蓄能发电站是把水抽到蓄水池来发电，33 座抽水蓄能发电站中 15 座拥有天然水源，总设计发电能力为 5200 兆瓦。

① 封兴良：《2022 年前全面弃核，德国能源政策面临转折点》，载新浪财经，2012 年 12 月 25 日，http://www.finance.sina.com.cn/hy/20121225/170914111518.shtml，最后访问日期：2016 年 1 月 20 日。

　　德国的水力发电站是可再生能源中起步最早的，目前已经开发了全部资源的70%，由于国土面积和地形、地貌的限制以及本身的特点，发展很平稳，没有大的起伏。1990年已经年供电15.7太瓦时，进入21世纪基本上稳定在20.0太瓦时左右，2012年仅占全部发电量的3.3%。关于1990~2011年德国水能资源使用的情况可参见表3-36。

表3-36　1990~2011年德国水能资源使用的状况

单位：吉瓦时

年份	1990	2000	2005	2006	2007	2008	2009	2010	2011
供能	15680	24867	19576	20042	21169	20446	19036	20956	18074
是否达到设计能力	否	是	否	否	是	否	否	否	否

资料来源：可再生能源统计工作组。

（五）开发光伏能源

　　进入21世纪，光伏能源得到极大的发展，尤以欧洲、中国、美国、日本和澳大利亚最为突出。

　　其中，2011年世界新增光伏电能力29.7吉瓦，欧盟新增发电能力21.9吉瓦。关于2011年全球及欧盟光伏产品的市场情况可参见图3-44和表3-37。

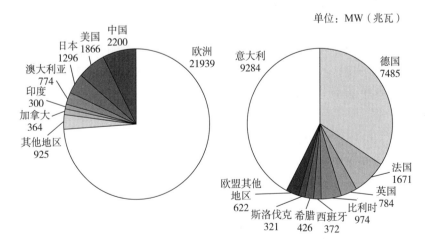

图3-44　2011年世界及欧盟新增光伏发电能力状况

资料来源：欧洲光伏业联合会，2012年5月。

表 3 - 37   1990 ~ 2011 年德国光伏资源供电发展状况

单位：吉瓦时

年份	1990	2000	2005	2006	2007	2008	2009	2010	2011
供能	1	64	1282	2220	3075	4420	6583	11729	19340

资料来源：可再生能源统计工作组，2012 年 7 月。

在欧洲的光伏产业发展中，意大利独领风骚，2011 年新建的光伏产业装机容量达到 9284 兆瓦，德国次之，为 7485 兆瓦。如果从光伏产业发电量的纵向发展看则德国的发展速度更为令人瞩目。1990 年德国的全年光伏产业供电量仅为 1 吉瓦时，但到了 2011 年就达到了 19340 吉瓦时，增长了近 2 万倍；2000 年德国的光伏供暖设备为 30 万个，2010 年就提高到 150 万个。

德国的光伏产业主要集中在巴伐利亚和巴符州，目前既面临挑战又面临机遇。[①] 形成挑战的是中国光伏业产品价格便宜，造成一些德国的光伏企业破产。其提供的机遇则是：一是投资增大，2011 年世界对可再生能源的投资为 2570 亿美元，其中的 1470 亿美元完全进入光伏产业；二是设备价格下降，从 2009 年 1 月到 2012 年 11 月德国的太阳能板价格就下降了 75%，中国的太阳能板价格更是降低了 81%，这就大大提高了该产品的市场竞争能力；[②] 三是德国光伏企业同中国光伏企业有着紧密的合作关系，往往是中国光伏企业的上游或下游企业。两国的光伏企业处于"一荣俱荣，一损俱损"的境地。凡此种种就决定了德国光伏企业在欧盟宣布对中国光伏业进行"双反"时的不同态度。向欧盟要求对中国光伏业实施制裁的是德国的光伏企业（如破产的太阳能公司），反对制裁的也是德国的光伏企业。由于反对的超出了赞成的，因此德国政府便采取了反对的态度，为中欧最终于 2013 年通过谈判友好解决该项重大贸易争端做出了积极的贡献。[③]

经过利弊的权衡，德国政府还是坚持继续发展光伏产业的路线，决定扩大对太阳能的利用和对光伏产品的生产，到 2020 年将太阳能电价的整体水

[①] 参阅夏汛鸽《生态市场经济——德国为例》，中国经济出版社，2015，第 121 ~ 128 页。

[②] Volkmann, Dirk: *Solarindustrie — Warum sie in Deutschland kaum eine Zukunft hat*, in Wirt-schaftswoche, 04. 01. 2013.

[③] 廖雷、郝亚琳、白洁：《温家宝：中德同意协商解决光伏产业问题》，来源："新华网"，2012 年 8 月 30 日，载新华网：http://news. xinhuanet. com/energie/2010 - 8/20/C - 12365 2547. htm，最后访问日期：2014 年 1 月 20 日。

平降低 50% 以上，2020 年在德国达到 52000～70000 兆瓦的装机总量，并把太阳能电价的补贴标准降到 2 欧分/度。

为了达到这一目的，德国规定，安装一套小型太阳能设备，不仅可以得到一笔安装补贴，还能通过并网发电获得固定收益。

（六）开发生物能源

德国的生物能源是可再生能源中种类最为多样的能源。它既有固体的，也有液体的和气体的。它既可发电，也可供暖，还可作为燃料。2010 年生物能源占到了德国全部电力消费的 5.5%，供暖需求的 8.73% 以及燃料消耗的 5.8%。

德国生物能源的潜能较大，但也有限。农林业中有 1700 万公顷的土地可以提供生物能源，其中 1200 万公顷是农田，500 万公顷是牧场。此外，还有 1100 万公顷的林地可以提供生物能源。

生物能源中最重要的是木材，近 20 年来其需求一直在增长，如今每年约为 1.3 亿立方米，其中 7700 万立方米作原材料用，5300 万立方米作为能源使用。此外就是靠农业，它是提供生物能源的第二大户。2011 年德国的全部农田中有 17%，即近 250 万公顷，是用来生产生物能源的。其中种植油菜的达 91 万公顷，提供生产沼气用的有机质的为 80 万公顷，种植生产生物乙醇植物的面积为 25 万公顷，种植所谓工业植物的面积为 30 万公顷，还有进一步发展的潜力。此外，可以进一步开发的生物质潜能达 1240 千万亿焦耳（3600000 焦耳＝1 千瓦时），其中包括森林和工业剩余木材、小材、秸秆、生物废料、积淤气体、沼气、垃圾填埋气体、能源植物和固态粪便等（参见图3-45）。

近 20 多年来生物能源得到了迅速的发展，今天它已经成为德国的一个重要的能源行业。1990 年它提供的能源仅为 1434 吉瓦时，2011 年已经达到 36870 吉瓦时，增长了 24.7 倍。2010 年在该领域就业的人员已经达到 122000 人，营业额为 79.2 亿欧元（参见表3-38）。

（七）开发可再生能源的问题和困难

目前开发可再生能源还存在巨大的瓶颈障碍。一是输电网络的扩建，专家预计未来 10 年德国需要投资 200 亿欧元；二是需要开发电力存储技术，以保证电力的正常供应；三是海上风能发电投入巨大，每千瓦时的电价高达 14 欧分，其发电成本是煤电成本的两倍。

生物残余物与废料数 = 森林剩余木材和小材 + 秸秆 + 动物粪便

　　　　　　　　+ 工业剩余木材 + 沼气和垃圾掩埋气体

全部生物质潜能 = 生物残余物与废料数 + 能源植物

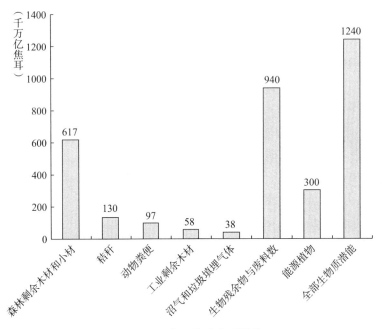

图 3 – 45　德国的生物质潜能

资料来源：可再生能源统计工作组。

表 3 – 38　1990～2011 年德国生物能源供电发展状况

单位：吉瓦时

年份	1990	2000	2005	2006	2007	2008	2009	2010	2011
供电	1434	4737	14025	18685	24281	27531	30341	33866	36870

资料来源：可再生能源统计工作组，2012 年 7 月。

　　能源价格对各企业经济竞争力起到关键性作用。能源费用目前占德国水泥企业生产总值的 20%，化工业的 10% 以上，钢铁业的 9%。德国化工企业巴斯夫集团董事长贺斌杰（Jürgen Hambrecht）警告说："如果完全使用绿色能源，德国将面临非工业化风险。"[1] 绿色能源将导致生产成本大幅上升，仅

---

[1]　胡小兵：《综述德国大力推动新能源建设》，载新华网，2010 年 10 月 11 日，http://news.xin-huanet. com/world/2010 – 10/11/C_13551397. htm，最后访问日期：2016 年 1 月 20 日。

以德国化工业为例，能源价格每增加 1 欧分，整个化工行业就增加负担约 10 亿欧元。

七 德国能源政策的基本经验与未来重点

德国的能源具有自己的特殊禀赋、特殊结构和特殊困难。这就迫使德国历届政府特别重视能源问题，不断拟定和调整自己的能源政策。尽管问题和错误不断，但成功之处也给人留下了深刻的印象。正是在这些成功与失败的基础上德国拟定了今后能源政策的重点。

（一）注重法律、制度的建设

德国在能源问题、节能减排、可再生能源和低碳发展的许多方面都取得了很大的成功，在沼气、风能、太阳能、电动汽车、生物质能等方面都拥有世界最先进的技术，成为新能源技术领域的先驱。这与德国政府颁布的多部法律和出台的一系列相关政策有很大的关系。

德国是个法治国家，它的一切重大的政策行动都以法律为依据，在能源问题上立法尤多，除前面涉及的有关法律外，这里要重点介绍一下有关发展新能源的法规。

1991 年德国出台了第一部促进可再生能源利用的《可再生能源发电并网法》，2000 年 4 月 1 日《可再生能源法》生效，它为改变德国的能源结构打下了基础，接着又通过了《可再生能源优先法》、《可再生能源热能法案》、《生物燃料配额法》、《可再生能源供暖法》和《建筑节能法》等。修订后的《可再生能源优先法》对可再生能源发展具有很大的推动作用。同时，德国政府相继出台了生物燃料、地热能、生态税等有关可再生能源发展的联邦法规，在近年的立法或修订中制定了有关优惠和促进可再生能源使用的条款。2004 年德国政府又出台了《国家可持续发展战略报告》，专门制定了《燃料战略——替代燃料和创新驱动方式》，其目的是减少化石能源消耗，减少污染，减排温室气体。《燃料战略——替代燃料和创新驱动方式》提出了优化传统发动机、合成生物燃料、开发混合动力技术和发展燃料电池四项措施。这些法规、政策确定的各种优惠和补贴有力地促进了可再生能源利用的不断增长。根据 2007 年 11 月公布的欧盟法令，德国也制定了关于二氧化碳捕获、运输和封存的法律框架，引导低碳发展，倡导低碳生活。各州和城镇政府也都制定了不同的节能减排、低碳发展法规和相关促进措施，作为对联邦法规、措施的补充。到目前为止，全德国大约有 8000 余部联邦和各州的环境法律和法规，还有欧盟的 400 多部法规在德国也具有法律效力，从而形成了全方位的能源和环保的循环经济法律体系，保障了节能减排与低碳发展，把可再生能源和循环经济思想扩展到了所有生产和消费环节，强调尽量节省资源、能源，避免和减少废弃物在源头的产生，对废弃物进行最大限度的再利用，对无法再利用的进行最终环保处置。

此外，政府还十分重视激励机制的建设，先后出台了各种资助和补贴计划，如"市场激励计划"在 1999 年 9 月到 2005 年 12 月间就提供了 5.88 亿欧元的各类激励和补贴用款，从而带动了 42 亿欧元的投资规模；1998 年提出用 6 年的时间投资 9 亿马克来启动"10 万太阳能屋顶计划"，到 2003 年太阳能电池板的安装总功率已达 350 兆瓦；政府每年拿出 5 亿欧元来支持存量建筑物的节能改造；政府还提供新设备投资补贴、可再生能源利用补贴、税收优惠和融资政策支持，降低可再生能源发电费用，实现可再生能源低成本持续增长，无限期维持可再生能源优惠电价政策等。德国政府还就海上风电园建设建立招标机制，改革固定费率优惠方式；探索建立可再生电力消费法规，以降低电网物理负荷；建立供热合约，为供热合约建立统一框架，以便在租赁房产领域也实现节能，从而更有效地揭示价格形成过程中的潜在缺陷，促进竞争和保护能源使用者的利益。

(二) 重视研发和科技创新

德国政府十分重视能源开发的研究。从 1977 年至今，政府先后出台了 5 期能源研究计划，2005 年开始实施的计划以能源效率和可再生能源为重点，目标是强化未来德国公司在技术市场上的领导地位；2007 年制定了"气候保护高技术战略"；2011 年启动了"综合性能源研究计划"，该计划一直持续到 2020 年。其研究重点是可再生能源、能源效率、能源储存方式和电网技术、可再生能源融入电网等。此外，政府也很注意推动长期技术选择方面的研究，支持德国申请者参与和开展欧盟的研究项目，对明显以欧盟为目标的研究项目，将予以优先关注（参见图 3 - 46）。

德国在节能环保产业项目的持续研发获得了重大的成果，其环保产业中的环保技术和设备在世界市场的占有率高达 21%，居世界第一位，并在能源技术的研发上取得了骄人的业绩。

1. 促进和发挥碳捕获和碳储藏技术作用

当今最好的能源政策就是保护环境政策，关键就在于如何解决碳排放的问题，具体来说，就是要解决碳捕获和碳储藏的技术问题。在这方面德国政

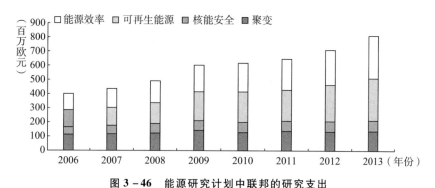

图 3 - 46　能源研究计划中联邦的研究支出

资料来源：联邦能源研究报告 2014。

府特别采取了以下措施：（1）起草了规范整个碳捕获和碳储藏产业链的法规草案，要求其通过示范项目提供经验；（2）规划工业二氧化碳储藏项目，为碳捕获和碳储藏技术的商业化提供支持；（3）研究将二氧化碳用作原材料的机会，特别是用作可再生能源原材料的机会；（4）制定了开展地热工作的计划，揭示碳捕获和碳储藏的使用和地热利用之间的冲突。

2. 建造高效电网基础设施

（1）建立电网联络合作平台，保证所有当事方能就电网扩充问题充分交流信息和认识；

（2）提升电网基础设施，加快电网扩充速度，制定全德范围内 2050 年电网目标形成的战略性规划和《电网扩充法案》，实施电网扩充规划；

（3）实施电网智能化，安装智能电表，形成智能化网络和管理系统；

（4）将海上风电接入电网，在北海形成海上电网，实现北海和波罗的海海上风电园群电网的连接；

（5）开发抽水蓄能电站潜力，进一步解决其建设的技术问题。

3. 提升电力储存能力

由于可再生能源发电波动性大，需要开发各种不同电能储存方式以保证随时获得电能供应。大力加强电能储存新技术的研究，如压缩空气储存、氢储存、电动车电池储存等；要研究通过促进生物质发电投资和提升生物质发电质量来平衡风能和太阳能发电的波动；加强与国外的合作，在外国开发电力储存能力。

4. 大力发展风电技术

从 1994 年起，德国把科技政策支持的重点集中在发展风电技术上，每年的投入近 1 亿欧元。其目标是：建立覆盖全国的风能参数测评系统；大幅降低风机制造费用，在过去 10 年中降低了 50%；使风机大型化以降低风电生产成本；"以大换小"、实行行业兼并，大幅度提高风电产业集中度和综合经济效益及环保效应。2002 年更是出现了一次并购和联合的高潮，46 家生产企业只剩下 12 家在继续生产，发电量、营业收入和从业人员逐年攀升。

5. 提升建筑物能源方式和效率

建筑物占德国能源消耗总量的 40% 左右，占德国二氧化碳排放总量的 1/3 左右，3/4 的德国建筑物存量是建在实施《隔热条例》的 1979 年之前，因此建筑物节能潜力巨大。德国要求到 2050 年所有建筑物存量都实现气候中性，到 2020 年建筑物供热要减少 20%，到 2050 年建筑物初级能源需求要减少 80%。

6. 应对运输机车能源挑战

德国政府强调要用环境友好型运输方式来取代以前的各种运输工具，2011 年开始推行电动车标识管理，提升天然气动力车占比，就第二代生物燃料技术市场化开展示范项目，在铁路轨道交通和内河船运中使用生物燃料，研究减少运输中化石燃料的温室气体排放，要将货运重心特别转移到对环境更友好的铁路上。

（三）提高能源效率

德国的能源政策不仅强调开源，而且重视节流，强调提高能源效率，采用了一系列突出的举措。

1. 提升家庭和机构消费的能源效率

推动社团和民众提高能源效率的自觉性和责任感，政府提供必要的经济激励和信息帮助；建立法规，将能源效率规定为公共产品合同授予的衡量标准；开发和促进能源服务市场，加强能源服务市场监控，向社会公众提供市场信息；发起能源效率行动，提升能源价格水平，促使公众节约能源；在汽车、其他产品和建筑物等领域推进透明能源效率标识。

2. 开发工业能源效率潜能

研究证明，通过改善能效，德国工业具有每年可以节约 100 亿欧元的潜力。政府支持工业部门充分挖掘潜力，从 2013 年开始，政府将持续向大型高能效企业实施税收减免，要求中小微企业参加适当基金项目以提升能效。

3. 设立能源效率基金

以消费者、企业、政府为渠道或对象多途径开展提高能效工作。（1）为消费者提供信息和建议，为私人家庭开展节能节电检查，为建筑物核定颁发能效证书；（2）支持能效市场，为企业引入诸如发动、驱动、制冷等方面的高效率交叉应用技术，面向企业特别是小企业推出能源管理系统，与企业社团一道建设工业能效工作网络，为提升能效创新技术提供更多资金；（3）政府要努力促进能效创新，开展样板项目，资助信息公开和培训。

（四）利用市场机制引导、促进节能减排和低碳发展

为促进节能减排和低碳发展，德国尽管实行了许多强制性政策，但其立足点还是放在充分利用市场机制上。这些政策如下。

通过价格变化引导企业降低能耗；

通过排污总量控制和排放权交易理顺资源的价格形成机制；

通过准入机制、交易机制和退出机制促成节能和低碳发展；

对家用电器进行能效分级，并要求商品必须贴上节能等级标签，具有环保节能标签的商品在市场上得以畅销；

商品包装上印有统一的"绿点"标志，以便系统地回收包装废弃物；

实施强制光伏上网定价，对风能、生物质能、太阳能、沼气、垃圾及填埋气体发电予以财政补贴、税收优惠、上网政府定价、确保并网等政策，使光伏、可再生能源市场得到快速发展；

通过增加生态税的方式减少化石燃料的使用，从2003年起对无硫燃料征收的燃料税比含硫燃料的税率低1.5个百分点；

提供贷款优惠对现有建筑进行节能改造，对采用新型技术、节能效果明显的还提供一定的补助。

（五）加大对可再生能源的投入

德国的能源政策是全方位的，但重点十分突出，那就是开发可再生能源。这尤其表现在全力扶持、加大投入上（参见图3-47）。

德国政府对可再生能源的发展可以说是竭尽全力，通过各种途径来加以资助。例如它充分利用财政支出、融资支持、税收优惠、价格补贴、消费鼓励等经济杠杆推动可再生能源的发展，如投资补贴、税收、贷款优惠及实行保护电价，力争使《可再生能源法》支持的对象成为普通市场主体。它还加大研究可再生能源供电企业如何在固定优惠电价和市场性直接销售之间进行自由选择。它还注意消除可再生能源进入能源市场可能的障碍，改善电网负荷管理，为高能效消费者适应电网波动提供便利。其中最为突出的当然是加大对可再生能源开发的直接投资。

图 3－47 2004～2011 年德国对可再生能源设备的投资

资料来源：联邦环境部，根据巴符州太阳能和氢研究中心的报告，2012 年 7 月。

在这方面德国很抢眼，2004 年德国对可再生能源的投资仅为 88 亿欧元，2009 年便达到 200 亿欧元，占世界可再生能源投资的 4%。2010 年更比 2009 年增加 79 亿欧元，达到创纪录的 279 亿欧元。

八　加强国际合作

德国位处中欧，是欧盟的一个重要成员国，欧盟也特别重视能源问题，因此德国的能源政策就不可能脱离欧盟而独立存在。相反，德国必须加强同欧盟及其成员国的能源合作，特别是其与欧盟邻国的能源合作，尤其是在执行气候保护协议、欧盟能源政策、能源及能源产品市场建设等方面的合作。[1]

其实，欧盟的成立就是从能源合作开始的，1952 年成立的欧洲煤钢共同体和 1958 年成立的欧洲原子能共同体都是直接或间接涉及能源问题的，但一直没有一个宏观的、全方位的能源战略。1983 年终于开始了前期的准备工作，主要是研究欧共体的能源政策和能源权力，1986 年 12 月 9 日有了第一个决定，即关于进一步发展新能源和可再生能源的决议，此后又没有了大的

---

[1]　孙晓青、崔巍：《欧盟能源供应安全战略》，载中国现代国际关系研究院经济安全研究中心编《全球能源大棋局》，时事出版社，2005，第 202～224 页。

举措。随着能源问题的日益突出，欧盟也感到需要有自己的能源计划。2006年欧委会终于提出了一个关于《可持续、有竞争力和安全的能源供应》的绿皮书，2007 年 1 月又推出一个欧盟的能源战略，3 月欧洲理事会（der Europäische Rat）原则上通过了该战略并颁布了一个行动计划，其核心就是"3 个 20%"目标，即在 1990 年的基础上，到 2020 年欧盟各国要将温室气体的排放量减少 20%，能源效率提高 20%，可再生能源占全部能源消耗的20%。2010 年 11 月，欧委会进一步拟定了 2011～2020 年的欧盟能源战略和2020～2030 年的能源基础设施计划；2011 年 2 月，欧洲理事会确定了今后能源发展的重点，12 月欧委会提出了最新的 2050 年能源行动计划，到时要将欧盟的温室气体排放量削减 85%～90%。[①]

可以说，欧盟的能源计划是雄心勃勃的。德国不仅不能脱离欧盟的能源计划而自行其是，而且应该加强同欧盟的合作，充分利用其有利的条件来发展自己的能源建设，因为欧盟的能源战略非常符合德国的能源战略和利益。

（1）充分利用 2009 年 12 月生效的《里斯本条约》的权威，支持欧盟能源政策一体化，支持建立能源内部大市场，充分发挥德国在能源产品方面的竞争优势，扩大与中东欧邻国合建的电力自由市场；支持全欧电网建设，支持电力储存技术的开发，制定共同技术标准，加强与法、比、荷、卢在"五方能源论坛"框架下的合作，加强同挪威以及阿尔卑斯山地区欧洲伙伴的电力储存合作，以避免出现电网瓶颈，既可以扬德国电网建设之长，又可避本国电网波动之短。

（2）支持《里斯本条约》强调的能源供应安全性及相应的举措。当前欧盟和德国都面临相同的问题，一是按现有价格欧盟和德国都很难获得足够的石油和天然气供应，二是能源的基础设施难以保证提供足够的能源，三是德国弃核形成了能源缺口，需要从欧盟其他成员国输入，而且德国一直同邻国保持着互通电力丰歉的做法。

（3）贯彻欧盟提出的能效规则，支持欧盟设定的 2020 年将欧盟能效提升 20% 的战略，以本国已经获得的先进技术为标杆，进一步推动本国节能减排技术的研究和出口，更新欧盟产品标准。

---

① Bundesministerium für Wirtschaft und Technologie：*Europäische Energiepolitik*，www. bmwi. de > Startseite > Themen > Energie > Energiepolitik，abgerufen am 04. 08. 2013.

（4）坚持欧盟碳排放交易标准、限额和分配规则，以提高本国碳排放权拍卖的比重。

（5）支持欧盟重视开发可再生能源的宗旨和行动，因为这符合德国的能源战略。经研究，德国今后仍然需要进口相当比例的可再生能源才能保证其能源的供应，德国甚至已在制定一个关于地中海太阳能开发的长期战略。

（6）要充分利用欧盟提出的"能源外交政策"及"能源和资源"伙伴行动框架，来促进本国能源经济的发展，保障本国能源供应的安全，推动本国能源外交政策的开展。所谓欧盟"能源外交政策"主要是指超越欧盟范围的能源政策，对象既可是外国企业，也可以是外国政府和国际组织。其内涵主要是指保障能源供应的安全、出口能源技术、提高能源效率和完善内部能源市场的法律框架。德国政府将充分利用这一机遇，同非欧盟国家就原材料和能源高技术主题展开对话，以建立双边和区域的"能源和资源"伙伴关系，共同研究提高能源效率和促进能源技术交流，进一步保证欧盟和本国能源与资源的安全，支持能源供应多样化的基础设施项目。这对提升德国的国家利益是十分有利的。

第十三节　环保政策

一　德国环保政策的发展

德国的环境保护政策源远流长，它可以追溯到公元 1500 年，在德意志土地上首先出现了《森林法》。但这样的一段历史由于德国处于分裂状态很长时间是中断的，到了魏玛共和国时它才得以续写。1920 年，德国建立了首家自然保护公园。1949 年联邦德国成立后，除去零星地推出了一些环保法外并没有对环保问题过多关注。可以说在这四百多年的德国史中，几乎没有留下什么重要的环保记载。值得一提的有两件事：德国经济学家欧肯首次提出了气象保护问题；勃兰特（Willy Brandt）作为一个政治家于 1961 年首次呼吁鲁尔区的"天空必须再次变蓝"。①

1969 年被公认为是德国环保政策的诞生年，因为正是首届大联合政府首

---

① 张婧：《浅析德国环境政策演变的原因》，《中共贵州省委党校学报》2009 年第 6 期，第 111～114 页。

次启动立法程序，推出一系列的环境政策规划方案，并对相关组织机构进行改组，设立环境问题专家理事会与环境专家委员会，成为德国环境部门的咨询单位。新的环保政策虽说受众不少，但应者仍是寥寥，于是环保政策又回到了冬眠状态。

20 世纪 70 年代中期情况有了急剧的变化，首先是世界发生了一连串的重大环境灾害，绿色组织、环保政党和环保非政府组织纷纷崛起，生态和环境问题成了德国政治及社会的重大问题。

从 20 世纪 80 年代中期起，整个德国逐渐接受了环境、生态保护和绿色经济意识，这主要表现在两个方面，即公众的环保意识和政府的环保政策及行动。德国统一后，面对新州更为严峻的环保局面，联邦议院终于把"保护自然生存基础条件"写进了《基本法》第 20 条 A 条款，庄严声明，"国家应该本着对后代负责的精神保护自然生存基础条件"。从此环保问题便有了相应的最高法律基础，日益成为德国政治生活的一个重要话题、议题和主题。

二 环保问题从"灰姑娘"转变为"太子妃"的原因

只要去过德国的人都会被那里湛蓝的天空、洁净的湖水、葱绿的森林和清新的空气所陶醉。然而很多人却不知道这是一种痛苦的纠错结晶。人类在自身的发展中遭受过大自然的无数次折磨，也无数次地伤害着大自然的血脉，但长久以来却没有感悟到环保的重要。德国也同样如此，二战后为了迅速改变破败的山河、衰微的经济，德国的男女老少卧薪尝胆重建家园，不仅没有考虑到自己的生产活动对环境的严重破坏，甚至对保护环境还产生过抵触情绪，环境政策被看作抑制经济发展的重要因素。

于是鲁尔区上空黑烟缭绕、北海内死鱼成群、黑森林里病树片片、北威州原野酸雨绵绵。北海（Nordsee）因而被称之为"凶杀之海"（Mordsee），而围绕莱茵河的污染问题，人们则编出了众多的笑话。其中一个是：1976 年夏天，警察从河里救出了一个怒不可遏的男子。他大叫："我在游泳！谁要你们来救我？！"而警察却认为他是在自杀，因为莱茵河的毒性太大了。另一个笑话是：那时莱茵河沿岸企业把工业废水直接排入河中，致使河流污染严重，把照片底版扔到莱茵河里都能显影。德国驻华大使柯慕贤（Michael Clauss）坦承了这一史实，他说："上世纪 60 年代，德国工业增长也曾带来严重的环境污染，德国也曾经历过雾霾的严重困扰，并付出了沉重的代价。"①

当时，人们能够看到环境问题是人类与自然界矛盾冲突的结果，却找不到一套理论和政策来应对生态与经济之间的矛盾。这也就是德国朋友谆谆劝告我们千万不要走"先污染，后治理"的心路历程。但真理总是能够寻觅到的，而随着真理的获得，环保问题也就从"灰姑娘"华丽转身成了"太子妃"。

（一）重大的环境事件推动了环保事业的前进

显然，德国走过的道路几乎是一切发达国家的必经之路。然而大自然的惩罚毕竟是太残酷了，以至于人们不能不严肃地加以面对，如欧洲森林死亡事件、切尔诺贝利和福岛核电站泄漏事件、热带雨林遭破坏、臭氧层空洞、气候变暖等。于是现代环境运动也就应运而生，例如美国海洋生物学家蕾切尔·卡森（Rachel Carson）于 1962 年出版了《寂静的春天》，对美国在农业方面滥用杀虫剂所导致的严重环境污染问题进行了猛烈的抨击，② 揭开了人类史上的第一场生态革命的大幕。1966 年，美国经济学家鲍尔丁提出了"宇宙飞船经济理论"，将人类生活的地球比作太空中的宇宙飞船。人口和经济的不断增长，最终会使这艘小船内的有限资源消耗殆尽。③ 此后各地的现代环境运动和生态革命运动便如火如荼地开展起来。20 世纪 70 年代前后，国际环境运动和环境政策的实施不断升温，这在欧洲和联邦德国均产生了深刻的影响。例如德国黑森林地区南部的武塔赫峡谷（Wutachschlucht）内要建造一座大坝；下萨克森州大克乃西特浅滩地（der Große Knechtsand）本是翘鼻麻鸭每年换羽季节的栖息地，但二战后成了英国皇家空军的投弹训练区，翘鼻麻鸭的生存栖息也因此受到了干扰。④ 这都引起了广大群众的不满和反对，进而推动了现代环境运动的发展。

为纪念"地球日"的诞生，1970 年 4 月 22 日，美国举行了一场声势浩大的环保游行，参加人数达 2000 万人。他们要求政府积极采取措施，治理

---

① 荆文娜：《"取经"德国，制造业大国如何摆脱雾霾困扰——访德国驻华大使柯慕贤》，《中国经济导报》2015 年 5 月 23 日。

② 〔美〕蕾切尔·卡森：《寂静的春天》，吕瑞兰、李长生译，上海译文出版社，2008。

③ 王新程：《循环经济对环保的理论贡献》，《中国环境报》2005 年 12 月 13 日，第 3 版。

④ 江山、胡爱国：《二战后德国环保运动之肇端与演进》，《南京林业大学学报（人文社会科学版）》2015 年第 1 期，第 69~78 页。

环境污染，并得到了联合国的支持，被载入国际环保史册。1972 年，罗马俱乐部的报告《增长的极限》首次指出了环境对经济增长的制约作用，成了有关环境问题最畅销的出版物，卖出了 3000 万本，译成 30 多种语言。同年斯德哥尔摩联合国环境大会召开，通过了《人类环境宣言》和《人类环境行动计划》，标志着国际环境保护行动的正式开启。1978 年，世界环境与发展委员会（WCED）首次在文件中正式使用了可持续发展概念。1987 年，布伦特兰（Gro Harlem Brundtland）委员会发表了有关发展界限的第一份报告《我们共同的未来》（*Our Common Future*），这是 20 世纪 60 年代末和 70 年代初开展的一次有关环境和发展大讨论的总结，它对世界的健康发展产生了重大影响。1992 年，联合国环境与发展大会在里约热内卢召开，并发布了影响深远的《地球宪章》和《21 世纪议程》。这样环保问题便日益被推上了国际舞台，成了各国研讨和决策的重要议题。

（二）新环保理论的诞生和发展

面对人类的生产活动同生态环境矛盾的日益激化，新的环保理论也就应运而生。其核心思想就是：当经济增长达到一定阶段时，对生态环境的免费使用必然达到极限，这是自然循环过程极限所决定的，也是作为自然组成部分的人类生理极限所决定的。人类要继续发展，就要求我们转换经济增长方式，用新的模式发展经济，减少对自然资源的消耗，对被过度使用的生态环境进行补偿。[①]

回顾人类社会与环境关系的漫长历史，新环保理论认为，人类共经历了3 个阶段：（1）直接排放污染阶段，即"资源—产品—消费—污染排放"的单向线性开发式经济发展阶段；（2）生产过程末端治理阶段，即"先污染，后治理"阶段；（3）循环经济发展阶段，它倡导的是一种与环境和谐的经济发展模式，遵循"减量化、再使用、再循环"的原则，是一个"资源—产品—再生资源"的闭环反馈式循环过程，实现从"排除废物"到"净化环境"再到"利用废物"的过程，达到"最佳生产、最适消费、最少废弃"的效果。[②]

新环保理论的一个重要论点就是可持续发展论。对此《布伦特兰报告》下的定义是："可持续发展是既满足当代人的需要，又不对后代满足其需要

---

① 王新程：《循环经济对环保的理论贡献》，《中国环境报》2005 年 12 月 13 日，第 3 版。
② 王新程：《循环经济对环保的理论贡献》，《中国环境报》2005 年 12 月 13 日，第 3 版。

的能力构成危害的发展。"于是自然主义者认为，正是由于近代人类对自然环境的破坏，才造成今天发展的不可持续性；经济学家认为，正是传统经济学理论的缺陷及其指导下的实践才产生环境污染与破坏。这种理论缺陷主要有：一是不考虑外部不经济性，从而破坏了自然环境，增加了公共费用的开支；二是衡量经济增长的经济学标准——国民生产总值（GNP）不能真实反映经济福利。社会学家也提出了可持续发展的定义，即"在生存于不超过维持生态系统蕴涵能力的情况下，改善人类的生活品质"。①

在新环保理论的形成中，德国学者也做出了重要的贡献。德国环境社会学家胡贝尔（Jesef Huber）的现代生态理论与萨克塞（Hans Sachsse）的生态哲学一起奠定了德国生态哲学理念的基础。胡贝尔以人类活动对自然环境的影响为研究对象，探索工业社会对人类环境的影响，提出了"生态现代化"和"后工业现代化"的理念。他将人类生活对环境的影响分为两类：一是工业生产从源头到整个生产过程对环境的影响，二是人、消费者行为对环境的影响。萨克塞则提出了"后现代生态观"，他认为，人类"征服自然"的思维方式和行动破坏了包括人类在内的生态系统，工业现代化所导致的环境破坏和人类生存环境的破坏，在很大程度上是人类"征服自然"意识和行动的结果。萨克塞因而要求保护人类生存的自然基础，遵循"人和自然的和谐"原则，按照生态规律进行人类活动，所以萨克塞也成了德国生态哲学的奠基人。②

（三）各类环保政党、组织崛起

随着世界发生一连串的重大环境灾害和人们对此的不满和抗议，绿色组织、环保政党和环保非政府组织纷纷崛起。1992 年，美国已有大约 1 万多个各类非政府环境保护组织，其中 10 个最大组织的成员已从 1965 年的 50 万人增至 1990 年的 720 万人。③不少传统政党也把环保问题列入党纲，同样成了现代环保运动的行为主体，使环保运动从个体、组群、民间运动逐步发展为政治运动、政党行动，其中突出的是绿党。它诞生于绿色革命之中，因而也把自己称之为绿党。它提出了各种各样保护生态的口号，突出的是："生态

---

① 罗慧等：《可持续发展理论综述》，《西北农林科技大学学报（社会科学版）》2004 年第 1 期，第 35 ~ 38 页。

② 张娟：《浅析德国环境政策演变的原因》，《中共贵州省委党校学报》2009 年第 6 期，第 111 ~ 114 页。

③ 百度百科"绿党"条，最后访问日期：2016 年 1 月 20 日。

永继、草根民主、社会正义和世界和平"，因而很快便引起了国际舆论的注意。

德国绿党的前身是 20 世纪 70 年代末兴起的新社会运动的一部分，但已显示出其自身纲领的很多特点。1978 年德国的绿色组织首次参选成功，1980 年建立了绿党，一登上历史舞台就响亮地提出了"反对两个剥削"的口号，即反对人对人的剥削和反对人对自然的剥削。这使它很快就被人们接受，1983 年便进入联邦议院，1998 年同社民党组建了执政联盟，首次参与联邦层面的执政，并使其保护环境的宗旨得以大大地推广。

三　德国的环保政策

过去环保问题之所以很难被提上日程原因很多，其中有一条是这一领域有许多特殊性，如没有共同认可的可操作性（Operationalisierung）、无法量化自然和环境的作用、没有公认的生态经济指标（Indikatoren）、没有产权标准；因为环境是公共商品，人人皆可占有和使用。新古典学派认为，只要能够建立起来的积极潜力（如知识和设备）能与自然的损耗等值，因而可以替代时，则自然资本的损耗是有限的，后辈们是可以接受的，因此主张微弱的可持续发展；而生态经济学家们则完全持另一种观点。他们认为，对自然和人力资本的替代是有限的，因为可持续经营不可能抛弃自然资产的某些关键股本，首先是人类赖以生存的生态系统。此外，对未来环境破坏的资源匮乏程度的估计也不尽相同。

经过多年的思考和争论，人们终于从理论和实践上逐步认清了环保的重要性，逐步看清了环保和可持续发展之间的紧密联系，并找到了可以操作的切入点，从而制定出自己的环保政策，其主要目标有两个，即保持环境的质量和推动可持续发展。

德国的环保政策很多，核心是坚持总体规划、三大结合和六大原则。三大结合是指提高全民环保意识、坚持立法和采用经济手段；六大原则是指肇事者原则、预防原则、合作原则、特定情况下的集体负担原则、重点原则和公平的代际资源分配原则。

（一）制定总体规划

联邦环境部在 1971 年就公布了第一个较为全面的《环境规划方案》，1996 年 6 月提出了《关于可持续发展行动目标》的报告，规定六个方面为德国环保优先发展领域，即保护大气层和臭氧层、保持德国生态平衡、减少对资源的负面影响、保证人的身体健康、发展环境可承受的交通和大力宣传环保理论。1997 年又发布了《走向可持续发展的德国》和《德国可持续发展委员会报告》两个文件，确定了德国 21 世纪环保纲要的总体框架。1998 年，红绿联盟上台后又制定了面向 21 世纪的环保发展纲要和可持续发展计划的环保经济新政策，把生态现代化确定为经济发展政策的重点，强调发展循环经济、征收生态税、退出核能领域、促进可再生能源开发、发展环境可承受的交通、重视农林生态保护和健全环保法等。2004 年，德国政府又出台了"燃料战略——替代燃料和创新驱动方式"。

（二）提高全民环保意识

德国全民环保意识的觉醒开始于 20 世纪 70 年代，但当时德国全民的环保意识仍非常淡薄。为了进一步唤醒并强化全民环保意识，各行为主体（首先是联邦与各州的环境、自然保护、建设与核反应堆安全部和联邦环境局，再加上农业部，家庭、老人、妇女和青少年部，卫生部以及经济部中的相关局，媒体、学校、环保协会、工业界和工商联合会，各政党、社会组织、民间团体、非政府组织和家庭等）齐上阵，采用一切方式，通过各种渠道来提高全民的环保意识。它们极力把环保宣传同中小学教育结合起来，实行环保进课堂。政府和各有关组织还直接参加环保教育，提供咨询和辅导。它们支持并赞助大众媒体的环境教育节目，社会团体举办的环保集会、展览会、博览会以及环保协会和民间团体进行的环境保护活动等。它们既分工又合作，如联邦负责对特定职业、居民群体和广大公众的环境教育，州则负责中小学的环境教育，从而建构起一张巨大的环保意识教育网络，使人人都能受到环保的教育，提高自己的环保意识。

（三）坚持立法和严格执法

在德国具有真正意义上的环境法律始于二战以后，经济发展引发的环境污染催生了民众的环保意识，而民众的环保意识又推动了立法。从 20 世纪 70 年代开始，政府大力加强环境立法。据不完全统计，目前关于环境保护的法律与规定已有 2000 多项。1971 年，德国公布了《环境规划方案》，1972 年出台了德国第一部《废弃物处理法》，1974 年出台了《控制大气排放法》，1976 年出台了《控制水污染排放法》，1983 年出台了《控制燃烧污染法》，1984 年出台了《废弃物管理法》、《避免和回收包装品条例》和《包装品条例》（该法后来又经过多次修订），1994 年更把环保责任写入了《基本法》。此后出于节能减排目的，又出台了一系列促进循环经济发展和行业环境保护的法律和法规，1994 年制定并于 1996 年生效的《循环经济与废物管理法》，1998 年出台的《生物废弃物条例》，1999 年出台的《垃圾法》和《联邦水土保持与旧废弃物法令》。此外还有《排放物保护法》、《饮用水法》、《植物保护法》、《联邦污染防治法》、《原子能法》、《赔偿法》、《联邦矿山法》、《基因技术法》、《环境责任法》、《循环经济法》和《生态税改革实施法》等。

德国不仅重立法，同样也重司法，并规定了六大法律调控手段。一是报告和通告义务。二是宣布禁令，分三种：（1）全面禁令，如禁止向河流中倾倒垃圾；（2）允许禁令，允许某一种行为，但事先必须申请许可；（3）允许保留禁令，禁止某种行为，但可以保留特例。三是颁布附加规定，如要求占用一块土地后，或将另一块土地绿化，或缴纳一笔费用以进行补偿。四是实施监控。五是提出要求。六是进行制裁。①

（四）采用经济手段

所谓经济手段是指通过影响行为者的经济利益而达到环境保护的目的，主要有以下几种：1. 提供补贴和优惠；2. 征收环境捐税；3. 政府投资资助；4. 联邦、州和欧洲审计署负责环境审计。联邦审计署负责对联邦环保资金的使用情况进行审计监督，州审计署负责对州环保资金的使用情况进行审计，欧洲审计署则负责对欧盟成员国之间跨国界的环保资金进行审计。

（五）坚持六大原则

德国环保政策坚持 6 大原则，有时也称 3 大原则（即下述的前三个原则）。（1）肇事者原则。所谓肇事者原则就是指环境污染的肇事者要负责污染的清除和承担恢复环境的责任，并为此支付全部费用，因而也叫“谁污染，谁负责”原则。采取的政策工具是多种多样的，如发放环境许可证、征收有害物质税、环境税，或对某些生产程序下达禁令等。（2）预防原则。强调预防重于治理，要采取一切预防措施，尽量避免出现环境被破坏的危险。（3）合作原则。坚持政府、企业与家庭的全民参与和共同负责的原则。（4）特定情况下的集体负担原则：一是紧急情况下的公共负担原则，当排污者无法确定，或当紧急污染事件发生后排污者付费原则不能立即得到执行时，公共机构必须提供相应的污染处理服务；二是特定环保措施的受益者负担原则。（5）重点原则。要从成本效益角度来选择环保重点，做到用一定的

---

① 盛晓白：《德国的环保政策和措施》，《审计与经济研究》2000 年第 4 期，第 51～54 页。

环保资金投入得到最大的环保收益。(6) 公平的代际资源分配原则。坚持一项环保措施既能满足当代人的需要，又不以后人不能满足他们自己的需要为代价，坚持造福后人。

（六） 使用环保政策工具

德国的环保政策工具大致可分为：(1) 实行环境使用许可证制度；(2) 征收环境税和有害物质税（如二氧化碳税）；(3) 国家通过税收支出及其他税收优惠措施支持直接或间接的环境保护；(4) 制定和执行环境法令和禁令；(5) 推行环保责任制，如签订行业协定或通过半官方和非官方的联合会来负责相应行业的环保工作；(6) 推行与环保目标挂钩的政府购买政策；(7) 对企业放弃环境破坏行为提供补贴支持；(8) 向企业提供环境保护补贴；(9) 由政府资助环境技术研究和开发以促进环境技术革新；(10) 出资清除已经发生的许多环境公害；(11) 为使用者采用污染较低，但成本较高的产品提供补贴优惠；(12) 加强环保信息收集和环保咨询。①

（七） 查清污染源，弄清污染源的标准

要治好病必须要把病诊断准确，因此德国政府强调要治理环境必须弄清污染源在哪里。关于德国的废物产生情况及德国环保的重要数据可分别参见图 3 – 48 和表 3 – 39。

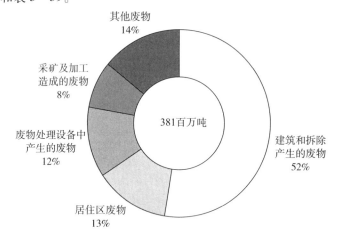

图 3 – 48　2012 年德国废物的产生情况及其占比

资料来源：联邦统计局，2014 统计年鉴。

---

① 冯兴元：《德国的环保政策及环保的行为主体》，《德国研究》1996 年第 4 期，第 32 ~ 38 页。

表 3 - 39 德国环保重要数据概览

垃圾量	2014 年	401 百万吨
人均日水消费量	2010 年	121I（E * d）
人均家庭废物	2014 年	462 公斤
其中家庭垃圾及大件垃圾	2014 年	191 公斤
一次能源消费	2013 年	13822P 焦耳*
原料消费 + 进口	2013 年	129200 万吨
温室气体排放	2013 年	111500 万吨
其中：二氧化碳	2013 年	100400 万吨
环保税	2013 年	570 亿欧元
环保工作人员	2012 年	256484 人

＊1P 焦耳 = 10 的 15 次方焦耳。

资料来源：Statistisches Jahrbuch，联邦统计局，2016。

从图 3 - 48 和表 3 - 39 中可以看出，德国经过多年的调研，确定了废物的标准是垃圾量，2012 年为 38100 万吨，其中最大的污染源是建筑和拆除产生的废物，占 52%；废水的标准是人均日水消费量，2010 年为 121I（E * d）；废气的标准是温室气体排放量（含二氧化碳排放量），2013 年为 111500 万吨（其中二氧化碳排放量为 100400 万吨）。

（八）重视农林生态保护

农林生态保护也构成德国环保新政策的一个重要方面。1996 年，德国便制定了一项大气污染全面治理的计划，要求农业发展面向生态化，建设生态农田，推动低污染农业生产，提出空气净化指标，消除酸雨，治疗病树，限制伐木，保护林区，种树造林，推广混合林，增强森林对环境有害物侵袭的抵抗力。

（九）改革生态税制

为了推行环保政策，德国改革了与环境有关的税种的征税规定。所谓环保税包括能源税、载重汽车税、电税、核燃料税和空运税。此外，德国还征收排放许可费、废水费和垃圾费。

1999 年 4 月 1 日，德国颁布了《生态税改革法》（Gesetz zum Einstieg in die ökologische Steuerreform），之后又颁布了《进一步深化生态税改革法》，1999 ~ 2003 年分五步逐步开展生态税改革，主要是对石油、汽油、柴油、取暖油、天然气和电等动力能源征收生态税（Ökosteuer），以期通过这一举措达到两个目的：一方面对石油、汽油、柴油和取暖油的使用征收高税费，以降低矿物油的消费、提高可再生能源的使用、保护环境、提高就业；另一方面可使经济界充分发挥现有的节能潜力，开发利用可再生能源，研制节能型产品和工艺流程，提高大家对节能型产品的购买意识。

2013 年，德国联邦与环境有关的税收收入达 575 亿欧元，其中主要包括能源税 394 亿欧元。从 2000 年至 2013 年，德国与环境有关的税费增长了 18.5%，而税收总额增长了 32.6%，环保税所占的比例仅为 9.22%，是 1995 年以来的最低水平。与欧盟 28 国的平均水平相比，德国的环保税占税收总比例还比较低。近年来德国涉及环保的税费的征收情况可参见表 3 - 40。

表 3 - 40   2000 ~ 2013 年涉及环保的税费

	2000 年	2005 年	2010 年	2011 年	2012 年	2013 年
	单位：百万欧元					
涉及环保的全部税费 其中：	58453	63900	63070	66455	—	—
涉及环保的税收	48197	55236	54887	58183	57776	57457
能源税[1]	37826	40101	39838	40036	39305	39364
载重汽车税	7015	8673	8488	8422	8443	8490
电税	3356	6462	6171	7247	6973	7009
核燃料税	–	–	–	922	1577	1285
空运税	–	–	–	905	948	978
排放许可费	–	–	390	650	530	330
废水费	5384	4683	4436	4542	—	—
垃圾费[2]	4871	3981	3747	3730	—	—

注：1. 2006 年及以前叫"石油税"。
　　2. 包括清扫街道。
资料来源：联邦统计局，2015 年。

（十）促进环保产品的研发、生产和销售，推动经济的发展

环保之所以不受重视，就是因为很多人都认为这是赔钱的买卖。因此要改变人们的观念就要努力不仅使人们懂得环保的重要作用，也要让人们看到，环保是一项可以获利的产业。为此，就需要研制、开发低污染技术与低污染产品，这样就不仅使群众免受环境严重污染之苦，而且使低污染产品备受市场青睐，获得重大的收益，推动经济的发展。

在国内外市场上德国的环保产品以其性能先进、质量上乘力压群雄，2011 年的营业额达到 669 亿欧元，在气候保护、空气净化、废水经济、废物经济以及避免噪声等领域都获得了良好的收益，仅气候保护一项就占到了环保总收入的 68%，这就很好地推动了经济的发展。

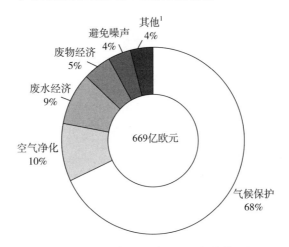

图 3 - 49　2011 年环保商品和服务的营业额

注：1　物种和农业保护，土地、地下水和地面水的保护和整治以及跨环保领域的商品、建筑和服务。

资料来源：联邦统计局，2014 年。

通过鼓励生产和销售绿色产品与环保产品，消费者提高了健康水平，节约了能源，厂商则收获了利润。例如仅使用新型玻璃和其他建筑材料这一项，便可以大量保存热能，在最好的情况下，可以节省 50% 的能源。

（十一）发展循环经济

循环经济就是指重复使用原材料，使生产在一个封闭的循环过程中来完成，如废水、废物和垃圾的回收和重复使用等。这是实施环保、实现经济可持续发展的重要手段。德国很重视循环经济的发展，建立了功能健全的资源循环利用机制，并从中大量获益。例如德国建立了垃圾、包装、汽车回收业务，规定包装厂商在产品使用后必须把包装回收或加以利用。汽车使用 12 年后，生产厂商或进口厂商必须回收利用。因实施循环利用，1992 ~ 1993 年德国减少使用了 100 万吨包装，1993 ~ 1996 年重新利用了 1600 万吨包装中可提供的物质，1990 ~ 1996 年垃圾废物量由 37400 万吨减少到 32000 万吨，减少了 14.4% 。①

———————————

① 参阅盛晓白《德国的环保政策和措施》，《审计与经济研究》2000 年第 4 期，第 51 ~ 54 页。

（十二）提倡低碳经济

"低碳经济"一词最早见于 2003 年的英国能源白皮书《我们能源的未来：创建低碳经济》中。所谓低碳经济是指在可持续发展理念指导下，通过科研创新尽可能减少煤炭、石油等高碳能源消耗，压低碳的排放，降低温室气体效应，追求"低碳生产""低碳生活"，达到经济社会发展与环境保护的双赢。

发展低碳经济，上要有"低碳观念"，下要有"低碳技术"。所谓"低碳观念"就是对"高碳危机"而言。"碳"在当今的世界上几乎是无所不在，是环境污染的重要元凶，要环保就必须低碳；"低碳技术"涉及电力、石化、化工、交通、建筑、冶金等部门，涉及可再生能源、新能源和煤的清洁高效利用，涉及二氧化碳捕获与储藏和有效控制温室气体排放等技术。低碳经济主要有两个表现形式：一是"低碳生产"，二是"低碳消费"。"低碳生产"就是要从产业链的各个环节上节能减排，"低碳消费"在于控制或减少个人及设备的碳排量。

德国环境部在 2009 年 6 月公布了发展低碳经济的战略文件，强调低碳经济为经济现代化的指导方针，为了实现传统经济向低碳经济的转轨，德国到 2020 年用于基础设施的投资至少要增加 4000 亿欧元。

德国实施低碳经济的重点是发展生态工业、利用可再生能源、推动新能源汽车发展、大力投资气候变化研究。如德国规定，2012～2014 年购买电动车的消费者可以获得德国政府提供的 3000～5000 欧元的补助。德国还大力发展和利用可再生能源。全世界每三块太阳能电池板、每两个风力发电机，就有一个来自德国。[①]

德国积极完善低碳法律体系，采用各类措施实施"低碳消费"和"低碳生产"，大力削减碳排放量。其采取的举措有：（1）征收和改革生态税。（2）鼓励企业实行现代化能源管理。（3）推广"热电联产"技术，将发电中产生的热能收集用于供暖。（4）实行建筑节能改造。（5）发展低碳发电站技术，建立效率更高、应用清洁煤技术的发电站。（6）发放排放许可证，进行排放权交易。发放排放许可证后，如企业排放超过额定量，就必须通过交易部门购买排放量，否则就要缴纳罚款。（7）提出新绿色照明竞赛计划，准备投资 4000 亿欧元，在撒哈拉沙漠建设当今世界规模最大的太阳能电厂，

---

① 张庆阳：《德国低碳经济走在世界前列》，载中国天气网，2010 年 6 月 14 日。http://www.weather.com.cn/climate/qhbhyw/06/573469.shtml，最后访问日期：2016 年 1 月 20 日。

到 2050 年可满足欧洲 15% 的电力需求。

（十三）加大投入，加大环保经济发展的力度

德国对环保的投入在 2006 年前的显著特点是较少但较为均衡。2006 年首次对气候保护的环保投资进行了调查，此后幅度提高明显，其中水资源保护和气候保护的投资都增加了数倍。2013 年全部环保投资达 178 亿欧元，其中水域保护和垃圾经济各占 41% 和 35%（参见图 3 – 50）。

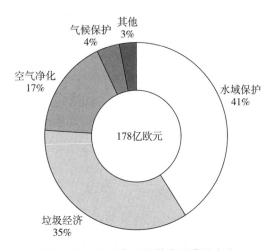

图 3 – 50　2013 年环保的各项费用占比

资料来源：联邦统计局，2014 年。

今天人们已经可以毫无顾忌地说：增加环保投入、发展环保产业、改善环保设施利在当代，功在千秋。这首先实现了德国的环保目的，造就了碧水蓝天的环境，建成了强大的环保企业和科研机构，提高了德国环保技术与产品在国际市场上的竞争力，增强了环保技术和产品的出口能力，提供了就业机会，促进了德国产业结构的调整，发展了经济，造福了人类。

第十四节　创新政策

一　创新理论

"创新"这一概念古已有之，但创新理论的产生则还是近百年前的事情，其创始人是美籍奥地利经济学家熊彼特。他于 1912 年出版了《经济发展理论》一书，首次提出了"创新"理论，认为创新是"建立一种新的生产函数"，是把一种从未有过的生产要素和生产条件的新组合引入生产体系。他突出企业家的创新利润，指出发明是新工具或新方法的发现，创新则是新工具或新方法的实施。1939 年，他在《经济周期》一书中引入了充满活力的企业家这一要素来解释经济景气波动的现象，指出少数几个有开拓精神的企业家可以吸引其他人共同参与，这样就产生了经济繁荣。

此后熊彼特理论得到了进一步的发展，形成了新熊彼特假设，认为在绝对企业规模（即所谓新熊彼特假设Ⅰ）或相对企业规模（即所谓新熊彼特假设Ⅱ）与技术进步之间存在关系。前者认为，研发的效率随着企业绝对规模的增大而提高；后者则认为，革新活动与相对企业规模有关。企业必须事前拥有市场实力并且有望在限定的时间内获得创新利润，占据垄断地位，从而为研发投资积累必要的资金，以免第三方迅速进入市场。到了 20 世纪 80 年代，新的实证研究又表明，上述技术进步与绝对和相对企业规模之间存在普遍因果联系的论点是站不住脚的。相反，工业的特性如生产技术、产品被授予专利的可能性和市场增长的差别倒是决定着一个行业的发展进程，而行业的发展进程同时也决定了绝对和相对企业规模及技术的进步。

熊彼特提出的创新概念非常广泛，包括了技术创新、市场创新和制度创新等领域。根据熊彼特的创新概念，技术创新是一个将科技成果变为生产技术或新型商品的过程。这一概念后来被解释为"技术创新是科技成果的商业化过程"，并获得了普遍的认同，认为技术创新的确切概念应该是从新产品或新工艺设想的产生，经过研发、工程化、商业化生产到市场应用这一过程的一系列活动的总和。

二战后出现了创新扩散模式。在这一研究中，最有代表性的是美国学者埃弗雷特·罗杰斯（E. M. Rogers）。他于 20 世纪 60 年代提出了一个创新扩散理论，认为创新扩散是实施创新的重要组成部分，它受创新本身特性、传播渠道、时间和社会系统的影响，通过大众传播可以说服人们接受新观念、新事物和新产品。

1960 年，美国经济学家罗斯托提出了他的"经济成长阶段论"，将一个国家的经济发展过程分为 5 个阶段，1971 年又增加了第 6 个阶段，即传统社会阶段、准备起飞阶段、起飞阶段、走向成熟阶段、大众消费阶段和超越大众消费阶段。

进入 21 世纪，学界对创新的影响有了进一步的认识，认为这是各创新主体、创新要素互相复杂作用下的一种现象，是创新双螺旋结构（指技术进步和应用创新）共同演进的产物，进而提出创新 2.0 模式。该模式源自美国自然科学基金的一个研究项目，即科技政策科学。这是刚兴起的一个全新的研究领域，主要目的是制定严谨的科技政策体系，理解其运行机制，并应用其创新成果。其研究的基础是正确理解科技创新，如创新的行为基础，如何理解技术的研发、采纳与扩散，科技创新群体是如何发展和演变的。这也是创新 2.0 的主要研究课题。

至于创新政策的含义，国内外学者尚无统一的定义，大致可以涵盖以下几个方面：（1）创新政策是一个政策体系，涉及多个领域；（2）创新政策的目的是提升技术创新的速度、引导技术创新的方向、扩大技术创新的规模和规范创新主体的行为；（3）创新政策的核心功能是促成创新成果与技术应用之间的良性循环；（4）创新政策涉及从基础研发到技术创新再到技术商业化的整个过程。

今天德国的学者们认为：创意或是新知识还不能说是创新。如果某一创意已经成为新产品、新服务或是新流程，并已成功地得到了实际的运用而且进入了市场才算是创新。[1] 于是他们往往用以下公式来表示创新：创新 = 创意 + 发明 + 扩散（Innovation = Idee + Invention + Diffusion）。[2]

二 国际上通用的创新指标体系

国际上通用的创新指标体系主要有 5 种，即欧盟委员会发布的《创新联盟记分牌》，世界知识产权组织、欧洲工商管理学院和康奈尔大学发布的《全球创新指数》，世界经济论坛发布的《全球竞争力报告》，瑞士洛桑国际管理学院发布的《世界竞争力年度报告》和中国科学技术发展战略研究院发布的《国家创新指数》。其指标体系和特点如表 3 - 41 所示。

表 3 - 41 评价指标体系情况

发布机构	名称	指标体系	特点
欧盟委员会	创新联盟计分牌	包括创新动力、企业行为、创新产出 3 个一级指标，8 个二级指标，23 个三级指标	全部是统计指标，均与创新有关，尤其重视中小企业创新活动和人力资源因素

① De Bono, Edward: *De Bonos neue Denkschule — Kreativer denken, effektiver arbeiten, mehr erreichen*, München: mvg verlag, 2013.

② Müller-Prothmann, Tobias/Dürr, Nora: *Innovationsmanagement*, München: Carl Hanser Verlag, 2014.

续表

发布机构	名称	指标体系	特点
世界知识产权组织、欧洲工商管理学院、康奈尔大学	全球创新指数	包括创新投入、创新产出 2 项一级指标，7 项二级指标，21 项三级指标和 84 项四级指标。创新投入包括体制机制、人力资本与研究、基础设施、市场成熟度和企业成熟度 5 个二级指标；创新产出包含知识和技术产出、创意产出两个二级指标。	评价范围超过创新联盟计分牌，指标设计有政治（价值）倾向性；创意产出的三级指标中有许多新指标，比较适用于西方英语国家
世界经济论坛	全球竞争力报告	包括制度、基础设施、技术准备度、创新等 12 个部分，114 个三级指标，其中调查指标 83 个。企业成熟度和创新两部分与创新驱动紧密相关，合计有 16 个基本指标。	调查指标占多数，创新指标少，直接相关的指标只有 7 个
瑞士洛桑国际管理学院	世界竞争力年度报告	包括经济表现、政府效率、企业效率和基础设施四个模块，20 个二级指标，333 个三级指标。其中调查指标 125 个。基础设施模块又分为 5 个部分，其中"技术基础设施"和"科学基础设施"主要用于衡量各国的科技竞争力，共包括 46 个四级指标。	与科技和创新相关的指标主要在"技术基础设施"和"科学基础设施"，包括常用的科技投入与产出指标。部分国家评价结果与国家创新指数比较接近
中国科学技术发展战略研究院	国家创新指数	包括创新资源、知识创造、企业创新、创新绩效和创新环境等 5 个一级指标和 30 个二级指标。	主要反映创新对经济发展方式转变的作用，指标涵盖了创新活动的全过程

资料来源：摘自宋卫国等《国家创新指数与国际同类评价量化比较》，2014，笔者略有改动。

显然，各指标体系的共同点和不同点都很大。在中国科学技术发展研究院 2016 年 7 月发布的《国家创新指数 2015》的 5 项一级指标中，中国的创新资源、知识创造、企业创新指标排名均有所提升，创新绩效排名与上年持平，只有创新环境指标排名出现下降。2014 年中国 SCI 论文数量达 25 万篇，2010～2014 年中国发表的 SCI 论文在这 5 年内累计被引次数达到 633.4 万次，两项指标均居世界第 2 位；国内发明专利申请量达到 80.1 万件，占世界总量的 47.5%，国内发明专利授权量达到 16.3 万件，占世界总量的 24.8%，分居世界第 1 和第 2 位。

三　德国的创新指标

德国的创新指数在《创新联盟记分牌 2014》中列第 3 位，在《全球创新指数 2013》中未进入前 10,《2013～2014 全球竞争力报告》中列第 4 位,在《世界竞争力年度报告 2013》和《国家创新指数 2013》中分列第 9 和第 10 位①

2013 年初,欧盟发布 2012/2013 年度"创新经济体"排名,瑞士名列第一位,德国名列第二位。在知识资产(专利申请、应对社会挑战类专利申请)、创新者人数(与创新生产、营销相关的中小微企业数)方面德国占有绝对优势。

2014 年 10 月,德国电信基金会(Deutsche Telekom Stiftung)、德国联邦工业联合会(Bundesverband Deutscher Industrie e. V.)、弗朗霍夫协会系统与创新研究所(Fraunhofer-Institut für System- und Innovationsforschung, FISI)、联合国大学(United Nation University)、马斯特里赫特大学(Maastrichter University)和欧洲经济研究中心(Zentrum für Europäische Wirtschaftsforschung)联合发布了《2014 年全球创新指标》,德国排名第 5 位,获 56 分,仅次于瑞士(76 分)、新加坡(65 分)、芬兰(60 分)、比利时(58 分),同瑞典得分相同。

该报告还进一步指出了涉及德国科研创新的 5 大相关主体(经济界、科学界、教育界、国家和社会)的创新绩效。其中经济界的创新成果下降了一个百分点,从第 3 位降至第 5 位。主要原因是风险资本投资减少,国际专利申请量下滑,知识密集型服务机构的就业不振,企业的研发投入减少;科学界创新成果有所增加,列第 9 位,但落后于 2009 年和 2010 年的水平。与其他国家相比,德国科研创新的成果明显增加,这主要是因为科研力量增强,但专利申请量却减少了,出版额也收缩了;教育界创新成果有所改善,首要原因是国际学生评估项目(Program for International Student Assessment, PISA)测试的成绩提高,加上高校教育进一步国际化,自然科学和工程科学的博士生增加,居第 11 位,获 48 分,有进步,但仍未摆脱德国创新指数软肋的地位。国家对创新成果的贡献有提高,继续了 2002 年以来的积极发展态势,获得了 55 分,列第 8 位,主要原因是教育领域做出了新的贡献,科研投入增加,但政府对企业研发活动的支持依然滞后。社会对创新成果的贡献列世界的第 11 位,居中游,主要弱点是其框架条件不够

---

① 宋卫国等:《国家创新指数与国际同类评价量化比较》,《中国科技论坛》2014 年第 7 期,第 5～9、55 页。

完善。①

一国的创新成果主要反映在以百万人论计的学术成果（指出版物）和技术成果（指专利申请）上，也反映在出口知识密集型商品等方面。2015 年，欧洲专利局（EPA）发布的统计数据显示，2014 年德国共申请了 27.4 万项专利，连续 5 年创历史新高，继续保持欧洲申请专利最多国家的桂冠，在全球继续列第 3 位，仅次于美国和日本。2012 年德国的出版物数量占世界所有学术出版物数量的 7.2%，列第 4 位，仅次于美国、中国和英国。在出口知识密集型商品上德国居世界第 12 位，在工业研发投资方面欧盟内 10 个研究最强的企业中有 5 个来自德国。2010 年引进新产品或新服务的德国企业就占了 42%，高于欧盟所有国家。据欧盟统计局 2013 年统计，德国企业在欧洲最具创新性；2015 年，德国在"创新指标"中位列全球第五；2016 年，德国在"全球最佳国家"中排名第一，而创新指数是重要的评定指标之一。

四 德国的科研创新体系

德国十分重视全方位科研创新体制的建设。这主要反映在下列几个方面。

（一）四大部分

德国的科研创新体制主要可分为四大部分：（1）科研和创新体制的基本结构；（2）学术和技术转让渠道；（3）科研和技术政策体系的管理；（4）结构改革和科技专门化及其国际比较。②

（二）四个层次

从创新系统的构成来看，德国大体上可以分为四个层次，即政策决策与管理层、咨询与协调层、科学协会和研究执行层以及私营部门和工业协会层。

政治决策与管理层由联邦与各州的议会及政府构成，负责科研创新的决策、立法、实施和管理；咨询和协调层主要有科学委员会、创新与增长咨询委员会以及联邦州文教部部长常设会议等，主要负责为联邦和州政府提供与科研创新政策相关的建议和咨询；科学协会和研究执行层主要有研究基金会和马普学会等，这些协会既从事科研，又负责制定并执行相关政策及资金分配；工业协会主要指联邦工业协会、工商协会和工商大会等，负责为其成员

---

① Deutsche Telekom Stiftung/Bundesverband Deutscher Industrie u. a.：*Innovatiosindikator 2014*，10. 2014.

② Joanneum Research，Technopolis，ZEW：*Das deutsche Forschungs- und Innovationssystem：Endbericht*，*Studien zum deutschen Innovationssystem* Nr. 11 – 2010，Kurzfassung.

提供各种与课题研究创新相关的服务。

（三）四个体制

德国的创新系统又可以分为四个体制，即专业化中介服务体制、企业创新生态体制、公共科研体制和双重教育体制。

（四）创新中心

1983 年，德国成立了第一个创新中心——柏林创新中心。之后，创新中心便像雨后春笋般地发展起来，近 200 个城市先后建立了类似的中心。此类创新中心大多是由公共基金支持和建立的，主要任务是向辖区内的新创新公司提供研发场所、通信设施技术服务和咨询服务等。[①]

（五）两大类科研机构

德国官方在统计科研创新数据时一般都将其分为高校内和高校外两大类科研机构[②]。在统计资金和人员投入时则分为经济界、政府和高校等。

根据 2012/2013 年度冬季学期的统计，德国现有高校 428 所，[③] 主要包括三大类：一是综合大学（Universitäten），又称"学术大学"（Wissenschafts-universitäten），有 108 所，这是德国高校内科研的主力军；二是"专业大学"（Fachhochschulen），有 216 所，其主要特点是除必要的基础理论外，偏重于应用和应用研究；三是艺术学院和电影学院等，又称"艺术大学"（Kunst-hochschulen），有 52 所，它们也承担一些与专业相关的科研活动。此外，还有 6 所师范大学（Pädagogische Hochschulen）、17 所神学高校（Theologische Hochschulen）和 29 所管理专业大学（Verwaltungsfachhochschulen）。

今天为了推动大学的科研创新战略，德国开始实行《精英计划》（*Exzellenzinitiative*）[④]、《高校公约》（*Hochschulpakt*）和《科研创新公约》（*Der Pakt für Forschung und Innovation*）。"精英计划"分三个层面进行资助："未来构想"（Zukunftskonzepte）、"精英集群"（Exzellenzcluster）和"研究生院"（Graduiertenschule）。

"精英计划"目前已经实施了两轮，正在实施第三轮。所谓"未来构想"是指遴选几所大学实施长期科研创新规划，被遴选的大学便被称为"精

---

① 沈玉芳、张之超：《德国创新中心建设的发展概况和有关政策》，《上海综合经济》2002 年第 10 期，第 22～24 页。

② 有人将其译为"非高校"，笔者考虑还是按原意译为"高校外"较为妥帖。

③ Wikipedia：*Liste der Hochschulen in Deutschland*，destatis. de，letzter Zugriff am 12. 07. 2015.

④ Wikipedia：*Exzellenzinitiative*，letzter Zugriff am 12. 07. 2015.

英大学"，可以获得科研资助。第一轮有 10 所大学申报，选中 3 所，即慕尼黑大学、慕尼黑工业大学和卡尔斯鲁厄理工学院；第二轮新增 6 所，即亚琛工业大学、柏林自由大学、弗莱堡大学、哥廷根大学、海德堡大学、康斯坦茨大学；第三轮重新遴选，共选中 11 所，即亚琛工业大学、柏林自由大学、柏林洪堡大学、不来梅大学、德累斯顿工业大学、海德堡大学、科隆大学、康斯坦茨大学、慕尼黑大学、慕尼黑工业大学和图宾根大学。

资助"精英集群"是资助一个有关经济或社会的重要课题，该课题要由 25 位来自不同地区和单位的杰出学者在某一单位牵头下共同完成。《精英计划》三轮分别资助了 18、20 和 43 个精英集群，对每个精英集群每年资助 650 万欧元。

资助"研究生院"的宗旨是使该院能更好地培养博士生，能为他们提供精英级的学术指导和一流的科研条件。参加指导教授的科研不是主要的，博士生的科研才是主要的。《精英计划》三轮分别资助了 19、21 和 45 个研究生院，对每个研究生院每年资助 100 万欧元。

推行这些计划的目的就是要使高校能够开发新的课题，建立新的学习条件，检验新的学习方案，成立新的学院，引进国外的研究人员，发表世界级学术论文以及申请专利成果等。

此外，要加强对科研创新接班人的培养工作。2013 年，全德国大学生为 260 万人，其中一年级新生 50.7 万人。2011 年，在德国高校的全部外国留学生为 10%，在"研究生院"的为 36%，在"精英集群"中的为 24%，在"未来构想"中的为 37%。2013 年，外国新生第一次超过了 10 万人，比 2012 年提高了 5.8%，占全部大学生的 19.9%。

高校外的科研机构应首选马普学会（含 82 个研究所）、亥姆霍兹联合会（含 18 个在自然科学 – 技术和医疗 – 生物领域独立运作的研究中心）、弗朗霍夫协会（含 66 个研究所）、莱布尼茨科学联合会（含 89 个研究机构），但远不止这"四巨头"。从研究人员上看，只有 54% 的高校外科学家在这四大科研机构中工作；从研发投入来看这"四巨头"也只占到 74%。

除此之外，还有联邦和各州的专门科研机构（其中联邦的科研机构有 43 个）、科学院、科学图书馆、科学博览会、400 多个"其他（科研）机构"①

---

① 德文的原文是"sonstige Institutionen"。Institutionen 的原意就是"机构"，不一定指科研机构，为了更好地使中国读者理解，特做此处理。

以及民间科研机构（如企业间的研究与投资以及联邦工业合作研究会等）。其中联邦和各州的专门科研机构占了高校外科学家的21%，经费的11%；科学院、科学图书馆和科学博览会占了高校外科学家的10%；"其他（科研）机构"则占了高校外科学家的15%，它们对整个德国创新体制的贡献也很大，仅就承担企业委托的研发任务来看，就同弗朗霍夫协会的数额相当。

从德国的科研机构看，大学内科研机构还是主要的，但高校外科研机构也很强大。与国际发展总趋势不同的是，德国对高校外的科研相对更为重视。1981年时，德国高校外的科研还落后于经合组织各国，而到了2007年则大大超出了经合组织各国的水平。其中只有日本和奥地利尚能保持较为稳定的发展势头，但日本波动幅度较大，而奥地利则水平偏低。这就意味着，整个经合组织中没有任何一个国家能像德国这样持续突出地重视高校外的科研工作。

说是相对重视是因为这是同其他国家相比，而在德国国内，高校内的科研显然还是高出高校外的科研。但高校外的科研认为自己有两大优势，即跨学科科研和长线科研，而且这一优势还在不断扩大。3/4的高校外科研机构认为它们奉行的跨学科原则是它们超过高校内科研机构的优势，而马普学会则在这一方面较为落后；2/3的高校外科研机构认为它们同高校内科研机构不同之处在于它们从事的大多是长线科研项目，但弗朗霍夫协会的各个研究所却是例外，它们都是从事工业相关课题的研究。亥姆霍兹联合会各研究中心则主要是提供科研的技术基础设施。如果用一个研发资源的可比定义来统计，则德国的高校内科研和高校外科研的比例应为2∶1。

五 创新的重点、重要项目及立法

德国的科研创新特别重立法（包括项目立法）。仅21世纪以来，德国就先后出台了以下一系列重要创新法规，推动了德国的科研创新活动。

（1）2002年，有关高校教师特权改革（*Reform des Hochschullehrerprivilegs*）[1]法生效，高校教师也必须向本校报告自己的发明，经批准亦可从事专利申请和使用。

---

[1] BMBF：*Reform des Hochschullehrerprivilegs*, verabschiedet vom Bundestag am 30. 11. 2001, trat am 07. 02. 2002 in Kraft.

（2）2002 年，《教授报酬改革法》（*Gesetz zur Reform der Professorenbesoldung*）[1] 生效，在高校全面引进新的教授工资制度。学术大学和专业大学教授的工资均分为 W2（3724 欧元）和 W3（4522 欧元）两档基本工资，外加与其学术成绩挂钩的浮动工资；青年教授的工资等级为 W1（3260 欧元），三年后如被续聘，则每月可以增加 260 欧元的津贴。政府还投入 1.8 亿欧元，支持高校设立 3000 个青年教授席位。

（3）2004 年，联邦政府与各州政府签订了《研究与创新公约》（*Der Pakt für Forschung und Innovation*）[2]，规定研究领域的五大合作伙伴，即马普学会、亥姆霍兹联合会、弗朗霍夫协会、莱布尼茨科学联合会以及作为科研资助单位的德国研究基金会（Deutsche Forschungsgemeinschaft，DFG）的研究经费每年应保持 5% 的增幅。该法原本只适用于 2005～2010 年，此后顺延至 2011～2015 年，2014 年 12 月 11 日又决定将该法延至 2016～2020 年。

（4）2005 年，联邦教研部推出《精英计划》（详见前文），旨在提高高校的科研创新活动。该计划第一期从 2005 年到 2011 年，共投入 19 亿欧元；第二期从 2012 年到 2017 年，共投入 27 亿欧元。

（5）2006 年，联邦教研部制定了《科技人员定期聘任合同法》，规定将公立科研机构研究人员的定期聘任合同最长期限放宽至 12 年或 15 年，以留住和进一步培养科技精英人才。

（6）2006 年，联邦政府首次发布了《新高科技战略——为德国创新》报告。[3] 这是德国发展高科技战略的第一阶段（2006～2009 年）计划，共确立五大核心要素和十大未来研究任务，总共投入 146 亿欧元。

其中，5 大核心要素是：附加值和生活质量是未来的首要任务；联网和转让；经济界的创新力度；有利创新的框架条件；透明和参与。

第一核心要素"附加值和生活质量是未来的首要任务"含六大重点，即数字化经济与社会，可持续经济与能源，创新的劳动世界，健康的生活，智能移动，文明安全。

十大未来研究任务包括：碳中和、高能效和适应气候变化的城市；作为

---

[1] BMBF：*Professorenbesoldungsreformgesetz*，in *Bundesgesetzblatt Jahrgang 2002 Teil I Nr. 11*，ausgegeben zu Bonn am 22. Februar 2002.

[2] Bundesregierung：*Der Pakt für Forschung und Innovation*，2004.

[3] BMBF：*Die Neue Hightech-Strategie — Innovation für Deutschland*，http://www.bmbf.de/de/24375. php，letzter Zugriff am 09. 07. 2015.

石油替代品的可再生资源；能源供应的智能重建；个性化医疗能更好地治病；通过有针对性的预防和营养增进健康；增强老人的自理能力；可持续移动；因特网对经济的服务；工业 4.0；安全认同。

（7）2007 年，联邦议院通过了《高校框架法》（*Hochschulrahmengesetz*)①，对高校的各有关方面，特别是对高校的科研创新工作做了全面的法律规定。

（8）2007 年，联邦政府和各州政府签署了《2020 高校增加招生名额公约》（*Hochschulpakt 2020 für zusätzliche Studienplätze*)②，主要是解除联邦与各州政府合作的禁令，要求双方共同出资，通力合作，以保证大学能提供足够的学习名额，满足社会对高素质人才不断增长的需求。2014 年 12 月 11 日联邦和各州又决定，从 2015 年开始要增加 760033 个大学生名额，仅联邦层面为此就要增加 99 亿欧元的投入。

（9）2009 年，德国颁布《促进职业晋升进修法》（*Gesetz zur Förderung der beruflichen Aufstiegsfortbildung*），③ 为在职人员提供晋升进修的条件。全法共分 8 章 30 条，涵盖资助措施、人员条件、资助、收入及资产的折算、组织、程序、资金提供和罚金及过渡与终结规定等。

（10）2010 年，德国政府发布了《创意、创新、增长——德国 2020 高科技战略》，④ 这是 2006 年发布的《新高科技战略——为德国创新》报告的第二阶段计划。其重点关注 5 个需求领域，即气候/能源、保健/营养、移动、安全和通信，并提出了第一批"未来项目"，修改、补充了第一阶段的十大任务，包括碳中和、高能效和适应气候变化的城市；作为石油替代品的可再生资源；能源供应的智能重建；通过个性化医疗更好地治病；通过有针对性的预防和营养增进健康；让高龄老人也能生活自理；2020 年德国有 100 万辆电动汽车；有效保护通信网络；少消耗能源还能多用因特网；能接触并获得世界知识；未来的劳动世界和组织。

---

① BMBF：*Hochschulrahmengesetz*，in der Fassung der Bekanntmachung vom 19. Januar 1999（BGBl. I S. 18)，zuletzt geändert durch Artikel 2 des Gesetzes vom 12. April 2007（BGBl. I S. 506)，letzter Zugriff am 09. 07. 2015.

② Bundesregierung：*Hochschulpakt 2020 für zusätzliche Studienplätze*，2007，letzter Zugriff am 23. 07. 2015.

③ BMBF：*Gesetz zur Förderung der beruflichen Aufstiegsfortbildung*，Stand 09. 07. 2015.

④ BMBF：*Ideen. Innovation. Wachstum — Hightech-Strategie 2020 für Deutschland*，Bonn/Berlin 2010，letzter Zugriff am 09. 07. 2015.

（11）2010 年，"顶尖集群竞赛"（Spitzencluster-Wettbewerb）规定①得以颁布，决定开展顶尖集群竞赛，每个集群要展示其战略规划、研究能力和资金资助条件，接受陪审团审议。竞赛共分三轮，每轮可以推出 5 个优胜集群，它们在 5 年中每年可以获得 4000 万欧元的资助，全部 15 个优胜集群共可获得 6 亿欧元的资助。

（12）2012 年，联邦政府推出了《高科技战略行动计划》，从 2012 年至 2015 年投资约 84 亿欧元，以推动在《创意、创新、增长——德国 2020 高科技战略》框架下未来研究项目的开展。

（13）2012 年，联邦议院通过了《科学自由法》，即《关于高校外研究机构经费预算框架灵活性法》。据此各高校外研究机构将获得更多经费和人事的决策权。

（14）2013 年，在汉诺威工业博览会上，德国正式推出《德国工业 4.0 战略计划实施建议》，吹响了第四次工业革命的号角。所谓的"工业 4.0"概念就是实施智能制造为主导的第四次工业革命。该战略旨在通过充分利用信息通信技术和信息物理系统相结合的手段，将制造业同智能相结合，向智能化转型，建设"智能工厂"，实现"智能生产"，从而把德国的科研创新活动推向一个新的高度。

（15）2013 年，联邦政府通过了《新研究框架计划》和《数字化议程 2014～2017》（Digitale Agenda 2014 – 2017）②，要求集中研究信息技术安全，防止网络攻击，提高德国竞争力。联邦教研部决定在 2020 年前拨款 1.8 亿欧元资助该计划。《新研究框架计划》包含 5 个研究重点，即新高科技同信息技术安全、安全和可靠的信息通信技术、信息技术安全的使用领域、个人隐私和数据保护等，是新高科技战略的一部分。该计划的目的是应对数字化对经济和社会的挑战，如数字化世界的安全问题、大数据问题、创新与未来的生产区位问题，如微电子学，工业 4.0 以及数字世界的服务问题等。

（16）2014 年，联邦教研部颁布了"保障和建构未来——研究巨大的社会挑战"议程（Agendaprozess "Zukunft sichern und gestalten — Forschung zu den

---

① Wikipedia：Spitzencluster-Wettbewerb，letzter Zugriff am 09. 07. 2015.

② BMBF：das neue Forschungsrahmenprogramm und Digitale Agenda 2014 – 2017，letzter Zugriff am 08. 07. 2015.

großen gesellschaftlichen Herausforderungen")①，集中研究当代社会的巨大挑战和应对举措，涉及全球化、日益增多的多样化和人口结构变化引起的社会变化。

（17）2014 年，联邦教研部颁布了《为明天的生产、服务和工作而创新》这一新科研计划（das neue Forschungsprogramm "Innovationen für die Produktion，Dienstleistung und Arbeit von morgen"）②，主要涵盖以下 6 大领域：建构未来的生产、帮助新产品和新技术实现突破、绿色和文明生产、生产未来的移动工具、资助中小微企业网络、知识是生产力的钥匙。

（18）2015 年秋，联邦教研部为使难民更好地融入德国社会推出了两个措施计划（Maßnahmenpakete），一是有关学习德语，二是有关入大学前的咨询、语言准备和专业支持。为此联邦教研部今后几年将投入 2.3 亿欧元。

六　德国科研创新的财政资源

德国科研创新资金基础雄厚，投放力度大，支付主体广泛，包括经济界、各级政府机构和非经营私人机构等。其主要有两大渠道，即德国公共科学资助机构和民间科学基金会。德国的公共科学资助渠道主要有德国研究基金会、德国学术交流中心（DAAD）、洪堡基金会和民众奖学金基金会；民间科学基金会则包括德国科学资助者联合会、大众汽车基金会、蒂森科学基金会和克虏伯基金会等。

德国的研发投入近 10 年来一直呈上升势头，2012 年研发支出为 794 亿欧元，首次达到国内生产总值 2.98% 的水平，接近欧盟 "里斯本战略" 规定的 2020 年各成员国应达到国内生产总值 3% 的水平。③ 在 2008 年德累斯顿教育峰会上，联邦和各州政府就以下目标达成了共识，即到 2015 年把德国全社会用于教育与研究的经费总额提高到国内生产总值的 10%。其中既包含了欧盟 "里斯本战略" 的目标——研发费用占国内生产总值的 3%，也包含了联邦政府的目标——教育经费占国内生产总值的 7%。④（参见表 3 - 42 和表 3 - 43）

---

① BMBF：*Agendaprozess "Zukunft sichern und gestalten — Forschung zu den großen gesellschaftlichen Herausforderungen"*，letzter Zugriff am 08. 07. 2015.

② BMBF：*das neue Forschungsprogramm "Innovationen für die Produktion，Dienstleistung und Arbeit von morgen"*，letzter Zugriff am 07. 07. 2015.

③ BMBF：*Bundesbericht Forschung und Innovation 2014*，Kurzfassung，Bonn/Berlin，2014.

④ 黄群编译《德国 2020 高科技战略：创意·创新·增长》，《光彩》2013 年第 3 期，《科技导报》2011 年第 8 期，第 15～21 页。

表 3 - 42　1981 ~ 2011 年各研发支付主体提供的财政资源数额

| 年份 | 支付主体 | | | | | 支出总额 |
| | 各级政府机构 | | 经济界 | 非经营私人机构 | | |
	单位：百万欧元	占公共财政比（%）	单位：百万欧元	单位：百万欧元		单位：百万欧元
1981	8981	3.2	11154	78		20214
1983	9475	3.2	13011	86		22571
1985	10587	3.4	15896	68		26551
1987	11114	3.3	18831	122		30067
1989	11864	3.3	21064	166		33094
1991	14821	3.2	23935	196		38952
1993	15491	2.7	23973	122		39586
1995	15735	2.6	24733	104		40572
1997	15608	2.6	27036	141		42785
1999	15965	2.7	32411	205		48581
2001	16814	2.8	35095	222		52131
2002	17210	2.8	35904	242		53356
2003	17136	2.8	38060	176		55372
2004	16791	2.7	38394	208		55393
2005	16761	2.7	39569	164		56494
2006	17310	2.7	42281	211		59802
2007	18183	2.8	43768	217		62168
2008	19874	2.9	46890	207		66971
2009	21388	3.0	46019	176		67583
2010	22480	3.1	47409	164		70053
2011	23446	3.0	51448	264		75158

资料来源：联邦统计局、科学统计基金联合会和联邦教研部，2015 年，自行列表。

表 3 - 43　2008 ~ 2012 年德国研发投入与执行主体

| 年份 | 投入主体占比（%） | | | 执行主体占比（%） | | |
	经济界	政府	其他	经济界	国家	高校
2008	67.3	28.4	4.3	69.2	14.0	16.7
2009	66.1	29.8	4.1	67.6	14.8	17.6

续表

年份	投入主体占比（%）			执行主体占比（%）		
	经济界	政府	其他	经济界	国家	高校
2010	65.6	30.3	4.1	67.1	14.8	18.1
2011	65.6	29.8	4.5	67.7	14.5	17.8
2012				66.9	14.8	18.3

资料来源：联邦统计局、科学统计基金联合会和联邦教研部，2015，自行列表。

（一）经济界的科研创新投入

从表3－43中我们可以看到，德国在实现研发投入占国内生产总值3%目标的进程中，经济界是最重要的主体。2008～2011年经济界承担着最高为67.3%、最低为65.6%的研发投入，每年提供约2/3的研发投资经费；从绝对值来看，德国经济界1981年的研发投入为111.54亿欧元，2011年就增加到514.48亿欧元，增加了3.6倍，遥遥领先于各级政府的研发投入，确实无愧为德国资助科研创新的主力军。

（二）各级政府机构的投入

德国政府对科研创新十分重视，不断提高投入。如今每年调拨的经费已占国内生产总值的3%。

政府的投入主要分为两大部分，即资金的投入和人才的投入。据统计，1981～2007年德国对高校科研的投入每年几乎都保持在国内生产总值的0.40%左右，对高校外的科研投入虽略有波动，但也一直保持在每年国内生产总值的0.35%左右。[①] 政府的资助手段和渠道主要为项目资助、委托研究和机构资助。

据统计，从2005年到2013年联邦政府的研发支出提高了60%，达到145亿欧元。大学的研发支出提高了6%，研究机构的支出提高了3.3%。

德国政府资助企业创新的方式很多，包括欧盟、联邦、州政府给予的优惠政策、优惠贷款、项目资助等。同时，德国在企业税收优惠方面经常帮助企业将其研究成果尽快转化为产品，并给予适当的补贴，包括减免企业从事研发而增加的个人所得税、资产税等；增加因购买研究开发设备、仪器及专利的补贴等。

---

① Joanneum Research, Technopolis, ZEW: *Das deutsche Forschungs- und Innovationssystem*: *Endbericht*, *Studien zum deutschen Innovationssystem* Nr. 11 – 2010, Kurzfassung.

德国政府还制定出能推动创新的收入分配政策。例如，德国允许大学推广教授拥有的发明专利，获益分配的通常比例是：发明专利所有人、专利推广人和大学各得 1/3；德国还专门制定政策，鼓励弗朗霍夫协会及其研究所的创新行为，这是因为弗朗霍夫协会在生物技术、微系统技术、信息与通信技术、新材料、光电及半导体照明、新能源及可再生能源、先进制造等领域具有雄厚的创新实力。因此联邦政府也给予它特殊的政策支持，允许它使用以下措施：一是弗朗霍夫协会及其研究所的技术发明人可以无偿使用职务发明创办企业；二是协会或研究所用资金对创新型企业入股，一般占总股份的 25%，扶持 2～5 年，如果企业开发创新产品获得成功则转股退出；三是研究所给聘为研究员的技术发明人发一年的工资，第二年技术发明人不再具有研究员身份而在公司领工资。

七 德国科研创新的人力资源

科研创新的另一重要资源是人力资源，是指参加科研创新的研究人员，包括技术人员和其他人员。在这些方面德国提供的资源也很丰富（参见表 3－44）。

表 3－44 1995～2012 年德国（全勤当量的）人力资源

年份	研究人员人数	技术人员及其他人员人数	科研人员		工作部门占比（%）		
			总数	每千名就业者中占比（%）	经济界	高校	政府部门
1995	231128	228010	459138	11.7	61.7	21.9	16.4
2000	257874	226860	484734	12.3	64.5	20.8	14.7
2005	272148	203130	475278	11.6	64.1	19.9	16.0
2010	327953	220573	548526	13.2	61.5	22.0	16.5
2012	342700	236500	579200	13.7	61.6	21.9	16.4

资料来源：联邦统计局、科学统计基金联合会和联邦教研部，2015，自行列表。

人力资源是衡量创新的重要指标，是在千名就业者中研究人员所占的百分比，主要是指国内外研究人员、技术人员及其他人员的数量和质量以及科研后备力量。从科学家的人数来看，经济界为大户，高校和政府部门次之，2012 年的占比分别为 61.6%，21.9% 和 16.4%。

德国提高科研人员数量和质量的主要手段是：（1）提高薪酬；（2）增

加权利；（3）提高晋升的机会；（4）努力引进国外的科研人员，减少国内研究人员的流失。

德国十分重视科研后备力量的培养，即大学本科生、硕士生和博士生的培养。德国实行中小学义务教育，公立学校学费全免，儿童入学率100%，大学入学率达42.7%。采用的手段是：（1）提高大学入学率；（2）特殊资助各高校的研究生院；（3）增加本科生和研究生，特别是博士生参加科研的机遇和条件；（4）努力扩大高校中的外国留学生比例。

在这里要特别提到德国享誉全球的职业培训政策，这不仅是推动德国经济发展的"秘密武器"，也是德国科研创新的一条重要渠道（详见本书第六章第九节）。

八　德国科研创新的特点

（一）维护科研创新体制基本结构的稳定

长期以来，德国的科研创新体制发生了很多变化，但主要发生在外围，基本结构则保持稳定，如高额投入、重视合作、重点支持这些原则数十年不变。这样做的原因很多，需要强调的是，这同德国的产业结构变化有关。

与其他各国相比，德国的服务业比重为68%，不如其他国家那样高，第二产业（包括采矿业）的比例仍然高达31%，特别是某些科研密集型工业部门，也就是德国的工业强势部门依然保持了强劲发展的态势，如汽车、机械、化工、电子、药物和飞机制造等部门。这就为保持德国研发创新的基本结构创造了十分重要的前提条件。

第二产业中大量的是中小微企业，它们同样重视创新和出口，从而提高了对知识和技术的转让需求。

2006年，德国通过了高科技战略，试图建立一种长期重点战略的一体化科研体制，但重新拟定重点战略的努力并没有成功，于是依然套用旧的重点战略，维护了创新体制基本结构的稳定，高科技战略也没有成为各部门在贯彻政策框架内协调内涵的真正阀门。于是不少人怀疑该战略是否能真正成为指导未来的重点战略，或者只是换汤不换药。

（二）经济界是创新的主力军

德国的研发创新中一个突出的标志是经济界担任主力军。这表现在下列几个主要方面：（1）德国的科研实力60%以上在经济界，德国的企业无论大小都把创新和技术开发工作放在重要位置，许多德国大企业都设有独立的研究实验室。（2）创新投入巨大，无论是经费还是人员的投入都受到企业的特别重视。在过去的十几年里，企业不断增加了其自身研发投入，从 1999 年的 334 亿欧元增加到 2012 年的 512 亿欧元，占国内生产总值的比重也从 1.67% 提升到 1.94%。[1] 2011 年，经济界的科研创新投入为 514 亿欧元，是政府投入的 2.2 倍，约占全部投入的 68%（有的统计为 65.6%）；2012 年，在全部科研人员中经济界占了 61.6%，是高校的 2.8 倍。（3）主持的科研项目最多。在科研创新执行主体上，近几年经济界的最高占比为 69.2%，最低也达到 66.9%，远远高出国家机构和高校的占比。（4）为高校内和高校外科研机构提供资助。高校内科研机构经费的 14% 和高校外科研机构经费的 10% 均是由企业提供的。[2]（5）企业认为自己承担着把创意转化为创新的重大责任，因而积极主动获取外部的技术转让服务，并将其迅速转变为创新产品，投入市场，取得了科研创新的主动权和优势地位。如今，1/3 的创新企业都把科学界纳入创新的进程之中，1/2 的企业都同科学界建立了合作关系。[3]（6）在研发创新中企业能获得政府各方面的支持，从而强化了自己科研创新主力军的作用。

（三）通过行业结构改革来推动科研创新，但发展很不平衡

从 1995 年开始，德国进行了科研体制的大规模改革，力度之大和效果之好均超过了以往，使德国研发率（R&D-Quote）有了明显的提高，跃居世界各国的前列。据统计，到 2004 年为止，世界上没有发现任何一个国家经历过像德国这样的研发体制结构改革。根据 1995～2006 年研发率增长的分析，在企业的结构制约研发率上只有爱尔兰、芬兰和日本超过德国，但没有找到一个国家研发体制的结构变化对研发率的影响能超过德国。

德国不断改革科研体制，提高科研成果出版和获得专利的数量和质量。过去，德国高校内科研机构的人均出版量和获得专利的数量远高于高校外的水平。如今，通过改革，两者的数额已经拉近，个别的甚至倒转。在千人获得专利的标准上四大高校外研究机构已超过了高校内研究机构，2004～2006

---

① 陈强、霍丹：《德国创新驱动发展的举措及对中国的启发》，《科技创新导报》2013 年第 20 期，第 8～9 页。

② Joanneum Research，Technopolis，ZEW：*Das deutsche Forschungs- und Innovationssystem：Endbericht，Studien zum deutschen Innovationssystem* Nr. 11 – 2010，Kurzfassung.

③ Joanneum Research，Technopolis，ZEW：*Das deutsche Forschungs- und Innovationssystem：Endbericht，Studien zum deutschen Innovationssystem* Nr. 11 – 2010，Kurzfassung.

年为 30∶25，人均发表于科学引文索引（SCI）刊物上论文的数量为
0.65∶0.82。其中弗朗霍夫协会遥遥领先，获得 72 项专利，亥姆霍兹联合会
大致接近高校内科研机构的水平。在非高校科研机构内部，马普协会的人均
出版量最高，为 1.40，莱布尼茨科学联合会则接近高校的水平。[①]

德国的加工业是德国经济中附加值最高的产业，也是德国进行研发体制
改革的重点。其方针是对中等研发力度的部门实施专门化，同时改善顶尖技
术。改革之后，该行业的研发水平有了明显的提高，成为世界上最重要的创
新区位，但行业内的发展依然参差不齐，如汽车业是德国经济中专门化最高
的部门，改革后其研发投入有了大幅度的增长，平均研发率有了明显的提
高，从而提高了整个德国的研发格局；然而，机械制造、化工行业、电力、
仪表、数据加工和软件部门尽管也属德国传统的强势行业，但在研发力度上
都要低于汽车业。

（四）既强调专门化，更强调合作

德国在科研创新中非常强调部门的专门化，特别是高校外科研机构的明
确分工。这种分工大大提高了各科研机构的专门生产率。以高校外科研机构
为例，它们大致可以分为四大任务群。

（1）纯基础研究，主要由马普学会承担；

（2）应用研究和向科学体系内外转让科研成果，主要由亥姆霍兹联合会
和莱布尼茨科学联合会来承担；

（3）提供政策咨询和为公共科学服务，如测试、审核、批准商品，提供
信息和资料以及基础设施等，主要由联邦的专门科研机构和"其他（科研）
机构"来承担，莱布尼茨科学联合会的一半工作也是从事此类任务的；

（4）向经济界实施技术转让，主要由弗朗霍夫协会研究所和"其他
（科研）机构"来承担。

如此明确的分工使主管者、行为主体和合作伙伴对自己的定位了如指
掌，从而提高了对科学家的刺激，并降低了寻找合作伙伴的费用。这一模式
已成为各国仿效的榜样。

德国虽然强调分工、强调专门化，但更强调合作，更强调各科研机构的
总体目标、宏观目标是一致的，因而需要紧密的合作。这种合作不但表现在

---

① Joanneum Research, Technopolis, ZEW: *Das deutsche Forschungs- und Innovationssystem*: *End-bericht*, *Studien zum deutschen Innovationssystem* Nr. 11 – 2010, Kurzfassung.

政府、科技界、高校和企业之间，表现在高校科研机构内部及高校外科研机构内部，也表现在高校内科研机构同高校外科研机构之间。

德国科研的一个重大优势是科技界、高校、企业界和政府部门的紧密合作，特别是科研机构同企业之间的合作，使科研成果通过知识和技术的转让迅速变为财富，突出了"科研是第一生产力"的真谛。

近年，政府通过政策引导，促使科研机构、高校和企业结成密切合作的"创新伙伴"，并要求已结成"创新伙伴"的单位制定出创新计划，承担相应的创新项目，使产、学、研各环节有机地联成一体，缩短了创新知识到新产品的转化过程。

德国政府也主动为企业创新提供所需的各种信息，主要方式有设立技术创新咨询部门、专业情报系统、情报传播联络处、专利陈列机构、免费提供专利说明书、让企业参加各种学术讨论和信息会议等。政府还规定针对技术创新咨询费用为企业提供40%的补贴，若5年内接受同一咨询机构咨询，凡不超过15天的，政府皆负责50%的费用。

政府不断推出各项法规，支持经济界从事科研创新活动，如先后颁布了《质量保障计划》、《中小企业远程工作计划》、《企业技术创新风险分担计划》及《中小企业创新与未来技术计划》，支持中小微企业建立完善质量的保障系统，促使中小微企业形成联盟，将技术资助作为继续开发的重点，建立和改善有利于企业创业的政策环境，进一步拓宽德国创新型初创企业的融资途径。[①]

德国规定，在科研机构开始一个课题之前，必须考虑市场需求及能否为企业所用而实现产业化；同时，还规定任何国家级大型科研项目必须至少有一个中小微企业参加，否则不予批准。

德国重视通过联合研发和委托科研来推进创新合作。在已同科研单位建立创新合作的1/3企业中科研单位负责为新产品和新工艺流程提创意，1/4的企业愿意把科研机构作为本企业产品的设计、制造和销售的合作伙伴。企业也愿意同科研部门搞联合研究和委托研究，以便获得学科专门技术。双方也会采取灵活的方式来深化合作，例如请科研机构帮助或辅导企业工作人员撰写硕士和博士论文，提供学术和科技咨询，为企业职工提供进修和培训的

---

① 陈强、霍丹：《德国创新驱动发展的举措及对中国的启发》，《科技创新导报》2013年第20期，第6~9页。

条件，还可共同建立网络和各种交流关系。这种联合研发和委托科研已经成了科研单位同企业合作的重要形式，也是知识和技术转让的主要途径。

建立技术转让服务机构和大批中介机构，使科研成果能够迅速转移到企业，让德国企业在技术创新方面保持明显优势。德国主要的技术转让服务机构有德国技术转让中心、史太白技术转让中心和弗朗霍夫协会。大批的中介机构则主要为中小微企业服务，因为大型企业一般都有自己的研发机构。这样就出现了各色各样的科学界和经济界的合作关系。

高校内和高校外科研机构之间的合作同样也十分常见，如马普学会就经常带领 8 大"顶尖高校"的各研究所一起从事科研合作。高校外科研机构则从不把专业大学视为自己的竞争伙伴。

由于高校外科研机构的研究特点相对近似，合作也就更多了一些。如马普学会、莱布尼茨研究所和亥姆霍兹联合会的研究特点就比较相似，弗朗霍夫协会则同"其他（科研）机构"比较雷同。它们之间的合作就非常之多，大多数高校外科研机构之间的跨单位合作要超出单位内部的合作，各单位都十分乐于成为其他单位的合作伙伴，只有少量的联邦专业研究机构在独立作战。

（五）重知识和技术的转让

知识和技术转让的关键是知识产权问题，这给世界各国都带来了很多麻烦。在这方面美国高校通过 1980 年的《拜杜法案》（*Bayh-Dole Acts*）[①] 做出了样板。2002 年，德国修订了《雇员发明法》，取消了高校特权。此后高校教师也必须向本校报告自己的发明，由学校决定，是学校来使用该发明，还是让发明人来决定如何使用。于是各类专利使用公司纷纷成立，以协助高校来申请专利和使用专利，从而提高了高校科研的专利申请比例。于是，申请专利、使用专利、提高高校科研的专利申请比例已经成了各校的时尚。

无论是高校内还是高校外都有很多科研机构是以转让知识和技术为导向的。从高校来看，主要是理工大学和拥有相关专业的专业大学；从高校外科研机构来看则主要是弗朗霍夫协会和许多"其他（科研）机构"，它们都是以技术转让为导向的。此外还有 1/3 的亥姆霍兹联合会研究所和某些莱布尼

---

① 维基百科：《拜杜法案》是美国两位参议员拜耶（Birch Bayh，民主党）和杜尔（Bob Dole，共和党）提出，由参议院于 1980 年 12 月 12 日通过的。该法允许所有使用联邦经费从事科研的机构有权使用这些研究成果。

茨科学联合会的研究所也都从事知识和技术的转让工作。总体来看德国高校外科研机构中约有 1/4 是主要从事此类转让业务的。①

另一个推动创新和知识、技术转让的重要渠道是科学家创业，或是创办企业来使用科学家的研究成果，在这一方面德国也达到了很高的水平。从 2000 年开始德国颁布了一系列的法令来推动科学家创业，如今每年由科学家新建和参建的企业约为 6000～7000 个。

（六）提高科研精品是各科研机构的重中之重

所谓科研精品就是指在著名刊物上发表的优秀论文和获得的优秀专利，这是各科研机构共同追求的最重要目标。而要创造并提高科研精品，最重要的举措首先是引进高水平的科研人员和培养后起之秀，其次是抓好现有科研人员的进修，最后则是改善知识和技术的转让渠道以及优化科研条件和环境。

（七）争取获得第三方资助

所谓第三方资助就是指科研机构获得研究基金会、官方管理机构、企业以及欧盟的资助。这同样也是各科研机构孜孜以求的目标。如今，德国高校内和高校外科研机构人均获得第三方资助的能力基本持平，但结构不同。在获得研究资助经费上最关键的是拿到德国研究基金会的资助经费。马普协会以人均年获 14000 欧元的资助位居高校外科研机构的首位，但仍然明显低于高校内科研机构 25000 欧元的数额。

弗朗霍夫协会获得的联邦应用性专业项目资助最多，马普学会、弗朗霍夫协会和亥姆霍兹联合会人均获得的第 6 届欧盟框架计划资助相当。在获得此类第三方资助经费上所有高校外科研机构都超过了高校内科研机构。在人均获得经济界第三方资助上，弗朗霍夫协会和"其他（科研）机构"表现更为突出。

（八）以集群创新、高科技和关键技术引领转型创新

100 多年的探索和创新努力使得德国不仅在传统工业领域，而且在高新技术产业上在全球都具有较强的竞争力，尤其以集群创新、高科技和关键技术来驱动转型创新更有效地提升了产业的创新能力。

推进集群创新是德国创新驱动发展的重要路径。联邦政府通过 BioRegio

---

① Joanneum Research, Technopolis, ZEW：*Das deutsche Forschungs- und Innovationssystem*：*Endbericht，Studien zum deutschen Innovationssystem* Nr. 11 – 2010，Kurzfassung.

（生物区）计划推动生物产业集群的形成和初步发展，并带动德国其他产业的全面发展，促进了产业集聚；1999 年，政府又以区域创新理论为指导，在东部地区实施 InnoRegio（创新区）计划，通过创新网络促进集群主体间的合作；2005 年，又通过 GA-networking（Genetic Algorithm-networking，首创算法网络）计划，加强了对重点和平行发展的集群进行有效管理和协调。这样德国便通过组建单个集群、集群内部主体间的合作、集群整体的创新转型到集群之间的合作和对各创新集群的协调管理达到了区域均衡，并提升了德国高科技企业的创新能力。

2006 年，联邦政府首次推出《新高科技战略——为德国创新》计划，2010 年又发布了《创意、创新、增长——德国 2020 高科技战略》。这两份纲领拟定了高科技领域的创新目标，尽管对其功能和作用的认识还存在分歧，但其实施的效果已经证明，在"高科技战略"中，某些特定技术领域已经明确地被认为有益于产生新的知识和技术，有助于解决重要社会问题并促进创新及社会变革。

德国重视"关键技术"的发展，关注本国的"关键技术"能否列入国际领先地位。所谓"关键技术"是指生物与纳米技术、微纳米电子学、光学技术、微系统技术、材料与生产技术、航天技术、信息与通信技术以及服务研究等技术。它们是重要的创新驱动力，是新产品、新工艺以及新服务得以实现的重要基础，尤其是能确保经济和就业增长的重要基础。德国经济的未来正是取决于这些关键技术的开发和运用，它们也将对德国的整个科研创新产生重大的影响。

九 加强国际合作

当前的世界各国都加强了科研创新的力度。2011 年，全世界的研发投资达到 14350 亿美元，亚洲占 34%，北美地区占 32%，欧盟为 24%。从国际的发展总趋势来看，欧盟保持着稳定的发展，亚洲在经历了 1995～2001 年的下滑和波动后呈总体上升趋势，北美自由贸易区则显示出式微的势头（参见图 3-51）。

为积极参与全球的科技合作和竞争，有效利用全球创新资源，德国政府及其研究机构积极推进国际合作战略。该战略坚持四大目标，显示出四大特点。这四大目标是：（1）加强与国际先进国家合作；（2）在国际范围内开发创新潜能；（3）加强与发展中国家的长期科技合作；（4）承担国际义务，应对全

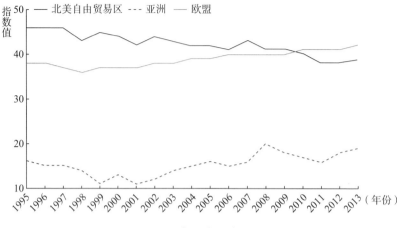

图 3 - 51 1995 ~ 2013 年三大经济区创新指标的变化

资料来源：Deutsche Telekom Stiftung/Bundesverband Deutscher Industrie u. a.：*Innovatiosindikator 2014*，10. 2014。

球挑战。[①] 其四大特点则是：（1）建立完善的科技合作顶层规划；（2）开展形式多样的国际科技合作活动；（3）根据合作对象特点量身定制国际科技合作项目；（4）大力开展科技营销活动。[②] 通过实践的检验，该战略已经取得了丰硕的成果，突出的表现是德国的一半学术论文已是国际合作的产物。

德国直接从事科技国际合作的机构是联邦教研部下属的德国研究基金会、国际事务办公室（Internationales Büro，IB）、德国学术交流中心，此外还有高校内和高校外的科研机构，特别是德国大学校长会议（HRK）和高校外的四大学会。

德国研究基金会积极支持国际合作项目，在 2014 年仍在运行的科技项目中，国际合作计划项目和金额分别为 1136 项和 2340 万欧元，其中资助建设国际合作项目 553 项，金额为 330 万欧元；德国 - 以色列项目合作 38 项，金额为 620 万欧元；向国际组织交款 47 项，金额为 530 万欧元；在德国举行国际学术活动 498 项，金额为 860 万欧元，约占全部 29781 个仍在运行科技项目的 4%，以及总额为 27.298 亿欧元的仍在运行科技项目金额的 0.85%。

---

① BMBF：*Deutschlands Rolle in der globalen Wissensgesellschaft stärken — Strategie der Bundesregierung zur Internationalisierung von Wissenschaft und Forschung*，Bonn/Berlin，letzter Zugriff am 26. 07. 2015.

② 陈强等：《德国国际科技合作及其对中国的启示》，《科技管理研究》2013 年第 23 期，第 21 ~ 26 页。

2014 年，新增的项目和金额分别为 831 项和 2310 万欧元，其中资助建设国际合作 283 项，金额为 310 万欧元；德国 - 以色列项目合作 8 项，金额为 660 万欧元；向国际组织交款 42 项，金额为 490 万欧元；在德国举行国际学术活动 498 项，金额为 850 万欧元，约占全部 6938 个新项目的 12%，以及总额为 15.427 亿欧元新增科技项目金额的 1.5%。①

在 2011 年国际事务办公室资助的国际科技合作项目中，德国与发展中国家合作的项目数及金额均占绝大多数。从合作对象国来看，项目数排名前 10 位的国家顺序如下（括号内为项目数）：俄罗斯（123）、印度（122）、南非（94）、中国（85）、韩国（58）、智利（55）、土耳其（54）、乌克兰（53）、巴西（49）、埃及（45）；金额排名前 10 位的国家顺序如下（括号内为金额，单位为万欧元）：俄罗斯（206.5）、土耳其（129.9）、中国（113.8）、印度（87.6）、韩国（80.2）、日本（66.1）、南非（50.7）、智利（43.2）、澳大利亚（43.1）、（越南（36.5）。②

德国资助的国际科技合作项目从 2007 年的 732 个上升到 2011 年的 1374 个（其中亚洲 414 个，北美和南美 224 个，非洲 264 个，独联体 225 个，中东欧 99 个，西欧 4 个，跨国 144 个），金额从 2007 年的 568.1 万欧元上升到 2011 年的 2310 万欧元。此外，还有 430 万欧元的职教项目资助，从亚洲的合作对象国来看（括号内为项目数），排名次序是印度（122）、中国（85）、韩国（58）、越南（39）、日本（11）、印尼（10），但对中国的资助金额最高，为 113.8 万欧元，印度为 87.6 万欧元。③

德国学术交流中心成立于 1925 年，代表德国 231 所高校和 128 个大学生团体，是德国文化和高等教育政策的对外执行机构，也是目前全球最大的教育交流机构之一。它在世界范围内设立了 15 个办事处和 16 个信息中心，为当地提供信息和咨询。它的主要任务是支持德国和其他国家大学生、科学家的交换项目以及国际科研项目，并以此来促进德国大学同国外大学的联系。目前已有大约 68000 名大学生和科学家接受过德国学术支流中心的资助，将近 500 名大学教授被派往世界各地授课。

---

① DFG：*Jahresbericht 2014*，*Aufgaben und Ergebnisse*，letzter Zugriff am 25.07.2015.

② Internationales Büro des BMBF：*Jahresbericht 2011*，Bonn，September 2012，letzter Zugriff am 25.07.2015.

③ Internationales Büro des BMBF：*Jahresbericht 2011*，Bonn，September 2012，letzter Zugriff am 25.07.2015.

德国的高校内和高校外的科研机构，特别是高校内的德国大学校长会议和高校外的四大学会，在国际科技合作中发挥了重大的作用，它们同世界各国同行建立了广泛的校际和学术交流关系。

德国大学校长会议现已拥有 268 所高校，包括 94% 的大学生，其国际部是负责同世界各国高等院校进行国际合作交流的执行机构。德国大学校长会议自 1949 年成立以来，已同世界各国（地区）就两地高校合作，科研创新，联合科研，师资进修和培训，本科生、研究生的培养，相互承认学历，高校国际化以及评审等问题签署了各类交流和合作协定。[①]

四大学会奉行"立足德国，遍布世界"的理念，推进全球科技合作。其中，最为突出的是弗朗霍夫协会，它在德国之外开展了很多国际科技合作活动。

德国积极推行"面对世界的科学"活动，大力邀请和引进外国的学者和学生来德国学习和从事科研活动。2011 年就有 32000 名外国研究人员在德国工作。2012 年仅在马普协会工作的 49% 的博士生、86% 的博士后和 31% 的主管（Direktoren）都来自外国。在精英计划中工作的共有 5750 名研究员，其中 80% 是年轻人，25% 来自国外。

十　问题与改革建议

德国的科研创新体制和政策有很多优点和特点，因而也取得了很大的成功。但事物都是一分为二的，有优点就会有缺点，有成功就会有失败。下面我们就来看看德国的科研创新体制与政策究竟有些什么问题和缺点，应该如何来加以纠正。

（一）要始终坚持科研创新的正确决策理念

德意志民族是一个勤劳、勇敢和智慧的民族，但也是一个"迟到"的民族。这一点同样反映在科研创新领域。我们既看到德意志民族在这一方面的惊人成就，也能看到其在不少重大科研创新决策中的踌躇和迟疑，因而错过大好机遇，落在了先驱者的身后。好在只要其一旦发现自己的落后处境便会迎头赶上，甚至超过别人，进入领先的行列。这一点特别反映在德国对待新经济的政策和态度上。当美国的克林顿政府通过发展新经济保持了美国经济的持续增长时，世界各国都群起而效仿，德国却始终处于经年的踌躇之中，

---

① *Hochschulrektorenkonferenz auf einen Blick*，www. bmbf. de，letzter Zugriff am 25. 06. 2015.

以致被甩下了好远，直到施罗德上台才把发展新经济作为科研创新的重点予以推动，并取得了骄人的成绩，但人们也看到，德国这一迟到的决策让自己付出了巨大的代价，撕开的伤口至今还没有完全愈合。

科研创新不是赌博，需要科学、智慧和稳健，但科研创新又是一种机遇，它稍纵即逝，需要有敢为人先的精神，需要有失败100次还敢试验101次的勇气和理念，这就要求人们从繁重、复杂的科研中要智慧，从风险资本中要保障。提出这一点，既是对德国科研创新决策的反思，也是对德国科研创新的一种警示。

（二）要对教育体制进行深入的改革

在过去十多年的时间里德国教育有了改进，在国际学生评估项目考试中的排名有了提高，高校毕业生和获得博士学位的人数有了增长，但同教育领先的国家相比距离还很大，这一直是德国科研创新的短板和软肋。

长期以来德国的高等教育一直受制于条块的分割，联邦和各州不能在这一领域合作。如今这一规定虽然已经有了局部松动，但仍难言理想，需要进一步改革联邦与州的合作机制。

各联邦州执行不同的教育政策已大大影响了人人应享有的教育公正，增大了教育改革的难度，影响了德国教育体制的国际竞争力，因而也就压低了教育作为创新力量的重要意义。

高校的经费不足一直是困扰德国高校的另一个突出问题，由此派生出来高校是否应交纳学费的问题。这严重影响了学生、学生家长及广大人民群众对高校的信任，但至今没有得到圆满解决。

初等教育体制僵化，学员很难在不同的体系间转换和重新选择，不利于因材施教；

由于上述这些主要原因，德国教育的发展滞后于其他领域，教学、科研质量不高，国际学生评估项目考试长期处于中下游水平，新建专业少，不少任课教师知识老化，国际一流学者短缺，人才流失日益加剧，至今没有一所世界一流大学，因而大大影响了科研创新的产出和科研创新接班人的培养。即便是一直为世界津津乐道的职业教育也显出颓势：培训岗位短缺，相当一部分学员成绩不好，特别有天赋的年轻人得不到特殊的资助，对职业教育培训专业过于专门化，培训机构之间缺乏协调等。

德国政府是深知这些弊端的，也下过决心进行深入的改革，但由于各种复杂的原因，往往都是走走过场而已。现在已经到了德国教育非改革不可的时候了。

（三）要进一步改革科研创新体制和政策

德国虽然对研发体制进行了一些结构改革，但仍有很多问题和不足。

（1）行业内部研发的力度没有提升，这首先是因为在以往的改革中德国的刺激和框架条件没有能使企业明显改变对待增加单位研发投入的态度，其次是德国的经济结构没有朝着要提高研发力度（FuE-Intensität）的方向改革，因此虽然从事科研的单位增加了不少，但研发力度并没有上去。

（2）德国经济研发支出的增长力度落后于某些先进国家，在支持企业应对创新风险上已经落后。德国必须加大这一支持，因为加大税收上的研发支持力度是支持企业从事科研创新的决定性激励，是改善德国在国际区位竞争地位的重要筹码，也是阻止大型企业进一步将其创新潜力转移至国外的一个重要手段。

（3）某些单位虽然加大了科研创新的力度，改善了学术领域的框架条件，增加了科研机构研究人员的数量，然而投资并没有带来相应的产出，没有相应提高科研机构出版物和专利的数量。

（4）科研密集型企业都是追求顶尖科技水平或是高附加值技术的，然而在相当长的一段时间内德国的科研密集型企业无论是绝对数还是相对数的比重都下降了。这是因为此类企业在经济发展良好时没有像增加营业额那样来相应增加研发的投入，后果就是，缺乏高素质科技人才、缺乏风险投资、市场结构差强人意、企业战略不当等。

（5）某些领域的创新数值有轻微回落，因此为了提高德国经济的创新能力必须改善某些部门和领域的框架条件，决不能躺在成绩上睡大觉。

（6）风险资本市场是德国创新体制的软肋。尽管德国也采取了不少措施，但是对新企业的早期融资力度仍然低于许多国家。因此德国一方面要改善风险资本的框架条件，另一方面需要更多新的企业家来从事创新活动。

（7）创新政策一向属于联邦政府和大多数州政府最重要的目标，其地位高，划拨的经费也多。这并不是所有工业大国都能做到的。德国创新政策的资助手段多、干预的形式也多，这就会在创新过程中造成市场和体制的失灵。资助的工具越多，政策的主管单位也就越多，加上项目的承担单位原本就多，而且各有自己的实施结构，这就造成了创新管理和实施的复杂性，运作很不灵活，每个行为体都要竭力来捍卫自己的地位。

（8）改革资助方针。德国在过去的十几年中实施了重大的结构改革以创建尖端技术领域。现在全球对尖端技术产品的需求大幅度增加，对德国尖端技术产品的需求同样也在增加，创新政策的需求也同时发生着变化，然而对尖端技术的资助额度却丝毫没有改变。为了提高德国经济的科研力度和发展新技术领域，德国不应该停留在资助某些技术领域或是某些使用该技术的企业和部门上，而应该为所有愿意加大科研力度以提高竞争力的企业创造良好的框架条件。

（四）要加强统一领导

今天世界各主要工业国家大多已经取消了科学同技术的分野，统称为科技，而德国起先依然将其分在两个部里，即经济技术部和教育科研部，后来则取消了含技术的部称。按说，像德国这样一个联邦制国家，各部又设司、处、项目负责人和计划分管等各类名目，更由于德国各科研机构之间分工细致，理应有各类协调机制，以便协调各技术领域、各主管部门之间的工作，特别在涉及科研和创新的长期目标时。这种统一领导和管理的缺失已经造成了科研计划的固化和科研的山头作风而呈现出一个异质实施结构。政出多门，项目林立。一个集群成了一个山头，各自为政。这一体制潜在的好处是适用于小型项目，但有明显的弊端，很难实施跨部门的合作，不利于迅速实施大型科研和创新计划。项目负责人没有调整计划的权力，而且经常会出现角色冲突。在这种情况下要想从中干预、改变原有程序、更换新的途径和措施实际上是不可能的，于是就产生了德国创新体制中的所谓"惯性"。这种"惯性"可以防止过快地改变政策理念和措施，但也不利于及时做出必要的重大调整。这对创新活动是十分不利的，因为创新常常是长线工程，不做及时的、重大的改变和调整往往是不可能的。所以必须加强统一领导，统一指导思想，成立一个统一领导科研创新的中心机构，如德国创新公司（Deutsche Innovationsgesellschaft，DIG）之类的领导机构不失为一种正确的应对之举。这样可以统一指挥，可以拟定统一的科研方针，使其既能适用于创新的不同阶段，也能适用于不同的干预形式。这样也可以很好地迅速协调科研和创新的各类手段，提高资助的灵活性。

（五）要继续强调科研的专门化方向，但精品导向不应牺牲成果转让

如今，各科研机构都把提高学术精品作为自己的主要任务。尽管学术精品也是顺利进行技术转让的一个重要前提，但是不能把精品导向变为低估甚至忽视其他任务的理由。

科研要有激励机制，德国搞科研专门化和精品导向是一种激励机制，也

为世界所称道，但绝对不应以偏概全忽视建立其他方面的相应激励机制。精品需要，一般产品也需要，也要激励，特别是要把激励机制同成果评估、考评以及下达的资助费用结合起来。

（六）改革评估体制

在各相关部设立中心评估单位，改革评估体制。要改变目前把评估集中在改善现有计划建议的做法，加强新举措的研究，并把这一评估的经验向各有关机构介绍以便形成相应的新政策。

第十五节　施罗德政府的经济政策[①]

施罗德把自己的经济政策称为"新中派"经济政策。"新中派"一词出现于 1998 年德国联邦议院大选期间社民党的竞选纲领中，最后赫然排在了德国"年度词汇"榜的第三位，十分引人注目。然而"新中派"的确切内涵还是在社民党获得大选胜利，拉方丹下台，施罗德党政"一把抓"后才逐步显现出来，最后浓缩在他同布莱尔的共同声明，即《伦敦宣言》[②] 之中。

一　"新中派"经济政策的内涵

"新中派"是德国版的"第三条道路"，是布莱尔和吉登斯理论在德国的新发展。它涵盖了政治、经济、文化、社会和科技等各个方面，是德国社民党时隔 16 年重新掌权之后再造自身形象的理论纲领。笔者认为这是德国社民党继 1959 年《哥德斯堡纲领》之后的又一次"易帜"。

顾名思义，"新中派"一是对"老中派"而言，二是对"左派"和"右派"而言。它告诉人们，社民党要改弦更张，在各个领域走一条超脱"左""右"，却又能包容"左""右"的"新"路。现在就让我们对"新中派"的经济政策进行一番剖析，看看它"新"在哪里、"中"在哪里。

简单说来，"新中派"的经济政策主要表现在处理三组矛盾和一个中心上。说具体一点，就是在以下三组经济矛盾中寻求新的平衡，同时发展一个中心。三组矛盾是指供给导向经济政策同需求导向经济政策之间；国家同市场之间；

---

① 参阅殷桐生《施罗德的"新中派"经济政策》，《国际论坛》2001 年第 4 期，外语教学与研究出版社，第 71～76 页。

② Schröder/Blair：*Der Weg nach vorne für Europas Sozialdemokraten*，08.06.1999，in：Wikipedia.

雇员同雇主之间。一个中心就是发展知识经济，搞德国式的"新经济"。

二 执行供给导向经济政策，兼顾需求导向经济思想

联邦德国成立以来推行社会福利市场经济体制，但不同的政党仍有其政策上的侧重。1966 年，社民党参政，经济政策开始"左倾"，1967 年的经济危机更加助长了其发展。1969 年，社民党执政，便正式以凯恩斯的有效需求理论来指导经济决策。自此，需求导向政策便在实践上同社民党结下了不解之缘。

与需求导向政策相对应的是供给导向经济政策。1994 年，布莱尔接任工党领袖，开始宣扬"第三条道路"理论。1997 年，他出任首相，便将"第三条道路"升级成为英国的国策，在经济上放弃了传统的需求导向政策，突出了供给导向思维模式。1998 年，施罗德掌权后便紧跟布莱尔，走上了同一条道路，因为这样的经济理念和政策是十分适合治疗"德国病"的。

于是，人们便听到，施罗德在《伦敦宣言》中大声疾呼，"过去，社会民主主义者经常给人一种印象，单凭有效的需求调控来达到增长和高就业率。当代社会民主主义者则承认，供给导向政策应起核心和补充作用"，"新自由主义自由放任的 20 年已经过去，但取而代之的不应是 20 世纪 70 年代的赤字财政和大规模的国家干预。今天，这样的政策只会把人引入错误的方向"。但他同时也指出，"供给政策和需求政策是相互关联，而不是相互替代的"，"社会民主主义的政策目标是消除供给政策和需求政策之间的矛盾假象，以利于把微观的灵活同宏观的稳定有效地结合起来"[①]。这便是施罗德"新中派"经济政策的核心，也是其"新中派"经济政策的指导思想。这一指导思想反映在以下五个方面。

（一）减税

施罗德认为："过去社会民主主义者总是同高税收，尤其是同高企业税相提并论的。当代社会民主主义者则承认，在正确的情况下进行税制改革和减免税收会大大有助于其承担的社会目标的实现。"[②] 因此他在组阁伊始，便在同绿党签署的《联合执政协议》中提出三阶段减税方案，并取得了实效。

---

① Schröder/Blair: *Der Weg nach vorne für Europas Sozialdemokraten*, 08.06.1999, in: Wikipedia, S. 8 – 9.

② Schröder/Blair: *Der Weg nach vorne für Europas Sozialdemokraten*, 08.06.1999, in: Wikipedia, S. 7.

于是他便对原计划做了修订，将第三阶段提前到 2001 年来执行，同时制定了 2001 年、2003 年和 2005 年第二个三阶段税改计划。

在减税计划中降低企业税是一个突出的问题。当时的企业税改革主要包括三个方面。

（1）改革公司税。施罗德政府执政后决定先将公司留成税税率从 45% 降至 40%，分配利润税税率维持 30% 不变；从 2001 年开始两种税率并轨，同时下调至 25%，并规定公司税加上营业税和团结附加税后的全部纳税额，即企业税额，不得超过 35%（1995 年为 59%，1998 年为 56%，2000 年减为 38.6%）。

（2）改革资合公司股东红利折算所得税的方法，将过去全额折算制改成半额折算制。

（3）从 2002 年起出售企业股票不再纳税（该决定已提前在 2001 年执行）。

如此减免企业税对加速企业资本的形成，增强企业的投资，提高企业的竞争力具有重要的意义。

（二）采取相对紧缩的货币政策，严格控制货币量，使货币量的增长同长期的增长潜力相适应

这是供给经济学的核心理论之一，但是由于欧洲货币联盟成立后各成员国的货币政策大权已转让给欧洲央行，因此德国在该领域已无独立决策的权力。所幸西欧各国的经济形势大同小异，欧洲央行奉行的同样是紧缩货币政策。例如 2000 年 12 月 14 日欧洲央行决定将货币量 M3 在 2001 年的增长率定在 4%。这在德国过去的货币量"目标走廊"上就属于下限，对于施罗德政府推行供给导向经济政策当然不会构成任何障碍。

（三）大规模削减福利开支，提高个人和企业的投资能力

"德国病"的最主要症状就是高福利，因此削减高福利就必然成为施罗德政府经济政策的重点。施罗德认为"当代社会民主主义者要把社会保障网从一种权利变为通向自我负责的跳板"，"一个紧缩的、现代化的税收和社会福利体制是左派的积极供给导向劳动市场政策的基本成分"，"必须保持最低的福利标准"，"当今的经济政策旨在提高就业者的净收入，同时降低雇主的劳动成本。因此，通过对社会保障体制进行结构改革和建立一个面向未来、有利于就业的税收结构来减少法定工资附加费就显得尤为重要"。[1] 然而由于

---

[1] Schröder/Blair: *Der Weg nach vorne für Europas Sozialdemokraten*, 08.06.1999, in: Wikipedia, S. 4, 9, 13, 14.

它涉及的是削减人民的切身利益，是"犯众怒的"，于是便成了施罗德经济政策中最敏感、也是他最为谨慎推行的举措。

（四）增加就业岗位，削减失业金

进入 20 世纪 90 年代后德国的失业率扶摇直上。于是，红绿联盟上台后就立即宣布，"降低失业是新联邦政府的最高目标"[1]，同时强调，"国家必须主动推动就业，而不应成为那些经济失调牺牲品的被动赡养人"。[2] 这就是说，钱要花在推动就业而不是补贴失业上，从而突出了供给导向的积极、主动的劳动市场政策。

（五）缩小政府开支，平衡国家预算

缩小政府开支，平衡国家预算，消除财政赤字，鼓励储蓄和投资，加速资本形成，推动生产。在这方面施罗德强调："过去社会民主主义政策经常被混同为以下观点，即认为，推动就业和增长的最佳途径是扩大国家债务，用以提高国家的支出。我们并不笼统反对国家举债……如果为了增加国家的投资而举债，而且能严格遵守'黄金法则'，则投资能够在增强经济的供给方面起到重要的作用。但决不能采用'赤字财政'来消除经济结构上的弱点，阻止经济的加速增长和就业的提高。因此社会民主主义者决不能容忍过高的国债"。[3]

三　强调市场，主张国家对经济的干预

以施罗德为首的德国社民党人重新掌权后，决定调整在国家和市场上的政策，提出"过去，国家靠对经济实行微调来保障经济增长和就业岗位的政策能力被高估了，而个人和经济界在创造财富方面的意义则被低估了。市场的弱点被高估了，市场的强点则被低估了"，"我们必须在一个新的、适应现状的经济框架内来执行我们的政策。国家应在此框架内全力推动经济的发展，但决不应认为自己可以替代经济。市场的导向作用必须得到政策的补充和改善，而不应受其阻拦。我们支持的是市场经济，而不是市场社会"。"当代社会民主主义者不是自由放任的新自由主义者。灵活的市场必须同一个重

---

①　社民党同绿党的《联合执政协议》，1998 年 10 月 20 日。

②　Schröder/Blair：*Der Weg nach vorne für Europas Sozialdemokraten*，08. 06. 1999，in：Wikipedia，S. 8，13。

③　Schröder/Blair：*Der Weg nach vorne für Europas Sozialdemokraten*，08. 06. 1999，in：Wikipedia，S. 6，7，12。

新定义的积极的国家结合起来"，"国家不应划桨，而应掌舵。应少一点监督，多一点挑战"①。

四 兼顾雇员和雇主利益，成为中产阶层的维护者

社民党原本是工人阶级政党。随着德国中产阶层的崛起和本党掌权欲望的加剧，社民党于1959年哥德斯堡党代会上做出决议，称自己为代表全民利益的人民党。施罗德正是这一"易帜"的坚定追随者。一次他就非常明确地说："社民党要掌权就必须有广大的支持者，现在产业工人日益减少，'白领阶层'日益增多，不改变党所代表的利益阶层就没有机遇。"1998年，社民党取得大选胜利，之后施罗德担任了党的主席，于是社民党就日益明确地表示，要兼顾雇员和雇主的利益，要成为中产阶层的维护者。在《伦敦宣言》中施罗德更进一步阐明了自己对这一问题的观点，"对当代社会民主主义者说来，建设一个生气勃勃的中产阶层是其重要的、优先考虑的目标，这里蕴藏着未来知识社会新经济增长和新就业岗位的最大潜力"，"我们希望让雇员获得分享雇主成果的机会，从而在工作中建立起真正的伙伴关系"。②

施罗德特别强调要重视中产阶层、雇主在经济问题上的倡议，要减免他们的各项负担，不得限制他们的市场，要给他们，尤其是高科技公司，创造进入欧洲资本市场以及其他融资渠道的条件；要废除束缚生产和雇工的各类规章制度，降低工资附加费，以利于他们开业和雇佣人员。

五 发展"新经济"，加快以信息技术为重点的高新技术的发展

施罗德"新中派"经济政策也突出反映在发展德国式的"新经济"上。他认为，"我们的国民经济正处于从工业生产型向未来知识导向型服务社会的转轨之中，社会民主主义者必须抓住这一经济变革的机遇，它给欧洲提供了一个赶上美国的机会"，新技术要求"向人力资本投资，这样既使个人也使企业能为未来的知识经济做好准备"。③

---

① Schröder/Blair: *Der Weg nach vorne für Europas Sozialdemokraten*, 08. 06. 1999, in: Wikipedia, S. 1, 3, 5.

② Schröder/Blair: *Der Weg nach vorne für Europas Sozialdemokraten*, 08. 06. 1999, in: Wikipedia, S. 6, 12.

③ Schröder/Blair: *Der Weg nach vorne für Europas Sozialdemokraten*, 08. 06. 1999, in: Wikipedia, S. 4.

德国经济之所以裹足不前，高新技术落后是一个很重要的原因。以电子商务为例，1999 年德国网上购物的营业额仅为 10 亿马克，而美国为 220 亿马克，是德国的 22 倍。[①] 此外，高科技人才非常缺乏，施罗德认为，仅信息技术（IT）领域就缺少 15 万人，于是德国政府准备采取一些重大的举措来改变这一现状。[②]

六 《2010 议程》和联邦政府的新改革计划

2002 年，红绿联盟经过一番激烈的角逐，险胜联盟党，得以继续执政。为了应对严重的经济挑战，它们于 2003 年 3 月 14 日向联邦议院提出了一个空前规模的改革方案《2010 议程》，并于 2003 年 12 月 19 日获得联邦议院和联邦参议院的批准。主要目标是：降低工资附加费，提高投资和消费，改善劳动市场供给和需求的激励机制，推动独立开业和个人负责。《2010 议程》的出现，再加上其他各类具体的改革方案，使德国形成了一个全方位的改革网络，从而拉开了新的改革序幕，把整个德国推入了改革的大潮，其重要内容如下：[③]（1）在劳动市场的结构改革方面联邦政府将执行"哈尔茨计划"；（2）在改革养老金保险、医疗保险和护理保险制度上联邦政府将推行"吕鲁普方案"；（3）在税收改革问题上调解委员会于 2003 年 12 月 15/16 日做出以下决议，并纳入《2010 议程》：把所得税免税金额从 7237 欧元提高到 7664 欧元，把起征税率从 19.9% 下调至 16%。把所得税最高税率从 48.5% 下调至 45%；将工商税下调至 20%；对需抚养子女的单亲家庭减免税额 1308 欧元等。

七 从德国经济的实际发展看施罗德的"新中派"经济政策[④]

施罗德不仅已经确诊了"德国病"，而且还开出了一个又一个的药方，动了一个又一个手术。应该说这些药方从理论上说是站得住的，一些手术也是成功的，但受到德国现有的政治制度和经济制度的严重制约，党内外阻力

---

① 江建国：《德国打造电子商务》，《人民日报》2001 年 1 月 15 日，第 7 版。
② 联邦财政部：《2001 年度经济报告》，见 www.bundesfinanzministerium.de，最后访问日期：2001 年 12 月 27 日。
③ 引自"Agenda 2010"（《2010 议程》）。
④ 参阅殷桐生《从 2001 年德国经济的发展看施罗德的"新中派"经济政策》，《国际论坛》2002 年第 4 期，外语教学与研究出版社，第 62～66 页。

都很大，即便是一些业内人士在认可的同时也不无微词，认为政府难以承担，人民难以承受，致使一些举措如同空文，另一些举措则收效甚微，但从总体看，施罗德的经济政策还是获得了部分的成功。问题主要出在以下几个方面。

（一）飞来的横祸

美国经济在持续爬坡 112 个月以后开始滑坡，"9·11"事件给本来已不景气的美国以及全球经济造成了严重的损失，加之石油价格上涨。据统计，石油价格只要涨到每桶 25 美元以上就会使德国的国内生产总值下降 0.3% ~ 0.4%；[①] 从英国开始肆虐的疯牛病和口蹄疫几乎席卷了整个西欧，造成德国食品价格大幅度上涨，进而拉动了德国整个消费价格和通胀率的上扬。[②]

（二）"德国病"病情严重，抗感染的能力很弱，好转经不起反复，短期治愈困难

这特别明显地反映在德国的财政赤字上。1998 年，德国的财政赤字为 778 亿马克。经过努力，1999 年的财政赤字降至 550 亿马克，2000 年再降至 485 亿马克，然而 2001 年的财政赤字再次反弹，高达 538.7 亿欧元，从而引起欧盟的关注，差一点因违反德国人自己力主的《稳定与增长公约》而受到"蓝信（Blauer Brief）警告"[③]。事实说明，德国经济抗感染的能力很弱，经不起反复，"德国病"很难在短期内治愈。

（三）"新中派"经济政策中的失误

对治疗德国高失业采用的举措虽然很多，但切中要害者甚少，贯彻就更不得力；

三年税改计划的成功让施罗德陷入了一种思维的误区，于是他把 2002 年的减税计划提前一年执行，这显然是一个错误的决策，结果造成税收收入的过度下降；

施罗德重视企业，特别是中、小企业的建设，但对企业，特别是对大企业面临的众多新困难关心不够，更缺乏有效的举措，因而使 49600 家企业失

---

① （Verfasser unbekannt）：*Teures Öl gefährdet Aufschwung*，in DW-World 03. 04. 2002.

② 联邦财政部：《德国 2002 年年度经济报告》。见 www.handelsblatt.com，最后访问日期：2003 年 12 月 27 日。

③ 联邦财政部：《德国 2001 年年度经济报告》。见 www.welt.de，最后访问日期：2002 年 1 月 17 日。

去支付能力，32400 家公司破产，[1] 在大企业中更出现了一个"破产潮"；

忽略了联邦、州和乡镇之间财政上的协调，致使各州和乡镇的财政赤字增加了 3 倍。

（四）施罗德的经济政策是不应被否定的

以上不难看出，施罗德的"新中派"经济政策在执行中确有失误，但成果依然是明显的，自然也是不应该被否定的。这些成果主要表现在以下几个方面。

2000 年国内生产总值增长 3%，创 1992 年以来的最高纪录；

就业人数增加了 110 万，每个愿意培训的青年都能获得培训岗位，青年的失业率降至 8.7%，仅高于瑞士和奥地利；

财政收入增加了 300 亿欧元；

把子女津贴从每月 112 欧元提高到 154 欧元，使一个 4 口之家仅此一项每年增加收入近 984 欧元；

减免个人税收 150 亿欧元，年收入 30000 欧元的职工减税额：1999 年为 598 欧元，2000 年为 1113 欧元，2001 年为 1488 欧元，2002 年为 1854 欧元；

经常项目收支克服了近几年来的逆差，于 2001 年首次达到平衡；

扩大了助学金的发放范围，使 45 万个青年据此获得了上大学的机会；

温室气体排放减少了 18.5%，排放量仅高于卢森堡；

减少了国家机关工作人员，使其比例只占全体工作人员的 12.3%，低于美国的 14.6%；

逐步减少了联邦的净贷款额，1998 年为 289 亿欧元，1999 年为 261 亿欧元，2000 年为 238 亿欧元，2001 年为 229 亿欧元；

物价稳定，从 1998 年到 2001 年年均只增长了 1.4%；

拟定的一系列建设知识经济，特别是建设信息（通信）产业（IT 或 IKT）的计划都已付诸实施，并取得了突出的成绩，2000 年增长 9%，2001 年增长也近 5%，到 2001 年德国全部学校和一半居民都开通了因特网，67% 的人有了手机，电子商务的营业额已达 200 亿欧元，列欧洲各国之首，到 2001 年 11 月已向非欧盟成员国的 10400 名信息技术专家发放了绿卡；[2]

---

① 联邦财政部：《德国 2001 年年度经济报告》。见 www.welt.de，最后访问日期：2002 年 12 月 7 日。

② 联邦财政部：《德国 2002 年年度经济报告》，德国财政部部长艾歇尔（Eichel）2002 年 2 月 21 日的演说，www.welt.de，最后访问日期：2003 年 1 月 17 日。

坚决进行经济结构改革，推出"哈尔茨计划"、"吕鲁普计划"和《2010 议程》，凸显了施罗德难能可贵的大刀阔斧的改革精神，为德国经济今后的发展打下了一个重要的基础。默克尔上台伊始就排除党派之嫌，突出肯定了这一《2010 议程》。

大量事实说明，施罗德的经济政策从总体上看是可行的，因而也是正确的。这一点既得到了德国"五贤人"的赞同，也得到了欧盟的首肯。否则也就无法解释经济发展好势头的现实，更难论证德国能迅速摆脱国际金融危机和从容应对欧债危机的关键。

第十六节 默克尔政府的经济政策

2005 年德国大选，默克尔的联盟党成为执政党，同社民党组成了第二届大联合政府，也就是黑红联合政府；2009 年，德国再次大选，默克尔的联盟党连选连胜，却更换了联盟伙伴，同自民党组成了黑黄政府。2013 年，默克尔的联盟党第三次获胜，再次同社民党组成大联合政府。三次组阁，推行的经济政策有所不同，但由于主流政党未变，三届联邦政府的原定经济政策也就大同小异了。只是由于 2008 年爆发了国际金融危机，德国也受到严重的冲击。2010 年又爆发了欧债危机，默克尔政府不得不竭尽全力，使出浑身解数来加以应对，原先的各项经济政策也就不得不做了重大的调整。于是本书便将默克尔政府的经济政策分成两部分来写，2007 年前的先在这里介绍并论说；2008 年及此后的放在第八章中加以阐述。

一 默克尔政府主要的经济政策

（一）默克尔第一任期主要的经济政策[①]

2005 年 11 月 11 日，联盟党和社民党公布了题为《以勇气和人道共同为德国奋斗》的《联合执政协议》。发展经济居于突出的地位，核心思想是所谓"整固、改革与投资"三和弦。[②] 作为一个政府的经济纲领这个三和弦还是颇有特色的。

---

① 参阅殷桐生《德国大联盟政府经济政策剖析》，《国际论坛》2006 年第 4 期，外语教学与研究出版社，第 64~70 页。

② Koalitionsvertrag: *Gemeinsam für Deutschland — mit Mut und Menschlichkeit*, in *Die Welt*, 11. 11. 2005.

1. 整固

"整固"就是指整固财政，强调既要增收又要节支，力争在 2007 年将德国当年的财政赤字控制在《马约》规定的 3% 范围内，并按《基本法》规定，使当年的投资超过举债，前提是必须补齐每年 350 亿欧元的缺口。采取的主要措施如下。

节支　节约行政经费支出，减少补贴，减少税收优惠：例如继续执行"哈尔茨计划"，将失业救济同社会救济合并为二档失业金；2007 年要削减联邦对法定医疗保险的补贴，2008 年开始完全取消；不再向联邦就业中心和法定养老金保险提供补贴；废除私人住宅补贴；削减对钟摆族的一次性交通费补贴等。

增收　从 2007 年开始将增值税从现在的 16% 提高到 19%，这样一来可以增加 100 亿欧元的收入（实际增收了 227.5 亿欧元），其中的 1/3 用来削减工资附加费，1/3 用来整固联邦财政，1/3 用来整固各州财政；将非经营性所得税的最高税率从现在的 42% 提高到 45%，称"富人税"；从 2007 年开始将养老金保险费从现在的 19.5% 提高到 19.9%；从 2007 年起对私人转移所得的收入一次课征 20% 的税收；将工商业中低水平就业的一次性缴纳费用提高到 30%。

2. 改革

"改革"主要是指改革社会福利体制，着重降低社会福利费。其重要措施是：将工资附加成本降至 40% 以下；把失业保险费从目前的 6.5% 降至 4.5%；把子女津贴的支付年限从 27 岁降到 25 岁，同时引进一年的父母津贴，以代替原来为期两年、每月最高可达 300 欧元的教育津贴，但最高不超过每月 1800 欧元；从 2012 年到 2035 年将退休年龄提高两岁，每年提高一个月，后来又决定提前在 2029 年实现。将里斯特（Walter Riester）养老保险[①]中的子女津贴从 185 欧元提高到 300 欧元；将东部地区的二档失业金从 331 欧元提高到 345 欧元，同西部地区取齐；放松解雇保护，规定新聘雇员试用期最高可为两年，试用期内不享受解雇保护，新建企业的试用期可以延长至 4 年等。

3. 投资

把"投资"升格为三和弦之一，明确宣布 2006 年新增债务为 410 亿欧

---

① 2000 年联邦劳工部部长里斯特提出了一个改革德国传统的现收现付养老金模式的建议，通过政府补贴的方式鼓励人们为未来的老年生活进行储蓄。这便被称为"里斯特养老金"。

元，而投资只为 230 亿欧元，债务额远远超过投资额，因而也就违反了《基本法》的第 115 条，属"违宪行为"，但同时宣布 2007 年就将改变这一非常状态；设立总额为 250 亿欧元的未来基金，用来资助 5 个重点领域，即对中产阶层、交通、科研和技术、家庭开业和家庭资助等的投资；在 2008 年前投入 45 亿欧元来改善折旧条件，用 3 亿欧元整修旧建筑，以提高企业投资的积极性；对交通基础设施则新增投资 43 亿欧元，以此来扩大投资需求。[1]

（二）默克尔第二任期经济政策新的内涵

2009 年大选后上台的黑黄联合政府面对的是国际金融危机以及之后的欧债危机的冲击，不得不竭尽全力来加以应对（详见第八章第二节），日常经济工作的重点如下。

减税，从 2011 年起要减税 240 亿欧元，把工资附加费降至 40% 以下；

提高子女津贴，2010 年起每人增加 20 欧元，提高到 184 欧元，纳税起征点从 6024 欧元提高到 7008 欧元，2013 年起不上托儿所的孩子可以领取看护费，每月 150 欧元；

延长核电站的运营期限，可以超过 2022 年，但不得再建核电站。

（三）默克尔第三任期经济计划的重点

在 2013 年联邦议院的大选中默克尔的联盟党再次取得了重大的胜利，同社民党组成了第三次大联合政府，并发表了新的大联合政府的《联合执政协议》——《构建德国的未来》，其经济计划的要点如下。

遏制新债，削减负债率，强调为了保证财政收入和国家的行动能力，必须打击逃税、有效征税和长期坚持债务刹车；

德国已经把工资附加成本控制在 40% 以下，现在需要出口强势和以投资与购买力为支撑的经济发展，要增加投资，加强作为区位优势的基础设施；

通过确立最低工资制度以及具有普遍约束力的劳资合同来实现公正的工资报酬；

推进能源转型，使德国成为世界上最现代化的能源要地之一，要兼顾可支付性、供应安全性以及环境可承受性，并同时保证经济的竞争能力；

希望高速互联网在 2018 年前覆盖全国，所有区域均可以使用。

---

[1] 综合《联合执政协议》（*Koalitionsvertrag*）、默克尔的《政府声明》（*Regierungserklärung*）和《2006 年度经济报告》（*Jahreswirtschaftsbericht 2006*）的相关数据，分别摘自 2005 年 11 月 11 日《世界报》（*Die Welt*）；2005 年 11 月 30 日：www.bundesregierung.de；2006 年 1 月：www.bmwi.de。

二 默克尔第一任期经济政策的成效[①]

默克尔的三和弦经济政策一经公布，就引起激烈的反应。值得注意是，该经济政策的主导思想在三个党的党代会上均获压倒性多数通过。由此不难看出，默克尔在其任期内，坚持贯彻小步改革方针，坚持其绣花模式，不搞大手笔，自然在经济政策上难有突破性发展，但成绩还是明显的。

（一） 德国经济 2006~2007 年的增长[②]

2006 年，德国国内生产总值增长了 2.9%，[③] 略高于 2.8% 的欧元区平均值，但低于 3.1% 的欧盟 27 国平均值；2007 年，德国国内生产总值增长 2.5%，同欧元区平均值相等，低于 2.9% 的欧盟 27 国平均值。这对德国来说确实可以说是"强劲增长"了。那么这种强劲增长的具体表现在哪里呢？

（1）2006 年，通过整固财政，国家收入大幅度增加，经常项目收支余额从 2005 年的 1031 亿欧元上升到 1172 亿欧元，支出则平稳提高，赤字大幅度下降，仅为 373 亿欧元，占国内生产总值的 1.6%，近 4 年来首次降至《马约》规定的 3% 的标准之下；2007 年支出为 10651 亿欧元，增长 1.0%。其中福利支出减少 1.6%，资产转移支付下降 2.4%，财政首次有了盈余，为 22 亿欧元，占国内生产总值的 0.1%。

（2）2006 年、2007 年国内生产总值的增长和景气状况明显高于潜在增长，而且前者还是在比 2005 年少 2 个工作日的前提下发生的，后者则是在又少 1 个工作日的背景下出现的，否则增长均应再加上 0.1 个百分点。众所周知，国内生产总值的增长是增长要素和景气要素共同作用的结果，而所谓潜在增长则是指在现有设备正常开工率情况下的国内生产总值的长期发展状况，德国的数据为 2%。这就意味着，这两年的国内生产总值的增长是一种超常的增长。

（3）拉动经济增长的三要素，即投资、消费和进出口值全面上扬。2006

---

① 参阅殷桐生《德国大联盟政府时期的经济发展述评》，载刘立群、连玉如主编《德国·欧盟·世界》，社会科学文献出版社，2009，第 267~278 页。

② Erichsen, Fredrick von: *Deutsche Wirtschaft, 2007 wird ein goldenes Jahr*, 12. 03. 2007.

③ Zit. nach *Jahreswirtschaftsbericht 2006*, Januar 2006, www. sozialpolitikaktuell. de/docs; *Jahresgutachten 2006/2007 des Sachverständigenrats*, Dezember 2006, www. aachen. ihk. de/de/standortpolitik/konjunktur. htm-26k; *Jahreswirtschaftsbericht 2007*, Januar 2007, *Wirtschaftspolitik/Wirtschaftsfakten*, did = 184762. html-14k; *Aufschwung legt Pause ein — Gemeinschaftsdiagnose Herbst 2007*, GD_2007 - 2_071019. pdf.

年基本建设总投资提高 6.1%，其中设备投资提高 8.3%，建筑投资提高 4.3%，其他投资提高 6.7%；2007 年基本建设总投资提高 4.9%，其中设备投资提高 8.4%，建筑投资提高 2.0%，其他投资提高 6.6%。这都是德国统一以来少有的，尤其是建筑投资，1999 年以来一直是负增长；

2006 年，私人消费增长 1.0%，国家消费增长 0.9%；2007 年，私人消费虽然下降 0.3%，国家消费却增长 2.0%。这也是多年未见的景象。

2006 年，出口增长 12.5%，进口增长 11.2%，进出口值为 5.7%；2007 年出口增长 8.3%，进口增长 5.7%，进出口值为 7.1%。即便对于连续 4 年保持世界出口冠军的德国来说，这也是少见的。

令人瞩目的是，在 2006 年投资和消费共同构成的内需增长竟然超过了多年来苦苦支撑着德国经济局面的对外经济，同它共同成就了国内生产总值 2.9% 的增长。其中内需的增长贡献 1.8%，超过进出口值贡献的 1.1%。2007 年，内需的增长贡献 1.0%，仍然低于进出口值贡献的 1.5%。

（4）2006 年，德国的就业人数增加了 258000 人，达到 3908.8 万人，提高了 0.7%，特别是应缴纳社会保险金的就业人员有了增加，失业人数为 448.7 万，失业率从 11.1% 降为 10.3%，下降 0.8 个百分点。如果根据国际通用的统计标准，德国 2006 年的失业人数应为 340 万，减少 464000，失业率为 8.1%；2007 年德国的就业人数提高了 1.7%，失业率降为 8.3%，下降 1.5 个百分点。

（5）2006 年，物价继续保持稳定，其中消费物价上涨了 1.8%，低于 2.2% 的欧盟平均值；2007 年物价涨幅略大，消费物价上涨了 2.3%，超过欧洲央行规定的 2% 的高限，也超过 2.1% 的欧盟平均值，但仍低于 3% 的常规标准。可以说，2006 年、2007 年的德国经济实现了软着陆。

（6）2006 年，国家总收入增长 3.5%，国民收入增加 3.6%，其中企业和资产收入增加 7.2%，雇员收入增加 1.7%，可支配收入增加 1.9%，人均毛工资增长 0.9%；2007 年，国家总收入增长 4.4%，国民收入增加 4.2%，其中企业和资产收入增加 7.2%，雇员收入增加 2.6%，可支配收入增加 1.6%，人均毛工资增长 1.3%。

从上述国民经济发展的主要指标来看，德国经济在 2006 年、2007 年的发展是比较健康的、扎实的。尽管这一增长连德国传统的"持续、适度增长"的指标都未达到，离修改后的 3% 的要求也有微弱差距，但把这种逆境中的奋起说成是强劲增长也还不为过。当然，人们更希望知道这种增长是怎样获得的。

（二）整固财政取得成绩的手段

大联合政府财政政策的核心就是整固、改革与投资。之所以要把整固财政置于经济政策的首位就是因为这样做最易见效、最易辐射到其他领域，也是新自由主义经济理论着意强调之处。2006、2007 年，德国经济发展的现实也证明了这一做法的相对正确性。

大联合政府整固财政的手段仍然是开源和节流。开源的主要表现是把增值税税率从 16% 提高到 19%，把医疗保险费率提高 0.6 个百分点，增加了收入。节流的主要表现则是削减税收优惠、财政补贴和资产转移支付，仅取消自建住房补贴一项两年就减少了 32.8 亿欧元，从而抑制了支出的过快增长。

（三）投资增长的奥秘

2006 年，德国的国家总投资原定 230 亿欧元，实际达到 328 亿欧元。企业投资数额更高，这样便使全部投资无论从数量上或是质量上来看都有了大幅度的提高。投资增长如此迅速和巨大的原因在于：（1）德国《基本法》第 115 条规定，国家的举债不得超过投资数，但允许有"例外"，于是联邦政府就利用这条"例外"规定，采取了"违宪行为"，使举债（410 亿欧元）超过了投资（230 亿欧元），从而整固了德国的公共财政，恢复了政府在财政上的行动能力；（2）联邦政府推出新的折旧规定，把累退折旧率提高 30%，最高相当于线性折旧率的 3 倍，推动了资本使用成本（Kapitalnutzungskosten）的大幅度下降；（3）由于废除了私人建房补贴，加上人们为了尽可能避开 2007 年提高增值税而产生的购置房产和耐用消费品的超前消费，建筑投资便大幅度增长。

2007 年，总投资为 363 亿欧元，比上年增加 10.8%。投资增加如此迅速的原因主要是：（1）由于 2008 年要实行新的折旧规定，因此许多公司便超前投资；（2）销售前景，特别是国外的销售前景继续看好，盈利增加，这就推动了企业投资和革新的力度；（3）开工率继续保持在高位；（4）由于德国 2007 年是暖冬，年初时住房建设投资继续增长，但终因其在 2006 年的超前投资，造成该领域 2007 年的投资不振，非住房建筑投资却有所增加，这是因为税收的增加使政府机关有力量来扩大公共建筑投资。

（四）消费支出提高的缘由

德国经济 2006 年强劲增长的一个重要标志是内需提高，特别是消费支出的提高，这使得一向依赖出口支撑的德国经济终于能够"两条腿走路"了。

大联合政府在 2005 年就已经宣布，要在 2007 年把增值税的税率从 16% 提高到 19%。这就意味着各类商品在 2007 年要涨价，于是就出现了 2006 年的超前消费风。人们为了超前消费，甚至不惜动用储蓄，这也是德国的储蓄率不仅没有因为人们收入的提高而提高反而出现下降的原因。

私人消费提高的另一个原因是世界杯足球赛在德国的举行。仅过夜住宿这一项，2006 年 6 月世界杯举行期间的私人消费就要高出 2005 年同月支出的 30%。

2007 年第一季度，国内消费出现了预料之中的下滑，直到第二季度才开始复苏。但是随着福利费用的降低，居民可支配收入的增加（增加 3.5%，实际增加 1.7%），消费支出从下半年开始又上扬。其特点是对耐用、高档商品的消费下降，对非耐用、低档商品的消费上升，因为在 2006 年的超前消费中人们主要抢购的是耐用、高档商品。

（五）对外经贸收入增加的解读

同其他领域相反，对外经贸领域在 2006 年、2007 年面临了意外的挑战。这主要表现在三个方面：一是石油价格的暴涨，二是欧元的增值，三是美国次贷危机。

但是由于德国对此早有准备，并落实了各类应对措施，因而抑制了这前两大不利因素，使德国的对外经贸继续对提高国内生产总值做出了重要的贡献。其手段如下。

石油价格的暴涨提高了石油输出国的收入，同样也提高了它们的购买力，使它们增加了向德国这样的发达国家购买商品的能力。

欧元增值不仅丝毫没有影响德国同欧元区国家的经贸交易，而且由于德国商品成本下降和价格的轻微上扬反而提高了德国对这些国家出口的收益。此外欧元的增值在一定程度上也冲抵了能源进口价格的上扬。

2007 年，尽管德国对美国的出口有所下降，但对中国等国家的出口仍然呈现强劲的增长势头。

（六）失业人数回落的根源

失业人数回落的原因是多方面的。

（1）这首先要感谢施罗德的铁腕政策、要感谢《2010 议程》、要感谢"哈尔茨计划"，特别是他的第 4 个计划，是它们为大联合政府增加就业、减少失业创造了一个良好的前提。

（2）2006年、2007年，大联合政府比较好地把握了促进就业的增长政策，同时从增长和结构改革的角度来解决失业问题，从被动的失业补贴政策转向积极的创造就业岗位政策，取得了初步成果，打开了增加就业、降低失业的一道难关。

（3）将失业救济金同社会救济金合并为二档失业金。这一方面大大压缩了国家对失业救济的补贴，另一方面也迫使那些仰仗失业救济金（高达最后工资的57%）而拒绝就业的人去努力寻找工作。这是降低失业率的重大举措。[①]

（4）鼓励开业，提供开业信贷，引进我-公司（Ich-AG）、低收入和微收入工作（Midi-Job，Mini-Job，Niedrig-Lohn，月薪为400~800欧元），增加小时工等。执行"哈尔茨计划"以来德国已经创造了30万个"1欧元工作"，600万人在从事低收入的工作。

（5）为雇用长期失业者的雇主提供高额工资成本津贴，这使长期失业者的人数大幅度下降，2007年9月比2006年下降了376000人，2006年50岁以上应缴纳社会保险金的就业人数比2005年增加了4.9%。

（6）提高打短工人数，减少失业。

（7）大批备用劳力进入就业行列，这也是失业人数的减少不如就业人数增加得快的原因。

第十七节 对德国经济政策的思考与评论[②]

一 是大步改革还是小步改革

改革是德国的一个最为关键的问题。正因为如此，人们对大联合政府提出的"整固、改革与投资"三和弦的口号，对《联合执政协议》中有关改革的篇幅如此之少感到难以理解。说实在的，所谓三和弦的提法，乍看起来，无论是从经济理论的角度，还是从实际内涵的角度似乎都难以自圆其说，如整固中就包含大量的改革内容，而投资，那只是经济增长的三大手段之一，列入总纲似乎有点不伦不类，再说也完全可以归并入整固范畴之内。

---

① Sinn, Hans-Werner: *Interview am 28. 04. 2007*, in *Die Welt*.

② 殷桐生：《德国大联盟政府经济政策剖析》，《国际论坛》2006年第4期，外语教学与研究出版社，第64~70页。

正因为如此，著名经济学家鲁道夫·希克尔（Rudolf Hickel）教授便斥责大联合政府是个"经济盲"，[①] 而更多的人则指责大联合政府削弱了改革，把改革置于了次要地位，因为同《2010 议程》相比，《联合执政协议》涉及的改革力度显然要小得多。于是默克尔连忙在其政府声明中解释说：整固战略是长期的，而改革和投资则在时间上领先，我们的这一政治方案最终会成为整固、改革与投资三和弦。她还特别赞扬了前任总理施罗德的改革决心，并表示"我们将继续执行《2010 议程》"。[②] 显然，大联合政府并不想放弃改革，也不会放弃改革，因为离开了改革德国肯定没有前途。然而改革确是一个长期的过程，不能一蹴而就，对重病者尤其不能用重药。而如今的德国重病缠身、积重难返，已经经受不住改革的巨大压力和阻力。从长远看，在施罗德成功的大步改革之后变迈大步为迈小步，不失为一种正确的策略。因此，默克尔才在其政府声明中大胆承认，大联合政府执行的就是小步政策。[③] 这既是对外界批评她搞的是"绣花"式改革的一种默认，也是一种辩护。

二　是增加税费还是削减税费

无论从哪个角度看，税制改革是增税还是减税，都是衡量一国政府经济政策的重要标准。众所周知，供给经济政策的核心就是减税，出人意料的是，联盟党在此次大选中却祭起了增税的旗帜，将增值税的税率提高 3 个百分点。显然，这是出于迅速整固财政的需要，但也说明，资本主义政党的传统供给经济政策正日益实用主义化，有了越来越多的版本。一向较为保守的德国经济界今天需要的恐怕正是这样一种思想上的解放。

其实，同所有学科一样，经济学也是由许多对立统一的矛盾组成的，必须辩证地处理。片面地强调某一方面，必然带来新的不平衡。于是，供给经济政策便日益强调，税制改革必须是有减有增。问题是增多少，减多少。对于债台高筑的德国政府来说，当然是增得多减得少，因为只有从这一剪刀差上得益，政府才能生存下去。于是，德国政府便采取了削减所得税这样的直接税，而提高增值税这样的间接税的方法。削减明的，提高暗的，由此可见政府的良苦用心。

---

① Hickel, Rudolf: *Der Wirtschaftswissenschaftler Professor Rudolf Hickel kritisiert Koalitionsvertrag*, in *Neues Deutschland*, 14. 11. 2005.

② Merkel, Angela: *Regierungserklärung*, www. bundesregierung. de, 30. 11. 2005.

③ Merkel, Angela: *Regierungserklärung*, www. bundesregierung. de, 30. 11. 2005.

三　是重视结构问题还是忽视结构问题

推出《2010 议程》说明施罗德政府真正感到德国经济的结构问题严重，从大联合政府的经济政策中人们也看到了对经济结构问题的重视，这是一个长期被历届联邦政府所忽视的问题。因为联邦德国从建国到 20 世纪 60 年代中期第一次经济危机前基本不存在结构问题，但此后结构问题便越来越严重，人们已经明显感觉到结构需要改革，但受制于理论上认为结构就是指行业结构和地区结构的片面性，也碍于它实际上的全局性和复杂性，历届政府几乎都是走走过场而已，直到"吕鲁普计划"、"哈尔茨计划"和《2010 议程》出台才算把结构问题放在了较为适当的位置，并准备动用行业结构调整工具、市场调节工具、市场要素调节工具和国家财政干预等手段来实施结构改革。这是德国经济能迅速从国际金融危机中复苏的根源，也是德国经济能在欧债危机中成为中流砥柱的原因。

四　是强调增长还是强调稳定

联邦德国自 1967 年以来始终把稳定放在经济发展目标的首位，强调稳定是增长的前提，而且把稳定同紧缩挂起钩来。问题是稳定和增长、紧缩完全是三回事，稳定并不等于增长，也不等于紧缩。德国经济强调稳定这么多年了，并不见明显的增长。有前提却没有后续，这便是最好的佐证。令人不安的是，这种论点和做法还严重影响到当时的欧共体和今天的欧盟。强调稳定固然保证了德国经济没有大的起落，却给经济的增长带来重大的制约，特别是《马约》的趋同标准就显得尤为明显。随着德国国债和赤字的连年超标，施罗德和德国经济界的一些泰斗们也逐渐看清了这一问题的症结所在，在《2010 议程》中大胆地把增长放在了突出的地位，同时对《马约》的（赤字和债务）趋同标准提出质疑和批评。

然而，从实际情况看，德国至今还是突出"稳定"。这就不能不令人担心，决策人还是陷在宁要稳定，也不敢大胆地把经济增长放在突出地位，而且把稳定同紧缩等同起来。要知道，节流是重要的，但是是有限的，而开源才是根本的，是无限的，只要注意突出质量的提升。

五　如何处理效益与公正问题

今天，德国历年的基尼系数大多在 0.30 浮动，低于 0.40 的警戒线，更远低于 0.6 的危险线，也低于许多发达国家。从表面上看，这说明德国整个社会的贫富差距不大，但从实际上看，德国偏偏又是欧盟贫富差距最大的国家之一，主要原因是巨富的相对比例小，但资产相对金额大，中间阶层大（一般认为占到全部人口的 60%），贫困人口相对比例大但资产相对金额小。在德国，最富有的 10% 人群占有全部资产的 53%，最贫困的 50% 人群只占全部资产的 1%，非富有的 40% 人群占全部资产的 46%，16.7% 为贫困人口，20% 的人一无所有。

从效益来看，应该说德国已达到了很高的水平，2015 年人均 BIP 是 34483 欧元，但增长乏力，大概仍列世界的第 18 位。

应该说，无论从效益和公正看，德国都达到很高的水平，但从实际看，各有各的问题。德国还是应当在突出效益中求公正。

六 是重虚拟经济还是重实体经济？

当今世界虚拟经济的发展扶摇直上，而实体经济的发展却像小脚女人一样步履蹒跚，国际金融危机正是在这样的背景下产生的。于是有人已经在惊呼"经济金融化了"，而且最终要葬送资本主义世界。[①]

虚拟经济与实体经济也是一个矛盾的两个方面，它们是相辅相成而又相生相克的。各国在处理这一矛盾时也有所不同。比较而言，美国更重虚拟经济，德国更重实体经济，因而两国受到国际金融危机的冲击也就各不相同：德国虚拟经济受到的冲击远较美国为小。德国当然可以庆幸自己，但却不能由此而自满于本国虚拟经济的现状。虚拟经济还是需要发展，需要创新的。只是需要强调两点：一、要以实体经济为基础，不能过分脱离实体经济；二、要加强监管。

谈起德国经济如何才能走出停滞，笔者认为，必须要有以下几个决定因素：（1）必须要有全方位的改革方案，特别要对结构问题，对传统的福利体制进一步动大手术，这就必须靠两大政党之间的合作；（2）要加速东部经济的转轨进程，尽快同西部经济实行一体化；（3）必须要有良好的外部条件，特别是美国经济发展这一良好的外部条件。应该说，这些条件目前在很大程度上尚不具备，但正在逐步形成。

① 拉娜·福鲁哈尔：《美国资本主义陷入危机，大多数美国人沦为失败者》，《参考消息》2016 年 5 月 27 日。

第四章

财政政策

"财政活动，或者说财政运行，是整个国民经济运行的一个部分，一个层次或一个侧面"，而"财政学的一个重点是研究财政政策"。[①]

一国经济政策中的关键是财政和货币政策。财政政策是指根据稳定和发展经济的需要，通过财政收支、信贷政策来调节总供给与总需求，通过税收、福利与投资、补贴来调节国家的收入与支出，通过调控盈余与赤字来维护财政的平衡，通过联邦、州与乡镇的纵向平衡以及各州、各乡镇之间的横向平衡来调节地区的财政平衡。

第一节　国家的财政功能

按照德国社会福利市场经济的原则，国家的财政政策十分重要，它具有四大功能，即配置功能、分配功能、稳定功能和协调预算功能。[②]

一　配置功能

一种经济学说或许能论证得很好，一项经济政策也可以设计得天衣无缝，但它们都无法排除现实中形形色色的缺陷、问题和危机，也无法在实际中真正实行完全的竞争机制、获得最佳的市场效果。因此一旦市场失灵，国

---

① 陈共编著《财政学》，中国人民大学出版社，2009，第4页。

② Musgrave, R. A. u. a.：*Die öffentlichen Finanzen in Theorie und Praxis*, J. C. B. Mohr（Paul Siebeck）Tübingen：eine Arbeitsgemeinschaft der Verlage，1994，S. 1–25.

家必须进行干预，达到尽可能完美的配置目的。例如市场失灵如果导致公共商品的失效，国家就应该通过税收来支付公共商品和配置公共商品。

德国是个"税收国家"，它的主要收入是靠公民缴纳税费，主要支出是用来支付商品和服务的生产以及向企业和公民实施的"转移支付"。

二 分配功能

市场无论多么完善，分配也不可能如人们想象的那样公正，国家必须承担分配和再分配的职能。

三 稳定功能

世界经济的多次危机告诉人们，一国的经济由于种种原因会出现局部的甚至全局性的危机，国家就应该动用货币政策和财政政策来避免危机，保持经济发展的稳定。

四 协调预算功能

预算政策包含很多目标，它们相互重叠，很难协调。这就要依仗财政政策的功能。例如公众希望国家提高公共服务，于是国家就要提高税收，这样可能会影响百姓的可支配收入，于是就要考虑提高增加百姓收入问题。增加多少收入，提高多少公共服务这些都要精准核算，做好协调。

德国是个联邦国家，其公共财政的范围从纵向上来看包括联邦、州和乡镇，外加超国家机构（主要是欧盟）和其他组织（如联合国）；从横向上来看则包括上述各级的各地区、各部门和各单位。

联邦是公共财政的主要承担者。它负责国防、外交、公安、教育、交通、发展援助、福利保障、通信、环保、农业、卫生、能源、住宅和城市建筑、学术研究和经济奖励等；各州主要负责文化、教育、公共卫生和警察；乡镇则主管水、电、煤气的供应，垃圾的清除和道路的维修。

此外还有共同任务，由两方或三方共同筹划和支付。例如联邦和州之间的共同任务便包括了大专院校的设立和扩充，地区经济结构的改革，农业结构和海防的改善以及教育计划与学术奖励上的合作等。对欧盟主要是缴纳摊款和从那里获得各项补贴收入。

从地区、部门和单位来看，主要是社会福利保险部门，它们的预算占了全部预算的1/3；其次是国有企业，包括乡镇自有企业；还有虽不具有独立法人地位但却具有独立组织和预算的特别资产，例如欧洲发展基金以及1990～1994年的德国统一基金等。

联邦政府每年都要制定预算，并提交联邦议院和联邦参议院审议、批准后执行。联邦预算亦分收入和支出两个部分。

国家收入主要靠税收、福利保险和举债。其主要税收为所得税、工资税、增值税、营业税、邮电收入、联邦银行收益和其他；主要福利保险为养老金、医疗、失业和护理保险费等；国家的另一项重要收入为举债。在70年代以及德国统一后联邦和各州财政部都大量借贷。例如1989年德国公共预算中的债务为9290亿马克，1992年上升到13310亿马克，1993年则为14000亿马克，1994年为16000亿马克，1996年更上升到21000亿马克，平均每个公民负债约为277000马克，占国内生产总值的60.3%，未达到加入欧洲货币联盟的趋同标准。进入21世纪后，特别是为了应对国际金融危机，德国的债务情况有增无减。

国家主要支出为劳动和福利费、家庭津贴、养老金和老人福利费用、偿还债务、国防费用、一般财政管理费用、交通费用、经济、粮食、农业、科技、内政、发展援助、国土规划和建筑以及其他支出等。

联邦德国地区之间的经济发展情况很不平衡，例如巴符州、巴伐利亚州和黑森州等州经济实力雄厚，而联邦新州以及不来梅州、萨尔州等地区则财力较弱，因此需要执行财政平衡政策。这是一种援助机制，由联邦和财力较强的地区向财力较弱的地区提供经济援助。

德国虽然实行市场经济，但同样有着细致的预算规划。预算规划详细规定了收入和支出的数额，并严格规定要坚决执行，为期一般为一年，有时为两年。预算具有以下功能。

规划功能：提前拟定收入和支出；

调控功能：在执行规划的年度内调控管理工作；

监督功能：可对执行情况进行同步和事后的检查；

平衡功能：可在物质上对全部支出和收入进行协调；

程序功能：可以规划收入和支出的程序；

导向功能：可使整个金融面向国民经济的发展目标。

预算同国民经济的稳定与增长密切相关。德国的《促进稳定与增长法》一般要求国家的行动要同经济的稳定目标相适应，特别要求预算政策要有利于经济的稳步增长。

财政规划同财政预算不同，一般为内部掌握，按年规定收入和支出的数额，但不像预算规划那样精确。从物质上看，它同预算所起的作用是一致的，但只具有规划功能。然而人们在制定规划时总希望它能起到中期规划的作用，能有利于经济的稳定，这实际上是难以达到的，因为预计的不稳定性很大，加之各职能部门的利益不同，要使数年前做出的规划能在各部门、各领域得到全面贯彻、实施几乎是不可能的。

表 4 – 1 德国财政重要数据概览 （一）

人口 （9 月 30 日）	2015	8180 万人
私人居户	2014	4020 万家
私人人均消费支出	2012	2310 欧元
教育占国内生产总值的比例	2014	6.5%
医疗保健支出	2014	3280 亿欧元
国家债务	2015	20256 亿欧元
刑事犯 （3 月 31 日）	2014	54515 人

资料来源：联邦统计局，2016。

表 4 – 2 德国财政重要数据概览 （二）

支出	2016 第一季度	3356 亿欧元
收入	2016 第一季度	3151 亿欧元
收支差额	2015 第四季度	– 206 亿欧元
税收收入	2015	6733 亿欧元
公共税收	2015	4832 亿欧元
联邦税收	2015	1042 亿欧元
州和乡镇税收	2015	807 亿欧元

资料来源：联邦统计局，2016。

第二节 公共财政

德国执行严格的国家财政政策。这里的国家指的是联邦、州和乡镇的全部政权，因此必须严格分清国家和联邦的概念，一定不要把这两者等同起来。联邦财政只是德国国家财政的一个组成部分。例如 1998 年德国的国家财政支出为 18043 亿马克，而德国联邦财政的支出仅为 4568 亿马克，约占 1/4。

德国的联邦财政收入有以下各项：一、联邦从公共税收和工商税收中应得的税收收入部分减去拨给联邦各州、乡镇以及欧盟的费用；二、联邦税收和福利费收入；三、德国央行上缴份额；四、铸币收入；五、出售国有企业或国有股份和借贷的余额；六、净吸收信贷；七、其他收入。

德国的联邦财政支出则有以下各项：一、福利支出；二、国防支出；三、教育、科学和文化支出；四、交通和通信支出；五、经济资助；六、经济、企业资助；七、付息；八、其他支出等项。

联邦、州和乡镇可以通过提高或降低国家的投资和消费来增加或减少流通中的资金，影响经济的发展。

要弄清公共财政政策和配置功能，首先必须区分公共商品和私人商品。所谓公共商品和私人商品主要有两个界限。一是公共商品的消费没有竞争，这就是说，某个人使用某一公共商品并不影响另一个人使用同样的公共商品，例如水坝就是一种公共商品，它保护着该地区所有人免受洪水的灾害，他们都从这一公共商品中获得利益；二是不可排斥性，每个人都不可能被排除在消费公共商品之外，例如道路和桥梁也是公共商品，每个人都可以用，都可以从中受益，没有一人能被排除在此消费之外。

根据这一界定，世上绝大部分的商品不是纯粹的公共商品便是纯粹的私人商品，但也还有一种既非纯公共商品，也非纯私人商品，而是这两者之间的混合物。例如某些商品可以显示出强烈的消费竞争性，但却不能排除任何人对其的消费。这种商品被称之为"公共池资源"（Allmendegüter），例如公海上的捕鱼区便属于此类商品。也有一种商品，它们丝毫不具有消费的竞争性，但却拥有消费的排他性，这种商品被称之为"收费商品"（Mautgüter），例如闭路电视便属于此列。它丝毫不具有消费的竞争性，任何人利用它时都不影响其他人的使用，但闭路电视公司却要严格监督任何新的连接，并要求新的加入者缴纳规定的费用。还有一种商品，它们具有外部性、公益性和公共商品品格，却具有突出的消费竞争性和排他性，这种商品被称之为"准公共产品"，例如公办的非义务教育便属于此列，它由国家或公共机构全部或部分提供，却拥有消费的竞争性和排他性。

弄清这一问题便可理解国家的财政政策了。任何人使用公共商品就需要按其使用的程度缴纳税款，这一部分税收便被用来支付公共商品（包括投资和消费两大部分），并能保证得到最佳的供应。此外国家还要执行再分配的任务，一方面要收取公民的各项社会福利保险费，另一方面又要通过适当的途径发放各项保险金。所有国家收入的部分称之为国家收入，所有国家支出的部分则被称为国家（支出）份额（Staatsquote）。

所谓国家份额是指国家的全部支出（包括各级政府的消费、投资和转移支付）占国内生产总值的比例。这是衡量一国财政状况和财政政策的重要标志。联邦德国成立后国家份额基本上呈上升趋势，1972 年首次越过了 40%大关，施密特任总理后积极推行扩大内需政策，加大国家的支出份额，于是在 1975 年达到 48%，此后一直保持在高位运转。1982 年科尔任总理后开始推行紧缩的财政政策，国家份额开始回落至 44.8%。1990 年，德国统一后为了整固和补贴新州，联邦政府大大增加了国家份额，1995 年达到了创纪录的 49.5%。与其他发达国家相比，德国的国家支出份额高于英国、美国和日本，低于法国、荷兰和意大利。

德国在统计中还采用国内支出总额这一概念，是指国人出于消费和投资目的购买国内外产品和服务的支出总额。如果广义上的经常项目收支差额等于零，则国内支出总额便等于国民收入；如进口出现顺差，则国内支出总额便大于经常项目收入；如出口出现顺差，则国内支出总额便小于经常项目收入。

国家收入主要包括税收、福利保险费和吸收信贷这三大部分。其中需要涉及税收额和福利保险费额这两个重要概念。所谓税收额和福利保险费额就是指税收和福利保险费收入占国内生产总值和国家收入总额的比例。这同样也是衡量一国财政状况和财政政策的重要标志。以 2007 年为例，福利保险费收入为 4120 亿欧元，占全部税收和福利保险费收入的 42%；增值税等消费税收入 2640 亿欧元，占 26%；工资和所得税收入 2370 亿欧元，占 23%；企业税收入 750 亿欧元，占 7%；不动产税收入 220 亿欧元，占 2%。经笔者核算，2015 年，联邦德国的税收额占国内生产总值的 22.7%，占国家收入的 51.2%；福利保险费收入占国内生产总值的 16.5%，占国家收入的 37.3%，税收收入和福利保险费收入总计分别占国内生产总值和国家收入的 39.2% 和 88.5%。

以国内生产总值来衡量，2007 年、2010 年和 2015 年德国的国家收入分别占 43.9%、44.4% 和 44.4%，支出占 43.7%、47.6% 和 43.9%，财政盈余或赤字占比分别为 0.2%、 -3.2% 和 0.5%。

德国的国家支出有不同的分类方法：有按部门和任务分类的，有按国民经济核算来分类的，有按各级政府和福利支出来分类的，有按公共财政来分类的。

按管理部门和任务两种方法来分类，这叫功能原则。主要支出项目有：政府和管理部门经费，外交，国防，社会福利费用，法律保护，教育，高校外的科学研究，文化事业，卫生、体育和疗养，住房和城建，经济资助，交通和通信，乡镇公用事业等。

按国民经济核算来分类时国家的支出包括国家消费、公共投资、转移支付和付息四大类。国家消费包括从事国家管理所必需的人头费、经常物质费（买卖商品的余额和支付生产税以及折旧费等）。公共投资中主要包括设备投资和建筑投资。转移支付包括资产的转移支付和收入的转移支付，收入的转移支付又包括对企业的补贴、向个人的转移支付，如养老金和社会救济等。

按各级政权和福利支出来分类时共有人头费，日常办公经费（laufender Sachaufwand），付息，经常性分配、津贴和债务补贴、物质投资以及清偿支出等方面，支付的单位有联邦、州和乡镇，也有社会福利保险和特别资产部门；

按公共财政支付分类时可以分为人头费，日常办公经费，付息，养老金和资助，建设措施、资产转让等；

按欧洲国民经济总核算的标准则可以分为先为给付、雇员报酬、其他生产费用、资产支出、补贴、物质福利支付、货币福利支付、其他日常转移支付、资产转让、总投资、非生产资产商品的净额等。

经常使用的是国民经济核算标准和欧洲国民经济总核算标准。

近年来，德国的国家收入和支出情况可参见表 4 - 3。

表 4 - 3　2013 年、2014 年和 2015 年按欧盟国民经济总核算标准统计的
德国国家收入和支出[1]

国家收入和支出（单位：10 亿欧元）	2013 年	2014 年	2015 年
收入	1252.452	1299.630	1345.995
市场和非市场生产的出售（含自我使用的生产）	99.553	101.511	102.533
其他补贴收入	0.321	0.281	0.230
资产收入	21.392	25.012	21.757
税收	637.385	659.611	689.969
福利保险费收入	464.928	481.948	501.187
其他日常转移支付收入	18.485	19.105	18.777
资产转让收入	10.388	12.162	11.542

续表

国家收入和支出（单位：10亿欧元）	2013 年	2014 年	2015 年
支出	1255.570	1290.699	1329.547
先为给付	134.996	138.557	144.578
雇员报酬	218.647	224.620	230.808
其他生产费用	0.070	0.068	0.071
资产支出	56.010	51.477	47.976
补贴	24.375	25.485	27.040
物质福利支付	227.115	240.071	252.997
货币福利支付	438.567	451.010	473.338
其他日常转移支付	62.986	61.596	62.883
资产转让	30.582	35.909	28.829
总投资	63.534	63.248	63.055
非生产资产商品的净额	-1.312	-1.342	-2.028
财政差额	-3.118	8.931	16.448
占国内生产总值的%	-0.1	0.3	0.5

注：1　作为无掉期收益的资产收入

资料来源：联邦统计局，2016 年 1 月 14 日。

第三节　预算、审计、核算和决算

一　预算

德国的预算同其他各国一样，包含公共收入和公共支出的各个领域。但在研究德国预算时一定要分清公共总预算（即国家预算）和联邦预算。

联邦预算中含联邦政府计划中的收入与支出，决算中则含实际出现的收入与支出。

从拟定系统的收入与支出草案开始经议会讨论通过直至最后对决算的审议称之为预算周期。

德国的预算有严格的立法，首先是《基本法》，还有《预算基本原则法》和《预算法》。其中主要的原则如下。

（1）统一和完全的原则。各级政府的所有收入和支出都必须列入预算，一切没有列入预算的收入或支出都是非法的；

（2）平衡原则。所有支出必须要有收入保证，允许吸收信贷，但必须遵守《基本法》原 115 条有关信贷额度不得超过投资额度的规定。

（3）每年原则。预算必须每年拟定，也必须每年进行决算。

（4）专项原则。所有经过批准的支出都必须在计划的额度内和规定时间内专款专用。

（5）先时性原则。一项预算必须在预算年度开始前提出。

（6）紧急预算权原则。如出现未能预料的情况可以根据《紧急预算权法》，在预算外支付有关开支。

预算的原则很多，也很重要，但预算只能拟定项目，决定额度，却不能拟定费用的效益。于是这一任务只能由审计来完成。

二　审计

德国是个议会制国家，议会有权对政府的工作进行监督，但德国同样是由议会多数（党）选举总理，再由总理提名总统任命部长的国家。因此议会中的多数是不可能真正来监督政府工作的，特别是不可能来监督预算的执行情况，因为预算问题过于复杂、细致，不是一个议会所能监督得了的，于是只好求助于特别的独立机构，各级审计署由此产生。

审计署的最大特点是它的独立性。《基本法》还因此特别规定了审计署的司法独立性，而且审计署的主任和副主任任期皆定为 12 年，使他们尽量能摆脱现任政府的影响。

审计署的基本任务是：审计预算执行的经济性和节约性；审计预算设定的合法性。例如审计署无权过问联邦国防军装备先进战斗机是否正确，但它可以审计购买、支付和维修上述飞机所使用的经费是否是尽可能低的，是否符合《预算法》。

审计署的工作是重要的，也是有效的，但也是有限的。说它有效，是因为审计报告引人注目，政府、议会都不希望预算出现大的问题，反对党和媒体更是关注这一报告，这是他们揭发、批评政府工作的最有力的武器；说它作用有限，是因为它只有监督作用，没有决策作用，也没有发布指示的权力，所以也被称为"无剑的骑士"。这是因为，一方面很多无效益的事情早在决策时就已埋下祸根，另一方面审计署即便发现了问题，并提出改进措施，还得由议会、政府和各主管部门最后敲定。

三 核算

一国国民经济运转得好坏要看核算，因此必须建立一个健全的核算体制。所谓国民生产总值、国内生产总值、国民收入都是通过核算机制测算出来的。这样人们才能做出可靠的分析和预测。

国民经济核算原本主要核算两大项目，即经济周转分析和国民收入统计。所谓经济周转分析是分析国民经济在周转中的相互关系，而国民收入统计则起始于17世纪，目的是统计一国的经济实力。

德国的经济核算体制创建于20世纪60年代。从1999年起德国同欧盟各国一样开始执行1995年制定的欧洲经济核算体制。

经济核算一般都分为存量和流量。所谓存量是指在某一时期测量的值，主要包括货币量、生产资本存量和银行的存款额。流量是指某个阶段测量的数值，这一阶段可为一天、一个月或一个季度。重要的流量值包括国内生产总值、私人消费或者非独立劳动者的收入等。

在核算中人们往往根据某一经济主体的经济行为将其分为企业、国家、私人居户和无经营目的的私人组织等各个方面，新增加的一个方面是国外，是指同外国市场的各类经济交易。通过如此的核算人们便可以获得商品和服务及其使用状况的有说服力的数据，获得收入的形成、分配和再分配的信息以及融资的基本情况。

四 决算

决算是一定时期（通常为一年）财政分配过程的总结，是指上一年度国家预算实际执行结果的会计报告。当国家预算执行进入终结阶段，要根据年度执行的最终结果编制国家决算。它反映年度国家预算收支的最终结果，是国家经济活动在财政上的集中反映。决算收入表明国家建设资金的主要来源、构成和资金积累水平，决算支出体现了国家各项经济建设和社会发展事业的规模和速度。决算可以检验预算的科学性，检查预算的完成情况，总结一年的经济工作。

第四节 德国财政政策的沿革与特点

一 德国财政政策的沿革

联邦德国自成立以来不断变换经济政策，自然也相应地变换财政政策。

这种变化大的可以分为五个阶段，小的还要进一步细分。

（一）　第一阶段（1950～1966）

联邦德国成立前后德国就应采用何种社会制度、指导经济理论和经济政策进行了广泛的讨论，最后确定采用德国经济学家欧肯的"秩序自由主义"及其指导下的社会福利市场经济体制，因而也就基本上采用了新自由主义的财政方针，而没有像其他大多数西方国家一样采用凯恩斯主义的扩张财政政策。联盟党政府通过颁布《初步纳税法》《双重注销法》，实施"小税收政策"和"大税收政策"这一系列的法规，推行财政收支平衡政策，并取得了良好的效果。在1950～1966年的17年间，联邦德国财政收支基本上保持了平衡，12年出现低烈度赤字，5年保持财政盈余。这一阶段净赤字只有56亿马克，占同期财政总支出的比重不到1%。[①]

（二）　第二阶段（1967～1982）

1966～1967年，联邦德国发生了战后第一次经济危机，经济"奇迹"不再，各类矛盾凸显。此时正值第一届大联合政府上台，社会民主党首次参与执政，时任联邦经济和财政部部长的席勒既是社会民主党人，又是个凯恩斯主义的信徒，于是他便积极引进西方广泛采用的、也是深受社民党点赞的凯恩斯主义经济政策，放弃了传统的收支平衡政策，开始执行社会民主主义的扩张财政政策。

1967年7月14日，联邦政府颁布了《促进经济稳定与增长法》，正式宣告联邦德国的凯恩斯主义政策起航。该法首次提出"魔力四边形"理论，即要在市场经济秩序的范围内实现物价稳定，持续、适度的经济增长，充分就业和对外经济平衡。其主要手段是搞宏观调控、刺激需求、执行国家干预的财政政策，还规定，联邦财政部长有权增加总额达50亿马克的贷款。

其主要财政政策一是增加国家财政支出力度：20世纪70年代上半期增长84%，70年代下半期增长41%；[②]二是加大举债和赤字，到1982年联邦债务总额达3000亿马克，国家债务总额达6000亿马克，1981年赤字达到4.9%；三是提高福利费用，最终导致福利经费储备枯竭；四是建立由各级政府和中央银行代表组成的反周期委员会，以协调各级政府的财政政策和计

---

① 傅志华：《德国财政政策的发展变化及其特点》，《经济研究参考》1993年Z1期，第1045～1057页。

② 傅志华：《德国财政政策的发展变化及其特点》，《经济研究参考》1993年Z1期，第1045～1057页。

划，更有效地执行反周期的财政政策。

需要指出的有三点：（1）凯恩斯主义经济政策起到了立竿见影的效果，联邦德国经济迅速恢复了增长。（2）然而好景不长，到了20世纪70年代初联邦德国也开始出现执行凯恩斯主义经济政策的各国惯常出现的"滞胀"，加上1973～1974年的第一次石油危机和1974年的"纪尧姆事件"，德国经济再次出现困难。1974年著名经济学家施密特接替因"纪尧姆事件"引咎辞职的勃兰特任联邦总理，尽管他是席勒的学生，还是决定逐步放弃凯恩斯主义，政府政策出现了从凯恩斯主义的回归，但他依然大力提高社会福利开支，把1975年的国家支出份额提高到48%。1979～1982年，联邦德国也受到第二次石油危机的冲击，而且比第一次更为强烈，施密特政府尽管使出浑身解数也没能力挽狂澜，只能下台。（3）即便是席勒时期，联邦德国也不是完全照抄照搬凯恩斯主义。

（三）第三阶段（1982～1998）

1982年，科尔政府上台，他一开始就坚决扬弃了社会民主党政府执行的扩张财政政策，代之以（温和的）新自由主义供给导向经济政策、紧缩的财政政策，实现了否定之否定的变化。然而"德国统一"这一突发政治事件却打断了他的既定经济进程。"统一病"造成的经济困难迫使他不得不放弃紧缩的财政政策转而实施扩张的财政政策，于是科尔执政的这16年就要分为前、后期来论说了，可以说是"八年河东，八年河西"。

1. 前期

当时，世界各主要资本主义国家都在执行供给导向经济政策，美国还出了"里根经济学"，英国有了"撒切尔主义"。面对250万失业大军（其中20万青年人），一年15000家倒闭公司和高额国债的现实，科尔政府不得不把调整财政政策作为整治经济的首要任务，提出抑制国家预算规模、放松国家控制、削减社会福利、促进私人投资的紧缩财政政策。其具体措施包括：压缩国家预算规模，1981～1985年国家财政支出只增长18%，逐年降低国家财政支出占国内生产总值的比例，如1982～1987年分别为49.8%、48.6%、48.0%、47.5%、46.7%和46.8%；减少预算赤字和国家债务，如1981～1985年赤字占国内生产总值的比重由4.9%降至2.1%，国家债务总额也由1976～1980年的82.1%降至1981～1985年的62.7%；削减社会福利开支，把社会福利开支占国内生产总值的比重从31.1%降至1986年的

27.9%；减税，减轻企业负担，鼓励投资。[①]

2. 后期

1990 年德国统一。然而当人们还沉醉于统一的喜悦时，便发现德国已经陷入一场新的危机之中。1993 年国内生产总值出现了首次负增长，芸芸众生更是被当局推行的紧缩政策弄得怨声载道。面对苦海，科尔不得不回头是岸，改弦更张，采纳瓦尔特·海勒等人提出的"增长性财政政策"主张，开始搞膨胀政策，1996 年财政赤字对国内生产总值的占比竟然达到 3.4%，首次超出《马约》规定的标准，德国由此也突破了本届政府一贯倡导的临界值，不仅成为违约的欧盟国家，而且拒绝接受惩罚。然而，为了达到欧盟1997 年签署的《稳定与增长公约》规定的年度财政赤字不得超过其国内生产总值的 3%，公共债务总额不得超过其国内生产总值 60% 的规定，作为首批加入欧元区的国家，科尔又不得不约束自己，执行限定的赤字财政政策，使 1997 年、1998 年的财政赤字又分别降至 2.8% 和 2.4%。

（四）第四阶段（1998～2005）

1998 年施罗德政府上台，德国又经历了一次财政政策的变革。

施罗德一上台就亮明旗帜，要坚持搞供给导向经济政策为主、需求导向经济思想为辅的财政政策。他大张旗鼓，顶风而上不断紧缩财政支出，削减社会福利，降低工资附加费，先后推出"吕鲁普计划"、"哈尔茨计划"和《2010 议程》，使德国雇员的工资长达 10 年名义上提高，实际上下降，1999年和 2000 年的财政赤字占比也相应下降至 1.5% 和 1.4%。但他在坚持削减社会福利这一紧缩财政政策的同时，也强调加强国家的职能，加大举债的力度，特别在 2002 年欧元正式启动以后，他更是放开了手脚，终于使国家债务总额和和财政赤字在数年达标后，最终明显突破了《稳定与增长公约》规定的 60% 和 3% 的上限。在 2003～2004 年，德国年度财政赤字对国内生产总值的占比分别为 4% 和 3.8%，国家债务总额对国内生产总值的占比则分别达 63.8% 和 65.6%，双双超过《稳定与增长公约》的标准。

可以说，施罗德是紧缩和扩张财政政策并举，以紧缩财政政策为主，扩张财政政策为辅。

（五）第五阶段（2006 年至今）

2005 年，默克尔政府上台后，不仅高调肯定了施罗德的《2010 议程》，

[①] 傅志华：《德国财政政策的发展变化及其特点》，《经济研究参考》1993 年 Z1 期，第 1045～1057 页。

而且立即继续执行施罗德重点实施的紧缩财政政策。2006年，她决定从2007年起将增值税率由原先的16%提高到19%，把高薪者的所得税从42%提升至45%。这两项增税政策大大遏制了财政赤字的扩张，使当年德国财政赤字与国内生产总值的占比迅速降至1.6%，达到欧盟的规定要求，2007年还出现自2000年以来的首次财政盈余。

值得注意的是，默克尔同施罗德一样，也是同时决定扩大举债，并违背《基本法》的规定，让其超过投资额度。

就在这时，始发于美国的次贷危机开始冲击全球，同样也严重冲击了德国的实体经济。为了应对这场金融危机，默克尔政府一改2006年以来的紧缩财政的主要取向，扩大政府支出，提供大额资金救助虚拟经济和实体经济，刺激国内消费需求，保增长，保出口，竭力扩大贸易顺差，实行扩张的财政政策。

2010年风向一转，欧洲又发生了债务危机，欧盟各国出于自身国家利益的考虑，提出了完全不同的财政政策，一半主张推行扩张的财政政策，另一半主张推行紧缩的财政政策。德国无论是在欧盟内还是在国内都是紧缩财政政策坚定的执行者和领头人，不仅制定了《新债务法规》，而且竭力使其作为"财政契约"的核心成为欧盟法律。

默克尔连任三届联邦总理，不仅先后交替使用了紧缩、扩张、再紧缩的财政政策，而且也同时使用了紧缩和扩张的财政政策。

二 德国财政政策的特点

联邦德国在近70年的历史中交替实施了不同的财政政策，呈现了众多的特点。

（1）德国的财政政策日益受美国和欧盟政策的影响。人们看得很清楚，1966年前德国没有随大流推行凯恩斯主义的赤字财政政策，1967~1982年逐渐接受了这一影响，1982年科尔政府则基本接受了美国和欧盟执行的供给导向经济政策，施罗德尽管想走一条"新中派"之路，实际上却是进一步靠拢了紧缩的财政政策，默克尔则不仅受欧盟经济政策的影响，而且利用欧盟缺乏统一财政政策的缺陷竭力把自己的财政政策设想实现于欧盟。

（2）各党派已经逐渐扬弃了自己传统的财政政策，愈来愈多地强调应视经济发展状况不同而使用不同的财政政策。

（3）历届联邦政府为了维护国家的最高利益、人民的福祉和自己的掌权地位不惜违反欧盟法律、《基本法》，不惜修法、立法来采用某项财政政策。科尔为了应对"统一病"改紧缩财政政策为扩张财政政策，同时不顾欧盟的规定让本国的赤字超标而且不接受处罚；施罗德为了削减社会福利甘冒天下之大不韪修改了使用多年的有关社会福利的法律；默克尔为了多举债先是违反《基本法》，接着又修改了《基本法》的相关规定，制定了《新债务法规》。

（4）历届联邦政府都不再一成不变地使用某一传统财政政策模式，既不照猫画虎地使用凯恩斯财政模式，也不完全以拉斐的供给经济学为样板。

（5）为了发展经济不坚持从头至尾使用一种财政政策，而是交替使用扩张或紧缩财政政策。近20年来更是有所侧重地同时实施扩张和紧缩财政政策，也就是既开源又节流，但落实在不同的领域和不同的项目上。施罗德是边削减社会福利边举债，默克尔则是在增税的同时扩大举债。

（6）西方公共选择学派曾提出西方政府的执政规律：每届新政府上台总是先执行紧缩政策，抑制通货膨胀，随后便会执行扩张政策，推动经济增长，以争取民心。德国的现实则反驳了这一规律，因为第一届大联合政府就不是一上台执行紧缩财政政策的，而是以扩张财政政策打头的。此外德国政府也不再坚持分清先后，施罗德和默克尔都是同时执行了不同的财政政策。

（7）德国历届政府都注意采取不同的财政政策和货币政策的组合，[①] 扩张的财政政策配扩张的货币政策或稳定、紧缩的货币政策，紧缩的财政政策配紧缩、稳定或扩张的货币政策等。不同的组合会产生不同的效果，达到不同的目的。

（8）无论是执行扩张还是紧缩的财政政策，德国历届政府都始终不忘其最高的经济目标，即经济的稳定和增长，因此都不走极端。

（9）德国还坚持执行纵向和横向的财政平衡方针，使联邦、州和乡镇之间，各州和各乡镇之间保持财政上的平衡和公正。

（10）德国财政政策发展的总趋势是多元化、实用化。这也反映了国际财政政策发展的趋势。

第五节　债务总额与赤字

一　德国的债务总额

德国对于举债的态度经历了一个从谨慎到大胆的演变过程，但始终没有

---

① 刘兴华：《德国财政政策与货币政策的走向及其协调》，《德国研究》2009年第4期，第51～56页。

忘记要控制信贷。为此它十分重视处理好信贷需求和信贷标准之间的关系。这一原则尽管不能在很大程度上限制举债的额度，但至少可以保证举债的健康和规范。

所谓信贷需求就是指借贷需求。一个经济体为了生存和发展需要借入资金，这就是信贷需求。但有了需求，未必就能拿到贷款，因为还有一个信贷标准问题，即这个经济体究竟是否符合借贷的标准。如符合可以获得信贷，如不符合就无法获得信贷。于是就出现了一个信贷需求和信贷标准之间的辩证关系。如信贷需求大，就要考虑降低信贷标准；如信贷标准降低，就会扩大信贷需求（参见图4-1）。

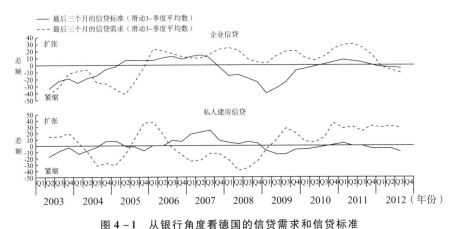

图 4 - 1　从银行角度看德国的信贷需求和信贷标准

资料来源：德国联邦银行；银行贷款调查。

德国的债务总额由联邦总债务、联邦特别资产和各州及各乡镇的总债务构成。德国统一以来其债务总额逐年递增，国际金融危机更加剧了这一趋势。

最直接反映一国债务状况的是国家债务总额占国内生产总值的百分比。从图4-2、图4-3中可以看出，1995年时德国的国债总额占比为54.9%，2000年为59%，从2002年开始德国的债务总额超过了欧盟规定的60%的最高限。按照德国联邦财政部2015年的最新报告，2010年、2012年、2013年、2014年和2015年德国的债务总额分别为80.5%（83.5%，括号内为2014年10月国际货币基金组织的统计和估算，下同，欧盟委员会的统计为81.7%）、79.3%（81.0%）、77.1%（78.4%）、74.7（75.5%）和71.5%（72.5%），在欧盟中大致居于中上游，低于欧元区的平均值。

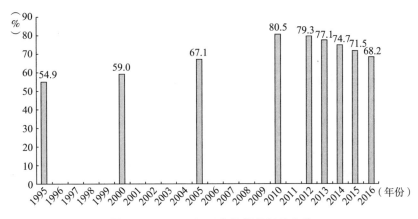

图 4 - 2　1995 ~ 2016 年德国的国债变化

资料来源：联邦财政部，2016 年月度报告 6。

图 4 - 3　国际货币基金组织对 2000 ~ 2019 年德国国债占比的统计与估算

资料来源：Internationaler Währungsfonds，World Economic Outlook Database，Oktober 2014.

　　欧盟的成员国中大部分都实施高福利政策，其中的一部分国家出现了债务危机，但同样执行高福利政策的国家，例如北欧国家，并没有出现债务危机。这就告诉人们：出现债务危机的国家大多搞高福利，但搞高福利的国家却不一定就会掉进高债务的陷阱，关键在于各类配套政策要跟上（参见图 4 - 4）。

二　德国的财政赤字

　　财政赤字和债务总额既有关系，又不能混为一谈。因此《马约》便给它们规定了两个不得超过的不同标准，即债务总额占国内生产总值的 60% ，赤字占国内生产总值的 3% 。

　　从 2000 年到 2013 年，除 2007 年外，德国每年均出现财政赤字，其中 7 年都超过《马约》规定的 3% 的标准，2003 年和 2010 年更是达到 4.2% 的高峰。2011 年开始执行"债务刹车"政策的当年赤字便从上年的 4.2% 大幅降为 1.0% ，2012 年、2013 年进一步降为 0.1% ，2014 年和 2015 年财政出现

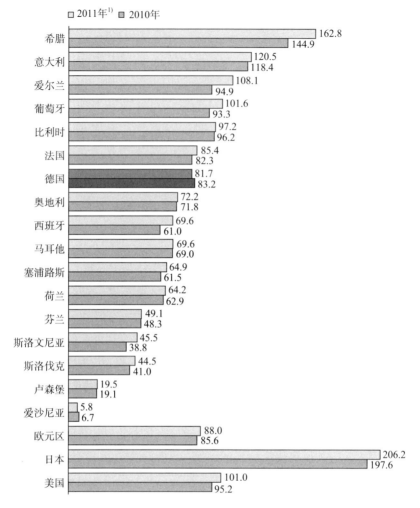

图4-4 2010年和2011年欧元区各国、美国、日本债务总额占国内生产总值的百分比的比较

注：1）欧元区国家中未计入拉脱维亚、立陶宛
资料来源：除2011年外，均来自德国联邦统计局。

小额盈余，2015年盈余达到121亿欧元。[①]（参见图4-5）

三 德国的债务分类

德国把国家在信贷市场的债务分为广义信贷市场债务和狭义信贷市场债

————————

① （作者不详）：《德国去年财政盈余创新高》，《参考消息》2016年1月15日。

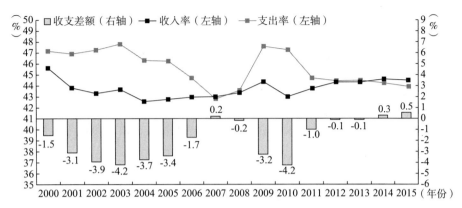

图 4 - 5 2000～2015 年国家收入、支出及其差额一览表
（占名义国内生产总值的比例）

注：2000：未包括出售移动通讯系统的收入，如包括则国家财政盈余，占国内生产总值的 1%。

资料来源：联邦财政部，2016 年 1 月。

务，其中狭义信贷市场债务占绝大部分。在分析、研究和统计时德国一般把国家在信贷市场的债务分为六大类型，即狭义信贷市场债务、社会保险债务、补偿促进债务、投资资助债务、行政管理部门债务和外债。而国家的广义信贷市场债务则包括国家在信贷市场的全部债务。

（一）狭义信贷市场债务

这是德国国家的信贷市场债务的主要部分。1995 年，德国各级政府的狭义信贷市场债务总额为 18685.64 亿马克，占信贷市场债务的 92.75%。狭义信贷市场债务由 14 个项目组成，主要为长期公债（Anleihen）、联邦债券（Bundesobligationen）、联邦国库券（Bundesschatzbriefe）、金库公债（Kassenobligationen）、联邦无息国库券（unverzinsliche Bundesschatzanweisungen）和筹资债券（Finanzierungsschätze）、州预付息汇票和筹资券、其他债券，对联邦银行、国内商业银行和储蓄银行、住宅储蓄银行、国内保险公司、联邦铁路和联邦邮政、其他外国金融机构的负债等。

（二）社会保险债务

这是政府对社会保险单位的债务。德国的大部分保险公司为私人保险公司，也有国家保险公司。它们如果收不抵支，就要由政府补贴。政府补贴不到位，就成为政府对它们的债务，这是国家债务。

（三）补偿债务

这是国家在联邦银行、州银行、乡镇储蓄银行和保险企业的债务。此类债务的固定年利息为 3% ~ 4%。1990 年这种手段被同样用于东德的货币改革。原民主德国的国有企业被无偿移交给信托局，由信托局负责整顿和拍卖。这些企业的债务由国家承担，国家再将这些债务转为国家银行的补偿债务，即以后由银行偿还债权人。

（四）投资资助债务

它是由国家资助特定的投资项目而产生的债务。这种债务数量很少，而且都是联邦政府的债务。

（五）公共财政债务

这里的公开财政债务是特指的，是指州、乡镇和其他国家专业团体的行政管理账户由于收支不平衡而产生的州或乡镇债务。

（六）外币债务

需要用外币偿还的债务。除了信贷市场的债务以外，德国财政还有其他类型的债务。其中最主要的部分是担保抵押债务。担保抵押债务的主要债务人是联邦政府。这项债务中最重要的项目是联邦政府为经营出口业务的银行和企业承担担保责任而形成的债务，而 70% 左右是联邦政府对德国企业向发展中国家的出口业务担保。由于进口国失去支付能力，政府的担保就成了债务。

（七）其他债务分类

德国联邦统计局还有下列债务的分类法。

（1）本国债权人债务和外国债权人债务，2014 年前者占债务总额的 38%，后者占 62%；

（2）基础债务和悬浮债务，前者指长期债务，2014 年约为 1.125 万亿欧元；后者指短期应急债务，2014 年约为 250 亿欧元；

（3）结构债务和景气债务。2014 年结构赤字占国内生产总值的比例为 1.08%，景气赤字占 0.48%；

（4）各级政府债务。2014 年联邦债务占总债务的 62%，州债务占 31%，乡镇债务占 7%；

（5）内部债务（欧元债务）和外部债务（非欧元债务）。前者占总债务的 99%，后者仅为 1%；

（6）公开债务和隐蔽债务。2012 年前者占国内生产总值的 81.0%，后者占国内生产总值的 159.6%。

四 国家信贷市场债务的期限结构

在德国政府的狭义信贷市场总债务中，32.50%都是10年期债券。联邦国库券是7年期债券，占狭义信贷市场债务的4.2%。联邦债券是5年期债券，占狭义信贷市场债务的11.85%。预付息汇票和筹资券都是4年期债券，联邦和州两者该类债券合计占狭义信贷市场的比例为5.36%。

德国财政对银行和金融机构的债务期限结构比较复杂。在联邦债务中，长期债务为主，其次是1~4年期债务，最后是1年以下的短期债务（参见表4-4）。

表4-4 1950~2006年国家信贷市场债务的期限结构

债务到期日	百万欧元	债务到期日	百万欧元
31.03.1950	9574	31.12.1996	1069247
31.03.1955	21357	31.12.1997	1119076
31.12.1960	28998	31.12.1998	1153413
31.12.1965	43160	31.12.1999	1183063
31.12.1970	62927	31.12.2000	1198145
31.12.1975	129219	31.12.2001	1203887
31.12.1980	236645	31.12.2002	1253195
31.12.1985	386811	31.12.2003	1325733
31.12.1990	536223	31.12.2004	1394954
31.12.1991	595921	31.12.2005	1447505
31.12.1995	1009323	31.12.2006	1480625

资料来源：联邦统计局。

五 大量举债的后果

大量举债的后果是非常严重的，下列后果尤为突出。

会提高利率，造成私人投资的减少。

此类排挤（CROWDING-OUT）效应首先是将私人需求排除在外，因而也就不可能促进长期的经济增长。

给中央银行实行稳定的货币政策带来巨大的困难，危及物价稳定。

造成代际分配上的困难，借债实际上是超前透支，让子孙后代来替他们的父母还债。这自然是违背伦理道德精神的。

加大还息负担。德国的还息率在 1970 年为 2.8%，到 1998 年已经上升到 12.4%。

关于借债问题德国有各类规定限制。如《基本法》就规定国家举债额不得超过投资额，欧盟更规定了国家举债总额和年财政赤字的限制，加之举债后果十分严重，因此红绿联盟上台后就提出要大力削减公共债务，甚至提出要在 2006 年全部消除公共债务，然而由于德国经济严重失衡，不举债不仅无法使经济发展，连保持如今的局面也不可能，这样当权者就肯定无法在下次大选中连任。因此他们关心本届政府的工作能否获得选民的好评这一短期目标远远高于德国今后发展这一长期目标。此外，一般选民，特别是即将退休的选民，他们最为关心的是如何保证自己不久后能够领到无须纳税的养老金，推迟还债对他们已无关痛痒。

六 德国出现高国债和高赤字的原因

德国实施的是社会福利市场经济，强调稳定和平衡，因此一向反对高额债务和赤字，但随着时间的推移，德国的财政政策也发生了很大的变化，举债和赤字已经成了司空见惯的东西。因此在这里我们首先要弄清楚债务总额和赤字的特征。

（一）德国国债总额和赤字的特征

国债和赤字既密切相关又互不相同，国债和赤字既相互影响又各有其表述功能，国债总额数据和赤字数据则绝对是各司其职。前者是历年债务数额的总和，后者则是一年政府收入和支出差的标志。前者对于分析经济的长期发展重要，后者则对分析一年的经济情况关键。为了说明这一问题我们首先来观察一下德国的债务总额和历年赤字的情况。

从债务总额来看，1950～1969 年是债务总额发展的平稳期，整个债务总额占国内生产总值的比例一直浮动在 20% 以下；1969～1982 年是债务总额的上升期，从 20% 左右急剧上升到近 40%，但还远离 60% 的临界点；1982～1990 年再次出现债务总额发展的平稳期，总额线一直徘徊在 40% 左右；1990～2000 年债务总额再度急剧攀升，直达 60% 的临界点；2001 年至今债务总额几乎是直线上升到了 80% 左右；2011 年后债务总额回落

（参见图 4 - 6）。

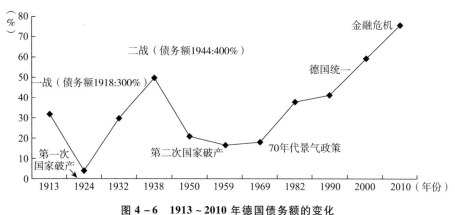

图 4 - 6 1913～2010 年德国债务额的变化

资料来源：联邦统计局。

对赤字要有分析，它有两种形式，即景气赤字和结构性赤字。景气赤字出自景气的变化，结构性赤字则定义繁多。按照德国经济界的定义，结构性赤字率是指该结构性财政赤字同名义国内生产总值的比例。按照一般定义，结构性赤字是指预算赤字同实际赤字之间的最大差值，指那些非政策性或非正常性的税收调整和支出变动引起的赤字。比如说，税收下降了，但政府的支出并没有相应地减少，于是产生结构性赤字。经过分析，人们看到，德国的赤字中既有景气赤字也有结构性赤字，但从全局看，从根本上看，赤字的主体不是景气赤字，而是结构性赤字，它在提升国债总额和赤字水平上起着决定性的作用，2011 年就高达 700 亿欧元，占名义国内生产总值的 2.8%。德国实施《新债务法规》实际上主要就是要限制结构性赤字的扩大。因此我们的研究也就要集中在景气赤字和结构性赤字形成的原因上，特别是结构性赤字形成的原因上，也只有这样我们才能弄清为什么债务总额既会呈现平稳的发展态势，也会呈现急剧上升轨迹的原因。

（二）新债务理论的出现

凯恩斯理论强调举债的重要作用，该理论认为，这是刺激经济、提高有效需求的重要举措。尽管该理论从 20 世纪 70 年代前后从总体上逐渐退居幕后，但在分体上很多论点还是深入人心的，至今还得到很高的重视和很广泛的应用，特别是越来越多的国家开始实施高福利政策需要举债时就更需要这一理论。2008 年全球爆发国际金融危机后再次让人们看到它的价值。

一种新债务理论认为，一国经济在发展中难免衰退，特别是暂时的衰退，而衰退必然引起因税收收入减少而形成的赤字，从而干扰了经济运行的正常景气周期。此时国家就可以采用反周期的国家财政政策，采用借债的方法来支付预定的开支，即所谓赤字筹资（Defizitfinanzierung），继续提高需求，这样一来便可解决临时出现的财政赤字问题，进而保证景气周期的健康发展。这就是所谓"自动稳定器"（Automatischer Stabilisator）的作用。

从配置的角度来看，新债务理论认为，如果一国的利率因景气的变化而摇摆，会造成不必要的暂时（intertemporäl）的扭曲，而举债就可以摆脱这一扭曲。

因此愈来愈多的国家便逐步认可了举债和赤字的作用和功能，但强调要有度，债务如低于国内生产总值的20%属正常，超标要警告，超过60%要处罚，同样赤字也不得超过国内生产总值3%的标准。

（三）经济增长放缓

据测算，德国经济如增长1%可以降低赤字0.5%个百分点（合10亿欧元）。[①] 德国经济在20世纪70年代年均只增长了2.7%，80年代2.3%，90年代1.5%；进入21世纪后2001～2010年为1.0%，其中2009年为−5.1%，2011年3.7%，2012年0.4%，2013年0.3%，2014年为1.6%，2015年为1.7%；几乎可以说是"王小二过年一个十年不如一个十年"。既然开源的增长赶不上支出的增长，举债和赤字自然就无法避免了。

（四）福利保险支出太大

开源不行就应该节流，节省政府的开支。然而多年来政府的开支不降反增，20世纪80年代政府开支的平均水平占国内生产总值的46%，2003年已提高到49%。当然要节支，节在哪里？回答几乎是一致的，即削减社会福利开支。这是因为在过去的100多年里它已从占国内生产总值的1%猛涨到如今的30%左右。然而现实又告诉人们，社会福利增长容易，但下降困难，因为这涉及千百万老百姓的福祉。既然福利费用降不下来，削减政府支出又何从谈起，借债几乎就是唯一的出路了。

---

① 黄立华：《论欧元时代德国财政政策的困境与出路》，《当代经理人》2005年第3期，第70～73页。

（五）失业率过高，失业补贴太大

经测算，1%的就业增长会使德国的财政收入增长相当于国内生产总值的0.25%。[①] 1961年，联邦德国失业人数仅有181000人，2005年全德失业大军就增加到486万人。政府每年支出的失业补贴约占国内生产总值的3.5%。这自然要加大国家的债务。

（六）执行扩张和举债财政政策的后果

我们在前面已经介绍了德国政府在5个阶段中实施财政政策的情况，在这5个阶段中，集中和主要实施扩张的财政政策，特别是大肆举债的有第二阶段、第三阶段的后期以及第四、第五阶段的某些时间和某些领域。而这恰恰就是出现急剧上升的国债总额和赤字轨迹的时候。因此今天可以肯定地说，执行扩张财政政策、大肆举债是使赤字和国家债务总额急剧上升的主要原因。

（七）德国统一的出现，对东部的巨额"输血"

1989年开始，两德之间出现了几乎无人料到的统一机遇，1990年，更是实现了人民所盼望的德国统一，但随着德国的统一却出现了"统一病"，需要拨款援助，而且力度要求特别之大，这显然是哪个预算也没能料到的。联邦政府每年要以国内生产总值的4%~5%支援新州，老州人均已经提供了2万欧元，新州人均也已获得了7万欧元，但援助还要进行下去，至少要到2019年。显然，这笔账只能靠借债和提高赤字来冲销。

（八）应对两次危机的高额支出

2008年爆发了国际金融危机，德国也受到巨大的冲击，于是德国先后出资820亿欧元救助实体经济，并推出5000亿欧元的金融市场稳定基金（SoFFin）救市计划。其中4000亿欧元作为银行间货币交易的担保，800（700＋100）亿欧元作为联邦对需求银行的注资，再加上200亿欧元的保证金。

2010年欧债危机席卷欧洲，德国又不得不拨款相助。仅在欧洲稳定机制（ESM）总共7000亿欧元的认缴本金中，德国就出资1900亿欧元。葡萄牙、希腊、爱尔兰、西班牙、意大利应承担2615亿欧元。如上述5国无力承担，德国还要再承担其中的1130亿欧元。

---

① 黄立华：《论欧元时代德国财政政策的困境与出路》，《当代经理人》2005年第3期，第70~73页。

（九）德国国债总额和赤字回落的原因

从 1990 年德国统一开始，历届联邦政府为了解决巨大的需求问题不得不大肆借债，结构性赤字扶摇直上。两次危机发生后联邦政府提出《新债务法规》，重点是削减并控制结构性赤字。经联邦议院和联邦参议院的批准该法规于 2011 年生效。从 2011 年开始，结构性赤字就要按下列标准逐步削减：2011 年不得超过名义国内生产总值的 1.90%，2012 年为 1.59%，2013 年为 1.28%，2014 年为 0.97%，2015 年为 0.66%，2016 年为 0.35%，此后，德国的结构性赤字就必须被强制控制在 0.35% 以内。这就是德国债务总额和财政赤字从 2011 年开始逐步回落的主要原因。

第六节　债务刹车——《新债务法规》[①]

面对德国高额的赤字和债务，联邦政府采取了债务刹车这一重要举措，颁布了《新债务法规》，从削减每年的新债务入手，减少当年的赤字，进一步做到盈余，达到逐步削减总债务的目标。

关于德国债务的结构，《基本法》第 115 条明确规定：债务不得超过投资的数额。数十年的实践证明，这一规定有严重的缺陷。主要有三大问题：（1）用于投资上的借贷不考虑资产的损耗（如折旧）；（2）向混凝土的投资得到了考虑，而向教育的投资就没有得到考虑；（3）对衰退时期有规定，对繁荣时期却未作规定，因此繁荣时期的经济就得不到足够的整固，甚至会被减税消耗掉。因此历届德国政府不得不多次违反《基本法》的规定，使借贷超过了投资。2007 年 3 月，大联合政府终于提出"联邦-州财政关系现代化"提案，并于 2009 年 5 月 29 日和 6 月 12 日分别得到联邦议院和联邦参议院的批准，于 2011 年生效，成为《新债务法规》。[②]

《新债务法规》含四个部分：一是结构成分，二是周期成分，三是监控账户，四是例外条款。[③]

所谓结构成分主要有两层意思：一是规定，从 2011 年开始每年削减结

---

① 参阅殷桐生《国际金融危机冲击后的德国经济》，载刘立群主编《金融危机背景下的德国及中德关系》，社会科学文献出版社，2011，第 147～160 页。

② Hausner, Karl Heinz/Simon, Silvia: *Deutsche Schuldenregel als Alleskönner?* 15.09.2009.

③ Siehe *Föderalismusreform II*, in: wirtschaftslexikon. gabler. de > … > *Staatsorganisationsrecht*, letzter Zugriff am 24.05.2015.

构性赤字 100 亿欧元，2010 年德国的结构性赤字为 700 亿欧元，占名义国内生产总值的 2.8%，到 2016 年就可以将其削减到 100 亿欧元，如果国内生产总值名义增长率年均达到 3%，结构性赤字就为 0.35%；二是规定各州从 2020 年开始不得举债。在 2011～2019 年的过渡期内穷州可以获得 8 亿欧元的资助，其中柏林 8000 万欧元，不来梅州 3 亿欧元，萨尔州 2.6 亿欧元，萨安州 8000 万欧元，石荷州 8000 万欧元；

所谓周期成分是指《新债务法规》也是一种自动稳定器：景气良好时，信贷上限下降，应保持剩余；景气恶化时，信贷上限上升。至于周期性赤字则是指一国财政赤字中因经济周期性波动而产生的部分。例如，随着经济增长放缓，税收下降及福利支出上升，财政赤字会趋于恶化。经周期性调整后的财政赤字剔除了经济周期性波动对预算的影响。如增长下降 1%，周期性成分就可以允许债务率上升 0.5 个百分点。

无论是结构性还是周期性债务成分都要以欧盟《稳定与增长条约》的趋同标准的上限（即全部国债占国内生产总值的 60%）为依据。

监控账户是用来监督债务法规执行情况的，如债务超出规定，则必须补上。监控账户的上限为国内生产总值的 1.5%，2007 年就是 363 亿欧元。如果已经超出国内生产总值 1% 这个临界值，在经济运行上行时，各州和联邦政府就必须相应地按照经济运行的实际情况，每年削减这些由于经济运行变动而带来的赤字，直到达到新的债务法规所规定的 0.35% 的上限。在经济运行下行的时候，则不要求进行财政平衡操作。

如果发生自然灾害，就可使用例外条款，增加财政需求，保证国家的行动能力。例外条款要经议会 3/5 或是 2/3 的通过，但非常时期的例外只需联邦总理多数（Kanzlermehrheit）同意便可。当前的国际金融危机自然可以列入例外之内。

采用《新债务法规》的好处如下。

（1）净借贷从 2010 年的 2.8% 逐步减少，2016 年减至 0.35%，使德国的总债务到 2029 年降至 50%（参见图 4-7）；

（2）重新获得财政政策的制定空间，削减付息额度；

（3）扩大了未来的支付空间（如对教育、环保和家庭政策的投资）；

（4）新债务规定是对称的，兼顾繁荣和衰退两个时期，目的是提供与景气相适应的财政政策，经济衰退时预算政策空间扩大，繁荣时预算政策空间缩小；

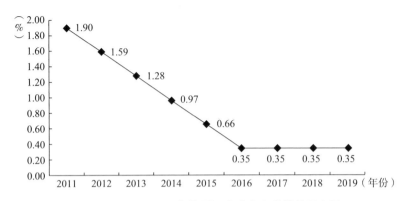

图 4-7 2011～2019 年德国逐步减少净借贷的示意图

资料来源：联邦财政部。

（5）可以事后监督预算的执行情况。

显然，这是符合引进《新债务法规》三大初衷的，即刹住债务机制，并形成自动稳定器；限制有效国债的疯长；实施代际公正。

《新债务法规》的作用是明显的，如执行前的 2010 年全年财政赤字对国内生产总值的占比仍高达 4.1%，执行后的 2011 年就降为 1.0%，2012 年和 2013 年进一步降至 0.1%，2014 年和 2015 年则出现了 0.3% 和 0.5% 的盈余。而总债务的降幅依然很小，下降尚需时日。

第七节　补贴

补贴是德国预算的一项重要支出，数量惊人。

据统计，1970 年，农、林、渔业和石煤矿山人均劳动者的补贴分别为 2102 马克和 2130 马克；1995 年，分别提高到 6496 马克和 28751 马克；1997 年，欧盟、联邦、州和乡镇给德国提供的补贴高达 1150 亿马克，主要在农业、林业、渔业、石煤矿山、造船业和航空航天业。从全部经济部门来看，1970 年，老州的人均劳动者补贴为 526 马克，1991 年上升到 973 马克，1996 年为 1002 马克；新州人均劳动者补贴 1991 年为 1218 马克，1996 年上升为 2193 马克。

德国的补贴就是国家无偿提供的补助，主要有两种形式：一是向企业提供的补贴（Subvention）；二是向个人提供的资助，叫转移（Transfer），此类转移大多出于社会福利的动机，例如资助居住权和资产形成，其中也包括向个人提供费用使某些商品涨价的补贴。补贴在不同的场合也被称之为财政援助或是税收优惠。

表 4 - 5 2007 ~ 2010 年联邦政府支付的财政援助和减免税收额度

单位：百万欧元

年份	2007			2008			2009			2010		
项目	财政援助	减免税收	总额	财政援助	减免税收	总额	财政援助	减免税收	总额	财政援助	减免税收	总额
1. 食品、农业和消费者保护	795	177	972	1006	179	1185	751	337	1088	1145	404	1549
2. 工商业经济（不含交通）												
2.1 矿山	1902	5	1907	1937	1	1938	1595	0	1595	1661	0	1661
其中：含煤炭工业的销售和停产补助	1772	—	1772	1816	—	1816	1465	—	1465	1554	—	1554
2.2 合理使用能源和可再生能源	183	0	183	290	0	290	537	0	537	538	0	538
2.3 技术和革新资助	301	—	301	321	—	321	1321	—	1321	396	—	396
2.4 某些工业部门的资助	46	—	46	21	—	21	5050	—	5050	55	—	55
2.5 地区结构措施	451	549	1000	516	645	1161	507	724	1231	472	533	1005
2.6 一般商业经济	461	9690	10151	449	9328	9777	496	9201	9697	346	9544	9890
3. 交通	162	1381	1543	214	1648	1862	672	1685	2357	669	1853	2522
4. 住房	894	3337	4231	715	2720	3435	860	2171	3031	909	1651	2560
5. 储蓄补助和和资产形成	453	802	1255	458	872	1330	446	1043	1489	608	1155	1763
6. 其他财政援助和减免税收	0	2008	2008	0	2069	2069	0	2069	2069	0	2500	2500

资料来源：联邦统计局，自行列表。

德国的补贴一般可以分为适应性补贴、维护性补贴和创业性补贴三类。

适应性补贴是为在结构改革中的受损企业提供的，目的是推进结构改革，资助受损企业使其能适应结构的改革，取得进一步的发展。该补贴还致力于新技术的开发以及研究活动的推动。

维护性补贴是指国家提供补贴以维持某些企业能继续经营。此类补贴往往有害于结构改革,而有利于维护过时的结构。

创业性补贴是国家对新企业开设的补贴,此类补贴数量较小。

德国的补贴由于要求很高而效果很差已经受到愈来愈多的批评,特别是对石煤矿山和烧酒业的补贴更受到广泛而严厉的抨击。于是联邦政府开始注意缩小补贴的额度,特别是减少维护性补贴的额度,而主张亏损企业破产。

第八节　国有资产私有化

德国是一个资本主义国家,生产资料私有制是主体,但也有生产资料的公有制和国有企业。

直至 1980 年,联邦德国的生产资料所有制没有大的变化,但已经出现了国有资产私有化的迹象,如 1959 年普鲁士格公司私有化,1961 年大众汽车公司部分私有化,1965 年费巴公司私有化。

1980 年,整个发达国家掀起了新一轮的私有化潮,特别是英国首相撒切尔大刀阔斧实施的私有化政策大大推动了德国私有化的进程;1987 年费巴公司出售了自 1965 年以来未私有化的部分;1988 年联合工业企业股份公司(VIAG)和大众公司实行了私有化;1989 年萨尔茨吉特公司实行了私有化。

1990 年,德国统一后德国政府大力加强了新州国有企业的私有化,德国老州的私有化也在继续进行,其中影响德国民众社会生活最大的是德国联邦铁路和德国联邦邮政的私有化。

德国不少经济学家认为,国有企业之所以要私有化是因为:(1)国家缺钱,通过出售国有企业可以增加收入,如 2000 年德国通过出售通用移动通讯系统获得 390 亿美元(280 亿欧元)的收入,不仅避免了 1.5% 的财政赤字,而且获得了 1% 的财政盈余,缓和了德国经济的拮据;(2)只有私有化才能提高国有企业的效益;(3)只有私有化才能保证消除垄断,保证市场的自由竞争,保证私有中小微企业能够公平健康地发展;(4)过去认为国有企业必须存在是因为市场会失灵,国有企业的垄断是自然的垄断,要好于私人企业的垄断等,现在证明这些理论都是站不住脚的,联邦邮政的私有化就是一例。

但几乎所有经济学家都认为,涉及国家主权的东西,涉及国家安全的东西是不能私有化的,如军队、警察和法律等。

第九节　投资与储蓄体制

投资有很多种类，如总投资、净投资、维护性投资、替代性投资、扩大投资、再投资。

一个国家、一个企业、一个个人为了获得更多的收益便需要进行投资。在投资这一问题上需要特别考虑以下问题。

投资同利息的关系。人所共知，只有采取货币政策手段才能影响利息，只有调整好利息才能影响投资，而投资的多少则直接影响着该国国民经济的发展。

德国的投资分为维护性投资、扩大性投资两种。维护性投资指的是对生产设备的维护和替代，因此也称替代性投资或再投资。扩大性投资是指增添生产设备，因此也称净投资。

德国的基本建设投资包括三大部分，即设备投资、建筑投资和其他投资。建筑投资又可分为地面建筑投资、地下建筑投资和一般建筑投资三个部分。

影响一国投资的原因很多。其一是利息的高低，利息高则投资低，利息低则投资高，因此一国为了刺激经济的增长和投资的增加往往都会采取降息的措施。其二是经济增长，一国如果国内生产总值提高，一方面是投资增长的结果，另一方面又是刺激投资的前提。如果一国国民经济状况得到改善，则在同样的利息条件下投资必然会扩大。其三是税收，税率高则投资低，税率低则投资高。其四是投资者对经济增长的信心，如对经济增长乐观，则投资增长，如悲观，则投资减少。其五是消费，如消费需求大则投资看涨，如消费需求小，则投资看跌。如果在开工充足的情况下消费需求仍然旺盛，投资必然转向扩大再生产。如果消费需求回落，净投资会出现负值，甚至连替代性投资都无法进行。如果一国国民经济已呈饱和状态，则净投资只相当于存款额。其六是储蓄率，储蓄率高则投资额低，储蓄率低则投资额高。

要重视投资的决策。在规划和决定投资时决策者一般都面临三种情况：（1）是与非的决策，究竟要不要投资；（2）选择决策，是选哪一个项目投资；（3）投资计划决策，一般涉及好几个投资计划，核心是投资额度。[1]

---

[1]　Schmidt Reinhard H.：*Grundzüge der Investitions- und Finanzierungstheorie*，Wiesbaden：Betriebswirtschaftlicher Verlag，1997，S. 89

第十节 财政平衡

德国是一个联邦制国家，而且是欧盟的一个重要成员，因此实行财政平衡就显得尤为重要。这里的财政平衡主要涉及以下几个方面。

一 税收的四级分配

前面已经谈到德国的税收分配体制，实际上是两种体制，一是分列体制，二是组合体制。所谓分列体制是指某一种税收全部归某一联邦层面所有，例如团结附加税只归联邦所有；组合体制则是指某一税种要按照比例分配给不同的联邦层面。

二 纵向平衡和横向平衡①

德国的财政平衡分纵向平衡和横向平衡两种。所谓纵向平衡是指联邦和各州之间的财政平衡。这主要表现在联邦和各州共同享有收入的分配上，一个州如果人均收入低于平均水平便可按照规定比例获得联邦较多的营业税的比例。在德国的财政平衡中横向平衡最为重要。所谓横向平衡就是指各州之间的财政平衡，即经济实力强的富州要按照规定向经济实力弱的穷州提供一定数额的转移支付。提供的标准以各州的人均税收收入为准。1997 年，州际财政平衡的额度为 119 亿马克，此外还要考虑联邦州级市的高额财政负担问题（参见表 4 - 6）。

表 4 - 6　2014 年德国各联邦州州际财政平衡情况

单位：百万欧元

州名	支付州	接受州
巴伐利亚州	-4852	
巴符州	-2356	
黑森州	-1755	
汉堡	-55	

---

① Siehe auch Gutmann/Klein u. a.： *Die Wirtschaftsverfassung der Bundesrepublik Deutschland*，Stuttgart/New York：Gustav Fischer Verlage，1979，S. 109 - 120.

续表

州名	支付州	接受州
萨尔州		+ 144
石荷州		+ 172
下萨克森州		+ 276
莱普州		+ 288
梅前州		+ 463
勃兰登堡州		+ 510
图林根州		+ 554
萨安州		+ 585
不来梅州		+ 604
北威州		+ 897
萨克森州		+ 1034
柏林		+ 3491
总额	− 9018	+ 9018

资料来源：联邦财政部，2015。

三 联邦补充拨款

联邦补充拨款是指某些穷州在州际财政平衡之后离州均财政实力尚有差距时，联邦要再对其进行补贴，补贴额度为其缺额的 90%。1997 年，该项补充拨款额共计为 52 亿马克。通过上述拨款要保证每个穷州至少要达到各州平均财力的 99.5%。

四 联邦特别需求补充拨款

这是指联邦要给各新州提供特别需求拨款，1997 年为 155 亿马克。

五 联邦整固补充拨款

这是给债台高筑的不来梅和萨尔州提供的补充拨款，1997 年为 34 亿马克。

六 乡镇财政平衡

联邦补充拨款的做法同样适用于各州，这是指某些穷乡镇在乡镇际财政平衡之后离乡镇平均财政实力尚有差距时，各州要再对其进行补贴。1997年，该项补充拨款额共计为896亿马克。该项拨款一般分为两种，一种是定向拨款，例如乡镇投资；另一种是一般性拨款，主要是为了平衡各乡镇纳税力量之间的差异。

第五章

金融政策

当今的世界金融问题日益复杂、日益突出、日益敏感，因此本书特单列一章来加以阐述。

德国和中国的财政金融体制不完全相同。所幸我们指的金融就是资金融通，主要涉及银行、证券、保险三个方面。这同德国联邦金融监管局（Bundesanstalt für Finanzdienstleistungsaufsicht，简称"Bafin"即金监局）主管的银行、证券和保险这三大领域是完全一致的，自然也就有了共同的语言。央行主要是发行货币、监管货币的流通和回收以及保持货币的稳定，其他银行主要是负责贷款的发放和收回、存款的存入和提取、汇兑的往来等经济活动；证券主要是货币投资（一年以内证券）或者资本投资（一年以上证券）；保险主要就是财产险和人身险。

金融的核心是货币（包括有价证券），金融政策的核心自然也就是货币政策。货币政策有狭义和广义之分。狭义货币政策指中央银行为实现既定的经济目标（稳定物价，促进经济增长，实现充分就业和平衡国际收支）运用各种工具调节货币供给和利率，进而影响宏观经济的方针和措施；广义货币政策则指政府、中央银行和其他有关部门所有有关货币方面的规定和采取的影响金融变量的一切措施（包括金融体制改革，也就是规则的改变等）。由于德国已经将其货币主权让渡给了欧洲央行，因此本书便将德国的货币政策分为两个部分，先后在本章和第七章中加以介绍。

第一节　金融体制

金融体制是指金融机构、金融市场和金融业务的组织、管理制度，包括各类金融机构和各类金融市场的设置方式、组成结构、基本行为规范和行为目标等。[①]

当前跨国银行业极其发达，生产国际化和资本国际化是导致跨国银行迅速发展的最根本原因。[②] 这一方面推动了全球化的发展，另一方面也给金融危机提供了温床。

世界的金融体制主要可以分为两种经营模式，即以美国为代表的金融市场主导型经营模式和以德国为代表的银行主导型经营模式。[③]

在联邦德国过去只有德国央行，即德国（德意志）联邦银行拥有货币发行权，拥有货币发行垄断权。硬币发行权则属联邦政府。

由各单位发行的证券、汇票、支票、债券、股票和基金券均属有价证券，是中央银行发行的货币之外的一种再融资，它们也能起到一些货币的作用，但不是货币。此次国际金融危机主要问题就出在这些金融衍生品身上。

在金融机构中交易所是一个重要的组成部分。德国的交易所分成四大类，即商品交易所（例如粮食、咖啡、燃油交易所）、服务交易所（例如保险交易所）、外汇交易所和证券交易所（例如有价证券交易所和股票交易所）。

第二节　银行

一　世界的两大金融经营模式

德国是典型的银行主导型金融体制，其特点是：1. 银行数目众多，据 2010 年统计，全国共有 2093 家货币机构、38183 家分行或分部，还不包括投资公司；2. 银行资产雄厚，其全部资产占国内生产总值的 152%；[④] 3. 金融市场很不发达，1993 年股票市场只占国内生产总值的 24%，如今也只上升到 40% 左右。

---

① 引自百度百科"金融体制"条，最后访问日期：2015 年 12 月 20 日。
② 薛宝龙、刘洪祥编著《国际金融》，东北财经大学出版社，1995，第 24~25 页。
③ 朱小平、雷立群、陈选娟：《美国、日本、德国金融体系比较及其对企业筹资管理的影响》，《对外经贸财会》1999 年第 9 期，第 45~48 页。
④ （作者不详）：《金融体系》，载搜索百科，2012 年 9 月 7 日，最后访问日期：2013 年 2 月 5 日。

　　德国的私人家庭资产大多是银行存款，债券、基金的持有率较低，股票的持有率更低，股票市场在融资渠道里所占比例较小。

二　2015 年世界 20 大银行的排名

　　世界银行从组成来看，主要可分为中央银行、存款货币银行和各色各样的专业银行三大类。[①]

　　世界银行每年都会有排名，但因主持排名的单位不同，排名的内涵也不尽相同，排序也就不一样，甚至会大相径庭。下面使用的是英国《银行家》杂志 2015 年 10 月 13 日发布的对 2015 年各大世界银行的排名，名次同 2014 年的完全一样。由表 5－1 中可以看到，2015 年在世界银行 20 强中中国、美国各占 5 席，英国、法国各 3 席，日本 2 席，西班牙 1 席，德国 1 席（德意志银行）。

　　《银行家》杂志是全球权威的银行金融业杂志，每年都会按照一级资本发布世界银行排名。

表 5－1　2015 年世界银行排名

排名	银行	国家
1	中国工商银行	中国
2	中国建设银行	中国
3	摩根大通集团	美国
4	美国银行	美国
5	汇丰控股有限公司	英国
6	花旗集团	美国
7	中国银行	中国
8	富国银行	美国
9	中国农业银行	中国
10	三菱日联金融集团	日本
11	法国巴黎银行	法国

---

① 黄达编著《货币银行学》，中国人民大学出版社，2007，第 165 页。

排名	银行	国家
12	巴克莱银行	英国
13	法国农业信贷银行	法国
14	桑坦德银行	西班牙
15	苏格兰皇家银行	英国
16	高盛集团	美国
17	三井住友金融集团	日本
18	德意志银行	德国
19	交通银行	中国
20	法国人民－储蓄银行集团	法国

资料来源：英国《银行家》杂志，2015 年 10 月 13 日。

三　德国银行业的历史发展

德国的金融银行业起步很晚，但发展很快。1853 年，德国成立了第一家工商银行，随后又出现了一些新银行，家族式的私人银行占据主宰地位，主要从事存、贷款业务。19 世纪 60 年代后，股份制银行、储蓄银行、合作银行和抵押银行相继出现，第一个外汇交易所也在法兰克福成立，银行业与产业资本逐渐融合，并日益支配着证券市场。到 1870 年已形成了德意志银行、裕宝银行、德累斯顿银行和商业银行的统治局面，并在世界银行业中占据着重要的地位。1871 年，德国统一后资本主义发展迅速，并很快进入帝国主义阶段。工业的高度集中也推动了银行业的联合与集中，形成了少数银行巨头。它们资产雄厚，而且拥有众多的分支机构，支配了大部分的银行资本，垄断了全国绝大部分银行业务，为德国的工业化做出了很大贡献。1929 ~ 1932 年，世界发生经济大萧条，货币信用出现严重危机，银行大量倒闭，德国只剩下三家银行，即德意志银行、德累斯顿银行和商业银行。[①]

第二次世界大战中，整个德国经济完全被绑在希特勒的战车上，经济水

---

① 参阅罗泳泳、邱金龙、刘雪萍、綦文竹《德国金融体系的发展历程及其启示》，《经营管理者》2012 年第 5 期，第 48 页。

平大幅度下滑，货币贬值，银行业遭到极大的破坏，金融体系濒临崩溃。

二战后德国的金融业同样面临重组的任务。1957 年，联邦德国颁布了《联邦银行法》，州级中央银行和原西柏林中央银行合并成立了德意志联邦银行（现译为德国联邦银行）。作为德国中央银行，它把币值稳定作为首要任务。欧洲央行成立后德国又把德国央行的很多重要权力转让给了欧洲央行。

四 德国的大银行

2014 年德国的 20 家大银行如表 5－2 所示。

表 5－2 2014 年德国的 20 家大银行

排序	中文名	德文名	法律形式	所在地	资产（10 亿欧元）	工作人员	业务机构
1	德意志银行	Deutsche Bank	股份公司	法兰克福	1709	98138	2814
2	商业银行	Commerzbank	股份公司	法兰克福	558	52103	1100
3	复兴信贷银行	KfW	公法机构	法兰克福	489	5518	1
4	德国中央合作银行	DZ Bank	股份公司	法兰克福	403	29596	19
5	联合信贷银行	Unicredit Bank AG	股份公司	慕尼黑	300	17980	796
6	巴登－符腾堡州银行	Landesbank Baden-Württemberg	公法机构	斯图加特	266	1117	200
7	巴伐利亚州银行	BayernLB	公法机构	慕尼黑	232	6842	8
8	北方州立银行	Nord/LB	公法机构	汉诺威	198	6597	19
9	黑森－图林根州银行	Landesbank Hessen-Thüringen	公法机构	法兰克福爱尔福特	179	6254	15
10	德国邮政银行	Deutsche Postbank	股份公司	波恩	155	14774	5600
11	北莱茵－威斯特法伦州银行	NRW. Bank	公法机构	杜塞尔多夫	144	1283	2
12	荷兰国际直销银行	ING-DiBa	股份公司	法兰克福	137	3526	4
13	德卡银行德国汇兑中心	DekaBankDeutsche Girozentrale	公法机构	法兰克福	113	4183	1
14	德国北方银行	HSH Nordbank	股份公司	汉堡，基尔	110	2579	13
15	两德意志合作中心银行	WGZ Bank	股份公司	杜塞尔多夫	95	1649	3
16	农业地产抵押银行	Landwirtschaftliche Rentenbank	公法机构	法兰克福	89	269	1

续表

排序	中文名	德文名	法律形式	所在地	资产（10亿欧元）	工作人员	业务机构
17	德国地产抵押债券银行	Deutsche Pfand-briefbank	股份公司	下施莱斯海姆	76	844	10
18	法兰克福按揭银行	Hypothekenbank Frankfurt	股份公司	埃施博恩	72	617	10
19	德国信贷银行	Deutsche Kreditbank	股份公司	柏林	72	3097	17
20	巴登－符腾堡促进银行，州信贷银行	Landeskreditbank Baden-Württemberg-Förderbank	公法机构	卡尔斯鲁厄	70	1250	2

资料来源：维基百科，2015年12月7日统计。

五　德国央行

（一）德国央行的特点

德国的央行叫德国联邦银行，它成立于1948年3月1日，当时叫"德意志诸州银行"。1957年7月26日，《联邦银行法》颁布后更名为德意志联邦银行，1990年7月1日联邦德国和民主德国的货币、经济和社会福利联盟成立后，其职能扩展到原东德地区，中方将其改译为"德国联邦银行"。它以其独特的职能和运转方式而为世界瞩目，被称为德国的"新童话"，这首先就是它的独立性。

《联邦银行法》明确规定，联邦银行独立于政府之外，不接受政府的指令，只负责维护币值的稳定，但实际情况并不像人们想象的那样。联邦政府，特别是联邦总理可以通过不同渠道来影响央行的决策。

（二）货币主权让渡前德国联邦银行稳定币值的手段

在货币主权转让给欧洲央行之前，德国的货币政策是很为世人称道的，尤其是货币量的分类、货币量的目标走廊以及四大稳定币值的手段都是很值得人们借鉴的。[①]

随着经济学的不断发展和深入，人们不仅发现，通过调节利率等金融杠杆可以调节经济，而且通过调节货币流通量也可以调节经济的发展，于是便

[①] Bundesverband deutscher Banken：*Das Geldbuch — Vom Verdienen，Sparen und Ausgeben*，Bonn：bpb. 2003.

产生了影响深远的货币主义。要刺激经济的发展可以提高流通中的货币量，增大流动性；控制通货膨胀可以减少流通中的货币量，降低流动性。

德国联邦银行首先界定了不同德国货币量的定义，将其分为三种，即 M1、M2、M3。M1 是指流通中的现款和国内非银行机构的活期存款，M2 是指 M1 再加上国内非银行机构 4 年以下的定期存款，M3 则是指 M2 再加上需提前三个月通知提款的储蓄存款的货币量。三种货币量各有各的功能，央行对它们也各有各的方针，但以 M3 最为重要。

德国联邦银行还制定出所谓的货币量"目标走廊"，这是指每年确定新增货币量占现有货币量比例的上限和下限，在正常年景浮动在 4% ~6%。

德国联邦银行作为中央银行调控货币量、货币流通和稳定币值主要采用四大手段，这就是贴现率、抵押贷款利率、最低储备金率和开放市场政策。

伯尔尼大学教授恩斯特·巴尔滕施佩格（Ernst Baltensperger）认为，从1979 年以来，德国央行的这四大手段在构成、使用和重要性上发生了巨大的变化，其主要特征是开放市场政策的重要性大幅度上升，而其他三大工具的重要性则相对下降。[①]

贴现、转贴现和再贴现政策　所谓贴现是指各类证券的持有人为了获得现款，将未到期的证券到银行兑取现款，银行则按证券持有人拥有证券的实际时间，从证券的票面值中按贴现率扣除相应的数额后支付给证券持有人相应的现款；转贴现是指商业银行在资金临时不足时，将已经贴现但仍未到期的票据交给其他商业银行或贴现机构给予贴现，以取得资金融通；所谓再贴现政策则是指商业银行为了获得现款而将未到期的证券向德国联邦银行贴现的政策。

联邦银行就是通过这样的政策来控制流通中的货币量。如需增加货币量则降低贴现率，鼓励证券持有人贴现；如需减少货币量则提高贴现率，限制证券持有人贴现。

抵押贷款政策　所谓抵押贷款政策是指一部分人为了获得现款将自己的资产到银行进行抵押。此类资产可以是厂房、地产、住宅、机器、设备、交通工具、原料、半成品、外汇、金银器皿、有价证券、单据、股票、债券、专利和商标权等。抵押价值同获取现款的比例约为 100∶70，即抵押 100 万

---

① 引自恩斯特·巴尔滕施佩格（Ernst Baltensperger）《一体化进程中的货币政策（1979 ~1996）》，载周弘等主编《德国马克与经济增长》，社会科学文献出版社，2012，第 392 页。

欧元价值的资产可以获得 70 万欧元的现款。

德国联邦银行也通过调整抵押贷款利率来控制流通中的货币量。如需增加货币量则降低抵押贷款利率，鼓励资产持有人获得抵押贷款，以增加流通中的现款；如需减少货币量则提高抵押贷款利率，限制资产持有人获取抵押贷款，以减少流通中的现款。

最低储备金政策 德国联邦银行为了控制流通中的货币量，也为了从宏观上控制各商业银行的经营，充分发挥中央银行的宏观调控作用，规定各商业银行必须将活期存款、定期存款和储蓄存款以及短期与中期存款按一定的比例存放在德国联邦银行处，这便被称为最低储备金。活期存款的最低储备金最高，储蓄存款的最低储备金最低。联邦银行可以通过调整这一部分最低储备金来控制流通中的货币量。如需加大流通中的货币量则降低最低储备金率，鼓励各商业银行放款，以增加流通中的现款；如需减少流通中的货币量则提高最低储备金率，限制各商业银行放款，以减少流通中的现款。

公开市场政策 所谓公开市场政策是指联邦银行在公开市场上出售或购入有价证券以控制流通中的货币量。在公开市场上流通的有价证券有汇票、支票、本票、债券等。如流通的货币量过大，联邦银行便抛出有价证券收回现款，减少流动性；如流通的货币量过小，联邦银行便抛出现款购入有价证券，增加流动性。

德国联邦银行正是通过上述四种手段来调控货币的。它多次提高了贴现率（从 6% 提高到 7.5%）和抵押贷款利率（从 8% 提高到 9.25%），多次调低利率，以此来调控流通中的货币量，从而推动德国经济的振兴。

（三）货币主权让渡后的德国联邦银行

1993 年 11 月 1 日，《马约》生效后德国便将其货币主权让渡给了欧洲央行体系（Das Europäische System der Zentralbanken，ESZB）。2002 年 4 月德国修改了其《联邦银行法》，主要是改变了德国联邦银行的功能，从而出现了今天的德国联邦银行。它自然不再是货币发行和主管货币稳定的银行，不再负责确定各类利率的标准，不再负责各类稳定币值的手段，其他功能基本照旧，并增加了一个欧洲央行分行的重要功能。在新的欧洲央行体系中德国联邦银行还是起着十分重要的作用。

欧洲央行的分行 欧洲央行（体系）成立之后，各成员国的央行（包括德国联邦银行）实际上便都成了欧洲央行的分行。它们都是其体系的成员，都要执行其指令，完成其任务。

货币银行　德国联邦银行负责供应经济界现钞，查禁假币，无限期兑换马克存款，每周发布流通中的货币量数额等。

银行的银行　德国联邦银行是德国各信贷机构的再融资源泉和汇划支付单位。这些机构可以通过再融资渠道向德国联邦银行提出满足其央行货币的需求。它们也可以将其暂时不用的货币短期存放在德国联邦银行。德国联邦银行还负有监督银行的职能，主要是稳定财政体制，审议各信贷机构的年度报告。

国家银行　德国联邦银行继续负责为联邦、州、乡镇当局和各类社会福利保险公司开立账户，从事正常的银行服务，但按欧盟条约规定，原则上不得向它们提供货币融资和信贷服务。

黄金、外汇储备的管理银行　2010 年 11 月 11 日，德国联邦银行总共管理着 3427 吨黄金，市场价值高达 1225 亿欧元，存量仅次于美联储的黄金储备。

（四）德国联邦银行的盈利

德国联邦银行的盈利情况可参见表 5 – 3。

表 5 – 3　1990～2009 年德国联邦银行的盈利

单位：亿欧元

年份	盈利	年份	盈利	年份	盈利	年份	盈利
1990	43	1995	53	2000	84	2005	29
1991	74	1996	45	2001	112	2006	42
1992	67	1997	121	2002	54	2007	43
1993	94	1998	85	2003	2	2008	63
1994	52	1999	39	2004	7	2009	41

资料来源：德国联邦银行。

德国联邦银行每年从再融资和外汇管理中可以获得数亿、数十亿甚至上百亿的利润，并将其上缴给国家，但最高不超过 35 亿欧元，剩余部分用来偿还资产和基金的债务。1997 年，该项盈利达到最高的 121（亦说 124）亿欧元。2010 年 1 月 1 日对该规定进行了修改，主要改动两条：超出上交国家利润的部分用来支持第二景气计划；从 2012 年开始德国联邦银行上缴国家的利润最高为 25 亿欧元。

六　德国的银行体制

世界各国银行体制有不同的分类方法，一般分为四种。

（1）国家银行体制，指全部货币与支付往来都由国家银行来办理，国家银行同时拥有货币的垄断权。

（2）货币发行银行体制，包括集中货币发行银行体制和分散货币发行银行体制，前者指只有中央银行拥有货币发行权，后者则指多家银行拥有货币发行权。

（3）中央银行体制，其中又分为一级中央银行体制和二级中央银行体制。一级中央银行体制是指全国只有一家中央银行来独立经营货币流通和信贷供给的业务，例如过去的德意志联邦银行；二级中央银行体制是指某一国家内的某个地区的独立中央银行将其领导工作委托给一个共同的中央银行，如1948年至1954年的德意志诸州银行等。

（4）信贷银行体制，其中又分为全能银行体制和独立银行体制或专门银行体制。前者是指从事一切银行业务的银行体制，后者则是指从事专门银行业务的银行体制，如抵押银行和外贸银行等。

德国同多数国家一样实行两级银行体制，即中央银行和商业银行体制。德国联邦银行是德国的中央银行，其他均为商业银行。①

德国商业银行实行三柱式体制，即合作社银行、公法银行和私人银行。其中公法银行和合作社银行占多数，私人银行比例很小。此外还有一批特殊目的的专业银行，如中央储蓄银行、大众银行、私人储蓄银行、建房储蓄银行、抵押银行、有价证券银行、地区性银行和当地储蓄银行等。需要提到的还有非银行金融机构，如证券公司和保险公司等。②

德国的银行很多，且每年都有变化，统计数字也很不统一。2007年统计共有2277个，总资产为76260亿欧元；2010年底统计共有2093家货币机构，38183家分行。

（一）合作社银行

德国的合作社银行为数众多，主要可分为七大类。

（1）1144个合作社银行以及两个中心。所谓两个中心是指德国中央合作银行和两德意志合作中心银行。它们几乎承担着合作社领域央行的任务，负责办理外国业务，提供资本市场产品，服务大公司客户，分散信贷风险。

---

① 参阅郑士贵《关于德国的金融制度》，《管理科学文摘》1996年第9期，第10页。
② 参阅李文武《德国银行业的特点及启示》，《农业发展与金融》2010年第1期，第65～67页。

（2）1250 个大众与农村信用合作社（Volks- und Raiffeisenbanken），任务是资助中产阶层，资助合作社成员；

（3）12 个斯巴达银行（Sparda-Banken）。

（4）15 个支付服务指令（PSD）银行。

（5）联合专业银行，含基金公司，如不动产基金公司，如联合投资有限公司（Union Investment）、不动产有限公司（Real Estate）；建筑储蓄银行，如施韦比舍－霍尔住宅储贷银行（Schwäbische Hall）；抵押银行，如德国合作抵押银行（DG Hyp）、西部州立银行（WLBank）和慕尼黑抵押银行；租赁公司，如金融与保险合作（R＋V）公司。

（6）教会银行，如基督教传教会储蓄与信贷联合银行（Spar- und Kredit-bank Evangelisch-Freikirchlicher Gemeinden eG Liga Bank）。

（7）其他银行，如波恩商业银行（BBBank），德国医药师银行（Deut-sche Apotheker- und Ärztebank），社区贷款与服务银行（GLS Gemeinschafts-bank）。此外还有美因河畔法兰克福旅游银行，它全部属于德国中央合作银行（DZ Bank）；美因河畔法兰克福电子银行，它 93.3％属于德国中央合作银行；德国有价证券服务银行，它 50％属于德国中央合作银行。

（二）公法银行

德国公法银行可分为五大类。

（1）7 个州银行，即巴登－符腾堡州银行（LBBW），巴伐利亚州银行，德国北方银行，柏林州立银行，Helaba，北方州立银行，萨尔州银行。它们自己不提供零售业务（Retailgeschäft），部分州行拥有子公司，是各州的主办行。

（2）复兴信贷银行，支持中产阶层，资助开业。其任务是向中小微企业提供投资信贷，资助基础设施和住房建设，资助节能减排、可再生能源开发和地区基础设施建设，提供教育信贷，资助出口和项目，提供发展合作。

（3）储蓄所的中央银行，如德卡银行（Deka Bank）；

（4）约 450 所储蓄银行，产权人是市或市辖县，盈利要归公。

（5）州建筑储蓄银行，如萨克森州立银行（LBS）。

（三）私人银行

德国共有 218 家私人银行，其中包括 5 家大银行，159 家地区和其他银行以及 92 家外国银行的分行。

（1）5 家大银行，如德意志银行、商业银行、联合信贷银行（Unicredit

Bank），还可包括过去的德累斯顿银行以及 1990 年新建的邮政银行。

（2）州立银行，如奥登堡州立银行（Oldenburgische Landesbank），国家银行（National-Bank），西南银行（Südwestbank）。

（3）直接银行，如荷兰国际直销银行（ING-Diba），康迪锐银行（Comdirect Bank AG），德国信贷银行（Deutsche Kreditbank）。

（4）传统的私人银行，专门为拥有大资产的客户服务。它们拥有个人担保股东，以有限两合公司（KG）和无限责任公司（OHG）形式出现，如贝伦贝格银行（Berenberg Bank），投资银行，萨立·奥彭海姆银行（Sal. Oppenheim）等银行。最老的家族私人银行是梅茨勒银行（Bankhaus Metzler）。富格尔银行（Die Fürst Fugger Privatbank）历史也很长，它现在同汇丰特林考斯（HSBC Trinkaus）一起属于纽伦堡汇丰保险公司。

（5）外国银行分两类：一类拥有自己的零售业务，如花旗银行（德国称Targobank），桑坦德银行（Santander Consumer Bank）；另一类是外国银行的分行，如荷兰银行（ABN AMRO）。

（6）私人不动产抵押贷款银行（Private Realkreditinstitute）。所谓不动产抵押贷款是指不得超过抵押物价值（Beleihungswert）60% 的信贷，如国际房地产控股有限公司（Hypo Real Estate Holding AG）。

（7）私人建筑储蓄银行，如建房互助储金信贷社股份公司（BHW）。[1]

七　德国银行的国际地位

2005 年，世界 25 大银行中德国占有一个席位，即德意志银行。市值[2]前 25 名中德意志银行排第 23。核心资本的前 100 位中德意志银行排第 23，裕宝联合银行（Hypo Vereinsbank）排第 32，商业银行排第 45，巴伐利亚州银行排第 50，巴符州银行排第 54，德累斯顿银行排第 59，欧洲抵押银行排第 71。

2011 年，在世界 29 个最重要的信贷机构中德国有两个，即德意志银行和商业银行。

2015 年，世界前 20 家大银行中德国有一家，即德意志银行。

---

[1]　Wikipedia：*Das deutsche Bankwesen*，abgerufen am 29. 07. 2013.

[2]　市值是指一家上市公司的发行股份按市场价格计算出来的股票总价值，其计算方法为每股股票的市场价格乘以发行总股数。整个股市上所有上市公司的市值总和即为股票总市值。

在德国的全部银行中，德意志银行的资产额最高，2014 年为 1.709 万亿欧元。

近 30 年来，德国银行的国际地位发生了很大的变化，1970 年后排位靠前的银行数被日本超过，2004 年被中国超过，也受到国际银行的大并购潮挤压，主要表现在资产、市场资本化和核心资本等方面。

尽管 2005 年德国银行的资产、核心资本和盈利大增，其国际地位依然下滑，在 2014 年全世界前 100 家大银行中德国还占 8 家。

八　德国银行的业务

德国银行的第一特点是全能银行，从事混业经营。全能银行由商业银行、合作社银行和地区储蓄银行三大支柱组成，以商业银行为代表，如德意志银行等，经营全能性、综合性银行业务。

德国银行的业务分两大类，一类为外部业务，如存款、信贷、投资、贴现、转账、股票发行等业务，金融代理业务（Finanzkommissionsgeschäft），保管业务（Depotgeschäft），获得信贷业务，保险业务以及电子货币业务；另一类为内部业务，即对其他银行的存款和信贷业务，还有对货币银行的存款业务，即再融资业务。

九　德国银行业的特点

德国银行业有很多特点，可归纳如下。

（1）典型的银行业主导金融结构，市场金融业不甚发达。

（2）二级银行体制（央行和商业银行）。

（3）三柱式体制即合作社银行、公法银行为主，公法银行市场占有率高，占全部银行的 45%，公法储蓄银行的基本决算账户大于 46%，对中小微企业贷款市场的份额大于 70%，存单市场份额大于 53%，信用卡业务份额大于 50%，私人银行很少。公法系统和私法系统能够和平共处，公法银行同私人银行能进行合作。

（4）全能银行占统治地位，实施混业经营。商业银行是全能银行的代表，与企业的关系密切。

（5）德国金融和银行体制相对保守，体系分散，不重创新，比较稳健。

（6）不追求利润最大化，非营利性银行比例很高，以营利为目的的银行资产不到全部银行资产的 30%，盈利率低。

（7）典型的以间接融资①为主的类型，而不是直接融资。商业银行等间接融资中介机构在德国的资金配置中发挥着重要的作用。

（8）进行统一监管，要求银行把长期调节和短期微调结合起来，但监管不如对保险公司严格。

（9）机构众多，竞争充分。2048家独立法人银行，46000多家分行或代理处，平均每40000人拥有一家银行，但小银行过多，网点过剩，是资源的浪费。

（10）由于有《联邦银行法》《信用制度法》的保障，银行受外界干预较少。

（11）安全性强。规定银行基本金都要达到《巴塞尔协议II》②的要求，对金融衍生品的监督严格。这主要是因为合作社银行、公法银行、储蓄所和大众银行的市场比例高。它们不重视盈利，而是为顾客服务，因此利息的跨度小。其次是因为德国存款保险体系健全，保险额高于其他各国。其主要保险体系就有商业银行存款担保基金、储蓄银行保障基金和信用合作保障等。1998年，德国还成立了"银行赔偿公司"，规定所有银行必须在该公司投保。德国还严格规定，各银行的主要任务是吸收存款、提供信贷以支持经济的发展，而不是放在投资上去获利。

国际货币基金组织认为，德国银行具有三大优势，即安全程度高，竞争充分，社会各阶层都能享受金融服务。

十 德国对银行业的监管体制

过去德国的金融业实行分业监管，信贷监管局监管银行，证券监管局监管证券机构，保险监管局监管保险公司。2002年5月1日，德国政府颁布《统一金融服务监管法》，成立了德国联邦金融监管局，负责同德国联邦银行一起对2048家银行、722家金融服务机构、626家保险企业、27家

---

① 间接融资是通过金融机构的媒介，由最后借款人间接向最后贷款人进行的融资活动；直接融资是不经金融机构的媒介，由最后借款人直接向最后贷款人进行的融资活动。

② 所谓《巴塞尔协议》是国际清算银行（BIS）的巴塞尔银行业条例和监督委员会的常设委员会——"巴塞尔委员会"于1988年7月在瑞士的巴塞尔通过的"关于统一国际银行的资本计算和资本标准的协议"的简称。《巴塞尔协议II》的内容包含银行以及其他金融机构建立时最低资本额的一套最新国际标准。《巴塞尔协议II》是由巴塞尔金融监理委员会所筹划，并由十大工业国的央行官员以及金融监理当局的主管所背书。

养老基金、6031 家基金和 76 家投资公司实行统一监管。跨行业的任务则由从传统监管功能分离出来的交叉业务部门来执行。①

银行监管的重要任务是保护投资者和存款人的合法利益，监督银行是否遵守不允许从事风险过大的业务禁令，保证商业银行要按三性（效益性、流动性和安全性）经营，审核各行的资产负债表，保证银行资本的充足率。其具体监管任务有以下 6 项。②

1. 市场准入监管

监管银行开业是否达到规定，如资产额是否达标，外国银行开设分行是否事先提出申请，是否按程序获得开业许可证。

2. 资本充足性监管

要对银行自有资本充足性状况、风险资产状况、全面风险资产状况、实物风险状况、交易账户风险状况、期权状况以及内部风险控制模型进行监管，如自有资本是否符合《巴塞尔协议 II》的规定，是否比风险资产高8%，核心资本是否高出风险资产的 4%。

3. 流动性监管

要求银行长期资产与长期资金相对应，长期资产的规模不得超出长期资金的规模，中短期资产要与中短期资金相适应。

4. 大额贷款监管

对大额贷款进行监管，如要求对单一客户的贷款超过该行资本 18% 时必须立即向金监局报告，任何一笔单一贷款的最高额不得超过该行资本的 7.5%。

5. 信息发布监管

各行每月必须向央行递交月度报表，报告自身的业务和风险状况，对此央行要做出表态。

6. 市场退出监管

如发现相关银行从事明文禁止的业务，或是在经营许可证签发一年之内没有开业或经营失败时，可以责令其停业，如情况严重可勒令其退出市场。介入市场行为的办法有传唤（Vorladung）和传讯（Einvernahme）。如违背指令，可予以处罚，包括罚款、起诉、撤销董事会相关责任成员的任职资格，

---

① 姜建清主编《国际商业银行监管环境与体制》，中国金融出版社，2006，第 492～549 页。
② 宋玮：《德国银行监管模式研究》，《成人高教学刊》2002 年第 4 期，第 41～44 页。

吊销银行的营业执照等。

十一 德国对银行业监管的特点

在执行监管时德国的做法具有很多特点，如：

（1）权责明晰、合理分工、监督有序。根据国家的统一监督体制，德国联邦银行和联邦金监局分工合作，共同负责整个银行体系的监督和管理。属于货币、信贷政策制定和执行方面的金融活动由联邦银行监管，属于银行业务和信贷经营运行方面的金融活动由金监局监管。

（2）银行混业经营，政府统一监管。

（3）侧重风险监管而非合规性监管。

（4）内部监管与外部监管相结合。内部监管主要由股东大会完成；外部监管多由独立的审计单位完成，如外部审计师、审计事务所、经济审计师等。

（5）强调自律和行业协会的约束。

（6）监督行为的独立性。2002 年，联邦金监局成立时曾明确两点：第一，该局受联邦财政部领导；第二，该局要同德国联邦银行合作，共同实施金融监管。然而，随着时间的推移，相关单位日益感到体制的掣肘，于是联邦政府决定，联邦金监局脱离联邦财政部，并同联邦银行分离，成为独立的法人单位，单独履行监管的职责，当然还要继续支持联邦财政部和联邦银行的工作。

（7）提高社会整体的信用面，坚持社会审计机构参与。

据 2013 年 1 月 31 日报道，[①] 德国联邦财政部出台了一项新的规定，银行等传统贷款人在风险活动涉及资产规模超过 1000 亿欧元或达到银行资产负债表 20% 以上时，必须将风险交易剥离出来单独操作。该规定于 2014 年 1 月生效。

2013 年 4 月 25 日，德国金监局的常务董事勒斯勒尔（Raimund Rösler）称，金监局将会仔细检查德国当地银行在海外避税天堂的业务活动，要求当地银行提供其在离岸业务方面的信息以及在秘密业务方面的顾客名单。[②]

---

① 摘自路透社英文网站（www. reuters. com），2013 年 1 月 31 日。
② 曾韵婷：《德国监管者加强对银行离岸财富管理业务的监管》，《星闻晨报》2013 年 4 月 25 日。

十二　德国银行业的问题

德国银行业有很多特点和长处，但问题也不少。此次国际金融危机和欧债危机更是进一步将其暴露在光天化日之下。

（一）德国是以银行业为主的金融体制，银行业十分发达，证券市场则相对落后，因此资本积累困难，造成投资不振

在德国，银行贷款一直是非金融企业外源融资的最主要途径。2001年，银行间接融资是股票融资的 7.5 倍，是债券融资的 2.6 倍。今天其数额仍然相当于国内生产总值的 100%，是美国的两倍。而证券市场，尤其是股票市场，则规模较小，流动性不高，其股票的市值仅占国内生产总值的 40% 左右，远低于其他发达国家，与美国的 130% 就相距更远。其带来的突出问题就是金融业不活跃，资本市场不发达，融资困难，资本积累较难、较慢，转移资本（如援助欧债危机问题国家）、人力资本、风险资本的筹集都困难重重，导致了投资的不振、周转的困难。这一点在应对国际金融危机和欧债危机中显得特别突出。

（二）非营利性金融机构所占比重过大，金融机构的国际竞争力薄弱，资产回报率偏低

德国的银行业盈利率低于国际平均数。2003 年德国银行的自有资本盈利只有 0.7%，因此金融机构的国际竞争力薄弱，资产回报率偏低。这是由下列原因造成的。

（1）合作社银行、公法银行比例很高，它们的资产占所有银行总资产的 70% 多，但均不以营利为主要目的，以营利为目的的银行资产不到全部银行资产的 30%。

（2）德国银行业的经营思路相对保守，储蓄银行等金融机构由于在法律上被要求支持地区发展，所以营利成为次要目的；合作社银行的宗旨是服务于其顾客和所有者，盈利部分所占银行资产总量不到 20%。

（3）德国严格规定，各银行的主要任务是吸收存款、提供信贷以支持经济的发展，而不是放在投资上去获利。随着德国经济增长速度放缓，对银行资金的需求下滑，更由于金融危机的影响，德国银行的盈利能力进一步下降。

（三）混业、全能银行的比例过高，带来了很多问题

德国银行大多是混业经营、全能服务，既从事短期金融业务，也从事长期金融业务；既从事间接金融业务，也从事直接金融业务；既从事银行金融业务，也从事非银行金融业务。在全能银行体制运作初期，特别是在战后重建时期，德国银行业以其高效率的运作和特殊的服务方式，为国民经济的发展发挥了重要的作用，今天也推动了美、英等国的金融业从分业转向混业，但混业过大、过多的弊端还是显而易见的。20世纪90年代中期以后德国全能银行的竞争力与英、美、日银行的差距明显暴露。其主要问题如下。

（1）扭曲了银企关系，大大提高了银行与企业的相互依存度，使资本和负债的安全性和流动性难以保证，使企业不愿公开内部情况，不愿采取股份公司的形式上市经营，这就影响了企业发行股票的积极性，导致证券市场上股票种类、数量与发行规模严重不足，交易活动极不活跃，证券市场发展缓慢，也导致价格信号的缺乏，影响了资金流向新的、附加值高的投资项目；

（2）投资银行很少，业务疲软，难以同美、英强大的投资银行竞争；

（3）银行偏多、偏小，缺乏国际竞争力，难以向外扩张；

（4）银行业与生俱来的谨慎倾向严重妨碍了企业创新和扩大；

（5）会出现银行这样的中介机构与企业共谋从而损害小股东利益的情况；

（6）由于大量银行采用混业、全能运营体制，"千行一面"的现象处处可见，这就造成了各银行之间战略相似、业务类同，业务强项均不突出，使银行不能体察世界市场的变化，跟上飞速发展的形势。

（四）银行业两极分化严重

银行业两极分化严重。一方面是大银行高度集中，形成垄断；另一方面是小银行过多，资源浪费。按照国际统计惯例，银行业是否集中就看银行集中度，就是其最大的三家银行的资产占全部银行业系统资产的比例。德国的三大银行（德意志银行、商业银行和德累斯顿银行，德累斯顿银行于2009年被商业银行兼并）的资产占全部银行业系统资产的比例长期位居高位，最高时曾达89.5%，而此时日本仅为28.3%，英国为29.2%，美国就更少，只有13.3%。[1] 其中德意志银行的资产2013年仍高达1.611万亿欧元，比第二位商业银行、第三位复兴信贷银行和第四位德国中央合作银行的资产总额还要高；[2] 此外，小银行又过多。银行网点过密、过剩，进一步降低了银行的盈利率，造成冗员充斥，资源浪费，效率低下。

（五）德国金融体系与欧元区各国千丝万缕的联系给德国带来巨大的风险

德国的金融体系与美国的联系不多，这是德国的虚拟经济没有遭受重大

---

① 引自孙伍琴《不同金融结构下的金融功能比较研究》，博士学位论文，复旦大学，2003。

② Wikipedia: *Liste der größten deutschen Banken nach Bilanzsumme*, abgerufen am 06.02.2015.

冲击的重要原因，但它同欧盟，特别是同欧元区各国银行还是有着千丝万缕的联系，"你中有我，我中有你"的情况到处都有。这是欧债危机传染如此之快几成多米诺骨牌倒塌之势的重要原因，在"欧猪5国"饱受欧债危机煎熬，塞浦路斯又步其后尘之际，德国经受的风险也大幅提高。这也是德国之所以积极支持建立欧洲"银行业联盟"的初衷所在。

（六）缺乏对投资人的足够保护

资本市场的缺乏带来的直接后果就是没有大型的投资人，特别缺乏正式风险投资人，于是法律保护投资人的力度也较弱。这样德国的芸芸众生就不可能过多地参与资本市场的运作，股权融资文化也就难以发展。德国很大一部分的私人家庭资产都是以银行存款的形式存在的，股民占总人口的比例仅为7.1%，美国则为25%，英国为23%，而且这一数据仍呈不断下降趋势，德国股票市场在融资渠道里所占比例相对较小。

（七）面临新的挑战

在国际金融危机和欧债危机的冲击下各国的银行业都暴露出很多问题，也面临很多新的挑战。德国的银行业也同样如此。

（1）经济发展低迷。受国际金融危机和欧债危机的冲击，德国经济发展低迷。2009年，德国国内生产总值下降了5.1%，2011年、2012年、2013年、2014年和2015年分别增长了3.7%、0.4%、0.3%、1.6%和1.7%。2013年8月15日德国工商联会表示，截至2012年，德国占全球贸易的份额已从1991~1992年德国统一后的11%峰值回落至7.5%。

（2）2013年1月6日，《巴塞尔协议Ⅲ》出台，对银行的自有资本等提出了新的要求规定。截至2015年1月，全球各商业银行的一级资本充足率下限将从现行的4%上调至6%，由普通股构成的"核心"一级资本占银行风险资产的下限将从现行的2%提高至4.5%。另外，各家银行应设立"资本防护缓冲资金"，总额不得低于银行风险资产的2.5%，该规定将在2016年1月至2019年1月之间分阶段执行。该协议确立后，欧洲的银行受到的冲击最大。摩根士丹利分析师特别指出，像德意志银行这样的欧洲大银行都将陷入资本充足率不能满足新规定的麻烦。根据德国金融业监管机构估算，按照德国银行当前的资本状况，如要满足即将开始逐步实施的《巴塞尔协议Ⅲ》的监管要求，德国最大的7家银行仍要填补140亿欧元的资本缺口。这7家银行中就包括德国资产规模最大的两家银行——德意志银行和德国商业银行。

（3）两次危机后各国都感到要加强银行的集中性，于是各国银行业都面对兼并的挑战。德国银行的集中性虽高，但小银行过多，两大危机已将此弱点暴露无遗，因此德国银行业又不得不面对新的兼并挑战，但三类银行集团的条块分割却不允许跨行兼并。

（4）呆账、坏账和问题资产日增。2009 年 4 月 25 日《南德意志报》透露，德国银行业流动性低的资产和问题资产规模已达到 8120 亿欧元。

（5）经营不善，股值大幅度缩水，自有资本经营的税前利润持续下滑，成本上升、偿付能力不足。2013 年对德国最大的 13 家银行进行的调查表明，它们的税前利润下降了 18%，少了 95 亿欧元，只有 78 亿欧元。

（6）从最坏的情况来估计，除德意志银行和德国商业银行外没有一家其他银行能提高资本。安永（Ernst & Young）咨询公司认为，德国银行已经不堪重负，因为经济不景气，年利率太低，资本需求大。

第三节　有价证券

有价证券是标有票面金额，证明持有人有权按期取得一定收入并可自由转让和买卖的所有权或债权凭证。按照海因里希·布伦纳（Heinrich Brunner）的定义，所谓有价证券是指一种保障私人权利的凭证，只有拥有这一凭证，方能实现自己的权利。

有价证券的出现，可以加速资本集中，从而适应商品生产和商品交换规模扩大的需要。它是虚拟资本的形式，本身没有价值，但是由于它能为持有者带来一定的收入，因而能够在证券市场上买卖，具有价格。

与以美国为代表的金融市场主导型经营模式相比，德国有价证券、金融衍生品的种类和经营都要少得多、小得多。

一　有价证券的分类

有价证券有广义与狭义两种概念，从广义看，证券是一种资本价值凭证，广义的有价证券包括商品证券、货币证券和资本证券；从狭义看，证券是一种能带来一定收益的价值凭证，狭义的有价证券即指资本证券。[1]

商品证券是证明持券人有商品所有权或使用权的凭证，如提货单、运货

---

[1]　葛正良编著《证券投资学》，立信会计出版社，2001，第 1 页。

单、仓库栈单等；货币证券是指本身能使持券人或第三者取得货币索取权的有价证券。它包括两大类，即商业证券和银行证券，商业证券包括商业汇票、商业本票。银行证券包括银行汇票、银行本票、支票等；资本证券是指由金融投资或与金融投资有直接联系的活动而产生的证券，包括股票、债券及其衍生产品。持券人对发行人有一定的收入要求权。资本证券是有价证券的主要形式。人们通常将其直接称为有价证券乃至证券。

有价证券又分为记名和不记名两种。

有价证券的价格取决于证券预期收入的多少和银行存款利率的高低两个因素，同前者成正比，同后者成反比。国际国内形势的变化、国内政局是否稳定、政策的变化、国家财政状况以及市场银根松紧程度，特别是有价证券供求关系的变化等都会引起有价证券价格的波动。

二　主要的有价证券

世界各国发行的有价证券很多，功能各异。这些证券主要代表下述权利：债权、参股权、物权以及选择权（即选择权债券）。根据 Gabler Wirtschaftslexikon 的归类，德国的主要有价证券如下。

（一）证券

证券是多种经济权益凭证的统称，也指专门的种类产品，是用来证明券票持有人享有的某种特定权益的法律凭证。它主要包括资本证券、货币证券和商品证券等。狭义证券主要指的是证券市场中的证券产品，其中包括产权市场产品如股票，债权市场产品如债券，衍生市场产品如股票期货、期权、利率期货等。常见的还有：（1）抵押证券。抵押证券是可转让证券，通过转让（Übergabe）或书面转让形式以及登记造册等方式便可转让。只要转让声明无误并附有公证，该抵押证券便可对债务人生效，因此很易转让，如遗失可以通过公示催告程序宣布无效。（2）指定证券（Orderpapier）。此类有价证券开列有某位资格者的姓名，通过背书上的书面申明可以转让。通过转让购买者便可获得同证券前持有人无关的书面地位。债务人只有在凭证声明是否有效、凭证内容以及直接涉及债务人同购买人关系的问题上可以提出异议。

（二）汇票

汇票是出票人签发的票据，要写明付款人、付款金额、付款日期和地点以及受款人等，由付款人凭以付款，付款人一般即是受票人。凭证以文字方式标明为有价证券，并依法作为可转让有价证券和抽象债券证券（指以债权为证券权利内容的有价证券），如附上限制性条款则可变为记名证券。

汇票主要作为商品交易的短期融资手段（信贷功能），如经承兑，受票人的有效支付可以推迟到汇票到期日之后。汇票由于拥有严格票据的优点，具有较大的安全性。

汇票有多种形式，主要是票据（Tratte）形式，是出票人签发的，要写明付款人、付款金额、付款日期和地点以及受款人等。如果上述标注缺失，该凭证即失去汇票的性质和效用，如此后补上，即可恢复原功能。

汇票既可以自己出票，也可以自己受票付款；除去汇票（gezogene Wechsel）外使用得较多的还有本票（eigene Wechsel，Solawechsel）。

本票是出票人自己对另一个人的无条件支付一定金额的承诺，分一般本票和银行本票两种。银行本票如果是来人抬头的即可代替现钞流通，都是即期的；而一般本票则有即期和远期之分。在本票中出票人承诺，于某天或见票后支付一笔款项。此时本票便不再是指令，而是一个无条件的支付承诺。本票也被视为金融汇票。

汇票可以注明即期（即期汇票）或注期（见票后某日，即注期汇票）或定期（定期汇票）或计期（计期汇票①）。即期和注期汇票可以注明息金。

德国使用得较多的汇票上标注很少。虽说附注、偿付条款等也可以附上，但在《汇票法》上均属无效。

汇票的转让通过背书来实施。每个在汇票上背书的人都要对汇票负责，并向所有后继者担保；受票人只需在汇票的正面签字或附言"承兑"等字样便可表示该汇票业已承兑；汇票的担保采用《有价证券法》的汇票担保形式来实施。

汇票也可以开具到不同于受票人住地的地方（担当付款的汇票）支付。

汇票持有人应当在支付日或在此后的两天内提出支付，他不得拒绝局部支付。如未获支付，他可以向背书人、汇票出具人以及其他汇票责任人提出追索，不必按序，可以向任一背书人或汇票出具人提出。拒绝承付或承兑必须有官方凭证。如必须采用荣誉承兑可由第三者来做荣誉承兑或荣誉支付。

---

① 计期汇票也称发票日后定期付款的汇票，指出票人在签发汇票时，没有记载固定的到期日，而是自出票后经过一定期间后付款的汇票。

汇票到期三年后失效，在拒付日一年后或到期日注明"无款"时汇票持有人对背书人和汇票开具人的权利亦失效，在背书人兑现后半年内某一背书人对另一背书人和开具人的权利同样消失。

汇票兑现或出售时获得的收入要缴纳营业税。如果汇票持有人允许汇票接受人对汇票贴现，则该部分的收入同样需要补缴营业税。

定期汇票（Datowechsel）是见票后应定期付款的票据，一般有三种规定：一是付款人见票后若干日，如 30 日、60 日、90 日、120 日付款；二是出票后若干日（间隔日）付款；三是按指定日期付款。

反向汇票（Umkehrwechsel）。所谓反向汇票是指反制于开票人的汇票，也就是所谓支票—汇票—程序，或是汇票—支票—程序，是指买方立即用支票在打折的情况下买进商品，为了便于双方的进一步交易，供货商可以同时给买方开具一张反向汇票，买方予以承兑，并令其银行对该汇票贴现。这种方法可以给买方提供廉价的信贷。他可以充分利用高折扣这一手段，只需对该信贷支付低价贴现费。使用反向汇票的前提是买方具有强势地位，因为供货商在开具反向汇票时全额承担用户的票据责任（Wechselobligo）。

如果贴现信贷是用来偿付买价，票据金额又可以延缓 1～3 个月支付，则商品销售业务便可以保持，此时反向汇票便可以作为商品汇票来使用。如果反向汇票只是为了取款，即同商品交易无关，特别是当其预填上公开的到期日或是在买卖完成后方始开具时，则反向汇票便可作为金融汇票使用。

外地付款汇票（Der Domizilwechsel）是可在外地特殊付款处支付的汇票。外地付款加注在汇票的左下方，只涉及支付数额，不得拒收。支付地点由出票人注明，付款处可由出票人或是受票人注明。支付银行可以支取相应的佣金。

（三）支票

支票是存户对银行开出的无条件支付一定金额的命令。支票仅仅是结算工具，是即期的，只能在短期内使用，可分为：1. 可转让支票，此类支票便是有价证券；2. 不记名支票，此类支票大多加上附注或"来人"或诸如此类的附注；3. 记名支票，此类支票都加上记名条款，只能由票面注明的接受人来兑现。

按照受票人的支付方式又可分为：（1）现金支票（Barscheck），只要支票上没有加注兑现方式，支票持有人原则上可以选择将款存入其账户的方式或是要求支付现款的方式。（2）记账式支票，支票正面标注有"只能记账"，即表示不付现款，而只能计入本人账户。

支票的基本要求是有：（1）在凭证上以文字注明，并应同支票开具的文字一致；（2）无条件支付一笔款项的指令；（3）付款人（受票人）姓名；（4）支付地点；（5）支票开具日期和地点；（6）开具人签字。此外支票还有以下要求：

支票的开具人担保支票的支付，不得开具无法担保的支票（即支票欺骗），不得提前注明日期；支票开具人必须担保不得开具与协商相悖的光票；

签署背书后可将支票转让；

无记名支票也可以通过协商进行转让，可转让支票则通过债权让渡而转让；

支票如无特别加注均应现款支付。即便是提前注明日期的支票一经出示也应支付；

支票持有人不得拒绝部分支付；

受票人可以要求在支票上注明局部支付并将发票交付与他；

支票8日有效，从开具之日起算；

支票送入结算单位相当于支付出示；

在初始限期内可以宣布该支票无效，支票如遗失，亦可宣布作废；

如发生可转让支票的追索和拒付时，处置方法与汇票相同；

支票出示期限开始半年后支票持有人的权利便丧失；

如支票遗失，可通过公示催告程序这一途径宣布该支票失效。

（四）债券

债券标示债权人的权利，即拥有获取利息和偿债的权利。债券一般都是在国内外资本市场上大规模获取信贷的一种融资手段。

债券的特征　（1）获取利息，包括固定利息和浮动利息。支付利息一般是一年一次，或半年一次。通过兑换可将付息债券变为低息债券。一项债券能否获得成功不在名义利息，而在实际利息。（2）债券的期限和偿还：债券的期限为5~10年，如在高利息时期，也可以在此期限之下，从债权人的角度看，债券是不能终止的，而债务人却拥有终止的权利（一般都在不得行使提前偿还权的期限之后）；在偿还债券时要依是在到期时整体偿还或是按计划分期偿还或是通过抽签来决定，偿债也可以由债券发行人以回购的方式来进行。（3）发行和还债股价。德国的债券大多采用贴水发行，不允许采用溢价发行。还债一般都是以面值为准，很少采用溢价。（4）债券票面单位划分。要确定使用的均值，所有债券都配备有息券和更新券。

债券的发行和种类 债券发行一般都是通过银行财团，联邦债券则是通过德国联邦银行来发行，债券有很多种。

（1）公用事业债券，联邦、州和乡镇或是联邦特别资产都会发行债券。国家债券几乎都是定息不记名债券。典型的有5年期固定利率债券、联邦债券、4年期固定利率债券和国家短期债券。

（2）信贷公司债券，其中包括得到土地抵押权保障的抵押债券（Pfandbriefe）；负有特殊任务的信贷公司债券，如德国合作社银行、汇划中心以及其他信贷机构的其他银行债券。

（3）地产债券，这是由土地管理部门发行的一种债券，含登入《地产法》的内容（如地产数额、息金和到期日），作为债权人的凭证，便于通过简单的书面转让声明和交付来进行转让。

（4）行业经济债券（Anleihen der gewerblichen Wirtschaft），其中包括工业债券、企业债券、利润债券、转股债券、附股票认购权公司债券和债据信贷。发行企业债券到期必须偿还和支付利息，因此公司发行债券时要考虑经济形势、银行利率和通货膨胀等诸多因素变化的情况。企业发行债券必须经过国家银行批准，必须在交易所进行。企业债券的形式也是多种多样的，有的是利息随企业利润增减而变化，有的是在一定条件下可转换为企业股份的利润转换债券，也有一些是卖给企业职工或公司供货者、有利润分配权的、具有参资性质的享受权利债券。

（5）国际债券。国际资本市场的特点是各类创新债券，如欧元债券（EURO-Anleihe）、无息债券（Zerobond，Null-Coupon-Anleihe）、浮动利率债券（Floating Rate Note，FRN）、双重货币债券（Doppelwährungsanleihe）、外国债券和垃圾债券（Junk Bond）。

（6）可转换债券。这是一种股份公司发行的债券。债券持有人有权追索面值以及少量息金，并可将其转换为该公司的部分普通股票。发行该债券需要国家的批准，需要股东大会3/4多数的决定。每位股东均拥有购买权，但经股东大会3/4以上多数表决可以剥夺某位股东的该项购买权。在该债券上要注明利率、期限、付息日、担保、转换比例、转换附加费和转换期限等。此类可转换债券有很多优点：对发行公司来说，可以通过此类债券获得廉价的借入资本，例如利率低于其他债券，税率也低；对投资者来说，该转换债权可以为他们创造出股票分红的机会。如果股价上涨投资者可以通过行使转换权出售股票而获得更多的利润。如果股价停滞或是回落就可以不行使转换权，投资者可以继续获得合同规定的利息并有权追索面值。行使转换权的时间，也就是从债权人转变为股东的时间，由投资者在转换期内自行决定。

（7）非记名债券。有价证券上如未列出受票人的姓名，那么每位持票人皆有权享有受到担保的支付（Inhaberklausel，即持票人条款）。非记名债券的权利可以通过简易的债券转让而转让。因此非记名债券特别适合在交易所交易。

（8）无息债券，又称零息债券。无息债券或是零息债券的最大特点是在债券的有效期内不支付任何息金，只支付资本让渡时发行最低值同偿还值之间的差额。此类债券对债务人特别有利。德国是从 1985 年开始引进此类债券的。

债券的功能　（1）债券具有融资功能；（2）债券是投资工具；（3）债券是央行宏观调控的手段；（4）债券流动可以优化资源配置。

（五）股票

股票就是一家股份公司的一部分股本。每股股票就是代表一家公司全部股本的一个部分，欧元区国家以欧元来表述，但不计其面值。股票是有价证券，用来为参与融资服务，并保障每位股东的成员资格权。在当今电子媒体的世界里，使用纸质版股票已经愈来愈少，大量都是使用集中凭证（Sammelurkunde）或总额凭证（Globalurkunden）①。

股票的种类②　股票的种类很多。从转让角度看，可以分为不记名股票和记名股票，特殊的形式有受限记名股票。记名股票（Rektaaktien）是指有价证券上注有某人的姓名，此时只有署名的股票持有人或是其合法继承人方有权享有得到担保的权利。记名股票的转让不是通过背书，而是通过权利转让（Zession）来加以实施。记名股票不是按照物权法原则来转让，而是按照债权法原则来转让；资产汇票如要出售需获得批准；从权利的保障范围看，

---

① 在发行股票时对多个股东以及在发行债券时对多个债权人规定统一的权利。

② Siehe auch Schwanfelder, Werner: *Aktien für Einsteiger — Schritt für Schritt zum Analge-Erfolg*, Frankfurt/New York：Campus Verlag, 1997, S. 22 – 26.

有普通股（此股可以保障每位股东的全部法律和章程的权利）和优先股（此股可以保障支付最低红利）；从参股的方式看，有面值股票（某一固定值股票或是额度股票）；在特殊情况下还可以发行特殊股票，例如大众股票或是职工股票或是新股（junge Aktien）、红利股（Gratisaktien）；从投资主体看，有国有股、法人股和公众股；从股票上市地点和筹资对象看，中国有A股（以人民币为面值的普通股票，由中国境内的公司发行，供境内机构、个人认购和交易）、B股（人民币特种股票，由中国境内的公司发行，但以外币认购和买卖）和H股（发行企业注册地在境内而在香港上市的外资股）；从正式和非正式来看，有临时股票。临时股票是在股份公司成立后在资本扩大尚未拟定最终股票时发行的代用品。临时股票是一种有价证券，是记名的，可在背书后作为可转让证券转让，最低面值同股票一样。遗失了的或是受损的临时股票可以通过公示催告程序宣布无效，受损的可以代替；临时股票可以作为与国外交往中办理自由商品进口税的凭证。

法律依据 （1）德国股票的法律基础就是1965年9月6日颁布的《股票法》及其此后的修订版。（2）股份公司和两合公司的股本都被分成股票。最低面值股票是1欧元，高面值都必须是1欧元的整数，股票不能分割。（3）发行。可以发行不同面值的股票。股票不得以贴水方式发行，即低于面值发行，只能升水发行，升水要计入资本储备金内。（4）成员。股票代表着成员资格，包含着股东的权利与义务。股东的权利是获得盈利、参与分红和参加股东大会，行使表决权，增股时购买新股权，购买可转换债券（Wandelschuldverschreibungen，Wandelanleihe）、附股票认购权债券（Optionsanleihe）、盈利债券（Gewinnschuldverschreibungen），拥有享益权（Genussrechte）以及享有外国投资者清算后收回投资的额度权。股东的义务是缴纳资本金以及章程赋予股东的其他义务。

经济功能 （1）股票是融资的一种手段，用来筹措自有资本。（2）股票是投资的手段，首先对企业和私人居户重要。组成投资族群的有外国投资商、保险公司、投资公司和信贷公司以及公共财政。采用股票投资可以达到以下目的：持续的股票投资收益（投资动机），实现物质价值的参与而避免货币价格的亏损（物质价值动机），从买卖股票中获利（投机动机），对大投资者来说可以影响股份公司的经营政策并控制企业（话语动机和控制动机）。（3）股票是企业风险投资的一种有效形式。（4）股票流通有利于资本优化组合和资源优化配置。（5）发行股票有利于企业转换机制。

股票征税 （1）股票按股价征收资产消耗税（即到期日的最低价，以官方上市的价格为准）。普通股和优先股的上市股价不同，征税也不同。（2）非上市股票的一般价从出售中导出。（3）未能在德国交易所官方交易的外国资合公司的股票其一般价则从发行国股价中导出。（4）所得税从股东的分成红利中确定。（5）当出售私人资产掌控的股票时，只有涉及投机业务或是出售被《增值税法》规定为大额参股以及《增值税法》规定的原出资份额时才可以征税。

股票权 （1）股票权通过卖方将股票"过户"给买方而转让给买方；（2）如果股票属几个有资格者所有，则必须从中产生一个共同代表来行使权利。有资格者对股票行使共同担保。股份公司的意愿可以向共同代表发布，必要时也可以向某一有资格者发布。

（六）基金券

基金券同股票、债券一样也是有价证券，也是金融市场上的投资工具，但基金券反映的是一种委托代理与被委托代理的关系，而不是股票反映的产权关系，也不是债券反映的债权债务关系。它是一种间接投资工具，是通过购买基金份额，把资金交给专门投资公司，由它们去再投资。其风险小于股票但大于债券，其收益则相应小于股票而大于债券。

基金券形式很多。从组织形态来看，有契约型基金和公司型基金；从基金单位可否增加或赎回来看，有开放式基金和封闭式基金；从投资目标来看，有成长型基金、收入型基金和平衡型基金。

近年来，德国公共投资基金资产分布情况可参见图5－1。

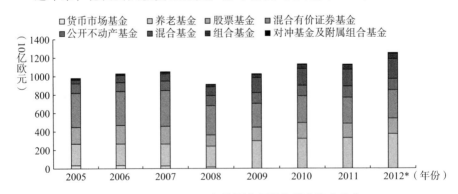

图5－1 2005～2012年德国公开投资基金资产分布

注：＊截至2012年9月。

资料来源：德国联邦银行。

三　有价证券的特性和标识

（一）有价证券的法律特征

有价证券具有突出的法律特征，主要表现为：（1）证券直接代表财产权利，券面文字表明的财产权利和证券不能分离；（2）有价证券的持有人只能向特定的、对证券负有支付义务的人声明财产权利；（3）对有价证券负有支付义务的人是单方履行义务，无权要求对方给予相应的对价①，义务人也无权追究持券人的证券来源和使用的原因。

（二）有价证券的标识

德国交易所交易过去一直沿用六位数标记来标识有价证券。2003 年 4 月 22 日改用国际证券识别编码（The International Securities Identification Number，ISIN）来标识，由 12 位数字和字母组成，如：

国家编码	国家标识号（Nationale Kennnummer，NSIN）	检验号
DE	000575200	0

国家标识号仍然使用原标记，德国拜耳公司为 575200，前面加三个零。

第四节　证券交易所

一　证券交易所简介

交易所就是指从事代表性资产价值交易的有组织市场。此类资产价值一般按数目、长度或重量来论计。交易所的交易均是定期、定时进行。

（一）交易所交易分类

（1）视交易对象（商品、有价证券、金融衍生产品、贵金属、外汇）而定，分为资本市场和商品市场，前者即为有价证券交易所，后者则为商品交易所；

（2）视交易方式而定，如现货市场和期货市场；

（3）视组织形式而定，如交易所交易和电脑交易；

（4）视市场区划而定，如官方交易、规范市场、场外交易和新市场。

---

① 对价原本是英美合同法中的重要概念，其内涵是一方为换取另一方做某事的承诺而向另一方支付的金钱代价或得到该种承诺的承诺。

德国交易所均属企业，可以从事国内外竞争，受各州交易所监管局监管。德国最大的交易所是法兰克福交易所，它也是德国唯一的期货交易所。作为交易所交易参与者的德国银行必须接受交易所的强制规定，将其客户买卖上市的或是场外交易的有价证券交由交易所来交易，而客户却可不受这一规定的制约，可以做出其他指令。

（二）交易所交易

交易所交易是指交易所交易参与者受顾客委托或本人从事的所有证券买卖。从交易对象来说有有价证券、商品、货币、贵金属、外汇和金融衍生品（期货）交易。

所有交易所交易人都必须获得交易所颁发的准入证，包括下列人员：本身从事买卖证券活动的人，以本人名义为别人从事买卖证券活动的人，从事买卖合同中介业务的人。此外还包括信贷公司和财政服务公司的证券交易商、交易所经纪人和自由经纪人。上市公司派驻交易所的代表必须可靠，必须拥有交易所交易的职业规格。

（三）交易所指数

各交易所都有本交易所的指数，这样的指数用来显示各类交易所股市的走向，例如德国股票指数（Deutscher Aktienindex，DAX）、法兰克福汇报股票指数（F. A. Z. -Aktienindex）、商业银行指数（der Commerzbankindex）等。其计算方法有两种：（1）从全部股市行情中或是从某种有代表性的股市行情（如股票、债券）中或是从全部上市的股值中求得平均数，具体计算时往往是将某些证券的市场价值乘以准入的资本数（即加权指数）；（2）求某些重要股价的算术平均数，并以某一日期为准，将其基数定为100，此后的指数则以其百分数来标记。交易所指数是经济发展景气的晴雨表，因此也会发布某个行业的股票指数，以显示其当前的经营情况。由于固定利息的有价证券是在100%上下浮动，因此一般都取其平均值。

（四）交易所交流

1998年3月10日，新市场（Neuer Markt）在法兰克福成立，这是德国有价证券交易所新增的一个市场。1996年11月，德国电信股份公司上市。于是，股票投资便引起了德国人的巨大兴趣。新市场的诞生和新股票的普及给投资商创造了一个新的投资领域。而交易所交易的目的就是保障企业在资本市场的竞争力。此时，股票已经很少再作为企业股权的凭证，更多是被视为独立上市的商品，而交际的手段正是为交易所的交流服务的。

新市场是德国交易所中要求最高的，其基本交流义务就是说明新市场的各项规章制度，包括季度报告、经营报告（最晚要在报告期结束的 2 ~ 3 个月内出版）和临时出版物。需要报告的内容有大额委托、参股状况、意外的新交易潜力、截止日的收支数字、利润警告以及重大的更正等。

为了提高企业在金融世界的知名度，交易所的交际会使用传统的宣传手段，例如新闻通报、记者招待会以及个别谈话等。交易所的交际也会使用交易所担保以及分析家面谈（所谓指路）、背景对话等渠道和方式。此外还大量采用同股东直接交流的渠道，例如股东大会、股东信函、形象宣传手册，特别是越来越多地采用新媒体手段，如新闻通报、临时通报、领导采访（书面采访、音频采访、视频采访等）、季度报告、业务报告、企业最新数字通报，包括部门和市场形势的新数据等。企业重要的新信息应该通过电子邮件定期发给对此感兴趣的受众。

交易所交流的目的是：通过业务政策的公示，通过市场和企业的大量信息来获得投资者的信任，鼓励购买股票，把私人和政府机关的股东长期拴在企业身上。

（五）商业经纪人

商业经纪人是指从事商业往来中介的人员，如买卖有价证券，从事担保中介，也就是从事有计划的盈利活动。如果其只是偶尔从事中介活动则叫民事居间人（Zivilmakler），他们只管中介并不介入合同的签署工作。

商业经纪人分为商品经纪人、证券经纪人、保险经纪人、船业经纪人（主要是在港口从事舱位中介）以及官方经纪人。

（六）投机

一切依仗价格变化所从事的以盈利为目的的经营活动，也就是充分利用时间和价格差异而从事的经营活动都称之为投机交易，它具有很多形式。

交易所的交易大多是短期行为，唯一的目的是充分利用不同时间的价格差来盈利。既可以看涨预期投机（Hausse-Spekulation），也可以看跌预期投机（Baisse-Spekulation）。证券投机人主要是交易所的独立交易商（Eigenhändler），也是职业投机人。他们的目的当然是盈利，但他们在自我盈利的同时，也调节了市场，平衡了价格和风险，提高了有价证券的交易性，进而完成了国民经济的局部任务。这一点过去人们或没有注意到或注意到也不愿意提及，但投机也会造成股市的波动，干扰资本市场，甚至会造成交易所崩盘。

（七）期货交易

所谓期货交易是指签订交易合同时先定价格，后期才交货，这在一般商业交往中使用得很多。期货交易有固定期货交易和有限期货交易（股票选择权交易，选择权交易①）。1931 年，德国对有价证券的期货交易下达了禁令。1970 年 7 月 1 日才对某些股份公司以选择权交易形式（Optionsgeschäft）从事的股票期货交易予以开放。

期货交易的前提如下。

（1）确定成交额，只有这一标准和额度或是其倍数确定才能进行期货交易；

（2）确定期货交易的商品及商品的质量标准，主要是确定商品的型号；

（3）确定供货日期，如采用有价证券，则要确定证券的日期，大多是月底或是月中。商品期货交易是一个月或再长一点，在此期间出售商按预定期限通过供应渠道供货；

（4）通过为此目的专门建立的机构和方法来结算（清偿银行）。

有价证券的期货交易经常被用作投机，因此很受诟病。其实，从经济的角度看，它还是具有积极作用的：例如平衡过大的股市波动；期货由于有高度的可交易性、合同的标准性及其经营的可靠性，尤其能给投资者和投资基金提供保障证券股票免遭损失的条件，从而承担限制风险的功能；商品期货交易则可以较长时间地预先安排为受国际影响而造成的巨大价格波动提供可靠的核算基础。

二 世界重要的证券交易所

当前世界证券交易所愈来愈多，一般都以交易资产市值多少来排名，因此顺序也处于不断变化之中。

在这众多的证券交易所中人们一般又取其中的前 10 名来进行研究和分析。2015 年这十大证券交易所便是纽约证券交易所、东京证券交易所、纳斯达克证券交易所、泛欧证券交易所、伦敦证券交易所、香港证券交易所、上海证券交易所、多伦多证券交易所集团、深圳证券交易所和德国证券交

---

① 选择权是一种契约，其持有人有权利在契约到期日或之前，以一固定价格向对方购买（或出售）一定数量的标的资产（或商品）。选择权可分为下列两种：买权（Call Option）和卖权（Put Option）。

易所。

近年来，国际证券交易所密集整合，在全球不断掀起合并潮流，但合中有分，对全球资本市场产生深远影响。2007 年 4 月 4 日，纽约证券交易所与泛欧证券交易所合并为纽约泛欧交易所（NYSE Euronext），成为全球领先的、最具流动性的证券交易所集团。2008 年纽约泛欧证券交易所又兼并了美国洲际交易所基团，八年以后，两家分手；[①] 2016 年 3 月 16 日伦敦证券交易所宣布，将与德意志交易所合并，建成欧洲最大的证券交易市场。这样全球四大商品交易所将被确定，其他三家分别为美国洲际交易所、芝加哥商品交易所和香港交易所。[②]（参见表 5 – 4）

表 5 – 4 世界排名前 10 位的证券交易所

单位：万亿美元

序号	中文名称	外文名称	交易资产市值
1	纽约证券交易所	NYSE Group	18.77
2	东京证券交易所	TokyoSE	6.68
3	纳斯达克证券交易所	Nasdaq	4.48
4	泛欧证券交易所	Euronext	3.5
5	伦敦证券交易所	LondonSE	3.39
6	香港证券交易所	Hong Kong Exchanges	3.14
7	上海证券交易所	Shanghai SE	2.86
8	多伦多证券交易所集团	TSX Group	2.2
9	深圳证券交易所	Shenzhen SE	1.91
10	德国（德意志）证券交易所	Deutsche Börse	1.71

资料来源：GeVestor，2015 年 11 月 11 日，自行列表。

以下简介其中的九个交易所（德国证券交易所请详见本章第五节）：[③]

（一）纽约证券交易所

纽约证券交易所是世界上规模最大的买卖有价证券的交易市场，创立于 1792 年。该所规定，只有会员才可以在交易所内进行交易。其会员分为四

---

① GeVestor：*Die Top 10 der größten Börsen der Welt*，http://www.googto.com. 最后访问日期：2015 年 11 月 11 日。

② 黄培照：《欧洲最大证券市场呼之欲出》，《人民日报》2016 年 3 月 18 日。

③ 参阅百度百科。

类：（1）佣金经纪人，负责专门代客买卖，在交易中收取佣金；（2）次经纪人，在交易频繁时接受佣金经纪人的委托从事交易；（3）专家经纪人，接受佣金经纪人的委托而经营业务，他与次经纪人的差别是，总是在某一交易台旁，专门研究和等候所委托股票的行市涨落，以期在适当时候进行买卖；（4）零股经纪人，专办零股交易，① 委托经纪人进行交易。一个公司的股票要取得在该所进行交易的资格，必须向该所注册。该所的注册条件是最为严格的。

（二）东京证券交易所

东京证券交易所创立于 1878 年 5 月 15 日。该所虽是全球第二大证券交易所，却非大的国际融资中心，在该所上市的外国企业很少，以日本企业为主。该所拥有 4 个市场，即市场一部、市场二部、外国部和保姆部（英语缩写为"MOTHERS"，意为"高增长新兴股票市场"，是日本的创业板），后两个市场对外国公司开放。外国部上市的最低标准为：上市股票数为 2 万交易单位；日本国内股东数，如海外已上市，为 1000 人，如海外未上市，为 2000 人；利润额在申请前一年至少为 4 亿日元。上市时市值 20 亿日元；保姆部（创业板）上市标准为：有高度成长性，在日本上市时公开发行量 1000 交易单位；日本国内股东中有新股东 300 人，市值 10 亿日元。

（三）纳斯达克证券交易所

纳斯达克证券交易所创立于 1971 年，它面向全球，完全采用电子交易，为新兴产业提供竞争舞台，是世界最大的股票电子交易市场。该所拥有各类做市商制度。② 他们都是一些独立的股票交易商，为投资者承担某一股票的买进和卖出。该所包含两个独立的市场，即全国市场和小额资本市场，在市场技术方面拥有很强的实力，采用高效的"电子交易系统"ECNs，向世界各个角落的交易商、基金经理和经纪人传送 5000 多种证券的全面报价和最新交易信息。中国在该所上市的公司较多。

---

① 股票交易以"手"为单位，1 手等于 100 股。不到一手成交单位的股票，如 1 股、10 股，称为零股。在卖出股票时，可以用零股进行委托；但买进股票时不能以零股进行委托，最小单位是 1 手，即 100 股。

② 做市商制度是一种市场交易制度，由具备一定实力和信誉的法人充当做市商，不断地向投资者提供买卖价格，并按其提供的价格接受投资者的买卖要求，以其自有资金和证券与投资者进行交易，从而为市场提供即时性和流动性，并通过买卖价差实现一定利润。简单地说，就是报出价格，并能按这个价格买入或卖出。

（四）泛欧证券交易所

2000 年 3 月 18 日，阿姆斯特丹交易所、布鲁塞尔交易所、巴黎交易所三家联合签署协议，合并成为泛欧交易所。2000 年 12 月 22 日泛欧证券交易所正式成立，总部设在法国巴黎，分部则位于比利时、荷兰、葡萄牙、卢森堡和英国等地。泛欧证券交易所除提供资产和衍生品市场外，还提供结算服务和信息服务。2006 年 1 月 31 日，泛欧证券交易所内交易的资产市值达到 2.9 万亿美元，成为世界上第 5 大证券交易所。2007 年泛欧证券交易所和纽约证券交易所集团合并成为纽约泛欧证券交易所。2008 年纽约泛欧证券交易所又兼并了美国洲际交易所基团，八年以后，两家分手。

（五）伦敦证券交易所

伦敦证券交易所是英国最大的证券交易所，成立于 1773 年，1802 年获英国政府正式批准。该所挂牌证券近 1 万种，居世界各证券交易所之首，其中 40% 为外国证券。该所按证券性质分设政府统一长期公债市场、英国铁路证券市场、矿业证券市场、一般外国证券市场、美国股票债券市场等。该所会员分为两类，即证券交易商和证券经纪人。交易商专门经营某些证券，如专营政府债券或经营石油、钢铁等工业公司股票，他们可以随时向市场提供所经营的证券、股票的买卖价格；经纪人则在投资者和证券交易商之间充当中间人，使其客户以最有利的条件买卖股票和证券，并根据交易额的大小和期限长短向客户收取佣金。

（六）香港证券交易所

香港证券交易所全名是香港交易及结算所有限公司，2000 年 6 月上市。该所是一家控股公司，是唯一经营香港股市的机构。该所拥有四类期货及期权产品：（1）股市指数产品系列；（2）股票类产品；（3）利率产品；（4）外汇产品。该所所有交易均以电脑进行。2007 年 9 月 7 日，中国香港特区政府决定，增持香港证券交易所股份，以示对该所的支持，使该所成了当时全球市值和市盈率最高的证券交易所。

（七）上海证券交易所

上海证券交易所是中国目前最大的证券交易中心，成立于 1990 年 11 月 26 日。该所上市的证券品种有股票（A 股、B 股）、国债、企业债券、权证、基金等，其业务范围包括：组织并管理上市证券，提供证券集中交易的场所，办理上市证券的清算与交割，提供上市证券市场信息，办理中国人民银行许可或委托的其他业务等。该所由会员、理事会、总经理和监事会四部分组成。会员是经审核批准且具备一定条件的法人，对交易所的理事和监事有选举权和被选举权，对交易所的事务有提议权和表决权。

（八）多伦多证券交易所

多伦多证券交易所（Toronto Stock Exchange，TSX）是加拿大最大的证券交易所，创立于1878年。在该所上市的公司种类繁多，主要来自加拿大和美国。申请上市的公司被分为三类，即工业（综合）、矿业、石油和天然气。其他特别实体如收入信托、投资基金和有限合伙公司均属于工业（综合）类。这三类公司中的每一类都有特定的最低上市条件。

（九）深圳证券交易所

1990年12月1日深圳证券交易所正式成立，其主要职能是：提供证券交易的场所和设施，制定业务规则，审核证券上市申请、安排证券上市，组织、监督证券交易，管理和公布市场信息等。2004年5月，中小企业板正式推出；2006年1月，中关村科技园区非上市公司股份报价转让开始试点；2009年10月，创业板正式启动。

三 欧洲期货交易所[①]

欧洲期货交易所（EUREX）是一个电子化交易所，其电子交易平台可以提供广泛的国际基准产品的访问。该平台是由德国证券交易所公司和瑞士交易所创建的。欧洲期货交易所具备世界级衍生产品交易所应具备的条件，包括流动性高的国际性产品、现代化的结算架构、便捷和低成本的交易信道[②]、全球性通路以及先进的高科技设施。

欧洲期货交易所的前身为德国期货交易所与瑞士期货期权交易所。1998年，两家共同投资成立欧洲期货交易所，总部设在瑞士苏黎世。这是一个策略联盟，其目的是使市场参与者能够以最低的成本，通过最方便且多元化的信道，交易更高流动性的产品。除欧洲地区期货交易外，它还同南欧和亚太地区建立了业务关系。截至2004年10月底，欧洲期货交易所已拥有来自不同国家的420个登记的交易会员，还有分布在瑞士及德国以外世界各地18个国家的通信点和终端机，其目标是建立全球的交易网络。欧洲期货交易所

---

① 综合自欧洲期货交易所网站：http://www.eurexchange.com，最后访问日期：2014年5月3日。
② 信道是指通信的通道，是信号传输的媒介。

的运作如下：

（一）交易流程

参与交易的交易人将其买卖委托给欧洲期货交易所交易会员后，交易会员在委托书上盖上时间戳记，将委托资料输入计算机系统，进入交易所主机进行竞价撮合。[①] 交易市场按照价格优先、时间优先原则确定双方成交价格，生成电子交易合同，按交易定单[②]指定的交割仓库进行实物交割。

（二）交易方式

欧洲期货交易所采用电子交易方式，通过终端机连线集中竞价买卖。其委托种类很多，包括限价委托以及市价委托。在期货交易方面，还有停损委托。[③]

在撮合时，价格较优的委托优先于价格较差的委托；如价格相同，则输入系统时间较早者，优先执行。但部分产品的撮合，则仅以价格优先为原则；如价格相同，留在委托簿中的委托或报价将按比例分配成交，而非按时间顺序。未能按比例分配时，则以随机方式撮合成交。

（三）报价的规定

在期权交易中，市场如要求报价，该产品的交易商（market maker，又称"做市商"）[④] 须执行报价委托。担任该项合约的交易商通过交易窗口可收到市场的询价信息，并及时进行双边报价。根据章程，交易所要规定其买、卖报价间的最大差额，以确保报价的合理性。交易商须按规定进行报价。

由于负有调节市场功能，交易商一般采用较低的交易费用标准，并能够使用交易系统中一些特殊功能，例如报价信息更新窗口。该窗口能使交易商迅速输入、变更或取消多项报价。在期权交易中，仅交易商能进行报价；在期货交易中，所有交易会员都可输入报价。

---

① 撮合，是指在多方交易中，存在中间一方将多方的信息集中起来，然后将信息进行匹配，以便达到多方对信息的需求。集合竞价按买盘价格从高到低进行排序，按卖盘价格从低到高进行排序，然后按照序号从上到下一对一对地进行撮合，直到买盘和卖盘的价格相同或卖盘价格高于买盘价格，就停止撮合，然后选择一个满足所有撮合的价格。

② 定单不同于订单，是指书面供应单。

③ 限价委托是指自己设定一个最高卖出价或最低买入价，让价格在一个范围内成交。市价委托就是以现在的市场价格买进或是卖出。停损委托就是为了避免损失进一步增多，立即止损。

④ 指在证券市场上由具备一定实力和信誉的证券经营法人作为特许交易商，不断报出某些特定证券的买卖价格。

（四）交易限制

为确保交易顺利进行，避免影响现货市场，交易所对交易会员及客户账户所持有的仓位数制定上限。所谓仓位就是指投资人实际投资和实有投资资金的比例。比如某人有 10 万欧元用于投资基金，现用了 4 万欧元买基金或股票，其仓位就是 40%。现阶段仅股票期权设有仓位限制，一般上限是在外流通资本的 1%，做市商的仓位限制则可为上述数量的 3 倍。

在价格限制方面，当期货合约的最近一次成交价格超过交易所制定的价格限制范围及时间时，该合约及相关期权合约的交易将暂停撮合一段时间，之后再重新恢复撮合。

（五）市场监管

欧洲期货交易所设有交易监管机构。如发现有违反交易相关法令或危及市场公平性或安全时，将迅速通知管理层及主管当局。必要时，可以立即要求交易所相关单位及交易会员提供信息并进行查核。

（六）信息披露

欧洲期货交易所系统中有多项交易窗口，提供交易信息。系统使用者（交易会员）通过系统窗口的转换，查询各项交易信息。其中包括：（1）一般交易窗口，即成交信息窗口（Ticker Window），它负责披露 20 个期权与期货合约最近的成交价格，在交易时段内，系统窗口将随时更新最新信息；（2）期货交易窗口，负责市场最佳的委托价量与报价、交易人自行提供的组合式报价、特定期货合约的市场报价及数量、特定期货合约自行委托的价量（价格与数量）和自行报价的价量；（3）期权交易窗口，包括期权合约的市场最佳的委托及报价的价量、特定标的[1]各组期权市场的限价委托、特定标的各组期权市场的报价、市场限价委托的价量及使用者市价委托量及自行报价的价量；（4）特定交易窗口，包括显示使用者本身对每组期权或期货合约委托细节的窗口，显示特定交易人交易的资料查询窗口，依所选的期权或期货合约显示 10 档最佳的买卖价量、累积数量及平均价格的市况报导窗口。此外，报价更新窗口及复合交易窗口为期权特定交易窗口。

（七）紧急情况处理

交易会员如遇本身设备故障而无法执行客户的委托时，利用电话将客户

---

① 这里"特定标的"是指要交易的某种资产的名称，比如我们不能泛指铜的报价，而是指铜的 9 月份或者 10 月份特定标的期货合约报价，从而形成一个单独的商品号。

的委托交给欧洲期货交易所交易部门代为执行。

如欧洲期货交易所系统故障或因不可抗力因素导致系统在短时间无法运作时，欧洲期货交易所宣布进入紧急状况，必要时采取其他交易及结算方式，如系统外交易。所谓系统外交易是指在电子交易系统无法运作时，各交易会员得彼此直接联系并进行交易，再将交易的结果以规定的格式传真给欧洲期货交易所，欧洲期货交易所再尽快将成交价格等信息通过路透社对市场公布。

第五节　德国的证券交易所

一　德国证券交易所（德意志交易所）[①]

德国的交易所分成四大类，即商品交易所（如粮食、咖啡、燃油交易所）、服务交易所（如保险交易所）、外汇交易所和证券交易所。德国制定有《交易所法》和《交易所上市法》，交易所由各州主管交易所局批准和监督。

德国证券交易所位于德国金融中心法兰克福，是德国的"蓝筹公司"，[②]为客户提供综合全面的产品与服务。其业务涵盖了整个有价证券交易程序链。法兰克福证券交易所和欧洲期货交易所都是德国证券交易所辖下的主要资本市场。德国证券交易所本身也在法兰克福证券交易所挂牌上市，拥有全球性的股东基础。德国证券交易所按需求定制的市场板块有 16 万种产品，有 2000 种指数与数据发布系统。

在 2001 年、2004 年和 2006 年，德国证券交易所屡次尝试收购伦敦证券交易所，如果获得成功，欧洲的两个最大的证券交易所将合二为一。2016 年 3 月 16 日伦敦证券交易所宣布，将与德意志交易所合并，建成欧洲最大的证券交易市场。

德国证券交易所是欧洲最活跃的证券交易市场，其每日交易显著高于欧洲证券交易所、伦敦证券交易所，其上市费用在整个欧洲是最为低廉的，从

---

① 参阅《德国证券交易所：上市准入标准透明》，载新华 08 网，2010 - 9 - 23。http://www. xinhua08. con/new5/2huanti/2010/equity_forum/08/201009/t20100925_52340.html，最后访问日期：2015 年 12 月 15 日。

② 蓝筹资本公司（又称为"林立资本"）由著名企业家蒲树林于 2004 年创办，公司总部设在中国北京，是一家专注于全球性多元化金融的投控企业。

5000～10000 欧元不等，上市公司可根据企业的生命周期选择初级、一般、高级三种不同透明度的标准，以适应不同市场的需求。此外，上市公司还可选择初级市场、一般市场、公开市场和高级市场四个信息披露和监管层次不同的上市板块。

德国证券交易所是世界唯一具备综合性一体化交易所职能的机构，可为上市公司和投资者提供所有相关业务和系统服务，包括股票市场、衍生产品市场、清算和结算、指数、软件技术。德国证券交易所使用纯电子交易（Xetra）系统，这是世界上流通性最高的现货市场全电子化交易平台。

作为世界领先的交易所，德国证券交易所集团为投资者、金融机构和公司提供进入全球金融市场的通道。其业务涵盖了从上市服务、现货及期货的交易，交易后的结算、托管，到市场信息的提供以及电子交易平台开发的整个价值链。

目前，德国证券交易所在德国、卢森堡、瑞士、西班牙和美国都设有分公司，并在伦敦、巴黎、芝加哥、纽约、香港、里斯本、迪拜、新加坡、东京、莫斯科和北京设有代表处。

2007 年以来，已有多家中国企业在德国证券交易所上市。其中的网讯无线技术股份有限公司是最近才在德国法兰克福交易所主板上市的，也是金融危机后，第一家在此上市的中国公司。

二 法兰克福金融市场和法兰克福证交所

德国证券交易所拥有法兰克福、杜塞尔多夫、慕尼黑、汉堡、斯图加特、柏林、汉诺威、不来梅等证交所。其中法兰克福证券交易所最大，其交易金额约等于德国本土股票交易量的 70%。

（一）法兰克福金融市场简况

早在 1180 年法兰克福就拥有铸币权。1402 年开设了第一家货币兑换所，1585 年成立了证券交易所；19 世纪初仅有 4 万人口的法兰克福就有银行近百家；1820 年法兰克福首次出现股票交易；1862 年成立了法兰克福抵押银行，这是第一家以股份有限公司形式注册的企业；1948 年法兰克福市被选作德国中央银行的所在地；1957 年，建立了德意志联邦银行，即联邦德国的中央银行，总行地址仍设在法兰克福。各类金融机构为加强与中央银行的联系，纷纷设在法兰克福。20 世纪 70 年代后德国马克逐渐发展成为仅次于美元的国际货币，汇率一直坚挺。因此，德国的货币市场和资本市场对外国投资者的吸引力愈来愈大。加之法兰克福地理位置优越，交通和通信发达，又是德国中央银行和许多商业银行的所在地，自然形成外国银行设立机构的理想地点。世界前 25 家大银行中有 20 家在法兰克福设有分支机构。德国的几百家金融投资公司，约 3/4 集中在法兰克福。它们投资于股票、债券（包括国际证券）和房地产。20 世纪 90 年代，欧洲央行及其前身欧洲货币局都设在法兰克福，目前共有 300 多家德国和外国的银行、金融机构驻扎在法兰克福，形成强大的法兰克福金融市场。

构成法兰克福国际金融中心的四个市场是：货币市场、资本市场、外汇市场和黄金市场。

（1）法兰克福货币市场。法兰克福的金融力量形成一个巨大的短期资金借贷的货币市场。其业务主要有银行同业拆借、公开市场业务、票据贴现、存款及短期贷款等。法兰克福的商业银行是全能银行，经营各种银行业务，既吸收活期、长期存款，也发放短期贷款。

（2）法兰克福资本市场，经营中、长期借贷资金，还经营发行和买卖有价证券的业务。

（3）法兰克福外汇市场。法兰克福外汇交易所是德国五大外汇交易所之一，因为德国联邦银行只对法兰克福外汇交易所进行干预，因此该外汇交易所对柏林、杜塞尔多夫、汉堡、慕尼黑的四个交易所起着领头作用。在五大交易所中，法兰克福的外汇交易量约占一半。

（4）法兰克福黄金市场。法兰克福黄金市场交易量位居伦敦、苏黎世、巴黎之后。由于政府征收增值税高，业务发展得比较缓慢。

（二）法兰克福交易所

法兰克福证券交易所（由德国证券交易所拥有及运营），主要包含两大类市场，即受欧盟监管的"监管市场"以及交易所自行监管的"公开市场"，其会员由银行会员和经纪商组成，其中银行会员约 300 多家，证券经纪商 2380 多家。上市证券约 8000 种，外国证券约占 1/5。其中，37% 为股票交易，63% 为债券交易，外国债券和股票交易不断上升。

1991 年 4 月，法兰克福证券交易所安装了 IBIS，即证券交易统一信息系统。这个电子交易系统提供 30 种蓝筹股[①]和 30 种政府债券的信息，全德国

---

① 所谓蓝筹股是指业绩优良、市值较大、成交活跃、红利优厚的大公司股票。在香港地区，有汇丰控股、长江实业、恒基发展、新鸿基地产、中信泰富等；在中国内地有深圳的深发展现改名"平安银行"，上海的四川长虹、陆家嘴等都属蓝筹股。

所有市场参与者都可以在该系统上进行证券交易。在 IBIS 系统上进行的交易是匿名的，在该系统进行的交易不得少于 500 股股票（如系构成 DAX 指数的 14 种股票可以降为 100 股）。

企业要在法兰克福证券交易所正式上市必须达到下列要求：企业至少已经存在了 3 年，必须成立一个股份公司，至少有 25 万欧元的可上市的股票价值。但在实际操作中，企业一般还要达到以下最低要求方能上市：最低营业额为 1000 万欧元/年；税前盈利至少达到营业额的 4%；预期的、有依据的营业额增长率、利润以及可能产生的红利；发行股票总量不得少于 1500 万欧元。

每个公司上市的前期费用都不相同，一般是 2.5 万欧元到 25 万欧元之间。然后要支付股票说明书的费用、手续费用和媒体发布的费用，一般为 5 万欧元到 12.5 万欧元之间。此外还有上市的广告费，一般至少为 20 万欧元。代为发行股票的银行将收取发行股票价值 4% 的费用，还要收取 1% 的费用为股票说明书正确性承担法律责任。上市后定期出现的审计费用为 5 万欧元，由发行银行代收。上述的各项开支，每个企业上市都会有所不同，但总额一般为上市股票价值的 8%。

（三）中国企业在法兰克福交易所的上市情况

目前在法兰克福自由市场交易的中国企业有 170 多家，其中规模较大的有中国石油、中国铝业、中国人寿、中国电信、中国东方航空，中海发展等公司。

尽管欧债危机肆虐，中国企业在法兰克福上市却再次掀起高潮。突出的例子有：[1]

2011 年，根据高级、普通、初级标准进行公开募股的 18 家公司中，中国就占了 5 家；

2012 年 5 月 15 日，中国海洋食品加工龙头企业中国海魁水产集团在法兰克福证交所进行首次公开募股，是 2012 年在该所上市的第一家中国公司，也是第 10 家在该所高级标准市场上市的中国公司；

2012 年 5 月 18 日，中国金鸡集团一家子公司在该所初级标准市场挂牌上市；

2012 年 6 月 21 日，中国网格软件集团在法兰克福初级市场上市，成为中国第一家在法兰克福证券交易所上市的软件公司，受中国经济发展带动，

---

[1] 黄发红：《中国企业在法兰克福再掀上市热潮》，《人民日报》2012 年 6 月 12 日，第 22 版。

公司营业额在过去三年翻了三番，约 4000 万欧元。

2014 年 5 月中国农业银行和中国建设银行先后在法兰克福交易所上市。

法兰克福证交所上市服务负责人亚列山大·冯·普瑞辛认为，中国企业大量在法兰克福证交所上市主要有两个原因：一是该所办事效率高，上市所需时间短；二是德国位于欧洲中心，是企业走进欧洲的门户，而且德国与中国的关系良好。他还指出，欧洲和国际上的许多投资者都希望能分享中国快速增长的成果。对他们来说，在法兰克福上市的中国企业是他们投资中国的良好渠道，是他们分享中国快速发展成果的良机。

三 德国创业板市场[①]

德国也设有创业板市场，如新市场。这是德国证券交易所 1997 年在法兰克福开设的。最早的上市公司是移动电话公司和动力引擎公司，它们市值已超过 3 亿欧元。目前在该市场上注册上市的公司股票价值总值已占整个欧洲二板市场（一般指创业板市场）上市公司总市值的 50% 。

第六节 股票价格指数[②]

世界上常见的股票价格指数很多，其中较为重要的有下列几种：道琼斯股票价格指数、标准普尔股票价格综合指数、纳斯达克综合指数、纽约证券交易所的股票综合指数、伦敦《金融时报》股票价格指数、法国（AC40）指数、日本经济新闻社道式股票平均价格指数（1985 年后改称"日经平均股价指数"）、香港恒生指数、上证股票指数和深圳综合股票指数。

按照一般的意义，指数分开盘价和收盘价，分别指交易日证券的首、尾买卖价格。

一 道琼斯股票价格指数

道琼斯股票价格指数是国际上最有影响，使用最广泛的股票价格指数，有 100 多年的历史，1884 年 6 月 3 日开始编制并刊登在《每日通讯》上。该

---

① 创业板市场是指专门协助新兴创新公司特别是高科技公司筹资并进行资本运作的市场，也称二板市场、另类股票市场、增长型股票市场等。
② 综合自百度百科。

指数最初是以 11 种具有代表性的铁路公司的股票为编制对象，采用算术平均法进行计算编制而成。

如今的道琼斯股票价格指数发表在《华尔街日报》上，共分四组：第一组是工业股票价格平均指数，由 30 种有代表性的大工商业公司的股票组成，大致可以反映美国整个工商业股票的价格水平；第二组是运输业股票价格平均指数，包括 20 种有代表性的运输业公司的股票；第三组是公用事业股票价格平均指数，是由 15 家煤气公司和电力公司的股票组成；第四组是平均价格综合指数，是综合前三组股票价格平均指数而得出的综合指数，但通常引用的仍是工业股票价格平均指数，以 1928 年 10 月 1 日为基期，基期平均数为 100，以后各期的股票价格同基期相比计算出的百分数即为各期的股票价格指数，股票价格指数一般都是用百分比表示，简称"点"。如上升或下降 1%，便是上升或下降一个"点"。

二　标准普尔股票价格综合指数

标准普尔公司是美国最大的一家证券研究机构，在美国很有影响，其特点是信息资料全，能反映股市的长期变化。它于 1923 年开始编制股票价格指数，最初采选了 230 种股票。到 1957 年，标准普尔公司选择 500 种股票，采用高速计算机将这些股票加权平均编制成股票价格综合指数，分成 95 种组合。其中最重要的四种组合是工业股票组、铁路股票组、公用事业股票组和 500 种股票混合组。从 1976 年 7 月 1 日开始，改为 400 种工业股票、20 种运输业股票、40 种公用事业股票和 40 种金融业股票。标准普尔公司股票价格指数以 1941 年至 1943 年抽样股票的平均市价为基期，以上市股票数为权数，按基期进行加权计算，其基点数为 10。以目前的股票市场价格乘以股票市场上发行的股票数量为分子，用基期的股票市场价格乘以基期股票数为分母，相除之数再乘以 10 就是股票价格指数。

三　纳斯达克综合指数

纳斯达克综合指数是反映该证券市场行情变化的股票价格平均指数，基本指数为 100。纳斯达克的上市公司主要由美国的数百家发展最快的先进技术、电信和生物公司组成，包括微软、英特尔、美国在线这些家喻户晓的高科技公司，因而成为美国"新经济"的代名词。

纳斯达克综合指数是代表各工业门类的市场价值变化的指数。因此，它比标准普尔股票价格综合指数、道琼斯工业指数更具有综合性。该综合指数涵盖 5000 多家公司的股票，已成为最有影响力的证券市场指数之一。

四 纽约证券交易所的股票综合指数

纽约证券交易所从 1960 年开始编制和发表自己的股票价格综合指数，以 1965 年 12 月 31 日确定的 50 点为基数。它起自 1966 年 6 月，先是普通股股票价格指数，后来改为混合指数，包括在纽约证券交易所上市的 1500 家公司的 1570 种股票。该指数包括四组：工业股票价格指数、金融业股票价格指数、运输业股票价格指数、公用事业股票价格指数。最大和最广泛的是工业股票价格指数，由 1093 种股票组成；金融业股票价格指数包括投资公司、储蓄贷款协会、分期付款融资公司的 223 种股票；运输业股票价格指数包括铁路、航空、轮船、汽车等公司的 65 种股票；公用事业股票价格指数则有电话、电报、煤气、电力和邮电公司的 189 种股票。

五 伦敦《金融时报》股票价格指数

伦敦《金融时报》股票价格指数的全称是"伦敦《金融时报》工商业普通股股票价格指数"。根据样本股票的种数，它包括三个股票指数：30 种股票指数、100 种股票指数、500 种股票指数，最初以 1935 年 7 月 1 日作为基期，后来调整以 1962 年 4 月 10 日为基期，基期指数为 100。该股票价格指数能够及时反映伦敦股票市场情况。

六 法国 CAC40 指数

CAC40 指数是法国股价指数，中文含义为"40 只股票连续辅助报价指数"，由 40 只法国股票构成。由巴黎证券交易所（PSE）以其 40 个上市大公司的股价来编制，基期为 1987 年底。该指数从 1988 年 6 月 5 日开始发布。较新的 CAC-General 指数由 100 只法国股票构成，使用更为广泛，但 CAC40 指数仍被视为基准指数。

七 日经平均股价指数

该指数由日本经济新闻社编制并公布，其前身为 1950 年 9 月开始编制的《东证修正平均股价》。1975 年 5 月 1 日，日本经济新闻社向道琼斯公司买进商标，采用美国道琼斯公司的修正法计算，该指数也就改称"日本经济新闻社道琼斯股票平均价格指数"。1985 年 5 月 1 日在合同期满 10 年时，经两家协商，将名称改为"日经平均股价指数"。该指数分为两种，一种是日经 225 种平均股价指数，它是从 1950 年 9 月开始编制的；另一种是日经 500 种平均股价指数，它是从 1982 年 1 月 4 日起开始编制的。

八 香港恒生指数

恒生指数是香港恒生银行于 1969 年 11 月 24 日开始发布的。该指数以选定的 33 种有代表性的股票为编制对象，以 1964 年 7 月 31 日为基期，包括四大类——4 种金融业股票、6 种公用事业股票、9 种地产业股票和 14 种其他工商业（包括航空和酒店）股票。1980 年 8 月，香港当局将香港的各证券交易所合并为香港联合证券交易所，在香港股票市场上，只有恒生股票价格指数与新产生的香港指数并存。2000 年 10 月 9 日推出小型恒生指数期货，其合约价值为恒生指数期货的 1/5。2003 年 12 月 8 日推出 H 股指数期货，占交易所期货交易总量的 15% 左右。

九 上证股票指数

该指数由上海证券交易所编制，1990 年 12 月 19 日正式开始发布。该股票指数的样本为所有在上海证券交易所挂牌上市的股票，其中新上市的股票在挂牌的第二天纳入股票指数的计算范围。由于中国上市公司的股票有流通股和非流通股之分，其流通量与总股本并不一致，所以总股本较大的股票对股票指数的影响就较大。上海证券交易所股票指数的发布几乎与股票行情的变化同步，因此成为我们研判股票价格变化趋势必不可少的参考依据。

十 深圳综合股票指数

该指数由深圳证券交易所编制，以 1991 年 4 月 3 日为基期。该股票指数的计算方法基本与上证指数相同，代表性同样非常广泛。后来，由于深圳证交所的股票交易不如上海证交所那么活跃，该所便改变了股票指数的编制方法，采用成分股指数[1]，其中只有 40 只股票入选，并于 1995 年 5 月开始

---

[1] 按照编制股价指数时纳入指数计算范围的股票样本数量，可以将股票价格指数划分为全部上市股票价格指数（即综合指数）和成分股指数。成分股指数是通过对所有上市公司进行考察，按照一定的标准选出一定数量有代表性的公司，采用成分股的可流通股数作为权数，实施综合法进行编制。

发布。于是，现深圳证券交易所并存着两个股票指数，一个是老的深圳综合指数，另一个是现在的成分股指数。

十一　2016 年 1 月 24 日百度网站发布的全球主要股票指数

百度网站 2016 年 1 月 24 日发布了全球股票指数，其中主要股票指数如表 5 - 5 所示：

表 5 - 5　2016 年 1 月 24 日百度网站发布的全球主要股票指数

指数名称	最新价（点）	涨跌额（点）	涨跌幅	行情时间
道琼斯指数	16093.51	210.83	1.33%	2016.1.23
标普 500 指数	1906.90	37.91	2.03%	2016.1.23
纳斯达克指数	4591.18	119.12	2.66%	2016.1.23
伦敦《金融时报》指数	5900.01	126.22	2.19%	2016.1.23
德国法兰克福 DAX 指数	9764.88	190.72	1.99%	2016.1.23
法国 CAC40 指数	4336.69	130.29	3.10%	2016.1.23
日经 225 指数	16958.53	941.27	5.88%	2016.1.22
香港恒生指数	19080.51	538.36	2.90%	2016.1.22
上证指数	2916.56	36.08	1.25%	2016.1.24
深证成指	10111.57	135.59	1.36%	2016.1.24

资料来源：百度网站，2016 年 1 月 24 日。

第七节　DAX 指数

DAX 指数是德国重要的股票指数，是全欧洲与英国伦敦《金融时报》100 指数齐名的重要证券指数。它是由德国证券交易所集团推出的一个蓝筹股指数。

该指数不同于传统的公开交易方式，是通过 Xetra 这样的电子交易方式进行交易。

DAX 指数于 1987 年推出，以取代当时的交易所报纸（Börsen-Zeitung）指数和法兰克福汇报股票指数（Frankfurter Allgemeine Zeitung Aktienindex）。1988 年 7 月 1 日起开始正式交易，基准点为 1000 点。指数以"整体回报法"进行计算，即在考虑公司股价的同时，考虑预期的股息回报。1994 年建立了称作 DAX 100 的指数，作为记录市场中 100 只价值成长性、流动性最佳股票的指数。1996 年引入中等市值规模股票指数（MDAX），它由 30 只 DAX 成分股和 70 只 MDAX 成分股组合而成。

DAX 指数包含有 30 家主要的德国公司：阿迪达斯（Adidas AG，体育用品）、安联（Allianz SE，保险）、巴斯夫（BASF SE，化工）、拜耳（Bayer AG，医药）、拜尔斯道夫（Beiersdorf AG，日化）、宝马（Bayerische Motoren Werke AG，汽车制造）、德国商业银行（Commerzbank AG，金融）、戴姆勒股份有限公司（Daimler AG，汽车制造）、德意志银行（Deutsche Bank AG，金融）、德国证券交易所（Deutsche Börse AG，金融）、德国邮政（Deutsche Post AG，物流）、德国电信（Deutsche Telekom AG，电信）、意昂集团（E.ON AG 能源）、费森尤斯医疗（Fresenius Medical Care AG & Co. KGaA，肾透析产品和服务，是 Fresenius SE 的子公司）、费森尤斯集团（Fresenius SE，健康，医院）、汉高（Henkel，化工）、英飞凌（Infineon Technologies AG，半导体制造）、德国钾盐集团（K + S Aktiengesellschaft，采矿业、农业化学）、林德（Linde AG，化工）、汉莎航空（Lufthansa AG，航空运输）、曼股份公司（Man SE，汽车及机械制造）、默克合资股份公司（Merck KGaA，化工制药）、麦德龙（Metro AG，商品零售）、慕尼黑再保险（Münchener Rückversicherungs-Ges. AG，保险）、莱茵集团（RWE，能源）、海德堡水泥（HeidelbergCement AG，水泥，骨料）、思爱普公司（SAP AG，中文名为"系统应用与数据处理"企业管理软件供应商）、西门子（Siemens AG，电器制造）、蒂森克虏伯（ThyssenKrupp AG，钢铁及制造业）和大众汽车（Volkswagen AG，汽车制造）。[1]

第八节　德国的证券市场监管

德国证券市场的监督是严格的，但也经历了一个漫长的发展过程。

德国证券市场产生于 16 世纪，但德国政府对证券市场进行真正监管还是 20 世纪 90 年代中期的事情。在此之前，德国的证券市场既没有统一的证券法体系，也没有对证券市场进行监管的中央机构，更多的是强调自律管理。1994 年 6 月 26 日，《第二部金融市场促进法案》出台，这是德国实施证

---

[1]　摘自维基百科。

券监管的真正开始，此后证券市场的监管日臻完善。

一 建立了比较完善的证券法体系

《第二部金融市场促进法案》的核心是颁布《有价证券交易法》；1997年颁布《关于转化欧共体指令以协调统一银行和证券监管法律规定的法律》；1998年颁布《第三部金融市场促进法案》，扩大联邦证券交易监管局对内幕交易的调查权，增加上市公司大股东的报告义务；2002年1月《证券收购和兼并法》生效；2002年颁布《第四部金融市场促进法案》；2004年再次修改《有价证券交易法》和《交易所法》，从而逐步建立起比较完善的证券法体系。

二 建立了三级监管的证券市场新监管体系

德国对交易所实行监管是从三个层面来进行的，一是交易监督处，这是交易所内部的监督机构，只要它发现有任何影响交易所交易的反常之处，就必须向交易所监管局（Börsenaufsichtsbehörde）报告；二是交易所监管局，这是各州交易所的监管机构，代表公众利益；三是联邦有价证券监管局，它主要负责监管内部规则和公示规定。

三 把分散的金融市场管理模式改为集中的管理模式

出于集中的考虑，2002年德国成立了联邦金融服务监管局。[①] 该局是由原联邦信贷监管局（Bundesaufsichtsamt für das Kreditwesen，BAKred）、原联邦保险监管局（Bundesaufsichtsamt für das Versicherungswesen，BAV）和原联邦证券交易监管局（Bundesaufsichtsamt für den Wertpapierhandel，BAWe）合并组建而成，它在德国是证券行政执法的核心机关。这样就把原来各据一方的3个监管局合并为联邦金监局，受联邦财政部的法律监督和业务监督，从而既消除了任务的重叠，也消除了任务的缺口，全面履行对金融市场的国家监管职能，并代表德国参与相关国际事务。根据2006年的统计，它负责监管约2100个信贷机构，700个金融服务机构，630个保险公司，25个养老基金，80个投资公司和6000家基金。

---

① 参阅维基百科中关于联邦金融服务监管局的介绍。

四 加大了政府对证券市场的行政干预

德国十分重视政府对金融市场的监管，严格将其置于政府直接监管之下。可以说，对金融机构的严格监管是德国虚拟经济未受国际金融危机过大冲击的重要原因。

这种政府在联邦层面的监管，更体现在州政府的交易所监管局上。这是州政府直属的对交易所进行监管的机构，也是对本州的证券活动全面进行监管的机构。在 1995 年 1 月 1 日以前，各州的交易所监管机构仅行使对交易所的法律监督权。此后，随着对《交易所法》一再修改，州政府交易所监管机构的职能日益扩大，从法律监督权扩大到交易监督权，再扩大到市场监督权。

五 全面监管证券市场业务

德国的证券监管任务十分全面、细致，包括账户监管、银行监管、保险监管、有价证券监管和实施惩罚等各个领域，重点是保障市场的透明、维护市场的完整、禁止违规操作和保护投资者的权益。其主要职责如下：在相关单位不知情的情况下通过自动提取数据系统监管其账户，监控所有机构是否始终履行成立时的承诺（如最低资本金要求等），监督所有金融工具的经营可靠性，查处对交易所行情及市场价格的操纵，监控内幕交易，监控风险和管理机制；监督上市企业的即时信息披露，包括企业表决权发生重大变动的信息；监督上市企业高管人员的证券交易，监督企业和个人应遵守的行为准则，监督企业的购并，监管投资基金与金融、保险机构的安全资产担保和偿付能力；审批外国证券期货机构在德国开设电子交易系统；反洗钱、监控和打击恐怖主义活动资金的筹措；与外国证券监管机构进行国际合作等。

第九节 德国的保险业

保险业同银行业、证券业一起构成了金融业的三大支柱，德国又是世界上保险业最发达的国家之一，国内外都有不少保险公司，而且顶住了国际金融危机和欧洲债务危机的巨大冲击，这更加引起了人们的关注。

一 德国保险业的历史发展①

德国保险业的历史发展可以分为四大阶段：1871 年统一前、统一后至一战、一战后至二战、二战后至今。其建立可以追溯到中世纪，当时在德意志小邦内已经出现了合作社和死亡丧葬一类的互助组织。1591 年汉堡成立了酿酒业的火灾行会，17 世纪开始有了公法建筑物火灾保险组织，如 1676 年成立的火灾保险局（General Feuerkasse），1718 年成立了汉堡火灾保险所，但直到 18 世纪中叶始终没有出现过具有经济内涵的保险组织。1731 年颁布了《汉堡保险及海损条例》，1765 年成立了第一家保险公司，在汉堡和柏林则出现了两个海事保险公司。18 世纪至 19 世纪保险业有了真正的发展。19 世纪上半叶有了停业、运输、火情和人寿保险业。1842 年汉堡发生大火，几乎席卷并毁掉了全城，之后便成立了第一家再保险公司②。

随着德国面临统一，保险业也加快了发展的步伐，先后出台了各类法律和法规，各类保险公司也日渐增多。1861 年颁布了《普通德意志商法典》（旧《商法典》）和海事保险规定，扩大了再保险。1880 年成立了慕尼黑再保险公司，1883、1884 和 1889 年创立了法定医疗保险、法定事故保险和法定伤残、养老保险制度（1911 年又制定了《帝国保险条例》），1890 年安联保险公司成立，1897 年《德意志商法典》（新《商法典》）出台，1901 年 5 月 21 日颁布了《保险监管法》，1908 年颁布了《保险合同法》，1911 年颁布了《职员保险法》，1924 年进行了修订。

一战结束进入魏玛共和国后，德国的保险业又有了进一步的发展，1927 年通过了《就业促进及失业保险法规》，设立了失业保险，西门子成立了首家信息技术保险公司；1933 年，希特勒上台后保险业被日益国有化，大批保险公司都被纳入希特勒的"帝国保险公司"；二战爆发后整个保险业便被绑上纳粹的战车，自然也就乏善可陈了。

二 德国保险业的现状

联邦德国成立以来德国保险业得到了重建和发展。今天德国已有各类保

---

① Wandel, Eckhard：*Banken und Versicherungen im 19. und 20. Jahrhundert*，in *Enzyklopädie Deutscher Geschichte*，Oldenbourg，1998.

② 再保险也称分保，是保险人在原保险合同的基础上，通过签订分保合同，将其所承保的部分风险和责任向其他保险人进行保险的行为。

险公司 1500 个。2006 年加入德国保险行业协会（Gesamtverband e. V.，GDV）的各类保险公司总数 647 家（2005 年时为 632 家），其中包括寿险公司 113 家、非寿险公司 235 家、再保险公司 49 家、健康保险公司 52 家及其他保险公司。2008 年前后德国保险业出现了巨大的整合，保险企业数量开始下降；2013 年 8 月 15 日联邦金监局公布的可准入的保险公司（包括运营中的养老基金会）为 595 家。2009 年在保险公司任职的工作人员和培训学员为 21.3 万人，共签署了 4.3 亿个保险合同。[①]

德国的保险公司拥有三种法律形式，即股份公司、互助保险协会和公法保险公司。第一种法律形式也是绝大多数保险公司采用的股份公司的形式，股东入股，获取红利，最高决策机构是股东大会，如安联保险公司等。第二种法律形式是互助保险协会，主要出现在人身保险业，特别是人寿保险和私人医疗保险领域。成员缴纳互助保险金，集体自负盈亏，最高决策机构是会员代表大会，如老莱比锡人寿保险互助协会等。第三种法律形式是公法保险公司。

从经营来看，德国的保险公司可分为三类：第一类是直接保险公司，面对面地同投保人进行交易；第二类是在线保险公司，保险公司同投保人通过网络进行交易，包括填写保险合同和付款；第三类是全球保险公司，它们在全球拥有子公司或分公司，通过它们来进行全球保险交易。

从销售渠道看，德国的保险公司拥有多种多样的渠道，如保险代理人、保险经纪人、银行、因特网、电话中心、店中店以及与其他商品捆绑出售的销售点和其他金融机构及其代理人员。从财产保险来看则主要通过四条渠道，即代理店销售、保险经纪公司销售、银行窗口代理销售以及保险公司直销。

从规模来看，德国的保险公司大小不等，经营范围相异，而且差别很大。其中最大的安联保险公司 2012 年的保费收入为 1063.83 亿欧元，职工人数超过 15 万，在世界很多地方都有分公司，而最小的保险公司仅有几人。

经过数百年的发展和筛选，德国保险业已经发展了 300 多个险种，涵盖了德国社会生活的方方面面。从大的来说，有人身保险，公司保险，实物保险，家禽、家畜和宠物保险。其中人身保险涵盖法定人身保险中的失业保险、医疗保险、护理保险、养老金保险、遗嘱保险、事故保险和国家资助人身保险中的养老金保险（如里斯特养老金、吕鲁普养老金和企业养老金）以及私人人身保险中的医疗保险、寿险等；公司保险涵盖企业责任保险、信贷

---

① Bafin：*Alle Versicherungsunternehmen im Überblick*，www.bafin.de，abgerufen am 20.08.2013.

保险、建筑物保险、公司内保险、运输保险、停业保险、公司法保护保险、企业养老保险、群体保险、船舶保险、农业保险和出差保险；实物保险涵盖机动车保险、船舶保险、责任保险、旅行保险、建筑物保险、家具保险、法律保护保险和建筑保险等；家禽、家畜和宠物保险涵盖手术保险、动物饲养者责任保险以及宠物医疗保险等。此外，还有很多特殊保险，如再保险、损失险、消费者保护、汽车险、火车险、海运险、交强险（交通强制保险）、竞技体育险、地震险、风力险、恐怖袭击险等。[①]

如今德国有 40 万专、兼职保险代理人，6000 名保险经纪人。保险代理人又分为独立保险代理人和多重保险代理人。前者只能为一家保险公司代理业务，其工作时间和工作方式可以自主安排，原则上不受保险公司约束；多重保险代理人的职责同保险代理人相同，但他们可以为多家保险公司同时承担代理业务。其人数不多，在某些法律上也会被当作保险经纪人看待；保险经纪人拥有更高、更广的专业知识，自身也投入一定资本，而且要为客户承担相应的责任。

保险销售是保险行业的生命之源，渠道也是多种多样，在各种销售渠道中，保险代理人的销售最为重要，以 2006 年为例，健康保险中 57% 的保费收入源于保险代理人，寿险方面源于保险代理人的保费收入也超过了 1/3。[②]

2008 年，德国保险业虽然遭受国际金融危机的冲击，但仍然实现了保费收入的增长。根据 469 家保险公司的统计，其保费总收入的增长情况如下：2007 年约为 1628 亿欧元，同比增长 1.1%；2009 年为 1714 亿欧元，同比增长 4.2%；2010 年为 1789 亿欧元，同比增长 4.4%。[③]

再让我们来研究一下 2005～2010 年德国的保险密度和保险深度。所谓保险密度是指按照一个国家或地区人口计算的人均保费收入，它反映了一国或地区保险的普及程度和保险业的发展水平；保险深度是指保费收入占国内生产总值的比例，它反映一国的保险业在其国民经济中的地位。根据德国保险行业协会发布的《2011 年德国保险统计年鉴》的统计，从 2005 年到 2010 年德国的保险密度始终保持上升态势，从 2005 年的 1916 欧元上升到 2010 年

① Übersicht nahezu aller deutschen Versicherungssparten, www. versicherungsauktion. de/info/sparten. html, letzter Zugriff am 15. 04. 2014.

② 许闲：《金融危机下德国保险监管的应对与借鉴》，《中国金融》2010 年第 1 期，第 41～42 页。

③ 李俊江、王姝：《欧洲债务危机中德国保险监管的应对与借鉴》，《工业技术经济》2013 年第 4 期，第 3～8 页。

的 2188 欧元；保险深度则在经过 2006、2007 和 2008 年的小幅回落后于 2009 和 2010 年再度回升，达到 7.15% 和 7.16%，超过了 2005 年的 7.04%。

三 德国 20 家最大保险公司

2012 年德国 20 家最大保险公司如表 5 - 6 所示。

表 5 - 6　2012 年 20 家最大保险公司

德语名称	中文译名	所在地	保费收入（百万欧元）
Allianz Group	安联集团	慕尼黑	106383
Münchener-Rück-Gruppe	慕尼黑再保险集团	慕尼黑	51969
Allianz Deutschland AG	德国安联金融集团	慕尼黑	27941
Talanx AG	塔兰克斯集团	汉诺威	26659
Generali Deutschland Holding AG	忠利德国控股	科隆	17231
Ergo Versicherungsgruppe AG	安顾保险集团	杜塞尔多夫	17091
Hannover Rück SER + V Konzern	汉诺威再保险	汉诺威	13774
R + V Versicherung	金融与保险合作	威斯巴登	11875
Axa Konzern AG	安盛公司	科隆	10468
Debeka Versicherungen	德贝卡保险	科布伦茨	9335
Versicherungskammer Bayern	拜恩保险	慕尼黑	6855
Zurich Gruppe Deutschland	苏黎世保险	法兰克福	6177
HUK-Coburg Versicherungsgruppe	科堡保险	科堡	5576
Signal Iduna Gruppe	西格纳伊度纳集团	多特蒙德	5512
DKV Deutsche Krankenversicherung AG	德国医疗保险公司	科隆	4933
AachenMünchener Lebensversicherung AG	亚琛－慕尼黑人寿保险	亚琛	4477
Gothaer Konzern	哥特保险集团	科隆	4181
Württembergische Versicherungen	符腾堡保险	斯图加特	3975
Alte Leipziger-Hallesche Konzern	老莱比锡保险公司	上乌瑟尔	3686
Nürnberger Versicherungsgruppe	纽伦堡保险集团	纽伦堡	3493

资料来源：《法兰克福汇报》2013 年，自行列表。

四 德国保险业的特点

德国保险业的上述表现绝非偶然，这是跟它的特点紧密相连的。分析一下德国保险业，很快就会发现它确实有很多与他国不同之处。

（一）具有严格的立法基础

回顾德国保险业的历史，首先映入人们眼帘的就是它严格而众多的法律规定，特别是其中最重要的一些法律法规，它们的历史都在百年左右，并经过多次修改一直使用至今。它们既具有可持续性，又具有对现实的适应性和指导性，如 1901 年的《保险监管法》和 1908 年颁布的《保险合同法》。《保险监管法》经过多次修改一直沿用至今。如今，该法已成为保护德国保险业、维护投保人利益的根本大法；《保险合同法》内容很广泛，第一节是"保险通则"，第二节是"火灾保险"，第三节是"雹灾保险"，第四节是"家畜保险"，第五节是"运输保险"，第六节是"责任保险"，经修订后于2008 年 1 月 1 日实施，如今简称"新法案"；此外还有1911 年的《帝国保险条例》和 1934 年的《帝国银行法》，后者被称为"德国金融业监管思想的发端"。联邦德国成立后于 1961 年发布了《联邦银行法》，1962 年修订了《信用制度法》，1975 年出版了《社会法典》，1995 年首次设立护理保险，并被纳入《社会法典》，2002 年出台了《统一金融服务监管法》《保险合同法》等。这样就把德国的保险业置于严格而扎实的法律基础之上，保障了德国保险业的精髓、投保人的利益和保险人的信用。

（二）继承着德国保险的优良传统

数百年来德国的保险业一直是欧洲的一面旗帜。今天，它仍然被人们称之为欧洲养老保险的典范，独占欧洲财产保险的鳌头，是世界社会医疗保险的源泉。

说德国是养老保险的典范是基于其覆盖面广，参保面大，养老金以及领取养老金条件的不同分类，以支定收以及现收现付的缴纳条件这样一些特点。

人们十分推崇德国的财产保险，首先是因为德国早就有立法，其规定和精神一直延续至今，财险的密度和深度都位列欧洲前茅，而且一直处于微增状态，2008 年的财险保费收入占欧盟全体的 21.3%，亦为欧洲之冠。

德国的社会医疗保险同样受到各方的好评，首先是因为德国最早引进了该险，目前的覆盖率极高。德国规定要设立疾病基金会作为医保的经营机构，其理事会由专家、资方代表和工会代表组成，共同决定费率标准。

此外，德国费率浮动核算的精细更令人赞叹。如德国交强险费率就是根据硬性指标和软性指标来核算。前者是核算的依据，后者为调整的筹码。前者包括车主的驾龄、居住地和车型，后者则包括车辆的使用人数、停车位、年龄、性别、驾龄、是否有住房、是否有孩子等。通过这样的核算，给车主定级。交强险的基准年费在 500～800 欧元，共分 30 个级。因此实际缴费占基准年费的 30% 到 245%。费率浮动核算能达到如此精细的程度，实在令人称道。

（三）保险面广，大多数人受保

现在德国约有 1500 家保险公司，300 多个险种，人均年投保的数额（即保费的密度）达到 2200 欧元以上，保费占国内生产总值的比例（即保费的深度）超过 7.6%。主要险种的覆盖率达到 90% 以上，如医保的覆盖率就高达 99.5%，350 人中有一名医师。这说明德国的保险面很广，受保人很多。

（四）面临兼并潮

随着经济全球化的不断深入，世界各国保险业都面临整合、兼并的问题。德国的保险公司数量众多，更加面临兼并潮的挑战。从 2008 年起保险企业数量开始下降，加入德国保险行业协会的各类保险公司总数原为 647 家，后来降到 607 家，2013 年 8 月 15 日则降到 595 家。

企业的整合和兼并使德国保险业的集中度大大提高，保险公司数量减少，大保险公司增多。据德国保险行业协会统计，2009 年德国保险市场中前十大集团在人寿保险市场占据的份额为 67.9%，在人员伤亡、财产和意外伤害保险市场占据的份额为 63.4%。这一兼并潮中突出的例子便是科隆再保险公司收购美国通用再保险公司。

（五）稳步发展，不大起大落

研究一下当前德国的保险业，给人留下深刻印象的是其发展的稳定性，不大起大落。这一点特别明显地表现在保费的收入上。把 2005 年和 2008 年的机动车险收入、意外伤害险收入、财产险收入、运输险收入和其他险种保费收入的比例进行一番对照就可看得很清楚，它们的变化很小，不是微增就是微降，没有一项是暴涨暴跌的（参见表 5-7）。

表 5-7　2005 年与 2008 年德国主要保费收入比例的对照

单位：%

年份	机动车险收入比	意外伤害险收入比	财产险收入比	运输险收入比	其他险收入比
2005	39.7	11	25.6	3	12
2008	37.6	11.6	26.5	3.3	12.5
变化	-2.1	0.6	0.9	0.3	0.5

资料来源：日本日生基础研究所，自行列表。

（六）网络和保险经纪销售渠道增长明显

同各类企业和公司一样，保险业的销售渠道也是生命线，各类险种、各家企业和公司都特别予以重视，其中尤以网络销售更受青睐。

2012年，德国采用网络保险的人已经达到200万，比两年前翻了一番，其中65岁以上的老人占了很大一部分。从险种来看，网络保险主要用在汽车、旅游和法律保护保险上，在私人养老保险、医疗保险以及不能就业的担保上用得很少。

在财产保险上通用的渠道有4个，即代理店、保险经纪公司、银行窗口和保险公司直销。根据2005年的统计，4个渠道销售的占比如下：代理店销售占63%，保险经纪公司①销售占17%，银行窗口销售占13%，保险公司直销占1%。到了2008年又进行了一次同样的统计，情况有了变化：代理店销售占61%，减少了2个百分点；保险经纪公司销售占23%，提高了6个百分点；银行窗口销售占8%，减少了5个百分点；保险公司直销占3%，提高了2个百分点。结论很清楚，财产险的销售渠道主要是代理店销售，但保险经纪公司销售增加得很快。

（七）顶住了国际金融危机和欧债危机的冲击

2008年开始的国际金融危机和2010年爆发的欧债危机对欧洲的冲击是十分巨大的，但对德国的保险业却冲击不大。如果说国际金融危机还影响了一点德国的保险业使其净资产收益率有所下降，那么欧债危机几乎就对它没有什么影响。在欧债危机期间德国的保险业无论是保费收入还是偿付能力不仅不降反而有所增加。其原因何在？笔者认为有如下几点。

（1）德国保险业一直就是在同各类危机对抗中产生和发展起来的，由此产生的各类优势形成了巨大的免疫力；

（2）德国对保险业的监管尤为严格，其严格程度甚至超出了对银行业的监管；

（3）应对得当。

在两次危机来袭时，德国采取了以下举措。

（1）针对危机修改原有法律，制定新的法规。在全球金融危机爆发前的2008年1月1日德国就开始正式实施重新修订后的《保险合同法》以提高德国保险市场的透明度和竞争性，强化保险监管的执行能力，更加强调对投保

---

① 经纪公司即中介或代理公司，是为客户提供中介服务的盈利性机构。

人提供咨询和信息的义务，进一步明确投资人的责任与义务。2009 年 1 月 22 日，金监局就颁发了《保险公司最低风险管理要求监管条例》，将当时金融危机中新暴露的风险也纳入监管范围；欧洲债务危机爆发后，德国便对《保险监管法》进行了修改，用法律形式来确定新的欧洲偿付能力指令，强化德国保险业的偿付能力；2011 年联邦金监局还两次召开以偿付能力为题的会议，以保证各保险公司拥有足够的偿付能力。

（2）设计了一个理想化的标准报告系统，使企业中的分散信息可以及时汇总并传递给相关监管机构。这就保证了信息的完整和有效传递，而这恰恰是对保险系统进行合理监管的前提。

（3）突出强调保险公司的投资活动必须遵守 5 项一般投资原则，即安全性、盈利性、流动性、混合性和多样性，以控制特别容易出问题的投资领域。

（4）强化压力测试，确保保险公司在任何时候都能兑现其给予客户的承诺。

（5）积极防控保险欺诈行为。

（6）2008 年，雷曼兄弟公司刚破产，德国就设立金融危机应急小组来关注市场动态，尽早对风险进行预警并且制定出保险监管相应的对策。

（7）在上述工作开展后有关当局就及时宣布：保险公司不存在短期偿付能力风险，从而鼓舞并坚定了保险业应对危机的信心。

五 德国保险业监管的特点

对保险监管的主要目标是保护投保人的利益并保证保险公司可以随时履行保险合同的责任。

属联邦金监局监管的保险公司有原始保险公司（Erstversicherungsunternehmen，含养老保险和死亡丧葬保险）、再保险公司、控股公司和安全养老基金会。

保险监管依据的是《保险监管法》。金监局对保险公司实施监管的目的是为了履行重要的社会福利和经济任务，保证金融领域的长期稳定，目标是维护投保者的利益并随时履行保险合同义务。

2002 年初和 2004 年 12 月，养老基金会和国内的再保险公司也分别转由金监局全面监管。

社保公司（如法定医疗保险公司、法定养老保险公司以及职业合作社等保险公司）不属保险行业协会管辖，而是由联邦保险局管辖。

德国的保险业经营得较为健康，并能顶住近期两次重大危机的冲击，是与其严格的监管机制密不可分的。这一监管机制既有共性，也有个性。这里有必要集中做一些分析。

（一） 严格的监管立法

德国主要采取总体上控制，以保障投保人的利益和保险人的偿付能力监管为主的保险监管方式。于是立法就非常关键，其中最重要、最具代表性的就是新修订的《保险监管法》和《保险合同法》。《保险监管法》规定，要对保险公司的市场准入、保险市场行为、保险准备金合理计提（即计算和提取）、保险公司财务风险管理以及保险资金运用等方面进行集中监管；《保险合同法》则进一步强化了保险人和保险中介对投保人提供咨询和信息的义务，对投保人的相关责任和义务有了更为明确的界定，对许多旧有规定进行了调整以期更加适应时代的发展。

有了上述这些法律，德国对保险业的监管既有了方针原则，也有了实施的工具和方法。

（二） 建立分层次的保险监管体系

德国的保险监管体系主要分为联邦和州两个层次：联邦一级负责监管跨州经营的私营保险公司和竞争性的国有保险公司，州一级监管则主要针对在特定州经营的私营保险公司和竞争性的国有保险公司。外国保险公司，如其所在地在其他欧盟国家或欧洲经济区国家，同时也在德国从事保险业务，则其监管权由该国行使。但如该保险公司在德国触犯法律，则金监局将介入并同外国监管局协调处理此事。

（三） 依靠外部监督

在德国的金融监管体制中，外部审计起着重要的作用。这里的所谓外部审计是指独立的审计单位，如外部审计师、审计事务所、经济审计师协会、经济审计师等；这些审计单位，特别是经济审计师协会，受监管会委托，根据联邦银行与金监局制定的相关规定，承担着大多数的现场检查任务，其出具的审计报告将直接作为联邦金监局评价保险公司的重要依据。

（四） 严格规范保险代理人行为

保险代理人对德国保险业的发展起着重要作用，保险代理人的市场行为严重关系到整个保险市场能否健康发展。因此金监局十分重视保险代理人的工作，重点抓了严格保险代理人的资格审核，建立强制职业责任保险制度，规范保险代理人的保险营销行为这几项关键工作。

（五）监管各保险公司的准入

金监局规定各保险公司必须获得其许可方能经营。获得这一许可的前提如下。

（1）该公司必须具有一个法律形式，如有限公司、互助保险协会或是公法保险公司；

（2）该公司只能从事保险业务，而且只能从事与此相关的业务，不能从事与保险无关的业务，如寿保公司就不能从事医疗保险或损失保险的业务；

（3）该公司要拟定从业计划以及承担的风险担保，并说明再保险政策的原则；

（4）该公司必须拥有足够的资金，资金的最低额视险种的不同而不同，还必须拥有建设该公司及其组织机构的资金；

（5）该公司至少具有两个可靠并专业的领导人，他们必须证明本人拥有足够的保险知识和领导经验；

（6）必须提出本公司的自然人和法人，他们应是重要的股东，至少拥有1/10的名义资本或开业基金；

（7）所有重要的股东同样要达到能保证企业良好领导的要求。

（六）重视日常监管工作

（1）保险企业必须按照规定从业，遵守一切法律规定和金监局的规定，其标准就是《保险监管法》、《保险合同法》和《民法典》（*das Bürgerliche Gesetzbuch*，BGB）。

（2）对寿险要监管过量参股是否适度，支付是否准确。

（3）保险公司在完成预期的支付时要提取适当的保险金（Prämien），并形成足够的保险准备金；

（4）资本的投入必须能够抵挡风险。安全资产以及与此相关的资产额度必须符合法律规定的资产额，尤其是在安全性和盈利性方面。此外，保险公司还必须拥有足够的流动资金以便偿付未预料到的损失。

（5）保险公司必须遵守商业规则，会计和核算必须中规中矩。资产负债表和效益核算应当反映公司的资产、财政和效益的实际。此外，保险公司必须建立规划、调控和监督的监管机制。

（6）保险公司必须保持自有资本的充足，否则该保险公司必须向金监局出示偿付和融资计划。

（7）保险公司必须适度进行再保险。

（8）金监局主要从保险公司的核算中获取重要信息。保险公司不仅要向公众，也要向金监局出示各类账目，提供信息，以确定公司的经济和财政状况。要出示的主要是保险公司的年终审核报告、经营报告以及专门证明。

（9）金监局也可以不定期地或视情况所需对保险公司进行实地审核，以加深对该保险公司情况的了解。金监局的工作人员有时也可以造访欧盟或欧洲经济区其他的营业所或分公司。它们必须根据要求提供一切资料并回答提出的问题。

（10）金监局拥有各种手段来对保险公司进行监管，它可以采取各种"适当和必要"的措施来避免或是消除危及投保人利益的"弊端"。这里的所谓"弊端"就是指保险公司不重视针对保险业务运营的各类法律规定和金监局的相关规定。

（11）《保险监管法》除了给金监局提供上述总条款之外，还给了它一系列足够使用的特权，以防止出现某些典型的风险。例如金监局可以向保险公司的董事会、监事会或其他机构派驻特别代表，它甚至可以撤销该保险公司的从业许可。金监局也可以进行针对性的社会调查，也可以为了搞清该公司股票下跌对安全资产的影响程度而对该保险公司进行压力测试或是进行情景分析。

当前，世界的保险业正经历着巨大的挑战，同时也面临重大的机遇。这样的挑战和机遇集中表现在下列几个方面：经济不景气，保险业发展不平衡，工业国家始终占据垄断地位，区域化趋势在加强，保险业与银行业相互渗透增多，兼并潮加剧，大灾频现，创新的需求日益突出。

同样，德国的保险业也面临挑战和机遇。德国的保险业拥有不少优势，但也有不少困难。对此，德国也正在采取应对措施，如进一步修订并颁布保险立法；强化保险业的监管，特别是保险质量的监管；确定偿付能力指令的数量性要求、质量性要求和信息披露要求，实行保险会计改革，并将其同偿付能力同时列入监管范围；进一步改革养老金、医疗和护理保险。人们希望德国的保险业改革能够抓住机遇、迎接挑战，发展得更好，为世界保险业的健康发展提供新鲜的经验。

第六章

企业制度

第一节　关于企业管理的理论

企业管理理论，特别是企业管理的系统理论出现得很晚，而企业管理原则则出现得很早，可以追溯到公元前 15 世纪至前 14 世纪左右希伯来人居住的巴勒斯坦地区。他们的管理思想主要反映在《圣经》中。据《圣经》记载，摩西是希伯来人出色的领袖，他有一套管理和训练的方法。但摩西的岳父对此并不满意，他提出三点建议：一是制定法令，昭告民众；二是建立等级委任制度；三是责成各级管理人分级管理，只有最重要的政务才提交摩西。

这里涉及的正是现代管理理论中的例外原则、授权原则和管理跨度原则。但真正有关企业管理的论述却提出得很晚，比较早的应该是亚当·斯密特别强调的劳动"分工论"，典型的事例就是他提出的"大头针例子"（Stecknadelbeispiel），即他认为，如果采用劳动分工的方法生产大头针，可以把生产力提高 24 倍。

当今，拥有系统企业管理理论的流派已经不少，但归类各不相同。这里只能介绍其中的几个主要流派。

一　古典管理理论

西方古典管理理论的三位代表是弗雷德里克·温斯洛·泰勒（Frederick Winslow Taylor）、亨利·法约尔（Henri Fayol）和马克斯·韦伯（Max Weber)。

泰勒是美国管理学家，古典管理理论的创始人，被誉为科学管理之父，他的理论也被称为泰勒主义。他试图通过标准化的劳动方法、科学化的劳动作业、专业化的管理能力来提高劳动生产率。他的基本观点是：第一，将工作分为最小的单位，每个单位的范围和工作内容很小，可以不断迅速重复，完成此类工作只需很少的思考和操作过程，以便加快操作速度、提高工作效率；第二，实施管理控制，由工长来分配和协调工作；第三，实施差别计件工资（效率工资），对员工进行物质刺激，以提高劳动效率。

泰勒主义在资本主义世界统治了很多年，为提高企业的劳动生产率立下了汗马功劳。然而，只要同当今世界倡导的"以人为本"的管理理念加以对照，其弊端便显而易见：泰勒主义被普遍认为是非人性化管理的典范。

亨利·法约尔是法国古典管理理论学家，他的管理理论也叫组织管理理论，强调管理的五要素，即计划、指挥、控制、组织和协调。

马克斯·韦伯是德国著名社会学家、政治学家和哲学家，他提出的管理理论也被称为行政组织理论，强调理性、合法的权威，重视科层的管理作用。他认为组织分级管理、下级服从上级、层层职责分明不仅适用于政府管理，也适用于企业管理。这一理论为现代企业的行政分级、科层管理奠定了理论基础。但韦伯等人强调，科层管理理论必须与其社会历史背景相结合，必须与其经济体制相结合。

二　行为管理理论

行为管理理论是美籍澳裔科学家梅奥（George Elton Meyo）提出的。他在 1924 年到 1932 年长达 9 年的时间里，先后进行了四个阶段的实验，即照明试验、继电器装配工人小组试验、大规模访谈和对接线板接线工作室的研究，最后得出结论：影响生产效率的根本因素不是工作条件，而是工人自身。他强调工人是社会人，不是经济人。在决定工人工作效率的因素中，工人为团体所接受的融洽性和安全感比奖励性工资刺激更为重要。如能提高工人的整体观念、有所作为和完成任务的观念，就会提高劳动效率，工人的工作态度和人际关系更能决定其劳动生产率。

三　系统管理理论

系统管理理论也称社会系统学派或系统管理学派，是由美国管理学者切斯特·巴纳德（Chester I. Barnard）在《组织与管理》一书中提出的。其理论的核心就是，一个现代企业必须明确其目标、权力结构、决策机制、动力结构（即激励机制）和信息沟通机制；进而详细论述了"领导的性质"这一问题，认为领导人必须要有明确的目标、协作的意愿、正确的手段和充分的信息。他们平时要"冷静、审慎、深思熟虑、瞻前顾后、讲究工作的方式方法；紧急关头则要当机立断，刚柔相济，富有独创精神"，他们要有"活力和忍耐力、当机立断、循循善诱、责任心以及智力"。①

该理论同时认为，领导人的这些素质不是天生的，而是依靠后天的教育，应该通过培训、工作实践来加以培养，特别是要培养领导人的平衡感和洞察力。该理论同时指出，领导人的选拔取决于上级的官方授权（任免）和下级的非官方授权（接受或拒绝），最重要的条件是其以往的业绩和表现。

巴纳德以其理论的多样性、复杂性及包容性成了系统管理理论的创始人。他也因其在组织理论方面的杰出贡献，获得了七个荣誉博士学位。

四 权变管理理论

权变管理理论是 20 世纪 70 年代在英国和美国形成的一种管理理论。所谓"权变"是指偶然性造成的变化。权变理论的主要含义是：权宜应变。因此，权变理论也被称为因地制宜理论，或情景、形势和情况决定论。美国尼布拉加斯大学教授卢桑斯（F. Luthans）在 1976 年出版的《管理导论：一种权变学》中比较系统地概括了各类权变管理理论，重点是将管理与环境有机结合起来，并使管理理论更贴近管理实践。管理学界一般认为，卢桑斯提出的"如果－就要"关系理论是权变理论的思想基础，环境变量与管理变量之间的函数关系即是权变关系。哲理的环境可以分为外部环境和内部环境，外部环境一是指自然、社会、经济、技术、法律、政治等，二是指供应商、顾客、竞争者、雇员和股东等。内部环境基本上是正式组织系统，它的各个变量与外部环境的各个变量之间是相互关联、相互适应的。

权变理论是从外因和内因的角度以及互动的关系来研究人们在管理问题上的决策，它为人们提供了一种十分有用的视角，要求管理者根据内外部的环境采用相应的组织结构、领导方式和管理方法，灵活处理各项具体管理业务，从而能使其管理活动更加符合实际。权变理论的缺陷在于，它没有提出

---

① 见百度百科"巴纳德的系统组织理论"条，2013 年 4 月 17 日。

统一的标准，因而也就不能形成普遍的管理要求，使管理者难以掌握。

五　经验主义学派

经验主义学派是美籍奥裔现代管理学"大师中的大师"彼得·德鲁克（Peter F. Drucker）提出的。他是现代管理之父，1954 年将"管理学"开创成为一门学科。

彼得·德鲁克 1909 年出生，一生从事现代管理学的研究。他满腹经纶，先后出版著作 30 余部，留下很多至理名言。他的管理理论大致可归纳成下列要点。第一，管理的本质在于"行"。他认为，管理是一种实践，其本质不在于"知"，而在于"行"。其验证不在于逻辑，而在于结果。第二，"管理"是机构的器官，无法独立存在，所以管理阶层必须肩负三重任务：达到机构的目的，完成机构的使命；使员工有成就感，因为"人"是所有机构中最重要的资源；履行社会责任——没有一个机构能脱离社会而存在，唯有对社会有益才具有存在价值。第三，分权管理，强调"权力与功能分工，行动协调一致"，即企业应当坚持分权，但行动要一致，要分工合作。第四，员工是资源而不是成本，是资产而不是负债。他们不愿只做螺丝钉，而是希望更多地获得信息、继续学习、多做贡献。要通过表扬、奖励、报酬、培训、进修和提拔等手段来调动他们的积极性，以便提高劳动生产率。第五，目标管理。企业必须要树立目标，并要为此而奋斗，但目标管理是在众多需求和目标中取得平衡，而不是替某一机构给定一个目标。要把大目标划成若干小目标，以便据此进行管理，确定组织机构，选拔人才。第六，企业的最大目标在于创造顾客。一个公司的主要责任是提供商品、服务顾客。获利并不是公司的唯一目标，但却是持续经营的必要条件。企业的最大目标是留住老顾客，赢得新顾客，创造顾客。第七，企业的基本功能是营销与创新，其中营销的目的在于充分了解顾客，将其潜在需求转化为实际需求。创新则是提供新的人力、物力来创造更大的财富，用超越过去的方法满足顾客需求。第八，创新不能靠等待，不要期待"缪斯女神的亲吻"赐予他们创见，而应专门地、有目的地寻找只存在于少数状态中的创新机会。第九，成果比效率更重要。效率是把事情做对，成果是做对的事情，因此效率是重要的，但成果更重要。第十，自我管理。一个人一生不会只从事一种职业，人人都应当学习经营，要懂得把自己放在能够做出最大贡献的位置上。

德鲁克的理论在企业管理界影响很大，比尔·盖茨说："在所有的管理学书籍中，德鲁克的著作对我影响最深"。

德鲁克对华友好，十分关心中国的管理学和管理学的研究，如今在北京已经有了一所彼得·德鲁克管理研修学院。

六　第五项修炼理论[①]

第五项修炼理论（The Fifth Discipline）是美国学者彼得·圣吉（Peter M. Senge）在《第五项修炼：学习型组织的艺术与实务》中提出来的。五项修炼概括地说是：自我超越、改善心智模式、建立共同远景、团队学习、系统思考。其目的是帮助人们重建一种新的看问题的方式，从习惯向外看、看世界、看环境、看别人，改变到向里看、看自己、看自己的内心；从看局部，到看全局、看系统，从而能看到存在于内部的障碍，找出克服它们的办法。《第五项修炼：学习型组织的艺术与实务》的杰出之处不仅在于它的理论，而且在于它的可操作性和有效指导性。它能使你懂得如何提升自己的能力，如追求自我开发、自我超越的能力，改善心智模式、提高认知的能力，团队学习和团队建设的能力，系统思考、掌握未来的能力，建立共同远景目标的能力和锻炼系统思考的能力。该理论认为，企业唯一持久的竞争优势在于比竞争对手更快、更好的能力，使人员全心投入、坚韧创新，保持长久的竞争优势。

该书得到经济管理界的广泛尊崇，被评为"世界上影响最深远的管理书籍"之一。彼得·圣吉也被誉为"20世纪对商业战略影响最大的24个伟人之一"，是"顶尖管理大师"，是继彼得·德鲁克之后最具影响力的管理大师。

七　当代企业管理理论

除上述主要企业管理理论外，当代又出现了不少新论，如迈克尔·波特（Michael E. Porter）的竞争战略管理理论、哈默（Armand Hammer）与钱皮（Carlo Azeglio Ciampi）的企业再造理论、西蒙（Herbert A. Simon）的决策理论等。至于对企业管理有启发和借鉴者就更多了。综合当代企业管理理论各方的共识，大致有以下最为重要的几条。

（1）企业要确定正确使命。所谓企业使命是指企业哲学和企业宗旨。就

---

① 〔美〕彼得·圣吉：《第五项修炼：学习型组织的艺术与实务》，郭进隆译，上海三联书店，2001。

是要确定企业的理想信念、价值观念、社会责任、行为准则和道德规范，要说明企业在社会进步和社会经济发展中所应担当的角色和责任，也就是企业的根本性质和存在的理由，说明企业的经营领域、经营思想，为企业目标的确立与战略的制定提供依据。

（2）现代企业管理的基本原则是：产权明晰，政企分开，所有者与经营者分离，责权明确，管理科学，拥有现代技术。

（3）今天企业管理的内涵已经越来越转向战略管理，包括现代企业管理和决策功能、计划功能、组织功能和控制功能等。管理的方法包括行政方法、经济方法、科学思想方法和教学方法等。管理的手段有法律手段、信息手段、网络手段和教学手段等，应该追求管理组织系统化、管理科学化和手段自动化。

（4）以人为本，重在管人。注重人的素质、人的协调、人的激励和人的自控，旨在通过较高的领导层素质和员工素质、合理的人力资源配置，使企业形成良好的组织氛围和自律自激机制，最终实现企业的管理目标。

（5）要从重"物"到重"人"，从重"组织"到重"人"。企业要突出人力资源的管理。对员工一是要激励，二是要沟通，三是要培养。要采取物质动力、精神动力和信息动力来激励员工，要通过谈话、会议、网络同员工沟通；要从强调成长转而强调学习，要从短期学习转而强调长期学习、终身学习。

（6）质量第一，质量管理第一，实施"全面质量管理"，多维管理。一个企业的动力在员工，生命在产品质量。质量要实施多维管理，这是现代企业管理的一个突出特征，要着眼产品生产全过程的各个环节，从而建立起全员参加、全过程展开的全面质量管理体系。要层层把关，人人负责，强调没有最好，只有更好。抓质量要从"检验"转到"预防"，由"堵"到"疏"。打造名牌产品、提供精品应该是企业生产永恒的主题和追求。

（7）质量是企业的生命，营销就是企业的生命线。要树立大市场的营销观念，打破传统的部门和行政界限，跨区域甚至跨国境进行，国内市场与国际市场融为一体开展营销。企业可以通过销售来引导消费，创造新的产品需求市场。

（8）要重视企业文化的建设。企业文化是无形的纪律，它能调动和促进员工的主动性、积极性和创造性。

（9）培养优秀管理者。这对中外企业都是一个大问题，因为目前中外企业中家族企业已经大幅度减少。培养企业优秀的管理接班人已经显得日益重要。

应该说，现代企业管理理论中最新、最重要、最难做的就是"以人为本"。因此，目前在企业管理中最盛行的下列五大法则都是围绕这一主题也就不难理解了。

"南风"法则（South Wind Law）也叫"温暖"法则，意为"南风胜于北风，温暖胜于严寒"。运用到管理实践中，南风法则是要求管理者尊重和关心职工，时刻以职工为本，多点"人情味"，多注意解决职工日常生活中的实际困难，使职工真正感受到管理者给予的温暖。这样，职工出于感激就会更加努力积极地为企业工作，维护企业利益。

"木桶"法则（Cannikin Law）又称"短板"法则，意为"一只木桶盛水的多少，并不取决于桶壁上最高的那块木块，而恰恰取决于桶壁上最短的那块"。由此引出三个结论，其一，只有桶壁上的所有木板都足够高，那木桶才能盛满水；其二，只要这个木桶里有一块不够高度，木桶里的水就不可能是满的；其三，只有把短的木板加长取齐，水桶才能盛满水。

"鱼缸"法则（Fishbowl Rule）这是说，养在鱼缸中的热带金鱼很小，不管养多长时间，始终不见长大。然而只要将这种金鱼放到水池中，两个月的时间，原本三寸的金鱼可以长到一尺。结论就是，不要把员工框死在一个狭窄的天地里，要让员工走出去、经风雨、见世面，才能得到茁壮的成长。

"热炉"法则（Hot Stove Rule）这是指企业中任何人如果触摸热炉（即触犯规章制度），就应受到处罚。

"刺猬"法则（Hedgehog Rule）这是指生物学家把十几只刺猬放到严寒的空地上。这些刺猬被冻得浑身发抖，为了取暖，他们只好紧紧地靠在一起，而相互靠拢后，又因为忍受不了彼此身上的长刺，很快就又要各自分开了。离得太远，冻得难受；挨得太近，会被刺痛。经过反复摸索，刺猬们终于找到了一个适中距离，既可以相互取暖，又不至于被彼此刺伤。该法则强调的就是人际关系中的"心理距离效应"。它告诉领导者，要搞好工作，就应该与职工保持亲密关系，但要"亲密有间"，保持距离，不远不近。"距离"能产生"美"，这有助于搞好工作，处理好各方面的关系，使企业能健康地发展。

第二节　德国企业

一　企业概况

根据德国联邦统计局 2015 年 5 月 31 日的统计，2013 年德国共有3629666 家活跃的企业，其中一半分布在北威州、巴伐利亚州和巴符州。在全部企业中9人以下的微型企业共3290579家，占全部企业的90.9%；10~49人的小型企业共268263家，占7.3%；50~249人的中型企业共57712家，占1.5%；250人以上的大型企业共13112家，占0.36%；个人企业（Einzelunternehmen）2293444家，占63.1%；人合公司453746家，占13%；资合公司666231家，占18%；其他法律形式的企业216245家，占5.9%。2014年国外监管企业（即母公司在国外的企业）有25011个，占全部企业数的1.1%，[①]其中8%的母公司在亚洲，共有1899家；拥有自己信息、电讯人员的企业占比为21%，[②]可以上网的企业占89%，有网址的企业占66%，拥有快速因特网的企业占30%。过去说德国是一个中小型企业国家，根据今天把企业分为大中小微的国际分类标准应该说，德国是一个中小微企业国家，实际上是个小微企业国家。[③]

从地区分布来看，汉堡是大企业的领头羊，每10万居民中就有42家营业额在5000万欧元以上的大企业；其次是不来梅，有29家；黑森州排第三，有23家；其后有北威州、巴符州、巴伐利亚州；东部各州和柏林位于最后，柏林每10万人中只有12家大企业，而新州更是缺乏大企业，这已经严重制约了新州的经济发展。[④]

每年都会有许多企业开业或关闭。1980年新开业的企业共177660个，关闭的135064个，多了42596个；1990年随着德国统一的实现，开业的企业上升到371628个，关闭的增长到279933个，多了91695个，比1989年增加了10.3%；2015年开业的企业达到706876个，关闭的企业为675511个，多了31365个，申请破产保护的企业为23123个。[⑤]关于近年来德国企业的具体情况可参见表6-1、表6-2和表6-3。

表6-1　德国的企业状况（2015年5月31日）

企业法律形式	总数	微型企业（占比）（9人以下）	小型企业（占比）（10~49人）	中型企业（占比）（50~249人）	大型企业（占比）（250人以上）
个人企业	2293444	2234840	56380	2140	84

[①] 联邦统计局：*Statistisches Jahrbuch 2015* 中在这一部分用的也是2014年的数据。

[②] 引自 *Statistisches Jahrbuch 2015*。

[③] 联邦统计局：年度企业统计。

[④] Hoppenstedt：*Wir vermessen Deutschland — Die Unternehmen in Deutschland im Überblick*，in：*Mecklenburgische Seenplatte*，14.06.2012.

[⑤] 引自联邦统计局，2015年2月24日。

企业法律 形式	总数	微型企业（占比） （9 人以下）	小型企业（占比） （10~49 人）	中型企业（占比） （50~249 人）	大型企业（占比） （250 人以上）
人合公司	453746	389752	49350	12000	2644
资合公司	666231	485960	135464	36526	8281
其他法律 形式	216245	180027	27069	7046	2103
总计	3629666	3290579 （90.9%）	268263 （7.3%）	57712 （1.5%）	13112 （0.36%）

资料来源：Statistisches Jahrbuch 2015。

表 6-2　2012 年德国各类企业概况

企业分类	企业数	从业人数	营业额	实物投资总额	要素成本的总附加值
			%		
全部中小微型企业	99.3	60.3	32.2	41.5	46.9
微型企业	80.8	18.4	6.2	11.0	11.6
小型企业	15.4	22.1	10.9	14.2	16.7
中型企业	3.0	19.7	15.0	16.3	18.6
大型企业	0.7	39.7	67.8	58.5	53.1

资料来源：联邦统计局，年度企业统计，2014。

表 6-3　2014 年德国企业重要数据概览

工作人员数	7269136 人
全部营业额	2021564 百万欧元
材料开支	56.7%
人员开支	18.6%
绩效开支	15.4%
可以上网企业	89%

资料来源：联邦统计局，2016。

从总体上来看，德国每个从业者的劳动生产率一直在提高。1960~1970
年，老州每个从业者的劳动生产率提高了 4.2%，1970~1980 年提高了
2.6%，1980~1990 年提高了 1.5%。2000~2011 年整个德国的劳动生产率
分别提高了 1.3%、1.2%、0.6%、0.5%、0.9%、0.8%、3.1%、1.5%、
-0.1%、-5.2%、3.2% 和 1.6%。

从生产角度看，德国的企业可以分为制造业和加工业，而加工业又可以包含在制造业内。制造业包括矿山、加工业和建筑业，加工业则涵盖基础原料业、生产资料业、投资商品业、消费商品业以及食品和嗜好品业。

二 2016 年世界 500 强企业中的德国企业

在 2016 年统计的世界 500 强企业中德国占了 28 家，名列第 7、16、32、34、51、71、87、88 和 90 位的分别是大众公司、戴姆勒股份公司、意昂集团、安联保险集团、宝马集团、西门子、博世公司、巴斯夫公司和德国电信；大众汽车公司年营业收入为 236599.8 百万美元，年亏损为 1519.7 百万美元，具体排名如下。

表 6-4 2016 年世界 500 强企业中的德国企业

2016 年排名	2015 年排名	公司名称	营业收入（百万美元）	利润（百万美元）
7	8	大众公司（VOLKSWAGEN）	236599.8	-1519.7
16	17	戴姆勒股份公司（DAIMLER）	165800.2	9344.5
32	22	意昂集团（E. ON）	129277.3	-7763.8
34	32	安联保险集团（ALLIANZ）	122947.8	7339
51	56	宝马集团（BMW Group）	102247.6	7065
71	63	西门子（SIEMENS）	87660	8338
87	150	博世公司（ROBERT BOSCH）	78322.7	3541.9
88	76	巴斯夫公司（BASF）	78147.4	4422.7
90	102	德国电信（DEUTSCHE TELEKOM）	76793	3609.6
101	97	麦德龙（METRO）	71265.7	769.4
106	103	慕尼黑再保险公司（MUNICH RE GROUP）	69432.9	3446.5
108	111	德国邮政（DEUTSCHE POST）	68358.1	1708.3
165	178	拜耳集团（BAYER）	52436.6	4559.1
166	164	德意志银行（DEUTSCHE BANK）	52422.2	-7536.4
174	154	莱茵集团（RWE）	51616.9	-79.9
184	179	蒂森克虏伯（THYSSENKRUPP）	48981.4	353.8
203	197	德国联邦铁路公司（DEUTSCHE BAHN）	44818.1	-1469.8
213	233	德国大陆集团（CONTINENTAL）	43519.1	3025.4
285	285	汉莎集团（LUFTHANSA GROUP）	35559	1883.6

2016 年排名	2015 年排名	公司名称	营业收入（百万美元）	利润（百万美元）
289	292	塔兰克斯公司（Talanx）	35379.3	814.2
320	488	采埃孚（ZF Friedrichshafen）	32339.8	1080.4
321	314	德国艾德卡公司（EDEKA ZENTRALE）	32017.2	277.4
334	295	德国中央合作银行（DZ BANK）	31195.1	1570.7
341	387	费森尤斯集团（FRESENIUS）	30644.9	1506.4
416	405	菲尼克斯医药公司（PHOENIX PHARMA-HANDEL）	25641.5	223.7
453	424	巴登 - 符腾堡州能源公司（ENERGIE BA-DEN-WÜRTTEMBERG）	23479.5	138.5
462	-	思爱普公司（SAP）	23065.2	3398.8
467	469	途易（TUI）	22913.6	389.8

资料来源：《财富》、百度网综合整理，自行列表，2016 年 7 月 20 日。

三 企业的法律形式

涉及企业法律形式的法规首先出现在 1897 年 5 月 10 日颁布的德国《商法典》（HGB）之中。2002 年 8 月 24 日该法典又进行了一次修改，对公司法律形式等内容进行了总体规范。此外，还有《股份法》、《有限责任公司法》和《合伙公司法》等专门立法。

根据 Gabler Wirtschaftslexikon 的归类，德国公司主要分个人企业、人合公司、资合公司三大类，具体注册形式有数十种之多。

2002 年，德国进行营业登记的 72.3 万家企业中，个人企业为 56.4 万家，占 78.0%，有限责任公司（Gesellschaft mit beschränkter Haftung, GmbH）9.1 万家，占 12.6%，民法公司（Gesellschaft bürgerlichen Rechts）3.7 万家，占 5.1%，有限责任两合公司（Gesellschaft mit beschränkter Haftung & Co. KG）1.7 万家，占 2.4%，股份公司（Aktiengesellschaft, AG）4419 家，占 0.61%，无限责任贸易公司（Offene Handelsgesellschaft, OHG）2689 家，占 0.37%，两合公司（Kommanditgesellschaft, KG）2028 家，占 0.28%，合作社（Genossenschaft）566 家，占 0.08%，其他各类注册形式的企业 4643 家，占 0.64%。

（一）个人企业

个人企业是指个人掌管经营的企业形式，它既可以是微型企业，也可以是大型企业。它既非人合公司，也非资合公司。自然人进行营业登记即自动产生一家个人企业，企业规范名称为"所有人姓名＋企业经营范围"，再加上"已注册的商人"（e. K.，eingetragener Kaufmann）这一称号，加此字样是表示与未注册个人企业的区别。个人企业以全部资产担保，就是不限于入股资产，还包括其私人财产。企业可自愿进行商业注册，如销售额、利润额、企业资产和雇员人数超过一定标准则必须进行商业注册。成立个人企业也无须纳税，但从业则需要缴纳所得税、工商税和营业税。成立个人企业没有最低资本限制，经营决策的灵活性也很大。这是在德国开设企业最为简单、便捷的途径。

（二）人合公司

人合公司系指两个或两个以上以其全部资产对公司的债权人承担无限责任的自然人或法人注册成立并进行经营管理的公司，主要有民法公司、合伙公司（Partnerschaftsgesellschaft）、无限责任贸易公司、无限责任公司、两合公司等。人合公司无最低投资额限制，融资能力较强，股东之间除投资关系约束之外，还存在着相当程度的相互信任关系，他们也都亲自参与公司的经营管理。这一法律形式较适合于建立规模较小的企业。

从原则上来说，人合公司的股东是以个人的身份参加工作，也以个人的资产承担责任，无要求法定资本参与的规定，协商问题时不受参股的比例制约，而以人头为准，股东与公司的关系要比资合公司密切，公司的参股一般不得转让，公司的资产属股东集体，为大家所有。

人合公司一般按工商企业运作，要缴纳工商税，有时也要缴纳营业税，但不缴所得税。各股东均是企业家，如获利就应纳税。根据2001年的减税计划，人合公司在纳税上可与资合公司同等对待。

（三）两合公司

两合公司是人合公司。它由一个或多个股东组成，其中有个人负责的股东（无限责任股东），至少也有一个股东的责任是受限制的（有限责任股东）。法人也可以成为有限责任股东或无限责任股东。有限责任股东的担保费要写进工商登记册。

成立两合公司也要提出公司合同，说明期限、解约可能以及有限责任股东的担保额度。只要公司合同中没有特别注明，股份（包括有限责任股东的股份）均不得转让。但也有例外，有的公司合同可以写上：如无限责任股东同意，或多数股东同意，有限责任股东的股份可以转让。可以减少有限责任股东的股份，但只要没有写进工商登记册并公布，此规定便对公司债权人无效。法定的禁止竞争规定只适用于无限责任股东，根据股东应有的忠诚义务对有限责任股东也有限制。

原则上只有无限责任股东和公司合同可以决定是设立集体经理或是单独经理（很少），有限责任股东则无此权利，但有限责任经理也可以通过授权得到代表权。

在做出诸如修改公司合同、接纳新股东、解散公司这样重要的股东决议时，有限责任股东拥有同样的表决权。合同规定，无限责任股东拥有特权。有限责任股东的权利则受到限制，如有多个有限责任股东共同决定，其中的一位可以代表他们。大的两合公司在对重大问题决策时往往采用简单多数、3/4多数或是4/5多数，但在表决权上会给无限责任股东以照顾。

拟定资产负债报告是无限责任股东的责任，有限责任股东负责监督。法律规定有限责任股东可以获得一份资产负债报告的副本，并可以阅看相关文件和资料。

法律规定，按资本的4%付息，如年度盈利不足可以降低付息率，年度盈亏均按恰当的比例分担。从合同上来看，对于既负责经营又承担风险的无限责任股东要予以恰当的分红，采取一种固定的、按月发放的数额，不受年收入影响，或者采用特别红利的方式按参资比例分配利润。红利给有限责任股东发放到特别（信贷）账户上，给无限责任股东则发放到私人或资本账户上。亏损按股份额度分摊，超出的亏损额用今后的盈利来补偿。

从税收法的角度看，两合公司的业务开启日便是公司成立之时。它一般都被视为集体企业。两合公司不缴纳所得税，股东要缴纳所得税。关于两合公司的盈亏、参股者以及每位参股人应该获得的盈利或亏损额需要通报。这是核算参股者所得税的基础，获利便是工商收入。如果股东被视为工商业的企业主，则两合公司便是独立纳税主体。两合公司是企业主，因此应该缴纳营业税。两合公司同其股东之间的营业额也应缴纳营业税。

（四）资合公司

资合公司系指一个或数个以达到法律规定的最低注册资金做资本金的自然人或法人注册成立的公司，股东必须参股。股份照例可以转让，但不得影响公司的生存。

与人合公司相比，资合公司组织结构更加合理，管理更加严密，股东只需承担与出资额相对应的有限责任，且不必亲自参与公司的日常管理，决策一般按参股比例确定。股东的私人资产不为公司债务担保。资合公司更符合企业发展的趋势与潮流，已成为德国企业首选的注册形式。

属资合公司的主要有股份公司、股份两合公司（die Kommanditgesellschaft auf Aktien，KGaA）、有限责任公司这三种形式。

股份公司完全由参股来决定，其特点是多数股资以及股权可以用有价证券来确认；有限责任公司也显示了某些人合公司的特点，例如股票转让困难，经理常是股东。与有限责任公司相比，股份公司的资本主义化不太明显，其混合形式是合作社。

国内资合公司要缴纳工商税、公司税。1991～1998年，新州是不征收资产税和工商资本税的，现在也要缴纳。对分成的利润，资合公司要缴纳资本收益税，国内资合公司的经济商品完全属于企业资产。

（五）股份公司

股份公司是一种资合公司，是法人代表，最低注册资本（Stammkapital）为5万欧元，只以公司资产向债权人承担责任，股东以股票入股，可以随时在交易所出售自己的股票。股票既可以是票面值股票，也可以是单股股票。面值股和单股值都不得低于1欧元，可以以实物入股，但必须完整。某些股份公司规定股东必须定期提供实物，例如糖厂的股东要提供甜菜。股份公司的权力机构为股东大会（Hauptversammlung），执行机构为董事会（Vorstand），监督机构为监事会（Aufsichtsrat）。股东大会选举产生监事会，监事会成员数量取决于公司注册资本，最少3人，由资方和劳方代表各一半组成，双方表决各占50%时，监事会主席有两票。监事会任命董事会，董事会成员可以是股东，也可以不是，目前多数董事会成员为合同聘任。董事长、董事的职能及责任与有限责任公司的董事长和董事相同。股份公司可以上市，也可以不上市，承担与注册股份资本相应的有限责任。股份公司有利于筹集资本，但有关成立与管理方面的规定较为严格，是适合于资金需求较大、实力较强大的企业的法律形式。

（六）股份两合公司

股份两合公司是把股份公司（AG）的成分同两合公司（KG）的成分融合在了一起。它是一个股份公司，但却拥有无限责任的股东。它虽说具有人合公司的特点，却是个资合公司。它本身就是有法定资格（rechtsfähig）的法人。它也是个贸易公司，因而也就是《商法典》中所说的商人，此时往往便没有了无限责任的自然人。

股份两合公司一般有两种形式：一种形式是有无限责任股东，他们主要受人合公司法管辖，可以胜任公司经理和代表，对个别的无限责任股东可以通过章程取消他们担任经理和代表的资格；另一种形式是，股份两合公司股东拥有同股份公司股东同样的成员权利，其提供已经分成股票的基本金，但却不对公司的债权负责。

股份两合公司的资本分成两大部分，即该公司的全部资本由两合公司股东的基本金同无限责任股东的入股资产共同构成。其股金至少要有 5 万欧元，无限责任股东的入股资产则按人合公司法规来决定。

（七）有限责任公司

有限责任公司的最低注册资本为 2.5 万欧元，并以此承担相应的责任。每位股东最低出资额不得低于 100 欧元。资本的增加和减少都需要 3/4 的多数表决通过。德国有限责任公司法对股东人数未作限制，一个股东便可建立一人有限责任公司（Einmann-GmbH）。有限责任公司设董事会，成员由股东聘任，负责公司的经营管理，其中包括董事长 1 名（即总经理或总裁）及董事（副总经理或副总裁）若干名，员工超过 500 人的企业应设执行董事。一些有限责任公司因规模小，只设董事长 1 名。

有限责任公司为介于大型股份公司与小型合伙企业之间的企业形态，成立与管理都比较容易，加之机构设置灵活，投资人（股东）在承担有限责任的同时也参与公司的决策管理，便成了目前德国除个人企业外最为广泛采用的企业形式。

成立有限责任公司的程序如下：一人或多人提出并签署公司合同，合同内容包括公司名、所在地、企业经营对象、资本金额、股东入股等。上述内容不得变更，如要变更须经过股东大会 3/4 多数的同意。公司合同须经过公证，要支付 25% 的资本金，资本金的总数必须达到最低注册资本的一半。开业担保的要求与股份公司相同。如申报开业时谎报则公司和经理都必须承担责任。

公司经理通过聘任合同任命，在从事某些特定的交易时要得到股东大会的批准。经理对外可以无限代表公司。如经理有多人，则整体代表公司，如章程有规定也可以单独代表。经理也可以是股东（如一人公司），往往可以不受禁止个人签约规定的限制。

股东大会有下列权力：（1）可以决定年度总结、成果的使用、征收股资、归还补缴款项、征收和分配股份、任免和考察经理等；（2）决议以简单多数做出（50 欧元 1 票），但不包括修改章程；（3）若涉及章程的修改（如增加或是减少资本、公司变动、席位调整以及债务等问题）需要公证；（4）召开股东大会须用挂号信函通知，并写明议程，如章程无特殊规定，会期均为一周，若有 10% 以上的少数要求或是股本损失了一半则必须召开股东大会。

如章程有规定，可以设立监事会、顾问委员会和管理委员会。若企业员工超过 500 人，则必须设立监事会。

若股东和经理出于注册的目的对股资收入、股资性能（Leistung der Einlagen）、股资使用、特殊优惠、创建花费以及在（以）实物（作投资的公司）创建报告（Sachgründungsbericht）内对实物投资及其保护情况谎报，或若经理出于提高注册资本的目的对新资本的认购和支付情况谎报，或若经理和清算人在某些法定的担保中谎报，将处以三年以下的徒刑或罚款。

如经理出于降低股本的目的做出不真实的承诺以满足和保障债权人，或是经理、清算人、监事会成员一类人员在公开的通报中对公司的资产状况做了不真实的阐述或掩饰也都将受到惩处。

如经理或是清算人错误地没有及时申请开启破产程序，将处以 3 年以下的徒刑或罚款。如股本损失一半也未向股东通报同法处理。

如违反保密规定，或是未经授权就公布了企业或交易秘密，经公司申请将处以 1 年以下的徒刑或罚款，如怀有谋财或损害的动机则可处以 2 年以下的徒刑。

工商收入要缴纳工商税，其他收入要缴纳公司税。

公司在出现下列情况时可以解散：（1）合同到期；（2）股东决议；（3）法庭判决或是管理局决定；（4）已开启了破产程序；（5）由于资产缺失官方决定注销，或在清算时已在公司向债权人的通报中进行 3 次公告之后。

利润分成一是按公司合同确定的比例，二是根据股东决议，三是按照股份的比例。一般是把利润的全部或是部分用来增加自有资本，列入储备金账户或是利润分配账户或是股东账户的盈亏账户内。

大部分股份有限公司均按《1976 年煤钢共决法》、《共决补充法》、《1952 年共决法》和《雇员代表参加企业管理法》的规定在企业层面实施雇员共决制。

（八）有限责任两合公司

有限责任两合公司（GmbH & Co. KG）实际上不是典型的两合公司，

它是两合公司的一个变种，但按两合公司原则创建，因为该公司的一个参股股东不是自然人而是一家或数家有限责任公司。作为无限责任股东的有限责任公司按其注册资本额承担无限责任，有限责任公司董事长负责有限责任两合公司的经营管理。成立这一形式公司的初衷就是为了获得税收优惠，能减少和规避责任风险。

各参股自然人所获盈利按所得税纳税，而参股的有限责任公司如获利则按公司税纳税，有限责任公司经理的薪水视情况的不同而不同：有限责任两合公司获利原则上应缴纳工商税，而两合公司、有限责任公司和每个有限责任公司的股东都被视为独立企业家，应照此纳税。

（九）无限责任公司

由两个或两个以上自然人、法人或人合公司（1998年7月1日后个人企业或地产公司也可作为公司股东）制定公司章程（可口头约定或书面制定）并进行商业注册后成立的公司。所有股东均以其全部资产对公司债权人承担无限责任（法人以其注册资本为限额承担责任）。公司由全体股东或指定的股东经营（原则上每位股东均可单独代表公司对外），或聘请代理人（Prokurist）经营管理。为防止股东滥用权力，公司章程中经常规定共同代表方式（Gesamtvertretung），即由所有股东或两位以上股东和全权代表共同代表公司对外。无限责任公司不具备独立法人资格，但可享受法律规定的权利、承担债务并对外开展业务。利润以各股东出资额的4%为基数分配，不足则将4%的比例相应降低，如超出，超出部分按人头均分。

（十）控股公司

控股公司（Holding-Gesellschaft）自己不生产，它的经济活动主要是管理它控制的所有公司的股票。各股份公司的股东向控股公司缴纳股票，换取控股公司的股票（股票替换）。至少在对外时各公司的法律自主权仍然保留，而经济的自主权在财政方面则完全转让给了控股公司，在公司政策上大多转让给了控股公司。

控股公司分为：（1）纯监督公司，一般不使用指令权；（2）顶层公司，除去通过财政来控制所属公司外，它还会使用计划和发展手段来推动所属企业的前进。

为了避免双重征税，控股公司可以通过母子公司之间的税收优惠特例（Schachtelprivileg）在公司税上获得优惠。

1998年颁布了《企业参股公司法》（*Gesetz über Unternehmensbeteiligungs-*

gesellschaften，UBGG），规定控股公司至少要拥有总额为 200 万马克的股金，而且只能作为股份公司、有限责任公司、两合公司和股份两合公司来经营，公司的经营项目只能是购买（Erwerb）、管理和出售股票或是作为隐名公司参股，该参股公司的所在地和领导均应在国内，其股票在公司运营期间未在任一国的交易所上市和交易。

（十一）无限责任贸易公司

无限责任贸易公司是人合公司，不是法人，但法人也可以成为该公司的股东。所有股东均以其全部资产（私人资产和公司资产）向债权人提供直接的、无限的责任。但面对股东它却拥有一定的自主性，在法律交往中它可以以公司的集体名义出面，股份原则上不得转让。

要创建无限责任贸易公司也要提出公司合同并注册。注册时要填写每个股东的姓名、住址、公司名、所在地和公司成立的时间。有代表权的股东应代表公司在法院签字存档。股东在公司内部的关系以公司合同为准，其中对股资的多少和形式、期限、解约期、盈亏参与以及解职股东补贴余额的核算等一般都要做出规定。

股东对公司的每件事物均享有股权，但不得转让，也不得租赁。然而，公司对整体股份却可以做出特殊的规定，例如可以允许在其他股东同意或不同意的情况下转让股份。

公司的名称大多自定。然而如果没有自然人个人负责，公司便可以挂上有限责任的字样。

公司的领导由股东确定，也可以实行集体领导，也可以规定某些股东不得担任领导。每个股东可以独立对外代表公司。公司合同可以规定集体代表公司或是排除某些权力，此类限制必须在注册时写明。如有重要的理由，可以根据其他股东的申请或诉讼并经法庭裁决剥夺某一股东担任公司领导或代表的权利。禁止股东竞争的规定同样也适用于被禁止担任公司领导和代表的股东。

在重大问题上需要股东行使表决权，股东决议需要所有有决策权股东的表决。如公司法规定表决中以多数票为准，在无其他规定的情况下多数应以股东数来确定。

无限责任贸易公司在税收上被视为企业家集体，每个股东都是企业家。公司不用缴纳所得税，公司的盈利应统一而特殊地加以确定，每个股东应缴纳所得税。

（十二）一人公司

一人公司是指所有股份都掌握在一人手中的资合公司，它主要有两种形式：（1）一人股份有限公司。该公司的决议不是由股东大会做出，而是由掌握全部股份的一人做出。一般情况下该人同时也是单人经理。有限责任公司法允许成立一人公司，但规定该公司在注册前必须对超出最低股份部分加以保险。一人公司的决议必须立即签字公证；（2）一人公司。这是股份公司的一种形式，全部股份掌握在一人手中。该公司也是法人，对债权人负责的只有公司资产。一人公司也必须拥有董事会和监事会，而这位一人股东要隶属于董事会或监事会。他如果违反了自己的职责，必须以本人的其他资产向债权人负责。成立一人公司时必须立即向法院注册这位一人股东的姓名、职业和住址。

（十三）隐名公司

这一法律形式实际上泛指拥有一位以上没有投票权、不参与公司经营管理、但可根据公司章程享受一定比例利润收益的隐名股东的公司（具体到股份公司，那些拥有优先股、无投票权的股东即为隐名股东）。

（典型的）隐名公司（Stille Gesellschaft）是一种公司的特定形式，它不是贸易公司，而是民法公司。可以有多名隐名股东参股，同样也存在多个彼此无关的隐名公司。

成立隐名公司同样需要合同，但它不像两合公司那样需要登记。隐名公司的股资存入股资账户，没有法定竞争禁令，但有一个弱化了的忠诚义务。

提出资产负债表是企业主的义务。隐名股东拥有监督权，他有权要求获得年度报告的副本，并可以审议其正确性。这一权利可以扩大，如缩小则被视为违反良好的传统，因为监督是隐名股东的重要职权。

隐名股东应参与利益分配，但无须承担亏损。

隐名公司可以解散，缘由可以是协议、协议到期、企业主去世（不是隐名股东去世）、企业主或是隐名股东破产、股东或是隐名股东的债权人定期解约或是因重大原因非常解约。

典型的隐名公司规定隐名股东只参与利益分配，不参与资产值的变化。隐名股东的盈利所得系企业支出，由企业主从经营收入中拨给。隐名股东则应将此收入视为资本资产收入或是企业收入，并照章纳税。

（十四）民法公司

按照规定，从事小规模工商业人员或自由职业者可口头约定或签订章程成立民法公司。民法公司只有在销售额、企业资产、雇员人数超过一定标准需变更为无限责任公司或两合公司时，才需进行商业注册。

民法公司既不能起诉，也不能被起诉。成立民法公司也需要提出公司合同，民法公司必须保证按照公司合同来达到拟定的目标。

股东的权利和义务：（1）缴纳股资；（2）公司资产属于全体股东，任何股东都不得单独拥有公司中其占有的份额或是要求分配公司资产；（3）公司由一位或几位股东作为经理来经营公司业务；（4）公司盈亏按人均承担；（5）如公司亏损，债权人可以享有公司的资产或是股东们的其他资产；（6）股东的权利一般不得转让。

如果公司目的已经达到，或已经做出解散决议，或提出解散，或一位股东去世、破产，公司便可以解散。民法公司可以随时提出解散。如果公司合同规定，在股东提出解散、去世或破产时，它可以继续存在下去，那只能是有关股东退职。

（十五）我 – 公司

我 – 公司（Ich-AG）是劳动局要求成立的小公司，如花店、快递以及其他的一人公司和从事微型工作的都是我 – 公司。成立这样的公司能获得一笔补贴，很多人都想要。我 – 公司往往都是在失业后开设的独资经营的一人公司或是家庭公司。它们可以获得失业保险的补贴。

（十六）公共企业、国有企业

谈德国企业的法律形式一定要区别公法形式和私法形式。

公法形式又可以分为独立法人单位或非独立法人单位。属非独立法人单位的有 Regiebetriebe 这样的国有企业；属独立法人单位的有三类企业：1. 合作社这样类型的权能单位，如福利保险公司；2. 也有使用者非公司成员的权能单位，如储蓄所；3. 公法权能基金会，它们的特点同私法基金会一样，就是拥有基金会资产，有较大的专业性和自主性，但均属相关政府管辖。

私法形式的主要特点是其经营的盈利性。

公共企业也叫国有企业（Öffentliche Unternehmen），它有很多不同的种类和形式，主要有两类：（1）国有企业，此类企业无论是从核算还是组织角度看都没有太大的独立性，全部收入和支出都归各级政府；（2）城镇自营公司（Eigengesellschaft），大多以有限责任公司或股份公司的形式出现，但均属乡镇或县市政府机构管辖。

德国的国有企业分布在各个领域，主要在供应、交通、信贷、住房、研究、技术和基础设施等领域。

当今德国的国有企业同样也受到严峻的挑战。谈论的主要议题是私有化和竞争力，关键是看欧盟的竞争政策今后如何演变。如今，德国已将联邦铁路和联邦邮政从形式上完全私有化了，物质上也部分私有化了；另外，将政府的管理权力下放，但问题还是不少，需要进一步研究如何来解决。

（十七）城镇自营公司和城镇自营企业

这是属城镇政府资产的股份公司或有限责任公司采用的一种私人法律形式，一般都是城镇级政府的资产，参股的往往是好几个乡镇，但经营目的相同。城镇自营企业（Eigenbetrieb）又不同于城镇自营公司，它只是某个乡镇划分出去的特殊资产（ausgegliedertes Sondervermögen）。

（十八）公共经济企业

与私人企业和居民户相比，公共经济企业（Gemeinwirtschaftliche Unternehmen）应当起到调节、刺激和补充的作用。公共经济企业的主管人原则上应该是各级政府、工会、教会、党派、基金会和协会。由于经营不善不少公共经济企业名声不好，建立公共经济企业的想法也备受质疑。

（十九）合作社

合作社是一个不限成员人数的公司，目的是用集体经营的方式来增加成员的收入和交易，有以下多种形式：（1）促进合作社，这是一家对独立经营的合作社成员的辅助经营单位，下分①采购合作社，包括手工业进货合作社、商业采购合作社、农业进货合作社、交通合作社、消费合作社；②销售合作社，包括手工业销售合作社、农业合作社和生产合作社；③信贷合作社，包括工商大众银行、农业银行、住房建设合作社和效用合作社；（2）生产合作社（完全合作社），除合作社经营外没有合作社成员的个人经营，因为大家都在合作社内集体经营。

合作社在下列情况时可以解散：（1）股东大会通过决议，决议需要参会全体成员的 3/4 的多数通过；（2）如果章程规定的成立期限已经到期；（3）成员少于 7 人；（4）合作社的行为违法或不作为；（5）追求法律未允许的目标；（6）合作社破产。

每个合作社都必须照章纳税。经营和经济合作社对非合作社成员的补偿都应是合作社的支出。对合作社成员的补偿只有当该项补偿是合作社成员经营所得时方能列为合作社的支出。经营和经济合作社应照章缴纳工商税，但是公司税法有关合作社盈利可以全部或部分免税的规定同样可以适用于缴纳工商税。

（二十）　企业拆分

企业往往出于减免税收的目的而拆分。一家企业一般可以拆分为资产管理公司和运营公司。运营公司是资合公司，资产管理公司则是人合公司；也可以分为生产公司和销售公司。真正的企业拆分（Betriebsaufspaltung）一般都是一个统一的企业分为两个相互独立的企业，假的企业拆分是分成两个法律上相互独立的企业后仍在物质上和人事上保持联系。

拆分的前提：（1）物质联系，资产管理公司至少要把可用的、重要的企业基础让渡给运营公司；（2）人员联系，站在两个企业后面的人员必须有一个共同的从业愿望，一个员工或是一群员工在实际掌控着资产管理公司的同时又能在运营公司贯彻自己的意图。

在阐明企业拆分时要保持盈利中性，资产管理公司就其本质来说是管理资产而不是经营活动，但可以列入工商企业范围。要以实现利润的多少来做出评价，除非使用了企业租赁原则。

两个公司间签订的租赁合同如果其中的某些部分很反常以致让人怀疑在此租赁合同基础上的企业转让是否严肃，它就不一定能为税收法规所承认。

德国的企业形式很多，但社会功能却是一样的，即购买各种经济资源或生产要素，经过内部的生产过程，将其转化为新的产品或服务提供给社会。[①]这是企业的共性，也是国家决策的基本依据。

一家企业或公司应采取何种法律形式视下列情况而定：各自的法律诉求、各家的实际情况（如财政状况、政治力量对比和角色理解等）及目标考量。具体来看，有税法、人事、共决、所属地区机构的影响力、组织力和灵活性以及经营能力等。

第三节　企业政策

企业政策就是指长期决定企业目标及其内外行为的全部规定，可以分为微观企业政策和宏观企业政策两类。宏观企业政策是指国家、政府对企业的政策；微观企业政策则是指企业对自身发展的政策。但两大政策的核心都是

[①]　袁志刚主编《管理经济学》，复旦大学出版社，1999，第 9 页。

经济性和节约性，遵循三大原则：最大原则，指获取最大收益；最小原则，指使用最少的稀缺商品；普遍的极端原则，指收益与支出的最好比例。[①]

一 德国宏观企业政策涵盖的领域

（1）立法并监管相关机构和企业按法经营；[②]

（2）拟定战略营销计划和营销战略；

（3）按需求者行为规律来安排就业；

（4）促进企业的竞争力和就业；

（5）从事营销研究，分析竞争条件和需求条件；

（6）执行产品和创新政策、价格政策、分配政策和交际政策；

（7）贯彻"共决"和"共有"；

（8）对公司兼并实施监管；

（9）推行家庭导向的企业政策。

二 德国宏观企业政策的重点

德国宏观企业政策涉及的领域很多，内容也相当复杂。这里只能对其重点做一介绍。

（一）推动企业竞争力和创新能力的提高

德国企业从总体来看是现代化的和成功的，但是面对经济全球化的不断深入和国际竞争的加剧，德国企业不仅面临"不进则退"的挑战，甚至面临"慢进亦退"的窘境，因此德国政府便竭力来提高各企业的竞争能力，不断创造新的就业岗位。

要做到这一点就必须在两方面下功夫：一是建立健康的工业结构，二是积极利用新技术。在知识经济的时代，在创新的时代这两方面是经济增长和创造就业的前提。尽管德国的服务业近十几年来发展迅速，但制造业和加工业仍然是德国经济的中流砥柱，它占了德国出口的3/4。因此推动企业竞争力和创新能力的提高首先就是要推动制造业和加工业竞争力和创新能力的提高。

（二）创造好的环境

为了推动德国经济的竞争力、创新力和增加就业岗位，德国特别重视创

---

① Domschke/Scholl：*Grundlagen der Betriebswirtschaftslehre*，Berlin/Heidelberg/New York：Springer Verlag，2003，S.4.

② Richardi，Reinhard：*Arbeitsgesetze*，München：Deutscher Taschenbuch Verlag，1986.

造一个良好的投资环境，这就需要双管齐下。一是继续发展德国的传统工业部门，如汽车、机械、电子、化工和纺织业等；二是建立新工业部门，如可再生能源、新材料、航空和航天业、生物技术、海洋研究等。它们都是技术进步的"领头羊"。

（三）特别重视中小微企业的发展

在德国的经济结构中中小微企业占有特别重要的地位。它占了德国全部需要缴纳社会福利保险就业岗位的 60.3%，全部需要缴纳营业税企业的99.3%，全部营业额的 32.2%，全部实物投资的 41.5%，全部要素成本附加值的 46.9% 和全部培训学员的 83%。这就是说，它在企业数量、就业岗位和职业培训上都居于多数的地位，必须予以特殊的关注。

（四）开发国内外市场

开发国内外市场是实现企业政策的一大关键，这样所有的企业便可以获得更多潜在的消费者，但也面临更大的竞争和挑战。然而正是这样的竞争压低了物价，丰富了商品的供给，推动了经济的发展。

（五）克服官僚主义

随着经济的发展，市场越来越开放，对消费者的保护越来越多，经济和社会福利的标准越来越高，管理费用也就越来越大。这就需要政府在其中找到一个平衡点，然而实践证明，这是非常困难的。因此克服官僚主义，深入第一线，削减管理费用便成了政府企业政策中的一个重点。

（六）发扬社会福利和生态的价值观念

重视增长、就业和创新是重要的，但绝对不能削弱社会福利和生态价值观念的发扬。恰恰相反，经济越是发展，越要加强这方面的工作。国家的企业政策就是要非常重视建设对社会福利和生态负责任的企业、重视社会福利权利和人权以及理性地使用自然资源。

（七）加强对企业兼并的监管

在这方面要坚持两条：一是坚持反卡特尔法，二是坚持加强和支持跨国公司。

国际金融危机和欧债危机的爆发使人们进一步看清了德国企业的问题，迫使人们新建、修订和补充了下面的企业政策。

（八）强调实施可持续发展的企业政策

要节制，不要抱有创造无尽资源的幻想；要谦虚，不要追求所谓特殊经理品格的欲望；要可持续发展，开发一种以人的发展条件需求为导向的经营模式，提高企业的绩效，重质量和可控的增长，保持和创造满意的顾客；要培养，要让雇员懂得可持续发展是企业生死攸关的问题。

（九）要拟订并强调《董事会薪酬适度法》

2009 年 8 月 5 日，大联合政府颁布的《董事会薪酬适度法》生效，目的是鼓励各企业领导将董事会成员的薪酬结构向可持续和长期性上调整并提高其透明度，政府认为透明度是改革和民主化的前提，同时强调要加强监事会在这一调整中的责任并加以具体化。

（十）修改德国公司治理代码

2002 年 2 月 26 日，联邦司法部拟定了德国公司治理准则，并不断进行修改。2015 年 5 月 5 日再次做了修改并于当年 6 月 12 日生效，以便更好推行德国的企业政策。代码的核心内容是：董事会应在考虑股东、雇员和企业其他相关团组利益的前提下认真负责地领导企业实现可持续附加值的增长目标；监事会中的雇员代表在实施董事会成员薪酬规定中要发挥更大的作用。这一条首先适用于上市公司，它们应当贯彻公司治理代码的规定。如果不这么做就必须公开声明并说明。未上市公司也应重视该治理代码，但无公开声明的义务；私人企业应保证在企业领导层男女占比的公正；企业要明确规定监事会成员的任期，监事会成员要保证足够的办事时间。

（十一）进一步推进共决政策和企业民主

要实施可持续的企业政策就必须重视雇员共决这一手段。要看到在欧债危机中德国的雇员共决制经受住了考验。如果没有职委会和监事会中雇员代表的积极参与，雇员的工资绝不可能明增暗降，失业人数就会多得多。因此要进一步推进职委会和监事会中雇员代表的共决作用。强调德国要输出的社会福利市场经济模式中的一个重要成分就是雇员的共决制。

（十二）制定新的法律

强调《股票法》中必须写入董事会和监事会应当为了股东、雇员和大众的利益而领导好企业。立法人应该阐明，《董事会薪酬适度法》同样也适用于有限责任公司。因为在此之前曾有人认为，有限责任公司应该排除在外。

联邦政府应该召开专家委员会来拟定高薪酬者的纳税问题，限制大企业中董事会薪酬的进一步上扬。

三 德国的微观企业政策

德国的微观企业政策开创于 1951 年，当时出版了一系列讨论科学的企业政策的论著。

（一）微观企业政策的对象和类别

微观企业政策涉及以下领域：企业的基本目的，基本经济功能（指生产的商品和服务种类），企业的基本目标（声望、产品、成就和清偿能力），企业的社会目标，企业领导的基本理念（组织形式、领导理念、计划和监管体系）。

实施微观企业政策可以有以下做法。

（1）确定基本决策，拟定有利于获得最佳决策的基本原则；

（2）把企业所有人的行动和反应都纳入决策范围；

（3）拟定解决问题过程的内涵，包括所有特殊问题，主要是三大问题，即现状评估、拟定目标、可供选择的各种行动或计划战略；

（4）自觉地试验有关企业未来的全面、长期的计划；

（5）从正反两个方面对资源配置施加权威性的影响；

（6）打造企业政策的框架，可以简化为"认同""声望""社会－经济领域"等分项；

（7）规范对内和对外的行为；

（8）确定企业章程和企业文化的原则；

（9）提出保障目标理念，如权力保障、制度保障、冲突的处理保障，此时的企业政策可以理解为追求权力或是追求对权力分配的影响，目的是保障各机构、组群或个人基本目标的实现，此类保障行动一方面是针对企业内部成员之间的关系，另一方面是针对企业与外部世界、外部缔约人和竞争者的关系。

（二）分析初始状况

一定要从一开始就对本企业的各方面情况和状况进行认真、细致的分析，包括对本企业的优势和劣势、战略成功要素、战略成功潜力、环境条件、长期发展趋势、主要困难和价值观念等方面进行定性和定量的分析。

首先要弄清本企业对其竞争者的优势和劣势。这就要涉及企业的方方面面（如雇员、产品、生产工序、企业声望和企业文化等），可以采用机遇－风险分析、优势－劣势分析、经验曲线分析或投资组合分析。

尤其重要的是，一定要对战略成功因素和未来战略成功潜力进行分析。

要尽力分析本企业各个方面的发展趋势，包括整个经济的普遍发展情况、技术以及政治和法律的框架条件，特别要注意所有对本企业重要的市场（如采购、销售、劳动和资本市场等）和领域的发展状况。分析未来环境条件时最大的困难是对未来预测的不确定性。这时最好的做法就是拟定不同的方案（如预期方案、乐观方案和悲观方案）。

一般来说相关领导的价值观是不会一致的，因此他们必须要统一一下对人、企业以及经济和社会制度的认识，这些都属于企业哲学。在此基础上拟定出企业未来行为的普遍准则，作为企业的行为规范。

（三）微观企业政策的特点

在上述分析之后便可以开始制定企业的微观政策，它主要涉及产品政策、生产政策、财政政策、人事政策和宣传政策（公关政策）。

德国的微观经济政策在国际上是颇受好评的，其主要特点是，要展示企业的目标和计划，要落实，要有弹性，要同规章和程序相区别，要书面确认，要有解释，要有监管。

（四）加强企业管理

要从秩序管理转变为效率管理。对企业领导不仅要传授专业知识，还必须赋予领导以管理知识。

与现有的管理结构相比，作为基本哲学的服务思想在很大程度上要求放权，必须取消现有的专业管理与资源管理的分割。

反对片面强调经济原则，企业是否采取经济行动是对管理过程、行动条件以及由此形成的费用和业绩中单个行动表现进行综合考量的结果。

管理是通过分工合作的领导功能、规划、组织、认识以及监管来实现的。领导功能与内、外部条件以及公共管理机构行动与决策者的价值体系及素质息息有关。内部条件主要表现在共同认识、预算以及组织之中。它与诚信以及管理成员的能力一样影响着企业的行动空间、决策以及管理的过程和结果。外部条件同样也很重要，它一般表现在具体的财政操作上。

（五）强调企业的独立法人地位

强调企业的法权，就是要在经营管理中坚持企业的独立法人原则。德国经济界及企业界人士在谈到法权问题时总是强调，企业的法权地位十分重要，它是企业生命力的基石。根据德国的相关法律规定，法律规定的占有、使用和支配权属于法人，法人的财产可以是工厂、车间、设备、资金、专利权等。企业的股东虽然对其作为投资的财产享有最终所有权，但是其投资的占有、使用、支配权必须移交给公司法人，股东个人也无权直接处置企业的股本和收回股本，只能通过出售或转让等方法中断投资。

（六）生产资料私有制及其改革

马克思特别抨击了资本主义生产资料的私人所有制。德国企业同样重视产权，认为产权是法定的财产所有权。广义的产权包括所有、占有、使用和支配权。其中所有权是指最终的所有权，而占有、使用和支配权则是企业的经营权和法权。包括国有企业在内，德国企业中所有权同管理权、决策权是完全分开的。

1949 年，联邦德国成立前后以艾哈德为首的德国经济界人士就大力提倡实施"社会福利市场经济"，呼吁使所有雇员参与生产资料的占有，成为小资本家。于是，联邦德国采取了不少措施使雇员参资。

（七）"伙伴式的劳资关系"

马克思揭露资本主义社会中人与人之间的关系是压迫与被压迫、剥削与被剥削的关系。于是德国在战后首先就引进了共决制，规定每个企业的监事会中间必须要有雇员代表的参与，在煤钢行业甚至规定雇员代表的名额要同雇主代表的名额相等。

其次是成立职工委员会，规定 5 人以上的企业必须建立职委会。

（八）实行协定工资

马克思揭露了资本主义社会中产品分配的问题，指出其问题的核心是产品的私人占有。于是德国企业便实施协定工资来加以应对。"伙伴关系"的建立使职工的基本权利得到了保障。"协定工资共决制"则使职工参与企业经营管理和分配的权利得到进一步体现。这也是德国当前企业制度的主要特点之一。它在客观上缓和了劳资矛盾，调动了企业职工的积极性，保证了企业经营有一个稳定的环境。

第四节　"共决"理念

所谓"共决"就是指雇员参与决定企业的重大事务，这也是资本主义改革自身体制的一项举措。

一　德国共决制度的发展

1848～1849 年，德国成立了第一批工人协会，这可以说是开启了德国雇员共决的先河；随着德国的统一和福利体制建设的启动，德国工人的状况有了初步改善。1891年，德国颁布了第一个工商法规，允许工人委员会参与企业事务的决策；1920年，魏玛共和国颁布了《企业职工委员会法》，规定雇员可以参加企业的社会福利和人事事务的决策。

第二次世界大战后联邦德国就未来德国的政治、经济、外交的导向问题进行了大讨论。1946年通过了在企业中建立职工委员会的许可；1949年决定实施社会福利市场经济体制，明确规定了工会和雇主协会的"协定工资自主权"（Tarifautonomie）；1951年首先在煤钢企业中颁布了《共同决定法》。这是德国历史上第一个通过法律形式确立的"共决权"和"伙伴关系"。德国工会联合会（工联）和德国雇主协会分别是代表雇员和雇主利益的最大组织，并在组织内部根据不同的行业设立各行业工会和雇主联合会。

德国工会联合会下设16个行业工会，约有1100万会员，但工会会员在各经济部门雇员中所占比例不尽相同，平均不到50%。在德国联邦议院中工会议员占有众多的席位，如在第10届联邦议院的520名议员中，工会议员占230人，其中主要是社会民主党议员；在其他党派中，如联盟党、自民党和绿党中，工会议员也占有平均高于30%的比例。德国工联还经常通过社民党这一重要的途径对联邦政府施加影响，每一次重大罢工都是工联和社民党共同决定的结果。

德国雇主协会吸收了全国约90%的雇主。除了代表雇主同工联进行合作和对话外，它的主要职责还有向各行业雇主提供经济和政治信息，提供如协定工资合同、劳动权利、企业人事、"共决权"、就业、社会安全、职工教育等方面政策的咨询和帮助，代表雇主向联邦议院和联邦政府提出建议和要求以及反映雇主利益的各种法律提案等。德国工联和德国雇主协会一般是起协调作用的机构，并原则上代表各自维护的利益。

1952年，联邦议院通过了《企业协定工资法》，扩大了职委会的权力，1956年又颁布了《共同决定权修改法》，规定在中等企业的监事会中，劳资双方代表须各占1/2，可各派10名代表。资方代表出任监事会主席，主席在表决相持不下时他一人可以投两票或使用裁定权；在劳工一方的10人中，工会委派2~3名代表，其余7~8名由企业职工代表从职委会的委员中选举产生。有些州的法律还规定，煤钢业的劳动经理应由雇员代表担任，主管职工参与管理职工医疗、住宅等社会福利设施事务。1972年进行了修订，规定了雇员在社会福利、人事和经济事务中的共决权力。

　　1976年，联邦德国颁布《雇员共同决定法》，① 规定：（1）大型企业要按对等原则由劳资双方共同组成监事会，如发生意见分歧，设立调解委员会进行调解，如还不能解决，则由监事会主席裁定；（2）禁止资方突然解雇工人，解雇名单必须在每季度前六周宣布，让工人有足够的思想准备和充裕的另谋职业的时间；（3）一个工人只要表现突出，可连续被聘用10年以上，这就为稳定职工队伍提供了条件，把长期聘用和短期聘用结合了起来；（4）发挥工会的协调作用，工会及工人代表参加企业的高层决策机构，帮助工人参与民主管理，反映工人的疾苦与愿望，推动雇主与雇员的对话，缓解雇员与雇主的摩擦，雇主只要能接受工会的建议和协调，就会同雇员和谐相处；（5）积极推动雇员的提拔和晋升，鼓励他们上进与勤奋工作。②

　　1996年，欧盟颁布了《欧洲企业职工委员会法》；2001年，德国对《共同决定权修改法》再次进行了修订，进一步扩大了雇员的权力。2004年，德国又颁布了《三分之一参与法》，就康采恩内雇员参与监事会选举问题做出了新的规定。该法改变了企业监事会中传统的雇员和雇主代表的对等原则，把雇员代表降为总人数的1/3。

二　建立企业职工委员会③

　　企业职工参与管理的另一个途径是建立企业职工委员会，由全企业职工选举产生，每3年改选一次。企业职委会的任务是签订协定工资合同，监督与职工利益密切相关的法律、法规、工资、福利、劳动安全制度等的执行情况，参与讨论有关招工、解雇、工时、休假、福利以及其他与职工利益相关的问题。

　　职委会必须定期召开企业大会，届时委员会应提交一份工作报告。参加企业大会的职工有权对企业职委会的决定发表意见并提出建议。职委会人数的多少视企业规模大小而定，所有5人以上的企业必须建立企业职委会，由年满18岁、工龄在1年以上的有选举权的全体职工共同选举产生。5~20人

---

① Bundesminister für Arbeit und Sozialordnung: *Mitbestimmung — Mitbestimmungs-Gesetz*, *Montan-Mitbestimmung*, *Betriebsverfassung*, Köln: acon, 1976.

② Mayr, Robert: *Mitbestimmung*, *Betriebsverfassung*, Köln: acon, 1976.

③ Der Vorstand der Industriegewerkschaft Chemie-Papier-Keramik: *Der Betriebsrat*, Textausgabe, Stand vom August 1977.

的企业中由 1 名仲裁员来行使企业职委会的职能；21~50 人的企业选 3 名委员；51~150 人的企业选 5 名委员；300 人以下的企业职委会成员不得超过 7人，不实行脱产办公；300~500 人的企业，职委会由 9 人组成，其中 1 名主席脱产；1000~2000 人企业的职委会中 3 人脱产；2000 人以上的企业，每增加职工 3000 人，职委会增加 2 名成员；1 万人以上的企业，每增加职工2000 人，职委会增加 1 名脱产人员。企业职委会的成员在任职期间享受与其他职工相同的待遇。企业的经营状况必须向职委会报告，企业有关雇员福利的问题以及企业人事经理的任命必须得到职委会的同意。为了保障职委会委员捍卫雇员的利益，不受雇主的打击报复，还规定委员在任职期间及其后的1 年内，不受解雇。

企业职委会在许多方面有参与决定的权力，如企业的规章制度，企业的工作时间（包括实施短时工作和额外工作），休假规定，企业内部福利机构的形式、组织和管理，职工的技术考核、工伤保护、工资和报酬原则，职工在职期间的住房等。此外，职委会在许多方面，如劳动岗位计划、生产工艺和工序、人事计划、工厂改建和扩建计划、岗位调动、职业培训等方面享有协商和咨询权。在企业经营发生重大变化，如紧缩、关闭、迁移时，企业职委会有权在一定的条件下实施旨在平衡或减少涉及雇员负担的经济及福利性措施。企业雇主在采取人事方面的单项措施时，如聘任、分组、重新分组、调动或解雇时，原则上必须取得职委会的同意，职委会可依据法律的规定对这些措施进行否决。如果雇主希望坚持此项措施，则必须就此事提请劳工法庭做出仲裁。雇主在解雇职工时必须征求职委会的意见，否则解雇无效。如果职委会根据法律有关条款提出理由充分的异议，雇主必须继续雇用该职工。这在很大程度上保护了职工，提高了职工的地位。

职工参与企业的管理是德国劳工大众长期斗争的结果。这种由劳资双方共同治理企业的方法优点和好处很多。第一，能更多地考虑企业的长期发展，避免短期行为；第二，在很大程度上改善了劳资关系，使劳资关系融洽，加强了合作，减少了雇员与管理层之间的矛盾和冲突（在德国已有 20多年没有发生工人大规模罢工事件）；第三，使雇员的地位得到很大改善，他们劳动和生存的权利得到了维护；第四，雇员参与管理和入股，使个人的经济利益和企业的利益挂钩，增强了工人的责任感，有利于提高企业的劳动生产率。1995~1999 年，德国实行职工参与管理的企业，每个雇员的产值每

年提高了 8%，而美国没有实行职工参与管理企业的每个职工每年的产值只
增长了 3.5%；第五，企业比较团结，形成了比较健全稳定的内部制衡机制；
第六，能较为充分反映和体现雇员利益。

三 实施协定工资

德国实施所谓"协定工资自主权"。这是德国企业"共决"制的一项重
要内容。"协定工资自主权"就是指以工会代表的劳方同以雇主协会为代表
的资方在自由的责任中来"共决"工资和劳动条件。

（一）协定工资政策的沿革

1873 年，德国的印刷业签订了第一个协定工资合同。1918 年，魏玛共
和国时颁布了第一个协定工资法规（Tarifregelung），1919 年正式承认了联合
协议（Koalitionsvertrag），纳粹德国时"协定工资自主权"被"国家协定工
资制度"（staatliche Tarifordnungen）所代替。如今的"协定工资自主权"则
是 1949 年《基本法》所规定的。

德国的协定工资政策经历过多次的修改和演变。第二次世界大战结束后
联邦德国的政治家、理论家和经济学家就在反复研究世界各国的企业制度，
认为必须解决雇员的参与问题，于是首先在组织制度上确定了雇员参与企业
事务的法律地位。

"协定工资自主权"表达的是经济行动自由，其基础就是有权自由联合，
就是为了维护和改善经济条件可以组织起来。按照《协定工资合同法》的规
定，这种组织形式在雇员方面就是工会，在雇主方面就是雇主协会。其法律
基础就是 1969 年的《协定工资合同法》。

总结 20 世纪德国统一前的协定工资政策，我们可以看清，其重点集中
在提高雇员的待遇、改善劳动条件、推进合理化保护和缩短工时上。

德国统一后协定工资政策发生了很大的变化，重点转移到以下几个领
域：促进德国统一、东西部协定工资政策一体化、采用阶段性协定工资合同
（Stufentarifverträge）形式拉平东西部的工资水平，推动了东部经济的结构改
革和新州的经济重建。

1993 年，德国经济在经历了统一的短暂蜜月后遭遇了又一次重大的危
机。雇主协会强烈要求修改协定工资政策，以降低劳动成本，保障就业岗
位。1994 年开启了协定工资合同的新谈判，但未能在次年达成协议。最后工
资平均上涨了 3%，煤钢业甚至上涨了 4%，周均工时最低降至 35 小时，协

定工资政策陷入了危机，进而造成 1996 年和 1997 年雇员和雇主之间的激烈争吵。

统一后德国协定工资政策面临的另一个问题是改革新州的协定工资政策。统一后德国新州的平均工资和薪水只有西部的 34%，这就引起了新州员工的极度不满，强烈要求立即消除东西部工资和薪水的不平衡。这样的情绪和态度自然严重影响着东部经济的增长与发展。然而德国传统的经济理论却坚持认为，工资必须同劳动生产率的发展相一致，而当时东部的劳动生产率还不到西部的 1/3。因此德国东部协定工资政策的改革就面临重大的困难，一直在维护社会福利和谐和发展经济之间、在政治考量与经济规律之间走钢丝。雇主强调工资和薪水如果不以劳动生产率为导向将会出现严重的后果，强调提高工资和薪水的前提是创造具有竞争力的就业岗位和经济的健康发展。而雇员则坚持，必须解决"同工不同酬"的问题，工资和薪水政策必须以购买力为导向。

结果还是"二等公民"的呐喊更大地震动了德国政府。1991 年，劳资双方签署了"阶段性协定工资合同"，并在此后的数年中在劳动生产率提高不大的情况下逐步缩小了东西部工资和薪水的差距。1995 年在 7 个经济领域都达成了协议，准备实施阶段计划，最终达到与西部拉平工资的目标。如果执行 1991～1995 年的阶段性协定工资合同，梅前州的一个五金工业部门雇员的一年工资便将从 18640 马克提高到 46190 马克，增加 148%。然而 1993 年东部经济也出现了危机，雇主提出中止阶段性协定工资合同，导致劳资双方激烈对抗。最后双方达成妥协，签署了首个《困难条款》（Härteklausel），将原先拟定的计划推迟两年执行，以便规避破产风险，保障就业岗位，增加振兴机遇。于是东部地区雇员的工资便比西部地区少了 34%。

在"劳动、培训和竞争力联盟"对话的框架内，雇主协会坚持要把阶段性协定工资政策纳入中心议题之中，并最终达成了一个德国雇主协会和德国工会联合会联邦协议的 11 点联合声明。主要内容有：（1）劳动生产率提高的首要任务是推动就业，（2）考虑到企业的不同收益和竞争能力要在企业层面提高雇员的参利规定。

（二）协定工资谈判

"共决"的重要形式就是协定工资谈判。这种形式既在私人企业中有，也在公用事业中有，有不同的层面，如联邦层面就有联邦协定工资合同；州的层面有州协定工资合同；乡镇有乡镇协定工资合同，企业也有协定工资合同，如大众协定工资合同。此时劳资双方有权决定，相关的协定工资合同适用于哪些工业部门、哪些企业。

如协定工资谈判达不成一致，就需要调解。调解就是要使谈判的双方从僵硬的立场转变为愿意妥协的立场。调解人由谈判双方的一方任命，一般都持中立立场，如今基本上都是由知名政治家担任。

协定工资合同可以适用于各个企业。如对公众事业有利，在劳资双方的参与下，联邦劳动与社会福利部部长和相应的各州部可以宣布现有的协定工资合同具有普遍的法律约束能力。

（三）协定工资合同

如果没有公开的附加条款，协定工资合同就规定了工资以及其他绩效的不可逾越的最低标准。所有相关的雇主和雇员都受协定工资合同的制约。

协定工资合同一般有四种：（1）工资和薪水协定合同（有关雇员和培训学员的报酬额度）；（2）工资框架协定合同（Lohnrahmentarifverträge）则还包含工资和薪水的级别、分类标准、绩效评价等协议以及工资级别要求和工资种类，如计时工资和计件工资；（3）协定工资基本合同（Manteltarifverträge）包括工作条件、假期、工作时间、资产形成支付（vermögenswirksame Leistungen）、合理化防护规定或某些人群的防护规定以及从受聘到解聘的工作条件规定等；（4）特殊协定工资合同（如合理化防护、培养、部分时制工作、提前退休）等。其中工资和薪水协定合同一般为期一年，其他合同一般为期3～5年。

协定工资合同在德国十分盛行，如今在整个德国共有45000个协定工资合同，其中2/3是协会和地区、部门协定工资合同（Flächentarifvertrag），1/3是公司协定工资合同。

签订协定工资合同主要是为了推动就业，典型的举措就是德国1/3的企业组成了"企业劳动联盟"（Betriebliche Bündnisse für Arbeit）。所谓"企业劳动联盟"是由雇主和企业职委会组成的，目的是保障并增加企业的就业岗位。其条件是雇员降低增加工资的要求以降低生产成本，雇主则相应保障雇员有限的就业岗位。

雇主的要求是：降低工资和工资附加费，降低20%的生产成本，以保障不削减就业岗位；改善劳动和工时的组织工作以便把计件工资降低10%；采用新的劳动形式，周六和周日也工作；坚决排除不缴纳福利保险的工作享有福利保险；审议休假、病休和节假日的费用，不以小时工资为计算的标准，而以基本工资为计算的标准。

企业职委会的基本要求是：就业保障、新聘员工、削减加班、削减工时、加薪以增加购买力。

为了躲避这一措施的约束并降低劳动成本，一些企业便退出了雇主协会，有的更是把企业迁至国外，或是把某些企业部门剥离至国外，或是在企业职委会的允许下修改协定工资合同中的相关规定。

尽管如此，德国的"企业劳动联盟"还是发挥了很大的作用。典型的例子就是菲斯曼（Vissmann）暖气安装公司。该公司原本考虑，减少本厂的员工，在匈牙利建立一个分厂。经过"企业劳动联盟"的讨论，推翻了原定计划，签订了协定工资合同，规定雇员每周无偿加班 3 个小时，雇主不仅放弃在匈牙利建分厂的计划，而且在国内新增 250 个就业岗位。

还有一个典型的例子就是 1982 年签署的所谓荷兰《瓦森纳协定》。当时正值第二次石油危机刚接近尾声，失业率居高不下，国家债台高筑，经济发展低迷，工资政策缺少共识、雇员罢工、国家干预国内工资政策。为了应对这一严重的情况，雇员和雇主签署了《瓦森纳协定》，决定重新调配工作以增加就业岗位的数目，但不提高成本，雇员表示同意减缓工资的增长，雇主则同意减少工时，以提高企业的竞争力。

（四）改革地区、部门协定工资合同

在德国，地区、部门协定工资合同已经实施了多年，目前正面临着巨大的改革压力，因为该协定工资合同规定得十分细致和具体，条例整齐划一，没有给相关地区和相关行业的企业留下多大的机动空间，尤其对中小微企业非常不利，使它们经常处于生存危机之中。于是这些企业要求改革地区、部门协定工资合同的呼声此起彼伏。各企业希望实施开放条款（Öffnungsklauseln），允许企业在遭到经济困难时能够退出合同。这就导致了围绕地区、部门协定工资合同的一场激烈的辩论。这场辩论的广度和深度都是国家成立以来罕见的。辩论的焦点是继续执行一个地区、一个部门统一的协定工资合同还是改为执行公司协定工资合同或是本单位协定工资合同。后者的好处是符合本单位具体的经济情况和产能情况，地区和市场的情况也能较快地得到考虑，坏处是把劳动矛盾和工资冲突都转嫁到了本企业的头上，将会导致罢工的增多，尤其是对小微企业提出了参加协定工资谈判的过高要求。

例如 1995 年签订的地区、部门协定工资合同就引起了五金和电器工业的巨大争论。参与这一争论的有 14 个工业部门,涵盖大小不等的企业(小的只有 25 名雇员,大的则有 25000 名职工)。而其他的地区、部门和行业,如银行业和保险业并没有出现类似的争论。

四　共决制的优点

德国实行共决制有其优点。德国人认为其主要优点表现在:

把民主原则用到了经济领域;

促进了劳动和资本的合作,推动其利益的积极平衡;

尊重人的尊严;

可以限制经济的权力与专断,实行民主的监督;

有利于营造企业的和谐氛围;

在创新过程中建立了信任的措施,保证创新活动不针对雇员;

推进了企业行为的社会协调性;

提高了职工对管理决策的认可程度,支持良好的企业领导;

支持了结构改革;

减少了人员流动;

提高了对人的能力和技巧投资的积极性,增加德国经济和社会福利制度的稳定性。

五　共决制的缺点

德国共决制也不断受到德国人的批评和责难,特别是受到雇主的抨击,德国人主要认为它有以下缺点:

不能与时俱进;

影响企业的发展和股东的利益,影响监事会的有效工作,是一个"区位缺陷"、一种干扰因素和严重的建构错误;

机构重叠,多此一举;

在国际上是特例,因而影响了经济的一体化;

增大了企业各方利益的摩擦,容易产生腐败(西门子就是一个典型的案例);

雇员代表不具备参与管理的能力。

六 评价

民调显示，绝大多数的德国人赞成和认可共决制。86％的人认为，共决制是必要的，82％的人反对在监事会中限制雇员代表的发言权；连90％的经理也认为，共决制已经经受住了考验。

民调也显示，只有少数人反对共决制。《经理人杂志》（Manager Magazin）评论说，"这也许是民调中最惊人的结果：只有一小部分人对工会、对《协定工资法》的制定和共决制有意见"。从全民来看，更是只有一小部分人认为应该取消共决制。

共决制是德国特定的历史和社会条件下的一个产物，是德国工人长期斗争的一个巨大胜利，也是强大的德国工人运动造就的重大成果。它的诞生就是统治阶层在工人运动重压下所做的一个无奈的妥协，旨在缓和当时的阶级斗争和阶级矛盾。今天世界已经进入到一个和平、发展、合作、共赢的时代。德国的共决制又有了新的内涵：它为稳定和振兴德国经济，为缓和和理顺劳资关系，为提高雇员的政治和经济地位，推动社会的发展，稳定社会的秩序做出了重大的贡献，应该维护它同时更新它。

七 共决制的前景

既然人民需要共决制，只有一小部分人反对并要求取消共决制，结论就很明确了，即对共决制要维护、要更新。

很多人指出，雇主和职委会的合作是企业共决制的重要支柱。这一合作在当今的多数情况下决定着企业雇主和雇员的关系。职委会在一个现代经济和劳动的世界里仍然起着重要的作用，必须保留。

然而世界在变化，德国在变化，德国的企业也在变化。这种变化的特点集中表现在每个民族国家的经济都处于激烈的竞争之中，而这种竞争是用传统的针对本国经济的方法所无法解决的。因此德国的企业共决制必须适应目前日益发展的全球化的、劳动分工的经济和劳动的世界，必须适应欧洲的总体法律制度和国际社会的要求，要充分发挥共决制的优点，克服其产生区位缺点的因素。

首先要改革《企业章程法》，因为它过于僵化和官僚。今后的共决应该迅速、灵活和准确，应该更加重视职委会和雇主的合作来扩大企业和职工的利益。

应该取缔僵化的结构，加快共决的程序。这在全球化的经济中是十分重要的。

目前欧洲不少国家还没有德国这样的共决制，似乎也还没有热情来引进这一机制。

第五节　"共有"（Miteigentum）理念[①]

2008 年 8 月 27 日，德国大联合政府通过了一项法律草案，决定提高雇员参与生产资料占有的力度，也就是提高雇员成为"小资本家"的力度。这又一次在广大的雇员、雇主和工会成员中引起了不同的反响。人们自然也可以听到不少对当前德国社会弊端的抨击，因为它又一次揭开了德国资本主义社会制度中的一个老伤疤，即生产的社会化与生产资料的私人占有之间的矛盾，很值得中国学术界重视。

一　德国雇员参与生产资料占有的历史

德国雇员参与生产资料占有有着较长的历史。1949 年，联邦德国成立前后以艾哈德为首的德国经济界人士更进一步提出实施"社会福利市场经济"，呼吁"使所有雇员参与生产资料的占有"，"成为小资本家"。艾哈德认为，雇员是否参与生产资料的占有是社会福利市场经济同"纯"市场经济的根本区别。他强调说："生产资料的集中不是社会福利市场经济的标志和命运，它可以也必须通过市场经济的法制政策来加以克服。社会福利市场经济的资产政策要求所有人都参与企业的资产占有，其目标是建立股东社会。"[②]

于是，联邦德国首先引进了所谓的"大众股票"（die Volksaktien），就是在联邦资产私有化时，特别在 1959 年普鲁士格公司、1961 年大众汽车公司、1965 年费巴公司私有化时，将部分国有企业股票以优惠的方式出

[①] 参阅殷桐生《德国政府要使更多雇员成为"小资本家"政策的剖析》，《国际论坛》2009 年第 2 期，第 71~77 页。

[②] Seehofer, Horst: *Soziale Kapitalpartnerschaft — freiwillige betriebliche Erfolgs-, Vermögens- und Kapitalbeteiligung der Mitarbeiter*, www.csu.de/arbeitsgemeinschaft/csa/aktuelles/142610729.htm-27k, letzter Zugriff am 25.08.2013.

售给低收入的人群。其目的是使无力购买股票的雇员也能成为生产资料的占有者。

1961 年，德国开始引进"312 马克法"，1970 年改为"624 马克法"，1984 年改为"936 马克法"，1999 年引入欧元后改为"480 欧元法"。这是一部有关所谓"资产形成支付"的法律。根据"480 欧元法"的规定，每个雇主对于年收入在 17900 欧元以下的单身雇员和 35800 欧元以下的已婚雇员每月应将最高可达 40 欧元的款项无偿汇到其账户上，全年最高为 480 欧元，供其购买资产或房产。对数额达到 408 欧元的资产存款国家给老州的雇员提供 20% 的津贴，给新州的雇员提供 25% 的津贴；对数额达到 480 欧元的房产存款国家则提供 10% 的津贴。该项存款的限期为 6 年。这就是说，雇员 6 年内不得提取，6 年后可以提取用来购买股票或添置房地产。大多数雇员都是将其用来购置房产，因为投资金融资产的风险较大。

引进职工股票（Belegschaftsaktien）。一些大公司（如奥迪、莱威电力股份有限公司和安联）规定，每个雇员可以获得优惠条件来购置本企业的股票，参加年终分红。这是德国雇员传统的参资形式，据此雇员可以从两个渠道获利：其一，可以分红；其二，股票增值。20 世纪 50 年代分红的标准一般稳定在 8%～13%，如今降为 1.2%；而股票的增值在 60 年代平均为 1%，到了 80 年代就上升到 10%，90 年代上升到 20%。[1]

在参与形式上，20 世纪 60 年代末推行简易的参利，80 年代成立了第一个雇员参股的股份有限公司，从 1988 年开始每个雇员可以将其获得的"资产形成支付"款项存入此类公司，成为真正的股份有限公司股东。

由于 95% 的德国企业非上市公司，因此雇员参资需要采取多种形式，主要是静默参资（Stille Kapitalbeteiligung，28%）和职工股票（24%）。

二 德国雇员参与的现状

雇员参与生产资料的占有是一个十分复杂的问题，它涉及方方面面，形式也多种多样。德国的雇员参与一般可以分为历史和现实两个大类。[2]

---

① Bischoff, Joachim: *Produktivvermögen im Shareholder-Kapitalismus — Zu einigen Entwicklungstendenzen*, www. rosaluxemburgstiftung. de/fileadmin/rls_uploads/pdfs/bischoff_3. pdf, letzter Zugriff am 23. 02. 2009.

② AGP: *Mitarbeiterbeteiligung in der Praxis*, www. agpev. de/mitarbeiterbeteiligung/index. html-17k, letzter Zugriff am 25. 07. 2011.

（一）历史分类①

传统的雇员成果参与（Erfolgsbeteiligung）可以分为三大类，即业绩参与（Leistungsbeteiligung）、收入参与（Ertragsbeteiligung）和盈利参与（即参利，Gewinnbeteiligung）。

（1）业绩参与包括生产参与、生产率参与（Produktivitätsbeteiligung）和节省成本参与（Kostenersparnisbeteiligung）三类；

（2）收入参与包括销售参与（Umsatzbeteiligung）、附加值参与（Wert-schöpfungsbeteiligung）和净收入参与（Nettoertragsbeteiligung）三类；

（3）盈利参与也分为三类，包括决算盈利参与（Bilanzgewinnbeteili-gung）、利润分成参与（Ausschüttungsgewinnbeteiligung）和资产盈利参与（Substanzgewinnbeteiligung）三类。

（二）现实分类

现实分类同历史分类不同，原则上包括两大类，即资本参与（参资）和投资收益参与（Investive Erfolgsbeteiligung）。②

1. 资本参与

资本参与包括借贷资本参与、自有资本参与和类似自有资本参与三类。借贷资本参与中典型的是雇员向本企业提供贷款（Mitarbeiterdarlehen）；自有资本参与主要包括股份有限公司参股（GmbH-Anteile）、职工股票以及股票选购权（Aktienoption）③三类；类似自有资本参与即自有资本和借贷资本的混合形式，如静默参资④和享受权（Genussrecht），⑤这两种情况都能保证雇员对企业成果的参与，但不参权。

2. 投资收益参与

投资收益参与包括资本金保险（Kapitallebensversicherung）、养老金基金（Rentenfonds）和人寿保险（Lebensversicherung）三类。

德国的上市公司比例不大，因此雇员参资不能拘泥于企业的形式和是否

---

① Schneider, Hans J.: *Formen und Gestaltung einer Erfolgsbeteiligung*, www. competence-site. de/personalmanagement. nsf/91E733C4B7D0581BC1256AE60035AD74/ $ File/mitarbeiter_am, letz-ter Zugriff am 20. 04. 2009.

② Laier, Andreas: *Mitarbeiterbeteiligung als personal/unternehmenspolitisches Konzept*, 25.11. 2002.

③ 详见下文（3）股票选购权。

④ 详见下文（4）静默参资。

⑤ 有的译为"分红权"，详见下文（5）享受权。

上市，主要采用两种渠道：其一，购买本企业在"新市场"① 这一内部股票市场上的股票；其二，与企业签订合同，向本企业提供借贷资本或自有资本。② 现将德国现实生活中使用最多的雇员参资形式介绍如下。

（1）雇员贷款

雇员将自己收入以贷款的形式借贷给本人工作的企业，企业视之为借贷资本，并付给较高的利息。

（2）职工股票

一些大公司规定，每个雇员可以以优惠条件购买本企业的股票，包括普通股和无表决权的优先股，直接参加企业的收益和亏损。这一形式股份公司运用得要比其他公司多。2005 年，此类股票金额高达 90 亿欧元，占雇员全部参股的 70%。

（3）股票选购权

所谓股票选购权是指雇员拥有的一种可以在今后某一时间内以事先商定的价格买进本公司股票的权利。如股票买进时的价格高于事先商定的价格，则雇员便已经获利。由于选购权一般不得事先行使，因此可以提高雇员的工作积极性和对企业的归宿感。

（4）静默参资

雇员购买本企业的股票，直接参股，参与分红，股息有时可以达到两位数；也可参与承担企业亏损的责任，不参与管理，不参与股东和企业领导的决策，但拥有广泛的知情权和监督权。对雇员来说，利息就是从资产中获得的收入；对企业来说该资本如承担企业亏损责任则属自有资本。如果参资在 6 年以上，还可以获得投资奖励。

（5）享受权

享受权是一种信贷，可以"享受"参利。雇员不拥有股东权，但拥有合同规定的知情权，并承担亏损负担。如经营不善，雇员获得的利息自然也会下降。

在雇员参资问题上大众汽车公司可以算是一个成功的范例。2007 年大众

---

① 由法兰克福证券交易所于 1997 年 3 月建立，该市场只允许普通股的发行，而且发行量不能少于总股本的 50%，所有上市公司每个季度都有公告的义务。

② Csizi, Veronika: *Ein Stück vom Kuchen der Unternehmensgewinne — Mitarbeiterbeteiligung*, www. tagesspiegel/de/wirtschaft/Verbraucher-Geldanlage-Lohnzusatz；art131，2333106，letzter Zugriff am 09. 07. 2015

汽车公司营业额飙升至 1090 亿欧元，比 2006 年提高了 3.8%；净利润达到 41.2 亿欧元，比 2006 年增加了 50%，创历史最高纪录。86000 名雇员同样参加了分红，人均达到 3700 欧元，比 2006 年的 2700 欧元高出 1000 欧元。该公司分配的利润约为 3.2 亿欧元，但只占全部净利润的 7.7%。[1]

巴伐利亚格吕贝克供水公司可以算是一个中等企业雇员参资的范例。该公司由约瑟夫·格吕贝克建立，他曾是自由民主党的联邦议院议员。数十年来，该公司一直向公司的雇员提供各类参与条件。目前该公司的 110 名雇员占有全公司 46% 的资本，并参与全部业务决策，实行 2/3 多数表决机制。格吕贝克没有孩子，他死后将由这些占有生产资料的雇员来接管该公司。[2]

三 德国联邦政府的新政策

2008 年 8 月 27 日，德国联邦政府决定加大雇员参与的力度，引起了社会各界的广泛关注。其具体规定如下：[3]

（1）国家将提高雇员参资的资助金额，使目前德国参资的雇员从 200 万人提高到 300 万人，要求雇员和雇主成为"社会福利伙伴"。

（2）将国家现有对雇员在 400 欧元以下的参资存款津贴从 18% 提高到 20%，提高雇员参资的免税金额，把目前单身雇员 17900 欧元和已婚雇员 35800 欧元年收入的界限相应提高到 20000 和 40000 欧元。把雇主对雇员参资的免税、免捐津贴从 135 欧元提高到 360 欧元。

（3）设立雇员参资基金，并将基金总额的一半用来购买企业的借贷债权，如债权证书；用 25% 向未上市公司投资，剩下的 25% 作为流动资金或能上市的资产，如上市股票、债券以及货币市场工具等。该基金接受雇员的参资金额，并从 2012 年起将其中的 75% 投入到雇员就职的企业。设立雇员参资基金主要是为了推动未上市公司雇员的参资，但是否加入雇员参资基金纯属自愿，从而平息了许多顾虑，有利于该举措的执行。

① Peter, Hans：*Rekordergebnis von VW beschert Mitarbeitern hohe Bonuszahlung*，www. shortnews. de/ start. cfmid = 701366 - 164k，letzter Zugriff am 28. 08. 2009.

② Csizi, Veronika：*Ein Stück vom Kuchen der Unternehmensgewinne — Mitarbeiterbeteiligung*，www. tagesspiegel. de/wirtschaft/Verbraucher-Geldanlage-Lohnzusatz；art131，2333106，letzter Zugriff am 15. 08. 2009.

③ DPA：*Kabinett stärkt Mitarbeiterbeteiligung*，de. news. yahoo. com/dpa 2/20080827/tde-kabinett-strkt-mitarbeiterbetligung-b33f0ce. html-22k，letzter Zugriff am 12. 07. 2010.

（4）新规定从 2009 年 4 月生效。

时任联邦财政部部长的施泰因布吕克（Peer Steinbrück）和时任联邦劳工部部长的舒尔茨（Scholz）在解释该决定时强调：雇员参与实行自愿原则；参与所得不是工资的组成部分，也不是该收入的变种；应向各类企业层面的雇员提供此类参与的条件。①

联邦政府关于提高雇员参与的决定以及决定前后的争论重新点燃了似乎已经熄灭了许久的经济体制上的争论。赞成者众多，取攻势；反对者不少，取守势，但守中有攻。②

从阶层来看，社民党基本满意，企业家尽管批评雇员参资③但从提高雇员生产积极性及自主意识上还是得到了些许安慰④，对能意外地获得一笔资金则尤为称心。⑤ 工会担心此举将进一步抹杀劳动和资本之间的矛盾，担心自己权力的削弱，高收入者希望能创造社会福利和平，低收入者渴望获得福利的提高。

四　评论

资本主义从建立以来已有 500 多年的历史，其间经历了各类风风雨雨，发展有高峰，也有低谷，有成功，也有失败。然而 1989 年的东欧剧变却把一批西方学者带入了误区，使他们错误地认为，这是"历史的终结"，世界将是自由资本主义的天下。但是严酷的现实却让人们看到了另一幅景象。

笔者曾同不少西方经济学家讨论过马克思对资本主义的批判问题，得到的回答几乎是一致的：马克思对早期资本主义的批判是正确的、深刻的，西

---

① Seifert, Leonie：*Gesetzentwurf zur Mitarbeiterbeteiligung — Arbeitnehmer als Kapitalisten*, www. faz. net/s/.../Doc ~ E096F128424EC433BBBAF9EDDC05CBEEA ~ ATpl ~ Ecom，letzter Zugriff am 25. 08. 2011.

② Geiger, Michaela：*Miteigentümer*, 17. Dezember 2007, www. welt. de/muenchen/article1469320/ Bayerns_Firmen_beteiligen_ihre_Mitarbeiter. html-90k，letzter Zugriff am 09. 07. 2011.

③ （Verfasser unbekannt）*Arbeitgeberverbände kritisieren Mitarbeiterbeteiligung*, www. spiegel. de/ wirtschaft/0, 1518, 574622, 00. html，letzter Zugriff am 15. 07. 2011.

④ Wegner, Wenke：*Mitarbeiterbeteiligung als Motivationsfaktor Innovativ?* www. uni-weimar. de/medi-en/management/sites/ss2000/grundlagen/grundlagen _ content/hausarbeiten，letzter Zugriff am 20. 05. 2011.

⑤ Horn, Karl-Werner：*Mitarbeiterbeteiligung — Günstiges Geld für die Firma*, 18. 04. 2006, www. impulse. de/the/fin/268538. html，letzter Zugriff am 28. 08. 2009.

方经济学家正是从马克思的批判中认识到了自己社会的病症，并开出了成套的医治药方，特别是在生产资料的占有和剩余价值的使用问题上。其出路就是生产资料的社会占有。第二次世界大战后德国（包括其他西欧各国）在这方面呼声很高，也采取了一些措施，但收效甚微。

经济全球化在不断深入，国际竞争加剧，各国都在纷纷采取对策，于是经济体制、企业形式也不得不被提上改革的日程。人们在研究中愈来愈发现，调动雇员的生产积极性是重要的一环，但常规的手段几乎已经耗尽，于是就不得不再次去刨根，从参与生产资料占有上进一步打开缺口。而德国恰恰在这方面做得很少，按说挖掘的潜力也应该很大。

多年来，德国经济不振，雇员收入增长缓慢，但企业和资产收入增长远远高于工资收入，从而形成强烈反差。从 2003 年到 2007 年德国的企业和资产收入增长了 37.6%，而雇员的收入只增加了 4.3%，[①] 从 2001 年到 2006 年德国的企业和资产收入的增长是雇员收入的 15.5 倍，从而使德国的工资率（即雇员工资占国民收入的比例）从 1993 年的 73% 降到 2006 年的 66%，为 1970 年以来的最低点。这也使德国的相对贫困率持续上升，从 1973 年的 8.7% 上升到 2008 年的 16%。[②] 这种"大河干涸，小河不均"的严重状况遭到了社会的普遍批评。人们尖锐地抨击这种企业家垄断生产资料获取高额利润、雇员收入相对低微缺乏生产积极性的状况为"不民主""不公正""不平等""不人道"，认为"议会民主如果没有同时得到经济民主的保障，则给雇员只能提供国家公民的平等，而不能使其成为经济公民"。[③] 如今认为德国经济关系是公平的德国人只占 15%。[④] 德国社会民主党主席加布里尔（Sigmar Gabriel）也十分严肃地指出："我还可以罗列更多的数据，以证明同一个结论，德国的社会鸿沟扩大了，而且还在继续加深。人们若还能相信，这不会影响到公民平等和人们的感受，那就是太天真了。"[⑤] 人们强烈要求改

① Seifert, Leonie: *Wie Mitarbeiter zu Kapitalisten werden*, www. stern. de/wirtschaft/arbeit-karriere/: Mitarbeiterbeteiligung-Wie-Mitarbeiter-Kapitalisten/636362. html, letzter Zugriff am 25. 08. 2013.

② 徐四季：《以德国为例的福利国家研究》，九州出版社，2014。

③ Aufhäuser, Siegfried: *Produktionsmittelmonopol oder Miteigentum*, library. fes. de/gmh/main/pdf-files/gmh, letzter Zugriff am 04. 08. 2009.

④ Koch, Hannes: *Vom Angestellten zum Mitarbeiteraktionär*, www. spiegel. de/wirtschaft/0, 1518, 547886, 00. Html, letzter Zugriff am 04. 08. 2009.

⑤ 〔德〕西格玛·加布里尔：《金融危机时代的民主和正义》，载该书编写组编《西式民主怎么了 II——西方人士评西方民主》，学习出版社，2014，第 52~64 页。

变这一状况，他们大声疾呼："雇员的共决和共有是经济民主不可分割的成分"。[1] 而今天全部德国雇员所拥有的生产资料和获取的资产收入同德国总资产和资产收入相比只能说是"沧海与一粟"之谓。在一个高喊"人权""公正"的国家出现这一"违反人权"的不公正记录只能证明，资本主义的根本矛盾并没有解决，因而引起多数德国人的不满。

今天德国提供雇员参利（指雇员除固定工资外还可以获得盈利的一部分，盈利的分配也被视为资产收入）的企业不到总数的 9%，提供参资（指雇员参与提供资本，也称"投资工资"）的只占全部企业的 2%；英国则是 40% 和 23%，法国是 57% 和 7%。[2] 法国还规定 50 人以上的企业必须提供雇员参利的条件。允许雇员参与的德国公司共 3750 家，雇员约 200 万，仅占 2600 万应纳税雇员的 8%，雇员享受税收优惠的参资金额每人每年最高为 400 欧元，雇员参资的全部金额为 120 亿欧元，在全部资产中真可谓是"九牛一毛"；而法国雇员享受税收优惠的参资金额每人每年可达 4600 欧元，奥地利也达 1453 欧元，荷兰为 1226 欧元；[3] 德国拥有股票的人仅占 7%，芬兰占 17%，丹麦占 22%，瑞典占 37%，[4] 都远远高于德国的水平。

有鉴于此，时任联邦德国总统的克勒（Horst Köhler）多次呼吁要改善德国雇员的参与状况，他一再强调："把雇员参与收益、参与生产资料的事情摆到桌面上讨论的时机已经到来"。[5] 联盟党和社民党各自从本党利益和执政的需要出发也感到很有必要，从而促成了这一决定的出台。基民盟主席默克尔和时任社民党主席的贝克都认为，这是一次历史的转轨，涉及的是资本和劳动的和解。[6] 默克尔还宣布："我们必须把雇员收入进一步同资本收入挂起

---

① Aufhäuser, Siegfried: *Produktionsmittelmonopol oder Miteigentum*, library. fes. de/gmh/main/pdf-files/gmh, letzter Zugriff am 04. 08. 2009.

② Koch, Hannes: *Vom Angestellten zum Mitarbeiteraktionär*, www. spiegel. de/wirtschaft/0, 1518, 547886, 00. html, letzter Zugriff am 23. 05. 2009.

③ Koch, Hannes: *Vom Angestellten zum Mitarbeiteraktionär*, www. spiegel. de/wirtschaft/0, 1518, 547886, 00. html, letzter Zugriff am 23. 05. 2009.

④ Koch, Hannes: *Vom Angestellten zum Mitarbeiteraktionär*, www. spiegel. de/wirtschaft/0, 1518, 547886, 00. html, letzter Zugriff am 23. 05. 2009.

⑤ Koch, Hannes: *Vom Angestellten zum Mitarbeiteraktionär*, www. spiegel. de/wirtschaft/0, 1518, 547886, 00. html, letzter Zugriff am 23. 05. 2009.

⑥ Koch, Hannes: *Vom Angestellten zum Mitarbeiteraktionär*, www. spiegel. de/wirtschaft/0, 1518, 547886, 00. html, letzter Zugriff am 23. 05. 2009.

钩来。近几年工资增长得太慢，而资本收入盈利的增长则明显快得多。雇员通过投资工资可以将其收入的一部分参与其企业资本的发展。"[1]

雇员参与并不是一个新问题，而是一个老问题，只不过是已被搁置了多年。如今旧事重提，旧事重做，就不能不让人去追寻它紧迫的现实动机，因为上述背景都已经持续了相当一个时期了。这个紧迫的现实动机显然不是别的，而是2009年的德国大选。

2009年9月27日，新一届联邦议院将举行大选。争取雇员和雇主当然是重要的一手，特别是争取雇员的选票显得尤为重要，于是就出现了自称代表弱势群体的社民党同自称代表中产阶层利益的联盟党联袂做出提高雇员参与这一似不正常、实属正常的决定，否则恐怕就很难解释这种"雷声大，雨点小"的做法了。

其实德国社会制度的问题是人人都能看到的。多少先圣哲人为此呼号呐喊，多少英雄豪杰为此奋斗献身，多少仁人志士为此试验、实践，但至今收效甚微。即便是从最早的实践开始起算，至今已有近200年；从联邦德国成立开始起算，至今也有60多年。显然，收效与时间简直不成比例。即便是此次"重大"的决定，也只是让享有雇员参与的人从200万提高到300万，离所谓的"使所有雇员参与生产资料占有"的目标还相距十万八千里，真可谓是"醉翁之意不在酒"啊！

在当前"和平、发展、合作、共赢"的时代里，更多提高一点雇员的收入，缓和一点劳动和资本之间的矛盾对社会的和谐和发展显然是有利的。但大量的事实却不得不让人对当代资本主义能否通过劳动和资本的和解来消除自身的根本矛盾继续抱怀疑态度，对德国实施扩大雇员参与的前景继续抱怀疑态度。前不久全国研究生政治考题中有一道题说，有一则寓言讲道，狐狸把鱼汤盛在平底的盆子里，请仙鹤来同他一起"平等地"享用，结果仙鹤一点汤也没有喝到，全被狐狸喝去了，要考生来判断资本主义的"平等"。应该说，这道题生动地说明了资本主义法律上的平等掩盖了事实上的不平等。问题是，有时连这种表面上的平等都没有，否则怎么解释6年中德国企业和资产收入的增长竟然是雇员收入增长的15.5倍。

---

① Tietmeyer, Hans: *Mitarbeiterbeteiligung — Auf freiwillige Lösungen setzen*, www. hanstietmeyer. de/ tietmeyermitarbeiterbeteiligunggewinntbedeutung. ht, letzter Zugriff am 23. 03. 2012.

第六节　罢工与禁勤

联邦德国自成立以来采取了很多举措来解决雇员和雇主的矛盾问题。然而矛盾不是都能靠谈判、调解得到解决的。如果劳资双方所有的谈判可能都已破裂，问题仍然无法解决，那劳工斗争（Arbeitskampf），也就是罢工或是禁勤（Aussperrung）① 就成了最后解决矛盾的法律手段。

根据 1955 年和 1971 年联邦劳动法庭大审判委员会的决定，劳工斗争是解决无法用其他方法解决利益冲突的"最后手段"（ultima ratio）。

工会要号召罢工，必须要在涉及的相关协定工资领域有会员资格的雇员中进行表决。如果有 75% 以上的人同意就可以决定罢工。工会在采用罢工时有不同的策略，经常更多地采用短期警告性罢工（kurze Warnstreiks）和定向重点罢工（gezielte Schwerpunktstreiks）。采用定向重点罢工可以减少工会需要支付的罢工费却能向雇主施加巨大的压力。为了应对工会采用"各个击破"的策略，雇主协会便采用"团结举措"，向因罢工而遭受经营损失的企业提供所谓"均衡支付"。

1981 年，工会就试图采用有目的的警告性罢工策略来达到提高工资的要求。1984 年，五金工业工会采用了"最大最小"罢工策略来达到罢工的要求。所谓"最大最小"就是指使用最小的花费达到最大的目的。此种类型的罢工都被称为"新机动性劳工斗争"（Arbeitskampf der neuen Beweglichkeit），雇主则采用"冷禁勤"（kalte Aussperrung）来加以应对。

所谓"冷禁勤"是指一个依附于正在实施"热禁勤"企业的工厂实施的禁勤，是雇主用来应对罢工，制造"反压力"（Gegendruck）以迫使工会回到谈判桌的一种手段，也被称为"反制禁勤"（Abwehraussperrung）。

罢工期间是不得无限期开除雇员的。而禁勤则与此不同，那就是不让雇员上班。其实，开除也好、禁勤也好，雇员都不得领取工资。因此禁勤的做法便遭到雇员的强烈反对，工会也一再要求禁止雇主动用禁勤手段来对付雇员，黑森州宪法中还明文规定不准对雇员禁勤。然而 1980 年 6 月 10 日联邦

---

① Aussperrung 的原意是"拒之门外"，在"劳工斗争"时雇主对罢工的工人可以采取 Aussperrung 的处罚，就是禁止上班，一般都译成"开除、解雇"，这显然不够准确，这里译成"禁勤"似乎稍好一些，但开始时可能略显生僻。

劳动法庭第一审判庭还是引用 1971 年决议，再次证明了禁勤的合法性，宣布黑森州有关不准对雇员禁勤的法令违背了《基本法》，从而也拒绝了工会关于不准使用"禁勤"这一手段的要求，再次宣告，罢工和禁勤原则上都是宪法和法律承认的协定工资政策的合法斗争手段。

联邦劳动法庭认为，只有当禁勤会影响"协定工资自主权"作用时才会受到禁止。而要保持"协定工资自主权"作用的前提则是劳资双方在讨论协定工资合同时应对等。法庭认为，"反制禁勤"只有在涉及建立谈判对等时方可采用。

尽管最高法庭同意了禁勤是建立"劳工斗争对等武器"的手段，各政党之间、雇主与雇员之间、工会与雇主协会之间依然为此争论不休。工会坚决反对，要求彻底禁止，认为禁勤是"违法的、不人道的手段"，是"雇主的专断行为"。雇主则坚决要维护禁勤的做法，认为这是反对罢工的对等手段。

劳工斗争会造成企业的重大损失，既对雇主不利，也对雇员不利。工会要按雇员缴纳会费的多少、入会时间的长短和家庭状况付给罢工雇员罢工费。雇主则要承受巨额的营业损失。如果罢工企业经营不善，后果就会更加严重。对国家和福利保险公司来说就意味着税收和保险费的损失。

与其他国家相比德国的罢工人次是比较少的，主要原因就是德国的福利体制较为健全，雇员和雇主关系较为和谐。

1956～1957 年的罢工是联邦德国历史上最长的一次罢工。整个罢工持续了 16 周，要求雇员生病期间工资照发。

20 世纪 50 年代和 60 年代劳工斗争的主要目标是提高工资。1984 年的罢工是要求实行每周 35 小时的工作制。1992 年公用事业、邮政、铁路罢工，又是为了要求增加工资。

联邦德国历史上的著名大罢工是 1984 年的五金工人的大罢工以及此后工会同联邦政府和雇主之间的激烈斗争。斗争的核心问题是劳工斗争的权利问题和联邦劳动署在劳工斗争时应保持中立的问题；五金工会要求引进每周保持全薪的 35 小时工作制。该罢工人数少、时间短，但却造成了大规模的停产，给斗争地区以外的供货商和取货人也制造了很大的麻烦。这是一次定向重点罢工，由于涉及供货商和生产商，效果特别明显，总计有 25 万～30 万雇员放下了手中的工作，而且联邦劳动署必须给这些雇员支付短工费。最终罢工取得了胜利，通过了"保证联邦劳动署在劳工斗争中的中立性的法律"。该法规定联邦劳动署应给罢工者支付费用。

德国的劳工斗争和罢工不多，但德国的政界、经济界和学界还是十分重视如何解决这一问题的，并不断研究新的解决模式。近年来他们更是加强了对国外同类问题的研究，特别是对瑞典的研究。

瑞典有 12 个工业部门和 8 个工会，它们试图通过合作协议来保障自己的国际竞争能力。它们统一了区域的协定工资，以推动经济和就业的增长，为减少协定工资谈判的矛盾和冲突创造了前提。1997 年它们创建了一个共识模式，就是成立一个工业委员会，由不同部门企业和雇员的代表组成，其任务就是为企业和雇员创造好的条件以避免出现劳工斗争。同时成立一个经济理事会，由四位经济学家组成。它可以干预协定工资的谈判并可以提出建议。工会必须及时向经济理事会通报劳工斗争的举措，经济理事会为了取得协定工资谈判的妥协可以把拟议中的罢工推迟 14 天。通过这一共识模式协定工资谈判的各方便可以更好地进行协调以避免出现劳工斗争和罢工。

第七节　技术革新与质量、品牌意识

德国企业对技术革新之重视，德国产品的技术含量之高，德国产品的质量之好在世界上可以说是有口皆碑。德国技术和产品之所以如此受到其他国家的追捧，原因是多方面的。

一　从"质量低劣"到"质量超群"

德国产品质量之好并不是与生俱来的。1871 年德国实现统一后，举目远望，殖民地几乎已被列强瓜分完毕，各大贸易市场也都在列强的掌控之中，国产品牌的质量更是无法同列强的产品一比高下。于是迟到的德国厂商不得不求助于盗取设计、仿制产品和伪造品牌，以廉价销售冲击市场，造成德国的各种假冒伪劣产品在欧洲市场的泛滥，引起了列强的极大不满，对德国厂商的攻击谩骂之声不绝于耳。

1873 年，世博会在维也纳举行，创新是一个突出的主题。会上展出的电动机、煤气灯和汽油机汽车引起了 700 万参观者巨大的兴趣和关注，这给"质量低劣"的德国产品以极大的压力。一位德国设计师在参加了维也纳世博会后写了一封公开信，猛力抨击德国产品的弊端，在国内引起强烈的反响。在 1876 年的费城世博会上"德国制造"被评为"价廉质低"的代表。1887 年 8 月 23 日，英国议会更是特别通过了"商标法条款"，规定所有从德国进口的产品都必须注明"Made in Germany"（德国制造）的字样，一巴掌把德国产品打入冷宫。于是8月23日也就成了"德国制造"的诞生日。

英国的做法深深刺疼了德国的各界，迫使许多"知耻而后勇"的德国企业家幡然悔悟，决心从新创业。于是德国紧紧抓住第二次工业革命的机遇，将工业确立为国家振兴的中心支柱，开始着手制定质量标准，把生产超过他国品牌的产品作为企业经营的首要之道。就这样，德国产品的质量得到了极大的提高，越来越多的企业从中获益，少数质量要求不严的企业也就自然而然地被淘汰掉。人们又一次见证了大浪淘沙的真谛。英国罗斯伯里伯爵（Earl Rosebery）就惊呼："德国让我感到恐惧，德国人把所有的一切做成绝对的完美。我们超过德国了吗？刚好相反，我们落后了。"①

当产品创新、质量一流成为德国企业的一种精神时，"德国制造"也就一改前貌，成了为人称道的品牌，在世界各国都享有很好的口碑。今天人们只要稍加注意就会发现，"质量一流""品质超群"之类的广告用语很少出现在德国产品介绍中，对产品质量的追求已经成为德国企业的一种自然、自觉的守则，无须再加以宣传了。②

二　德国人对标准和质量要求的诠释

有人曾经这样总结德国制造的竞争优势：德国制造首先是注重质量而不是数量；重视特殊的、专业化强的产品，而不鼓励大规模制造；重建立制造标准，而不是拘泥于某一单件产品。显然，这样的说法有失偏颇，但不能说没有一定的道理。

（一）大力发展具有竞争性的技术密集型大型产业和大型项目

德国十分重视发展具有竞争性的技术密集型大型产业，如机械、汽车、化工和电气工业，使其成为德国的四大支柱产业。如今又加大了对航空航天、基因工程、生物医学、海洋、环保和能源技术的研发。德国政府每年投入国内生产总值的约3%进行研发，2006～2009年，德国政府投资150亿欧元对航空航天、汽车与交通技术、纳米技术、生物技术、材料技术以及信息

---

① 王廷静：《"德国制造"的成功之道》，《光彩》2013年第3期，第52～53页。

② Jia, Wenjian: *Werbegeschichte als Kommunikationsgeschichte — Analyse der Anzeigenwerbung im SPIEGEL von 1947 bis 1990*, Göttingen: Cuvillier Verlag, 2002.

与通信技术等 17 个领域的创新与技术政策进行支持。[①] 如今德国政府又决定，将教育和科研经费提高到国内生产总值的 10%（教育 7%，科研 3%）。

德国企业与日本企业不同，它们把技术更新的重点放在大型产业上，如斯图加特附近的特鲁姆帕夫公司。这是一家年产值达 9.47 亿美元的精密机床生产企业，它每年都要投入 3.5 亿美元来实施技术改造，同时每年投入 300 多万美元用于员工培训。目前该公司 4/5 的利润都来自近几年研制的新产品。[②]

在全部项目资助中，联邦科研支出的很大一部分都提供给企业，其中主要是给国家批准的特别科研计划框架内的直接项目资助，其他都提供给德国研究基金会或大型研究中心。对私人研发工作的资助主要采用间接方式，一般是通过提供人员费用津贴、保证金或参资等方式。

（二）生产没有竞争对手的产品

德国企业总是着力研发并生产世界领先水平且别人一时无法超越的产品，生产没有竞争对手的产品。据美国《幸福》杂志报道，德国大约 30% 的出口商品都是在国际市场没有竞争对手的独家产品，其价格自然就是市场上的垄断价格，企业就成了熊彼特所说的"动势企业"，获得的收益也就成了"创新红利"。

德国企业十分强调产品质量第一，这一点我们中国人也是深有体会的。从中国的角度看，我们可以信手拈来下列事实：德国泰来洋行承建的兰州中山桥于 1909 年建成，合同规定，该桥自完工之日起保证坚固 80 年，如今保证期早已过去，而该桥仍然照常使用，并被列为市级文物保护单位；1910 年 10 月 23 日德国在青岛江苏路建成的基督教堂的钟表迄今运转正常，估计还能再用上 300 年；1976 年中国唐山发生大地震，各国产的机械产品全都遭到破坏，唯独德国产的机械产品完好无损；2008 年中国汶川地震后，各国纷纷捐来帐篷，灾民们都特别希望住进德国捐助的帐篷，因为其质量是最好的。

近十年来中国企业不断收购德国企业，首先看中的是德方先进的技术。

（三）努力创新，通过采用新工艺、新技术来提高产品质量

德国企业十分重视研制和开发新工艺和新技术来提高产品的质量。如戴姆勒 – 奔驰公司发明了自动焊接机，全部焊接工艺由电脑控制，这就大大提高了焊接的质量。在该车平均 6000 多个焊接点中，每个的误差都不得超过

---

① 杨海洋：《德国制造业优势产生并保持的原因分析》，《改革与战略》2013 年第 1 期，第 116～121 页。

② 韩正忠：《德国企业管理模式》，《发展》2002 年第 4 期，第 24～25 页。

0.2 毫米。只要一个焊接点出现误差，计算机就会发出警报。这至少说明世界各国消费者之所以青睐"大奔"正是看中了其质量。再如克拉斯集团生产的联合收割机采用了卫星和激光导航，实时的感应器可以测算出每一平方米的产量，且能即时调整下个季节使用的种子和化肥量。虽然其价格要比其他品牌高出 1/3，仍然受到消费者的青睐。① 又如伍尔特公司，这是一家只生产螺丝、螺母的工厂，但是年销售额却高达 70 多亿欧元，产品远销各地。②

1. 中小微企业独特的创新之路

德国不仅重视大型企业的发展，也十分重视中小微企业的发展，特别重视其独特的创新之路，充分发挥其"船小掉头快"的灵活性，密切关注市场需求的细微变化，瞄准市场空隙，不断推陈出新，生产特色产品，创造新的市场需求。如基米营公司生产的无水洗车巾已占据 90% 的欧盟市场和 10% 的美国市场；阿诺德和里希特公司生产的 35 毫米电影摄像机已占据世界市场份额的 70%；只有 10 名员工的卡尔·耶格尔公司生产的香柱、香棒占世界市场份额的 85%。③

2. 重视工业标准化

德国是世界工业标准化的发源地，全球 2/3 的国际机械制造标准来自德国，享誉世界的"德国标准化学会研究所"（Deutsches Institut für Normung，DIN）每年要发布上千个行业标准，总数超过 3 万项。90% 以上的标准被欧洲及世界各国采用。这些标准严格统领着企业的生产，保证了产品技术的领先。④

3. 推出工业 4.0 战略，大力发展网络技术

2013 年，德国正式推出了工业 4.0 战略，大搞创新活动，主要是通过信息－物理融合系统为新工业革命提供技术基础，借助互联网和 CPS（Cyber-physical system）进一步推进自动化、智能控制和自主选择，使资源和能源得到最优化使用。

德国突出网络技术的广泛运用，大力开展电子商务。2012 年电子商务的营业额占德国全部营业额的比例达 12%，拥有电子销售业务的企业的比例则迅速提升到 19%（参见图 6－1）。

---

① 刘佼：《"德国制造"的诱惑》，《工程机械文摘》2013 年第 2 期，第 27~29 页。
② 王廷静：《"德国制造"的成功之道》，《光彩》2013 年第 3 期，第 52~53 页。
③ 王廷静：《"德国制造"的成功之道》，《光彩》2013 年第 3 期，第 52~53 页。
④ 秦俊峰：《德国制造长盛不衰的秘密》，《中国企业家》2013 年第 2 期，第 70~72 页。

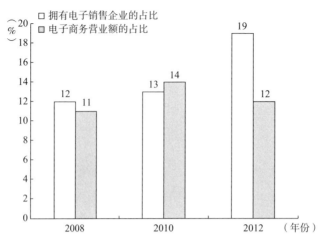

图 6 - 1　企业中电子商务的占比

资料来源：联邦统计局，2014。

4. 建立了严格的质量管理体制

严格监管是德国经济的一大特点和优点，这反映在各个方面，产品质量的监管尤为突出。今天，德国绝大多数企业都实施了全面质量管理计划，建立了严格的质量体制，进行 ISO9000 国际标准认证。如戴姆勒 – 奔驰公司各类质量管理人员有 1.6 万人，负责对协作单位产品进行检测的人员达 1300人。该公司每天要从生产线上抽出两辆汽车，对 1300 个点进行全面检测。[1]

在质量管理上要特别提到质量协会的作用。该协会早在 1952 年便已成立，是德国最大和最有影响力的质量管理机构，2000 年已拥有 8.3 万名会员。该协会主要从事三大任务：（1）进行质量管理宣传，提高企业对质量管理的认识；（2）组织和推广优秀的质量管理体系，评审"德国质量奖"，推进质量管理的科学化；（3）对企业人员进行质量管理培训，颁发质量管理资格证书，现在每年参加培训的达到了 5 万人次。[2]

5. 重视从源头上抓产品质量，注重供货单位产品的质量

德国企业不仅重视自身产品的质量，还非常重视有关单位对产品的设计，特别是重视外购原材料和配件单位的产品设计、质量和管理，从源头上把关。如戴姆勒 – 奔驰公司共有 2.6 万家协作厂商，对这些厂商提供的各类

---

① 韩正忠：《德国企业管理模式》，《发展》2002 年第 4 期，第 24～25 页。

② 杨海洋：《德国制造业优势产生并保持的原因分析》，《改革与战略》2013 年第 1 期，第 116～121 页。

产品都要进行严格的检验，只要发现有一箱零部件不合格，本批产品便要全部退回。不少企业还强调质量的预防，要求质检人员参与设计和审查工作，各单位都要有一个生产合格产品的稳定生产系统。

6. 重视产品的售后服务

德国企业十分重视产品的售后服务工作。戴姆勒－奔驰公司在德国国内就设有 1244 个维修站，工作人员达 5.6 万人，在 170 个国家和地区设有 4000 个推销和服务站，工作人员达 5.7 万人。[①]

7. 依仗欧盟的支持

德国研发新技术的工作一直得到欧盟的大力支持，大凡与欧盟的合作项目都能获得欧盟 50% 的资助。其中德国参与的大型研发项目有微电子应用的欧洲信息技术战略研究计划（ESPRIT），能源研究的欧洲联合环聚变反应堆（Versuchsreaktor JET），在尖端科学领域内开展联合研究与开发的尤里卡计划（EURECA），以教育和科研为重点的"欧洲 2020"战略等。

第八节　企业的融资

企业融资是指以企业为主体融通资金，使企业资金供求由不平衡到平衡。当企业资金短缺时，以最小的代价筹措到适当期限、适当额度的资金供企业使用；当企业资金盈余时，则以最低的风险、适当的期限投放出去，以取得最大的收益，实现资金供求的平衡。

一　融资概念[②]

融资涉及金融货币领域，包含许多重要的概念。由于流动性始终处于流动之中，供给者有之，需求者亦有之，况且需求大、困难亦大，融资的方式和概念也就日益增多，而融资则成了当代企业一刻也不能离弃的核心问题。

（一）狭义融资与广义融资

狭义的融资指的是一个企业的资金筹集的行为与过程，也就是公司根据自身的生产经营状况、资金拥有的状况以及公司未来经营发展的需要，通过科学的预测和决策，采用适当的方式，从适当的渠道向投资者和债权人去筹

---

① 韩正忠：《德国企业管理模式》，《发展》2002 年第 4 期，第 24～25 页。

② 参见百度百科"融资者"条，2012 年 9 月 7 日。

措资金，组织资金的供应。企业筹措资金主要有三大目的，即扩大、还债以及兼顾扩大与还债的混合目的。

广义的融资也叫金融，就是货币资金的融通，当事人设法到金融市场上去筹措或贷放资金。

（二）直接融资与间接融资

企业融资可以分为直接融资和间接融资两种。

直接融资是不经金融机构的媒介，由最后借款人直接向最后贷款人进行的融资活动，其融通的资金直接用于生产、投资和消费。直接融资亦可通过有价证券及合资等方式进行，如通过发放债券、股票、合资合作经营、企业内部融资等方式获得资金。

间接融资是通过金融机构的媒介，由最后借款人间接向最后贷款人进行的融资活动，如企业向银行、信托公司进行融资等，或银行、非银行金融机构通过信贷、委托贷款等向企业提供资金。

直接融资的优点是资金流动比较迅速，成本低，受限少，是发展现代化大企业、筹措资金必不可少的手段，缺点是对交易双方筹资和投资技能要求高，而且有时要求当面成交；间接融资则通过金融中介机构来进行，可以充分利用各类方式和形式，实现多元化融资。两种融资方式都各有优劣，不能偏废。

（三）内源融资和外源融资

企业的融资主要包括内源融资和外源融资两种方式。

内源融资主要是指企业的自有资金和在生产经营过程中的资金积累部分；外源融资主要包括直接融资和间接融资两种方式。直接融资是指企业进行的上市募集资金、配股①和增发等股权行为来实施企业融资活动，也称为股权融资；间接融资是指企业资金来自银行、非银行金融机构的贷款等债权融资活动，也称为债务融资。

（四）保持距离型融资模式与关系型融资模式

美国和德国是世界上两大金融体系的代表，前者金融市场发达，后者则是银行业发达。于是，也就出现了两种不同的融资模式。

美国禁止商业银行持有企业的股票，银行活动本身也受到严格监督，所以企业与银行间坚持保持一定距离的商业型融资关系，即"保持距离型融

---

① 配股是上市公司向原股东发行新股、筹集资金的行为。

资"，而证券市场则是企业获得外部长期资金的主要渠道。

德国则实行关系型融资模式。资本市场不发达，银行贷款是企业融资的主要方式。银行和企业订立关系型契约，形成特殊关系，金融监管当局则采取一套特别的监管措施。

（五）信贷融资

信贷融资是间接融资，是企业向银行借贷，或是银行或非银行金融机构向企业提供资金。这是一种市场信用经济的融资方式，它以银行为经营主体，按信贷规则运作，要求资产安全和资金回流，风险取决于资产质量。信贷融资由于责任链和追索期长，信息不对称，且由少数决策者支配大额资金，风险较大，且积累到将来，因此需要发达的社会信用体系支持。与其他融资方式相比，该融资方式主要不足在于：一是条件苛刻，手续复杂；二是借款期限相对较短，长期融资比较困难；三是借款额度较小。

（六）证券融资

证券融资是市场经济融资的重要方式，其特点是：公众直接广泛参与，市场监督严，要求高，具有广阔的发展前景。证券融资主要是通过发行股票、债券来取得资金。与信贷融资不同，证券融资是由众多市场参与者自己决策，是投资者对投资者、公众对公众的行为，直接受公众及市场风险的约束，风险由投资者直接承担。

（七）股权融资

发行股票是一种资本金融资，股票上市可以在国内，也可在国外，可以在主板市场[①]上市也可以在高新技术企业板块上市，如美国的纳斯达克和香港的创业板等。

股票具有永久性，无到期日，不需归还，也没有还本付息的压力，因而筹措风险较小。股票市场可以促进企业转换经营机制，真正成为法人实体和市场竞争主体，也为企业组织结构优化、企业整合能力的提高和资产重组提供了广阔的空间。

（八）债券融资

发行债券的优缺点介于上市和银行借款之间，也是一种实用的融资手段，关键是要选好发债时机。债券融资的好处在于还款期限较长，附加限制

---

① 主板市场也称为一板市场，指传统意义上的证券市场（通常指股票市场），是证券发行、上市及交易的主要场所。

较少，资金成本不高，但手续复杂，要求严格。

企业债券，也称公司债券，是企业依照法定程序发行、约定在一定期限内还本付息的有价证券。债券持有人不参与企业的经营管理，但有权按期收回约定的本息。在企业破产清算时，债权人优先于股东享有对企业剩余财产的索取权。

（九）招商引资

招商引资一般也是一种股权融资，但不通过公开市场进行，而是一种私下寻找战略投资者的融资方式。其优缺点与发行股票上市类似，但不需要公开企业信息，也不会被他人收购，风险较小。

（十）民间借贷

民间借贷也是企业融资的一个途径，如民营银行、小额贷款、私募基金、银企对接、网络借贷、金融超市、金融集团、民资管理公司、民间借贷连锁、民间借贷登记中心和典当等。

（十一）租赁融资

租赁融资是融资与融物的结合，是以融物的形式达到融资的目的，兼具金融与贸易的双重职能，运作比较灵活、简单，对提高企业的筹资融资效益十分有用。常使用的有直接购买租赁、售出后回租以及杠杆租赁①等。

（十二）海外融资

海外融资包括国际商业银行、国际金融机构的贷款和企业在海外资本市场上的债券、股票融资。

（十三）权益融资

权益融资是指向其他投资者出售企业的所有权。它可以让企业创办人不必用现金回报其他投资者，而是与其他投资者分享企业利润并承担管理责任，投资者以红利形式分得企业利润。

（十四）风险投资

当前企业在经营中都面临国内、国外日益激烈的竞争。于是一些勇于进取的企业家便日益寻求风险投资，但风险基金的要求非常苛刻，申请企业必须提供详细报告。风险资金的提供者一般还要求持有申请企业一定的股权，

---

① 杠杆租赁是一种利用财务杠杆原理的租赁形式，是融资租赁的一种特殊方式，又称平衡租赁或减租租赁，即由贸易方政府向设备出租者提供减税及信贷刺激，而使租赁公司以较优惠的条件进行设备出租的一种方式。

参与董事会等。

（十五）合伙融资

这是企业在发展初期融资常用的一种渠道，分无限合伙和有限合伙两种。

无限合伙要求所有合伙人都必须对合伙企业承担无限责任，经营决策要经过全体合伙人的同意。所有合伙人均应承诺积极参与管理企业，并按所得利润分别纳税；有限合伙则要求合伙人仅以投资额为限承担企业债务或约定的风险，可以享受企业的利润和个人税收优惠。

（十六）银行承兑投资

银行承兑投资是指，投资方将一定的金额——比如1000万美元——打到项目方的公司账户上，当即要求银行开出1000万美元的银行承兑。这种融资方式有利于投资方，因为其实际上可以把1000万美元变做几次来用。投资方可以拿这1000万美元的银行承兑到其他地方银行再贴现1000万美元，起码能够贴现总金额的80%。但该融资方式往往只能适用短期融资，而且风险较大。

（十七）直存款投资

这是较难操作的一种融资方式，前提条件是企业跟银行的关系特别好。由投资方到项目方指定的银行开一个账户，将指定金额存进自己的账户。然后跟银行签订一个协议，承诺该笔钱在规定的时间内不挪用。银行则根据该金额给项目方小于或等于该金额的贷款。

（十八）大额质押存款投资

所谓大额质押存款投资就是用大额可转让定期存单做抵押，向银行或者其他可以发放贷款的机构贷款。大额可转让定期存单不记名，可以像股票一样转让，但利息比较高。

（十九）委托贷款投资

委托贷款投资就是投资方在银行为项目方设立一个专款账户，并把钱打到专款账户里，委托银行放款给项目方。

（二十）直通款投资

所谓直通款投资就是直接投资。此类投资利息较高，多为短期，但审查严格，往往要求固定资产抵押或银行担保。

（二十一）对冲资金投资

典型的对冲资金就是一种不还本不付息的委托贷款。

（二十二）贷款担保融资

这是向担保公司的融资，只要付出高于银行的利息就可以拿到急需的资金。

二 现代企业融资理论[①]

现代企业融资理论，包括 MM 理论、权衡理论、融资顺序理论、金融成长周期理论等，都对企业融资方式做出了不同的解释、分析与建议。

MM 理论是美国的莫迪格里阿尼（F. Modigliani）和米勒（M. Miller）（简称 MM）教授于 1958 年发表于《美国经济评论》的《资本结构、公司财务与资本》一文中所阐述的基本思想，其要点是：第一，在不考虑公司所得税，且企业经营风险相同而只有资本结构不同时，公司的资本结构与公司的市场价值无关，不存在最佳资本结构问题；第二，企业价值与企业是否负债无关；第三，公司只要通过不断增加财务杠杆利益，便可不断降低其资本成本，负债越多，杠杆作用越明显，公司价值越大。实践表明，MM 理论主张的无论是无公司税模型还是引入税后的模型都与企业的现实经济活动相背。

权衡理论的代表人物包括罗比切克（Robichek）、梅耶斯（Mayers）、克劳斯（Kraus）、鲁宾斯坦（Rubinstein）、斯科特（Scott）等人。该理论认为，企业可以利用税收屏蔽的作用，通过增加债务来增加企业价值。但债务的上升可能导致企业破产，发生破产成本。或者说，只要企业陷入财务困境的概率上升，就会给企业带来额外的成本。这是制约企业增加借贷的一个重要因素，因此企业在决定资本结构时必须要权衡负债的避税效应和破产成本。权衡理论认为，企业的最佳资本结构存在于企业负债所引起的企业价值增加与因企业负债上升所引起的企业风险成本和各项费用相等时的平衡点上，此时的企业价值最大。权衡理论以后又发展为后权衡理论，后权衡理论的代表人物是迪安吉罗（Diamond）等人。

融资顺序理论是由梅耶斯提出的，该理论认为企业的融资决策是根据成本最小化原则依次选择不同的融资方式，即首先选择无交易成本的内源融资如经营利润的积累，其次选择交易成本较低的债务融资。股权融资则被企业排在末位。

---

① 张秀生、余爱军：《现代融资理论与中小企业融资问题》，《光明日报》2008 年 5 月 20 日，第 10 版。

20世纪70年代，经济学家威斯顿和布里格姆（Weston & Brigham）根据企业不同成长阶段融资来源的变化提出了企业金融成长周期理论。该理论把企业的资本结构、销售额和利润等作为考量企业融资结构的主要因素，将企业金融生命周期划分为三个阶段，即创立阶段、成熟阶段和衰退阶段。后来，根据实际情况的变化，又发展了该理论，把企业的金融生命周期分为六个阶段，即创立阶段、成长阶段Ⅰ、成长阶段Ⅱ、成长阶段Ⅲ、成熟阶段和衰退阶段。后来，美国经济学家贝格尔（Berger）等又对威斯顿和布里格姆的理论进行了修正，把信息约束、企业规模和资金需要量等作为影响企业融资结构的基本因素来构建企业的融资模型，从而得出了企业融资结构的一般变化规律。处于早期成长阶段的企业，其信息来源不多，因此信息不对称程度很大，外源融资的渠道狭窄，不得不主要依赖内源融资。随着企业规模扩大，可抵押资产增加，资信程度提高，外部投资者便可通过增加外生交易费用来控制内生交易费用，企业的融资渠道不断扩充，获得的外源融资尤其是股权融资就会逐步上升。

三　德国企业的融资状况

企业和居户是一国经济的细胞和主体，而企业发展和经营的好坏更是一国经济发展优劣的前提。德国企业同样如此，它们的兴衰始终是与德国经济发展同步，既决定国家经济的发展又受国家经济的制约。而企业发展的关键问题就是融资问题。

进入21世纪以来德国经济起伏不断。2008年的国际金融危机和2010年的欧债危机给德国经济同样带来很大的冲击，企业纷纷倒闭，中小微企业尤甚。至于未遭受破产的中小微企业，其经营收益也相当黯淡，只能勉强维持生计。据复兴信贷银行对中小微企业银行等单位的调查，51.6%的中小微企业的收益下降，仅有9.2%的中小微企业的收益增加。而危机前的2008年，收益下降的中小微企业虽有1/3，但收益上升的中小微企业则占1/6多。①

国际金融危机和欧债危机带来的直接病状就是流动性瓶颈，各金融机构都面临严重的资金流动困难，另一个大问题是企业自身收益的急剧下降。在这双重压力下企业的融资能力降到了最低点。

---

① 引自维基百科，最后访问日期：2013年10月2日。

四　德国改善企业融资的举措①

德国政府在战后从国家整体利益出发，一直积极扶持中小微企业的发展。联邦政府在经济部下设有 200 多人的中小微企业局，各联邦州也设有类似的管理机构，为促进中小微企业的发展进行全面的政策管理。德国对企业融资，特别是对中小微企业融资采取了一整套的支持和促进措施，在国际上受到密切的关注，也为外国政府和企业所仿效。

（一）设立专门的金融机构，制定相应的国内政策

德国把对中小微企业提供适当和稳定的贷款作为一项重要的政策，为此成立了专门的金融机构为中小微企业提供融资服务。这些金融机构主要包括复兴信贷银行、德国平衡清算银行、欧洲投资银行、储蓄银行、合作银行、大众银行等。它们从政府那里获得低息资金，主要通过无偿贷款、无息贷款和低息贷款三种形式对中小微企业进行扶持，大多是低息贷款、长期贷款。通常贷款利率要比市场利率低 2～2.5 个百分点。

其具体的政策有：（1）新建和扩建企业，如年营业额在 5000 万欧元以下的企业，为了建厂房、购设备、开发新产品可得到总投资 60% 的低息贷款，偿还期为 10 年，超过 5000 万欧元的新建企业，贷款额度更高；（2）能增加就业的中小微企业，可得到投资额 75% 的低息贷款；（3）对那些能够改善环境，对环境保护有示范效应的项目，可得到投资额 70% 的贷款额度，还款期可达 30 年，另有 5 年的宽限期，并可向环保局申请咨询资助。此外，这些金融机构还向中小微企业提供有关政府服务等方面的信息。

（二）设立信贷担保机构

德国在联邦和州层面设立信贷担保机构，由手工业、行业工会、储蓄银行、合作银行和大众银行组成。这些担保机构通常为中小微企业提供贷款总额 60% 的担保，最高可达贷款总额的 80%，此外它们还可以发挥"倍增器"作用。因为一旦企业获得银行担保，往往能够增加其正常的贷款额，有利于企业进行扩大规模和新技术的开发利用。担保银行为信贷机构发放的新贷款提供担保，担保率为贷款风险的 80%。其中，由联邦政府提供的再担保为

---

① 傅勇：《德国中小企业融资特点》，《中国金融》2014 年第 4 期，第 78～80 页；（作者不详）：《德国韦斯特投资公司：中小企业的十二种融资方式》，来源："中国商业电讯"，2011 年 6 月 30 日，载凤凰网财经，http://finance.ifeng.com//roll/20110630/4211366.shtml，最后访问日期：2015 年 12 月 15 日。

31.2%，占担保风险的 39%；由州提供的再担保则为 20.8%，占担保风险的 26%；由担保银行自己承担的风险为 28%，占担保风险的 35%。

（三） 建立中小微企业发展基金

德国政府和银行共同出资组建了中小微企业发展基金，为中小微企业提供融资支持，其来源主要是财政补贴，采用两种形式：（1）政府对中小微企业的直接投资；（2）对贷款项目进行补贴。最低资助额度占投资的 5%，最高的不超过投资总额的 50%。

（四） 为中小微企业设立开发促进奖金

国家设立了中小微企业开发促进奖金，主要对一些高技术、具有较强市场潜力的中小微企业提供风险资本支持和对中小微企业科研开发人员的费用与技术项目的投资给予补助，经立项批准的人每天最高的补贴费用可达 1500 欧元。

（五） 为中小微企业的创新提供长期的低息贷款

其具体措施有：（1）鼓励企业自身开发项目，员工在 250 人以下的企业如从事自行开发的项目可获得投资总额 30% 的低息贷款，员工在 250 人以上的企业可以获得投资总额 25% 的低息贷款；（2）鼓励企业加强国际、国内科研合作开发，与国外合作开发的项目最高能得到 25 万欧元的低息贷款，与国内合作开发的项目可得到 15 万欧元的低息贷款；（3）鼓励企业与科研机构联合开发项目，如属高科技项目和高校联合开发项目，一般可申请到投资总额 40% 的低息贷款。对高科技中小微企业，德国在 1995 年开始实行一项资本参与计划。

（六） 设立税收优惠

德国还把减免税收作为扶持中小微企业融资的一种手段，并规定：（1）在落后地区创立的中小微企业 5 年内免缴营业税；（2）对新建企业可以消耗完的动产投资免收 50% 的所得税；（3）中小微企业盈利用于再投资的部分免缴财产税。

德国统一后，国家鼓励西部投资者对东部落后地区进行投资，实行新建企业免征税收的优惠政策，即西部地区用企业经营利润投入东部地区的项目免征财产税；对进行消耗性动产投资的免征所得税，免征所得税可达到项目投资的 50%。

（七） 提供类似自有资本的资金

自有资本的缺乏是企业的主要发展瓶颈，对于创业者和新企业尤其如此。根据一项调查，德国中小微企业中只有 18% 的自有资本达到 30% 的稳定标准，有 1/3 中小微企业的自有资本不足 10%。[①]

面对这一状况，德国中小微企业银行便通过欧洲复兴计划的自有资本援助项目和创业援助项目帮助自主创业者和新建企业来获得所谓"类似自有资本的资金"，即 Mezzanine（夹层融资）。它是介于长期信贷和自有资本之间的一种融资形式，其主要特点是：（1）无须抵押；（2）无须改变企业的所有权结构；（3）如企业破产，放贷人的权益则在其他债权人之后。夹层融资最大的优点是可以在企业的财务报表中作为自有资本来看待，这样，企业的自有资本状况便有了很大的改善。

（八）开辟"新市场"，给高科技成长企业创造上市融资的机会

为了给信息和生物等高科技领域的成长企业创造直接上市融资的机会，德国于 1997 年开辟了仿效美国纳斯达克的"新市场"。截至 2002 年，在"新市场"上市的企业已达 300 余家。之后其发展一度受阻，90% 的上市企业跌破了发行价，但近年来"新市场"的交易又开始复苏，并日益受到企业界的青睐。

其具体措施是：（1）各交易所中实行一些专门针对中小微企业的市场交易办法；（2）通过规定不同等级的自有资本方法帮助中小微企业能够顺利进入证券的发行市场；（3）在交易所挂牌上市的投资公司为中小微企业的融资不必承担回购部分发行股票的义务，以便它们更好地向中小微企业进行直接投资；（4）活跃参股市场，以便使资本参与公司更多地为新建中小微企业和未在交易所挂牌上市的企业筹资；（5）实施证券交易税收优惠以减少中小微企业在交易所活动中的税收负担，平等对待外来资本和自有资本。

（九）战略性新兴产业的融资[②]

1. 政府金融支持

政府金融支持主要是通过两大渠道，即政府直接融资和政府提供补偿。德国在新能源领域的直接融资一直处于世界领先水平，目前，德国在新能源的研发和推广方面的总投入巨大，并且仍在每年递增。其中包括支

---

① 马连杰：《德国中小企业的融资体系对我国的启示》，《经济导刊》1999 年第 3 期，第 50 ~ 52 页。

② 参阅胡海峰、胡吉亚《美日德战略性新兴产业融资机制比较分析及对中国的启示》，《经济理论与经济管理》2011 年第 8 期，第 62 ~ 74 页。

持太阳能、风能等可再生能源的 102 个研发项目，如光伏设备安装、新高效能风力发电场、电动汽车的研发、有机光伏能源供给（OPEG）、促进新能源研发推广的"未来投资计划"以及生物能源等。政府提供补偿是第二种融资支持。2000 年，德国颁布的《可再生能源法》规定了各种可再生能源发电的补偿标准，并对新能源发电及发电设备给予补贴。补贴不同于补偿，不但不是逐年递减，而且不同类型的补贴可以累加合计。

2. 金融机构融资

新能源产业的融资主要来源于德国的银行，特别是复兴信贷银行。2009年至今，复兴信贷银行为新能源产业融资已达 525 亿欧元。

（十）提高对风险投资公司的投资和对高新企业的参股

德国的风险投资市场不够发达，银行贷款是中小微企业融资的主要形式。20 世纪 90 年代中期以来德国资本市场的自由化进程加快，风险资本投资也得到相应的发展：1995 ~ 2000 年，风险投资公司参股投资额增长了 8倍。其做法的特点是，政府资助银行不直接向企业参股，而是向风险投资公司投入长期信贷或承担部分（最高至 50%）股份损失风险。另外，德国中小微企业银行所属的技术参股公司采取直接对高新企业参股的方式，从而给高科技企业带来宝贵的、无风险的自有资本。

（十一）开展资产证券化

2000 年以来，德国中小微企业银行等开展资产证券化业务，启动了"Promise"（促进中小微企业信贷证券化）平台。这样做的主要好处是：（1）可以化解金融风险，因为大量的长期贷款放在资产负债表上，会变成不良资产，而通过风险交易可以将这些债权及相关风险出售给愿意承担更大风险的经济主体；（2）由于部分债权从资产负债表中退出，银行的资产结构便得到改善，从而增加了新的流动性。

资产证券化的资产，不仅指有形资产，也包括无形资产。名牌优势企业往往利用无形资产进行资本化运作，以名牌为龙头发展企业集团，达到对市场覆盖的目的。这也造成了虚拟经济的无限膨胀。

（十二）应对危机的特殊融资

为了应对国际金融危机德国政府出台了一系列解决融资难问题的举措，其中最为突出的是经济景气计划 I 和 II，同时延续或加强了常规的资助计划。根据"KFW（德国复兴信贷银行）－特殊信贷项目 2009"，复兴信贷银行为中小微企业银行提供金额为 150 亿欧元的贷款，并承担最高达 90% 的风险担保。此外，德国原有的信用担保体系得到了优化和扩展，中小微企业还可以在"KFW - 特殊信贷项目2009"框架内申请1000亿欧元的担保。此外还引入减税，2009年颁布了一项名为《减负法》的法案以减轻中小微企业的营业税、农业柴油税，该法案规定，2009~2010年营业额低于一定数值的中小微企业可不预交营业税。

德国大多数自主创业者和中小微企业实际可以利用的融资项目大约有10多种。在联邦层面上就有以下几种。

（1）针对自主创业者的主要资助方案是：①欧洲复兴计划中的自有资本援助项目；②欧洲复兴计划中的自主创业项目；③德国平衡清算银行的自主创业项目。

（2）针对现有中小微企业的资助项目有：①常规的中小微企业项目；②欧洲复兴计划中的企业建设项目；③欧洲复兴计划中的技术革新改造项目；④欧洲复兴计划中的区域项目和德国复兴信贷银行的其他相关项目；

（3）增强中小微企业自有资本基础的资助手段，主要由德国复兴信贷银行来执行。如：①东部投资基金；②新技术型企业投资项目；③风险投资项目；④欧洲复兴计划中的参与投资项目。

第九节 职业培训

德国的职业培训历史悠久、质量上乘。其职业培训的"双轨制"模式更是各国竞相效法的楷模。

表6-5 德国教育科研重要数据概览

中小学生	2014/15	1100万人
中学毕业生	2014	333072人
培训学员	2015	130万人
大学生	2015/16	280万人
科研支出	2014	845亿欧元
教育预算	2014	1907亿欧元
奖学金生	2014	924770人

资料来源：联邦统计局，2016。

一　德国职业培训的历史发展

12 世纪，德国的手工业作坊是以"师傅带徒弟"的传统方式来传授工艺和技能的。这是德国职业教育的源头。16 世纪，德国宗教界和实业界认为，学徒除去学习工艺和技能外，还应学习文化知识，因而创立了"星期日学校"，并逐渐发展成为补习学校。19 世纪，随着德国制造业的发展，"星期日学校"也增加了职业知识，添置了实习设备，并逐步演变为行业进修学校，从而开创了德国职业教育学校的先河。1837 年，萨克森带头颁布了规定，要求 15 至 18 岁的青少年接受职业义务教育。1869 年，普鲁士颁布了《北德意志联邦工商条例》，规定未满 18 岁的学徒需进入补习学校学习，这是第一次以法律形式规定了职业教育体系的运作方式。1871 年，德国统一前后德国又制定了一系列职业教育法规，规定未成年学徒要接受职业义务教育，以提高基本文化素质。第一次世界大战后，随着德国工业化进程加快，工商行业按各行业工种规范了对学徒培训的期限与考核内容。联邦德国成立后，颁布了一系列管理条例，职业培训得到全面恢复和发展。1969 年 8 月 14 日，联邦德国正式颁布了《联邦职业教育法》，并首次以国家法的形式确立了职业教育的制度。1981 年，联邦德国又颁布了《职业教育促进法》，第一次提出职业教育政策的制定应以满足培训岗位需求为目标，让其成为年轻人求职的阶梯。[①]

二　目前职业培训的简况

2014 年德国共有培训学员 140 万人，其中女生占 38.3%，男生占 61.7%，外国学生占 6.1%，新签培训合同共 518391 个，参加结业考试的学员共 470871 人。[②]

（一）德国十分重视职业培训

在职业培训问题上德国有 3 项法律规定：一是带职到高等学校学习，二是企业内部培训，三是由联邦劳动局组织并付费的专项职业技能培训。德国各类企业有一种共识：没有经过职业教育的人是不能走上工作岗位的，因此

---

① 参见徐聪《德国双元制职业教育体系的体制性优势分析》，《中国证券期货》2013 年第 8 期，第 249～251 页。

② Siehe *Statistisches Jahrbuch 2015*.

职业培训非常普遍。在德国，要想找到一份工作，除了必备的文凭外，没有经过 3 年专业职业教育是不可能的，即便是一个传统经营农业生产的家庭，如果其子女没有经过专业农业的训练教育，也不可能继承家业来从事农业生产。除了成年人在上岗前必须经过专业培训外，就是对口学校毕业出来的高中毕业生，如被企业录取为学徒，首先就得进行 3 年的双轨制教育培训。

（二）现有各类职业学校

德国现有各类职业培训学员分布在国家承认的 300 多个专业学习，其中在商业单位接受培训的占 49%，在工业企业接受培训的占 38%，在其他行业接受培训的占 13%。

（三）职业培训岗位一直在下降

尽管德国经济界一再宣传，2012 年新增培训岗位 69100 个，新增培训企业 41660 个，均超过了他们的承诺。然而，一个不争的事实却是，进入 21 世纪以来德国的职业培训岗位一直在下降。从 1998 年的 609274 个下降到 2007 年的 562816 个。[1] 2012 年德国新签培训合同为 551272 个，与 2011 年相比减少了 18108 个，下降 3.2%。[2] 2014 年德国新签培训合同据联邦教研部统计为 522232 个（联邦统计局统计为 518391 个），比上年下降 1.4%，但比 2013 年下降率收窄，2013 年下降率为 3.7%。[3] 培训岗位逐年下降的原因是多方面的。

（1）德国人口下降，这对培训人数的影响日益明显。2012 年 1/3 多的企业无法招满培训学徒，其中大企业中有 17.5% 的企业未招满，中小微企业则高达 42.4%。2012 年各类普通学校毕业生中不能上大学而进入培训的人进一步下降，与 2011 年相比减少了 8500 人，下降 1.6%。2005 年以来已经减少了 169000 人。昙花一现的是，2013 年人数回升。这应该是 2001 年以来的首次回升，增加 17200 人，提高 3.2%，增长到 551800 人，而且东西部同时增长，西部增长达 13900 人，新增 3.0%；东部增长 3300 人，新增 4.7%。此后又下降，而且不断下降，预计到 2025 年东部的下降才会停止，而西部的下降仍将继续。专家预计，到那时，"德国经济界就会每个青年人都

---

① 景琴玲、王革：《德国职业教育体系透析与展望》，《国家教育行政学院学报》2012 年第 2 期，第 91~95 页。

② Siehe Bundesministerium für Bildung und Forschung: *Berufsbildungsbericht 2013*.

③ Siehe Bundesministerium für Bildung und Forschung: *Berufsbildungsbericht 2015*.

要了"。①

（2）企业培训成本增加，不得不压缩名额。为了使职业教育培训内容与新技术和市场发展趋势保持一致，企业必须要对职业教育体系进行改革，因而提高了培训的成本，导致各类企业培训岗位的全面减少，这一趋势在小企业里表现得尤为突出。

（3）培训企业比例（即具有培训条件的企业占全部企业的比例）继续下降，2008 年为 24%，2009 年为 23.5%，2010 年为 22.55%，2011 年为 21.7%，② 2012 年为 21.2%，2013 年为 20.7%，2014 年为 20.2%。③

（4）年岁较大的受培训者人数下降，与 2011 年相比 2012 年的人数减少了 5531 个，下降 3.3%。

（5）德国东部就业危机导致了培训岗位的减少。从东西部学徒培训岗位短缺的情况来看，东部高于西部 10%。2005 年，东部企业外部培训占总数的 25.3%，内部培训的 12% 都由国家资助；而西部企业外部培训只占总数的 3.6%，由国家资助的企业内部培训只有 1.5%。如果没有国家重点补贴和投资，东部的情况会更加严重。④

（四）可使用已获得外国职业培训资格的雇员

根据欧盟有关职业培训的条例德国可以使用已获得外国职业培训资格的雇员。2012 年 4 月 1 日，德国又颁布了《职业确认法》，进一步扩大雇佣已获得欧盟内第三国职业培训证书的雇员，"为使德国劳动市场更好使用已获得国外职业培训证书的雇员，以保障合格的就业"。⑤

（五）服务行业学徒培训落后于制造业

从 20 世纪 90 年代到 21 世纪初，金属和电子产品行业的学徒比例相对较高，初级服务行业的学徒数量尽管增长强劲，但 2007 年的学徒比例仍然不到金属加工领域的一半。中级服务行业中熟练工人的数量也明显增加，但其学徒比例实际上却从 1995 年的 4.0% 下降到 2007 年的 3.6%。⑥

---

① Siehe Bundesministerium für Bildung und Forschung：*Berufsbildungsbericht 2013*.

② Siehe Bundesministerium für Bildung und Forschung：*Berufsbildungsbericht 2013*.

③ Siehe Bundesministerium für Bildung und Forschung：*Berufsbildungsbericht 2015*.

④ 景琴玲、王革：《德国职业教育体系透析与展望》，《国家教育行政学院学报》2012 年第 2 期，第 91~95 页。

⑤ Siehe Bundesministerium für Bildung und Forschung：*Berufsbildungsbericht 2013*.

⑥ 景琴玲、王革：《德国职业教育体系透析与展望》，《国家教育行政学院学报》2012 年第 2 期，第 91~95 页。

（六）培训市场的供需矛盾突出

根据德国 2015 年职业培训报告，2014 年空余的培训岗位高达 37175 个，比 2013 年增长 10.0%，创历史最高纪录。在联邦劳动局登记的空缺职业培训岗位也多于未获得培训岗位的报名者。但值得注意的是，2014 年未获得培训岗位的人达到 20900，比上年减少 0.8%。一面是培训岗位空缺，另一面是无法获得培训岗位的年轻人。这就说明，从地区到职业供与求都需要加强协调。

三 特色

（一）"双轨制"模式受广泛好评

德国实施"双轨制"职业教学模式。"双轨制"也称双元制，是德国实行职业教育的主要特点，也是推行职业教育最成功的地方，2011 年占到整个职业培训的 70%。[①]"双轨制"顾名思义，就是在企业和职业学校中同时进行教学。学员一般每周在企业接受 3~4 天的实践教育，在职业学校接受 1~2 天的理论教育。企业的技能培训是主体，职业学校的教育服务于企业培训。

"双轨制"职业教育模式获得了国内外的普遍赞誉，认为其优点是：双元互补，理论与实践结合，突出职业能力培养；坚持合作企业的自主同国家职业教育管理机构的调控相结合；国家、企业、学校和职业咨询机构相互合作，突出企业的培养作用、学校的教学功能和国家的资助角色；依法办学，切实保障培训实施；以市场为导向，灵活设置课程；职业教育直接与就业市场接轨；这是一个完全统一的职业社会化培训模式，实现了学习与劳动的完美结合，企业能够根据形势需求，适时调整培训内容去适应岗位的新要求；该模式具有公平性、选拔性和先进性，其公平性主要体现在对学生的考核和培训分离，选拔性体现在对职业教育师资的筛选和培养，先进性则体现在职业教育教学设施和教学方法的现代化上。[②]

尽管"双轨制"职业教育有很多优点和特色，但也存在一定的危机和困难。这主要是因为企业提供的学徒岗位越来越少，学生中途辍训率上升；过分依赖企业，易受经济危机的侵袭；职业教育培训专业过于专门化，各专业

---

① Siehe Bundesministerium für Bildung und Forschung: *Berufsbildungsbericht 2013.*

② 杨同华、黄国清：《德国职业教育探微》，《河南科技学院学报》2013 年第 6 期，第 50~54 页。

间缺乏兼容；多个培训机构之间也存在协调问题。

（二）企业起核心作用

德国各经济产业所属的企业每年都有定额招收培训生计划，越优秀的企业的培训生入选的门槛越高，要求相应的高中毕业成绩和其他条件也越高。如西门子、宝马、大众、德意志银行等所要求的高中毕业成绩一般都要达到优秀（在德国是 1 ~ 2 分），这样的成绩完全可以申请到比较好的大学。但是，许多高中毕业生还是选择先完成一个较好的职业培训，以明确自己的兴趣和未来的职业发展方向，然后再选择到大学深造，或在工作之余进修在职的大学学历。这样的大学生普遍学习认真、成绩优良，能得到最佳的实习机会和论文题目。

德国的职业培训主要是在企业中完成，大中小微型均有。大型企业的职业培训一般为 2 ~ 3 年，中小微企业一般为 2 年，而且大部分时间是在未来将要从事的工作岗位上进行实地培训。近 50% 的培训学员是在中小微企业接受培训。

从事职业培训的企业可以根据所招培训生的人数从联邦州获得相应的经济补贴。

（三）校企合作和谐

德国的职业培训普遍采用校企合作的模式，这一办学模式不仅有利于解决学校生源问题，而且为学生提供了良好的就业岗位。在高中毕业前，大多数青少年都会根据自身的兴趣爱好向相关企业提出培训申请，如获企业批准便同企业签订培训合同，并且寻找对口职业学校进行学习。这样，他们在企业学习实践操作，在职业学校学习理论，在学校与企业间进行交替学习、实践，达到理论与实践的紧密结合。经过几年的学习实践，毕业时可以直接上岗工作。这样既利于获得生源，也解决了学生的就业问题。

（四）重视素质的培养和训练

职业培训不仅强调专业能力的培养，也强调素质的培养和训练，使学员能够及时适应来自各方面的新变化，满足自身发展的需要，满足社会对这一层次人才的需要，在更高层次上体现基本行业能力。这一决策带来了重大的利好。当德国出现失业高峰时，在失业大军中不仅低能力的"壮工"比比皆是，工程技术人员、高学历者也不少见，而技术工人的失业率则一直保持较低水平。

我们所说的素质，德国人通常称之为"关键能力"（Schlüsselqualifikation），但范围要比我们指的素质窄一些。其主要指以下几方面的能力：对技术的理解能力和掌握能力，独立分析问题和解决问题的能力，提高质量的意识，懂得"质量是企业的生命"，将其放在至高无上的地位，以及合作能力、环保意识和社会责任感等。

（五）经费充足，资助有力

德国职业教育经费主要来源于企业、国家及社会。其中，约85%来自企业，居于首位；15%来自国家和社会。学生不会因经费问题而影响入学或完成学业。学徒期间企业还向学生支付一定报酬，每月450～800欧元不等。

（六）机制健全、完善

德国的职业教育拥有健全、完善的培训机制。企业不仅有相应的生产岗位供学生生产实践，还有规范的培训车间供学生教学实习；既有合格的培训教师和带班师傅，还有系统的培训计划；职业学校既有优秀的教师，也有完备的校内工厂。这一切使整个职教体系得以有效而顺利地运转。

（七）教学内容实用

德国职业教育的教学内容包括两大部分，即理论部分和实践部分。实践课与理论课课时比约7∶3；理论部分包括普通必修课与专业必修课。普通必修课含有德语、宗教和体育；专业必修课包括专业理论、专业制图和专业计算。实践部分包括校内实践课和企业实践课。前者包括试验和校内工厂实习，后者包括工厂和工作岗位的实习，占主体地位。职业培训尤其重学生实践操作技能的培养。

（八）教学方法多种多样

德国职业教育的教学方法多种多样，如四步教学法、六步教学法和实验法等。其中较为典型的是行动导向型的项目教学法。这种教学法的具体步骤是：信息收集→计划制定→方案选择→目标实施→信息反馈→成果评价。[①]在这种教学过程中，学生是活动的主体，是项目的直接参与者。这就极大地调动了学生的学习兴趣和积极性。教师作为学习的引导者和帮助者，成为学生学习的伙伴，师生关系十分融洽。这种以行动、项目为导向的教学方法突出实践，重视技能，把培养学生分析问题、解决问题、独立工作和与他人协作共事的能力放在首要地位。

---

① 刘红：《德国职业教育教学特色与启示》，《中国电力教育》2013年第11期，第13～14页。

（九）考核严格、重实践

职业学校学生的成绩考核、资格认定及证书发放由各行业协会负责。考核分中期考核和结业考核两种，各类考核又分书面考试和技能考核两种形式。学员通过考核便可获得国家承认的岗位资格证书。

考核还包括毕业设计或毕业论文，由企业教师为第一指导，职校教师为第二指导，并在企业实践中完成，强调解决实际问题，保证质量。

上述这些特点和优点大大推动了职业培训。如汉堡就有 7 所职业学校采用"双轨制"从事老年护理专业的培训。2012～2013 学年共有 407 名学生在这里接受培训。他们要学习 3 年，完成 2500 小时的实际工作岗位的学习，每周有 4 天在工作岗位学习，1 天在职业学校学习理论知识，学习十分切合实际。学生们对专业知识的了解、正确的操作能力以及沟通能力都是在第一年中所学到的，也是当好一名老年护理专业人员的基本素质。某所职校老年护理专业主任施泰因贝格还强调说："考试十分复杂，有基础护理、治疗护理、与老人互动、咨询等方面的实际操作考试，还有考查学生疾病和药物等方面专业理论知识的笔试。"职校的教师很多来自实际工作岗位。每半年，他们也会到企业中去，实际制定学生的考查目标。目前，老年护理专业在德国十分稀缺，就业前景非常之好。在学习阶段，企业支付的月工资就达到 1000 欧元左右。[①]

第十节 营销战略

营销是指企业进行的市场经营活动，目的是对商品和服务进行规划、研发、设计、采购、生产、定价、促销、发行、库存、外贸、信贷、引导和会计，[②] 以便获取更大的利润；国际营销则是指企业超越一国国境进行的市场经营活动，目的是对商品和服务流入其他国家或地区进行规划、定价、促销和引导。由于篇幅的限制，本节只能集中介绍营销的战略。

一 营销战略的发展

20 世纪 60 年代的 4P（product"产品"、price"定价"、place"渠道"和 promotion"促销"）营销理论几乎席卷了整个世界，成为企业市场营销的

---

① 郑红：《德国六成中学毕业生选择双轨制教育》，《人民日报》2013 年 8 月 12 日，第 22 版。
② 冯丽云主编《现代市场营销实务》，首都经济贸易大学出版社，1999。

国故经论。然而随着营销方式的多样化、社会日益信息化及消费者的个性化，4P 理论也就风光不再。

20 世纪 80 年代，美国营销理论专家劳特朋（Robert F. Lauterborn）首先向 4P 理论提出挑战，提出了 4C 营销理论，即从 consumer（消费者）出发，考虑 cost（成本），注重交易的 convenience（便利性），并通过与消费者的 communication（沟通）把顾客和企业的利益整合在一起，取得了新的成功，风靡一时。但人们很快又发现，4C 营销理论只是被动适应顾客的需求，缺乏主动创新的营销特色，需要企业从主动的角度，从更新的切入点在企业与顾客之间建立起新型的双向营销关系，于是营销新理论便应运而生。

2001 年，美国营销专家艾略特·艾登伯格（Elliott Ettenberg）出版了他的名著《4R 营销》（"The Next Economy：Will You Know Where Your Customers are?"，意为"下一个经济盛世：你知道你的客户在哪里吗？"），提出了 4R 营销理论，即强调 relevance（关联）、reaction（反应）、relationship（关系）、return（回报）。另一名美国营销专家唐·舒尔茨（Don E. Schultz）也在 4C 营销理论的基础上提出了 4R 营销理论。

营销理论一般都是在国内交易中产生并发展的，但很快便会转移到国际营销之上，特别是随着经济全球化的迅速发展，营销国际化理论也就相应形成。

国际营销理论首先重视国际企业的构建，这是国际营销的实体。它认为，国际企业可分为生产型国际企业和贸易型国际企业两大类。生产型国际企业包括生产国际商品或提供国际服务的企业；贸易型国际企业则是指从事国际商品和服务经销的企业。

此外，国际营销理论十分重视营销术的研究。这也是德国生产型企业和贸易型企业着意研究的课题，并最终成为德国企业经营管理的又一大特色。

德国企业的市场营销国际化开始于 20 世纪 50 年代，口号是"集中生产，全面销售，走向国际"。它们认为，只有市场营销国际化才能保障企业的生存，强调要善于在国外市场建立自己的营销机构，如子公司、分公司、出口公司、经销处、销售办公室、采购站、广告部等，以此来推动本企业在国外的销售。据统计，2007 年德国每家企业平均拥有 9.6 个国外分支机构，90% 的成功企业在美国有自己的分支机构，一半以上的企业在日本建立了自己的"跨国服务网络"。①

---

① 许官福：《德国企业管理的三大特点》，《发展论坛》2002 年第 3 期，第 41～42 页。

　　德国企业还十分重视派遣企业管理人员去国外工作或在国外担任某一职务。他们大多拥有两个或两个以上不同学科的学位，主要是工程学和经济学学位。对德国 25 家大公司的统计显示，在 25 位总经理中，有 15 位曾在国外工作过很长时间；在德国，凡担任大企业中上层经理的人员必须对国际市场、竞争对手了如指掌，必须具有丰富的驾驭国际市场的能力，必须具有战胜竞争对手的经验。

二　加强市场调研

　　德国非常强调市场调研，认为市场调研是营销战略的重点。这包括采购市场调研、销售市场调研，又分为第一调研和第二调研。第一调研是指新的统计调研，旨在获得原始数据；第二调研是指审议过去为其他目的从事调研所获得的数据。企业就是要在深入细致的市场调研基础上制定出自己的营销战略。[①]

三　与顾客建立关联

　　要通过某些有效的方式与顾客建立关联，改变顾客的被动性，提高顾客的忠诚度，形成一种双向的关系，把顾客与企业联系在一起，以维系企业对消费者的关系。

四　提高对市场的反应速度

　　企业要建立与顾客的关联，要倾听顾客的希望、需求与建议并及时做出反应，满足他们的愿望和需求。这就要求企业必须建立快速反应机制，提高反应的速度和回应力，以稳定顾客群，降低顾客离去的概率，保住老顾客，争取新顾客。

五　重视关系营销

　　企业与顾客建立双向、互动关系的核心是建立关系营销。其要点如下。
　　从交易营销转向关系营销，所谓关系营销就是指，企业与顾客间建立起连续的、持久的长期营销战略关系，关键是互动营销，即生产和消费的交汇

[①] Wolf, Jakob：*Markt- und Imageforschung im Handel*，Stuttgart：expert verlag/Taylorix Fachverlag，1981，S. 11 – 31.

点就是买卖双方的相互作用；

从一次交易和短期利益转向持续交易和长期利益；

从单一销售转向友好合作；

从以产品性能为核心转向以销售给客户带来的效用为核心；

从单纯销售转向承诺。

六 引进回报

传统的销售和交易就是需求方一手交钱、供给方一手交货。买卖双方是一种冰冷的钱货交易关系，自然也就谈不上关联、长期、忠诚、友好与合作。4R 营销新理论则完全颠覆了这一传统关系，强调追求回报是营销发展的动力，也是维持市场关联、维系长期合作关系的必要条件，于是回报老顾客的做法便蓬勃地开展起来。

第十一节 纳税

一 企业纳税及其国际比较

德国企业需要缴纳三个主要的税种，即收益税、消费税和资产税。它们共同构成了企业税。

德国的企业税税率很高。1995 年为 59%，1998 年施罗德执政时仍高达 56.6%，于是他决定要对此大力削减，1999 年就减为 52.3%，2001 年再下调至 38.36%。默克尔于 2009 年将其降至 29.44%（参见表 6－6）。

表 6－6 1995～2009 年德国企业税税率的国际比较

单位：%

年份 国家或地区	1995	1996	1997	1998	1999	2000	2001	2002
世界	—	—	—	—	32.69	32.36	31.49	30.72
经合组织	37.7	37.7	36.0	35.7	35.00	33.90	32.80	31.39
亚太地区	—	—	32.6	32.4	31.67	31.44	31.29	31.52
拉美和加勒比地区	34.0	34.0	29.8	30.1	28.82	30.09	29.82	29.91
欧盟	37.9	38.0	35.5	35.1	34.12	32.83	31.05	30.00

续表

年份 国家或地区	1995	1996	1997	1998	1999	2000	2001	2002
美国	40	40	40	40	40	40	40	40
巴西	—	—	25	25	33	37	34	34
德国	59	59	57.5	56.6	52.3	51.6	38.36	38.36
中国	—	—	33	33	33	33	33	33
	2003	2004	2005	2006	2007	2008	2009	
世界	29.53	28.75	28.01	27.47	27.12	25.84	25.51	
经合组织	30.90	29.75	28.80	28.16	27.69	26.56	26.30	
亚太地区	30.34	30.37	29.09	29.09	29.18	28.43	27.49	
拉美和加勒比地区	30.05	29.82	28.64	27.64	27.45	26.91	26.91	
欧盟	28.81	27.47	25.34	25.01	24.22	23.22	23.22	
美国	40	40	40	40	40	40	40	
巴西	34	34	34	34	34	34	34	
德国	39.58	38.29	38.31	38.34	38.36	29.51	29.44	
中国	33	33	33	33	33	25	25	

资料来源：KPMG；Corporate and Indirect Tax Rate Survey 2007 and 2009。

收益税包括所得税、公司税、工商税和团结附加税。人合企业应缴纳所得税，资合企业则应缴纳公司税。德国的公司税包括分配利润和留成利润两部分，留成利润的税率要高于分配利润的税率，1991～1993 年前者为 50%，后者为 36%。从 1994 年起前者降为 45%，后者降为 30%。施罗德执政后决定先将公司留成税率从 45% 降至 40%，分配利润税率维持 30% 不变；从 2001 年开始两种税率并轨，同时下调至 25%。

德国企业也需要缴纳消费税，主要的税种有营业税和土地购买税。营业税是以全过程净营业税的名义对商品和服务的课税。所谓净营业税是指对扣除折扣之后营业额的课税，土地购买税则是指对购买国内土地的课税。

公司资产税指的是土地税、遗产和赠与税。土地税是乡镇税，是对地产的课税；遗产税和赠与税是指对遗产和赠与的课税。如果整个企业或企业的全部股票成为遗产或赠与也同样要征收遗产税和赠与税。

二 德国企业税存在的问题

要分析企业的税收问题，需要采用正确的理论和方法。一般都采用三种理论：（1）企业经济税收作用理论（betriebswirtschaftliche Steuerwirkungs-lehre），（2）税收建构理论（Steuergestaltungslehre），（3）评价、规范企业经济税收理论（Wertend-normative betriebswirtschaftliche Steuerlehre）。如今，这三种理论正日益国际化。

根据这三大理论来分析德国的企业税，就会发现问题很多。其主要问题是不公正、不透明、税率过高，对中小微企业特别不利，因而非常影响德国经济的发展，要求改革的呼声也就十分强烈。

三　德国企业税的改革

于是德国企业税的改革也就从削减税率开始。从表 6 - 6 中可以看出，1995 年至 2009 年，欧盟平均的企业税税率从 37.9% 降到了 23.22%，约下降了 40%。在相同的时间里德国企业税税率的降幅更大，从 59% 降至 29.44%，约下降了 50%，但依然高于欧盟的平均税率（23.22%），也高于经合组织国家的平均税率（26.30%），在欧盟各国内，德国只低于意大利的 37.3%，马耳他和西班牙的 35%。

2001 年，德国引进了"收入减半纳税原则"，就是把资合公司的参股收入减半纳税。过去是将所得红利全额按累进制缴纳所得税，现在则改成了半额折算，人合公司也同样按此比例减税。该原则 2001 年只适用于外国对德国资合公司的参股，2002 年开始也适用于国内对资合公司的参股。按此规定，资合公司参股（股票、有限责任公司股份和合作社的股份）的回报和盈利统统减半纳税。与此相关的广告费同样也减半纳税。如一家股份公司的红利收入为 1000 欧元，其纳税如下：股份公司缴纳 25% 的企业税，即 250 欧元，剩下的 750 欧元分到股东的手里后，他只需按 375 欧元计税，而且可以使用 30% 的个人边际税率①，即缴纳 112.50 欧元的税。

2007 年 5 月 25 日，联邦议院决定对企业税再次进行改革，2008 年 1 月 1 日该法律生效，资合公司的税率名义上降为 29.8%，在国际位居中游，于是税收收入减少最高可达 50 亿欧元。从 2008 年 12 月 31 日起"收入减半纳

---

①　边际税率就是征税对象数额的增量中税额所占的比率。以超额累进的个人所得为例：免征额为 3500 元，那么 3500 元以下的收入免税，边际税率就为 0。当一个人月收入达到 3700 元的时候，相比起 3500 元增量为 200 元，适用税率为 5%，应缴纳 10 元的税。

税原则"也"寿终正寝",改为"60%法案",[①] 如今采用的是资本纳税法和利息赔偿税,但企业税的税率仍然保持在 29.44% 。

此外德国的企业税之所以要改革还因为德国企业的年收入中约有 1000 亿欧元流入外国或是避开了德国的征税。

德国改革企业税是为了减少企业的支出,提高其竞争力,推动经济的发展,保障税收基础,加强乡镇的财政能力,填补税收窟窿,提高中产阶层的投资能力和控制投资利润。短期看国家的收入会减少,但很快就会扭降为升。

四 对德国企业税的评价

德国企业税改革后,其税率在国际上就具有了竞争力。这就促使德国企业不把利润转移到国外,而是留在国内作为投资,从而能够加强德国区位优势和就业岗位的建设。

改革也给国家带来了急需的计划安全性,使企业可以大胆向国家的未来投资,因而使德国具有一个既可吸收国内投资,也可吸收国外投资的区位优势。

德国企业税的改革可以给国家提供更多的税收收入。如今,德国的企业税税率虽然降低了,暂时的税收收入减少了,但很快就上升了。决议通过的当时,就有不少经济学家估计,资合公司的公司税和工商税在改革前为 585 亿欧元,2008 年下降,但到 2012 年就上升到近 750 亿欧元。

德国企业税的改革使德国的纳税基础得到了保障,因为德国企业必须要为未来的重大国家建设项目缴纳税收,由于税率在国际上具有竞争优势,也由于德国有严格的统计国内所获盈利的规定,这一目标是可以达到的。

如今,德国纳税者联盟又要求对所得税进行改革。

目前的情况是,欧洲企业的平均企业税税率仅为 23.22% 。国际金融危机和欧债危机已经中止了欧洲税率的继续下降。而德国的公司税率至今仍保持在 29.44% ,比欧洲的平均税率依然高出 6.22 个百分点,继续改革自然是众望所归。

[①] Stobbe, Thomas: *Steuern kompakt mit Unternehmenssteuerreform 2008*, Sternenfels: Verlag Wissenschat & Praxis, 2008, S. 253.

第十二节　垄断与兼并

如果市场上从供给方来看只有一个售货人，成为一种商品唯一的卖者，从而控制该商品的销售数量和价格，这叫垄断；如果供给方只有少数几个大卖主的市场叫作寡头卖方市场；需求方只有几个大买主的市场叫作寡头买方市场；还有双边寡头市场；只存在两个大卖主的市场叫作双寡头市场。

人们往往是以经济寡头之间的相互依存、反应步调一致来界定该市场是否是寡头垄断市场的。市场上经济寡头数量的多少会影响每个经济寡头的盈利情况，但经济寡头个体并不能影响市场上经济寡头的数量，他必须在顾及其竞争对手的行动参数、预计其反应的前提下才能实现利润最大化。寡头垄断模式只能根据竞争者行为和反应方式不同的假设来进行划分。

随着经济的发展，竞争和垄断的思想不断形成，竞争和垄断的理论也就应运而生，并且经历了一个腾挪跌宕的发展阶段，成为在社会经济实践中，在整个经济理论发展中起着重要作用的基本经济理论。今天，只要我们仔细研究一下各国的经济发展状况，就会发现竞争和垄断始终贯穿于其间，而竞争理论和垄断理论正是其发展、变化的一个结晶。

一　垄断理论①

早在 16 世纪后期到 17 世纪，垄断思想就开始出现。当时，正是重商主义时期，商业资产阶级认为财富就是货币，而只有对外贸易才能增加一国的货币数量。因此，必须在对外贸易上实行垄断，力求贸易顺差。这种商业垄断思想就是西方垄断理论的先驱。

18 世纪随着斯密《国富论》的出版，自由主义有了迅速的发展。它们猛烈抨击重商主义的垄断现象。特别是斯密，他认为，重商主义的体系就是垄断。

19 世纪初期，李嘉图提出了稀缺性垄断的思想。他认为，有些商品的价值由它们的稀缺性决定，只要通过垄断控制住稀缺，就能提高商品的价值。同时他也强调国际价值在某些方面存在着非竞争性，如资本和劳动力可以在一国内不同行业之间自由转移，但在国际之间就不能自由移动，这也是一种

---

① 综合百度百科等相关网络资源。

垄断。通过这一垄断同样可以提高商品的价值。

19 世纪上半叶，英国经济学家穆勒论述了垄断的概念。他进一步发展了李嘉图的观点，并强调，一种数量受到限制的商品，就是一种垄断的结果，认为，教育与社会等级是造成垄断的根源。

随着工业革命的不断深入，垄断现象在经济生活中日益显现出与资本主义初期明显不同的特征。法国经济学家古诺（Antoine Augustin Cournot）于 1838 年出版了《财富理论的数学原理研究》一书，提出西方社会是由"完全竞争形态"、"垄断形态"和"双头垄断形态"的运行机制组成的，并首次提出了垄断的内涵以及垄断市场的均衡条件。英国经济学家马歇尔则提出了著名的二分法。他一方面承认垄断不能最大化社会福利，存在着效率损失；另一方面，他又认为垄断可能存在更为有利的成本结构以及其他方面的利益。

19 世纪晚期至 20 世纪初期，资本积累高度膨胀，各地都出现了一系列庞大的垄断组织，于是垄断理论也就竞相发展。英国经济学家凯莱基（J. Kelleky）提出了"垄断程度论"，美国经济学家张伯伦（E. H. Chamberlin）提出了"垄断竞争理论"，英国经济学家罗宾逊则提出不完全竞争经济学，集中代表了当时研究垄断理论的新趋势。张伯伦认为，垄断的普遍意义是对供给的控制，控制了供给也就控制了价格。他认为完全垄断与完全竞争都是市场结构中的两个极端，在现实经济现象中是很少存在的。他还进一步发展了垄断背景下边际成本等于边际收益的理论，并提出产品差别这一新概念来解释垄断形成的原因。他认为，如果产品是同样的，则市场结构必然是完全竞争，如果产品有差别，则垄断就会发生。如有差别垄断发生，差别程度越大，垄断的因素也就越大。这就提出了当今国际贸易中的一个突出的问题，即产业内贸易问题。罗宾逊则是进一步分析了边际成本与边际收益之间的关系，加强了西方经济学的均衡理论。

19 世纪中后期马克思主义兴起。在《资本论》中马克思分析了三种类型的垄断，即自然垄断、偶然垄断和人为垄断，并着重分析了人为垄断这一类型，将其定义为独占，是指少数资本主义大企业或若干企业的联合独占生产和市场。他指出，谁都知道，现代的垄断就是由竞争产生的，对剩余价值的贪婪追求和残酷竞争的外部压力迫使资本家极力扩大自己的资本和生产规模，引起生产和资本集中，进而产生垄断。马克思指出，资本家扩大资本和生产规模的途径是资本积聚和资本集中，而正是竞争加速了资本集中和资本积聚。"竞争的结果总是许多较小的资本家垮台，他们的资本一部分转入胜利者手中，一部分归于消灭。"① 这 "是资本家剥夺资本家，是许多小资本变成少数大资本"，② 是 "一个资本家打倒许多资本家"。③ 如果在一个生产部门投入的全部资本已融合为一个单一资本，集中便达到了极限。可见，早在自由资本主义尚未开始向垄断资本主义过渡的时候，马克思就已经通过对竞争和资本积累趋势的分析预见到垄断形成的客观必然性。恩格斯对竞争产生垄断的原因做了进一步的分析，他指出，每一个竞争者，不管他是工人，是资本家，或是地主，都必然希望取得垄断地位；每一小群竞争者都必然希望取得垄断地位来对付所有其他的人；竞争建立在利害关系上，而利害关系又引起垄断，这样竞争就转为垄断。

到了 19 世纪末，一些经济学家对垄断进行了深入的研究，看到垄断除了存在着一些弊端外，也具有一些特有的长处。如边际效用学派的主要代表美国经济学家克拉克（John Bates Clark）就认为，托拉斯这样的垄断组织能产生较高的经济效率优势，企业联营也经常是获得充足资本和应付危机所必需的。美国经济学家冈顿则进一步论述了垄断的优越性。他认为，通过运用大额资本、精良设备、良好设施，托拉斯的商品售价比单个公司要低，他还反驳了资本集中会破坏竞争的说法。

熊彼特则提出了新的垄断学说。他极力证明，垄断是有利于生产发展的。他认为垄断价格并不必然比竞争价格高，垄断产量并不必然比竞争产量少。他还提出了技术创新与垄断关系的理论，强调 "动势" 大企业的研究和开发活动使技术创新成为企业的内生因素，并促使市场结构发生变化，产生 "创新利润"，从而形成垄断地位。

20 世纪 50 年代，新制度学派兴起，其主要代表人物约翰·肯尼思·加尔布雷思（John Kenneth Galbraith）认为，目前在西方经济中存在计划体系和市场体系两个体系。计划体系是指由少数大公司垄断价格，左右未来市场；市场体系则是大量中小微企业受市场支配。

随着人们对垄断认识的不断深入，经济学界对垄断理论的研究也更趋理性，"两种垄断" 论日益得到认可。该理论认为要区分两种不同性质的垄断：一种是非效率垄断，这是依靠垄断市场形成权力后产生的；另一种

---

① 《资本论》第 1 卷，人民出版社，1975，第 687 页。
② 《资本论》第 1 卷，人民出版社，1975，第 686 页。
③ 《资本论》第 1 卷，人民出版社，1975，第 831 页。

是效率垄断，是由于企业依靠创新形成的市场优先地位所造成的，两者共存。

第二次世界大战后美国出现了哈佛学派的垄断理论。他们提出了一个新兴的经济学分支——产业经济学，主要研究垄断理论。其代表人物为梅森（E. S. Mason），他继承了张伯伦的垄断竞争理论，他的学生贝恩（Joe Bain）于1959年出版了第一部系统论述产业经济学理论的教科书，紧接着谢勒（F. M. Scherer）也出版了一本论述产业市场结构和经济绩效论著，进一步完善了贝恩的理论。

哈佛学派的主要观点是：第一，在一个部门内过高的生产集中会导致恶劣的市场结果，但不包括规模效益显著的部门；适度集中的寡头市场可以实现符合竞争要求的市场结果；第二，过高程度的产品差异通常并不会带来良好的市场结果，因为消费者通常只会在两个十分近似的产品之间进行选择，所以可供消费者选择的产品数量并不会随产品差异程度的提高而相应地扩大，有效竞争所要求的并不是特别高的产品差异程度，而只要求适度的产品差异；第三，高度的市场准入限制具有负面影响。哈佛学派主张，为了保持有效竞争，必须运用竞争政策对市场结构和市场行为进行干预。这些理论在战后很长的一段时间里成为美国政府制定反垄断政策的依据。

20世纪60年代，美国又出现了垄断理论的芝加哥学派，其主要代表人物有施蒂格勒（J. Stigler）等人。芝加哥学派认为市场绩效决定市场结构，因此，人们将之称为效率学派。该理论认为：第一，市场竞争过程是一个在没有国家干预条件下市场力量自由发挥作用的过程，这一过程的发展逻辑就是"适者生存，优胜劣汰"；第二，从长期看，在没有人为市场准入限制的条件下，市场竞争过程是有效的，它会在很大程度上带来能够保证消费者福利最大化的生产效率和资源配置效率；第三，国家应尽量减少对市场竞争过程的干预，主要是确立制度框架条件。

20世纪70年代以来，产业经济学从原来重视市场结构的研究变为重视市场行为的研究，出现了博弈论，并成为当今垄断理论研究的一个新的流派。它把创新与垄断之间的关系作为重要研究课题。

近期，学者提出了三种重要的模式。

第一种是拍卖模式，拍卖的出价主要取决于新技术带来的利润。在拍卖中，如果居主导地位的企业获胜，它必然长期占据产业优势，同时会获得更大的利润。因此其他追随的企业就会在拍卖中用更高的代价来阻止主导企业获胜，主导企业的优势地位因而就会受到冲击。拍卖模式主要论证了垄断企业与其他企业的技术创新在竞争中所起的作用。

第二种是非锦标赛模式，此种模式提出了一种有别于传统生产过程的新模式，揭示了企业在生产过程中对技术开发投入的一般规律。一个企业的成本取决于技术开发的投入。企业要想保住原有的市场优势，必须开发新技术以降低成本。但技术开发投入的收益是递减的，竞争的增强也会降低企业从技术开发中获取的利润。当某个产业企业数量增多时，企业投入的技术开发均衡数量一般都要少于最优数量，市场均衡时的技术开发投入总量也要少于社会最优水平，形同非锦标赛模式。

第三种是锦标赛模式，认为企业技术创新的动机来自两个方面，即利润激励和竞争威胁。如果某企业认为利润激励小于竞争威胁，则该企业不会积极加大技术创新的投入；如果利润激励大于竞争威胁，则对技术创新的投入会加大；如果它同时面临很大的竞争威胁和利润激励，就会全力增加技术创新的投入，以便赢得竞赛。

20世纪80年代以来，垄断理论对进入垄断原因的研究又有了进一步发展，并认为，形成垄断一是拥有产品差异优势，二是拥有绝对成本优势，三是拥有规模优势。此外，新垄断理论也发展了垄断对经济产生影响的看法，认为垄断对价格的影响要大于对利润的影响，会刺激创新的产生。近来有人把进入垄断的影响分为两种类型，即模型性进入和创新性进入。前者对市场影响较少，后者对市场影响较大。

新旧世纪之交，垄断理论研究的重点从结构层面转向行为层面，认为判断垄断行为不能以企业规模大小为标准，而应着重观察企业的行为意图，这才是决定一个企业是否进行垄断的主要依据。

近年来，随着社会信息化的发展，世界经济也进入信息时代，于是出现了板块化新产业结构理论，该理论认为，随着信息技术发展，一个行业可以分解为一些模块，分别进行设计和工艺加工等环节，使垄断企业生产率更高，使社会资源能得到更合理的配置。

二　垄断形式[①]

从垄断的形成看，垄断可以分为：（1）"自然垄断"；（2）由政府干预

---

① 参见百度百科。

或法律调控而形成的"法律垄断";（3）通过签订合同而形成的"经济垄断"（即所谓的集体垄断）；（4）"原始垄断"（如艺术品或是风景优美的海边地产）。

从垄断的内涵来看，垄断可以分为卡特尔、辛迪加、托拉斯和康采恩这四大形式。

（一）卡特尔

卡特尔是指企业为了共同目的达成协议或形成联盟，以适于其通过竞争限制影响商品或行业成果的生产和流通。

德国曾是卡特尔最为盛行的国家，有各种各样的形式：（1）早餐卡特尔；（2）君子协定；（3）协调行为方式；（4）价格卡特尔；（5）配额卡特尔；（6）标准型号卡特尔；（7）供给成本计算卡特尔；（8）出口卡特尔；（9）支付条件卡特尔；（10）折扣卡特尔；（11）专门化卡特尔；（12）采购卡特尔等。

（二）辛迪加

辛迪加原义是"组合""联合"，指同一生产部门的少数大企业为了获取高额利润，通过签订共同销售产品和采购原料的协定而建立的垄断组织，主要在采购与销售领域。参加辛迪加的企业在生产上、法律上保持独立，但在商业上已失去了自主性。辛迪加较卡特尔牢固。

（三）托拉斯

托拉斯是指若干性质相同或互有关联的企业为了独占市场、获取高额利润而组成的垄断组织。它本身就是一个独立的企业组织，参加者在法律上和业务上完全丧失其独立性，而由托拉斯的董事会掌握所属全部企业的生产、销售和财务活动。原来的雇主成为托拉斯的股东，按照股权的多少分得利润。托拉斯一方面可以保障投资者的优厚利润，提高投资者兴趣，刺激投资，促进业务扩充，推动经济发展；另一方面会减少竞争，阻碍企业技术进步和新兴企业的发展，增加消费者的负担。

（四）康采恩

康采恩是一种跨行业、跨领域的高级垄断组织形式，晚于卡特尔、辛迪加和托拉斯的出现，规模更为庞大。康采恩原意为多种企业集团，一般以一两个实力最雄厚的大垄断企业为核心，把跨部门、跨行业的许多大企业联合起来，组成一个垄断企业集团。参加康采恩的不仅有单个私人企业，而且有集团的垄断企业如辛迪加、托拉斯等；不仅包括许多工业企业、运输公司、矿业公司等生产性单位，还包括银行、保险公司、商业公司、其他服务性公司等非生产性单位。大工业企业和大银行是该组织的核心。它们除了经营本身的业务外，还把一部分资本投入康采恩的其他企业中去，以掌握这些企业的股票控制权。参加康采恩的企业形式上虽然具有独立性，但实际上却受主宰的大工业企业或大银行的控制。垄断企业家通过这种形式，控制着比其本身资本大几倍甚至几十倍的资本，以加强垄断统治，攫取高额垄断利润。它控制着经济、政治、文化以及社会生活的各个方面，体现了银行资本与工业资本融合为金融资本的重要垄断特点。

三　并购形式

当今国际并购按行业来分主要有横向并购、纵向并购及混合并购三种；按支付方式来分，主要有现金交易与换股交易；按并购双方的意愿不同，又分成善意并购和恶意并购。

（一）横向并购

横向并购是指具有竞争关系的、经营领域相同或生产同质产品的同行业之间的并购活动，也就是企业的横向一体化，如戴姆勒－奔驰公司并购克莱斯勒公司。横向并购可以迅速实现规模经济和提高行业市场集中度，扩大企业的市场地位。它对行业发展影响最直接，发展得尤为迅速，因而采用得也最多。

（二）纵向并购

纵向并购是发生在同一产业的上下游之间的并购。纵向并购的企业之间不是直接的竞争关系，而是供应商和需求商之间的关系。因此，纵向并购也就是纵向一体化。实质是处于生产同一产品，但属不同生产阶段的企业间的并购，并购双方彼此熟悉，因而有利于并购后的相互融合。纵向并购中相关行业的原料成本对行业效益有很大影响，因而有利于强化企业业务。

（三）混合并购

混合并购不同于横向并购和纵向并购，它是发生在不同行业企业之间的并购。从理论上看，混合并购的基本目的在于分散风险，寻求范围经济，为企业进入其他行业提供方便。混合并购主要发生在实力较强、效益较好的企业中，因此混合并购又称多元化并购。一般包括：（1）产品扩张型并购，这是指相关生产企业之间的并购，这有利于拓宽企业的生产线；（2）地域扩张型并购，是指在不重叠地理区域上企业之间的并购，旨在扩大企业的市场范围；（3）纯粹混合并购，是指没有任何生产或经营联系的企业之间的并购。

（四）现金交易并购与换股交易并购

按照并购的支付方式分类，并购又可分为现金交易并购与换股交易并购。1990 年以前，采用现金交易方式的跨国并购项目数和金额均在 3/4 以上，换股交易只占 1/4。到 1998 年前者已降为 1/3，后者则提高到 2/3。现金交易并购很容易进行。换股并购就比较复杂一些，以戴姆勒－奔驰公司并购克莱斯勒公司交易为例，克莱斯勒公司的普通股股东以 1∶0.62 的比例换取戴姆勒－克莱斯勒公司的新普通股；而戴姆勒－奔驰公司的股东则以 1∶1 的比例换取戴姆勒－克莱斯勒公司的新普通股。交易完成后，戴姆勒－奔驰公司的股东拥有新公司 57% 的股份。①

（五）善意收购与恶意收购

按照并购双方的意愿不同，并购分成善意并购和恶意并购两种。善意并购的做法是：并购方开出合理的并购价格与目标公司股东和经营者协商并购条件，在征得其理解与配合之后进行并购；恶意并购的做法是：并购方在事先未取得目标公司股东或经营者的同意或配合的情况下，不顾被收购方的意愿而强行收购目标企业，夺取其控制权。

四　全球企业并购概况

企业并购在西方工业化初期就已经出现。19 世纪末开始，并购日益加剧，先后已经历了五次企业并购浪潮。②

第一次并购浪潮发生在 19 世纪末至 20 世纪初，其主要特点是以横向并购为主，突出表现为，有竞争关系、经济部门相同或产品相同的同行业企业之间的并购。

第二次并购浪潮发生在 1915 年至 1930 年之间，其特点是不再以横向并购为主，而是以纵向并购为主，突出表现为，在生产和经营方面互为上下游企业间的并购，大企业并购小企业，而中小微企业之间的并购也在同时进行。

第三次并购浪潮是在 20 世纪 50~60 年代之间，60 年代后期达到高潮，其特点是以混合并购为主，突出表现为，大垄断公司之间互相并购，出现了

---

① 邓果宇：《德国企业并购的做法和经验》，《冶金管理》2009 年第 11 期，第 37~43 页。

② Siehe Wikipedia：*Mergers & Acquisitions*，letzter Zugriff am 17. 01. 2014.

一批跨行业、跨部门的巨型企业。

第四次并购浪潮发生于 1975～1992 年，其特点是并购后形成的产业规模达到了空前巨大的程度，并购形式也呈现多样化趋势。

第五次并购浪潮始于 1994 年，世纪之交达到高潮，其主要特点如下。①

（1）并购首次越出美国的一国范围，几乎席卷了欧、亚各洲，出现全球性企业并购。欧洲企业并购额就高达近万亿美元，而在 1997 年并购额还不足 4000 亿美元；亚洲地区的日本、韩国、马来西亚等国的并购也大幅度上升。

（2）欧洲企业出现并购狂潮。以 1999 年为例，其国民生产总值中 20% 的价值是通过企业联盟实现的。按西方经济学家的观点，这主要有三大原因：第一，受全球（特别是美国）并购潮影响；第二，欧洲资本市场的膨胀给企业合并提供了足够的资金；第三，欧洲的一些先进企业开始奉行新的盎格鲁－美利坚价值观，即把美国的价值观念和欧洲的传统文化结合起来。

（3）发展中国家也加入企业并购浪潮，特别是东南亚地区并购日益频繁。

（4）跨国并购增多，并呈现双向趋势。如美国得克萨斯公用事业收购英国能源集团，美国环球影城公司收购荷兰波利格来姆公司，美国福特收购瑞典沃尔沃，德国戴姆勒－奔驰收购美国克莱斯勒，英国石油收购美国阿莫科石油公司，英国制药企业收购瑞典的制药企业，法国石油公司收购比利时炼油厂，法国雷诺汽车收购日本日产汽车，菲律宾黎刹水泥公司并购印尼锦石水泥厂等。

（5）强强联合频现，巨额并购增多。如美国 6 家大银行先后合并，其中，美国花旗银行和旅行者集团的合并涉及金额高达 725 亿美元，合并后的总资产额高达 7000 亿美元，业务覆盖 100 多个国家和地区，拥有 1 亿多客户。德国商业银行收购美国排名第八的信孚银行和德国的德累斯顿银行。美国最大的两家石油公司合并，即艾克森以近 790 亿美元的价格收购了美孚公司，缔造了全球最大的石油公司。美、英、日三国的通信企业合并，成立了全球最大的通信集团。美国国民银行和美洲银行宣布合并，成为美国国内最大的银行。美国第一银行和第一芝加哥银行合并，成为美国中西部地区为中小微企业贷款和发行信用卡的最大银行机构。美国在线公司和时代华纳公司

---

① 孙时联：《全球企业并购第五波》，载新浪财经，http://finante.sina.com.cn/globe/globe/2000－20－25/20839.html，最后访问日期：2013 年 11 月 25 日。

合并，组建美国在线－时代华纳公司，合并后的总资产达 3500 亿美元。

（6）服务行业并购居多，占整个并购总额的 60%。

（7）电信业成为并购最频繁、发展最快的行业。

（8）同行业横向并购多，跨行业并购少。这显示，规模效应随着跨国竞争的日益激烈越来越受到企业的重视。此外，几乎所有重要的并购都属善意并购，没有重现 20 世纪 80 年代的恶意并购行为。

（9）跨行业并购在高新技术领域兴起，出现了一股网络、媒体产业融合潮。

（10）越是发展迅速的行业，并购的规模和频率越高，如网络、计算机、电子、航空、金融及服务等行业。

（11）并购突出显示长期、战略的考量，而不是随行就市的短期行为。

关于近年来全球的并购情况可参见表 6－7。

表 6－7 1998～2007 年全球十大兼并事件

兼并年份	买方	目标公司
1998	Exxon（埃克森）	Mobil Oil（美孚石油）
1998	Travelers Group（旅行者集团）	Citicorp（花旗银行）
1999	Pfizer（辉瑞公司）	Warner-Lambert（华纳－兰伯特）
1999	Vodafone（沃达丰）	Mannesmann（曼内斯曼）
2000	America Online（美国在线）	Time Warner（时代华纳）
2000	Glaxo Wellcome（葛兰素威康）	SmithKline Beecham（史克必成）
2004	Royal Dutch Petroleum（荷兰皇家石油）	Shell Transport&Trading（壳牌运输和贸易）
2006	AT&T（美国电话电报公司）	BellSouth Corp（贝尔南方公司）
2007	Aktionäre（股东）	Philip Morris（菲利普·莫里斯公司）
2007	RFS Holdings（RFS 控股）	ABN-AMRO Holding（荷兰银行控股）

资料来源：Account freischalten © Statista 2014，自行列表。

本轮并购对全球经济、区域经济和本国经济的影响是十分巨大的。

第一，它在一定程度上打破了区域集团化的分隔格局，加速经济全球化进程。大规模跨国企业并购不仅冲破了贸易保护主义的藩篱，也是对区域经济集团化运动的封闭性后果的一次巨大的冲击。

第二，它进一步加速了生产国际化进程，成为跨国公司对外直接投资的一项重要内容，进而加速经济全球化的进程。

第三，对当今处于低迷的世界经济产生一定的刺激作用，推动世界经济的增长。

第四，对各国的反托拉斯法和企业管理制度提出了挑战，迫使各国修改本国的反托拉斯法。

第五，国际竞争加剧，超大规模企业之间的竞争将更加激烈，不断升级的大竞赛还将越来越多的发展中国家拉入这一竞争。

第六，有利于发达国家竞争地位的进一步确立和提高，使发展中国家面临更大的压力。

五 德国重视反垄断和反不正当竞争的立法

德国是世界上最早立法反垄断与反不正当竞争的国家。早在 1896 年，德国就制定了《反不正当竞争法》；二战后，德国以美国反托拉斯法为蓝本制定了《反限制竞争法》。该法于 1958 年生效，并经多次修订，沿用至今。此外，德国政府还通过修订《对外经济法》和其他专业领域的法律（如《战争武器控制法》、《信贷法》和《保险法》等），来辅助和加大反垄断和反不正当竞争的力度和深度。

（一）《反不正当竞争法》

德国《反不正当竞争法》于 1896 年 5 月 27 日制定，7 月 1 日生效。根据该法，卡特尔的形成在合同自由的范围内一般被看作是允许的，因为从业自由权只是针对国家，而不是针对私人经济。该决定使德国成为典型的卡特尔国家。1923 年颁布了反滥用经济权力地位的法令。1933 年 7 月 15 日纳粹政府颁布了所谓的《强制卡特尔法》，以获得一个可以按照其意愿控制经济的工具。

联邦德国成立后，《反不正当竞争法》又经过了多次修改，一直沿用至今。

（二）《对外经济法》

德国《对外经济法》于 1961 年 9 月 1 日颁布，后经多次修改，要点是：与国外的商品、服务、资本、支付及其他经济往来原则上不受限制，外国企业并购德国公司时原则上也不需报批。但是德国及欧盟对外国投资商并购德国公司也有不同程度的制约和限制，如限制外国公司对本国重要产业的并购投资；对大型并购项目要进行审批；对收购德国上市公司 25% 以上的股份有严格的规定等。

2003 年 11 月修改通过的德国《对外经济法》特别强调，外国企业收购德军工企业 25％以上的股份需向德国联邦政府报批；2008 年 8 月 20 日，德国政府对该法进行了第 13 次修订，规定德国联邦经济部对欧盟及欧自盟（欧洲自由贸易联盟）以外的投资者收购德国企业 25％以上股权的收购项目拥有审批权。

（三）《反限制竞争法》（又称《反卡特尔法》）及其他相关法律

根据《波茨坦协定》的规定，德国应根除由卡特尔、辛迪加、托拉斯及其他垄断组织造成的德国经济实力的过度集中。因此 1947 年美英法军政府颁布了解散卡特尔法令，其主要目标是：瓦解德国的经济强国地位及军备力量；在德国实行自由竞争原则（仿照美国的反托拉斯政策和竞争政策）。

1958 年 1 月 1 日《反限制竞争法》生效，并取代了 1947 年盟国的解散卡特尔法令。该法一方面受到秩序自由主义政策观念的影响，另一方面又受到美国模式的影响。该法律规定，"竞争经济是最经济、最民主的经济制度形式"。

该法自颁布以来经过了多次修订，并沿用至今。

德国《反限制竞争法》主要有三大目标，即禁止卡特尔、禁止滥用市场支配地位和控制企业兼并，主要涉及企业联盟、企业兼并、集团垄断和政府采购等四种形式。其重要规定如下。

（1）谈判战略规定，即禁止相互竞争企业之间为达到消除、妨碍或扭曲竞争的目的或达成协议或成立企业联合会或采取协调措施。禁止企业间订立关于价格、份额和市场划分的"君子协定"。原则上禁止横向协定、决议及互相协调行为的方式，只要其适于通过限制竞争影响生产或市场情况。合同只有当其限制了合同一方与第三者签订合同中价格或贸易条件的自由时才是无效的。

（2）阻止战略规定，即阻止企业控制市场权力的滥用。这不仅包括阻止对上、下游经济阶段（纵向的）进行盘剥的滥用，还包括阻止对现有的及潜在的竞争者（横向的）的滥用。

（3）集中策略规定，即要控制大企业的合并。兼并只有在以下情况下才能被禁止，即①它必须是不在《反限制竞争法》例外条款之下的；②合并是在制造或加强垄断；③除非"通过这种合并也会使竞争条件好转，而且这种好转的益处将超过市场垄断所带来的坏处"。

（4）"部长卡特尔"和"部长兼并"规定，即如果一起合并被联邦反卡特尔局否决了，而合并的总体经济益处大于竞争限制所带来的坏处或者此次合并能带来很显著的集体效益，经济部部长还是可以同意这项合并的。

（5）垄断标准规定，即只要单个企业在相关市场上占有1/2的份额，两家企业共同占有2/3的市场份额，三家企业共同占有3/4的市场份额，就可构成市场垄断地位，因此要予以禁示。

（6）对已在国外取得市场支配地位企业的规定，即该法同样适用已在国外取得市场支配地位的企业，如果其滥用市场支配地位行为对国内市场已经或将要产生影响。

（7）例外情况规定，即对农业、信贷、保险、知识产权、体育等某些公用公益事业的特殊行业予以豁免。这些行业大多关系国计民生，其首期投资大、回收周期长，完全引入竞争机制可能导致社会资源浪费并损害消费者权益和社会公共利益。然而，其损害用户、消费者或其他经营者权益的行为仍受反垄断法的制约。近年来，德国加强了对能源、电信业等传统垄断行业的竞争监管。

（8）使用权限规定，即联邦经济部负责"部长卡特尔"和"部长兼并"的审批，州反卡特尔局负责纯地区性垄断的审批，联邦反卡特尔局则具有一审权。联邦反卡特尔局大约有250名工作人员，其中约150名是学者。在上诉程序中，由位于杜塞尔多夫的州高级法院负责监督联邦反卡特尔局的裁决。在法律上诉程序中，由联邦法院负责监督其裁决。

（9）法律程序规定，即在施行《反卡特尔法》过程中可能采取不同的处理程序，如①罚款手段，罚金最高可达50万欧元，罚金可达非法所得的3倍；②管理程序：包括卡特尔的登记、禁止及允许程序，禁止和反滥用权力手段，比如在企业兼并和对合法的或事实上的竞争限制的监督；③私人索赔起诉和对渎职行为的起诉，即在其违反相关规定或有关保护他人的法律条令情况下可以提出起诉，非法所得将被剥夺。

（10）限制规定，即限制外国公司对军工、银行、金融服务和保险等重要行业的并购投资。德国对军事和国防工业实行严格的监控。德国《战争武器控制法》规定，生产、购买、出售、进口、出口及运送战争武器须经批准。如申请人是非德国居民，一般均被拒绝，而且主管部门可随时撤销批准证书。德国《信贷法》规定，收购银行或金融服务公司或10%以上的投资参股需发出通告，并报请联邦金监局审批。德国《保险法》对收购德国保险公司已做出了类似规定。

（11）报批规定，即德国规定能源供应、通信和交通、自然资源开发、经纪人、建筑等行业的资产转让须经政府主管部门批准（股权转让无须报批）；重大并购项目须申报和审批。德国《反限制竞争法》规定，收购另一家公司的全部或绝大部分资产，或取得对另一家或多家公司直接或间接控制权的单独或联合并购，或获得另一家公司50%以上股份和25%以上有表决权的股份的并购，或对其他公司产生重大竞争影响的并购行为，均有向联邦反卡特尔局报批的义务；《反限制竞争法》规定，如并购涉及的企业在全球的销售总额达到5亿欧元，其中至少有一家在德国的销售额超过0.25亿欧元，则该并购案须经联邦反卡特尔局审批，但如并购只涉及两家企业，其中一家是独立的企业（即不是集团的关联公司），且其全球销售总额低于1000万欧元，或进入德国市场至少5年、在德国的销售额低于1500万欧元，则无须报批。

欧盟理事会也规定，如并购"对欧洲共同市场有影响"，且超过欧盟规定的以下标准，则须经欧盟委员会批准：并购各方的全球营业总额超过50亿欧元，其中至少有两方在欧盟的营业额均超过2.5亿欧元；并购各方的全球营业总额超过25亿欧元，其中在欧盟至少3个成员中的营业额均超过1亿欧元，或至少有两方在欧盟3个成员中的营业额均超过0.25亿欧元，或至少有两方在欧盟的营业额均超过1亿欧元，但如并购各方在欧盟营业总额的2/3来自欧盟同一成员国，则无须欧盟批准。欧盟的并购限制政策还具有"域外效力"，即使一项并购发生在欧盟以外，但只要该项并购形成了市场支配地位，并对欧洲共同市场产生重大影响，也要经欧盟同意。典型案例是1997年欧盟干预美国波音公司收购麦道公司案和2001年欧盟否决美国通用电气公司与霍尼韦尔公司的合并案。

（12）要约[①]规定，即对目标公司30%以上有表决权的股份收购或在2002年1月1日以后首次获得目标公司控制权的收购必须公开要约。在公布收购决定后，要约方原则上必须在4周内向金监局提交德文本的要约报告书。金监局在收到要约报告书后10个工作日之内进行审核。如收购失败，或金监局禁止公布要约，收购方在1年之内不得提出新的要约。

---

① 要约，是当事人一方向对方发出的希望与对方订立合同的意思表示。发出要约的一方称要约人，接受要约的一方称受要约人。

（13）雇员接收和辞退的规定。德国《民法典》规定，并购方应接收被并购公司的员工。德国《公司法》规定，企业因并购、重组及业务收缩等原因需要裁员，应由董事会报请股东大会通过。如涉及大规模裁员，雇主须同职委会进行协商和谈判。如未达成谅解，雇主有权强制执行辞退方案，但当事人可在收到辞退通知书3周内上诉当地劳动法院。

六　德国企业并购的基本流程

德国企业并购一般分为准备阶段、谈判阶段、签约成交阶段和实施阶段，其具体流程如下。

（一）准备阶段

企业要明确为何要进行并购以及通过并购想达到的目的。企业并购的动机一般为扩大市场份额、排挤竞争对手、提高利润率、分散投资风险、获得品牌等。而发展中国家的企业还要考虑，获得现有销售渠道、先进管理技术和经验，规避反倾销和配额限制等贸易壁垒。

制定并购战略，即在制定并购战略时，要选定目标公司的行业及其产品，获得其规模、销售额和税前利润的数据，全面分析其产品的销售市场及产业发展的前景，在此基础上初步核算出并购成本，拟定出并购方案。

成立内部并购小组，公司领导挂帅，由各有关部门领导组成，以保障快速应变和决策及对外联络的畅通。

选择并购投资总顾问，一般选择知名的会计咨询公司或律师事务所担任并购投资总顾问，如系大型跨国并购，需聘请投资银行担任并购总顾问。

（二）谈判阶段

（1）寻找目标公司。一般需与并购总顾问签约，委托其在规定的期限内寻找几家目标企业，供选择。

（2）与并购总顾问讨论初选名单，从中选出3~5家较为理想的目标公司。

（3）让并购总顾问出面了解目标公司的股东背景、股权分配和董事会意向等情况，并向股东发出正式的接洽邀请。

（4）聘请税务、审计顾问和律师参加与目标公司的谈判。

（5）签订并购意向书，内容包括并购意向、非正式报价、保密义务和排他性等条款。

（6）开展尽职调查，从财务、法律、技术和税务等方面对目标公司进行资产评估与财务审查，摸清目标公司的负债结构与偿还能力、盈利来源与前景等真实情况以降低并购风险。

（7）选择合理的并购方式。多数德国企业采用横向并购、股权并购和善意并购的方式。绝大部分德国企业并购都采取吸收合并，[①] 如并购的双方处于均势的情况下，则采用新设合并。[②]

（8）进行风险分析，全面分析财务风险、技术风险、产品风险、法律风险等并购风险，制定风险应对预案，使风险处于可控范围之内。

（9）争取"25%控股权 +1 票发言权"的"黄金分割线"。在企业并购中，并购方一般希望取得目标企业的直接控制权，股权越大越好。德国企业董事会议事规则规定：日常业务决策，50% 股权同意可以形成决议；50% 的股权加 1 票发言权，就有权到资本市场融资；企业破产、清算，需 75% 股权同意可以形成决策（称为"75% 高素质决策"）。同时德国法律规定，拥有企业 25% 的股权就可以对公司决策行使否决权。因此，并购方可以参股目标企业 25% 股权，再加 1 票发言权就可以阻止"75% 高素质决策"（企业破产、清算）。"25% 控股权 +1 票发言权"就是企业并购的"黄金分割线"。在困难情形下，一家企业并购另一家企业，不一定要把它买下来直接控制，只需参股 25%，取得否决权，对其发展施加影响。如果企业发展不错，双方合作和谐，并符合并购方战略发展方向，再伺机增持股权，增加控制力。

（三）签约成交阶段

买卖双方就并购合同达成一致后，即可安排合同的签署时间和地点等细节。并购有限责任公司的合同文本须经德国公证机关公证。并购合同应对资产移交手续有明确的规定。按德国法律规定，资产只有经过正式的移交才能变换所有人，从而结束并购流程。

（四）实施阶段

实施阶段的主要任务是全面检验前 3 个阶段的工作，要特别注意并购后企业的整合工作，包括战略整合、管理整合、企业文化整合等。在德国企业并购活动中，对整合工作主要有几个方面的要求：一是争取在 5 ~ 10 年之

---

① 吸收合并是指一家或多家企业被另一家企业吸收，兼并企业继续保留其合法地位，目标企业则不再作为一个独立的经营实体而存在。

② 新设合并是指两个或两个以上的企业组成一个新的实体，原来的企业都不再以独立的经营实体而存在。

内，并购双方形成统一的企业文化；二是被并购方的产品、市场营销网络、供货商、客户能得到收购方的重视，不能在短期内做出重大的变动；三是被并购方的管理人员要保持工作的平稳性和连续性，至少要有一年的过渡期；四是中层管理人员在一年以后才能调换、提拔。

七 德国反垄断和反不正当竞争的特点

（一）承认垄断和兼并有合理性，但反对滥用垄断地位的竞争行为

德国无论是在立法还是在司法实践上都不禁止垄断和兼并企业的存在，而是分清利弊，禁止企业滥用其垄断地位。

1. 垄断和兼并的有利之处

大幅度提高产量、降低成本、降低价格、提高工资；

引进新的工艺流程，开展革新；

有利开展科研；

减少因景气下滑而解雇雇员的风险；

进一步开展学习和进修，从而又好又快地提高产量；

增加产品的品种；

获得信贷和补贴；

保持并提高现有企业的地位。

2. 垄断和兼并的不利之处

大企业会向依附于自己的供货商提出苛刻的条件；

大企业的顾客难以成为竞争者，更难以成为上帝；

形成倾销物价，消灭竞争者，提高垄断地位；

会丢失就业岗位；

会高估融合效应，做出错误的判断，进而减少盈利；

并购费用不足，出现破产风险；

企业文化差异影响合作；

联邦反卡特尔局要求过高过严，给企业带来损失。

（二）规定了许多例外、补充条款

德国出于种种考虑在反垄断和反不正当竞争中规定了许多例外和补充条款，还规定了部长可以特批的各类条款。

1. 合法卡特尔

德国认为部分卡特尔虽有限制竞争作用，但对市场不一定产生明显影

响，相反可能会有利于经济发展，其社会效益远远超过对竞争的阻碍，因而规定了许多例外条款，允许下列卡特尔合法存在。

（1）标准及型号卡特尔，即数家生产同类产品的企业使用同一产品标准和型号；

（2）条件卡特尔，即数家企业在经营、销售和付款方面采用统一条件；

（3）合理化卡特尔，即参加结盟的企业在技术、营销及企业结构等方面合作，以便合理利用各企业的优势资源来提高效率和产量以满足消费者的需求；

（4）危机卡特尔，即数家企业为共同生存渡过危机而达成协议，有计划降低各企业生产及加工能力，使产量适应市场需求；

（5）中小微企业卡特尔，即中小微企业在同大企业竞争中，为了弥补自身实力上的不足，成立中小微企业卡特尔，只要未从实质上妨碍竞争，反垄断法会为中小微企业提供特殊合作便利。

2. 特殊条款

企业家和职员以及公司股东、商务代表和经理之间可以签订特殊条款，用以保护企业家在终止雇佣合同后不受后者的竞争；

如果中小微企业联合起来，采取措施，应对大企业的竞争，或是为了节省费用将单个企业标准化并统一价格口径，但并不排除或限制竞争，此时便可应用特殊条款，而不受反垄断和反不正当竞争法的制约。

3. 部门和地区补充条款

（1）某些部门，如能源、农业、交通不属竞争部门，在那里可以继续实行集中、垄断和兼并；

（2）不用现金批发的市场和难以进入的基础设施市场可以封闭，不让新的竞争者进入；

（3）成员国的国内市场因进口少而难以对现有供应商形成实际的竞争压力，此时也可采用部门和地区补充条款；

（4）市场不透明，影响市场的准入，可以采用部门和地区补充条款。

之所以设立例外、特殊和补充条款是因为：

（1）在这些地区和部门如果实施竞争将会出现市场失灵；

（2）统一价格口径可以改善市场的经营；

（3）通过限制竞争自由可以改善市场的供销；

（4）可以保护涉及人们不可或缺的公共商品和有益商品。

4. 部长兼并

凡已被反卡特尔局确认为兼并而联邦经济部部长认为具有以下特点时部长可以允许其兼并。这被称为"部长兼并",如整体经济收益大于竞争限制,大众利益的优先地位得到保障,兼并并未破坏市场经济制度。

5. 腐败兼并

通过行贿、腐败和裙带关系达到的兼并。

(三) 对政府采购合同进行监督和复审

自 1999 年 1 月 1 日起,德国反垄断法中增加了有关监督政府采购招标程序及保护投标企业的条款,规定有权签署政府采购合同的部门必须遵守《政府合同法》。《政府合同法》只适用于金额超过 20 万欧元的商品采购及服务贸易性质的政府合同以及金额超过 500 万欧元的建筑合同。如有未中标企业递交申请,要求对政府合同招标过程进行复审,凡涉及联邦层面的,均由联邦反卡特尔局负责复审。

(四) 赋予联邦反卡特尔局独立执法的地位,并规定严格的裁决和诉讼等程序

联邦反卡特尔局的主要职能是监管企业并购和集团垄断行为,监督政府采购行为。它在行政管理上隶属于联邦经济部,但在业务上完全独立,拥有独立的调查权和裁决权,有权对违法者处以罚款或发布禁令。如认定企业非法结盟,涉案企业将被处以 50 万欧元或相当于非法收入 3 倍的行政罚款,罚款收入划入政府预算。

一旦企业将兼并计划上报联邦反卡特尔局,该局应在 4 个月内进行审理,并在收到通知后一个月内复函企业,告之其立案决定,4 个月内做出裁决。

八 德国重大的反垄断案例[①]

自《反限制竞争法》实施以来,联邦及各州反卡特尔局依法处理了数百

---

① 参阅(作者不详):《德国反垄断法剑指侵犯消费者权益行为》,来源:"新华社",2007 - 9 - 10,载网易新闻:http://news.163.com/07/0910/20/3O29CIF5000/20GVhtml. 最后访问日期:2015 年 12 月 10 日;(作者不详):《德国反垄断和反不正当竞争法》,来源:"中国贸易救济信息网",2008 - 12 - 26,载贸易之窗网:http://www.tradow.com/2hengfuqiye/qyyz/2008 - 12 - 26/n63_2.html,最后访问日期:2015 年 12 月 10 日。

起大型垄断案件，对维护自由竞争的市场环境，保护消费者利益，发挥了重要作用。其中重大的案件如下所示。

（一）焦油染料案

1967 年 8 月，德国、英国、瑞士等欧洲国家的主要染料生产商在瑞士巴塞尔开会。瑞士公司代表向与会者通报了将从当年 10 月 16 日起提高其产品价格 8% 的信息，其他公司纷纷表示也在考虑提价。在后来几周内，这些公司先后发出公告，将其焦油染料价格从当年 10 月 16 日起提价 8%。由于这些公司在德国焦油染料市场上共同占有 80% 的份额，并从同一时间起以相同幅度涨价，德国联邦反卡特尔局认定这些企业间存在秘密价格协议，并对其处以罚款。涉案企业对此判决不服，先后上诉至联邦法院和欧洲法院，该案最终以德国联邦反卡特尔局胜诉而结束。

（二）对美、英两家烟草公司合并案的反垄断调查

1982 年，美国菲利普·莫里斯（Philip Morris）烟草公司从一家南非烟草公司手中购买了英国乐富门（Rothmans）烟草公司 50% 的股份。当时，在德国烟草市场上，上述两家公司在德国的子公司分别拥有 14.3% 和 16.9% 的市场份额。它们与另外 3 家公司控制了德国烟草市场 99% 的份额。联邦反卡特尔局认为，菲利普·莫里斯收购乐富门后，其德国子公司就成为一个竞争实体，从而改变了德国烟草市场的竞争格局，削弱了市场竞争的强度，提高了市场准入的门槛，因此对此合并发出禁令。尽管涉案企业对联邦反卡特尔局的决定不服，先后向柏林高级法院和联邦法院提出上诉，但还是将其收购乐富门的股份降至 24.9%。1987 年，联邦反卡特尔局裁定此案对德国市场不会产生显著影响而取消了合并禁令。

（三）加拿大 Potash 公司收购钾盐公司案

1997 年，联邦反卡特尔局禁止加拿大钾肥集团下属加拿大钾肥公司收购巴斯夫下属钾盐公司（Kali und Salz Beteiligungs AG）的多数股份。加拿大钾肥集团是全球最大的钾盐化肥生产商，巴斯夫钾盐公司则是德国唯一的钾盐生产商。如兼并成功，德国钾盐市场必将长期处于垄断阴影之下。加拿大钾肥集团在大幅压缩产量的同时，出手收购巴斯夫钾盐公司，就是要控制全球钾盐市场。该案件被联邦反卡特尔局驳回后，企业又上诉到联邦经济部，亦遭败诉。

（四）对微软公司的反垄断调查

近年来联邦反卡特尔局运用反垄断法，对在德国经营的外国企业的反垄断调查越来越频繁。2001 年，为防止个人隐私和政府机密被非法窃取或转移，联邦反卡特尔局对美国微软公司进行反垄断调查，迫使其向德国政府开放微软视窗操作系统的源代码。

（五）对 4 家药品批发商提高药品折扣扩大市场份额的行为处以罚款

2007 年 4 月，联邦反卡特尔局对安察格（Anzag）等 4 家德国药品批发企业以向药房提高折扣换取扩大市场份额和私分"赃款"的做法处以 21.85 亿欧元的罚款。

（六）叫停德国两家最大电视台共同策划的对数字电视节目进行收费的计划

2007 年 4 月份，联邦反卡特尔局以涉嫌垄断为由，叫停德国两家最大电视台共同策划的对数字电视节目进行收费的计划。此外，为维护消费者在宽带接入领域享有自由选择的权利，联邦反卡特尔局还多次对德国电信等行业巨头进行反垄断调查。

（七）对苹果、环球、索尼、百代、华纳等唱片公司启动诉讼程序

2007 年 4 月，德国联邦反卡特尔局联合欧盟委员会，针对苹果、环球、索尼、百代、华纳等唱片公司启动诉讼程序，指摘其涉嫌垄断互联网下载音乐的销售，通过区域垄断对下载用户索取过高收费。而且，反卡特尔局认为，从苹果公司网上音乐商店"我的频道"（iTunes）下载的音乐只能在苹果音乐播放器（iPod）上播放，这就损害了消费者自由选择播放器的权利。

（八）对德国牛奶和奶制品企业展开反垄断调查

2007 年 7 月底至 8 月初，德国牛奶和奶制品价格暴涨，引起消费者不满。随后，联邦反卡特尔局宣布，将对德国牛奶和奶制品企业展开反垄断调查，重点调查的就是经销商是否存在串通行为。

（九）对香奈儿、宝洁、欧莱雅等 9 家高档化妆品公司处以罚款

2008 年 7 月 10 日，联邦反卡特尔局宣布对香奈儿、宝洁、欧莱雅等 9 家高档化妆品德国子公司及其 13 名前任和现任总经理处以近 1000 万欧元的罚款，理由是这些公司和人员自 1995 年以来每季度交换销售额、新产品和其他与竞争相关的企业信息，达到操纵市场的目的。

（十）突击搜查雀巢、卡夫、玛氏公司等厂商驻德办事处

2008 年 7 月，联邦反卡特尔局就巧克力厂商联合提价问题突然搜查了雀巢、卡夫、玛氏公司等厂商驻德办事处。由于上一年原料价格上涨了 30% 到

100%，迫使巧克力生产厂家提价。

但联邦反卡特尔局怀疑这些公司合谋提高产品价格，其幅度高出可可、坚果等原料的提价幅度。

九 德国的企业并购

第二次世界大战后，德国企业并购大致可以划分为四个阶段。第一阶段是 20 世纪 70 年代初期，即从 1974 年开始，以美国企业为主的大量外资并购德国企业，数量超过 6000 家；[①] 第二阶段是 20 世纪 80 年代中期（1985 年有了官方的统计数字）。随着德国经济的发展，被并购企业数量为 8000 个；第三阶段是德国统一后，直到 20 世纪 90 年代末，企业并购事件大幅上升，连同托管局出售的企业，其数字总数超过 3 万个；第四阶段是进入 21 世纪后，德国企业并购明显下降。2008 年后，随着国际金融危机和欧债危机的发展，德国企业的并购（除 2010 年略有微升外）一路走低。2013 年随着欧债危机逐步走出低谷，并购明显上升。据汤森路透数据公司统计，该年德国的并购金额为 918 亿美元，比上一年增加了 16%（参见图 6-2、图 6-3 和表 6-8）。

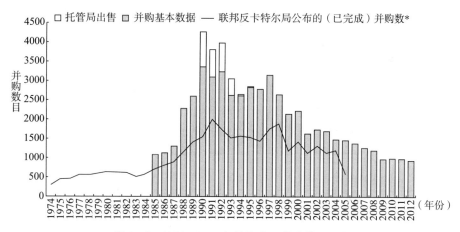

图 6-2 1974~2012 年德国企业并购情况一览

注：*随着《反限制竞争法》的第 7 次修订，从 2005 年 7 月 1 日起有关发布（已完成）并购的规定也有了变化，其影响在并购基本数据上也做了考量。

资料来源：M&A DATABASE，Universität St. Gallen.

---

① 邓果宇：《德国企业并购的做法和经验》，《冶金管理》2009 年第 11 期，第 37~43 页。

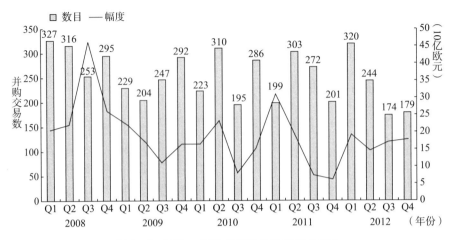

图 6 - 3 2008 ~ 2012 年德国并购交易的概况

资料来源：M&A DATABASE，Universität St. Gallen。

表 6 - 8 1998 ~ 2009 年德国企业的重大并购事件

年份	并购甲方	并购乙方	交易金额
1998	德国戴姆勒—奔驰公司	美国克莱斯勒公司	380 亿美元
1999	法国罗纳—普朗克公司	德国侯希特公司	219 亿美元
2000	英国沃达丰集团	德国曼内斯曼公司	1980 亿美元
2001	德国电信公司	美国声流无线通信公司	307 亿美元
2006	德国林德集团	英国比欧西公司	117 亿欧元
2006	德国意昂电力及天然气公司	西班牙恩德萨电力及天然气公司	291 亿欧元
2008	德国商业银行	德累斯顿银行	成唯一股东
2008	德国德意志银行	德国邮政储蓄银行	收购 30% 的股权
2009	德国汉莎航空公司	北欧航空公司（SAS）	—

资料来源：自行收集并列表。

德国企业并购的主要特点是：（1）横向并购、换股交易并购和善意收购占主要地位；（2）以主业为核心进行并购，即德国企业的并购主要突出企业发展的战略定位，一般是以战略发展方向和实现战略目标作为并购决策的依据，把无关业务剥离出去，并相应地并购同类业务企业，突出主业，使企业生产经营范围更加集中；（3）强强联合，大企业并购大企业，寻求规模化效应；（4）主动寻求并购居多。

并购统计一般分为并购交易数目统计和并购交易金额统计两种。从图 6-3 看，2008 年德国并购事件为 1191 起，2009 年降为 972 起，2010 年上升为 1014 起，2011 年又回落至 975 起，2012 年更进一步下降至 917 起。

第十三节　缩短工时

工时问题是德国企业的一个突出问题。几十年来，是缩短工时还是延长工时，或是执行灵活机动工时一直是德国企业劳资谈判的重要问题。雇员和工会要求缩短工时，雇主则要求延长工时或是执行灵活机动工时。

在德国每天工作 8 小时，每周工作 40 小时早已成为历史，机动工时越来越多。1984 年的两周大罢工使雇员和工会获得了每周工作 35 小时的权利。如今劳资协商的周工作时间平均为 37.5 小时。

从 1990 年起老州公用事业的职工每周工作 38.5 小时，新州公用事业的职工则每周工作 40 小时。1998 年公交企业宣布其劳资协商决定，将每周工时缩减为全薪 35 小时。与世界各国相比，德国是工作时间最少的国家之一，这对于解决就业问题显然是十分有利的。

然而由于缩短还是延长工时涉及雇员和雇主的核心利益，因此争论十分激烈。关键是其对就业和成本的影响，或是其对提高生产力和对工资的影响。

缩短工时要求从技术和组织上改善生产流程，这样即便是减少了总工时，产量依然能够提高。但与减少的工时相比，这种生产力的提高是不够的，产量工时比要低于缩短工时前。于是为了保持缩短工时前的比例就需要调整工资的额度。减薪自然是雇员不能接受的，而要保持原薪就意味着工资和单件产品成本的提高，这又是雇主不愿意面对的。

因此德国便提出了以生产力为导向的缩短工时口号，并取得显著的成就。1983~1992 年德国的就业岗位增加了 300 万个左右，究其原因，1/3 要归功于同时期内德国的工时平均从每周 40 小时减为 38 小时以及部分时制工作的扩大。

如果周工时缩短而工资不做相应调整，即小时工资不变，但周工资和月工资都将减少，雇员的消费收入、纳税额和福利费额也都会相应地减少，于是整体消费便会下降。

尽管缩短工时而不调整工资从整个经济来看不会造成就业的增长，

但从具体企业和具体部门来看却可以暂时增加就业岗位。例如大众汽车公司从 1994 年至 1995 年在不调整工资的情况下削减了 20% 的工时，也就是把 5 天工作制改为 4 天工作制，却能不发生禁勤的事件。这就说明，企业只要处置得当，这不失为一种正确处理缩短工时和保持工作岗位的举措。

新州也进行了工时改革，即缩短周工时，但不调整工资。其中 4 个州在进行这一改革时还调整了教师的部分时制工作，在新州的化工工业和全德印刷业中实行协定工资。1996 年全德印刷业通过企业协议把周工时缩短到了 30 小时，而不调整工资。

雇员要求降低工时，雇主的应对办法就是坚持实行灵活的工时（Flexibilisierung der Arbeitszeit）以及增加部分时制的就业岗位，不统一降低周工时，而是根据企业的经营和组织条件来实施个人周工时制。

少数专业雇员工作得可以长一些，低水平的雇员工作得可以短一些，劳动力需求的浮动可以通过灵活调整工时来加以解决。把工时同机器运作时间脱钩，尽可能使机器均衡运转，而避免加班加点。

雇主认为，如能使工时适应企业的经营和组织条件就可以提高生产效率，节省劳动力，降低成本。如能使机器运转均衡就可以降低单件产品的机器成本，提高企业的竞争力。如果生产力提高，自然要求增加新的就业岗位，然而如果生产力的提高还不足以建立全日制的生产岗位，则可以先建立部分时制的就业岗位。此外，如能将全勤时制的就业岗位变为部分时制的就业岗位，也可以新增就业岗位。由于这一缩短工时的形式获得社会的高度共识，因此在贯彻时既不会遇到劳资双方的阻碍，也不会面对法律形成的障碍。

是否能够扩大引进部分时制工作岗位取决于劳资双方的意愿和努力。切实可能的办法是让雇员自己决定是从事全勤时制的工作还是从事部分时制的工作。造纸和塑料加工部门就提供了一个很好的范例。它们给雇员提供条件，让雇员根据自身的具体情况把自己的工时缩短 1~4 年或者完全停止执行劳动合同。此外还出现了一种柏林"安息模式"，教师可以脱产一年（安息年），在这一年或今后一段时间相应少拿工作报酬。

灵活工时的好处是显而易见的，即雇主可以更好地使用昂贵的机器，能更好地适应企业的市场状况，使劳动力更好地适应景气的波动，能够更有效地组织和打造企业的生产流程。雇员则可以获得更大的工时自主权，可以获得集中学习的自由时间。

第十四节 企业破产

一 德国企业破产现状

由于受到西方经济不景气的冲击和自身经济结构调整的影响，德国法人企业和非法人企业（即自然人）年破产率较高，一般在 3% ~ 4%，且年平均破产率增长较快。1994 年德国企业破产数量为 2 万起，1995 年增长到 2.5 万起，增长率为 25%；1996 年上半年企业破产数量达 1.6 万起，比上年同期增长 30%。进入 21 世纪以来破产企业有增无减。由于德国信用制度较完善，普遍为消费者赊销行为提供抵押贷款，如购房、购车等大宗贷款，导致消费者破产①数量惊人，已成为破产案件的主体。②2010 年法人企业破产为 31998 家，私人破产为 136487 家，破产总数为 168485 家，此外还有 106290 个消费者破产；2014 年法人企业破产总数为 24085 家，私人破产为 110786 家，破产总数为 134871 家，此外还有 86298 个消费者破产；2015 年 1 ~ 10 月法人企业破产总数为 19389 家，私人破产为 87030 家，破产总数为 106419 家，此外还有 66762 个消费者破产。

特别值得注意的是，在这些破产企业中，中小微企业居多。这也是各国企业破产的一条规律，企业规模越小，占破产企业的比重也就越大。关于近年来德国企业的破产状况可参见表 6 - 9。

表 6 - 9 1998 ~ 2015 年德国破产企业一览表

单位：个

年份	破产企业总数	法人企业破产数	消费者破产数
1998	33977	27828	
1999	34038	26476	1634
2000	42259	28235	6886

---

① 所谓"消费者破产"是指一个自然人失去支付能力，不能从事独立的经济活动。在德国，这样的人在经历过"良好品行期"后可以考虑免除其剩余债务。

② 周玉久：《德国企业破产与重组的策略及借鉴》，《企业经济》1997 年第 12 期，第 102 ~ 104 页。

续表

年	破产企业总数	法人企业破产数	消费者破产数
2001	49326	32278	9070
2002	84428	37579	19857
2003	100723	39320	32131
2004	118274	39213	47230
2005	136554	36843	66945
2006	161430	34137	94389
2007	164597	29160	103085
2008	155202	29291	95730
2009	162907	32687	98776
2010	168485	31998	106290
2011	159148	30099	101069
2012	150298	28297	82955
2013	141332	25995	91200
2014	134871	24085	86298
2015 1~10 月	106419	19389	66762

资料来源：联邦统计局，2015 年 10 月，自行列表。

据德国《明镜》周刊 2014 年 12 月 28 日报道，随着欧债危机逐渐减弱，德国的经济形势好转，购买力提高，内需增加，许多德国公司也得以继续生存，破产企业有所减少。德国经济研究所的工作人员表示，德国国内消费的增长是破产公司数量减少的最直接原因，这一点在服务业、零售业和农业领域最为明显。

二 德国破产法及其特点

1877 年 2 月 10 日德国制定了第一部《破产法》，1879 年 10 月 1 日该法生效，后经多次修改。现行《破产法》是 1994 年 10 月 5 日由联邦议院通过并于 1999 年 1 月 1 日生效。该法共有 11 编 335 条，即第一编"通则"；第二编"破产程序的开始"，包括破产财产、诉讼参与人；第三编"破产程序开始的效力"；第四编"破产财团的管理与变现"；第五编"债权清偿及破产程序的终结"；第六编"重整方案"；第七编"自行管理"；第八编"剩余债务的免除"；第九编"消费者破产程序与其他小型程序"；第十编"特种破产程序"；第十一编"生效"。

与原来的《破产法》相比，该法增添了很多新的内容，以适应变化了的外部环境，其主要有：（1）鼓励尽早申请破产并简化程序开始的条件；（2）扩大破产财产；（3）增加破产重整程序规定；（4）增强雇员的参与作用；（5）增设余债免除制度；（6）新设适用于消费者和小业主的简易破产程序。

德国的新《破产法》实施后出现了一些问题，于是又进行过多次修改，突出的问题是新增设的余债免除制度，这给国家造成负担，也给法院带来无法承受的大量案件。如1999年，私人破产案件仅为7562件，而到2004年已经猛增到79061件。

三 企业破产程序①

按照新《破产法》规定，企业破产程序分为三个阶段：1. 财务危机；2. 预破产程序；3. 正式破产程序。

（一） 财务危机阶段

新《破产法》规定，如果企业无力支付到期货款，管理层须立即对公司经营状况和偿付能力进行评估。若评估发现，该公司"资不抵债"，且无任何改善的可能，则企业管理层必须在3周内向法院提交破产申请，否则管理层可能会因失职被提起公诉，并有可能要对债权人的损失承担个人连带责任。

（二） 预破产程序

在预破产期间，债务人首先向法院申请破产保护。法院随即指定临时破产管理人，并向全体供应商书面通知破产债权的初步安排及企业的经营方案。债务人在临时破产管理人的指导下继续负责企业经营活动。预破产程序一般为期3个月左右。3个月后，若临时破产管理人经评估认为，破产企业的资产足以支付法庭和管理人费用，则会要求法院批准企业进入正式破产程序；若认为破产企业的资产不足以支付破产费用，则企业破产程序宣告终止。

（三） 正式破产程序

进入正式破产程序后，立即开始债权登记工作，临时破产管理人在多数

---

① 参阅赵广宇《应对企业破产风险：防范与救济》，《国际融资》2010年第6期，第57～59页。

情况下会自动转为正式破产管理人，全权负责破产企业的一切事务，并聘请专业投资银行寻找潜在投资者接盘。鉴于企业的经营活动继续进行，故仍需要供应商继续供货支持，新的订单将按原操作模式由破产管理人确认后出货。对于预破产阶段确认并出运的订单，破产管理人将建立一个信托账户（trust account），以保证相关款项的支付。在正式破产程序开始后的 3 个月内，正式破产管理人会组织召开第一次债权人会议，决定破产程序的走向，是直接清算还是继续重组。若债权人会议认为，因消费者信心下跌超出预期，寻找投资者的努力失败，决定对企业进行清算，则企业资产将被立即变卖，所得收益按债权比例进行分配。完成财产分配后，企业即宣告解散，破产程序结束。

四 尽快提出破产申请

新《破产法》规定，只要企业出现即将无支付能力的情况，只要破产程序最初阶段的费用能够得到偿付，债务人就可以申请破产，而不必一定要到实际已经无支付能力时才提出申请。新法加重了法人的业务执行人的责任，规定其若违背破产申报义务，要承担诉讼费用，而且即可开始破产程序。

该法规定，申请破产要有两个条件，其一是资不抵债；其二是无力偿还 50 马克以上的到期债务。只要具备其中一个条件，就能申请破产。与此同时，《破产法》还规定，债务人的法定代表人一旦得知自己陷入财务危机并达到破产界定时，必须在 3 周内向企业所在地的法院申请破产，否则将被追究法律责任。除了法律界定外，在破产实务中还形成了几个科学的制约条件：第一，作为债权人，只有当预期的破产收益大大高于诉讼费用等破产支出时，才会主动上诉，通过法院申请债务人破产，否则将会通过与债务人协商、和解、改组等非法律方式予以解决；第二，作为债务人，当企业法人或自然人发现自己不能偿债时会主动向法院申请破产。在德国，80% 以上的自然人和 70% 左右的企业都是采取这种自愿方式进行破产的；第三，作为法院一方，对于破产案件的受理会依照实际情况采取破产与挽救重组相结合的原则，即对于因特殊情况已符合法律破产条件但有效挽救性较大的企业，法院会拒绝受理破产申请而采取挽救重组的原则，同时，法院也会因破产企业财力不足以支付破产费用等原因拒绝受理破产案件。

五　扩大破产财产

新法废除了旧法中的优先权规定，有担保的债权人必须自己承担确认和变现其权利的费用。

在破产程序开始前，破产财产的价值必须能支付第一阶段程序的法院及管理费用，存在长期债务这一点不能作为阻止破产程序开始的理由。《破产法》同时规定，拥有财产担保的债权人同样应进行申报。在第一阶段的程序中（破产程序开始后 3 个月内），所有权保留下的动产不允许从破产财产中单独分离，破产管理人有权选择出售或不予出售。用作担保的动产将由破产管理人变卖，变卖后的收益应首先用于支付担保的确认费用、变卖费用以及增值税。拥有财产担保的债权人其权利可通过破产方案予以限制。

六　设立"临时破产管理人"，维护债务人自行管理制度，对其采取尽力挽救和重组的原则

新《破产法》重在对债务人进行挽救和重组，规定对无力偿还债务的企业推行早期诊断和预防，尽可能保存破产企业中有挽救价值的部分，同时要求债权人与债务人合理协调，进行债务重组。

为此要建立"临时破产管理人"制度，监督指导企业在此期间的经营活动。他们应具备专业知识和技能，由破产法院选择，并须经债权人会议通过。债权人在第一次债权人会议上可以推选代表取代法院任命的临时管理人。破产管理人的行为受到法院的监督。

虽然临时破产管理人很重要，但德国《破产法》仍然非常强调债务人的自行管理，就是指在破产程序中债务人并不丧失对破产财产的管理权和支配权，由法院以决定的形式授权其在财产监督人的监督下继续管理和支配破产财产。

法院在受理破产申请后，为了防止债务人的财产状况出现对债权人不利的情况，可以由临时破产管理人对债务人做出一般性的处分禁令。

七　重视破产重整程序

德国慕尼黑大学从事破产法研究的学者雷姆（Gebhard. M. Rehm）博士认为，在德国旧破产法体系中，仅注重维护债权人的利益，对挽救债务人避

免其破产的制度则设计不足，其规定的和解程序实际上很少使用，比例不到1%，① 难以适应新形势的发展。于是新《破产法》便增设了重整计划，加强了破产债务人的自主决定地位，其对破产程序进程的影响力得到显著增强。在破产案件的处理中近80%的破产案件不需法院宣判，而是由债权人自行解决。② 新《破产法》宣告企业破产后所有财产都留在企业，债权人无权优先取回财产，债权人先研究放弃部分债权，进行公司的债务、资产、业务、组织结构、人员等重组，以使企业能够继续生存发展下去。债权人有权按照法律规定，提出企业重组期限和选择企业新经营管理人员的要求。债权人会议可以决定是否以及如何对债务人的企业进行清理整顿，包括重组和转让。

在重整计划中，对于如何向债权人进行清偿、如何变现和分配破产财产以及债务人在破产程序结束后如何承担责任等，可以做出不同于《破产法》规定的安排。重整计划力求以更好和更符合市场经济要求的体系取代原来的和解制度，使各方利害关系人能够更加灵活有效和谐地解决问题。

八　合理运用银行的作用来挽救濒临破产的企业

在德国挽救濒临破产企业的活动中银行发挥了重要的作用。这是因为银行是企业最大的债权人，挽救即将破产的企业是实现其自身经济利益的需要。在德国，企业破产的平均清偿水平不高，大概为4%，一旦企业破产，银行的贷款绝大部分都将失去。而挽救则不同，有收益补偿机制做保证，一旦挽救活动获得成功，被挽救的企业在很长一段时间内的全部利润主要都要用来偿还债务。这就为银行收回贷款提供了重要的潜在保证。

九　在破产实务中充分发挥中介组织和专业人员的作用

在德国，破产是一种民事行为，属私法范畴，政府和法院都不执行直接、具体的业务操作，而将其交由中介组织和破产专业人员执行。他们在法律的约束和法院的监督下，依法管理破产企业的财产，处理日常事务，清算和拍卖企业资产，对破产企业资产具有很大的临时处置权，可将清算和拍卖的收入合理分配给债权人，并能保证处置的权威性和公正性。

---

① 王欣新：《德国和英国的破产立法之二》，《人民法院报》2005年10月28日，第B4版。
② 张克利、唐祖君、邹彦如、郭小伟：《德国、法国国有企业改组、企业破产重组考察报告》，《中国经贸导刊》2004年第8期，第49～52页。

十　增强雇员的参与作用，切实保护失业人员的利益，促进失业人员再就业

雇员作为债权人也可以提出破产申请，并可以以其破产债权参与破产程序以及在债权人会议中享有表决权。在提出重整计划时，如果雇员的破产债权占有相当份额，雇员也可以组成一个债权人小组参与表决。新《破产法》取消了旧法中规定的雇员的破产优先权和工资债权在破产财产中的特权，但是破产程序中的社会保障（社会福利计划）在原有法律保护的最高限度内得到保证，《解雇保护法》为雇员提供的保护、雇员的破产薪酬补偿费以及在企业转让时强制转让劳动关系的规定都得到了保留。

要保证因破产而失业职工的基本生活。一旦企业破产，职工可优先从破产资金中得到 3 个月的薪金。职工在失业期间，可依法获得失业金。

十一　增设余债免除制度

余债免除制度是新《破产法》从美国引进的一项新事物，但它只适用于无支付能力的自然人，为的是使这样陷入经济困境的"诚实的"债务人在经过一个"良好品行期"后可获解脱而重获生命力。

为防止这一机制受到滥用，法律规定了严格的前提条件：此类债务人必须在开始之前没有任何损害利益的行为，在破产程序中则要"建设性地"给予协作，在所提交的有关财产、收入、债权等的文件中不得做出不完整和不真实的说明。最后，债务人还必须声明在 6 年（最初规定为 7 年）的时间内将其偿债转让给一名托管受托人，由其偿付给债权人，这段时间即所谓"良好品行期"。在经过"良好品行期"之后，剩余债务即被免除。

十二　新设适用于消费者和小业主的简易破产程序

这个程序的主要目的就是促使债务人与债权人在诉讼前和诉讼中协商制定债务清理计划，如果最终未能达成此种计划，则争取通过一个简易的消费者破产程序来实现余债免除。

十三　破产清算和破产保护①

通常意义上的"破产"是指"破产清算"，破产清算就是清算资产，关

_____

① 参阅百度百科"破产保护"条。

门还债。企业如果申请破产清算，全部业务必须立即完全停止，由破产财产托管人来"清理"（拍卖）企业资产，所得资金用来偿还债务，包括对债权人和投资人的债务。此时股民手中的股票通常便变成废纸，因为如果破产法庭确认债务人无清偿能力（负债大于资产），就可不归还股东投资。此外，企业资产经清算偿还债权人后往往所剩无几。

而破产保护则不同，在破产保护期间，债权人不得强制要求还债。破产企业仍可照常运营，企业管理层继续负责公司的日常业务，其股票和债券也在市场继续交易，但企业的所有重大经营决策必须得到一个破产法庭的批准，企业还必须向证券交易委员会提交报告。申请破产保护的企业可以通过资产的重新整合以及剥离不良资产，使公司重新走上正轨，甚至变得比以前更加强大。但如果申请破产保护的公司重组失败，最后还是要破产清算。

多数上市企业会申请破产保护，因为它们仍希望继续运营并控制破产程序。确有一些公司重组计划成功，重新开始盈利。这将可保住企业的财产及经营的控制权。这种安排给予债务人和债权人相当大的弹性，来合作重组公司，以期公司能起死回生。

十四 收购德国破产企业应特别注意的问题

2008 年的国际金融危机和 2010 年的欧债危机使发达国家的破产企业越来越多，新兴国家收购这些破产企业的兴趣也愈来愈大。发达国家虽难以面对，却又不得不接受这样一种严酷的现实，德国也同样面临这一处境。

收购破产企业历来是件复杂的事情，在危机背景下更是愈显复杂。关键是如何弄清、弄准利弊，孰大孰小，孰轻孰重。更重要的是如何抓住机遇，应对挑战。

与收购正常企业相比收购破产企业的突出好处是价格低廉、经营起点低；坏处则是矛盾多、人才流失严重、重整困难大。因此收购方必须要有足够的风险意识，要有"不入虎穴，焉得虎子"的勇气，并认真做好下面的工作。

（1）市场和企业的调研工作，一定要认真研究企业的破产报告和实际；

（2）认真听取企业破产管理人、债务方和债权方的意见；

（3）谨慎筛选原有雇员，鉴于《德国民法典》规定，企业员工应跟随转让资产走的原则，收购时原有雇员也将随同资产过渡到收购者的企业中来,[①] 必须坚持筛选原则,即对继续雇佣者要签订新的劳动合同。对不想延聘者要采取适当的解决办法,可以依法设立"过渡公司";

（4）必须发挥收购者的各类优势（如资金、经营、销售和经验），尽快驾驭起破产企业;

（5）选好领导班子,最好派出本国具有国际化管理经验的人员或另聘具有同样素质的该国人员担任企业的正职,同时吸收企业破产管理人和个别债务人担任副职。

只要收购者相信,在危机中坚持下来并为危机后的发展和产业提升提前做好准备的企业完全有可能成为新的赢家,就可以考虑下这一步"险棋"。很多在正常年代可望而不可即的德国企业,现在都有可能廉价收购到手。对于有志者和有能者说来,现在可以抓住这个难得的机会。关键是要十分谨慎地做好各类调研工作。

第十五节　企业文化

重视企业文化建设,培养良好的企业文化是德国企业管理中的重要经验。企业文化是无形的纪律。它能起到导向、培养、宣传、影响、激励、凝聚、制约、规范和辐射的作用。企业文化对外可以提高企业形象和知名度,对内则可以培养团队精神。

德国的企业文化涵盖面很广,前面谈到的就有企业管理理论、宏观和微观企业政策的依据、内涵和对象,但它仍然有自己的特点,需要作为单独的一个课题来加以研究。

此外德国还有一批世界级的公司,这些公司除了有驰名世界的品牌外,还有自己独特的企业文化,比如宝马公司的企业文化是"只有每一个人都知道自己的任务,才能目标一致";奥迪公司的企业文化是"竞争是从来不睡觉的";西门子公司的企业文化是"过去总是开头,挑战在后头"。

一　德国企业文化是德国文化的重要组成部分

企业文化是亚文化,它必然与该国的传统文化密切相关。德国的企业文

---

① 赵辉、朱忆凡:《如何收购德国破产企业?》,《中国机电工业》2009 年第 11 期,第 72 ~ 74 页。

化不仅受德国传统文化的影响，而且受欧洲文化的深刻影响。这主要表现在下列几个方面：第一，欧洲文艺复兴运动和法国资产阶级大革命带来的民主、自由、平等、博爱等价值观对德国企业文化的形成和发展具有很大的影响；第二，德国强调依法治国、立法要到位、司法要严格、注重法制教育、强调法制管理，这就为企业文化注重诚信、强调守法奠定了基础；第三，基督教教义主张的博爱、平等、勤俭、节制等价值观念深深地打造了德国的企业文化；第四，德国人长期形成的严谨、认真的行为习惯体现了德国企业文化中严谨细致、遵纪守法的作风。这些就是德国企业文化的底蕴所在。

二 德国企业文化强调以人为本

德国企业文化十分强调以人为本，提高员工素质，注重员工教育，大力开发人力资源。

德国企业的人力资源管理开发有着自己显著的特色。几乎所有的企业都把人事管理放到第一位，都有一套比较科学的人事评价标准和奖惩措施，重工作结果，轻印象与好恶。

他们通常对人事的管理为垂直和层次管理，既不越位，也不交叉。一般大型跨国公司从事一线管理的人事部有 7~8 人，分别来自不同的地区，每人分管一个地区。每个国家和地区又有 1 名人事主管，这样层层分解下去。最高管理委员会按照不同国家的企业、社会文化背景、市场环境和价值取向等要素制定出不同的人员管理评价标准。

如西门子公司对优秀经营管理人员的要求是：积极性和工作热忱，独立和集中处理问题的能力，卓越的影响力，引导员工达到目标的能力等。每个层次的管理人员都面临同样的标准，唯一不同的只是层次差别，每年一度的考核评价全部输入电脑，与其薪酬待遇挂钩。最高管理委员会根据这些考核评价资料，在整个集团范围内选拔人才，形成该公司全球人才经理市场。①除此之外，德国企业十分重视让企业管理人员去国外工作或在国外担任职务，以学习国际经济管理的知识经验。这些管理人员一般至少掌握两门外语，十分了解有关国际市场的竞争对手。

德国企业十分重视员工的培训，主要包括两个方面：一是使新进公司的人员成为熟练技工；二是使在岗熟练技工不断丰富自己的知识，紧跟世界先

---

① 罗百辉：《德国企业管理的特色》，《先锋队》2013 年第 2 期，第 42~43 页。

进技术。如西门子公司在国内外就设有 60 多个培训中心，有 700 多名专业教师和近 3000 名兼职教师，开设了 50 多种专业培训。在全公司 37 万名员工中，每年参加各种培训的达 15 万人之多。①

德国企业在管理人才选拔与培养方面也颇有特色。大众汽车公司除了最高决策层之外，还拥有各方面的优秀管理人才和大批科研专家，并为他们发挥才能提供广阔的空间，使他们产生一种自豪感、凝聚力和向心力。公司还专门设立一个拥有 800 多名员工，年营业额达 1.27 亿欧元的辅导公司，专门对高层管理人员进行辅导培训。② 每当高层管理人员遇到自己解决不了的问题时，就到辅导公司去接受培训。西门子公司也特别重视对管理人才的选拔和录用。该公司聘用的管理者必须具备以下四个条件：第一，具有较强的工作能力，特别是突破藩篱的能力；第二，具有不屈不挠的精神和坚强的意志；第三，具有老练的性格，能使部下信赖，富有人情味；第四，具有与他人协作的能力。戴姆勒公司认为"财富 = 人才 + 知识"，"人才就是资本，知识就是财富。知识是人才的内涵，是企业的无形财富；人才则是知识的载体，是企业无法估量的资本"。③ 这家公司选拔人才并不注重其社会地位的高低，而是注重本人的实际能力。在尊重人格、强调民主的价值观指导下，德国企业普遍重视职工质量意识的培养。

三 重视员工的责任感，注重创造和谐、合作的文化氛围，强调解决企业并购重组中的文化冲突

德国企业文化体现出企业员工具有很强的责任感。这种责任感包括家庭责任、工作责任和社会责任，他们就是带着这样的责任感去对待自己周围事物的。企业对员工强调的主要是工作责任，尤其是每一个人对所处的工作岗位或生产环节的责任。

德国企业十分注重人际关系，努力创造和谐、合作的文化氛围。例如，1994 年受世界石油危机影响，大众公司在德国本土的公司面临困难，需要解雇 2 万多名员工。然而，公司的员工在参与企业决策时却表示：宁愿减少自己收入的 20%，把每周工作 5 天改为 4 天，也不要让那些人失业；凯乐玛公司通过

---

① 米远超：《德国企业文化的特征》，《黑龙江科技信息》2012 年第 32 期，第 118、137 页。

② 米远超：《德国企业文化的特征》，《黑龙江科技信息》2012 年第 32 期，第 118、137 页。

③ （作者不详）：《德国企业文化现状》，载中华文本库网站，http://www.chinadmd.com/file/st-aopozu 3ucxooivtvczaoxt，最后访问日期：2014 年 5 月 31 日。

网络、报纸等各种渠道与员工沟通，使每个员工了解公司的发展方向、目标，以及为达到目标所采取的措施等信息。为了检查沟通情况，该公司每隔一段时间要在员工中搞一次问卷调查，调查由中介公司来做，采取无记名方式，其中有一项是问员工是否能得到足够的信息，对他的上司是否满意。[1]

德国企业十分重视企业兼并重组过程中的文化整合。如德国戴姆勒－奔驰公司与美国克莱斯勒公司合并后，为解决两国企业在文化上的差异和冲突，成立了专门委员会，制定了 3 年的工作计划，通过加强员工之间的联系与沟通，进行文化整合。

从 20 世纪 80 年代开始，德国企业通过合作、兼并、建立新机构等举措获得了长足的发展。德国汉堡的空中客车公司承担着空中客车 A320 系列客机的总装任务和其他系列产品的内部装修工作。参与工作的人员分布在 86 个国家、使用 24 种语言。他们生产的各个部件通过各条渠道集聚在汉堡，完成最后的总装。汉堡的空客公司自豪地说，要把走向世界的目标变为世界向我们走来。

四　突出创新，"严"字当头

德国之所以形成了独特的创新文化，除了具有成熟的技术创新机制、持续的创新投入等因素外，更来自其做事严谨、细致的技术创新实践。

在德国企业内，几乎所有事情都有规有矩，有纲有目，规定条例俯拾皆是，条条框框不胜枚举。正是有了这样严谨的作风才保证了德国企业的创新精神。

德国历史上就是一个以重视科学技术研究闻名的国家，联邦德国成立后继承并发展了这一文化特点，这突出表现在汽车行业内。1951 年，德国人首次申请气囊专利；1975 年，德国博世公司发明"防锁死刹车系统"并被奔驰汽车采用；1987 年，德国奥迪汽车公司首次试验"混合驱动"技术，用电动马达驱动后轮，汽油马达驱动前轮。今天德国汽车行业已将研究的重点放到了清洁燃料的开发、纳米科技的研究以及仿生科技的运用上，并依然走在技术创新的前列[2]。

---

① 郭泳涛：《德国企业的理性文化》，《企业改革与管理》2005 年第 7 期，第 68～69 页。

② 李晨旭、段素革：《德国汽车品牌成功背后的启示》，《环渤海经济瞭望》2013 年第 10 期，第 53～56 页。

对一个领域或一项产品持续不断地开展细致深入的研究，实践积累到一定程度，量变就会转化为质变，创新自然就会诞生。这些创新过程的共同规律是，需要付出年复一年的不断努力，需要深入细致的琢磨、推敲和研究，需要有坚强的勇气和决心。德国企业中这种"永不言败"的韧性给人留下了极其深刻的印象。

五　崇尚诚信为本，追求产品质量完美、提供一流服务

德国企业重视客户，注重诚信和创一流服务的企业精神，如高依托夫公司提出，"对于客户提出的要求，我们没有'不行'两个字"。①

德国企业非常重视产品质量，强烈的质量意识已成为企业文化的核心内容，深深植根于广大员工心中。西门子公司"以新取胜，以质取胜"使其立于不败之地，该公司提出的经营理念是"我们希望顾客回来，不希望产品回来"；戴姆勒公司千方百计提高员工的质量意识，严格执行工作操作制度；罗尔斯－罗伊斯（罗罗德国）公司坚持设计图纸和科研报告三级签署，包括设计、校对和审定，层层把关；大众公司强调对职工进行职业道德培养，在企业中树立精益求精的质量理念。各公司强调要改变严峻的质量形势，就必须提升严谨细致的职业素养，这样，提供的就一定是精良的产品和服务。当年的戴姆勒－克莱斯勒公司就认为：第一，高质量意识与员工的高素质是分不开的，因而十分注意培养具有专门技能和知识的职工队伍，千方百计提高员工的质量意识；第二，具有精工细作、一丝不苟、严肃认真的工作态度，这种态度几乎到了吹毛求疵的地步；第三，把好质量关，严格检查制度，做到层层把关。②

六　工作至上

德国企业中的人际关系是很有特点的，表现在各个方面，但核心是工作超越一切。

上下级关系分明，领导与员工的职责分工清楚。对领导的决定可以提出意见和建议，但领导的最终决定必须服从。

工作和私人生活完全分开。对于德国人来说"工作是工作，喝酒是喝

---

① 经盛国际：《德国企业文化初探》，http://www.wecep.com，2004 年 4 月 7 日。
② （作者不详）：《德国企业文化》，百度文库《人才优势是保障》2012 年 3 月 13 日。

酒"（Dienst ist Dienst. Schnaps ist Schnaps）。在企业内，人们互相之间往往只谈工作，很少涉及私人生活，更不会工作之时侃大山、聊八卦、摆龙门阵。

七 注重实效，突出规范、和谐和负责的良好企业形象

德国企业文化建设特别注重围绕企业的具体实际进行。德国企业竭力将企业文化建设融入企业管理，注重实际内容，不拘泥于形式。德国企业文化是规范、和谐、负责的文化。

规范就是依法治理，按章办事，要树立遵纪守法意识，加强对法律条文的掌握，强调"细节决定成败"，注重从一点一滴做起，反对随想发挥。

和谐，就是指管理体制运作顺畅，人际关系和谐。

负责，就是一种企业与职工的责任心，即职工对企业负责任，企业对职工负责任，企业与员工共同对社会负责任。

德国政府强行规定，所有德国生产的产品必须标出"德国制造"，但不是历史上"价廉质低"的烙印，而是为了振奋民族精神、民族的自信、民族的自豪。德国企业还特别重视有效的形象宣传，西门子、戴姆勒、宝马、大众等跨国集团的品牌标识，已经成为企业实力的象征。

八 问题

德国的企业文化是十分令人称道的。但是随着国际竞争的日益激化，这种企业文化也在发生变化，出现了越来越多的问题，突出表现在大众的尾气门事件上。

2014 年大众被查出尾气丑闻，2015 年 9 月大众被迫承认造假，11 月 9 日惠普宣布下调大众的信用评级，12 月大众监事会主席说：这"是一种不间断的连锁错误"，可以追溯到 2005 年。但大众的丑闻并不是孤立的，类似事件在德国同样也是层出不穷。

不但是大众，尾气造假也涉及其他公司。此外，戴姆勒在 22 个国家行贿，在美国行贿被罚 1.85 亿美元；2000 年西门子行贿 16 亿美元，2014 年底再次被查出；德国军工企业莱茵金属集团在出售防空系统时向希腊行贿，据查已连续行贿 10 年；类似行贿的还有德国卡车和巴士曼集团和维格曼公司。今天几乎所有的军工企业都在接受调查，或等待接受调查；2015 年 4 月德意志银行操纵伦敦银行间同业拆借利率被英美监管当局罚款 25 亿美元，被迫进行历史上最大的重组，在第三季度亏损 60 亿欧元之后

在全球裁员 3.5 万人①；德国汉莎航空旗下的"德国之翼"航空公司的一架 A320 客机坠毁也充分暴露了该公司管理上的严重问题，柏林新机场再曝贪腐案，空客公司也在接受调查。2013 年德国共查处类似事件 1403 例。

这是德国著名企业在全球化重压下，逐渐形成了不良企业文化，这是"压力文化"和"恐惧文化"下的一个必然产物，强调结果，不择手段。

2015 年 10 月总部设在伦敦的"品牌金融"发布了最新国家品牌排名，德国品牌价值损失了 1910 亿美元，跌到 4.7 万亿欧元。在最佳信誉排行榜上德国也被新加坡取代。

---

① 西班牙《国家报》网站 2015 年 12 月 30 日文章，《参考消息》2016 年 1 月 1 日。

第七章

对外经济

第一节　对外经济理论

对外经济是世界经济的国别化，是世界经济的一部分。而对外经济理论则是国民经济学和国际经济学的一部分，主要研究国家间或地区间的商品、服务与资本的流动和货币的支付等。[①]

对外经济理论可以划分为两大类，即实体对外经济理论和货币对外经济理论。实体对外经济理论集中研究配置、效率以及分配问题，货币对外经济理论则主要研究货币的角色和稳定问题。

一　实体对外经济理论

实体对外经济理论从事以下问题的研究：（1）解释贸易结构；（2）研究国际贸易对福利的影响（贸易利得）；（3）研究国际商品贸易和生产要素在国际上的流通；（4）解释贸易条件及其对国际贸易所带来的福利；（5）阐明国际商品贸易何时会达到要素价格的均衡；（6）分析贸易壁垒对国际贸易带来的影响；（7）研究如何保护国际贸易等。

二　货币对外经济理论[②]

货币对外经济理论集中研究以下问题：（1）贸易收支、国际资本往来和

---

① 华民：《国际经济学》，复旦大学出版社，1998，第 3 页。

② Siehe auch Jarchow, H. -J/Rühmann, R.：*Monetäre Außenwirtschaftstheorie*，Göttingen：Vanden-
　hoeck & Ruprecht, 1994.

外汇市场行为；（2）国际资本往来的决定因素；（3）对外经济均衡，不同汇率体制下相应的适应机制；（4）考察不同汇率体制下的稳定政策及其有效性；（5）研究浮动汇率体制下汇率变动的决定因素；（6）研究固定汇率和浮动汇率的优势和劣势。

三 对外经贸理论

对外贸易理论是实体对外经济理论的一部分，主要是分析国际贸易、国际要素流动以及国家对国际贸易的干预和保护等。而国际贸易便是研究国家间商品和服务交换的经济规律、理论、基本政策和实务操作的，其内容包括原理、政策和事务三大部分。[①]

（一）亚当·斯密和绝对成本优势

斯密强调交换过程是发生经济行为的基础，价格在生产导向和收入分配上占据主要位置，两国同一产品的绝对成本差异就成了交换的前提。斯密将市场价格和自然价格加以区分。市场价格围绕自然价格上下浮动，偏离不会很大。

（二）李嘉图的相对成本优势[②]

大卫·李嘉图是第一位将相对优势作为国际贸易基础的经济学家。李嘉图模式将相对优势的起因归于国内外的相对生产率差别，这在自给自足的经济中体现在相对价格差异上。建立贸易关系时，两国通过专业生产它们有相对生产率优势的商品来实现贸易利润。

所谓相对成本优势就是指两个国家两种产品因生产效率的不同而产生的机会成本差异，但生产要素的配置是相同的，从而引出两国进行贸易的依据。他的名言，即"如果两个人都能制造鞋和帽，其中一个人在两种职业上都比另一个人强一些，不过在制帽上只强1/5或20%，而在制鞋上则强1/3或33%，那么这个较强的人专门制鞋，而那个较差的人专门制帽，岂不是对双方都有利？"[③] 就集中反映了这一理论的本质。

（三）动态相对优势和动态规模优势理论

李嘉图的相对成本优势理论后来有了进一步的发展，从静态走向动态。

---

①　陈宪等编著《国际贸易——原理·政策·实务》，立信会计出版社，1998，导言第5页。

②　蒋振中编著《国际经济学原理》，上海财经大学出版社，1997。

③　聂文星：《国际经济学》讲义，《国际经济学》word版全文讲义，2010年6月14日。

人们发现可以通过逐步的内生革新来改变这种相对优势。内生革新在这里被理解为研制新产品或者对现有生产过程和产品的改善，它可以刺激经济发展。

所谓动态规模优势理论是动态相对优势和规模优势的一种特殊形式，即规模优势在决定动态相对优势中起着重要的作用。如果某一经济行为处于动态规模优势，那么其效率并不取决于任意时间的这一活动的水平，而是依赖于这一活动从过去到现在的实施程度。最有名的例子是"边做边学"，即在某一时间内生产某一单位产品时，经验就会不断增加，从而提高了未来生产的效率，在同样的条件下，单件产品的生产成本就越小。

（四）赫克歇尔－俄林的要素禀赋论

这是在对外贸易理论中逻辑上尤为令人信服的理论。该理论探讨国际要素配置的差异和贸易结构的关系。其最简单的情况是：现有两个国家具有同样的、同类的生产技术和偏好、完全竞争、完善的部门间的要素流动、充分就业和自由贸易，但生产要素配置不同，于是贸易结构也就不相同，形成了新的交换。这里的生产要素集中指的是资本和劳动。一国主要生产本国富有的生产要素商品，进口本国短缺的生产要素商品。如资本雄厚、劳动力缺乏的国家主要会出口资本密集型产品，而劳动力富有、资本匮乏的国家则会主要出口劳动密集型产品。为了充分利用生产要素，资本雄厚、劳动力缺乏的国家必须比劳动力富有、资本匮乏的国家生产更多的资本密集型商品，而不是劳动密集型商品。由于国际市场上商品的价格主要取决于发达国家，因此国际贸易有利于发展中国家，因为发展中国家的产品相对便宜，因而提升的空间就大。也正因为如此，国际贸易便会带来要素价格的均衡，即要素均衡论。

在有多种商品的实际情况下，赫克歇尔（Eli F. Heckscher）－俄林（Bertil Ohlin）原理不再绝对地适用于任意的两者之间的比较，而更多地适用于平均情况。在商品、要素和国家数量增多时，人们便不再单纯观察商品贸易的本身，而是观察因此间接发生的要素交易。

（五）赫克歇尔－俄林－张伯伦模式

国际贸易不仅有产业间贸易（如鞋和帽的交易），还有产业内贸易（如不同鞋之间的交易）。赫克歇尔－俄林－张伯伦模式正是用来解释产业内贸易的理论模式。其基本观点是：

消费者会决定对产品多样性的偏好，会决定对不同种类商品生产规模优势模式化的偏好。人们会把拥有产品多样性（多样性就是意味着为新市场开发新产品①）和规模优势的部门同不拥有产品多样性和规模优势的所谓标准化部门加以区别。各类不同商品品种的规模优势是建立在生产的固定成本基础上的，然而不同种类的商品却是用几乎相同的技术生产的。因此产品的种类越多（产品花色和款式越多），在其他条件都相同的情况下，每种产品的产量就越小，因而单件产品的成本就越大。自由贸易时每个国家也都会出口各种此类商品，进口其他种类的此类商品，这样就出现了产业内贸易。一个国家的生产结构（差异商品对标准商品）取决于商品的要素密集度及该国的要素禀赋。如果差异商品相对资本密集化，那么资本雄厚型国家在差异商品上就具有相对优势而需要进口标准化商品。两个国家的要素禀赋越是雷同，产业间贸易的基础就越小，产业内贸易就越大。

（六）赫克歇尔－俄林－瓦内克模式

赫克歇尔－俄林－瓦内克（J. Vanek）模式是将赫克歇尔－俄林贸易理论的基本思想转用到商品内涵的要素效用上，认为，如果一个国家与世界上其他国家相比拥有更加丰富的某种生产要素，那么通过该国的商品贸易，该要素的间接净出口就越大。如果该国拥有的这种要素在世界范围内所占的份额比它在世界国民生产总值中所占的份额大，那么该国对这种要素的间接净出口就能获利。

（七）里昂惕夫之谜

1953年瓦西里·里昂惕夫在实验研究中得出结论：1947年美国对资本密集型产品的出口比资本密集型产品的进口少。但是，美国无疑是二战后世界上资本最雄厚的国家，他的这一发现显然与赫克歇尔－俄林贸易理论相悖。他对要素禀赋论的批评主要有三点：（1）它是静止的，无法用于动态要素的现实之中；（2）实际上是资本缺乏的国家也出口资本密集型产品，资本雄厚的国家也进口资本密集型产品；（3）找不出通过劳动分工而获利的结论。这就产生了里昂惕夫之谜（又称"里昂惕夫怪论"）。

（八）雷布钦斯基定理

雷布钦斯基（M. Rybczynski）强调，生产要素是在变化的，使用数量增加快的生产要素的产品具有价格优势。该定理正是论证了在商品和要素价格

---

① Strunz, Herbert/Dorsch, Monique: *Internationale Märkte*, München: R. Oldenbourg Verlag, 2001, S. 126.

不变的前提下，要素禀赋的变化对一国商品产量的影响。该定理认为，在涉及资本和劳动双重标准时，如果一个国家的资本要素增长了 x%，劳动要素增长较少，为 y%，那么，在商品和要素价格不变的情况下，该国资本密集型产品的增量会大于 x%，劳动密集型产品的增量会小于 y%。在劳动要素禀赋不变时，资本储备的增加一定会导致劳动密集型产品生产的绝对减少。

该定理还认为，生产要素不限于资本和劳动，还有国家（干预）、政治、社会稳定、技术、知识、运费、环境、原料等。

（九）新要素禀赋论

该理论发展了要素禀赋论，强调人力资本，认为发达国家就业率高，人才素质也高，而发展中国家就业率低，人才素质也低，因此要分工，而且越是差别大越应该分工：[①] 发达国家出口高素质人力生产的资本密集型产品，发展中国家则主要出口低素质人力生产的劳动密集型产品。该理论还认为，贸易是多边的，超出两国范围。

（十）（不）可支配模式

某国因原料缺乏和技术缺乏而无法拥有某些生产要素。这种缺乏包括永远缺乏、中长期缺乏和短期缺乏三种情况。

（十一）产品周期理论

产品周期理论强调的是某一商品在时间的推移中发生的相对优势的变化。该理论把产品周期分为引进阶段、成熟阶段、标准化阶段、停滞阶段和取代阶段，在各个阶段中相对优势是在变化的：引进阶段专门技术对相对优势具有决定意义；产品成功引进之后进入成熟阶段，出口到具有同类需求的国家，产品的多样性要素和规模优势能更加强这一效应；经过一段时间产品达到标准化，对相对优势起决定作用的则是成本要素；根据各国要素配置的不同，这些商品的生产在停滞阶段可能转移到国外进行；最终将因国内新商品的引进而完全被取代。

（十二）斯托尔珀-萨缪尔森定理

斯托尔珀（Wolfgang Stolper）-萨缪尔森定理是对赫克歇尔-俄林定理范围内商品价格和实际要素收入之间的关联做出的表述：资本密集型商品的相对价格上升，那么劳动要素的实际收入就会下降，而资本要素的实际收入

---

① Glismann/Horn u. a.：*Weltwirtschaftslehre，II. Entwicklungs- und Beschäftigungspolitik*，Zürich：Vandenhoeck & Ruprecht in Göttingen，1987，S. 73.

则上升。这一定理令人意外的地方是，在商品价格变动的过程中，实际收入不受要素收入者偏好的制约而发生明显的变化。

（十三）贸易利得定理

该定理在理论上探讨了国际贸易与自给自足经济相比对福利产生的影响。根据这一定理，国际贸易与假设的自给自足状态相比可以改善福利状况。但这并不意味着国际贸易从一开始就可以改善每个人的福利。更为常见的是，有的人得益，有的人失益。但是因为起初利益受损的人可以通过适当的一次性纳税补贴和一次性转移支付得到补偿，所以国际贸易与自给自足经济相比，仍然可以改善个人的生活。总的来说，国际贸易是可以改善福利水平的。[①]

这种福利水平的提高仰仗的就是经济的发展，因为国际贸易使各国经济互通有无、调剂余缺、增加就业、延长再生产、提高劳动生产率并扩大规模经济。[②]

（十四）迪克西特－施蒂格利茨偏好

迪克西特（Avinash Dixit）－施蒂格利茨偏好是产品差异的效用理论根源。它考察的对象是具有多种花色和款式的商品，其特点是认为产品多样性本身就是价值。如果具有此类偏好的消费者为某一商品的多种花色支付一笔钱，那么只要其能拥有该商品的多种花色就会提高其效用。

（十五）蒙代尔定理

蒙代尔（Robert A. Mundell）定理涉及的是在国际资本流动的情况下，赫克歇尔－俄林贸易中关税的效应。该定理强调，一个小国在国际要素价格均衡的情况下对资本密集型商品征收关税。这样一来，不仅此商品在国内的相对价格上升，而且其资本收益也上升。此时，如果实物资本可以全球移动，那么会引起资本进口。根据雷布钦斯基定理，增长的实物资本存量会导致资本密集型商品生产的增强和劳动密集型出口商品产出的减少。

（十六）勒纳－萨缪尔森定理和要素价格均衡定理

勒纳（Abba Ptachya Lerner）－萨缪尔森定理研究的是在何种条件下国际商品贸易会导致国际要素价格在要素禀赋不同的国家间产生均衡。这些条件主要有以下4个：（1）相关国家间是完全竞争；（2）实行的是国际间均

---

① Siebert，Horst：*Außenwirtschaft*，Stuttgart：Verlag Fischer，2000，S. 152－161.

② 陈源、高玲玲编著《国际贸易》，北京大学出版社，1994。

衡的商品价格，即没有运输成本的自由贸易；（3）采用国家间相同的生产技术，规模效应衡定，无要素密集度的变化；（4）相关国家按其生产要素生产出至少是相应的技术上不同商品的合理数量。如上述条件中有任何一个在任选的两国之间无法达到，这两个国家间就不可能产生完全的要素均衡。如其他条件相同，上述条件被满足得越充分，国家间要素配置的差别就越小。

（十七）李斯特的阶段理论

弗里德里希·李斯特的阶段理论认为，世界经济史的过程既是可分的，又是彼此被迫联系在一起的。这些阶段按建构标准可分为：荒芜状态、游牧状态、农业状态、农业－手工业状态、农业－手工业－商业状态；从经济联系的空间密集度上看可分为：家庭经济、城市经济、国民经济和世界经济；从交换组织看可分为：自然经济、货币经济和信贷经济。

（十八）普雷维什－辛格论点

普雷维什（R. Prebisch）－辛格（H. Singer）论点认为，商品贸易条件的发展不利于发展中国家，因为实际利润主要流向了发达国家。其理由如下：初级产品的需求收入弹性较低，使发展中国家出口相对较低；对工业产品的需求收入弹性较高，使工业国家出口相对较高。发展中国家从发达国家的进口大于其出口；由于原料的高同质性，发展中国家商品的市场竞争比发达国家商品的市场竞争更激烈；由于较低的工会组织程度和较低的素质，发展中国家劳动力市场的竞争比发达国家劳动力市场的竞争更激烈；发展中国家劳动生产率提高带来的福利收入通过更低的价格转到了工业国家手中，而工业国家的生产率优势导致本国的工资增长，这样也使得工业国家和发展中国家之间的工资差距拉大。[①]

（十九）购买力平价论

购买力平价论试图通过相应国家货币的购买力比例来解释自由货币的汇率。单纯的购买力平价论认为，两个国家间汇率的发展由国内价格水平与国外价格水平的比值决定；修改后的购买力平价论认为，每个单位时间内汇率的变化从长期看与这些国家的价格水平关系的变化一致，而汇率并不一定要在任何时间内都与价格水平的比例一致，如果国内价格水平上升，那么国内货币就会贬值，即以国内货币单位表示的国外货币单位的价格便上升了。

---

① 参阅朱钟棣编著《国际经济学》，上海财经大学出版社，1999，第56～70页。

第二节 全球化与德国经济

一 关于全球化

"全球化"实际上是指经济全球化。这一概念究竟何时出现已难以查证，比较一致的看法是美国学者西奥多·莱维特（Theodore Levitt）在 1985 年发表的《市场全球化》一文中首次提出的。5 年以后经合组织前首席经济学家奥斯特雷（S. Ostry）首次完整提出了"经济全球化"的概念，即"生产要素正在以更快的速度在全球范围内流动，从而实现资源在全世界范围内的最优配置"。[①]

其实针对经济全球化这一趋势，马克思、恩格斯早在《共产党宣言》中已经指出，"资产阶级，由于开拓了世界市场，使一切国家的生产和消费都成为世界性的了"。"这些工业所加工的，已经不是本地的原料，而是来自极其遥远地区的原料；它们的产品不仅供本国消费，而且同时供世界各地消费"。[②]

事实说明，全球化早就已经开始，只是近几十年来，有了这样一个具体的概念，而且内涵日渐丰富、充实和统一，外延也相应地得到了扩充。

几十年来，全球化这一目标推动了各国市场的联合，推动了区域经济的一体化。其中最为突出的便是欧共体的加速发展，并在 1993 年建立了欧洲联盟，之后世界各地区的一体化组织便如雨后春笋般地发展起来。对发达国家来说这就意味着需要开发新的增长市场，加大海外投资，改变生产和贸易战略。在全球化的进程中，涌现出了一批新兴国家，特别是其中的金砖 5 国（中国、印度、俄罗斯、巴西、南非）以及亚洲的韩国、新加坡，拉美的巴西、墨西哥、阿根廷和智利等。

全球化带动了全球的商品生产，促进了国际贸易的自由化，特别是服务贸易的发展，推动了跨国投资和企业的并购，促进了国际金融市场和金融交易的爆炸性增长，推动了交通、信息和电信技术的发展，改变着劳动世界、

---

① 引自梁姝月、龙志德《经济全球化及其对国际关系的影响》，《现代商业》2007 年第 17 期，第 192～193 页。

② 《共产党宣言》，人民出版社，1972，第 27 页。

劳动关系、劳动组织结构、国际经济制度、国家法律制度，影响了文化、宗教、个人和社会的生活，进而启发着人们提出了多文化视觉下全球经济活动的新伦理学。

（一）全球化背景下的国际经济体系

所谓国际经济体系就是指国际经济往来过程中的各项法律、规定、条约以及合同等，涉及的就是商品往来和支付往来，集中反映在国际贸易体系和国际货币体系之中，具体则是指商品、服务、人员和资本流通中的各类游戏规则。

此类国际贸易和货币往来的游戏规则基本上可以分为两大类，即贸易保护主义和自由贸易。所谓贸易保护主义就是指在国际贸易竞争中一国采取措施保护本国企业的做法，也就是采取各类补助措施鼓励出口，设置各类贸易壁垒限制进口，在支付往来中则实行外汇管制。

自由贸易则与贸易保护主义针锋相对，主张尽量消除对外经济的限制，按照市场经济的原则来调控贸易和支付的往来，主张支付手段和资本的自由往来。

于是贸易保护主义和自由贸易原则的争论便一直延续至今，而且还将不断延续下去。不是此长彼消，便是彼长此消。它们之间矛盾的斗争不断推动着国际经济体制的发展，推动着全球化过程中的国际贸易与国际分工。

（二）全球化过程中的国际贸易与国际分工

研究国际经贸关系时有三个变量值得注意，这就是世界经济的增长、国际贸易的增长以及外汇与证券交易的增长。从 20 世纪 80 年代开始国际贸易迅猛发展，大大超出了世界经济的增长。例如 2000～2007 年国际商品出口增加了 5.5%，高出世界经济增长的 3.0%，而股票、债券和外汇的交易竟又比国际贸易高出 40 倍。这就比较典型地反映了经济全球化的发展（见图 7-1、图 7-2）。

在全球化过程中，国际经贸关系出现了许多新的特点。

（1）随着全球化的不断发展和深入，国际贸易有了迅速的发展。20 世纪 90 年代中期经合组织的贸易总额与 1960 年相比增长了 8 倍，而同期各国的国内生产总值只增加了 3 倍多。这种差距正是反映了国际分工的加强。

（2）在国际分工加强的同时，国际经济各行业和部门之间的比重也发生了重大的变化。矿产品比重下降，工业产品，特别是机械、汽车、化工、医

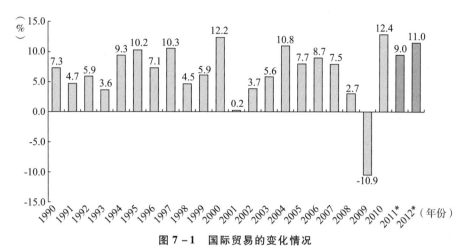

图 7-1　国际贸易的变化情况

注：＊为预测。

资料来源：外贸协会 2011/2012 世界景气报告。

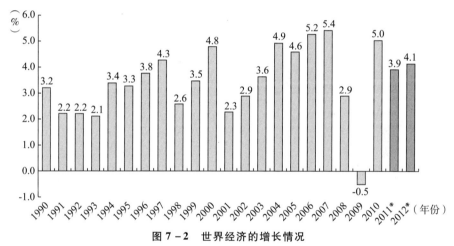

图 7-2　世界经济的增长情况

注：＊为预测。

资料来源：外贸协会 2011/2012 世界景气报告。

疗产品，电器和电子产品以及其他加工业产品的比重上升。亚洲发展中地区的出口中 3/4 是加工产品，中东地区出口中 2/3 是原材料，非洲地区出口中 60% 是原材料和食品。

（3）这种国际分工也明显反映在国与国的贸易结构上。不同发展阶段的国家一般都从事产业间贸易，例如进口机械出口服装，或是反向，即出口机械进口服装；相同发展阶段的国家则大量从事产业内贸易，如出口机械，也进口机械，也就是依靠产品的种类、款式、颜色、大小、档次、价格的不同开展相互贸易，从而大大推动了国与国，特别是发达国家之间的贸易。

（4）在全部国际贸易中产品的类别也非常有特点。那就是发达国家主要出口资本和技术密集型产品，主要进口劳动密集型产品。发展中国家则正好与此相反。

（5）国际上出现了一批新兴国家（门槛国家），即正站在跨入发达国家行列门槛旁的发展中国家，也称第二、第三代工业国家。它们依仗着技术的发展和进步正在逐步进入出口技术产品的行列，其中最突出的就是日本，之后在亚太地区便出现了"大雁群模式"：[①] 日本领飞，第一梯队为韩国、中国台湾、新加坡和中国香港，第二梯队为马来西亚、泰国、印尼和菲律宾。其中突出的是韩国，它主要从事汽车和电子产品贸易。此外，印度和以色列的出口经济也有了较为迅速的发展，它们主要是出口软件。于是发展中国家之间的贸易开始增长，在国际贸易中所占比例也开始上升，但主要集中在东南亚和拉美的几个国家。

表 7-1　2013～2016 年世界经济增长趋势

单位：%

	2013	2014	2015	2016
世界经济	3.4	3.4	3.5	3.8
发达国家	1.4	1.8	2.4	2.4
美国	2.2	2.4	3.1	3.1
欧元区	-0.5	0.9	1.5	1.6
英国	1.7	2.6	2.7	2.3
日本	1.6	-0.1	1.0	1.2
新兴市场和发展中国家	5.0	4.6	4.3	4.7
俄罗斯	1.3	0.6	-3.8	-1.1
中国	7.8	7.4	6.8	6.3
印度	6.9	7.2	7.5	7.5
巴西	2.7	0.1	-1.0	1.0
南非	2.2	1.5	2.0	2.1

注：2015 年和 2016 年为预测值。

资料来源：IMF，《世界经济展望》，2015 年 4 月。

[①] 〔德〕赛康德：《争夺世界技术经济霸权之战》，张履棠译，中国铁道出版社，1998，第 307～347 页。

表 7 - 2　2013 ~ 2016 年世界贸易增长趋势

单位：%

	2013	2014	2015	2016
世界货物贸易量	2.4	2.8	3.3	4.0
出口：发达国家	1.6	2.2	3.2	4.4
发展中国家和新兴经济体	3.9	3.3	3.6	4.1
进口：发达国家	-0.2	3.2	3.2	3.5
发展中国家和新兴经济体	5.3	2.0	3.7	5.0

注：2015 年和 2016 年为预测值。

资料来源：WTO，《贸易快讯》，2015 年 4 月。

（6）发达国家的跨国公司日益显示出其巨大的功能。早在 19 世纪末跨国公司已经开始萌芽，但真正得到大发展则是在全球化开启的 20 世纪 80 年代，到 90 年代末已经发展到 7000 家，如今已有 65000 家母公司，850000 家子公司。之所以发展得如此之快，首先得益于技术转让贸易的出现，特别是信息和通信技术的发展。

（7）直接投资的出现和发展。这是因为，随着国际贸易的发展，企业对其在海外的销售状况日益关心，需要不断考虑其广告、咨询、融资、保险、供货、维修、售后服务等问题，于是投资便被提上日程。但直到 20 世纪的 80 年代和 90 年代直接投资发展得仍不顺畅。

（8）新兴国家出现，中国走向世界。随着全球化的逐步深入，世界出现了一批新兴国家，巴西、俄罗斯、印度、中国和南非则名列前茅，而中国更成了其中的翘楚。数十年来，中国经济强势增长，连续超越一系列发达国家，成为世界上仅次于美国的第二大经济体和第一大出口国。

但各国在利用这一趋势时战略、战术并不一致，这主要是因为：第一，对劳动、资本、基础设施、技术和知识这些生产要素的需求不同；第二，对原料基地、运费、劳动力水平的需求不同；第三，对产品特点的需求不同，如产品的同质性、模仿性、交换性、老化速度、技术准入限制等需求的不同；第四，对规模收益的考虑不同。要考虑国家对海外投资的方针和政策，国家是否是产权人、是否能委派任务、是否能提供补贴和担保。

举一个具体的例子，如石煤。这是一种同质性的产品，各国的石煤大同小异，选择特定产地和贸易对象就显得并不重要。相反价格和运费就比较关键。德国鲁尔地区的石煤，质地较好，因此也贵，南非和澳大利亚的石煤则要比德国的便宜得多，然而运费却要昂贵得多。东、中欧市场开放后，上西里西亚的石煤既便宜，运费又低，自然就更具有竞争力。另外，在很多情况下可以用廉价的石油或天然气来代替煤。由此可以看出，无论是贸易还是投资，由于经营的战略和战术的不同，方针和政策也就会有不同。

二　全球化与德国经济

全球化的内涵十分丰富，因而也受到多种因素的制约，如政治因素、地缘因素、文化因素。它取决于国外的投资区位、国外的竞争地位，也取决于经济全球化的发展阶段和发展趋势。根据这样的标准来衡量德国的经济，便会看出，德国在这一方面并不处于劣势，但也不占有很大的优势。

这突出表现在经济全球化的当前阶段——"经济三洲化"上面。所谓经济三洲化指的是北美、西欧和东南亚。这也就是当前世界经济最具重要地位、最富影响力、最具一体化规模的三个地区。然而就在这里德国的地位丝毫也不令人羡慕。从北美来说，这里基本上是美国人的天下，再加上一个加拿大。德国曾经下过很大的气力打入这一地区，并且取得了一定的效果，但进入 20 世纪 90 年代，却因各方面的原因从这里被赶了出来；再看西欧，德国虽说在这里处于经济上的领先地位，但强者甚多，加上欧盟这个大框架的制约，德国难以迅速地扩大其地盘；至于说到东南亚，德国人只能自叹这是一块被他们忽略了的角落，当他们来到时，发现这里早成了追随日本的雁群和山姆大叔的领地。近一二十年来德国不断出台亚洲政策，大大加强了同中国的经济关系，也力图进一步发展同印度等国家的经贸关系，但总体来看，成绩并不突出。

显然，全球化加剧了国际竞争，给发达国家和一部分发展中国家增加了困难，前面谈到的全球化对西欧发达国家的挑战大多也涉及德国，尤其是就业和收入分配问题。[①] 有人更是大声疾呼："德国已笼罩在世界末日的情绪之中，没有一天没有噩耗。失业上升，显然已不可阻拦，国债无法控制。乐观者只能在交易所见到，那里滋生出巨额的不正当的利润。全球化就如同自然灾害一样袭来，无情地把德国拽向没落，强迫这个社会福利市场国家成为无情的资本主义国家。"于是德国也出版了一些论著，说服人们不

---

① Pilz，Frank：*Der Sozialstaat — Ausbau-Kontroversen-Umbau*，Bonn：bpb，2009，S. 125 – 135.

必担心全球化。① 应该说，与其他各国相比德国在全球化中并不处于被动的地位，没有坠入"全球化陷阱"，也没有面临"毁灭性竞争"的危险，相反还是处于一种主动、稳定甚至领先的地位。它通过降低价格、提高产品质量、创造新产品来迎接这场挑战。其实，全球化在向世界各国施加各类压力的同时，也向各国提供了巨大的机遇，鼓励各国积极、主动地参与世界经济新制度的建立和世界经济发展的工作。

德国企业日益加大了其参与世界市场的工作。它们不仅向国外转移生产，也购并外国企业。德国的跨国公司，如其化工企业拜耳和巴斯夫的大部分盈利都来自国外。其汽车工业早已不全在德国生产，如梅赛德斯就在法国的洛林联合生产智能移动（Smart-Mobil）汽车，宝马在美国生产 Z3 汽车，并收购了路虎。大众在捷克生产斯柯达汽车，在西班牙生产西雅（亚）特汽车等。

德国从偏安于欧洲一隅，到提出全球化外交战略，表达了德国要求争得与自身经济实力相适应的政治地位的愿望。1995 年 3 月 13 日，时任德国总统的赫尔佐克（Roman Herzog）在庆祝德国外交政策协会成立 40 周年纪念会的讲话中，第一次提出了"德国外交全球化"的说法。赫尔佐克说："21 世纪将会是什么样子，我们尚不知道，而且这也不单单取决于我们。但有一点是肯定的，即在一个日益变小的、机会与风险以同等程度全球化的世界上，德国外交政策全球化也将是不可避免的。"赫尔佐克解释了他所说的"机会与风险的全球化"，即经济上的互相依存、全球性的环境问题以及新的跨国性的安全问题，把国际性的国家共同体组成了一个利益共同体。

第三节　欧共体/欧盟与德国经济

如果说德国经济与世界经济是兴衰与共地联系在一起，那么它与欧共体/欧盟经济便是血肉相连了。

一　欧共体/欧盟政策总体上有利于德国经济的发展

首先看摊款问题。欧盟的全部收入中 75% 来自各成员国按其国家收入总值的比例缴纳的"会费"，即摊款。第二个收入来源是增值税，增值税约占

---

① Lafontaine, Oskar/Müller, Christa: *Keine Angst vor der Globalisierung*, Bonn: Dietz Verlag, 1998.

总收入的 13%。它由成员国征收，然后按规定比例上缴给欧盟。其他来源还有关税和农产品进口的差价税等，约占 12%。德国由于其强大的经济实力缴纳的摊款也是最多的，是最大的净摊款国（Nettozahler）。在这一问题上麻烦大的是英国，过去就有撒切尔夫人用"浴缸理论"抨击欧盟对英国的摊款数额，并取得胜利的前例；如今又有卡梅伦大发雷霆，拒绝欧盟要对英国追加21 亿欧元摊款决定的后续。他还提出一系列改革欧盟体制的建议，并宣布将举行英国退出欧盟的全民公决，形成英国"脱欧"危机。2016 年 2 月 19 日欧盟决定给予英国"特殊地位"，次日卡梅伦宣布把原定在 2017 年举行的全民公决提前至 2016 年 6 月 23 日举行，并希望公投能让英国留在欧盟。是日，公投如期举行。同意脱欧者 1570 万人，占投票总数的 51.9%；同意留欧者1458 万人，占投票总数的 48.1%。这在全世界引起了巨大的反响，人们对于公投的本身，英国脱欧后的发展，欧盟的未来，对世界的影响纷纷表态。可以说是发言盈庭，评论如山，但结论几乎雷同：拭目以待。

其次是欧盟的农业政策、区域政策、竞争政策、工业政策、商业政策、进出口政策、投资政策、结构政策、共同大市场政策、福利政策以及结构基金、亲和基金、发展基金、福利基金、农业开发和保证基金以及新成立的总额为 210 亿欧元的战略投资基金都对德国经济的发展基本有利，因此双方未出现大的龃龉。值得一提的是农业政策问题和结构基金问题。

在欧盟的全部支出中农业补贴是最大额的。法国因为是农业大国，获利最多。德国在农业上是个弱国，获得的农业补贴也少，然而从全局考虑德国仍然支持欧盟的共同农业政策，但要求改革。1980 年，共同农业政策开支占欧盟总支出的 73%，到 80 年代末，仍占到整个预算的 63%。如今已同区域政策一样降到了整个预算的 35%。

欧盟的结构基金是为欠发达地区提供资助的，联邦德国一向基本无缘此"善举"，统一后新州由于经济欠发达而获得了这笔不菲的收入。

最后是同德国经济发展命攸关的欧盟的货币、财政、央行以及金融政策，也就是欧盟当前的热点问题。本书将在本章以及其他相关章节中予以介绍和评议。

二 德国在欧盟的经济地位

1952 年根据"舒曼（Robert Schuman）计划"建立了"欧洲煤钢共同体"，经过数十年的发展，已形成了欧盟，即一个目前拥有 28 个主权国家、

438 万平方公里领土、50850 万人口、说 24 种语言的超国家机构。[1]

德国占欧盟总面积的 8.1%，总人口的 15.9%，是世界第四大经济体，欧盟的第一大经济体。以 2015 年为例，德国的国内生产总值为 3.0266 万亿欧元，人均 34483 欧元，分别约占欧盟经济总量 14.625 万亿欧元和人均 28763 欧元（自行核算）的 27% 和 119.8%；德国的债务总量为 71.5%，欧盟则为 91.6%；德国的失业率按欧盟的标准为 4.7%，列欧盟低失业率国家中的第二位，欧盟则高达 10.5%；德国的通胀率为 0.9%，欧盟为 0.0%；德国向欧盟每年提供的财政摊款占欧盟全部收入的 28.5% 左右，是欧盟最大的净摊款国；德国长期是世界排名第一、第二、第三或第四的出口大国。它向欧盟各国出口占其出口总额的 60% 左右，约占欧盟的 1/4，从欧盟各国进口占其进口总额的 60% 以上，约占欧盟的 1/5；2014 年 10 月《2014 年全球创新指标》公布，德国获 56 分，仅次于芬兰（60 分）和比利时（58 分），列欧盟的第三位；在欧盟内部说德语的人占 32%（母语 18%，外语 14%），仅次于英语的 51%（母语 13%，外语 38%），高于法语的 28%（母语 14%，外语 14%）；德国尽管是工业国，但一些农产品的产量仍很可观，甚至名列前茅：如德国牛奶的产量在欧盟列第一位，占 20%，猪肉、土豆、油菜名列前茅，牛肉、粮食、蛋类位列前三；职工带薪休假每年 30 天，还有 10 天假日，共 40 天，与丹麦并列第一。[2]

很显然，德国在欧盟经济中起着举足轻重的作用，这在欧债危机中看得更加清楚。

第四节　德国在世界贸易中的地位

一　世界贸易的发展[3]

各国之间，各民族之间，各地区之间进行商品贸易古已有之。而真正的"现代"对外经济史却要从 18 世纪开始讨论。在 16～18 世纪各国之间的贸

---

① Posener, Alan: *Imperium der Zukunft — Warum Europa Weltmacht werden muss*, München: Pantheon Verlag, 2007.

② 以上数据均摘自德国联邦统计局和欧盟统计局的统计。

③ Siehe auch Keim, Helmut: /Steffens, Heiko (Hrsg.) *Wirtschaft Deutschland*, Köln: Wirtschaftsverlag, 2000, S. 385 – 394.

易基本上都以贸易保护主义和自给自足的贸易思想为指导，而18世纪中叶的英法《科布顿条约》则开始了一场削减贸易壁垒的工业革命时代。

科布顿（Richard Cobden）是英国自由贸易运动的先驱。在以其名字命名的该条约中英国首次向法国提供了最惠国条款，削减全部关税，实施无限制的贸易自由，甚至还向法国提供保护关税，从而翻开了自由贸易新的一章。

随着工业化和世界贸易的不断深入发展，各国经济都面临调整任务，世界贸易也不断出现起伏。1871年德国统一后经济迅速发展，但此后却陷入了严重的衰退之中。这一衰退的风潮也席卷了英国及其他各国，于是自由贸易原则便被抛弃，各国都重新祭起贸易保护主义的大旗。第一次世界大战后各国又试图重返自由贸易之路，却很快遭遇经济大萧条，于是贸易保护主义再度占据了上风，尤其以当时的希特勒德国为最盛。第二次世界大战后美国利用其在战争中获得的优势地位，大力推动自由贸易思想，但遭遇极大的阻力和困难。国际经济自由化举步维艰，但还是获得了突破，突出的事例就是1944年建立的世界货币秩序和1947年建立的关税和贸易总协定。

（一）关贸总协定

关贸总协定以提高人民的生活水平、促进经济的发展和推动国际贸易自由化为己任，持下列原则。

（1）提供最惠国待遇。最惠国条款规定，如关贸总协定的某个成员国向另一个成员国提供最惠国待遇，也必须向关贸总协定的全体成员国提供，只是不适用于关贸总协定颁布前已经成立的各类联盟和经济共同体，例如英联邦。

（2）禁止贸易的数量限制。

（3）全面削减关税。

（4）对国内和国外商品同样征税。

（5）考虑发展中国家的出口利益。

关贸总协定于1995年正式被世界贸易组织所代替，在其生存周期中共举行了8大回合的削减关税谈判，第9回合的多哈谈判早就开始，但至今仍无结果。

（1）日内瓦回合（Zollrunden von Genf，1947），达成45000项商品的关税减让，使占资本主义国家进口值54%的商品平均降低关税35%。

（2）安纳西回合（Annecy-Runde，1949），达成147项双边协议，增加5000项商品的关税减让，使占应税进口值5.6%的商品平均降低关税35%。

（3）托奎回合（Torquay-Runde，1950~1951），达成9000项商品的关税减让，使占应税进口值11.7%的商品平均降低关税26%。

（4）日内瓦回合（Zollrunden von Genf，1956），达成近 3000 项商品的关税减让，使占应税进口值 16% 的商品平均降低关税 15%，相当于 25 亿美元的贸易额。

（5）狄龙回合（Dillon-Runde，1960~1962），达成 4400 项商品的关税减让，使占应税进口值 20% 的商品平均降低关税 20%，相当于 49 亿美元的贸易额。

（6）肯尼迪回合（Kennedy-Runde，1964~1967），涉及关税减让商品项目达 60000 项，经合组织成员间工业品平均削减关税 35%，涉及贸易额 400 多亿美元。

（7）东京回合（Tokyo-Runde，1973~1979），以一揽子关税减让方式就影响世界贸易额约 3000 亿美元的商品达成关税减让与约束，使关税水平下降 35%，9 个发达国家工业制成品加权平均关税降到 6% 左右。通过了给予发展中国家优惠待遇的"授权条款"。

（8）乌拉圭回合（Uruguay-Runde，1986~1994），达成内容广泛的协议，共 45 个。减税商品涉及贸易额高达 1.2 万亿美元。减税幅度近 40%，近 20 个产品部门实行了零关税。发达国家平均税率由 6.4% 降为 4%。农产品非关税措施全部关税化。纺织品的歧视性配额限制在 10 年内取消。服务贸易制定了自由化原则。

（9）多哈回合（Doha-Runde，2001 年开始）是世贸组织于 2001 年 11 月在卡塔尔首都多哈举行的新一轮多边贸易谈判。议程原定于 2005 年 1 月 1 日前全面结束谈判，但截止到 2005 年底仍未能达成协议，2006 年 7 月 22 日世贸组织总理事会批准正式中止。

（二）世界贸易组织

世贸组织是一个独立于联合国的永久性国际组织。1994 年 4 月 15 日在摩洛哥的马拉喀什市举行的关贸总协定乌拉圭回合部长会议决定成立该组织，1995 年 1 月 1 日正式开始运作，负责管理世界经济和贸易秩序。1996 年 1 月 1 日，它正式取代关贸总协定临时机构。世贸组织是具有法人地位的国际组织，在调解成员国争端方面具有更高的权威性。与关贸总协定相比，世贸组织的职能得到了扩大，它涵盖货物贸易、服务贸易以及知识产权贸易，而关贸总协定只适用于商品货物贸易。世贸组织成立后举行了多哈回合贸易谈判，至今没有结束。越来越多的国家呼吁继续进行多哈回合谈判。

（三）欧洲经济合作组织（欧洲经济合作与发展组织，经合组织）

1948 年在美国和加拿大的支持下西欧 16 国成立了欧洲经济合作组织（OEEC），目的是协调二战后重建欧洲的马歇尔（George Catlett Marshall）计划。1961 年该组织被北约组织的经济对应体"欧洲经济合作与发展组织"所取代。该组织成立的条约是于 1960 年 12 月 14 日在巴黎签署的，1961 年 9 月条约生效，改名为"经济合作与发展组织"（OECD，简称"经合组织"）。该条约附有多项关于组织特权、豁免权以及欧盟在 OECD 地位的补充协议等。

该组织被称为是智囊团、富人俱乐部或非学术性大学。

二 德国外贸的迅速发展

德国是一个出口外向型国家，也是一个原料依赖进口的国家。在德国有 1/4 的企业依赖于出口业。因此德国经济的发展在很大程度上取决于对外经贸的发展。20 世纪 70 年代开始德国经济发展放缓，2008 年后在两场危机的冲击下经济面临更大的困难，2009 年竟然出现了 5.1% 的负增长，2010 年尽管出现了恢复性的增长，但进一步拉动经济的三大要素中消费和投资都不振，只有出口还能苦苦挣扎，支撑着德国经济的增长。

表 7-3 2015 年德国外贸重要数据概览

出口	1196（10 亿欧元）
进口	948（10 亿欧元）
顺差	248（10 亿欧元）
出口率	39.5%
进口依附率	34.1%

资料来源：联邦统计局，2016。

德国外贸的特点是顺差大、发展快和竞争力强。1950 年德国的外贸只占世界贸易的 4%，到了 20 世纪 70 年代初就上升到 11%，1981 年降至不到 9%，随后又升至 10%，1995 年又回升至 11% 以上，但此后便一路下滑，直至 2000 年又下滑至不到 9% 的低谷。2003 年后欧元大幅度增值，却并未进一步削弱德国的对外贸易。2004 年前外贸占比略有回升，但直到 2013 年一直在 9.50% 上下浮动。2015 年德国的出口达到 11960 亿欧元，增长 6.4%，进口为 9481 亿欧元，增长 4.2%，贸易顺差进一步扩大，达到 2479 亿欧元。据欧盟统计局统计，2015 年德国货物贸易进出口额为 23797.7 亿美元，比上年同期（下同）下降 11.9%。其中，出口 13295.1 亿美元，下降 11.0%；进口 10502.5 亿美元，下降 13.0%。贸易顺差 2792.6 亿美元，下降 2.7%（见表 7-4 和表 7-5）。

表 7 - 4　2000 ~ 2015 年德国进出口额的变化

单位：百万欧元

年份	出口实际值	进口实际值	进出口差	出口增长率（％）	进口增长率（％）
2000	597440	538311	+ 59129	+ 17.1	+ 21.0
2001	638268	542774	+ 95494	+ 6.8	+ 0.8
2002	651320	518532	+ 132788	+ 2.0	- 4.5
2003	664455	534534	+ 129921	+ 2.0	+ 3.1
2004	731544	575448	+ 156096	+ 10.1	+ 7.7
2005	786266	628087	+ 158179	+ 7.5	+ 9.1
2006	893042	733994	+ 159048	+ 13.6	+ 16.9
2007	965236	769887	+ 195349	+ 8.1	+ 4.9
2008	984140	805842	+ 178298	+ 2.0	+ 4.7
2009	803312	664615	+ 138697	- 18.4	- 17.5
2010	951959	797097	+ 154863	+ 18.5	+ 19.9
2011	1061225	902523	+ 158702	+ 11.5	+ 13.2
2012	1092627	899405	+ 193222	+ 3.0	- 0.3
2013	1088025	890393	+ 197632	- 0.4	- 1.0
2014	1123746	910145	+ 213601	+ 3.3	+ 2.2
2015	1195935	948053	+ 247882	+ 6.4	+ 4.2

资料来源：联邦统计局，2016，对 2012 ~ 2015 年的统计数字做了新的改动。

表 7 - 5　2009 ~ 2015 年德国的出口率、进口率和进口依附率的变化

年份	出口率	进口率	进口依附率
	（％）		
2009	33.8	28.0	29.7
2010	38.2	31.9	34.1
2011	40.7	34.6	36.8
2012	41.1	34.1	36.6
2013	40.0	32.7	35.3
2014	40.0	32.1*	35.3
2015	39.5	31.3*	34.1

注：＊个人核算。

资料来源：联邦统计局，2016。

　　德国在对外经济贸易关系中奉行"魔力三角形"原则，即自由贸易、固定汇率和独立景气政策这三大目标。

自由贸易原则的出发点就是李嘉图的相对价格优势理论及由其引导出来的国际市场分工论。德国认为，应当坚持自由贸易原则来发展国与国之间的经贸关系，使各国都能在国际经贸关系的发展中获益。

固定汇率原则对于扩大国际贸易是十分有利的，因为在长期规划对外经济贸易关系中，必须要有一个固定的、可以测度的框架，这样才能保证对外经贸的安全和稳定。相反一个不断处于变化中的框架数据会给对外经济贸易关系增添巨大的变数。今天人们高兴地看到，在现代市场经济中人们已经找到了愈来愈多的手段来保证汇率的稳定。但人们也看到，在国际市场出现多次汇率波动后国际贸易仍然继续飙升。国际贸易显然在浮动汇率下所面临的限制要小于在固定汇率下的限制，而这种贸易中的限制往往会引发贸易保护主义。

独立景气政策之所以必要是因为各国奉行的经济政策重点不同。有的国家把增长放在首位，如发展中国家，也如英国；有的国家则把币值稳定置于首位，如德国。因此，坚持独立景气政策就成了发展国际经贸关系的重要前提。

但是同"魔力四边形"一样，要想同时达到上述三个目标也是相当困难的。常用的方法是"妥协"，那就是既没有完全的自由竞争，也没有较固定的汇率，同样也没有一个国家完全执行独立的景气政策。在当今的欧元体制下，这更成了一个棘手的问题，因为在欧元区货币政策的主权已由成员国让渡给了欧洲央行，而财政政策大部分还在各成员国手中。

同某些发达国家不同，德国过去并不特意追求外贸顺差的最大化，而是奉行对外经济平衡原则，1967 年通过的《促进经济稳定与增长法》规定进出口值的目标值为 1%，后来改成经常项目的 1% 和国内生产总值的 1.5% ~ 2%。然而实际情况（特别是近十几年的情况）并非如此，德国的对外贸易绝大多数年份都是顺差，而且经常是巨额顺差，对国内生产总值的占比已经一再超过欧盟 6% 的标准，因而在 2014 年 3 月遭到欧盟的批评。

一国的进出口状况鲜明地反映在出口率、进口率、进出口值和进口依附率上。出口率和进口率是指出口和进口占国内生产总值的比例，进出口值是指进出口差额占国内生产总值的比例，进口依附率则是指进口占国内需求的比例。

三　德国在世界贸易中的地位

德国的出口发展迅速，从 1987 年开始就长期保持世界第一或第二出口大国的地位（仅次于美国），2009 年中国超过德国成为世界第一大出口国，德国仍然保持第二、第三或第四大出口国的地位，商品和服务出口总额均是如此（见表7-6和表7-7）。

表7-6 2015年世界各国出口总额前5名排行榜

排序	国家	出口额（10亿美元）	占全球总出口比（%）
1	中国	2275	13.8
2	美国	1505	9.1
3	德国	1329	8.1
4	日本	625	3.8
5	荷兰	567	3.4

资料来源：世贸组织，2016年7月。

表7-7 2013、2014年世界服务进出口前10位排名榜

国家和地区	进出口总额（亿美元）		
	2013年	2014年	增速（%）
世界	93868.00	98006.90	4.4
美国	11495.44	11877.12	3.3
中国	5388.73	6069.50	12.6
德国	5851.78	6005.21	2.6
英国	5172.02	5288.34	2.2
法国	4854.74	5085.59	4.8
日本	3060.97	3544.54	15.8
荷兰	2948.27	3224.11	9.4
印度	2749.05	2796.16	1.7
爱尔兰	2448.42	2757.63	12.6
新加坡	2594.28	2629.74	1.4

资料来源：世贸组织，2015年5月4日，自行列表。

四 德国的贸易伙伴

德国的贸易伙伴主要都是西方发达国家（特别是欧盟和欧元区各国），占其全部贸易的80%。1972年联邦德国同中国建交以来，两国贸易发展迅速，近年来，发展得更是迅猛。据德方统计，2015年中国已成为德国的第一大进口国、第五大出口国和第四大贸易伙伴。关于德国贸易伙伴的具体情况可见表7-8、表7-9、表7-10和图7-3。

表 7 - 8 2015 年德国的 10 大贸易伙伴

序号	出口		进口		贸易总额	
	国别	数额（亿欧元）	国别	数额（亿欧元）	国别	数额（亿欧元）
1	美国	1138.99983	中国	915.23818	美国	1732.01759
2	法国	1030.46784	荷兰	881.23447	法国	1700.54717
3	英国	892.92156	法国	670.07933	荷兰	1676.40807
4	荷兰	795.17360	美国	593.01776	中国	1627.35264
5	中国	712.11446	意大利	490.38907	英国	1275.50298
6	意大利	581.02296	波兰	444.82553	意大利	1071.41203
7	奥地利	580.40961	瑞士	426.61156	波兰	965.91767
8	波兰	521.09214	捷克	393.12442	奥地利	953.82291
9	瑞士	492.51601	英国	382.58142	瑞士	919.12757
10	比利时	413.75037	奥地利	373.41330	捷克	782.35675

资料来源：联邦统计局，2016，自行列表。

表 7 - 9 德国与欧盟贸易占德国全部贸易的比重

年份	出口			进口		
	欧盟	欧元区	非欧元区	欧盟	欧元区	非欧元区
	（%）					
2009	62.6	42.8	19.8	57.3	38.9	18.4
2010	60.2	40.8	19.4	55.8	37.7	18.2
2011	59.4	39.6	19.7	56.1	37.5	18.6
2012	56.8	37.1	19.8	55.7	37.4	18.3
2013	57.0	36.8	20.2	57.5	38.4	19.1

注：这里的非欧元区是指欧盟内的非欧元区国家。
资料来源：联邦统计局，2014 统计年鉴。

表 7 - 10 1995～2010 年德国出口前 10 名国家份额与排名的变化

排名 \ 年份	1995 年		2000 年		2005 年		2008 年		2010 年	
1	法国	11.72%	法国	11.28%	法国	10.05%	法国	9.84%	法国	9.45%
2	英国	8.26%	美国	10.34%	美国	8.81%	美国	7.26%	美国	6.83%
3	荷兰	7.62%	英国	8.26%	英国	7.68%	英国	6.79%	荷兰	6.59%
4	意大利	7.59%	意大利	7.53%	意大利	6.85%	荷兰	6.67%	英国	6.20%

续表

排名 \ 年份 国家	1995 年		2000 年		2005 年		2008 年		2010 年	
5	美国	7.29%	荷兰	6.53%	荷兰	6.24%	意大利	6.50%	意大利	6.09%
6	比利时、卢森堡	6.56%	比利时、卢森堡	5.48%	比利时、卢森堡	6.04%	比利时、卢森堡	5.75%	奥地利	5.60%
7	奥地利	5.56%	奥地利	5.43%	奥地利	5.51%	奥地利	5.47%	中国	5.59%
8	瑞士	5.29%	西班牙	4.47%	西班牙	5.09%	西班牙	4.44%	比利时、卢森堡	5.44%
9	西班牙	3.44%	瑞士	4.28%	瑞士	3.77%	波兰	4.08%	瑞士	4.35%
10	日本	2.51%	波兰	2.43%	波兰	2.84%	瑞士	3.96%	波兰	3.97%

资料来源：联邦统计局，自行列表。①

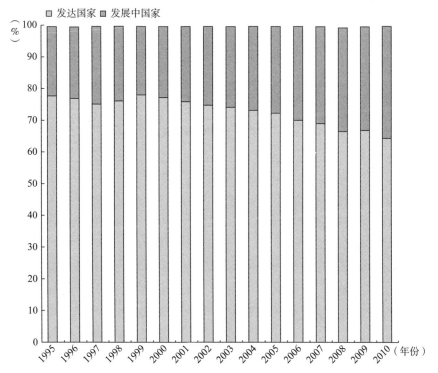

图 7 - 3　1995~2010 年发达国家与发展中国家在德国出口中所占比例

资料来源：联邦统计局，2015。

---

① 1999 年前比利时和卢森堡合并统计，为横向比较方便并保持统计口径，将两国在 1999 年后也合并分析，下同。

五 德国进出口商品结构

简单说来，德国主要进出口商品的情况如表 7 – 11 和表 7 – 12 所示。

表 7 – 11 1995 年和 2015 年德国出口行业排名及变化

1995 年	行业名称	2015 年	行业名称
1	机械	1	汽车
2	汽车	2	机械
3	化工	3	化工
4	钢铁	4	数据加工器械、电器和光学产品
5	机电设备	5	电器设备
6	通信电子零件	6	药物及类似药物产品
7	医疗光学仪器	7	其他车辆
8	食品	8	金属制品
9	橡胶与塑料产品	9	食品和饲料
10	金属制品	10	橡胶与塑料产品

资料来源：联合国统计署，联邦统计局，2016，自行列表。

表 7 – 12 2015 年德国的主要进出口商品

单位：百万欧元

商品	出口	进口
汽车和汽车部件	225708	97277
机械	169002	72553
化工产品	107708	76041
数据加工器械、电器和光学产品	96708	101804
电器设备	71610	51905
药物及类似药物产品	70135	46146
其他车辆	57485	37534
食品和饲料	50134	52420
橡胶和塑料产品	48874	42406
金属制品	41405	27911

资料来源：联邦统计局，2016，自行列表。

六 德国的产业间和产业内贸易

从贸易模式结构上看，两国贸易可以分为产业间和产业内贸易。这是随着二战后西方发达国家间逐渐出现大量相似产品的双向贸易情况而对出口结构所做的补充。

传统古典贸易理论对这一新出现的贸易模式无法做出合理的解释。新兴贸易理论则从四个角度给予了解释。一是基于规模经济的论点。克鲁格曼（Krugmann）指出在不完全竞争的市场中，企业可以通过规模经济效益，即扩大生产规模实现单位成本降低，形成相对优势；二是基于企业占有市场垄断行为的论点。布兰德（Brander）和赫尔普曼（Helpmann）认为，即使不存在规模经济和成本差异，在寡头垄断的市场形式下，各寡头企业为占领更多市场，在相互市场上倾销，从而形成了产业内贸易模式；① 三是基于产品技术差异的论点。市场上类似产品的要素密集度也十分近似，产品间替代性很强，如果一产品相对其他产品具有即使是微小的技术差异也会使得生产企业具有专业化优势，从而促成产业内贸易的形成；② 四是类似的需求结构推动了类似产品的国际交换的论点。如两国消费者对产品需求结构近似，为实现效用最大化，满足多样化需求，产业内贸易就会发生。

七 德国的出口表现

所谓出口表现（Export-Performance）是指一国对另一国的出口在该国进口中所占的比例。1995 年以来德国对 25 个主要国家的出口翻了一番以上，但并没有指出德国的出口在该国所占市场比例的变化，即没有表示德国出口的表现。2000 年开始德国以其 200 多个伙伴国中的 25 国为依据做了出口表现的统计。如果德国的出口增长得比该国的全部进口快，就表示德国出口占该国进口市场的份额提高，也就是德国出口表现指数上升。德国的这一统计是：从 2000 年到 2004 年德国出口表现指数持续增长，2005 年后略有回落，但幅度不大。这也就意味着，德国在这一时段的出口增长略低于伙伴国的全部进口增长。其主要原因是石油价格的上涨。由于德国不是石油输出国，因

---

① Brander, J. A.：*Intra-Industry Trade in Identical Commodities*，In：*Journal of International Economics*，Vol. 11，1981，S. 1 – 14.

② Lancaster, K.：*Intra-industry trade under perfect monopolistic competition*，In：*Journal of International Economics*，Vol. 10，Nr. 2，1980，S. 151 – 175.

此其出口表现指数下降（见表 7 – 13 和表 7 – 14）。

表 7 – 13　2000～2010 年德国出口表现指数的变化（2005 = 100）

年份	2000	2001	2002	2003	2004	2005	2006	2007	2008	2009	2010
出口表现指数	92	98	101	106	105	100	100	104	99	101	94
德国出口指数	77	81	83	85	94	100	113	122	123	100	119

资料来源：联合国商品贸易统计数据库和联邦统计局。

表 7 – 14　2009～2013 年德国出口表现指数的变化

年份	2009	2010	2011	2012	2013
	2010 = 100				
出口表现指数	109	100	99	93	95
无能源产品的出口表现指数	108	100	102	96	97
德国出口指数	89	100	117	112	114

资料来源：联合国商品贸易统计数据库和联邦统计局。

影响德国出口表现的还有两个重要因素，即汇率和出口国数目的变化。如果欧元升值，以欧元计价的非欧元区伙伴国的进口增长率下降，德国的出口表现指数上升；如果参与国际贸易的国家不断增多，德国的出口即便绝对数有了提高，其出口表现指数却呈现下降。

八　德国的对外贸易量指数、贸易均值指数和贸易条件

衡量一国对外贸易还有三个指标，即贸易量指数、贸易均值指数和贸易条件。

贸易量指数是指 1864 年德国统计学家拉斯贝尔（Laspeyres）主张用基期（基础年）贸易量加权来计算的指数，表示排除贸易均值变化后的对外贸易变化。

贸易均值指数是指 1874 年德国统计学家帕舍（Paasche）提出的用报告期贸易量加权来计算的指数，表示一国贸易进出口的变化。

贸易条件是用来衡量一定时期内一国出口相对于进口的盈利能力和贸易利益的指标，即一国单位出口商品价格和单位进口商品价格之间的关系，反映该国的对外贸易状况，使用的是均值指数。

近年来德国贸易量指数、贸易均值指数和贸易条件的情况见表7-15。

表 7-15　近年来德国的贸易量指数、贸易均值指数和贸易条件

年份	出口		进口		贸易条件
	贸易量指数	贸易均值指数	贸易量指数	贸易均值指数	
	2010 = 100				
2009	87.4	102.0	88.3	98.3	103.8
2010	100	100	100	100	100
2011	108.4	102.9	108.9	104.3	98.7
2012	109.3	106.6	106.2	109.6	97.3
2013	109.2	106.3	106.0	108.6	97.9

资料来源：联邦统计局，2014统计年鉴。

由表7-15可知，从2009年到2013年德国的进出口贸易量指数、贸易均值指数整体呈现上升趋势，但贸易条件却呈现下降趋势。

九　德国出口与世界出口的关系

恒定市场份额（Constant-Market-Shares，简称CMS）模型是用来反映一国或地区出口增长影响因素作用程度的模型，最初由泰森斯基（Tyszynski）于1951年提出。它将一国出口规模的变化分为由3个单独因素引起的效应，即市场规模效应、分布结构（包括商品和市场结构）效应（也称二阶交互效应）和竞争力效应。假设 V 为产品的出口额或出口量，i 表示商品种类，j 表示出口国家，k 表示时期，V_{ij}^{k}表示在 k 时期该国对 j 国家或地区 i 产品的出口额或出口量；V_{i}^{k} 表示 k 时期该国 i 产品的总出口额或总出口量；V_{j}^{k}表示 k 时期该国对 j 国家或地区的总出口额或总出口量，r 表示全部产品全球的进口增长率；r_{ij}表示某国对 j 国家或地区 i 产品的出口增长率；r_{i} 表示 i 产品的全球进口增长率。则 A 国的第 2 期较第 1 期的出口变化为（$V^{2} - V^{1}$）。由此，产品出口贸易额（量）的变化（$V^{2} - V^{1}$）为以下四部分之和：

$$V^{2} - V^{1} \equiv rV^{1} + \sum_{i=1}^{m} (r_{i} - r) V_{i}^{1} + \sum_{i=1}^{m} \sum_{j=1}^{n} (r_{ij} - r_{i}) V_{ij}^{1} + \sum_{i=1}^{m} \sum_{j=1}^{n} (V_{ij}^{2} - V_{ij}^{1} - r_{ij} V_{ij}^{1})$$

其中，rV^{1} 为市场规模一般效应，由于世界贸易规模的变化而引起 A 国出口贸易的变化，如果该值为正，表示世界贸易规模扩大，拉动了 A 国出口；反之则减小。

$\sum\limits_{i=1}^{m}(r_i - r)V_i^1$ 为商品构成变化效应。如果现有出口商品结构集中在那些增大率较高的商品上，则该值为正。

$\sum\limits_{i=1}^{m}\sum\limits_{j=1}^{n}(r_{ij} - r_i)V_{ij}^1$ 为市场分布变化效应。描述 A 国各个出口市场需求增长速度的相对变化而引起其出口贸易的变化，如果现有 $r_{ij} > r_i$，则会产生正的分布效应。

$\sum\limits_{i=1}^{m}\sum\limits_{j=1}^{n}(V_{ij}^2 - V_{ij}^1 - r_{ij}V_{ij}^1)$ 为竞争力效应。该指标用来衡量 A 国出口竞争力的强弱。出口竞争力表现为一种综合的出口能力，既包括产品的价格因素，也包括产量、包装、服务、营销和政策环境等非价格因素。如果该值为正，则表明竞争力增强促进了产品出口，产生正效应。

此后，利默（Leamer）和施特恩（Stern）从理论上进行了补充，杨帕（Jampa）、法格贝格（Fagerberg）和佐里（Sollie）分别以出口额的变化和市场份额的变化为分解对象，从而扩展了这一模型，使 CMS 分析法成为研究贸易增长的常用方法。目前，CMS 模型在国际上已被广泛用于分析贸易结构和贸易增长。表 7－16 即是基于 CMS 模型对德国出口情况进行的分析。

表 7－16　基于 CMS 模型的对德国整体出口情况的分析

年份	1995～2010		
项目	出口增额（单位：亿美元）	增长率/效应值	贡献率
出口增长	6854.7	1.388%	100%
规模效应	7087.9	1.436%	103.40%
其中：规模总体效应	7792.2	1.578%	113.68%
规模市场效应	－704.3	－0.143%	－10.27%
竞争力效应	－65.4	－0.013%	－0.95%
其中：竞争力总体效应	－29.9	－0.006%	－0.44%
竞争力市场效应	－35.5	－0.007%	－0.52%
分布结构效应	－167.9	－0.034%	－2.45%

资料来源：联合国商品贸易统计数据库。[1]

---

[1]　引自张凯《德国出口贸易结构分析》，商务出版社，2012。

由表 7－16 可以看出：（1）德国的出口增幅还是比较大的，也形成了较大的规模总体效应；（2）德国出口虽然增加，但形成的规模市场效应不好，说明德国的出口结构未能符合世界出口的变化，限制了整体规模效应对德国出口增长的拉动作用；（3）竞争力效应未能与出口增幅同步提高，甚至在竞争力总体效应和竞争力市场效应上均略有下滑，说明德国出口竞争力无论是从总体看还是从市场适应程度看都没有跟上世界的发展形势，而显出只退不进，但退步幅度不大；（4）分布结构效应，也就是二阶交互效应也不太好，表明德国出口在世界快速增长的产品上增长较慢，在世界慢速增长的产品上反而增长较快，未能很好适应世界产品市场的变化；（5）总体来看，在 1995～2010 年这 15 年中德国出口主要是数量上的增加，竞争力却出现小幅下降，其主要的问题是未能很好适应世界贸易的整体和市场变化。

十　各州的对外贸易

德国的全部对外贸易中，有一半是 3 个州经营的：北威州、巴符州和巴伐利亚州。2007 年北威州的出口占德国全部出口的 18%，巴符州和巴伐利亚州的出口则各占 16%。新州占 6%，老州占 94%。

人均出口比例汉堡和不来梅这两个城市州最高，分别高出联邦平均数的 71% 和 240%。

十一　德国的出口推动了就业

德国的劳动市场愈来愈受到出口的影响。2005 年直接或间接为出口工作的人有 830 万，占全部就业人数的 21.4%，从 1995 年到 2005 年的 11 年中德国从事出口工作的人员增长了 240 万人，特别是加工业部门。这些部门的就业者对出口的依赖程度从 1995 年的 40% 提高到 55%。与此同时，为内需服务的工作人员却减少了 130 万人，其原因是劳动生产力的提高和部分生产链向国外的转移。

十二　德国的出口开拓

出口开拓是一国出口的前提。德国在这一方面采取了很多举措。

（一）出口开拓的条件
出口开拓的条件一般有以下几种。

1. 进口商在供货目录上找到某些产品供货商的地址，直接同德国公司联系，最重要的供货目录有《32个欧洲国家出口工业生产目录》、《德国工业生产目录》、《德国工业联邦协会和德国手工业中央协会进出口来源证明》、《德国电器工业电器购物指南》以及《谁生产机器?》等;

2. 外国进口商向德国工业联邦协会、主管的专业协会、工商大会和联邦对外贸易信息署及其出版物《外国询问》以及私人专业杂志提出具体询问;

3. 德国出口商会要求国内生产商投标，国内企业也可以主动联系出口公司提供自己的供货目录;

4. 德国供货商为了出口可以寻找分包商;

5. 德国出口商可以主动向国外企业和国家采购单位提出供货目录，他们也可以向在德国的这些企业、生产商、超市和进出口公司的分公司和办事处提供供货目录，可以通过自己的商务代表、旅游者、销售处和分公司来开发销售市场，也可以通过德国在国外发行的报刊来做广告。德国设在外国的商会可以协助德国公司来从事上述业务，如还未设立德国的外国商会，则由德国使馆的经济处负责。

(二) 招标

国际上的大型项目和采购业务一般都通过招标的渠道来进行。欧盟在其《欧盟公报附录》中定期刊登招标通告，有关厂商也可以通过网络来获取相关信息、建立联系。

1998年5月29日，德国联邦议院和联邦参议院通过了《招标投标法修订法》。同年9月2日，该法作为新修订的《反限制竞争法》的第4部分正式公布，并自1999年1月1日起生效。

在欧洲进行招投标要按欧盟同14个其他国家签订的《政府采购协议书》来进行，规定了以下限额标准:就传统的公共采购人而言，货物采购或服务采购的价值如超过20万特别提款权，建筑工程采购的价值如超过500万特别提款权，必须按《政府采购协议书》法定的招投标程序进行，在此限额以下则按各国规定办理。

德国每年的公共采购额高达3600亿欧元，约占德国国民生产总值的11%。其中，建筑工程、商品和服务在公共采购总额中各占1/3。

德国负责招投标的是联邦外贸信息署，它负责向各相关协会提供招标信息，由它们通过出版物或是直接联系通知会员企业。感兴趣的企业便可以直接同招标单位联系，开始投标进程。德国对外贸易协会和德国驻外使馆的经济处也可以负责办理此类业务。

德国在招投标中坚持：第一，竞争原则，公共采购人必须根据招投标法规定的程序和规则，通过竞争以及透明的招投标程序采购商品和服务，参与建筑工程；第二，禁止歧视原则，招标人必须平等对待所有投标人，确保他们具有完全平等的交易机会，招标人尤其不得因投标人国籍、居住地的不同而给予其不同待遇，也不得将采购活动限于特定的区域范围；第三，生态环保原则，所有招投标项目都不得破坏生态环境，特别支持有利于保护生态环境的招投标项目；第四，照顾中小微企业利益原则，将公共采购按照一定标准提供给中小微企业的投标人，旨在提高中小微企业的竞争能力，改善市场竞争结构；第五，专业技能原则，应向具有良好专业技能、经济效益和商业信誉的企业招标；第六，最经济的投标、中标的原则，除了要看报价高低外，还要对产品的质量、项目执行时间、供货期限以及是否会产生后续成本等因素作综合分析；第七，有权要求招标人守法的原则，投标人享有要求招标人遵守有关招投标程序规定的权利，给投标人造成信誉损害或其他损害的，必须予以赔偿。

对外贸易涉及的是国际招标，因此企业必须聘请国际招标顾问，如准备长期从事该项业务，则应该任命当地代理人，或成立代表处。

为了使投标工作顺利进行，往往会实施预选。只有在预选中脱颖而出的企业方能参加正式投标。

德国的招投标程序是：发布招标公告→索要招标文件→寄发招标文件（要求投标）→投标→开标→审标、评标→先期通知（如投标达到或超过欧盟的限额）→通知中标→实施项目→付款。

（三）博览会和展览会

参加博览会和展览会是扩大出口的一个重要机会和渠道，特别对中小微企业来说尤其如此。因此德国大量举行此类展会，政府也大力支持国内企业参加各类国内、地区和国际综合展览会，多领域博览会、专业博览会，为此类企业提供信息处和综合展会，以减轻参展企业的负担。

要想通过展览会取得出口开拓的效果，必须注意做好以下三项工作，即事前准备、现场实施和事后总结。

事前的准备主要是：第一，制定参展的目的，其中就包括尽可能高的销售额、介绍新产品、结识新客户、维系老客户、开拓新市场、提高企业的声誉等；第二，选好展品和展出的方式，现在，各展商都大量采用多媒体的展出方式，大大提高了展出的效果；第三，准备好广告资料，如展品介绍、展品目录、各类礼物（包括赠送给重要客户的贵重礼物和送给所在国工作人员的实用礼物及赠送给参观者的小礼物等）；第四，聘用好当地的工作人员，主要看外语、技术、销售和交际能力及其在原企业内的地位。

现场的实施要注意：资料要唾手可得，工作人员要热情，但不要纠缠参观人员，展亭或展区不要形成围观，要备好留言簿，留下客户的名片，记下客户的地址和客户的有关信息、供货、投标及提供服务等特别愿望，积极洽谈业务，争取最大的成交额。

事后总结很关键，主要要做好成交额的核算，理性评价已建立的关系和联系的含金量，收集了多少潜在客户的通信地址，新获得了多少有关当地典型问题以及应生产何种特殊产品来解决此类问题的知识，同竞争对手以及其他展商交换意见的价值。

（四）签订合同

由于对外贸易风险巨大，因此拟定好合同就十分关键。其中特别需要注意的是以下几点。

（1）不要把本国常用的交易条件直接移植到外国，不是国内所使用的条款都可以在外国使用的，在大型交易中必须拟定特殊的贸易条件；

（2）为了避免对外贸易的风险必须商定一个法庭，以便在双方发生争执时诉诸法律，一般商定的法庭都是商业协会、商品交易所以及其他机构的"常设法庭"，也可以商定"临时法庭"，国际上最著名的就是巴黎国际商会仲裁法庭（der Schiedsgerichtshof der Internationalen Handelskammer Paris，ICC）；

（3）出口合同要明确规定合同货币、交割地点以及支付和供货条件。

十三　德国的出口支付[①]

（一）出口信贷

德国向出口商提供信贷的单位叫出口贷款股份有限公司。它既可以提供供货人信贷，也可以提供订货人信贷。供货人信贷是向德国出口商提供的，以支付出口商的费用，由 A 类最高限额信贷（Plafond）和 B 类最高限额信贷框架提供；订货人信贷是向外国订货人或其银行提供的信贷，以支付德国出口商的出口债权，由 C 类最高限额信贷框架提供。

---

① Siehe auch Jahrmann, F. -Ulrich: *Außenhandel*, Ludwigshafen: Friedrich Kiehl Verlag GmbH, 1998, S. 353 – 401.

A 类最高限额信贷可以向所有国家的出口业务提供，国家向其提供扣除贷款人自我承担部分外的全额出口保险或是出口担保。

B 类最高限额信贷首先向发展中国家的出口业务提供，此类信贷利息较低，一般仅高于贴现率的 1.5%；也可以采取定息，但在信贷期内不得改变付息方式。

C 类最高限额信贷可以向所有外国订货商提供，信贷最高额可以相当于出口的债权数额。

（二）出口的支付方式

（1）福费廷（买断，议付，债券贴现，Forfaitierung）。这是指出口方银行（即议付行）买入出口商资本货物领域的中期债权（汇票和单据），以对出口商垫付资金。买入的汇票和单据如遭拒付，拥有向出口商进行追索的权利。

（2）信用证（Akkreditive）。这是进口方通过自己的信用银行向出口方（包括出口商银行）开具的支付凭证，包括光票信用证、跟单信用证、可转让信用证、可分割信用证、即期信用证、远期信用证和循环信用证等。银行在出口商出具相关票据（如传统票据、托运单、保险单等）时予以支付款项。

（3）托收（Inkasso）。这是指出口商向银行发出指令，让其凭借票证获得承兑或是支付，或是交单以获得承兑或支付，或是依照其他条件交单。托收单据包括支付票据（如汇票、定期汇票、远期汇票、期票、本票、支票、发票等）和商业票据（如账单、货运单等）。托收包括光票托收和跟单托收两种。

十四　德国能成为出口大国的原因

从 1962 年开始，联邦德国的进出口总额长期居世界的第二位，其贸易顺差也不断增大，1986～1989 年均超过 1000 亿马克。德国统一后，由于进口大幅度增加，其贸易顺差下降，1991 年竟然下降至 140.69 亿马克。从 1995 年开始，德国的对外贸易又得到了进一步的发展，进入 21 世纪后贸易顺差更是扶摇直上。德国能成为出口大国的原因是什么呢？

（一）是世界经济大国

德国是世界第四经济大国，具有良好的地缘优势、区位优势、优良的企业文化、较强的国际竞争力和高度发达的科技水平。

2015 年德国的出口达到 11960 亿欧元，增长 6.4%，进口为 9481 亿欧元，增长 4.2%，贸易顺差进一步扩大，达到 2479 亿欧元。强大的国民经济带来了强大的对外贸易，反过来，强大的对外贸易又提高了国内生产总值。德国的人均出口是日本的 3 倍，是中国的 20 倍。

德国地处欧洲的中部，既是东西间的要冲，又是南北间的通衢，经济上有着巨大的吸引力和辐射力，因而也被欧盟确定为欧盟经济的核心。欧盟内部贸易就是以德国为核心，形成了一个内环（荷兰、法国、英国、比利时、意大利）、中环（奥地利、西班牙）和外环（欧盟其他成员国）3 个层次的环形结构。[①]

德国拥有强大的区位优势，如职工的素质，罢工和因病缺勤的天数，优越的科研、通信、交通运输的基础设施，良好的国家管理、环境和文化条件，社会福利保障及社会稳定等。在这些方面德国都强于绝大多数其他发达国家。

德国拥有良好的企业文化，突出表现在雇主和雇员的和谐关系，罢工次数少，工资增长有度，重视产品质量和企业兼并重组过程中的文化整合等。

德国的出口商品由于质量好、价格稳定、科技含量高、品种丰富、供货及时和售后服务周到而具有良好的竞争力。

德国是一个高度发达的工业国家，在德国国内市场上成熟的商品可以在欠发达的市场上获得更大的需求，国内市场上已被认为是过时的技术，在发展中国家还会受到欢迎。

（二）奉行自由贸易思想，反对贸易保护主义，从追求对外经济平衡到巨额贸易顺差

德国竭力倡导自由贸易，反对贸易壁垒，反对不正当竞争，反对给外国企业开拓市场制造麻烦。

从以往看，德国不追求尽可能大的贸易顺差，而是追求对外经济平衡，并将其列入有名的"魔力四边形"内。进入 21 世纪后，德国大力加强了其出口，竭力追求大贸易顺差。

德国是一个原料和能源都十分短缺的国家，因此也十分依赖原料和能源的进口，而其资源不论是自然资源、人力资源、财政资源还是技术资源都不

---

① 根据 External and intra-European Union trade，2005. 12 monthly statistics，ISSN 1725 – 700x 的表述。

是随便可以获得的，因此它必须加大出口以便获得足够的外汇来购买短缺的原材料和能源。

（三）经济发展和解决就业的需要

当前德国经济基本处于停滞状态，拉动国内生产总值的三驾马车面临严重的挑战。由于国内需求和投资一直不振，因此增加国内生产总值的任务主要落在了出口的身上，成了挽救德国经济的唯一一根救命稻草。

根据"麦金赛咨询公司"一份研究报告的分析，国外投资不仅会增加国外的就业，而且会促进国内的就业。出口顺差提高意味着德国国内用在出口上的经济能力的增加，而不是减少。

（四）拥有各项促进出口的举措

为了促进出口，德国采取了多种多样的措施，包括提供信息、资助、经营场地，减免税收，提供无息信贷、利息补贴，承担损耗，提供业务开拓援助、建筑成本补贴、汇率担保、投资补贴、国家的直接参与和市场介入，如出口保险和出口担保等。

1. 出口补贴

德国大力扶持其对外贸易，采取了各类推动对外贸易的举措，如出口融资补贴、制造成本补贴、承担损失、汇率担保、投资补贴、减免税收、国家直接参与和市场干预、提供出口保险和出口担保。其衡量标准就是补贴率。

所谓补贴率是指补贴占净附加值的比例，例如造船 39.6%，航空和航天器生产 28.6%，化工 3.8%，电器 3%，机器制造 2.6%，橡胶加工 0.5%。负补贴率则是指补贴高于附加值，如农业 404.1%。

2. 出口的风险担保[①]

出口商品和服务会遇到各类风险，如生产风险、出口风险、财政信贷风险等。按大类可以分为政治风险和经济风险。

政治风险包括，战争、革命、武装冲突，抵制（杯葛）风险，封锁风险，制裁风险，罢工，骚乱，国有化和没收等。

经济风险则包括，市场风险，价格风险，供货、取货风险，汇率风险，运输风险和区位风险等。

因此要促进对外贸易必须提供风险担保。德国负责承担风险担保的是由

---

① Jahrmann, F.-Ulrich: *Außenhandel*, 9. Auflage, Ludwigshafen: Kiehl, 1998, S. 271–352.

汉堡赫尔梅斯信贷保险公司和杜塞尔多夫经济审核信托公司组成的财团，由赫尔梅斯信贷保险公司牵头。

此外参与出口保险的还有美因茨通用贷款保险公司和科隆盖尔林康采恩特别贷款保险公司。上述两个保险公司由于没有获得任何联邦的担保，因此只担保经济风险，不担保政治风险，而且主要承担对周边各工业国的出口保险。

在德国推动对外贸易的举措中要特别强调两项，即出口保险（Ausfuhr-garantien）和出口担保（Ausfuhrbürgschaften）。为了扩大出口，德国的出口商也向进口商提供中长期赊销信贷，因此就会出现信贷风险。进口商如不按时还本付息，甚至根本就不还本付息，国家、银行和信贷机构，特别是出口信贷公司便来提供帮助，向德国出口企业提供出口保险和出口担保。

出口保险和出口担保是不同的，它们是视进口商身份的不同而提供给德国出口商的。出口保险是承担德国出口商同外国民间公司之间业务产生的风险的保险；出口担保则是承担德国出口商同外国政府和其他公法机构之间业务产生的风险的担保。

所谓出口保险和担保就是指承担出口合同债权风险的保险。如信贷遭遇损失，一般由国家或是银行承担 70% ～80%，甚至 100% 的损失。其有以下形式：对某一出口合同的某项债权的单项保险；对向某一外国进口商经常供货多项债权的循环保险；对向多个外国进口商经常供货两年以下信贷期多项债权的出口总计保险。德国提供的主要出口保险和担保有下列几种：投标保险、供货保险、运输保险、价格保险、汇率保险、承诺保险、履行合同保险、定金保险、信贷安全保险、支付保险、特殊保险（如托运单保险，关税保险等）。

生产风险的保险和担保原则上只在制造那些需要特殊生产或长生产周期的商品时提供。

承担生产风险的保险和担保涉及的是下列风险：如果德国的商品生产商因外国订货商的资产缺失或因国外的政治原因不能或不能指望其来生产或发送此类商品，或是德国的制造商对正在生产或尚未发送的商品另行使用而遭受自有成本缺失时。

如果外国债务人在债务到期 6 个月后尚未偿还债权，或因政治事件货物被没收、销毁、受损或遗失，而此类风险又无法得到保险公司的承担，则出口担保便可以承担不偿还债权的风险。

获得保险和担保的出口商在任何情况下都要承担部分损失，幅度一般在
10%～15%，对自我承担的损失不得另行担保。

（五）注意市场调查

德国十分注意市场调查，努力研究贸易伙伴的政治、法律、经济、技
术、社会和自然环境，并在此调研的基础上做出战略决策。

（六）受国际贸易和世界经济强劲增长的促进

进入21世纪以来世界经济、国际贸易和外汇证券交易增长强劲，这就
大大推动了德国的出口。

（七）得益于欧盟的扩大

德国作为欧盟最大的经济体从欧盟的扩大中大大获益，例如2004年5
月1日欧盟又扩大了10个中东欧国家，2006年德国对中东欧国家的出口就
增加了20.9%，2007年德国同波兰的双边贸易也增加了20%。

（八）受德美经济关系的推动

今天，德国在美国约有3000家公司，职工达67万人。美国在德国有
2700家公司，职工80万人。因此，德美经济关系的正常发展必然会推动德
国经济，特别是德国对外经济的发展。如从2000年到2005年，美国国内生
产总值年均增长2.75%，2015年达到16.20万亿美元。2015年，美国在德
国进、出口贸易伙伴中分别位列第4和第1，因而对德国进出口贸易的发展
起着重要的作用。

（九）出口商品较强的国际竞争力

德国对外贸易的竞争力从总体上看是比较强的，主要是因为其产品的质
量好、价格稳定、技术水平高，生产者的职业素质较高，品种齐全，供货及
时，服务周到。然而，其出口竞争力也受到很大的掣肘，主要原因如下。

（1）欧元的升值；

（2）德国的出口很多都是在国外加工的，而德国在国外的子公司都面临
劳动成本的上涨，从而降低了德国商品的价格竞争能力；

（3）美国经济式微、新兴国家出口的强势对德国出口产生了日益巨大的
负面影响；

（4）近年来德国由于执行整固方针，特别是降低了工资的增长幅度，出
口能力有了新的提高，然而默克尔政府新的加薪政策又使这一生产成本优势
再度丧失；

（5）从德国自身发展来看，整体出口结构的国际竞争力变化不大，徘徊

在中等到较弱国际竞争力之间，近年来有所上升，但幅度不大。

第五节　德国在国际货币流通中的地位

德国经济是兴衰与共地同世界经济联系在一起的，这一点不仅表现在实体经济上，也表现在金融货币关系上。本节将着重介绍德国同世界在货币、资本和金融关系上的联系。

一　货币的可兑换性与汇率

外汇管理有以下两种形式：其一，外汇流出管制，这一般都发生在外汇长期短缺的情况下，由于缺乏国际支付能力，不得不对短缺的外汇储备进行管理，以便支付所欠的国际债务，同时减少中央货币储备的压力；其二，外汇流入管制，为了防止意外的支付效应、本国货币的升值和进口通货膨胀，中央银行还用外汇换取国内货币。

联邦德国的外汇市场政策是：采取一切措施来减少甚至消除外汇市场对货币政策的干扰。

国际货币与资本的流动要求各国的货币能够兑换，因而就出现了货币的可兑换性这一概念。所谓的货币可兑换性就是指本国的货币兑换外汇。

支付往来中的自由兑换是符合商品交换的自由贸易原则的。如果一国货币交换受阻，便是该国实行了外汇管制；如果全部实行外汇管制，则外汇便要根据申请来加以分配。西方国家在不少情况下同样也实行外汇分配。旅游者在进入某些国家时，只能携带一定额度的外币。货币按一定比例交换，这一比例就是汇率。汇率的变动有两种情况：上升称作升值或增值，下降称作贬值。因此汇率一般也称之为外汇的价格。

汇率的高低原则上有两种决定法：由国家决定，称之为固定汇率；由外汇市场自由形成，称之为浮动汇率。

一国既可以决定实行固定汇率，也可以决定实行浮动汇率。德国过去是同时执行两种汇率。1979 年欧洲货币体系建成后欧共体的大多数国家彼此实行固定汇率，对其他国家的货币（如美元）则实行浮动汇率。[①]

要进口外国的商品和服务需要外汇，从而产生外汇需求。相反，出口便

[①]　Siehe auch Siebert, Horst：*Außenwirtschaft*，Stuttgart：Verlag Fischer，2000，S. 204 – 252।

能获得对外国的货币债权，于是产生外汇供给。外汇供给和外汇需求就形成
了外汇市场，而外汇供给与外汇需求交错的结果便产生了浮动汇率。

如果货币的兑换关系是由市场的供求关系决定而不是国家干预的，则称
之为汇率的自由形成。如果外汇供给大于外汇需求，则外汇价格下跌，外汇
（如美元）贬值，而本币升值，反之亦然。

外汇市场是千变万化的，因此国家不可能时时对汇率实行干预。而是由
央行通过自己的外汇供给和需求来控制外汇的变化，防止过大的波动。

在固定汇率体制下参与国通过买入或卖出货币把汇率固定在商定的水
平上。

即便是实行固定汇率也会有一个浮动的幅度，这被称为干预点。例如
1961～1969 年德国同美国实行固定汇率，1 美元兑换 4 马克，但可以允许
±1% 的浮动幅度。如要兑换马克的美元过多，即美元的供给大，马克的需
求大，汇率便会降至最低干预点，即 1 美元兑换 3.96 马克，于是两国央行
便要出面干预，抛售马克买进美元，这样来提高马克的供给和美元的需求。
反之，如马克的供给大，美元的需求大，汇率便会升至最高干预点，即 1 美
元兑换 4.04 马克。

外汇交易分汇价的直接标价法，简称直接价，即一单位外汇等于多少
本币，从欧盟角度说，就是一美元等于多少欧元；另一种是汇价的间接标
价法，简称间接价，即一单位本币等于多少外币，就是一欧元等于多少
美元。

外汇交易分现汇交易和现钞交易，有中间价、买入价和卖出价。现汇买
卖兑换的钱是存入账户的，不是现金；而现钞买卖是兑换现金。中间价是即
期银行间外汇交易市场和银行挂牌汇价的最重要参考指标。

表 7-17　2016 年 1 月 27 日人民币汇率表

币种	交易单位	中间价	现汇买入价	现钞买入价	卖出价
欧元（EUR）	100	714.96	712.10	689.58	717.82
美元（USD）	100	658.10	656.78	651.52	659.42
英镑（GBP）	100	944.11	940.33	910.59	947.89
日元（JPY）	100	5.56	5.54	5.37	5.59
港币（HKD）	100	84.49	84.32	83.73	84.66

资料来源：中国人民银行，2016 年 1 月 27 日。

二　国际货币体系的变化

（一）金本位制

19 世纪初从英国开始以黄金作为国际贸易支付的统一货币，即金本位制，规定任何一国流通中的纸币可以随时到央行按固定比例兑换成黄金（即金本位制），黄金成了国际支付手段。

（二）布雷顿森林体系和黄金－外汇本位制

第一次世界大战结束了金本位制，纸币不再允许兑换黄金。1929 年国际经济危机爆发。大萧条之后汇率剧烈浮动，货币的兑换被取消，国际贸易大幅度萎缩。

第二次世界大战后美国试图重振国际贸易和货币往来。1944 年 7 月在新罕布什尔州的布雷顿森林召开了货币会议，通过了《国际货币基金协定》，其有四大特点。

（1）实行黄金－外汇本位；

（2）小浮动幅度的固定汇率；

（3）国际收支出现赤字时的信贷提供；

（4）货币的自由兑换性。

黄金和外汇本位主要是指黄金和美元本位。早在 1934 年美国央行就保证在央行交往中可以任意用美元兑换黄金，35 美元兑换一盎司纯金。布雷顿会议上美国更是重申其承诺，其他央行可以在任何时刻用美元无限制地兑换黄金。美国之所以能如此"牛气"，是因为它当时拥有资本主义世界 3/4 的黄金储备。没有一个人会认为，美国的国际收支会出现赤字。开始英国也同样做出这一承诺，但没过多久它就自知无力来承担这一承诺而不得不放弃。

布雷顿森林体系的第二个重点是小浮动幅度的固定汇率。各国都将本国的货币与美元挂钩，设立固定汇率，也就是同黄金设立固定汇率，并保证采取措施（主要是采取支撑性收购）来保持这一固定汇率，浮动幅度为 ±1%。如美元同马克的固定汇率为 1∶4，浮动幅度为 ±1%。一旦美元同德国马克的汇率升至 1∶4.04 或是降至 1∶3.96，美联储和德国央行就应该加以干预。

一种货币的浮动是国际商品和服务往来不平衡的结果。如德国工业获得出口顺差，外汇市场上马克的需求就会提高，美元的供给也就提高，德国出口商就会把挣得的美元到德国央行换成马克，于是马克便会升值，美元便会贬值。一旦美元同马克的汇率达到 1∶3.96，美联储和德国央行就要干预，抛售马克，买进美元，这就叫支撑性收购。于是美元的需求提高，汇率便能重新回到 1∶4.00，德国央行的美元储备增加。相反，如果德国出现出口逆差，则该国的外汇储备就会减少，外汇市场上马克供给增大，美元需求也增大，于是马克贬值，美元升值。一旦美元同马克的汇率达到 1∶4.04，德国央行和美联储就要干预，抛售美元，买进马克。德国马克的汇率就是这样通过外汇市场上供给和需求的变化形成的。

布雷顿森林体系尽管规定实行固定汇率，但允许在特定的情况下改变汇率。1969 年德国首次使用了这一例外规则，将马克升值，10 月 26 日同美元的汇率变成 1∶3.66。那是因为市场压力太大，原有的汇率已经难以为继。

布雷顿森林体系的第三个特点是国际收支出现赤字时的信贷提供。国际货币基金组织的一项重要任务是，在成员国国际收支发生困难时，向其提供帮助，即提供以外汇支付的信贷。此类信贷在偿还时本息均要以外汇来支付。使用这一手段可以较好地应对短期国际收支困难和投机活动。

布雷顿森林体系的最后一个特点是强调货币的自由兑换性，这有利于国际支付的往来。货币的兑换性开始时局限于贸易往来。出于对马克币值稳定的考虑，德国一直对马克的国际化分外踌躇，尤其对资本往来上马克的可兑换性处置谨慎，直到 1958 年德国才在此类与国际贸易无关的资本往来上引进了可兑换性。

布雷顿森林体系给国际经济关系的自由化打下了基础，对于扩大国际贸易做出了重大的贡献，但在实践中也暴露出越来越大的缺陷，并最终垮台。

这首先表现在美国的国际收支出现赤字上，这是布雷顿森林体系创建初期从未发生过的事情。美国寅吃卯粮，入不敷出，因为它奉行的高额军费政策吞吃了巨额外汇。所有赤字国家都面临巨大的困难，美国却没有，它用不着为外汇的短缺发愁，因为它是世界上唯一一个只需开动印钞机便可以获得其想要的全部外汇的国家。然而这样巨额的美元流却让世界吃尽了苦头，也让世界最终失去了对美元的信任。尽管一些国家（法国是例外）按照自动《债务延期清偿协定》放弃了用它们手中的美元来兑换黄金的权利，但美国最终仍然被迫在 1971 年放弃了其兑换黄金的担保。此时仅德国一家拥有的美元就超出了美国拥有的全部黄金储备。

今天，虽说美元作为国际支付手段已经日益失去其光辉，但人们仍不能忽视它依然是当前世界上最强势的贸易货币，一半以上的世界贸易仍然用美元来结算。

（三）特别提款权

在世界各国央行的金融往来中既不使用黄金，也不使用美元，而是使用特别提款权。

这是 1967 年创立的一种记账资产，也称"纸黄金"，是通过简单的记账过程产生的。国际货币基金组织的每个成员国以黄金或是外汇的形式缴纳一定额度的存款。这笔存款统一以特别提款权来表述。当时 1 特别提款权相当于 1/35 盎司纯金的价格，正好等于 1 美元。2016 年 1 月 27 日，1 特别提款权等于 1.5402 美元，1.1751 欧元，9.7457 人民币。1981 年前，1 特别提款权相当于 16 个最重要货币的平均值。今天是通过一个标准货币篮子（der Währungskorb）来核算它的价值。2015 年 11 月 30 日，国际货币基金组织正式宣布人民币 2016 年 10 月 1 日加入特别提款权（入篮）。2016 年 10 月 1 日至 2020 年 5 种构成货币的比例是美元 41.73%，欧元 30.93%，人民币 10.92%，日元 8.33%，英镑 8.09%。

如果一国的特别提款权不足，国际货币基金组织可以继续向该国提供，就相当于一笔贷款，给该国进一步提供特别提款权就可以提高国际流动性。国际货币基金组织要对存入的特别提款权支付利息。同样，向某国提供特别提款权，该国也得向国际货币基金组织支付利息。

无论是拥有特别提款权存款，还是获得国际货币基金组织提供的特别提款权都可以获得可兑换货币。国际货币基金组织的每个成员国都可以用特别提款权向国际货币基金组织要求兑换可兑换货币，以支付国际收支的缺口。

特别提款权就是各国央行间以及同国际货币基金组织之间使用的一种"人造"记账货币，成为独一无二的国际支付和核算单位手段。通过付息它也成了国际货币中的一种储备手段体系，今天特别提款权的发展还没有终结。愈来愈多的国家要求将其建构成为国际通用货币，要求将其也用在私人业务和金融市场上。

（四）布雷顿森林体系的瓦解

20 世纪 60 年代初美国的经常项目收支日益恶化，出现巨额赤字，不少央行和国际投机界纷纷抛售美元买进马克。

按说，美国方面应该采取紧缩措施来抑制美元的抛售、平衡国际收支，然而国内的高失业率却又迫使美国政府采取了扩张政策。以固定汇率为标志的国际货币体系的弱点暴露无遗。

另一个问题是各国的通货膨胀率差异日益显现，其原因是各国劳动生产率的差异。例如，一国通过合理化措施、技术革新降低了成本，从而也就降低了价格。而最根本的原因是各国奉行的景气政策不同，具体来说就是对币值稳定的定位不同。德国特别重视币值的稳定，把它列于"魔力四边形"之首，因此在国际通货膨胀率中它往往排在最后，对此德国不仅不认为不妥，而且引以为自豪，自然也就不会放弃。这是因为德国在历史上曾经历过两次恶性通货膨胀，人们怨声载道，几乎是谈"胀"色变。

这种通货膨胀率差异的直接后果就是通胀率高的国家出现国际收支逆差，通胀率低的国家则出现顺差。通胀率差异的增大加剧了各国之间的不平衡，但要稳定本国的通胀率就要调整汇率。出于不同的考虑各国一开始都是捍卫原来的错误的汇率，因为赤字国家认为货币贬值是一种失败，是一种丢脸，而顺差国则把货币增值视作一种成就，而且无须担心会出现高失业率。

此外，投机日益猖獗，也加剧了布雷顿森林体系的危机。

即便如此，美元仍然源源不断地流向外国，于是，时任美国总统的尼克松（Richard Milhous Nixon）不得不于 1971 年 8 月 15 日正式宣告终结美元兑换黄金的规定，关闭了"金色的窗户"。尽管这一规定早就成了一纸空文。

同年的 12 月，"华盛顿货币协议"出台，确立了新汇率结构，即向固定汇率回归，但扩大浮动幅度，从 ±1% 扩大到 ±2.25%。美国希望通过美元贬值改善其国际收支，但在开始时并没有能达到目的。

（五）牙买加体系

1972 年 7 月国际货币基金组织成立了一个委员会研究国际货币体系的改革问题，1976 年 1 月，该组织理事会在牙买加首都金斯敦举行会议，达成了"牙买加协议"，同年 4 月，通过了《国际货币基金组织协定第二修正案》，从而形成了牙买加体系。其主要规定如下。

（1）实行浮动汇率制度改革，正式确认浮动汇率制的合法化，承认固定汇率制与浮动汇率制并存，成员国可自由选择汇率制度；

（2）推行黄金非货币化，逐步使黄金退出国际货币体系，废除黄金条款，取消黄金官价，成员国央行可按市价自由进行黄金交易；

（3）增强特别提款权的作用，提高其国际储备地位，扩大其使用范围，各参加国可用特别提款权进行借贷；

（4）增加成员国基金份额，从原来的 292 亿单位特别提款权增加至 390 亿单位特别提款权，增加 33.6%；

（5）扩大信贷额度，增加对发展中国家的融资。

（六）德国放开马克的汇率

德国马克一诞生便实行同美元挂钩的汇率机制，即 1 美元等于 4 马克，上下可浮动 1%。20 世纪 60 年代初美国的经常项目收支日益恶化，出现巨额赤字，不少央行和国际投机界纷纷抛售美元买进马克。于是美元贬值，马克升值，德国央行不得不实施支撑性收购。然而美元兑换马克也增大了德国国内的马克货币量，联邦政府奉行的旨在抑制经济需求的紧缩货币和信贷政策也就宣告失败。

有鉴于此，德国政府先于 1969 年宣布将马克升值，同美元的汇率变成 1：3.66。1971 年 5 月德国政府又决定，有限放开马克的汇率，并向浮动汇率过渡，因而当美元汇率降至最低干预点时便不再实施支撑性收购，于是美元－黄金本位便宣告解体，1 美元只相当于 3.42 马克。即便如此，美元仍然源源不断流向德国。

三 欧共体/欧盟货币体制的变化

（一）"欧洲汇率集团"，"蛇洞制" 与 "货币蛇"[①]

1971 年布雷顿森林体系瓦解，美元汇率完全根据外汇市场的供求关系来浮动，其他货币一般则是按 ±2.25% 的幅度，围绕美元的基准汇率来浮动。于是欧共体 6 国便于 1972 年 4 月 10 日签订了《巴塞尔协议》，建立 "欧洲汇率集团"（Europäischer Wechselkursverbund），在 6 国货币间实行较小的浮动幅度，以保持货币的稳定，从而决定把 ±2.25% 的浮动幅度减半，改为 ±1.125%，与以美元表示的基准汇率的浮动幅度则仍然保持不变，为 ±2.25%，从而出现所谓的 "蛇洞制"（das System "Schlange im Tunnel"）。"蛇" 代表的是 "欧洲汇率集团" 内部各货币同以美元表示的基准汇率间较小的浮动幅度，"洞" 代表的则是 "欧洲汇率集团" 货币同美元之间较大的浮动幅度。"蛇洞制" 比较形象地表示了这种特殊的关系，即洞大蛇小，均呈浮动曲线，但蛇的浮动不能越出洞的浮动（见图 7－4）。

1973 年 1 月 1 日英国、爱尔兰和丹麦三国加入欧共体后，也加入了 "欧洲汇率集团"。1973 年 2 月美元对黄金贬值 10%。于是，这几国央行决定不再干预本国货币同美元的汇率，但维持相互支持。这样 "洞" 便消失，只剩

---

① Siehe auch Blank/Clausen/Wacker: *Internationale ökonomische Integration*, München: Verlag Vahlen, 1998, S. 169－180.

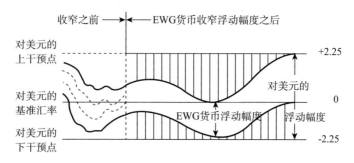

图 7 - 4　"蛇洞制"与"货币蛇"示意图

资料来源：Manfred Wegener。

下"货币蛇"（die Währungsschlange）的联合浮动，双边干预体制成了多边干预体制：1973 年 6 月 23 日英国因英镑危机退出了该集团，之后挪威这个非欧共体国家也加入进来。但在实践运作中，该体制日益显示出其弱点。1979 年"欧洲货币体系"成立，取代了"欧洲汇率集团"。

（二）欧洲货币体系①

建立欧洲货币体系的想法由来已久，20 世纪 60 年代末就已经开始在欧共体内进行了深入的讨论。1970 年前卢森堡首相兼财政大臣魏尔纳领导一个专家小组，拟定了一个在 10 年内分阶段成立经济与货币联盟的计划，该计划通常便被称为"魏尔纳报告"。② 这也就成了建立欧洲经货联盟的蓝图，其核心思想是分三个阶段建立欧洲货币体系（das Europäische Währungssystem）。

其中，第一阶段建立货币合作基金，稳定汇率；第二阶段使各成员国经济货币政策趋同，逐步固定汇率，将货币合作基金转为共同外汇储备基金；第三阶段实现商品、人员、服务和资本流通的四大自由。

1. 欧洲货币体系的建立

1979 年 3 月 13 日在联邦德国总理施密特和法国总统德斯坦的联合倡议下，维尔纳的设想终于成了现实，成立了第一欧洲货币体系，共有 8 个成员：联邦德国、法国、意大利、荷兰、比利时、卢森堡、丹麦及爱尔兰。其后，西班牙于 1989 年 6 月，英国于 1990 年 10 月，葡萄牙于 1992 年 4 月加入了该体系。

该体系的核心要素有 4 条：第一，引进统一货币单位埃居（der/das

---

① 王鹤：《欧洲经济货币联盟》，社会科学文献出版社，2002。

② 杨逢珉、张永安编著《欧洲联盟经济学》，华东理工大学出版社，1999，第 170 页。

ECU），基准汇率不再以美元表示，而以埃居来表示。第二，建立固定而可以调整的汇率机制和干预机制，必要时可以实行汇率重组。加入欧洲货币体系的货币彼此之间采用固定汇率，但可以浮动，幅度为 ±1.125%；第三，建立信贷和货币支撑机制，如果一国货币超出这一法定幅度，各成员国都应在外汇市场上采取无限制的汇率支撑措施，抛售强势货币，购进弱势货币，这也被称为强制干预（obligatorische Interventionen）。各国中央银行可以为此干预提供四种信贷，即超短期信贷、短期信贷、中期信贷和长期信贷。为了有利于意大利的加入，同意扩大其货币里拉的浮动幅度到 ±6%。1990 年其浮动幅度收窄，同其他各国取齐。第四，对第三国推行汇率协调政策。

欧洲货币体系的成立共分 4 个阶段。

（1）从 1979 年 3 月到 1983 年 3 月为第一阶段，特点是根据各国的通胀率和经常项目收支给各国货币汇率"重组"（Realignment）；

（2）从 1984 年到 1987 年为第二阶段，特点是汇率的高度稳定，只进行了三次"重组"，其主要原因是经济政策及其结果日渐趋同，各国的通胀率都出现了下降，弱势货币国都愿意同马克挂钩，而马克是重视币值稳定的；

（3）从 1987 年到 1992 年为第三阶段，特点是在通胀率差距不变的情况下短期利差下降，这就有利于体系的稳定；

（4）从 1992 年到 1993 年为第四阶段，也被称为欧洲货币体系的危机阶段。

2. 机制危机

1992 年丹麦全民公决否定了《马约》以后，欧洲人民对短期内建立货币联盟的怀疑越来越大，在评估某一货币的坚挺或疲软时人们又愈来愈重视基本的经济数据。于是，各国又竭力采取措施重新消除通胀差，而《马约》的签署又引起一股投机潮，其主要打击对象为法郎、英镑和意大利里拉，使这几种货币面临巨大的贬值压力。虽经各国央行的努力，仍然无法维持原有浮动幅度的汇率。1992 年 9 月 9 日芬兰马克贬值，退出欧洲货币体系。同年 9 月 13 日意大利被迫将里拉贬值，3 天以后英镑同样贬值，于是两国也宣布退出欧洲货币体系，这是因数年高通货膨胀率引起的。形势愈来愈坏，国际货币投机商纷纷介入，法郎又面临巨大的压力。

经过此次危机欧洲货币体系的声望大大动摇。严峻的形势已让人们日益感到，欧洲货币体系已无法依仗现有的浮动幅度和货币手段来应对投机潮。为了减少这过大的压力，各国财长和央行行长于 1993 年 8 月决定将浮动幅

度从 ±1.125% 扩大到 ±15%，只有荷兰和德国之间还继续保留原有的浮动幅度。

1995 年因美元汇率下降，西欧再次出现货币危机，但所有这一切反而使欧共体加快了建立货币联盟的步伐。

3. 埃居

埃居是欧洲货币单位（European Currency Unit）的缩写，也是法国中世纪流动金币（écu）的名称。它在 1979 年 3 月 13 日启动，但它既没有纸币也没有硬币，而且只在欧洲货币体系内部使用。它具有 3 种功能：1. 作为汇率机制中的参照值；2. 作为金融活动中的计算单位；3. 作为欧洲货币体系各国中央银行之间的支付手段和储备手段。

埃居的币值由欧共体成员国的货币按一定的比例构成。这一比例是由各国经济的地位决定的，特别是由该国占欧共体国内生产总值和内部贸易的比例来决定的。其中，德国马克占 31.955%，法国法郎占 20.316%，成了最大的两户（见表 7 - 18）。

表 7 - 18 埃居 - 篮子货币的组成

货币	占埃居的比例	货币	占埃居的比例
（比利时）比朗	8.183%	（希腊）德拉克马	0.437%
（德国）马克	31.955%	（爱尔兰）镑	1.086%
（丹麦）克朗	2.653%	（意大利）里拉	7.840%
（西班牙）比塞塔	4.138%	（卢森堡）卢朗	1.20%
（法国）法郎	20.316%	（荷兰）盾	9.98%
（英国）英镑	12.452%	（葡萄牙）埃斯库多	0.695%

资料来源：联邦统计局。

从德国马克在埃居中的占比就不难看出其"准基准货币"（Quasi-Leitwährung）[1] 的地位。

4. 欧洲货币局

在德国的法兰克福设立欧洲货币局（das Europäische Währungsinstitut）。这是欧洲央行的前身，其第一任局长是比利时的货币专家拉姆法卢西（Lam-

---

[1] Ohr, Renate（Hrsg.）：*Europäische Integration*，Stuttgart/Berlin/Köln：Verlag W. Kohlhammer：1996，S. 211.

falussy）。他在同意任职时曾提出两个条件：（1）如果机构运转不顺利，他可能提前离任；（2）他将不谋求连任。欧洲货币局有三大任务：（1）加强各成员国中央银行之间的合作，以保持价格的稳定；（2）监督欧洲货币体系的运作；（3）为经货联盟的第三阶段做准备。①

5.《马斯特里赫特条约》及其趋同标准

《马斯特里赫特条约》又称《欧洲联盟条约》，简称"马约"。1992 年 2 月 7 日欧共体 12 国外长和财长在荷兰的马斯特里赫特签署了欧洲联盟条约。该条约包括了成立"欧洲经济与货币联盟"和"欧洲政治联盟"的原则规定，这是欧洲联盟的基础条约。

条约签署后尚需各国议会的批准方能生效，而各国的做法又不尽相同，有的需要全民公决，有的则不需要。丹麦首先进行全民公决，结果条约以微弱多数被否决，但在其他各国均获通过，于是丹麦再次进行全民公决，结果条约以微弱多数获得通过。于是《马斯特里赫特条约》在 1993 年 11 月 1 日生效。

辅助原则（das Subsidiaritätsprinzip）是"马约"的重要原则，主要有以下重要背景。

在成立欧洲货币联盟问题上欧共体内部分歧很大，尤其是英国和丹麦。它们坚决反对把欧盟搞成联邦，于是欧共体各国不得不大力强调辅助原则。

所谓辅助原则的原意是指，上级只做下级做不了的事情。在欧盟的具体情况下则是指，一切拟定的目标措施和计划如因其范围和影响而在成员国这一级难以实现或难以充分实现时，才由欧盟来执行。

此外，欧共体各国又主张改变过去戴高乐提出的"祖国的欧洲"（Europa der Vaterländer）口号，代之以"公民的欧洲"（Europa der Bürger）这一口号，强调欧盟的建设应由下而上地进行，使其能贴近公民（die Bürgernähe）。这一提议获得了通过。

要建立欧洲货币联盟，要采用统一的货币，各国必须具有相同和相近的稳定标准。德国联邦银行行长汉斯·蒂特迈尔（Hans Tietmeyer）就说过："根据各方的经验，稳定的货币、较低的国家支出和低额的财政赤字是保持经济持续增长、增加就业岗位和福利的关键。"因此它们当然是进入欧洲货

---

① 刘卫兵：《欧洲中央银行体系结构与职能》，《现代商业银行》2000 年第 3 期，第 51～53 页。

币联盟的"入场券"。

对于一国货币的稳定来说，至少应有五项标准，即物价标准、财政赤字标准、国家的全部债务标准、利率和汇率标准。欧盟建立经货联盟的核心思想就是要引进统一货币。有鉴于此，"马约"便规定了以下五项趋同标准（die Konvergenzkriterien），有时也把第二项和第三项合并为财政标准，此时则为四项趋同标准。

（1）物价稳定（die Preisstabilität），即通货膨胀率（die Inflationsrate）不得超过 3 个物价最稳定国家通货膨胀率的 1.5%；

（2）财政赤字，即国家的年度财政赤字原则上不得超过国内生产总值的 3%；

（3）国家的全部债务，即国家的全部债务原则上不得超过国内生产总值的 60%；

（4）利率，即长期贷款（langfristige Kredite）利率不得超过 3 个物价最稳定国家国债（die Staatsverschuldung）利率的 2%；

（5）汇率稳定，即本国的货币必须至少在欧洲理事会决定参加国前两年以正常的浮动幅度参加欧洲货币体系。

在标准提出后的数年里，几乎只有卢森堡一国能达到标准。然而经过不断的努力，外加统计上的花招，欧盟 15 国除希腊外均已达标，然而英国、丹麦和瑞典却出于政治的考虑而没有参加货币联盟。

6.《稳定与增长公约》

趋同标准是加入货币联盟的条件，加入以后是不是还要遵守这些标准呢？这是摆在欧盟各国，特别是德国面前的一项重要任务。于是德国财长魏格尔便于 1995 年 11 月提出了一项草案，旨在督促成员国严格遵守趋同标准，自觉保持良好的财政纪律。这一草案之所以由德国提出是基于以下原因。

德国马克是埃居这一货币篮子中的基石，西欧早就成为德国马克区（die DM-Zone）；

德国是以财政纪律严明著称的，能够长期严格地面对财政赤字和举债问题；

欧洲汇率机制在很大程度上受德国货币政策的影响；

在未来的单一货币体系中，德国仍将起关键作用。

1997 年 6 月 18 日通过了《稳定与增长公约》，该公约规定，如成员国的预算赤字长期保持在 3% 以上，则要对其征收罚金。罚金的多少取决于财政赤字超出的百分点数，每超出一个百分点，有关国家应缴纳占国内生产总值 0.25% 的罚金，对德国来说就是要交 80 亿马克。征收的罚金由欧洲中央银行保管，不支付利息，如两年后赤字仍得不到纠正，该款项将被没收，由其他成员国受惠。

7. 第二欧洲货币体系和第二汇率机制

为解决欧元区同欧盟的非欧元区和非欧盟国家之间的货币和汇率问题，1999 年又成立了第二欧洲货币体系（das Europäische Währungssystem Ⅱ）和第二汇率机制（der Wechselkursmechanismus Ⅱ）。参加的有丹麦、拉脱维亚和立陶宛。其货币与欧元的汇率如下。

丹麦克朗	7. 46038
拉脱维亚拉特	0. 702804
立陶宛立特	3. 45280

丹麦克朗与欧元的浮动幅度为 ±2.25%，其他两种货币与欧元的浮动幅度为 ±15%。

（三）欧洲中央银行和欧洲央行体系

欧洲中央银行是欧洲货币联盟内执行货币政策的机构。[1] 它主要是按照德国联邦银行的模式来运作，强调央行的"独立性"原则，不接受任何成员国政府的指令，因此行长由谁来担任就不能不成为各国争论的焦点。

德国等 14 个欧盟成员国都支持荷兰央行行长维姆·德伊森贝赫（Wim Duisenberg）担任欧洲央行行长一职，遭到法国的反对。法国坚持要提名法兰西银行行长让－克洛德·特里谢（Jean-Claude Trichet）为未来的欧洲中央银行行长。[2]

1998 年 5 月 2 日，欧洲理事会经过激烈的争论和讨价还价最后达成妥协。德伊森贝赫声明，在 8 年任职的中途，最迟至欧元纸币和硬币正式开始流通的 2002 年，将自愿离任，由一个法国人来接替他的职务，任职 8 年。法国总统希拉克（Jacques Chirac）声明，该职务将由法国央行行长让－克洛德·特里谢来接替。1998 年 6 月 1 日，欧洲中央银行正式成立，取代欧洲货

---

[1] Marshall, Matt: *Die Bank — Die europäische Zentralbank und der Aufstieg Europas zur führenden Wirtschaftsmacht*, München: Karl Blessing Verlag, 1999.

[2] 刘卫兵：《欧洲中央银行体系结构与职能》，《现代商业银行》2000 年第 3 期，第 51～53 页。

币局。2003 年秋德伊森贝赫辞去行长职务，特里谢接任，任职 8 年。2011 年 11 月 1 日特里谢任职期满，由意大利央行原行长马里奥·德拉吉（Mario Draghi）接任。

欧洲央行的最高领导机构为：（1）欧洲央行执行董事会（das Direktorium），由 6 人组成：行长为维姆·德伊森贝赫，任期预计为 4 年；副行长为法国人，任期 4 年；理事共 4 人，一名德国人，任期 8 年，一名意大利人，任期 7 年，一名西班牙人，任期 6 年，一名芬兰人，任期 5 年；（2）欧洲央行行长理事会（EZB-Rat），由欧洲央行董事会成员及各欧元区国家的央行代表组成；（3）扩大理事会，由欧洲央行行长、副行长和欧盟全体成员国的央行行长组成。

欧洲央行体系包括欧洲央行和 28 个成员国的中央银行，于 1999 年 1 月 1 日成立。目前欧盟拥有 28 个成员，而使用欧元的只有 19 个。因此欧洲央行，特别是欧洲央行体系的任务都不同于欧元区的任务。它们的首要任务都是保持欧元和/或本国货币币值的稳定，保持价格水平的稳定，次要任务才是支持欧盟的一般经济政策。

（四）欧洲经济与货币联盟

在前欧共体委员会主席德洛尔（Jacques Delors）的主持下，成立了一个专家小组来起草一个分三阶段建立经货联盟的报告，该报告便被称为"德洛尔报告"。报告提出了建立欧洲经货联盟的详细计划。第一阶段从 1990 年 7 月 1 日到 1993 年 12 月 31 日，为准备阶段（die Vorbereitungsphase），主要是实行资本流动的自由化；第二阶段从 1994 年 1 月 1 日到 1998 年 12 月 31 日，为趋同阶段（die Konvergenzphase），主要任务是建立欧洲货币局，其主要任务是加强成员国中央银行之间的合作和货币政策的协调，行使今后将成立的欧洲中央银行的权力，各成员国在第二阶段必须将其国家法律规定同欧共体条约和欧洲中央银行体系规定接轨；第三阶段从 1999 年 1 月 1 日起，为货币联盟阶段（die Währungsunionsphase）。

1996 年 12 月，欧洲理事会在都柏林会议上就引进统一货币的各项细则取得了一致意见：拟定了使用欧元的法律框架，制定了保证各国财政纪律的《稳定与增长公约》。

1996～1997 年西欧各国普遍出现了经济增长的态势，主要原因是各国都加强了名义上的趋同步伐、利率超常降低、通货膨胀率下降、汇率稳定，从而大大改善了各国的财政状况，芬兰马克和意大利里拉又重新回到欧洲货币体系。这样欧盟的大多数国家已经为加入欧元区做好了准备。

1998 年 5 月，欧盟根据经济财政部长理事会的建议，并经过欧洲议会的同意后决定，欧盟的法国、德国、意大利、荷兰、比利时、卢森堡、爱尔兰、西班牙、葡萄牙、奥地利和芬兰等 11 国已经达到欧盟的趋同标准，可以加入欧元区。英国、丹麦和瑞典暂时不愿加入。希腊则因条件暂时还不具备而未能加入，直到 2001 年才如愿以偿地进入欧元区。此后斯洛文尼亚（2007 年）、塞浦路斯（2008 年）、马耳他（2008 年）、斯洛伐克（2009 年）、爱沙尼亚（2011 年）、拉脱维亚（2014 年）和立陶宛（2015 年）先后加入欧元区，使成员国达到 19 个，人口超过 32000 万。

1999 年 1 月 1 日，欧洲经济货币联盟开始了其第三阶段，也就是引进欧元的阶段。它又可以分为三个时段：第一时段从 1998 年 5 月 2 日开始；第二时段从 1999 年 1 月 1 日开始，为期三年，主要用来确定各国货币同欧元之间的汇率，各国从此便可以用欧元来进行非现款支付；第三时段从 2002 年 1 月 1 日开始，为期两个月，主要用来将各国货币兑换成欧元。从 2002 年 3 月 1 日起，只允许欧元的纸币和硬币流通，剩余的各国货币还可以到有关部门继续兑换。

欧洲央行深深打上德国银行独立性的烙印，它也将稳定价格、反对通货膨胀作为自己的突出任务，坚持低流动性和低通胀率，严格控制新增货币量，将货币量的"目标走廊"定在 4% ~6%，一般为 4.5%，将通胀率定在 2% 以下。

它也把货币量分为三种，但改动了内涵，M1 = 流通中的现款 + 每日可兑换的活期存款，M2 = M1 + 三个月的定期存款，M3 = M2 + 两年以下的货币市场基金、货币市场证券和债卷。

它也沿用了德国联邦银行的货币政策手段，保留了公开市场政策和最低储备金政策，但将贴现政策和抵押贷款政策合并在经常贷款政策内。

（五）欧元

1995 年 12 月欧洲理事会在马德里召开会议，决定今后的欧洲货币叫欧元。德国人认为，欧元听起来比埃居要亲切。欧元的符号引自希腊语的第五个字母 Epsilon，指的则是 Europa 的第一个字母，中间两横表示稳定，缩写是 EUR。

欧元有 7 种纸币（die Banknoten），面额分别为 5 欧元、10 欧元、20 欧元、50 欧元、100 欧元、200 欧元和 500 欧元。

除纸币外欧元还有 8 种硬币（die Münzen），即 1 欧分（Euro-Cent）、2

欧分、5 欧分、10 欧分、20 欧分、50 欧分、1 欧元和 2 欧元，1 欧元等于 100 欧分。

1. 欧元区各国货币与欧元的兑换率

1999 年欧元作为账面货币正式启动，各国货币都同其保持一个不可改变（unwiderruflich）的兑换率。拟定的标准是依据当时的实际汇率，同时要精确到小数点前后的 6 位，如小数点前为 0，则后面同样为 6 位（见表 7 - 19）。

表 7 - 19　各成员国货币与欧元的不可改变的兑换率

货币	与欧元的兑换率	货币	与欧元的兑换率
比利时法郎	40.3399	德国马克	1.95583
西班牙比塞塔	166.386	法国法郎	6.55957
爱尔兰镑	0.787564	意大利里拉	1936.27
卢森堡法郎	40.3399	荷兰盾	2.20371
奥地利先令	13.7603	葡萄牙埃斯库多	200.482
芬兰马克	5.94573	希腊德拉克马	340.750
斯洛文尼亚托拉尔	239.640	塞浦路斯镑	0.585274
马耳他里拉	0.429300	斯洛伐克克朗	30.1260
爱沙尼亚克朗	15.6466	拉脱维亚拉特	0.702804
立陶宛立特	3.45280		

2. 欧元与其他国家和地区货币的汇率

欧元同美元汇率为浮动汇率，尽管从欧元诞生以来其同美元的汇率时有起落，但总体呈两头高中间低的马鞍型。

- 一头：　　　　（1998.1 ~ 1999.3）　　　1 : < 1.19
- 中间：　　　　（1999.3 ~ 2003.5）　　　1 : > 0.8225
- 另一头：　　　（2003.5 ~ 　　）　　　1 : < 1.6035

表 7 - 20　2016 年 7 月 19 日欧元的汇率

欧元	人民币	美元	英镑	港币	日元
1	7.3981	1.1052	0.8381	8.5705	117.0517

资料来源：百度百科，2016 年 7 月 20 日。

3. 欧元的地位

尽管欧元的增值影响了欧元国家的出口，但却日益成为强势的国际货币[①]，在国际债务、信贷、参照货币、存款、外汇储备、各国外汇价格形成和汇率政策上的比重尽管有短期的波动，但大多呈上升的趋势，而美元并不甘心退出国际舞台，而且不断对欧元采取打压。近年来，欧元呈贬值之势，美元则成增值之势。

2010 年发生欧债危机后，不少人都将其称之为"欧元危机"，默克尔和韦斯特韦勒都坚决反对。为此，笔者在通常衡量货币稳定的八大指标中查找了反映欧元的地位和比重的实际数据，结果如下：（1）国际货币储备中欧元的比重 2008 年为 27.0%，2009 年上升到 27.3%，2011 年下降了 0.4%；（2）在特别提款权（SDR）中欧元的比重从 2006～2010 年的 34% 上升到 2011～2015 年的 37.4%；（3）在国际债券存量中欧元的比重 2011 年下降了 1.3 个百分点；（4）在外汇市场的总营业额中欧元的比重从 2007 年 4 月的 18.5% 上升到 2010 年 4 月的 19.5%，2011 年又上升了 1.5 个百分点；（5）在外汇工具市场上欧元的比重 2010 年底为 37.9%，高出其在特别提款权中的比重；（6）在利息衍生品中欧元的比重从 36.7% 上升到 38.2%；（7）在商品贸易的支付和结算中欧元的比重在 2010 年保持稳定；（8）作为替代货币欧元的净出币量在 2010 年全年均基本保持稳定。在欧元区内，也没有出现对欧元信心的丧失、欧元大幅贬值、通货膨胀、物价飞涨、抢购、挤兑及资金抽逃风潮等一般货币危机的局面。斯洛伐克、爱沙尼亚、拉脱维亚和立陶宛还先后于 2009、2011、2014 和 2015 年加入欧元区，波兰等国也一直在积极争取加入。于是有人便表示，说欧元危机就是因为欧债危机。显然，这样的说法是难以服众的。毋庸讳言，欧元的地位自然受到欧债危机和银行危机等因素的影响，但货币同债务毕竟不是一回事。例如日本、美国等国的债务占比都超出了欧元区，但它们的货币并没有受到如同欧元这样的评价。此后，笔者也先后看到国内外出版的几篇论著，同样论证了上述观点，特别是布拉施（U. Brasche）的专著《欧洲一体化经济、扩大和区域作用》。[②]

由此看来，欧盟遭受的的确是"欧债危机"，简单地或是延伸地说成"欧元危机"确实值得商榷。至于 2015 年以来欧元大幅度贬值则显然主要是欧央行执行量化宽松货币政策的结果，也是欧盟推动出口政策的结果，同"欧元危机"自然既不可同日而语，也不可同质而语。

---

① Bundesministerium der Finanzen Referat Öffentlichkeitsarbeit：*Der Euro stark wie die Mark*，Bonn：Frotscher Druck Leipzig，GmbH，1996.

② Brasche，U.：*Europäische Integration Wirtschaft*，*Erweiterung und regionale Effekte*，München：Oldenbourg Verlag，2013.

其实，当欧元诞生时已有不少专家预言：在欧元诞生后不久，欧元至少会成为世界上仅次于美元的最有竞争力的国际主要储备货币。[①] 经过十几年的运作，欧元作为一种货币不仅已经站稳了所有的阵地，而且不断提升自己的地位，成为世界上仅次于美元的第二大国际货币。于是已经有不少货币学家认为，欧元取代美元成为世界最强大的国际货币不过是时间问题。正像美元当年取代英镑成为第一国际货币一样，只需要几十年的时间。[②]

当今的世界，由于美元日益失去了人们的信任，特别表现在国际金融危机之后，人们愈来愈希望，世界有一个良好的通用货币。其实，美元也好，欧元也好，今后都很难成为国际唯一的通用货币。于是不少货币学家都愈来愈看好特别提款权。

4. 引进欧元的利弊

由于欧债危机也涉及欧元，于是引进欧元究竟是有利还是有弊，是弊大还是利大就成了媒体讨论的热点问题。现在就让我们来分析一下。[③]

（1）现实的好处

引进欧元有很多现实的好处，如欧元区内无须兑换货币，同邻国的支付往来中费用降低；出国旅游换取外汇或向国外汇钱时无须支付手续费和回扣，至少可以减少此类费用；提高了价格和成本的透明度，也提高了竞争的力度，这对消费者都是十分有利的，因为消费者可以很容易地辨认清楚商品价格的高低；消除了汇率风险，增加了企业规划和核算的安全度和长期投资决策以及经济发展的积极效应；消除了企业因货币原因而支付的交易成本和汇率担保费；每个借款人和投资人都可以使用欧盟的全部资本供给；欧盟在世界经济中的经济地位提高，有利于欧盟一体化的发展；给美元和日元创造了一个有效的对立面，放宽了欧盟对其他全球经济中心日常政策的依赖程度；这为德国这样的出口大国创造了无与伦比的出口机遇，因为欧盟已经实现了"商品、人员、服务和资本的四大自由"。

（2）现实的坏处

引进欧元也有很多现实的坏处，如缺少共同财政政策及其他共同政策的支持，如今统一货币成了欧洲大厦的屋顶，需要经济和政治趋同这一扎实的基

---

① 王宪磊：《当代世界经济与欧元》，社会科学文献出版社，1998，第 175 页。

② Seeker, Petra: *Der Euro*, Wien/Zürich, Mannheim: Dudenverlag, 1998.

③ Ohr, Renate: *Kommt die Währungsunion zum richtigen Zeitpunkt?* in: *Der Euro — Das Lexikon zur Währungsunion*, Mannheim: Dudenverlag, 1998, S. 113 – 117.

础，但却没有；由于政治一体化滞后，因此人们对欧盟的共同货币政策期待就会过高，在所有其他经济和政治领域仍受国家主权控制的情况下，统一的货币政策必然暗含着欧盟今后的巨大风险，特别是出现诸如国际金融危机和欧债危机时，这种风险就会很大，甚至有可能造成欧洲的分裂；欧元是在一个十分不稳定的经济和政治基础上起动的，有人认为，为了欧洲的政治一体化可以冒一定稳定的风险，这种观点是十分危险的，因为在稳定风险和一体化风险这两者之中不存在选择一个的问题，货币联盟既包含稳定风险，也包含一体化风险。

（3）潜在的好处和坏处

引进欧元既有很多现实的好处和坏处，也有很多潜在的好处和坏处。由于欧盟各成员国对引进欧元的目的和想法不同，于是欧元便陷入多种目标冲突之中。如能正确处理好其方方面面的关系，就能获得好处；如不能，就会出现坏处，特别会表现在以下几个方面：货币区的大小同共同货币稳定的关系；为了节省交易成本，竭力想在尽可能大的地区使用共同货币同保持共同货币价值之间的关系；出于就业政策考虑使用共同货币政策同货币区的金融稳定之间的关系；欧洲团结政策同金融和财政纪律之间的关系；出于贸易政策考虑希望共同货币贬值同出于降低风险担保而希望强势货币之间的关系；同美元、人民币、英镑和日元的竞争与作为强大支柱来支撑国际货币体系之间的关系；低利率同振兴经济之间的关系。

引进欧元是历史上的一个创举，谁也没有经验，自然会带来众多的困难和问题，但事实也说明现实的好处大于现实的坏处，而潜在的好处则远远大于潜在的坏处。这里决定性的是应对的方针，特别在国际金融危机和欧债危机的背景下人们更应保持清醒的头脑，采取恰当的政策，渡过难关，迎来希望的曙光。

第六节　国际收支

国际收支是指国内外经济单位在某一时间段内（一般为一年）全部交易的系统统计。这里的所有单位是指私人和国家、企业和组织等。经济主体是住在本国的国内公民，在本国有常住地址的外籍劳工也列入国人的范畴。

一国的国际收支中收入部分并不一定是指实际收入，如果出口以信贷方式进行，也可以列入收入范畴。德国的国际收支主要包括三大部分：即经常项目收支、资本收支和外汇收支。

经常项目收支包括贸易收支、服务收支、（非独立工作者的）工作与资产收入（Erwerbs- und Vermögenseinkommen）和赠与（或馈赠）收支。在贸易收支中出口意味着收入，进口则意味着支出。

所谓服务是指旅游、运输服务、保险、利息、红利、提成费、许可证费、商品往来补充（die Ergänzungen zum Warenverkehr）和过境费等。服务收支则包括服务出口或进口。所谓服务出口是指向外国人出售服务，例如外国旅游者在德国住旅馆、乘坐火车和公交车等；服务进口则是指德国人向外国人购买服务。跨境要素收入（如资本收益、务工收入）不计入服务收入，而是计入工作与资产收入。全部进出口的贸易和服务收支差额称为进出口值，顺差表示出口大于进口，逆差则表示进口大于出口。

赠与（或馈赠）收支是指无报酬的支付，常被分为经常性转让和一次性转让。经常性转让是指向欧盟、联合国以及国际货币基金组织缴纳的摊款、灾荒、事故捐赠，外籍工人向国内的汇款，汇入和汇出养老金等；一次性转让收支是指为一特殊目的提供的经费，如1991年德国为海湾战争提供的费用，1999年为科索沃战争提供的款项等。只有经常性转让收支才列入经常项目收支。发展援助实际上并不是赠与，而是一种信贷，应该列入长期资本收支的范畴，而不作为贷款提供的官方发展援助就应列入经常性转让收支。由于德国的赠与款项一直大于接收款项，所以赠与收支一直是逆差①（见图7-5、图7-6）。

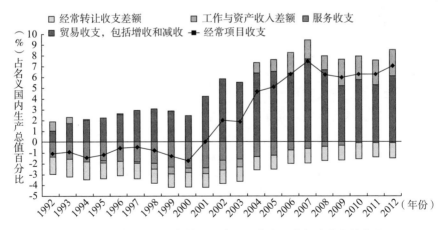

图7-5 1992~2012年德国经常项目收支及其部分收支的占比

资料来源：联邦统计局，德国联邦银行。

① Siehe auch Siebert, Horst: *Außenwirtschaft*, Stuttgart: Verlag Fischer, 2000, S. 172-188.

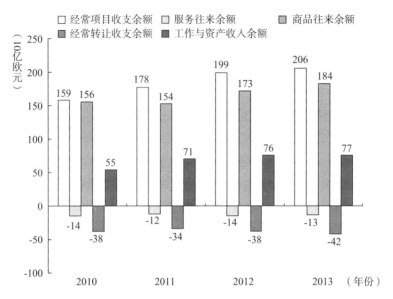

图 7 – 6　2010～2013 年德国经常项目收支及其部分收支的数额

注：商品往来以 FOB（离岸价格）计价，包括商品往来补充。

资料来源：德意志银行。

　　资本往来收支包括资本的收入和支出。资本收入包括向国外举债、国外偿债；资本支出则包含向国外提供信贷和还债。国民购买外国债券算作资本输出，因为对外国的债权增加。国民向外国人出售外国有价证券算是资本输入。资本收支一般分为长期和短期资本往来，界限是一年。长期资本收支是指一年以上的直接投资、有价证券投资、信贷往来、购买股票及其他参股和信贷行为等；短期资本收支则是指一年以下的债权和债务，如一年以下到期的商品信贷，也包括信贷机构、企业和国家收入的外汇，但不包括央行未收入的外汇，因为这部分钱对其所有者来说是随时可以兑现的短期债权，以便其能随时购货和换汇（见图 7 – 7）。

　　外汇收支差额是指经常项目收支同资本收支的总和，表示一国央行外汇储备的变化。商业银行向央行出售外汇就表示国人短期债权的减少、央行外汇储备的增加。以 2009 年德国的国际收支为例，当年德国的经常项目收支顺差为 1194 亿欧元，资本收支的顺差为 111 亿欧元，于是 2009 年德国的外汇收入增多，为 1305 亿欧元。

　　一国外汇储备的变化是由于国际货币基金储备的变化以及外汇储备的变化，主要是指美元储备的变化。德国在国际贸易中拥有特殊的地位，就是因

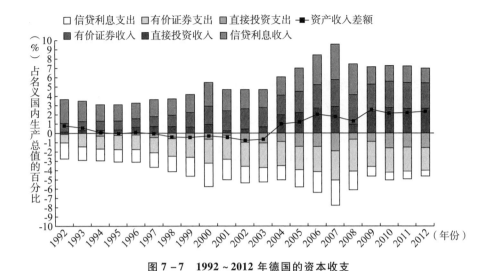

图 7 - 7 1992 ~ 2012 年德国的资本收支

资料来源：德国联邦银行。

为它多年贸易收支均为顺差。德国不仅可以使用这笔顺差来支付其同外国服务往来和赠与收支中的逆差，而且尚有富余。1979 年，德国贸易收支出现了自 1965 年以来的首次逆差，原因是石油价格上涨，1978 年为此多支出了320 亿马克，1979 年更增加到 450 ~ 500 亿马克。1983 年德国央行的外汇净储备超过 1000 亿马克。关于外汇储备顺差对德国经济的发展有利还是有弊，公众舆论分歧很大。

认为有利一方的理由如下。

（1）外汇储备就如同一个蓄水池，可以补欠，可以应急；

（2）外汇储备可以支撑长期的投资和增长，可以保障充分就业，可以保持价格的稳定；

（3）外汇储备有利于带来经济的繁荣，可以弥补内需的不足。

认为有弊一方的理由如下。

（1）生产商品为了捞取贸易顺差就如同干一件无报酬的劳动，耗费了宝贵的资源换来的却是会引起通货膨胀的名义价值，特别是当所储外汇不断贬值时损失就更大；

（2）一国出口的顺差和外汇储备的增加就等于别国的进口顺差和外汇的流失，进而造成别国国际收支的困难，于是别国就要搞贸易保护主义，而德国又是一个出口导向型和原料依赖性的外向型国家，因此会受到贸易保护主义的严重冲击；

（3）在固定汇率的情况下贸易顺差和外汇储备过大会影响国内经济的稳定。

德国联邦政府面对如此的争论依然在表面上坚持对外经济平衡的方针，实际上还是想谋求大的贸易顺差。

第七节　对外投资

劳动分工不仅带来了商品的交换，也带来了资本的交换。所谓资本交换主要是指：外国企业对德国的投资；德国企业对外国的投资；外国企业并购德国企业；德国企业并购外国企业；德国向外国提供信贷；外国向德国提供信贷；外国企业搬迁至德国；德国企业搬迁至外国等。

一　德国的基本建设总投资

投资分国内投资和对外投资。德国统一后国内基本建设总投资发生了重大变化，1995～2000 年其占国内生产总值的比例持续增长，一直保持在 22% 以上的高位；20 世纪末德国进行结构改革，经济出现困难，投资下降，2004～2005 年跌入低谷；2006 年后政府大力强调投资和整固财政，除 2009 年下降外投资总体保持稳定（见图 7－8）。

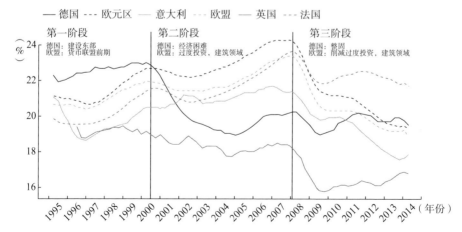

图 7－8　1995～2014 年德国与欧洲主要经济体基建投资占国内生产总值
百分比的比较：滑动均值（4 个季度）

资料来源：欧盟统计局，经欧洲经济总核算系统修正，2014 年 10 月 17 日。

二 战后德国对外投资的四个阶段①，从直接投资净输入国成为直接投资净输出国

对外投资又称海外投资或国际投资，分直接投资和间接投资两大类。直接投资指投资者直接开厂设店从事经营，间接投资则是指购买企业相当数量的金融证券（如股票、债券等），从而对该企业具有经营上的控制权。因此对外投资的资本形式是多样化的。它既有货币资本，也有以实物资本形式表现的资本，如机器设备、商品等；既有以无形资产形式表现的资本，如商标、专利、管理技术、情报信息、专门技术等，也有以金融资产形式表现的资本，如债券、股票、金融衍生品等。

从资本的交换来看，1980 年前德国的对外投资是很少的，1980 年后对外投资数额开始增加，但很不平衡。德国的对外投资大体可以分为以下四个发展阶段。

第一阶段：逐步恢复和增长阶段（1952 ~ 1979 年）。二战之后美国资本大量涌入西欧。1965 年前美国公司对欧共体的投资已经达到 200 亿美元，其中一半投在德国。当时，美国在德国共拥有 1100 家公司，生产了德国 40% 的汽车、30% 的香烟。直到 70 年代德国还是个资本净进口国，因为德国拥有一个非常良好的投资区位：经济发展潜力大，马克持续被低估，社会和政治状况稳定。当时德国也从事少量的对外投资活动，在 60 年代仅占国内总投资的 4% 左右，此后逐渐有了提高。私人资本输出的形式主要有三种：即直接投资、证券投资和商业信贷。其中直接投资所占比重较长时期处于主导地位。60 年代中期以来，直接投资和证券投资所占比重逐渐下降，商业信贷所占比重逐渐上升。

第二阶段：稳定增长阶段（1980 ~ 1999 年）。1980 年，联邦德国累计对外直接投资额达 744 亿马克，首次超过外国对联邦德国的累计直接投资额（718 亿马克），联邦德国由直接投资净输入国一跃变成直接投资净输出国。1990 年德国统一，需要帮助新洲，向新州投资，推动新州建设，对外资本输出不旺。之后投资呈现稳中有升的趋势。这一变化的原因主要有三点：其一，国内经济陷入结构困境，"德国病"的症状日益加剧，高福利、高税收

---

① 参见陈继勇、刘跃斌《德国对外投资的发展与对华直接投资》，《欧洲》1998 年第 3 期，第 63 ~ 68 页。

和高工资令国内的投资者望而生畏，加之国内劳资分配斗争有所加剧，政治风险加大，于是国内投资者便转而向外；其二，国内储蓄倾向增大，国外投资盈利性上升，越来越多的企业转向国外投资；其三，德国面临建设欧洲经货联盟的需要。

第三阶段：微增阶段（2000～2005年）。施罗德执政后开始大规模进行经济结构改革，经济增长出现困难，资金短缺，德国的对外直接投资增速放缓。

第四阶段：快速增长阶段（2006～）。2005年默克尔任联邦总理后，大力强调加强投资，于是对外投资也再度活跃，2006年达到1166.795亿美元，2007年攀升至1693.205亿美元，创历年对外投资的最高纪录。2008年尽管遭遇国际金融危机德国的对外投资仍然达到715.069亿美元，2009年德国经济大幅度下泄但对外投资依然保持685.413亿美元，2014年竟然再创新高，达到1122.270亿美元。

三 德国对外直接投资发展的概况

德国的对外投资主要集中在发达国家，占了80%，尤其是投在美国、英国和卢森堡等国，在10年中德国在美国的投资翻了三番。只有15%的资金投向发展中国家，主要集中在巴西和中国。投资领域主要是加工业，打头阵的是化工业。近10年来，德国加强了对外投资，特别是对中国和中东欧国家的投资，整个对外投资数额有了很大的增长。

表 7 – 21　1991～2014 年德国每年对外投资数额表

单位：百万美元

1991	22937.2	1997	41798.1	2003	5568.6	2009	68541.3
1992	18599.5	1998	88824.9	2004	20311.3	2010	125450.8
1993	17196.2	1999	108688.4	2005	74542.4	2011	77929.5
1994	18859.4	2000	56557.0	2006	116679.5	2012	66089.4
1995	39048.6	2001	39889.6	2007	169320.5	2013	30109.2
1996	50804.7	2002	18942.2	2008	71506.9	2014	112227.0

资料来源：UNCTAD，FDI/TNCdatabase，自行列表。

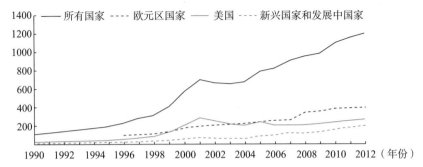

图 7-9 1990~2012 年德国对各地区的投资趋势（单位：10 亿欧元）

资料来源：联邦财政部，2014 年 9 月 22 日。

表 7-22 1971 年以来德国每五年对外直接投资流向占比（%）

时期	欧共体/欧盟	欧元区	英国	美国	日本	卢森堡	中国
1971~1975	47.7	—	3.8	9.5	0.6	5.7	0
1976~1980	39.7	—	4.1	35.3	0.6	9.4	0
1981~1985	37.3	—	5.1	37.4	1.1	5.3	0.1
1986~1990	52.7	—	12.1	32	1.4	3.3	0.1
1991~1995	72	—	13.8	10.4	1.4	3.7	0.9
1996~2000	45.2	—	12.5	37.2	1.5	4.7	1.2
2001~2005	43.1	-1.8	29.6	34.2	0.8	5.6	4.6
2006~2010	66.3	47.4	10.7	10.4	0.8	8.2	2.2

资料来源：德国联邦银行。

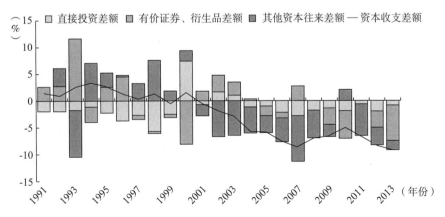

图 7-10 德国资本收支的结构（占国内生产总值的%）

资料来源：德国联邦银行、联邦统计局。

与此同时外国对德国的投资却长期不振，1990 年仅为 400 亿美元，主要原因是德国经济患了"德国病"和"统一病"，投资环境恶化，国外投资者面对五高、两低一结构的"欧洲病夫"，只能望而生畏。于是，德国加强了招商引资工作。[①] 此后，随着德国经济结构改革初见成效，外国对德国的投资也有了提高，2009 年总额达到 6770 亿美元。从 1995 年到 2008 年德国的对外投资总额达 13269.9 亿美元，增加了 3 倍，列世界的第 3 位；外国对德的投资总额为 6677.5 亿美元，增加了两倍，列世界的第 6 位。虽有差距，但大体还呈双向流动的态势。[②]

表 7 – 23　1995～2008 年德国投资流出、流入存量规模与增幅的国际比较

单位：亿美元

国家或地区	流出存量	排名	流入存量	排名	流出增幅	流入增幅
世界	159879.0		152946.5		342%	351%
发达国家	134140.8		106162.3		309%	319%
美国	31024.2	1	24864.5	1	127%	147%
英国	15311.3	2	9809.2	2	402%	391%
德国	13269.9	3	6677.5	6	394%	302%
法国	12678.7	4	9208.4	3	520%	381%
日本	6803.3	8	2033.7	19	185%	507%

资料来源：UNCTADstat。

截止到 2008 年德国在国外共拥有 31095 家企业，从业人员达到 580 万，占德国就业人口的 14.6%，总产值达到 18480 亿欧元，相当于 2008 年德国国内生产总值的 83.1%。到 2012 年，德国在国外企业的总产值提高到 24000 亿欧元，从业人员增长到 650 万，其中一半人在欧洲，即便是在两次危机时期其人数也一直呈现增长状态，22% 在美洲，其中 1/2 在美国。

据德国央行统计，在 2005～2013 年间德国在国外的直接投资年盈利率为 7.2%，而外国企业在德国的投资年盈利率只有 4.9%。

① Zeitler，Franziska：*Deutschland — Standort mit Zukunft*，Bornheim：Druckerei Franz Paffenholz GmbH，1994.
② Hammer，Thomas：*Investivlohn — Geballtes Risiko*，http://www.zeit.de/online/2007/10/Querdax-55k，letzter Zugriff am 12.07.2011.

四 决定投资的要素

是否要进行对外直接投资取决于多种要素，概括来说宏观上取决于三性，即有利性、选择性和替代性。

所谓有利性就是指对外投资是否能够获利，是否能获得比在国内投资更多的利润。与此同时又必须考量风险，是否有风险，是风险大于盈利还是盈利大于风险，风险是否可控，是否能够防止，是否能够获得担保、补偿和赔偿；

选择性则是指在何国、何地、何领域、何部门进行投资，投多少，是并购还是参股，是进行直接投资还是进行间接投资；

替代性是指哪些工厂、部门、车间和设备需要替代，需要多少投资等。

决定对外投资的微观要素则要多得多，例如国外的销售预期，原料和能源的供应可能，国外的工资成本，设备的实际开工率，成本和价格预期，现实和预期的利润状况，投资余额和部门的竞争力，工艺流程和产品革新的可能性，销售和生产前景等（见图 7 - 11）。

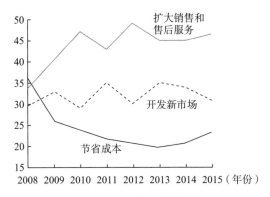

图 7 - 11 对外投资的动机

资料来源：德国工商协会（2015 年）。

五 投资的种类

投资一般分 3 种，即供给导向投资、销售导向投资和工资成本导向投资。

供给导向投资是企业为了开发原料和保持原料的供给而做的投资，此类投资一般占德国对外投资的 1/10，主要集中在石油、天然气和有色金属上，目的是防止原料卡特尔和原料输出国削减出口而造成德国的原料匮乏。

销售导向投资主要是对出口业务的一种补充，此类投资一般占德国对外投资的80%。经验告诉人们，从长远来看，国外的大市场，特别是工业国的市场是无法单靠出口来加以保障的。如能在国外建立生产基地，就可以缩短运输的距离，减少出口中的汇率风险，而且可以当面接触供货商和取货商，以便增加企业的扩大空间。

工资成本导向投资都是投向实际工资远低于本国的发展中国家，以便减少产品成本而获得更多的利润。

六　对外投资的利弊

世界自从出现对外投资以来，对此的褒贬争论就从没有停止过，但随着国外投资的扩大和深入，利弊也就逐渐清楚。

一般说来，受资国都能获益，其前提条件是：国内企业能够参与生产，这样不仅新投产的外资企业能为受资国的国内生产总值增长做出贡献，而且国内企业也能提高产量；原有闲置的生产要素，如失业人员能够得到聘用，未开工的设备能够得到使用；单件产品工资成本下降；减轻国际收支的压力，节省外汇，赚取新外汇；新产品可以代替进口，既可节省外汇又可满足国内需求；国内企业可以向新建企业学习新的生产方法和新的组织形式；新建企业能够刺激国内企业提高生产；可以新增工作岗位，新增生产部门，引进先进技术；有助外汇的多样化和生产结构的多样化；会引起上下游生产部门的投资和生产积极性。

受资国也会遭到损失，如果为了引资要建设基础设施；新建企业要挖走本土企业的高水平职工；如果新建企业生产的只是本土企业制造的产品，容易造成本土企业破产；为了新企业需要扩大进口、动用外汇；需动用大量的经费来支付外国工作人员的报酬或外国资本的利息；由于国家政策的倾斜，本国人员和企业的福利减少，收入下降。

投资国获利的前提是：获得或开发出廉价的原料来源；保住原有的销售市场或开发出新的销售市场；能够使用好的区位条件，如廉价的劳动成本、土地价格、运输价格以及较好的环保条件等；获得受资国的额外补贴；流动性的改善和国外的融资有利于进入金融市场；可以从生产、营销和组织领域的知识和经验差中获得信息的套利；可以进行全球协调，把特定的业务活动集中在宏观条件最佳的地方；可以较好地分配环保负担，采取不同的环保政策；可以规避贸易壁垒；可以获得规模效益；通过把产能迁移到销售国可以规避汇率风险，即所谓的自然对冲。

投资国担心的弊端则有：一家长期在国内生产的企业搬迁到国外，会造成就业岗位的损失，增加对某些商品进口的依赖；伴随国外投资的往往还会有知识产权的外流，这会影响投资国的竞争能力；会造成本国资金和外汇的短缺；面临政治和经济风险，新建企业遭到受资国政府的没收或国有化。

尽管分歧仍在，争论依旧，但大量的实践告诉人们，无论是投资国还是受资国大多能从对外投资中获益，否则也无法解释外国直接投资为何能有如此大幅度地提升的原因。

德国的海外投资开始时全国几乎普遍叫好，认为这样既可以保证原料的供应，又可以扩大销售市场，而且还可以降低生产成本，参与国际竞争。然而随着德国的对外投资增大，批评的声音就不绝于耳。其主要的意见是：（1）国外投资排挤了国内投资；（2）国外投资一般都伴随着技术的转让，这样就造就了明天的竞争者，因而会严重影响德国经济的发展、竞争力和就业率；（3）国外投资，特别是在发展中国家的投资会使德国在经济上和技术上日益依附这些国家，阻碍企业的国内运作，加大地区的不平衡，采用不当的技术，影响环保。于是德国舆论和媒体便陷入了一场激烈的论战，而大量的调研报告却无可争辩地证明，总体上看，国外投资是积极的，这些反对意见是较为片面的，其原因如下。

（1）从总体上看，国外投资对受资国及对德国的作用都是积极的；

（2）从部门来看，作用和反作用是很不相同的；

（3）从受资国和德国看到的失误和问题不能全都归罪于国外投资。

从受资国，特别是发展中国家来分析，德国的投资帮助这些国家开发了本来未被利用的本国资源（原料、劳动力等）；提高了劳动力的水平，获得了大量的知识和领导能力；生产结构无论是广度上还是深度上都有了明显的改善，国内的营销网络得到了扩大，形成了新的出口能力；加速了生产的发展和增长。

从德国这方面来分析，对外投资不仅能增加盈利，而且也能增加国内的就业岗位，因为原料的供给得到了保障。此外，受资国增加了收入，也会提高进口的需求，特别是对德国产品的进口需求。

事实是，各国企业在国内和国外市场上竞争时都希望能够获益，都希望能够减少不利的因素，而且采取的方法和手段也都雷同，因此要想只获好处、不沾坏处几乎根本不可能。其实，好处也好，坏处也好都是受具体条件制约的。至于有人还在坚持资本输出是帝国主义的特征之一就更是早就过时的论调了。

当今的对外直接投资已经日益从纯外国市场导向转变到世界市场和效益导向，发展中国家也正在日益进入跨国公司的生产和销售网络中。

七　投资保护

要想在发展中国家投资，就必须考虑到那里会出现的政治和经济风险。要考虑到那里会出现没收企业资产、国有化企业资产、资本缩水、限制决策和经营自由等风险。此时大多数德国企业会放弃在该国投资，例如长期以来德国企业坚持只同印度进行无资本参与的工业合作而不在印度进行直接投资。

为了应对可能出现的风险，德国政府会采取各类措施，例如提供保险、担保和税收优惠等，特别着意于同发展中国家签订投资保护协定。

所谓投资保护协定主要包括下列内容：（1）国民待遇和普惠制，外国投资者应获得同本国公民一样的待遇，对一国投资者提供的优惠也必须向其他国外投资者提供，对参与投资的缔约国不得有任何的歧视；（2）保护企业免受没收和国有化，除非这些没收和国有化是出于维护大众的利益；（3）赔偿应符合原值、当即进行；（4）资本自由转移；（5）国际仲裁，一旦出现关于赔偿数额和促进投资协定解释及使用的意见分歧时可以动用国际仲裁。

制定这样的投资保护协定有利于德国投资商使用其他促进投资的举措。此类投资保护协定有效期为 5～20 年，可以自动延长。

此外欧洲复兴开发银行和德国经济合作协会（die Deutsche Gesellschaft für Wirtschaftliche Zusammenarbeit）也可以通过国家参与或类似参与的贷款形式提供帮助。德国的《对外投资法》《对外税收法》以及大量的《避免双重征税协定》保证德国企业的国外投资同国内投资一样不会受到歧视，而德国在发展中国家和新兴国家的投资一般在税收、信贷、竞争和贸易政策上都会得到优惠，从而能够改善融资条件。

八　信贷条件

德国的中小微企业占了德国企业的绝大多数。它们很有活力，也很想到国外投资，但一般都苦于囊中羞涩，缺乏资金。因此联邦政府、联邦经济合作部都十分关心它们的海外投资情况，并积极通过提供优惠信贷资助它们在发展中国家投资。资助的项目包括建立、扩建或收购当地企业或获得企业参股。贷款的多少则视现有的资金而定，投资商自负部分一般都不少于50%。

有权提出申请的必须是德国国内的中小微企业，特殊情况下也可以向较大企业提供信贷，如果该项目具有特殊的发展政策意义。

信贷期规定为15年，包括5年宽限期。

申请程序：各企业一般都可以通过开户行向德国复兴信贷银行或德国发展协会提出申请。

九 联邦提供投资保险

德国企业在发展中国家投资如遇政治风险可以获得联邦的担保。向外国企业参股，在参股的同时向外国企业提供类似参股的贷款以及向该企业的代表处和办事处所提供的资金都属可担保投资。可以获得担保的风险如下。

（1）没收、国有化、与没收相同的行为以及国家机构出于政治考虑的其他类似举措，造成投资企业丧失生存的基础；

（2）战争、其他武装冲突、革命和动乱；

（3）货币的兑换、转让的不可能性，禁止支付以及延期支付等。

要想获得联邦的保险必须具备两个条件：一是要有充分的法律保障（如投资促进协定，受资国的相应法律规定以及受资国政府的特别声明等），二是计划中的投资是值得资助的。

只对未来的投资项目提供保险，现有项目不能获得保险。保险最高为15年，可以延长到20年。如情况特殊，起始就可以定为20年。保险一般可以相当于时值的95%，最高可以达到投资初值的95%，投资商自己至少要承担5%，这一点要在保险声明中写明。如遇特殊风险，该比例要相应提高。

经办保险的是杜塞尔多夫经济审核信托公司和赫尔梅斯信贷保险公司，由联邦政府跨部委员会来做出决定，联邦经济部牵头。

此外，联邦还可以应提供信贷人的申请为向发展中国家政府和私人债务人提供的"无拘束信贷"提供保险和担保。

"无拘束信贷"不同于出口信贷，它不是为德国供货或是服务提供的，而是为具体项目提供的。

获取该信贷的可以是发展中国家的官方机构或私人机构。提供信贷的必须是值得资助的项目，或是特别涉及德国的国家利益。

接受保险者或是接受担保者原则上自己要承担 10% ~ 20% 。

十　税收优惠

向国外投资，尤其是向发展中国家投资，税收是个很大的问题，因此在德国《国外投资法》和《避免双重征税协定》中对此有明文的规定。

《国外投资法》强调要减少税收障碍，要减少国外投资的弊端，对于企业亏损状况，对于某些商品在转让时要确定免税储备金，对于国外子公司的亏损以及把不动资金转化为外国股份公司股份等都有明确的规定。

德国还同许多国家签订了《避免双重征税协定》，为了保护德国在外投资企业不承受高额的税收负担，避免国际双重征税，建立一个能按实物价格进行核算、考虑不同税收体制特点而相互不征税的体制。

除少数例外，《避免双重征税协定》规定：1. 国外企业的收入可以免征德国税；2. 在支付利息、许可证费和红利时要考虑到发展中国家的特殊情况，应把当地减免的国外税收拟制到德国税款上。

十一　企业合作顾问

投资往往是和企业之间的合作联系在一起的，联邦经济合作部就非常重视这一点，并为此制定了一个计划，特别强调顾问的作用，尤其是在中小微企业合作中的作用。

这里所说的合作不拘泥于形式，而是看重合作的期限。例如，在发展中国家成立有德国企业参股的合资企业；在技术领域进行合作，包括提供许可证和管理专门知识。

顾问要经常保持同各有关方面的联系，例如同国内外企业、银行、部委以及主管投资和出口的各部门的联系。德国企业可以通过咨询公司、德国国际合作协会（die Deutsche Gesellschaft für Internationale Zusammenarbeit，GIZ），① 或是德国经济合作协会获得这些顾问提供的信息，包括：（1）列出拥有具体合作计划的外国公司的名字；2. 同这些企业建立联系；（3）在合作的每个阶

---

① 过去叫德国技术合作协会（die Deutsche Gesellschaft für Technische Zusammenarbeit，GTZ），自 2011 年 1 月 1 日起它同德国发展中心（der Deutsche Entwicklungsdienst，DED）、国际继续教育与发展有限公司（die Internationale Weiterbildung und Entwicklung GmbH）合并成为现名。

段提供咨询；（4）参与合同的拟定；（5）陪同业务考察；（6）提供投资和劳动立法的信息；（7）提供相关发展中国家资助工具的信息。

可以直接找发展中国家的顾问，也可以找主管的德国当局。在柏林"进步伙伴"博览会和汉诺威工业博览会上顾问们都会守在德国国际合作协会的问讯处，准备进行对话。

十二 提供海外投资服务的机构

1. 德国发展协会

在联邦政府的发展政策框架内德国发展协会向德国企业，特别是中小微企业提供投资资助。德国发展协会只有一个股东，这就是联邦政府。它主要有6大任务。

（1）承担向发展中国家企业参股，提供类似参股信贷；

（2）对参股或类似参股承担保险或担保；

（3）为相关公司提供规划和实施项目的咨询；

（4）引荐德国的投资商同发展中国家的受资商会晤；

（5）提供新融资的中介；

（6）收集所选发展中国家的投资数据。

德国发展协会提供的资金主要用来支付固定资产，而不是支付供货业务和企业的整固。

2. 工业发展中心

1977年德国在布鲁塞尔建立了工业发展中心，它的任务是在欧盟同非加太国家，又称"非加太集团"，即由非洲、加勒比和太平洋地区的发展中国家组成的合作框架内，向发展中国家和欧洲公司提供各类合作的条件。具体来说，就是给相关公司提供咨询，介绍合作伙伴，提供下列帮助。

（1）挑选合适的非加太区位国家和合适的非加太业务伙伴；

（2）组织去非加太国家的考察；

（3）撰写并资助项目研究报告；

（4）规范法律问题（成立公司、许可证、外汇问题等），谈判管理合同和营销协议；

（5）培训非加太国家的技术和商务人员。

3. 联合国工业发展组织（UNIDO）

联合国工业发展组织在德国有一个独立的服务机构，为德国公司提供服务。

该服务机构向在发展中国家从事工业项目的德国企业提供咨询，因为这些项目需要外国的资金、专门知识和管理经验，也是德国企业认为适合的项目。

这些项目包括成立新的企业或是扩建现有企业或部门。

这就必须要有两个前提条件：其一，该项目经济上有吸引力；其二，该项目同相关国家的工业化政策不矛盾。

该服务机构的主要任务有：市场研究；技术经济研究；解决技术或是管理问题，特别是在项目的起始阶段；培训发展中国家的技术和企业管理的领导人。

这就需要有某个发展中国家政府的申请或是该国企业的申请并经政府确认。

联合国工业发展组织中心在维也纳，它会按期提出项目建议。联合国工业发展组织会作为委托供货或支付人出现，德国企业可以参与这些项目的招标。

十三 对德国国外直接投资的评价

（一） 起步晚，发展快，赤字大

德国过去一直是资本净输入国，1980 年才成为投资净输出国。但德国的对外投资同外国对德国的投资相比赤字很大，1990 年德国的对外投资为 1510 亿美元，而对德国的投资仅有 400 亿美元，只等于德国对外投资的近 1/4。

（二） 受制于结构性增长疲软

德国的对外投资长期受制于结构性增长疲软，其典型的标志就是净投资额（总投资减去资本品折旧）的下降。1990 年德国统一后经济出现迅速增长的态势，1991 年德国的净投资额高达 11.8%。然而只是昙花一现，1993 年便开始出现统一后的首次负增长，到了 2004 年竟然降至 2.9%，2005 年才恢复到 3.1%。净投资额这样的变化都是受结构性增长制约的结果。

（三） 投资决定要素的变化，从传统的市场导向投资转变为效益导向投资

德国投资正从传统的受资国市场导向转变为国际市场和效益导向。德国的投资由于起步晚，一直落后于美国和日本，需要迎头赶上，特别是在涉及

发展中国家的投资方面。之后，亚洲开始崛起，其中不乏出口外向型国家，它们十分希望获得效益导向型投资。然而，与市场导向型投资不同，效益导向型投资更加重视受资国的生产要素是否完备，生产成本是否具有竞争力以及受资国是否已经融入国际贸易之中。

（四）投资区位的变化

德国的传统投资区位是欧盟和美国，其中欧洲的投资几乎达到70%，因为欧盟扩大后中东欧出现了巨大的、未饱和的投资市场。于是德国便竭力扩大其对中东欧国家的投资，投资总额占到了35%，相当于美国、法国和奥地利在这些国家的投资总和。

从1972年开始，美国就成了德国的首选投资国，前后共20多年。从2006年开始，德国减少了在美国的投资，因为那里购买力不振，盈利的前景自然不被看好。于是，亚洲就成了德国人的"避难的城堡"，而大公司则特别看重未来的增长市场，如东欧、俄罗斯、印度和中国。

（五）对亚洲，特别是对中国的兴趣急剧增长

改革开放以来中国经济飞速发展极大地吸引了德国企业，从2003年开始，德国就开始成为中国的最大或是第二大投资国，中国稳定、高速的经济发展、巨大的开放市场、廉价的劳动成本吸引了德国对中国等新兴国家的大量投资。

（六）服务业的投资在不断增加

德国对外直接投资的主要领域一般都是从化学工业的加工行业开始，之后便扩展到汽车、机器制造业，其中2/3是投在加工业、商业、汽车和日用商品的维修业。

德国的第三产业占全部经济的68%，而发展中国家的第三产业一般都不发达，因此，德国便日益加大了其在发展中国家的第三产业投资。

（七）重视区位研究，强有力的投资促进手段，建立了"研究—生产—贸易—服务"的纵向体制，形成了滚雪球的横向效应

德国特别重视区位研究。德国公司在考虑海外投资决策前，都要先在对象国设立研究中心，对当地的政治、法律、经济、技术、社会、自然条件、市场、部门和企业进行深入的研究，最终做出战略决策并付诸实施。

德国政府大力运用投资促进手段来支持和加大德国各类企业的对外投资，如采用行业投资促进手段，对德国企业在某些特定行业、特定地区、特定企业和特定项目（如环保和研发）的投资给予优惠。

投资促进手段和渠道有：税收刺激、特殊折旧、投资免税、投资奖励、投资补贴、复兴信贷银行、德国均衡银行和各州的信贷机构提供欧洲复兴计划长期的低息投资信贷。如果投资商信贷安全不足或投资项目风险较大，国家便委托赫尔梅斯信贷保险公司向投资商提供保险和担保。

德国的大公司，特别是跨国公司在对外直接投资中都已建立了"研究—生产—贸易—服务"一条龙的纵向体制，这十分有利于它们在国外的投资运作。

它们在横向上已经形成了"滚雪球"的效应。德国的大公司，特别是跨国公司，一旦在某国建立了自己的生产或是销售基地，便会促使大批的中小微企业（如供货商、分包商、银行和商会等）也在那里投资。

第八节　技术转让

20 世纪 50 年代末，索洛（Robert Merton Solow）首次提出技术应是除劳动和资本之外的一种最为重要的要素，它对国民经济的增长具有巨大的意义。1964 年，联合国贸发会议在其首届国际贸易会议上便提出了技术转让这一概念，并日益受到各界的重视。1974 年，在联合国要求建立"国际经济新秩序"的框架内发达国家向发展中国家转让技术就成了一项重要的内容。

当今的世界，发达国家同发展中国家之间的差距很大，但同过去不同的是通信和交流日益频繁，于是技术开始进入交流领域。90 年代技术转让成了热门话题，发展中国家强烈要求发达国家加大技术的转让，发达国家则强调要提高知识产权的保护。世贸组织成立后便将知识产权的保护列为该组织的一项主要任务。

一　技术和技术转让

技术是一种做事的方法。要使用一种方法，必须要有 3 个要素：关于该方法的信息，使用该方法的手段以及关于该方法的知识。

很多人弄不清技术转让的内涵就是因为他们只知其一，至多知其二，而不知其三。信息和手段可以转让，而知识只能通过学习和经历来获得。信息可以从技术图纸、使用指南和技术书籍中获得，它同资本和商品一样同样可以转让，但是如果使用者不知如何使用它们，这些物质和信息也就毫无用处。因此，掌握这些技术使用的知识和经验便成了前提。

技术转让不能简单地理解为，把某项技术一点一点地从发达国家转让到发展中国家来。技术转让的目标应该是在发展中国家创造一种学习过程，学会运用发达国家的先进技术来解决自身的问题。

这种学习过程可以分为三个阶段。第一阶段是要形成一种自主寻找所需技术的能力，一种能在形形色色技术中选择所需技术的能力；第二阶段要求技术进口商能把获得的技术恰当地运用在本国，能够满足本国的需求，并学会模仿；到了第三阶段就应该开发具有本国特色的此类技术。

其实，技术能力本身还不是一切，因为一种目标可以通过不同的渠道获得，而要获得最佳渠道必须要有战略，但这种战略却因国家、因部门、因公司、因人而异。

对于大多数工业活动来说，没有一项技术绝对是最好的，关键是能否使用当地的资源，其成本和效用如何，价格是否低廉。最好的技术应该是能够带来最大净效用的技术。

二　如何获得技术

获得技术的典型做法是发展中国家从发达国家进口所需技术元件，这有很多不同的做法。第一种是发达国家向发展中国家提供信息、手段和知识，但保留知识产权；一种是从发达国家购进；另一种是通过自身努力获得，也可以通过人力资本的形成和制度的发展来获得。

一种极端的做法是发达国家按照合同通盘转让建立某种设备的某种技术，搞"交钥匙工程"。发展中国家只需提供壮工，但却拥有全部产权。

另一种极端的做法是只买进基本知识，依仗这些基本知识来开发必要的部件和设备。知识则通过培训、实验、研究或购买来获得。

首先要分清两种转让机制，即正式和非正式的转让机制。所谓非正式转让机制是指通过个人关系、会议、专业文献、观察和技术人员的流动来运作，而无须在技术转让人同技术接受人之间签订正式的转让合同。正式的转让机制则不同，有关各方必须签订正式的转让合同，具体规定转让哪些技术，价格多少。调查研究证实，正式的转让做法比例很小，大多是非正式转让。

正式转让又分直接转让和间接转让两种。直接转让时技术进口公司只需买进个别元件，同时邀请外国工程师参与咨询。直接转让形式只能在那些已经具有许多技术和管理能力及设备的地方使用；而间接技术转让一般只在那些技术和管理能力及设备不足以从事直接转让的地方使用。一般说来技术出口公司不喜欢做直接转让。例如几乎所有国家只要能买到配方都可以生产可口可乐，无须购买任何其他的东西，而可口可乐公司就是不愿意出售配方，于是进口商就不得不向它购买进口许可证，这样就要购买很多其他的部件。间接转让机制是指全盘转让，典型例子就是母公司对独资经营的子公司。其他的间接转让形式有：技术咨询、技术服务、补偿贸易、来料加工、租赁、合资经营、"交钥匙工程"、出售专利、专利许可证、其他许可证（如交叉许可证、光票许可证和特别许可证等）、管理和服务契约以及专卖（Franchising）。

在长期债务框架内专卖卖方（der Franchisegeber）向专卖买方（der Franchisenehmer）提供有报酬的商品及服务生产和销售权。

三　转让部件

技术转让时要确定技术部件，大致有下列几类。

蓝图、技术公式和说明；

供应设备；

供应正在生产中的材料和元件；

早期通报新技术；

培训技术人员；

技术出口商经常通报新技术革新和新发展；

在技术合同执行期间经常性通报和培训；

提供市场营销和企业组织的信息和培训。

很显然，技术进口商如果希望进口更多的技术部件就喜欢签订一个合同，用最低的价格买进高端的技术。而技术出口商就会针锋相对地提价，因为转让成本和谈判成本都提高了，排他性拥有该技术的权利便削弱了。

四　技术转让的决定要素

技术转让的决定要素很多。第一，取决于从外国购进技术部件的成本和条件，取决于不同供应商的竞争态势，取决于谈判的权力和进口商所在国家的支持程度；第二，取决于进口商的技术能力和当地技术基础设施的发展程度；第三，取决于技术市场的大小；第四，取决于对风险的考量；第五，取决于长短期的考虑；第六，取决于社会福利成本和效用。其具体的考虑如下。

（1）要将长期打算、短期风险和高额成本统筹加以考虑。例如，一家公司一般来说不能聘用没有经验的当地工程师或是使用未经测试的投资商品。然而，如果这样做对长期发展有利，短期的风险和高额成本便可以忽略不计。

（2）要将私人效益和社会效用一并考虑。一般来说，先进技术的社会效用要超过私人预计的利好。这是因为技术引进的渠道很多，而引进技术的进口商不可能都能监控。这就造成了很多进口商不敢投资，不敢购买相关的技术。另外，引进技术的公司对该技术所能获得的私人效用估计过低，对其社会效用则估计过高或是相反。

（3）要将引进技术的垄断源泉、社会目标和高额价格统一考虑。某些企业着重考虑垄断的价值、名牌的价值，因为名牌可以带来垄断的地位。此时当地公司和外国技术供应商的利益便得到了平衡，因为该公司尽管高价买进了该项技术但也获得了国内的垄断利润，却损害了社会目标；本地公司也可以优先进口某种特别符合社会目标的技术，而不考虑这样做是否会影响国内技术能力的提高。然而即便是采取最简单的方法来观察外国人的技术活动也都是要花钱的。

（4）要正确估计价格的作用。谈到价格时一定要弄清，买进一个技术包裹需要花多少钱，这个价格是否合适，是高还是低？

一般来说，买技术同买商品一样。如果想买此类技术的买主只有一个，他也愿意支付卖主的价格，买卖便可成交。然而技术市场也有其在商品市场上没有的特点，例如商品市场上如果价格上扬，则供给加大，需求下降。这在技术市场上就作用不大，因为出售技术是一次性买卖，如果某项技术已经转让给了某国，通常就不可能再转让给同一国的另一个买主，而不管潜在的买主还有多少。

五　技术转让谈判

技术转让谈判主要是谈价格和技术含量，要谈价格的上下限和技术含量的上下限。价格的下限取决于技术买主机会成本的下限，上限则取决于技术买主机会成本的上限。

买主的机会成本就是其将该技术在潜在买主市场上出售时获得的利润现值。机会成本相当于失去的利润，卖主就是将这一失去的利润当作其如果进行技术转让时要获得的最低利润。于是技术转让的利润便成了减去转让成本和谈判成本后的技术成分价格。

失去的利润大小取决于：（1）买主购买该技术的市场，这要在转让合同中注明；（2）买主的竞争力，这主要取决于转让技术的含量；（3）买主市场上的竞争；（4）其他技术供应商的竞争。

如果卖主通过技术转让合同能够成功地不让买主再出口该技术，那其失去的利润便限制在买主的国内市场上，其机会成本相对较小。

如果卖主出售的是大批技术部件，就会使买主能在许多市场上成为卖主的竞争者，甚至有能力发展此类新技术，此时卖主失去的利润就可能很高，自然其机会成本也就相对较高。如果买主所在的市场竞争激烈，那买主获得较大市场份额的机会就较小，卖主失去的利润和机会成本也就较小。

如果同一技术的卖主较多，而其中一位卖主出价又过高，买主就可以换一位卖主，好处就很大，"货比三家"说的就是这个道理。如果买主买进某项技术后自己用，此时的机会成本就很低。相反，如果卖主垄断了某项技术，那买主就不可能通过自己使用该项技术而降低垄断利润，因为按照该产品买主的偏好，垄断利润会很高，因此机会成本也就会相应地很高。

买主的机会成本决定谈判余地，其最低选择取决于下列三种情况：1. 如果买主从另一供应商手中获取该技术时要支付的价格；2. 如果买主自己来研发该项技术需要花费多少钱；3. 如果买主全部放弃该项技术，其要少赚多少利润。

技术成分不同价格也就不同，因此技术成分和价格往往都是谈判中的最主要问题。

技术成分包括多重要素，大致可以分为三类。

（1）出售的技术成分可多可少，自然价格也就不同。如果转让的技术使买主的技术能力大大改善，并使其成为卖主的潜在竞争者，则买主和卖主的机会成本都相应地很高。

（2）制造不同产品的技术可以因其整体性和先进性的不同而不同，制造精密机床的技术不同于生产食品和纺织品的技术，它需要较高的技术水平。简单的技术供应商就多，复杂的技术供应商就少，往往是垄断的。卖主出售简单技术时的机会成本很低，出售复杂技术时则很高。

（3）生产某一过程的技术也因其先进性的不同而不同，其成本和质量的变化自然也就不同。高质量技术的经济效益自然要比低质量技术的效益要高，因此买主和卖主的机会成本也就会有不同。

如果卖主出售的技术太少，买主根本建立不起经济型的生产，此时买主的机会成本很低。如果卖主提供了很多技术成分，则买主的转让成本以及机会成本就可能很高。如果买主通过转让成为第三市场的大竞争者或者卖主因为这一转让而削弱了其垄断地位，则这一趋势就更为严重。

六 时间战略问题

要搞技术转让必须首先弄清需要引进什么技术。如果要研究通过技术转让应获得什么，就要弄清 3 种能力：1. 生产能力，这就要求把技术投产；2. 投资能力，这就要求扩大生产能力或建立新的生产能力；3. 革新能力，这就要求开发新的方法。

由于不能同时获得所有的能力，获取知识也需要时间和经验，因此确定获取能力的时间先后顺序就非常重要。

如果市场很小，发展得也很慢，对新设备的投资就很少，此时的最好战略就该是获取生产的能力，比如通过引进"交钥匙工程"和必要的培训来对某些部门进行更新；如果市场很大，发展得很快，就应该获得投资的能力；如果技术发展得很快，就应该保持设备的能力，尽快引进新的发明或是从事新产品或新过程的更新；在更新较快的部门上可以采取直接投资的方法。

在这方面日本的做法很值得我们注意。20 世纪的 50 年代和 60 年代日本在生产技术上几乎落后于所有发达国家，于是其就通过合同，例如通过许可证和专门技术协定大力进口外国技术，也通过模仿、派出人员到国外培训、派遣代表团去考察外国企业、阅读外国技术文献来引进外国技术。在某些部门，它就坚持弄懂基本原则而不是简单进口"蓝图"。因此，日本公司就竭尽全力来进行研究和开发以便获得相应的知识。此外，日本特别重视弄懂、移植和改进某种技术，特别重视提高产品的质量和降低成本。到了 20 世纪70 年代，特别是到了 80 年代日本就集中进行基础研究和革新，特别重视根据自己能力的变化来变换自己的战略和策略。

在某些情况下要特别重视开发基本产品和过程的知识，例如一旦外国的技术不适应本国，或是外国没有适应本国特殊要求的技术，或是必须支付高额的价格才能获得，或是由于外国企业搞垄断不提供该项技术，或是由于国内的潜在市场很大，值得大量投资。为了开发、传播和选择所需的技术，国家的推动就十分重要，其中包括：推动选择某一适合本国国民经济发展的技术，以最佳的条件来进口某种技术，通过地方的适当参与来提高国内的技术能力。只要可能，应当尽可能地动员使用本国的技术，而不是外国的技术。

七 谈判的策略和技术转让的支付

谈判的策略分卖方谈判策略和买方谈判策略。卖方的谈判策略是：1. 为转让现有技术含量的技术索取尽可能高的价格；2. 尽量压低自己的转让成本和机会成本；3. 在价格不变的情况下尽量压低转让技术的技术含量。买方的谈判策略正相反。价格定在多少合适，技术含量定在多少合适都取决于谈判双方的谈判权力和技巧。

技术转让的支付有 3 种方式，即分期支付、分成支付（即按收入分成支付）和混合支付。当前用得愈来愈多的是混合支付，就是把分期支付、分成支付同按年营业额支付和按转让合同期限支付结合起来。这四大标准原则上也可以相互替代。分期支付越高，分成支付就可以降低，合同期也可以降低；年产额高，其他 3 个要素就可以降低，比如分成支付就可以从定额的 5% 降到 4% 或 3%；如果合同期长，分成支付可以很低。一般来说，买方支付的数额不得高于利润的 1/4 或 1/3。从风险和支付能力的角度来考虑，买方和卖方是不同的。例如卖方一般喜欢分期支付，因为分成支付有风险，产品的生产和销售都可能出问题。因此如果采用分期支付，技术转让的价格可以比分成支付的价格低 20% ~30%。而买方则喜欢采用分成支付的方式，因为如果生产顺利，他可以少付钱，而且还可以鼓励卖方为了顺利生产继续向买方提供技术和组织咨询。卖方一般喜欢长期合同，这样他可以较长期地对技术的使用进行监督；相反，买方就不喜欢卖方长期对其实行监督。

究竟最后采用哪种选择取决于双方的谈判权力，也取决于选择的方式。完全可能出现这样一种情况，一方对于采用某种支付方式的坚持会高于昂贵的价格。一个强势的卖方有可能达到全部的支付都采用分期付款的方式，而在价格上做出让步。

八 德国的技术转让政策

（一）德国十分重视其技术转让政策

在技术转让问题上德国一是重视，二是理性。主要有如下表现。

积极参加欧盟和多边国际组织框架内的科技活动；

建立国内外的科技合作关系和双向及多向的密集关系网；

提供补贴和税收优惠来促进私人的研发活动；

通过国家科研机构提供经济上可以使用的技术知识；

推动技术密集型产品的销售和使用；

提供工商法律保护，特别是专利保护；

制定标准，使现代技术能得到更快地传播；

提供有利于创新的基础设施;

国家负责采购技术密集型产品以推动新技术的开发和传播。

(二) 德国向发展中国家转让技术的重点

德国重视发展政策,特别在向发展中国家转让技术上一般均采取较为理性的做法。技术和经营促进中心、专业培训点、科技大学、研究所、标准化中心、材料和质量检测署以及技术调查和咨询中心更是做出了特殊的贡献。

德国向发展中国家转让技术的重点一般是能源和原料开发领域。1978 年和 1979 年七国首脑会议先后在波恩和东京召开,并通过了决议,要加大对发展中国家的援助。德国根据这些决议拟定了一个特别计划,并从 1980 年开始执行,其主要内容是向发展中国家转让开发和传播利用可再生能源,如太阳能、风能、生物能源,在发展中国家建小型水力发电厂,从而为农村居民建立分散的能源供应设施。该特别计划主要是在肯尼亚、坦桑尼亚、苏丹、马里、尼日尔、布基纳法索、塞内加尔、哥伦比亚、秘鲁和菲律宾等国家实施。

1978 年德国应用技术交换所(German Appropriate Technology Exchange, GATE)成立,其主要任务如下所示。

(1) 免费提供信息服务,确认发展中国家的技术问题,并提供解决的方法。

(2) 受联邦经济合作部的委托从事规划并实施技术试验项目,目标是开发自然资源,满足民众需要。

(3) 推动同发展中国家之间的技术合作,把某些发展中国家的经验向其他发展中国家传授。为了满足发展中国家的需求,德国政府专门拨款给其工业企业和研究机构在本国执行研发项目,主要是可再生能源的利用、新建筑材料的开发和植物废料做饲料等领域的研究和开发。1978 年德国政府在喀麦隆建立了生物能源设备,利用动物的粪便和其他有机废物生产沼气和天然肥料。通过这一项目人们认识到,这里涉及的不仅是技术问题,而是要通过示范、宣传使当地的居民能够接受并使用这种技术。

(4) 航空航天计划。很少有像德国宇航这样同国际密切相连的研究和工业领域。德国宇航费用的 80% 都是用在欧洲航天局的欧洲计划上。

(5) 基因工程和生物医学。联合国、经合组织、欧洲理事会以及欧盟都在国际层面上对基因工程进行过讨论。

(6) 研究船。德国外交部及其国外代表机构都支持德国研究船在世界各海洋上从事研究航行。

(7) 海洋研究。例如渔业研究、海洋地质研究和气候研究等。

（三）财政支持

德国政府支持并开展技术转让工作，大力支持教育和科研，2013 年前联邦政府要把教育和研究的投入提高 120 亿欧元；对国家的和半国家的科研和开发机构提供机构基本资助和项目资助，其中 2/3 流向工商企业部门，主要是对由国家拟定的研究计划中项目的直接资助。

九　前景

技术转让问题对发展中国家来说是个重大问题，既有机遇，也有挑战。掌控得好，能大大推动本国的科技发展，进而提高本国的经济增长力度。以下几点值得人们注意。

（1）发展中国家必须时刻注意发达国家有哪些新的技术对其国民经济的发展是特别有用的，会选择这些技术、引进这些技术并能使用这些技术。

（2）从长远看，发展中国家在技术领域也不能受制于发达国家，它们必须十分重视自己掌握外国的基本产品和过程的知识，并能移植、使用和发展这些技术。在合资经营企业中通过自己的积极参与不断提高本国的技术能力，只要有可能就要尽量使用国内技术。

（3）技术转让不仅在发达国家，同样也在发展中国家会遇到很多困难和阻力。很多研究机构都不屑参与此类工作，现行的工业和贸易政策有很多地方都与此相悖。发展中国家大多想引进外国的技术，但无论是外国企业还是本国企业往往都不太热衷于技术的转让。

（4）另一个问题是，发达国家制订了一系列的政策阻止本国企业向发展中国家转让先进技术，或是抬高技术转让的价格。与此相反，越来越多的发展中国家则要求发达国家向它们开放技术市场，这也是南北矛盾的一个突出的表现。

（5）当前，不少发展中国家已经具备了一定的技术实力，已能制造出不少技术部件，无须引进整套技术，而是希望发达国家能够帮助其改进现有技术部件，能够更好地适应当地的需求。此外它们在引进外国技术上虽然有了更多的渠道，但对这些渠道的利弊与优劣还是不甚了了；对于本国的技术发展目标、战略和能力也注意不够，必须认真、深入地学习，力争发达国家的帮助，因为世界发展得很快，技术也在不断改变，要想获得成功只有紧跟形势，严密注视技术发展的新动向、新特点、新格局，采用最好的渠道，才能引进先进的、廉价的、适于本国使用的新技术，而技术转让不管有多大的困难和阻力也会日益向宽度和广度延伸。

第九节　发展政策

德国的发展政策是德国对外经济政策的一个重要组成部分，按德国人的看法，这是一项综合工程。所谓发展政策是指发达国家向发展中国家提供发展援助的政策，主要包括财政合作、技术合作和人员合作。在所有发达国家中德国的发展援助是做得比较好的。在德国主管发展政策的是联邦经济合作与发展部和外交部，在国外从事发展政策的则是各使领馆。

一　发展理论

（一）两股思潮

发展理论大致可以分为两种，即发展与不良发展理论。不良发展理论主要是回答经济不良发展根源的问题，而发展理论则是主要说明怎样来消除这种不良发展的状态。18 世纪以来发展理论开始逐步形成，有两股思潮，即左派思潮和资产阶级思潮。左派思潮是从历史唯物主义（殖民地问题）开始经对帝国主义的讨论直至正统理论（主要是讨论与民族资产阶级结盟的民族解放运动问题）；资产阶级思潮讨论的问题则要广泛得多，从斯密、李嘉图和凯恩斯理论到经济增长阶段理论、现代化理论、依附与相互依附理论直到基本需求战略、新的世界经济秩序和生态问题等。

（二）经济增长和阶段理论

1960 年美国人罗斯托提出了所谓经济增长阶段理论。他设计了一个发展中国家发展的五个发展阶段模式：传统阶段、启动与提高阶段、现代化经济方式阶段、经济成熟阶段和大规模消费阶段。

（三）不发达的内外部原因

资本主义理论认为，发展中国家落后的原因在内部，它们在社会的各自发展中存在障碍，例如储蓄率和资本形成低、农业生产率低等。

左派经济理论则与此相反，认为，发展中国家与发达国家的差异和发展中国家落后的原因是外因通过内因起了作用，也就是殖民主义和帝国主义的压迫和剥削通过内因造成的。

两种理论有如下共同点。

（1）不发达是因为缺少资本、专门技术、基础设施和有效的组织；

（2）发展就是经济增长和工业化，只有通过增长、通过工业化才能获得发展；

（3）增长的利好会自动"渗透"到发展中国家，特别是那些贫困人群和地区。

（四）无发展的增长

随着时间的转移，上述看法越来越受到质疑。许多发展中国家追求增长的努力毫无效果。在这些发展中国家出现的并不是增长，而是停滞和倒退。极言之，这便是无发展的增长。

（五）依存与相互依存理论

依存理论家强调，发达国家应该对发展中国家的不发达负责。这是殖民主义和帝国主义强制进行不平等劳动分工的严重后果，使发展中国家依附于资本主义国家的经济。

相互依存理论的主要特点是强调国际分工、公正的利益平衡、共享兴衰，因而产生出共同的责任。"全局不繁荣，局部也不会繁荣。"

（六）社会变化理论

社会变化理论认为，发展主要是社会和伦理观念及行为模式的变化，不是单纯经济的变化，因此该理论批判"通过增长求得发展"的理论，强调社会变化，强调伦理－人道因素。

（七）基本需求战略

所谓基本物质需求是指食品、衣着、住房和工作的需求，而非物质的需求则是指人的尊严、文化认同和政治参与。如今，实际的发展工作不应该再继续搞以增长和建设现代化结构为目的的大型项目，而是应该转向以人民为导向的基本需求计划。其理由是：只有生存得到保障，生活条件得到改善，才能为经济的增长创造前提条件。

（八）人类发展指数

所谓人类发展指数是指三大指数，即预期寿命、教育水准和生活水平，这样就考虑到了社会、经济和文化的各个方面的发展。

（九）生态发展和可持续发展

生态发展和可持续发展是发展战略新的内涵，它强调贫困造成了生态和可持续发展的破坏，而生态和可持续发展的破坏又加剧了贫困。

（十）现代化理论

现代化理论于 20 世纪 50 年代末开始兴起，一直流行至 60 年代中期。

其基本思想是：现代社会与传统社会是两种截然不同的社会形态，分别代表着先进的现代性和落后的传统性。现代性本质上就是资本主义性，现代化就是西方化、资本主义化。西方发达资本主义国家的早期现代化模式就是现代化的普遍模式。发展中国家与工业国家生活水平的差异，就本质而言是社会和经济因素造成的，只有以西方民主为方向才能消除这种差距。

二　德国的发展政策内涵

发展政策的核心是发展援助。所谓发展政策和发展援助涉及的都不是纯经济方面的合作，而是非贸易、非盈利性的合作，它是发展援助提供国通过向受援国提供钱、物、人（专家）等，来促进受援国社会发展的一种形式。它既非商业行为，也不是慈善行为，不是简单地给穷人施舍钱财，而是帮助他们提高生活、生产和发展的能力。

德国的发展政策首先强调同发展中国家的合作，是德国外交关系和外交政策的重要组成部分，目的是维护和平和伙伴式的合作。要保障全球的未来必须要推动所有国家的可持续发展，而许多发展中国家的核心问题都已涉及"饥饿的未来"。

这一挑战已经不可能简单地通过提供资助或是实施某一项目来加以解决，而是需要发达国家同发展中国家世界范围的合作。当然首先要强调发展中国家的责任，它们能否建设一个得体的政治、经济和社会的框架条件是能否取得发展成效的必要前提，而发达国家能否真心积极地援助发展中国家也是十分重要的，例如能否向发展中国家的出口开放市场，能否减少进口壁垒，能否提供较大发展援助对发展中国家都是具有重要意义的。

尽管发展政策使发展中国家得益良多而且日益得到大众的支持，但德国发展政策的地位并不高。德国在历史上曾经有过短暂的殖民时代，但是由于德国是个迟到的发达国家，当它来到世界上就发现全球已经被瓜分得差不多了，加之俾斯麦并不热衷于殖民政策，因此德国所获殖民地不多，同发展中国家的关系也不密切。这一局面几乎一直延续到雅尔塔体制开启。

德国发展政策的动机和利益首次表现在1956年的联邦预算中间。为了执行哈尔斯坦主义这一短期利益政策，竭力通过发展政策来拉拢发展中国家，不让它们发展同民主德国的关系。

1968～1974年埃普勒尔（Eppler）任发展部部长时开始重视长期利益政策，重视发展的社会层面。

第一次石油危机后施密特政府再度看重德国的自我经济利益，努力推行发展政策，日益强调对不同的发展中国家推行不同的发展政策，特别是为了保持原料的供应。

1982年科尔上台执政，突出强调私人的发展援助、发展中国家的自我责任以及提供发展援助的先决条件，口号是以他助促自助。发展中国家必须认识到，自己应当首先来扶贫。

近几十年来世界形势发生了重大的变化，环境污染日益严重，战乱频仍，移民潮涌起，发展政策已经成了和平和安全政策。于是历届联邦政府都竭力主张把发展中国家纳入世界经济体系。

德国的发展援助由公共援助、私人援助和经济界以投资方式提供的援助组成。

（一）公共发展援助

自从联合国及其基层组织推行发展援助以来，德国一直支持其拟定的目标，即公共援助应达到各国国内生产总值的0.7%。尽管德国至今也没有达到这一目标，但它始终在西方国家的发展援助中名列前茅，1982年达到0.47%，1995年下降为0.31%，1998年降至0.26%，2013年升至0.38%，2014年达0.41%，2015年达0.52%（见图7-12、图7-13、表7-24）。

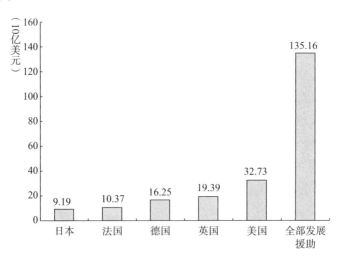

图7-12 2014年德国公共发展援助的国际比较

资料来源：经合组织发展援助委员会，2015年4月13日。

图 7 – 13 1972 ~ 2013 年德国公共发展援助金额的示意图

资料来源：联邦经济合作与发展部，2014 年 11 月 21 日。

表 7 – 24 2015 年 10 国公共发展援助与 2014 年的比较

国家 排序	2015 年		2014 年		与 2014 年比较	
	净额 （百万美元）	占国内生产 总值的比例	净额 （百万美元）	占国内生产 总值的比例	净额 （百万美元）	百分比
总额	131586	0.30	137222	0.30	− 5636	− 4.11
美国	31076	0.17	33096	0.19	− 2019	− 6.10
英国	18700	0.67	19306	0.70	− 606	− 3.14
德国	17779	0.52	16566	0.42	1213	7.32
日本	9320	0.22	9266	0.19	54	0.58
法国	9226	0.37	10620	0.37	− 1394	− 13.13
瑞典	7092	1.40	6233	1.09	859	13.79
荷兰	5813	0.76	5573	0.64	240	4.30
加拿大	4287	0.28	4240	0.24	47	1.11
挪威	4278	1.05	5086	1.00	− 808	− 15.89
意大利	3844	0.21	4009	0.19	− 165	− 4.11

资料来源：经济发展与合作组织，发展援助委员会，2016 年 4 月 18 日。

所谓公共发展援助又可以分为双边发展援助和多边发展援助。双边发展援助是指德国向单个发展中国家提供的直接帮助，其中75%是德国以补助的方式提供的，25%则是德国以优惠贷款的方式提供的。无论是双边还是多边发展援助，其提供的方法和渠道都是多种多样的。在德国提供的全部发展援助中，30%是支付给多边组织和项目的（参见图7-14、表7-25）。

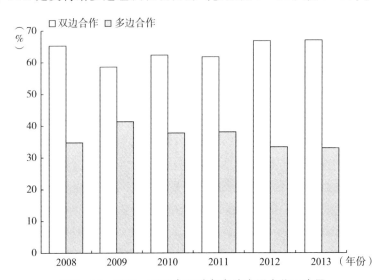

图 7 – 14　2008 ~ 2013 年双边与多边发展合作示意图

资料来源：联邦经济合作与发展部，2014 年 11 月 21 日。

表 7 – 25　2006 ~ 2013 年德国的发展援助构成

单位：百万欧元

年	2006	2007	2008	2009	2010	2011	2012	2013
总额	8313	8978	9693	8674	9804	10136	10067	10717
双边	5604	5807	6283	5096	6082	6256	6678	7119
多边	2709	3171	3410	3578	3722	3880	3389	3598

资料来源：Statistisches Jahrbuch 2015。

1998 年，德国向发展中国家一共提供了约 386 亿马克的发展援助，其中 98 亿马克为公共发展援助。从外交部预算中向发展中国家提供的金额大多用在人员合作上，如提供助学金等。

德国同大多数发展中国家都签订有双边协定，并定期举行磋商。现在德国约有 200 个对外机构，其中 1/2 在发展中国家，它们的工作重点就是搞发展合作，主要是分析受援国的有效发展合作的框架条件和可能；拟定联邦政府的政策，如何同受援国的各社会阶层和组织就可持续发展进行对话，从部长到非政府组织；支持当地或即将进入该受援国的德国国际合作协会和复兴信贷银行等类似德国组织的政策和工作，并提供咨询；向那些愿意接受德国发展援助的受援国人民提供信息。

1. 多边发展合作

发展合作的最重要的愿望就是使南方各国能够参与全球化的机遇，防止它们在这一发展过程中拉大同发达国家的差距。

发展是一个全球问题，涉及所有的国家，因此协调各国计划、方针和行动就刻不容缓。一方面要使各工业国家的政策能够相互兼容，另一方面要坚决贯彻参与和责任心的方案。国际组织，如联合国应该同时向发展中国家提供平台，让它们能够提出自己的利益和方案。

现在国际发展政策的机构和措施越来越多，需要协调。即便是在一个组织内这种协调工作也很繁重，因为要想在发达国家之间，在发达国家同发展中国家之间，在不同的地区和文化之间对各国形形色色的利益加以协调绝非易事。

德国外交部在各个国际组织里都设有常设代表处，可以随时启用它们来从事协调工作，提出德国方面的意愿，报告其他各成员国的观点，商讨文本。

今天有关发展合作的国际会议越来越多，一旦召开这样的会议，德国每次都会派出自己的代表团与会。

2. 财政合作

所谓财政合作主要就是指提供优惠信贷。在德国提供的项目信贷中50%是基础设施援助，农产品、工业、矿山以及贸易和服务业各占13%左右。从1960年开始执行发展政策到1997年12月31日德国共向发展中国家承诺919亿马克的公共发展援助，2010～2013年分别提供了98.04亿欧元、101.36亿欧元、100.67亿欧元和107.17亿欧元，2014～2015年又分别提供了162.5亿美元和177.99美元的发展援助，排在美国、英国的后面，列世界的第三位。

由于德国经济富有竞争力，因此双边的财政合作绝大多数都以订货的形式又重新回到了德国经济界。1997年德国支付了26亿马克，发展中国家将其中的65%用来支付进口，35%用来支付国内花费。在支付的进口费用中13亿马克付给了德国，占82%，约3亿马克支付给了其他国家。

在德国财政合作的框架内德国向发展中国家提供特定项目的费用，为其发展创造结构前提。从外交的角度看，这样做就可以审核并保证计划中的投资在发展政策中的作用，看看钱是怎么花的，是不是花在发展中国家的老百姓身上了。重要的不是销售了多少德国商品，也不是要让过多的钱进入个人的腰包。德国方面认为，最好的办法是把援助条件化，让它们同结构适应计划挂起钩来。

财政合作一般都是双边政府合同的内容。德国的绝大多数财政合作都是由联邦政府委托给德国复兴信贷银行来执行的。它在一些发展中国家都设有自己的代表处和办事处，当地的德国使领馆也都支持复兴信贷银行对其任务所做的准备、实施和监督，同其进行紧密的合作，要求复兴信贷银行在工作中注意德国的外交利益。

3. 技术合作

1960 年，德国政府开始同发展中国家从事技术合作。在德国的技术合作框架内，德国的项目承担人受联邦德国的委托在发展中国家内同受援国的相关机构进行伙伴式合作来实施项目。从外交工作来看，重要的是，仔细审查相应工程的发展政策效果并保证其有效的实施。首要的是，向德国专家提供国外的工作岗位，另外是不能让花在行政任务上的费用超标。要想使技术合作能够可持续发展，一个重要方面的工作就是审核实施的项目是否有可能纳入受援国的现有结构项目中去。

技术合作一般都同受援国的具体项目挂钩。这些具体项目一般都是由使馆同受援国通过交换照会来加以签署的。绝大部分技术合作都是由联邦政府委托德国国际合作协会、联邦地球科学与自然资源研究署（die Bundesanstalt für Geowissenschaften und Rohstoffe，BGR）和联邦物理技术研究署（die Physikalisch-Technische Bundesanstalt，PTB）来执行的。

德国的驻外机构可在有限的财政框架内直接支付一些对受援国百姓有益的小额技术费用。例如可以支付 10000 欧元以下的费用来支持受援国建立一所学校或是医疗站，前提条件是，申请人也能提供自身的费用，并能够使人相信，其有能力在有限的期限内完成这一项目。

4. 人员合作

大多数发展中国家教育都比较落后，特别是缺乏培养专门人才和领导人才的条件，缺乏能在经济和管理领域担任重要任务的专家。

在人员合作的框架内，德国积极支持发展中国家为自己的公民提供培训或是进修的条件如发放助学金和开设培训班。这时重要的是，先要调查受援国的相应计划中对发展援助的实际需求，从而保证，此类培训对受援国的未来有用。这里应该注意的是，不要把具有天赋的专门人才送到外国去，也不要通过不透明的规则来选拔培训人。能否使这些奖学金生以后在国内服务是决定人员合作是否得以可持续的关键。

人员合作的另一个形式是派出德国专家去担任受援国的重要岗位，如发展援助专家或是顾问。

负责向发展中国家派人从事培训或是进修工作的单位是德意志学术交流中心、德国国际发展基金会（die Deutsche Stiftung für internationale Entwicklung，DSE），卡尔杜伊斯堡协会（die Carl Duisberg Gesellschaft，CDG）以及其他的基金会。

这些机构一般在受援国都没有自己的办事处，而是委托德国的驻外机构来选拔奖学金生，并支付相应的经费使其能够在培训后继续回原单位工作并保持今后的联系。

负责向受援国派出专家的是德国发展服务中心（Deutscher Entwicklungsdienst，DED）、国际移民与发展中心（Centrum für internationale Migration und Entwicklung，CIM）和退休专家服务局（der Senior Experten Service，SES）。德国的驻外机构支持该项目的负责人以及选派的专家做好其任务的准备和实施工作以及估价该项目同发展政策有多大的关系等。

（二）私人发展援助

私人发展援助是由私人组织提供的，这里的私人组织包括教会组织、各党派的基金会、私法性质的公司，它们在提供私人发展援助中同国家机关以及经济界机构通力合作。

公共发展援助是重要的，但也是有限的，因此就不能不考虑私人经济提供发展援助问题。德国采取了一种国家吸纳私人经济来提供发展援助的模式，这就是所谓的公共与私营部门合作模式（Public Private Partnership，PPP）。国际发展机构采取这一形式将一部分任务交给私人来做。在这一框架内公共发展合作机构同私人公司进行着紧密的合作。它们共同培训专业人员，共同建设基础设施。德国的发展机构还竭力争取同受援国的企业建立合资企业或是其他的合作形式，共同开展发展合作和提供发展援助。

在拟定公共与私营部门合作方案时，要同相关的私人公司签订具体的合同，私人公司要同德国投资与开发公司（Deutsche Investitions- und Entwicklungsgesellschaft，DEG）或是德国国际合作协会来进行合作。德国的国外代表机构主要是在对外经济促进的框架内向中小微企业提供咨询。

如今参与发展政策的私人单位越来越多，其中有不少大企业，他们大多有着丰富的经验。也有越来越多的中小微企业参与进来，它们毫无经验，因此十分希望大企业向它们传授经验。德国的驻外机构则是联系人，它们主要负责派出德国人的领事业务，在寻找合适的伙伴和项目时提供咨询。对私人责任人也可以提供部分联邦预算。

外交部，特别是驻外使领馆的一项重要任务就是同联邦经济合作与发展部来共同协调受援国或地区内的各类发展举措。

（三）经济界的投资

经济界提供发展援助主要是通过投资的方式。此类投资是以盈利为目的的，本同发展援助无关，然而它对发展中国家的经济发展却十分重要。这些钱一般都流入如今已成为发达国家贸易伙伴的新兴国家，因为它们拥有良好的市场机遇和合格的劳动力。

（四）欧盟援助

德国是欧盟的最大经济体，也是欧盟经济的核心，德国的发展政策自然不可能脱离欧盟的发展政策。因此要研究德国的发展政策也必须弄清欧盟的发展政策，至少要弄清其发展援助的重点。这就是：同非加太地区国家在"洛美协定"（今"科托努协定"）中的合作；同欧盟临近的地中海沿岸国家在"巴塞罗那进程"中的合作；同亚洲和拉丁美洲发展中国家的协定网；同中东欧以及独联体各国的合作计划，如独联体技术援助计划（Technical Aid to the Commonwealth of Independent States，简称 TACIS）和波兰、匈牙利经济重建援助计划（Poland and Hungary：Aid for Restructuring of the Economies，法尔计划，简称 das PHARE-Programm，）；食品援助和人道援助等。

三　与主管多边合作国际组织的联系

德国在执行其发展政策时十分注意同主管多边合作的国际组织（主要是联合国、世界银行、国际货币基金组织和地区发展银行）之间的合作。

联合国　联合国负责发展援助的机构有经社理事会、联合国开发计划署、联合国环境规划署、联合国志愿人员组织、联合国毒品和犯罪问题办公室、联合国人口基金、世界粮食计划署、联合国粮农组织、国际农业发展基金、国际劳工组织、工业发展组织、世界儿童基金会、妇女发展基金和世界卫生组织等。它们都在各自主管的方面承担着向相关（发展中）国家提供发展援助的任务，德国同联合国的这些组织都保持着联系和合作。

世界银行和国际货币基金组织 世界银行和国际货币基金组织是两个十分重要的国际组织。它们在处理成员国间出现的慢性或是急性经济困难中发挥着重要的作用。在多边发展合作中世界银行是一个重要的咨询和融资工具。

地区发展银行 今天地区发展银行很多，如美洲开发银行、非洲开发银行、亚洲开发银行、加勒比开发银行。它们都拥有特别基金，可以向最贫穷的国家提供低息信贷。联邦德国在这些银行都有参股，追求的是地区构想的发展政策。德国的成员国地位对于其第二或是第三、四出口大国的地位十分重要，因为只有通过参与融资才能让人考虑是否能成为设备、机械的重要供货商。在世界银行和地区发展银行中负责德国发展政策的是联邦经济合作与发展部。

科隆债务倡议 1999 年德国政府在科隆八国集团首脑会议上同其他 7 国伙伴一起达成协议，大大削减高负债发展中国家的债务，债务的减免幅度达到 90%，必要时可以升至 100%，总额约为 600 亿～700 亿美元，其中减免的贸易债权为 400 亿～500 亿美元，200 亿美元是财政合作信贷。八国集团之所以要这样做，是为了表示它们在日益加深的全球化中间继续关心最贫困发展中国家的利益。如此巨大的债务减免是由巴黎俱乐部提供的。国际融资机构，如国际货币基金组织、世界银行以及地区发展银行也同样减免了它们的债务。

八国集团首脑会议认为，减免发展中国家的债务必须同发展中国家的经济和社会福利政策的改革结合起来。高负债的发展中国家应当同国际货币基金组织和世界银行紧密合作，推行增长、可持续发展政策以及特殊的扶贫战略，重视人权问题，保证执行良政。

四 德国政府与发展中国家进行双边合作的领域

德国自有发展合作以来，对发展合作项目正确与否就一直争论不休。没有争论的只有：物质基础设施（如交通和能源生产）、农业发展、工业发展、技术转让、教育和科学、大众传媒、健康、饮食和计划生育、人道援助、创造就业岗位、改善贸易和国际收支以及使发展中国家融入世界经济等。

有鉴于此，德国便在同发展中国家合作中拟定了 6 大重点。

（1）持续扶贫，（2）减少结构缺失，（3）加强文明社会，（4）发展经济，（5）提高发展合作的有效性，（6）改善透明度。

基础设施　所谓基础设施是指为某一经济区的一般生产和居民生活提供公共服务的物质工程设施，如学校、交通设施、水电和燃料供应、排水系统，通信网络等。缺乏了其中的任何一样，经济都是不可运作的，至少是不可很好运作的。而所有这些领域盈利很少，因此不会有多少私人的投资者，而主要都是公用事业的任务。例如一个国家如果缺乏交通运输，就不可能在生产者与消费者之间建立联系，更无法去扩大出口，这一点对没有或缺少出海口的内陆国家就特别重要。于是德国就帮助约旦建筑了一条铁路以便开发其磷矿。

农业　德国支持发展中国家发展农业首先是希望改善那里的饮食条件，提高小农收入，提高其对农业机械的购买力。提高农业生产水平，特别是提高食品的自给水平对于发展中国家显得特别重要，因为许多发展中国家根本支付不起食品的进口资金或者只有在放弃进口投资商品的情况下才能够买得起食品。德国对孟加拉国在农业上的帮助就比较典型：先制定一个规划，重点是发展牛奶和牛肉，关键是选养优质奶牛，同时向当地的小农提供咨询，向他们传授轮换种植水稻、大豆和小麦等农作物的经验，帮他们建立清洁的圈舍，使该国的农牧业和食品业能得到迅速发展。

工业　工业的合作面比较宽，基础工业和重工业也都包括在内。发展合作的面也就很广，有技术和商业咨询，建立技术服务站，提供销售和出口咨询。典型的事例就是帮助印度建立鲁尔克塔钢厂。当时德国派出了 2000 名工程师和技术人员，投入了 10 亿马克。

教育和科学　德国的发展政策十分重视帮助发展中国家发展教育和科学事业。说得更准确一些，德国的发展政策就是从这里开始起家的。德国主要是帮助发展中国家建立工商学校，此外就是建立德国大学同发展中国家学术机构之间的伙伴合作，在德国或是别的国家帮助发展中国家培训实习生，为学生提供奖学金上大学。例如坦桑尼亚就请求德国帮它在达累斯萨拉姆大学建立一个工程学院，于是德国派出了 3 位教授进行实地调查研究后就该学院的各个系的大小和专业提出了建议。一年后两国政府签署了项目合同，再过了两年第一批新生便入学了。开始时课程全部由德国教师承担，今天已经主要由坦桑尼亚教师担任了。

大众传媒　随着世界的发展，发展中国家的通信结构也发生了很大的变化、电脑、电子邮件和互联网日益增多，并且成为重要的信息载体。德国发展援助在这一方面的任务就是开发并且操作无线电和电视项目，扩建通讯社，建立教科书印刷厂。例如德国就用了很长时间帮助布基纳法索建立一个国家电台，因为那里90%的居民都住在乡下。在这家国家电台工作的有3个德国人，一个编辑，负责制定播出计划；一个录制工程师，负责录音工作；一个播放工程师，负责节目的播放。

健康、饮食和计划生育 这项发展合作的重点是培养公共卫生机构的专业和辅助人员，后来又加进了计划生育工作。于是就建立起了一批咨询和培训机构，培养专门人才，生产避孕药品和工具。为了搞好卫生工作又成立了饮食、卫生和环保咨询中心。例如在喀麦隆医院里就有好多德国医生和护士在工作，他们还为当地开展培训和提供咨询。

人道援助 发展中国家经常会发生战争、动乱、自然灾害、难民潮。此时德国也十分注意提供帮助，例如提供人道援助，德国先后向中印半岛、非洲和中西亚提供了大批的人道援助。德国政府积极参加了在巴基斯坦为阿富汗难民提供食品、住房和医疗的救助工作，向当地救援组织提供捐赠，向联合国难民署和国际红十字会提供资金。

五 德国发展政策的利益诉求

在德国提供的发展援助中，赠款（物）是一种形式，年息仅0.75%的低息贷款也带有赠款的意味。那么德国为什么要拿出这么多钱在发展中国家搞"发展援助"呢？

直接的理由是维护德国的国家利益，发扬人道主义精神，减少受援国的贫困、缩小不发达人群与发达人群之间的差距。在一个很贫穷的或者贫富差距很大的国家，往往会产生矛盾、冲突甚至动乱，导致犯罪、非法移民等社会问题。因此德国要运用政治和经济手段来稳定发展中国家中某些地区的局势，使受援国的经济、社会能得到发展，能改善环境，提高人民的生活水平，这样不仅不会产生大量涌向欧洲的难民，而且会使这些发展中国家努力发展同德国的关系，德国自然会从中受益；间接的、更深层次的理由则要复杂得多。这就必须从德国的总方针、总战略来研究。

从政治多极化来说，这是为了给欧盟和德国未来的政治影响力、特别是德国的入常争取支持者和同盟军。因此只要不损害德国的根本利益，可以对发展中国家的某些经济要求做出让步，把政治原则上的不妥协性同有选择的灵活性结合起来，以便缓和南北冲突；

从经济全球化来说，这是为了建立以欧盟、德国为中心的政治经济体制服务的，以保证德国的原料来源、出口销售市场和对德国商品的需求；

从意识形态来说，这是为了推广西方模式，兜售西方的价值观，理直气壮地干涉发展中国家的内政，因为德国在执行发展援助时一直坚持政治附加条件。1991 年科尔政府就提出五项政治条件：①尊重人权，结社自由，民主选举和言论自由；②人民要参与政治决策；③法治国家和法制安全，司法独立，国家行为要透明和可测度；④经济体制市场化，保护私人财产，所有重要领域实行竞争；⑤国家行为要以发展为导向。五条中尤其强调人权问题，如有违反轻者削减发展援助，重者取消并严厉谴责。巴基斯坦和津巴布韦就是两个典型的例子（关于德国取消对华发展援助将在本书第九章第四节中介绍）。

从教育的目的看，变"重物"为"重人"，培养一批专业上的亲德派；

同样出于捍卫德国的国家利益，在具体操作时总要在支出和收入上多费思量，于是便努力实行公共发展援助同私人发展援助相结合，双边和多边发展援助相结合；尽量控制公共发展援助的额度，把"漫灌"变成"滴灌"。

德国提供的公共发展援助要高于大多数其他工业国家，并不断宣扬要尽力向联合国规定的占国内生产总值 0.7% 的指标靠拢。实际上它往往是提高绝对数，削减相对数。如上世纪 80 年代初德国的公共发展援助曾达国民生产总值的 0.47% 左右，之后便大幅度下降，降至 90 年代末的约 0.27%，直到 2004 年方始回升。2015 年则达到最高的 0.52%；

从具体项目上来说，发展援助尽管包含赠款，但大量的还是低息贷款，自然要还本付息的，况且大批发展项目都需要受援国投资。

总起来说，德国推行发展政策的"利益诉求"就是维护国家利益、输出自己的价值观念。2015 年德国之所以接纳了最多的进入欧洲的难民，也正是这一"利益诉求"的表现。

六　评论

战后 70 年来，国际关系发生了很大的变化。过去东西冲突居于绝对的统治地位，即便是南北关系人们往往也是带着东西关系的"眼镜"来进行观察的，因此东西矛盾的激化也必然大大减少了南北对话的机遇。于是南北对话也只能是"聋子的对话"了。今天东西冲突逐渐退居幕后，南北冲突逐渐演变为西南冲突和东南冲突。西南冲突主要是国际经济体制之争，东南冲突则主要成了接受发展援助之争了。德国作为西方一个重要的国家，其发展政策自然就引起人们的关注。

在世界逐步走向多极化的进程中，德国确实想对发展中国家推行一种理智的政策，以便为今后的多极世界争取更多的同盟军。于是，它强调世界的相互依存性，呼吁建立平等、伙伴关系。德国政治家在"勃兰特报告"就曾大声呼吁，"我们大家都坐在一条船上，突然起了风暴，现在是事关活命的问题"。

今天东西冲突已经退居幕后，发展政策应该说是已经摆脱了部分意识形态和地缘战略的束缚，理应获得更大的发展。1992 年《里约环境与发展宣言》向全世界呼吁，要推动可持续发展。这对各国的发展政策无疑是一个巨大的推动。会议总结了发展政策中的各类必须采取的措施，如扶贫、人口政策、妇女政策、教育措施、水资源管理、森林保护、地球大气层的保护等。这完全符合德国发展政策的要点。很多善良的人们也因此希望南北冲突能有所改善。然而，人们至今没有看到这种改善和突破。相反，由于发达国家经济发展不景气，新兴国家经济迅猛地发展后逐步减缓趋稳，东部和南部的发展中国家争相获取发展援助，国际发展援助不仅没有增长，反而有所削弱，德国也是如此。由于对新州的巨额转移支付，也由于德国经济发展的不景气，德国决定大幅削减其发展援助，削减援助项目和受援国，集中财力，提高发展援助的效益。于是，人们便看到德国不断变化其发展政策。2009 年，德国经济合作与发展部长竟然说，今后德国只能向有限的国家提供发展援助，并再次告诫人们，不要对德国在这一方面抱过高的期望。他的这番讲话在国内外都受到了严厉的批评。

总结 70 年来的发展政策，可以说既有成绩，也有问题和失误。因此人们对这一发展政策的褒贬也不一。世界银行在其报告中详谈了这些问题，其中"严重问题"占 12%，"一般问题"占 59%，工程和项目中的"光明面"和"阴暗面"几乎相当。

说到问题，就一定要分清是发达国家的问题还是发展中国家的问题，因为这两类问题很不一样。发展中国家有发展中国家的问题，例如恶劣的交通条件、脆弱的管理结构就会严重阻碍物资和设备的按时到达，不良的供应条件会导致断水、断电，外汇的短缺和通信问题会影响零部件的及时到位，专业人才的缺乏会加大人员突然短缺时寻找替补的困难，尤其是当工程涉及长期生态问题和社会文化调整时很难排除导致项目失败的因素。

　　发达国家则有发达国家的问题。发展政策在发达国家内部，同样也在德国，受到责难和批评，很多人怀疑其效果和影响。新的建议也多如牛毛：如解散联邦经济合作与发展部，将发展政策全部划归联邦外交部主管；扩大联邦经济合作与发展部；制定发展政策法；审议发展的适合度，建立发展政策内阁，制定宏观结构政策等。最典型、最悲观的是一幅救生艇的图画。画的是工业国家正挤在一艘爆满的救生艇上，水中则是大批呼号求救的落水者——发展中国家。如果要把这些落水者救上船，那救生艇就会沉没，船上的人也就会遭灭顶之灾。反对的意见则认为，只有经过共同努力，才有可能使发展中国家和发达国家都能活下来。显然，这场争论涉及的是发展政策的正确与否问题，它必将影响德国发展政策的进一步走向。

第八章

国际金融危机和欧洲债务危机下的德国经济

第一节　国际金融危机

一　次贷危机产生的原因

次贷危机产生的原因很多，突出的有下列几点。

第一，格林斯潘的低利率政策导致了美国经济的泡沫，并造成全世界经济的泡沫，突出的表现就是美国的次级抵押贷款市场迅速发展。随后，美国的利率（特别是短期利率）上升，住房市场持续降温，次级抵押贷款的还款利率也大幅上升，购房者的还贷负担大为加重，出现违约，对银行贷款的收回造成影响，出现大批的呆账和坏账。同时，住房市场的持续降温也使购房者出售住房或者通过住房再融资变得困难。一是住房的贷款者还不起贷款，二是银行收回房屋，却卖不到高价，因为房价下跌，进而引发"次贷危机"。

第二，对金融衍生工具（基金、债券、证券等）监管失控。次贷金融机构不是孤立的，它同国内外商业银行、投资银行、保险公司都有商业链接，也都从事金融衍生工具的经营。次贷金融机构是第一张倒下的多米诺骨牌，接着发生多米诺效应，造成股价的下泻。于是次贷危机变成了金融危机，继而发展成全球金融危机。

第三，评级机构的捣乱。美国的各类金融交易大多要通过评级，如次级贷款就是次级，对立面是优质贷款。如果一个评级机构给某项金融交易评三个 A，就可以在全世界交易。于是评级机构便利用手中的权力，为所欲为，推波助澜，加剧了国际金融危机。

二 次贷危机、金融危机的影响

从其直接影响来看：

首先，受到冲击的是众多收入不高的购房者，由于无力偿还贷款，他们将面临住房被银行收回的困难局面；

其次，更多的次级抵押贷款机构由于收不回贷款遭受严重损失，甚至被迫申请破产保护；

最后，由于美国和欧洲的许多投资基金买入了大量由次级抵押贷款衍生出来的证券投资产品，因而也受到重创。

危机中没收房屋 250 万套，财富损失 5.5 万亿美元，金融机构损失 1 万亿美元。

从间接影响来看：

实体经济出现困难，如汽车销售困难，失业上升，出口下滑，成为金融海啸、经济领域的"9·11"，出现了仅次于 1929 年的危机。

三 国际金融危机引发的理论思考

国际金融危机给我们带来了很多的联想，尤其是引发了人们对不少重大理论问题的思考。

（一）对马克思主义理论的意义要再认识

国际金融危机再次说明，马克思主义依然是颠扑不破的真理，没有过时。这特别表现在它的下列论述上。

资本主义的根本矛盾是生产社会化和生产资料资本主义私人占有之间的矛盾，这一基本矛盾衍生出资本金融化、虚拟化及金融市场中投机、赌博和欺诈的盛行。

资本主义制度的内在矛盾就是有效需求不足、生产过剩、透支消费、违约率上升和经济危机。

随着资本主义发展，股票、债券等虚拟资本的巨大增长和各种投机活动的大量兴起，又对进一步扩大信贷规模有了强烈的需求。于是引起连锁反应，导致货币紧缩，形成恶性循环，金融危机就此爆发。资本的贪婪使一切资本主义生产方式的国家都会周期性地陷入绕过生产过程而赚钱的狂热阶段。资本增殖自身的贪婪本性驱动虚拟资本的扩张。

正是由于商品和货币在价值形态上的对立和必须相互转换，才使资本运动过程本身潜伏着经济危机和货币金融危机的可能性。

资本主义生产既然是以商品为载体的剩余价值的生产，是攫取尽可能多的剩余劳动的生产，所以在资本主义生产的本质中就包含着不顾市场的限制而生产的趋向。

当前是全球化发展的时代，资本主义有了很多新特点，此次金融危机也有很多新特点，这是马克思当时无法看到的，因此马克思主义要发展。

（二）要深入探讨生产力的全球化同现有国际生产关系之间以及经济基础的全球化与全球化中上层建筑的矛盾

马克思主义认为，生产力与生产关系的矛盾以及经济基础与上层建筑的矛盾是推动社会发展的动力。应该说，今天这一矛盾已经越出了一国的范围而成为国际现象。那就是生产力发展的全球化同现有生产关系的矛盾，是经济基础全球化与全球化中上层建筑的矛盾。具体来说，就是现有的国际经济和金融体制已经日益跟不上生产力的全球化发展，现有的全球上层建筑已经日益制约着全球化的经济基础的发展。艾伯特基金会的坎倍特尔（Werner Kamppeter）在其著作中就从实体经济与汇率、世界市场竞争、分散的世界经济、浮动汇率、外汇和资本市场的投机、汇率动荡与唯我论、各国资本市场，以及美国、日本和德国实体经济与资本、金融市场的去一体化等方面阐述了世界经济的这种"制度缺失"。① 因此研究这一课题就应该是经济学界，特别是国际经济学界的一项新的重要任务。

我们必须研究如下问题。

（1）生产力全球化应该有何种相应的生产关系，应该有何种相应的国际政治、国际经济和金融机构和管理体制，应该如何改革国际货币体制；

（2）经济基础的全球化应该有何种相应的上层建筑，应该如何逐步建立这样的上层建筑；

（3）国际金融危机与市场经济的关系，如何在全球化中贯彻市场经济与宏观调控的统一；

（4）经济全球化中的发达和不发达国家关系，如何促进不发达国家从全

---

① Kamppeter, Werner: *Kapital- und Devisenmärkte als Herausforderung der Wirtschaftspolitik*, Frankfurt/New York: Campus Verlag, 1990.

球化中获益；

（5）如何保证国内经济同国际经济的协调发展，等等。

（三）对资本主义要从理论上再剖析

国际金融危机爆发的深层原因最终必然归结到资本主义制度本身。它让我们看到：资本主义的基本矛盾没有改变，但在新形势下有了新的发展和变化。它突出地表现为生产无限扩大的趋势与劳动群众有支付能力的需求逐渐缩小之间的矛盾，表现为产能过剩，劳动者购买力下降，有效需求不足，很多实体行业利润下降，大量资本进入金融领域角逐高额利润，最终导致虚拟经济的崩盘。世界银行 1999 年的报告中确认，世界上每天不得不以低于一美元度日的人数正在不断增加。在 1987～1993 年又增加了一亿人，从而达到了 13 亿人，据估计迄今已有 15 亿人，跨入 21 世纪后不久将达到 20 亿人。[1] 再看剩余价值率的变化，1950 年美国制造业的剩余价值率为 111%，1960 年为 122%，1970 年为 141%，1980 年为 161%，[2] 1989 年为 209%，[3] 总体呈上升趋势。1929 年的经济危机、1970 年的美国股灾、21 世纪初"安然事件"[4] "泰科事件"[5] "朗讯事件"[6] 等诸多大公司丑闻，特别是这次殃及全球范围的金融风暴和肆虐欧洲的债务危机都是这一基本矛盾的反映。

当前资本主义的基本矛盾突出表现在社会生产力的无条件发展不断地同现有资本增殖的有限目的发生冲突，表现在以美国为首的发达资本主义国家私人占有制与生产社会化和经济全球化的矛盾。金融垄断和全球化的不断推进，不仅促进了更大规模的生产全球化和金融全球化，而且使生产资料和金融财富更大规模地向少数人和少数国家集中。

---

① 〔德〕罗伯特·库尔茨：《资本主义黑皮书——自由市场经济的终曲》（上、下），钱敏汝等译，社会科学文献出版社，2003。

② 逄锦聚等主编《政治经济学》，高等教育出版社，2009，第 125 页。

③ 黄素庵等：《重评当代资本主义经济：科学技术进步与资本主义的变化》，世界知识出版社，1996，第 211 页。

④ 美国安然公司曾经是世界上最大的能源商品和服务公司之一，自称全球领先企业。然而，2001 年 12 月 2 日，安然公司突然向纽约破产法院申请破产保护，严重挫伤了美国经济的元气，引起美国政府和国会的高度重视。

⑤ 美国泰科公司是世界最大的电气、电子元件制造商。2005 年，历经 3 年审判，极尽奢华的前首席执行官丹尼斯·科兹洛夫斯基及前首席财务官分别被判处 25 年监禁，法庭还判罚两人向公司归还 1.34 亿美元的非法所得。

⑥ 美国朗讯公司曾在 2000 年到 2003 年之间邀请部分中国官员访美观光并承担费用，以确保能获得一笔价值可观的电信设备采购合同，朗讯为此花费了数百万美元用于中国官员的 314 次旅行，这与美国《海外反腐败法》相抵触。

当代的资本主义世界经济充满风险和不确定性,实体经济发展严重受制,虚拟经济却是无限膨胀,货币危机、债务危机和银行危机此起彼伏。2003 年,德国 3 位经济学家在预测 2004 ～ 2005 年世界经济发展时就已经感受到大危机即将到来前的"满楼风暴"了。①

金融危机粉碎了"资本主义永在"的神话。虽然当前资本主义仍处于强势地位,仍有一定的自我调节能力,但其基本矛盾是无法克服的。

与以往金融危机相比较,此次金融危机波及范围之广前所未有。食利性资本主义已经进入全球性金融垄断资本主义,也就是"赌场资本主义"。

与此相关的一个引人注目的现象便是国际金融危机以来马克思和凯恩斯的书籍畅销,两人的理论也大量被引用。这是天大的好事,这说明他们关于资本主义的一些根本论说并没有过时,并又一次经过实践的检验被证明是真理。

(四) 对新自由主义要再研究

西方国家推行的新自由主义是国际金融危机爆发的重要原因,危机使人们更清楚地认识了新自由主义的本质及其危害。

新自由主义实质就是一种市场原教旨主义。近一二十年来它之所以如此恶性膨胀是因为其符合国际金融垄断资本在全球范围内自由流动和自由掠夺的意志,成为资本主义极力向外输出的意识形态。

以主张彻底私有化、贸易自由化、利率市场化为主要内容的"华盛顿共识",是新自由主义的政策宣言,而此次金融危机则进一步宣布了"华盛顿共识"基本理念的失败。

(五) 对"看不见的手"与"看得见的手"、对"市场"与"政府"之间的关系要再探讨

自从亚当·斯密于 18 世纪提出市场这只"看不见的手"以来,它几乎已经成为西方经济界的"圣经",虽经马克思、凯恩斯理论的强力冲击,影响至今不衰。

20 世纪的 60、70 年代,各国经济出现"滞胀",凯恩斯主义也逐渐退出历史舞台,新自由主义的供给导向经济政策开始兴起,自由主义市场经济的思想再次被激活,并成了里根执政的美国和撒切尔执政的英国的"金科玉

---

① Hauchler, Ingomar/Messner, Dirk/Nuscheler, Franz: *Globale Trends 2004/2005 — Fakten Analysen Prognosen*, Bonn: Fischer Taschenbuch Verlag, 2003, S. 117 – 176.

律"，被奉为"里根经济学"和"撒切尔主义"。20世纪80年代末到90年代初，东欧剧变，冷战结束，资本主义一片欢呼。美籍日裔学者福山更是高呼这是"历史的终结"。于是，"自由放任"的市场经济模式便得到空前的推崇和传播，特别在金融领域大肆膨胀。人们面对的是"看不见的手"在运作，"看得见的手"则几乎成了摆设。这就是美国次贷危机和金融危机发生的直接原因。

危机发生后，西方世界形成了两大阵营。主流派是以哈佛大学经济学教授、"华盛顿共识"的倡导者杰弗里·萨克斯为首，他们认为，所有问题均在政府，而不在市场，不在制度；非主流派则是以英国华威大学教授、《赌场资本主义》的作者苏珊·斯特兰奇（Susan Strange）为首，他们认为，问题出在制度，出在赌场资本主义"疯狂的金钱"。目前，争论还在继续，但胜利的天平似乎已经日益转向非主流派。

其实，公平而论，应该说政府和制度都有问题。政府是宏观调控不力，制度则是根本不重视宏观调控。对于这样一个结论显然有不少人是不愿接受的，于是便称之为搞"社会主义"。

这是十分可笑的事情。社会主义是一个特定的社会形式，它具有很多特点。绝不能说，某国做了一点同社会主义雷同之事，便冠之以社会主义。当然更用不着因为怕别人说自己在搞"社会主义"就惶惶然不知所措，而科学社会主义理论却会在世界各国的实践中不断地来丰富和发展自己，得到越来越多人民的拥护。

无数颠扑不破的事实已经说明，"看不见的手"——"市场"绝不是万能的，它必须辅以"看得见的手"——"政府"。"市场"加"政府"，"看不见的手"加"看得见的手"两手一起抓才能管好一国的经济。

（六）对虚拟经济与实体经济关系要再解剖

这实际上是经济学中的一个老问题了。在这个问题上，可以说是内涵的核心依旧，但外延却发生了很大变化。

古典经济学认为，货币形成了一层面纱，它遮盖但却不影响实体经济的过程。货币变量是名义变量，实体变量是指实际的就业和产量。由于货币本身没有价值，因此货币量或货币流通速度的变化只会带来价格水平的变化，而不会影响就业和生产，即所谓的货币中性。货币变量和实体变量是相互独立的，这就是所谓的古典二分法。

随着经济学的发展，人们终于认识到，这两者是有关系的。人们可以通过一种传导机制来实现它们之间的关联。例如人们可以通过调控流通中的货币和有价证券量来影响经济发展的快慢。

于是货币经济、金融经济、虚拟经济便日益发展，并通过所谓衍生工具和"杠杆效应"极度膨胀。美国经济学家拉鲁什（Lyndon LaRouche）认为，20世纪90年代以来，世界就出现了实物经济与金融经济越来越脱节的现象，金融经济的发展越来越快，从1995年到1997年，就增加了50%，这种账面上的经济增长没有实质基础，所以造成了一系列的危机。① 此后，形势越发不可收拾。到发生次贷危机时，美国的次贷总额为1.5万亿美元，在其基础上就发行了2万亿美元的住房抵押支持债券（MBS），并衍生出超万亿美元的担保债务凭证（CDO）和数十万亿美元的信贷违约掉期（CDS）；目前在普通商业银行的高杠杆率是10倍，投资银行则高达25倍。这样虚拟经济就日益脱离了实体经济，形成巨大的泡沫。

实体经济是指人通过思想使用工具在地球上创造的经济，因而与劳动密切相关。而虚拟经济则同资本密切相关。因此此次国际金融危机反映的实体经济与虚拟经济的矛盾又进一步显示了资本主义社会中传统的劳动与资本矛盾的加剧。

事实说明，实体经济与虚拟经济是两个范畴，但两者是紧密相连的。实体经济是经济活动的基础，虚拟经济则是在经济发展进入一定阶段在实体经济基础上产生的经济形式，其发展必须建立在实体经济的基础上并与实体经济发展相适应。今天虚拟经济泡沫破灭，又反过来影响实体经济，导致实体经济大幅度缩水，便是对虚拟经济恶性膨胀的一种罪恶的惩罚。今天西方在实施"金融去杠杆化"过程时，金融市场出现信贷大幅收缩，拆借利率快速上升，但股票价格依然在救市利好中震荡和下泻。这样的教训实在值得人们深思。

近十几年来，随着电脑网络的广泛运用，虚拟经济像脱缰的野马狂奔，世界金融危机不断。这一方面说明，我们在金融领域的监管不力，宏观调控严重滞后；另一方面，面对如此严重的金融危机，人们的反应竟然如此之迟钝，观点分歧竟然如此之大，也说明人类对金融领域的研究，特别对金融领域新问题、新现象的研究大大落后。明确这一点，既是强调学术对人们的召

---

① 钟鑫、吴华编著《欧元的诞生与影响——挑战·对策·实务》，经济管理出版社，1999，第87页。

唤，更是对我们采取应对措施时的一种警醒。

事实说明，虚拟经济与实体经济是一对矛盾的两个方面，它们既独立又联系，独立时不能相距太远，联系时又不能不加以区别。

（七）对金融危机的理论要加大研讨

资本主义的金融危机催生了大批相关的理论，如费雪（I. Fisher）的"债务－通货紧缩理论"，明斯基（Hyman P. Minsky）的"金融不稳定假说"，金德尔伯格（Charles P. Kindleberger）的"过度交易论"，沃尔芬森（James D. Wolfensohn）的"资产价格下降论"，托宾的"银行体系关键论"。

新的国际金融危机则具有新产生的特点，可以归纳为：消费超前化、储蓄零度化、资产证券化、资本虚拟化、信用无限化、评级内生化等。而美国则把这一套通过美元的发行、五花八门的衍生工具和金融体系渗透到世界各国，使世界金融体系中充满了巨大的泡沫和黑洞，形成世界金融体系的系统性危机。因此，必须研究金融危机的新理论。

（八）对进一步继续改革国际金融和货币体制要有新的思路

今天，国际金融机构在全球层面有国际货币基金组织、世界银行、国际开发协会、国际金融公司、多边投资担保机构；区域性国际金融机构则有国际清算银行、欧洲投资银行、亚洲开发银行、非洲开发银行和美洲开发银行等。

当前国际金融体制问题很多。其主要表现为：监管体系乏力，国际储备资产、汇率制度和国际收支调节等方面的秩序和纪律松弛，决策机制落后，危机缓解救助机制失灵，必须进行改革。

当前最大的问题是美元的霸主地位，是美国利用其美元的特殊地位透支全世界：今天，美国人口只占世界人口的4.5%，却消耗全球30%的资源，其国内债务和国际债务总和早已超过60万亿美元，为美国国内生产总值的4倍。美国只需通过发外债、印钞票，尤其是人为地使美元贬值，就会导致其他国家持有的美元和美国债券大幅缩水，进而实现全球财富向美国的转移。而特里芬难题①告诉我们，储备货币发行国在为世界提供流动性的同时是无法确保币值稳定的。可以说，美元的特殊地位和霸主地位

---

① 1960年，美国经济学家特里芬（Robert Triffin）提出，各国为了发展国际贸易，必须用美元作为结算与储备货币，这就会导致流出美国的货币在海外不断沉淀，对美国来说就会发生长期贸易逆差；而美元作为国际货币核心的前提是必须保持美元币值稳定与坚挺，这又要求美国必须是一个长期贸易顺差国。这两个要求互相矛盾，因此是一个悖论。

是这次危机的元凶之一。人们确实应该认真考虑充分发挥特别提款权的作用，完善其定值和发行方式，推动其分配，扩大其发行，建立与其他货币的清算关系，成为国际贸易和金融交易公认的支付手段，推动特别提款权在国际贸易、大宗商品定价、投资、记账、资产中的计值作用。2015 国际货币基金组织宣布人民币"入篮"。这就提高了人民币的国际地位，使中国能较易摆脱汇率风险。

第二节　国际金融危机对德国经济的冲击[①]

美国"次贷危机"是从 2006 年春季逐步显现的，2007 年 8 月开始冲击欧洲和日本等世界主要金融市场，2008 年逐步演变为"金融危机"，并于 9 月几乎席卷了整个世界，德国自然也难以幸免。事实说明，当今的世界，只要发生席卷全球的事件，就很难想象有一国能置身事外而独善其身。正如一位德国经济学家所言："只要世界经济咳嗽，我们在德国就会得上地道的肺炎，反之亦如此"。[②] 于是德国不得不施展浑身解数，频频出手，试图将其经济损失减少到最低限度。

一　过分自信声中见危机

美国"次贷危机"起始于青萍之末，然而发展之快、涉及面之广确是人们始料未及的，特别是正处于两年经济恢复期中的德国会被感染就更难以想象了。除了德国金监局局长约翰·萨尼欧（Jochen Sanio）早在美国次贷危机爆发之初就发出警告外，[③] 全国上下几乎普遍认为，美国的次贷危机不会对德国造成多大影响。甚至连中国媒体也说"全球经济利空消息不断，德国却是一枝独秀"。

然而，严酷的事实还是出现了：2007 年 8 月 2 日，德国杜塞尔多夫工业信贷银行（Düsseldorfer IKB-Bank）宣布盈利预警，后来宣布出现 82 亿欧元的亏损，因为旗下的"莱茵兰基金"（Rheinland Fonds）以及银行本

---

① 参阅殷桐生《国际金融危机对德国经济的冲击》，载北京外国语大学《德意志文化研究》2009 年第 5 辑，外语教学与研究出版社，第 61~68 页。

② Benson, Niels: *Auswirkungen der Finanzkrise in Deutschland mildern durch Regierungs-Investitionspaket?* www.liberty-blog.de/content, 07. 11. 2008, letzter Zugriff am 07. 11. 2013.

③ 李钢：《金融危机催生德国银行改革》，《企业技术进步》2009 年第 2 期，第 37 页。

身也参与了美国房地产次级抵押贷款市场业务而遭到巨大损失；萨克森州银行和德国地产融资抵押银行（die Hypo Real Estate，HRE）遭遇巨大风险；巴伐利亚和西部州银行也背上数十亿的债务；按照德国联邦银行的统计，2007 年德国金融资合公司全部货币资产为 93874 亿欧元，债务则高达92677 亿欧元，净货币资产只有 1198 亿欧元。可以说此时金融危机之火已经蔓延到德国的相关公司，然而它却依然没有惊醒德国政府和媒体的好梦，2007 年 11 月 2 日德国中央银行前行长韦伯（Axel Weber）公然说，德国的银行和金融系统已经顺利渡过了此次美国次级抵押贷款市场问题所引发的金融市场危机。德国财长施泰因布吕克则认为，金融市场危机对德国经济的影响应该很有限，[①] "德国经济目前足够强壮，能够战胜眼下的金融市场危机"。[②] 德国经济部部长格洛斯（Michael Glos）也表示，金融危机不会导致德国经济衰退。

然而话音未落，德国的银行一个接一个倒闭，杜塞尔多夫工业信贷银行不得不由德国银行协会接管；德国最大的私人银行德意志银行宣布 5 年来首次出现净亏损；德国地产融资抵押银行的救市计划破产；巴伐利亚州银行同美国金融危机的牵连和亏损远比事先估计的要大。这时的施泰因布吕克才慌了神，大呼这些单位是"知情不报"。[③] 之后情况日益严重，就连德国私人储户最多的邮政银行也报告说，它在第三季度亏损了 4.5 亿欧元。12 月美国的媒体康采恩"芝加哥论坛报业集团"破产，德意志银行又受牵连，它曾向其提供过数以亿计的欧元贷款。2009 年，德国第五大富豪阿道夫·默克勒（Adolf Merckle）陷入财政困境，成了 30 家公司的债务人。他不堪重负，于1 月 5 日离家出走，独自来到离家 300 米远的铁道上，扑向一辆疾驶而来的火车，自杀身亡，这一消息震惊了世界。德国财政部的内部评估报告也披露，整个德国金融体系持有的不良资产总额最高恐怕已达 1 万亿欧元。[④] 这就告诉人们，这些银行的坏账是德国联邦政府债务的两倍。2009 年 2 月 21

---

① 引自"和讯网"，2008 - 04 - 10。

② 胡小兵：《经济观察：德国平静应对金融市场危机》，来源："新华网"2008 - 3 - 27，载新华网：http://news. xinhuanet. com/newscenter/2008 - 3/27/content_7871588. htm，最后访问日期：2012 年 1 月 20 日。

③ Wais, Rudi: *Die Finanzkrise und deren Auswirkungen in Deutschland*，www. augsburger-allge-meine. de，25. 10. 2013.

④ 张兴慧：《德国银行坏账黑洞或引发新一轮金融危机》，《中国青年报》2009 年 1 月 19 日，第 7 版。

日，德国《比尔德日报》引用政府一个委员会的报告说，欧宝汽车公司今年第一季度或最晚 6 月初就将关闭。委员会的报告认为，欧宝目前财政状况非常严重，要想继续运营下去，必须注入 33 亿欧元（约 42 亿美元），但没有一家银行愿意提供贷款。

面对日益恶化了的现实，德国朝野之间、党派之间、官民之间论争也日趋剧烈。在内外压力下，经济部部长格洛斯被迫挂冠而去。

二　金融危机对德国经济直接冲击不大的原因

我们这里讲的直接冲击指的就是对虚拟经济的冲击，讲具体一点是对金融业的冲击。从上一节的介绍中我们不难看出，德国的虚拟经济，也就是其金融同样也受到美国次贷危机和金融危机的冲击，但与其他各国相比，仍然不算严重，各国经济学家几乎都同时指出这一点。笔者认为，这主要有以下几方面原因。

（1）德国金融和银行体制相对保守、体系分散，非盈利性银行比例很高，以盈利为目的的银行资产不到全部银行资产的 30%；此外，德国存款保险体系健全，保险额高于其他各国。主要保险体系就有商业银行存款担保基金、储蓄银行保障基金和信用合作保障等。1998 年德国还成立了"银行赔偿公司"，规定所有银行必须在该公司投保。德国还严格规定，各银行的主要任务是吸收存款、提供信贷以支持经济的发展，而不是放在投资上去获利。另一个需要强调的是，德国拥有严格的信贷监管机制，但主要不是由央行，而是由特定的联邦信贷监督局来行使监管职能。因此德国整个银行业比较稳健。

（2）德国房地产市场低迷，金融机构多数没有参与美国次贷市场。企业贷款条件只是略有损害，尚不存在资金链断裂的危险。[1] 1990 年德国统一后，东部面临重建的高潮，房地产市场火爆，但很快就进入适应期。步入 21 世纪后，建筑投资竟然连续出现负增长，2004 年为 −2.3%，2005 年为 −3.6%，2006 年为 4.3%，2007 年为 1.8%，2008 年为 2.8%。[2] 完全没有美国房地产市场火爆的氛围，更没有美国式的次级信贷规模。

（3）德国的企业很少依赖外部资金，也很少购买外国的金融衍生产品。

---

[1]　胡小兵：《德国平静应对金融市场危机》，新华网柏林 2008 年 3 月 27 日电。

[2]　*Jahreswirtschaftsbericht 2006, 2007, 2008, 2009.*

这就保证了德国的虚拟经济没有受到世界经济危机的巨大冲击。

（4）经过 10 年的改革，德国的经济态势有了较大的好转，也增强了对外部风险的抵御能力。施罗德的《2010 议程》同默克尔的"整固、改革与投资"三和弦结合，使德国对内和对外经济都出现了转机：实际工资下降，企业竞争力上升；财政稳定，从 2006 年开始便改变了连续 4 年超过欧盟《稳定与增长条约》中的赤字规定的情况，基本实现了收支平衡；景气失业大幅度下降，结构性失业也有所缓和，2008 年 10 月失业人数一度已降至300 万人以下；慕尼黑伊福经济研究所 2008 年的报告显示，在对德国 7000家工业、建筑业和批发零售业企业进行调查后得出的结论是，即便在欧元对美元大幅升值和国际油价飙升的情况下，德国的商业环境指数仍保持上升，由 104.1 点微升至 104.8 点。[①] 读一读施罗德《抉择：我的政治生活——施罗德回忆录》中"鼓足勇气，实施改革"这一章，人们会有不少感性的体会。[②] 而德国经济好转这一情况则比较集中地反映在博芬格（Peter Bofinger）撰写的《我们过得比我们自认的还好——所有人的福祉》（*Wir sind besser, als wir glauben—Wohlstand für alle*）一书中。[③]

（5）目前 80% 的德国出口商品以欧元结算，只有 13% 的出口商品使用美元结算，因此美元贬值短期对德国出口影响相对较小。

（6）强调发挥国家监管作用，应对措施正确、及时。例如，德国央行一发现德国工业银行陷入美国的次贷危机遭受亏损，便立即召集全国银行同业商讨拯救该行的一揽子计划；德国地产融资抵押银行遭遇巨大风险，德国政府立即予以援助，并迅速将援助金额提高到 500 亿欧元，竭力堵住这个窟窿，不让它冲垮整个金融系统。2008 年 8 月 12 日联邦议院批准了《限制金融投资风险法》，用以规范信贷和安全条约以及信贷债权的转让问题。这里要特别提到金监局起的重要作用。它一发现美国金融危机波及德国，便马上采取 3 项重要措施：①停止与雷曼兄弟德国分公司的一切账款往来；②从2008 年 9 月 20 日至年底，暂停对 11 家德国金融服务公司（均为知名公司，如德意志银行、商业银行、邮政银行等）股票的卖空行为，也就是所谓的"卖空禁令"；③提供 350 亿欧元的信贷担保，成为德国金融业历史上最大的

---

① 胡小兵：《德国平静应对金融市场危机》，新华网柏林 2008 年 3 月 27 日电。

② Schröder, Gerhard：*Entscheidungen*，Hamburg：Hoffmann und Campe Verlag, 2006.

③ Bofinger, Peter：*Wir sind besser, als wir glauben — Wohlstand für alle*，Hamburg：Rowohlt Verlag, 2006.

一次"救火行动"。这些重要举措使反映生产者和消费者心理预期的两大指数——商业景气指数和消费者信心指数没有出现下滑。德意志银行总经济师瓦尔特尔认为，从国际上看，德国的危机处理是"非常专业的"。①

（7）德国的虚拟经济和超前消费远不像美国那样膨胀。在德国，人们看不到美国那样的消费超前化、资产证券化、资本虚拟化等"自由放任"的金融市场运作方式，看不到日益庞大的国际金融衍生品市场，也看不到"利好私有化，风险社会化"这一潮流。

（8）欧盟认为，德国在应对金融危机中具有核心地位，欧洲央行积极支持德国的"救市计划"。由于欧元区各国已将货币主权让渡给了欧洲央行，因此欧洲央行的一举一动也都牵动着德国的金融神经，而欧洲央行的"保守"政策显然也大大缓解了欧洲受国际金融危机的冲击。

三　金融危机对德国经济的间接冲击

前面阐述了全球金融危机对德国虚拟经济的冲击，本小节则是主要剖析其对德国经济的间接冲击，重点是对德国实体经济的冲击。

德国是一个实体经济强大的国家，因此世界金融危机对德国经济的冲击突出表现在实体经济上。

2008年开始，德国经济还延续着2007年的增长势头，然而进入第二季度风云渐变，连续出现三个季度的负增长，陷入衰退。德国国内生产总值全年增长1.3%，远低于预期。2009年的普遍预计为下降2.25%，而实际下降高达5.1%。

德国曾是世界出口冠军，其出口也是德国经济的主要拉动因素，出口率往往高过40%，远高于其他各国，因而受到世界金融危机的冲击也最大。2008年，出口增长4.2%，进口增长3.4%，贸易顺差率为0.7%，与第三季度相比，第四季度出口下降了7.3%，为1991年以来最低。

企业投资大幅度减少。机器、汽车、其他设备投资以及建筑投资都大幅度下降。

失业人数在2008年10月一度下降到300万以下，11月开始反弹，为327万，失业率7.8%。按照德国的经济统计，凡国内生产总值的增长不超过2%，就不会带来就业岗位的增加。

---

① 刘华新：《德国救市"三板斧"》，《人民日报》2008年10月4日，第3版。

物价上涨幅度加大，其中私人消费物价上涨了 2.5%，国内需求价格上涨了 1.5%，国内生产总值价格上涨了 1.2%，都高于往年。

2008 年 9 月德国工业收到的订单比上月猛降 8%，成为德国统一以来最大的单月降幅。

联邦经济部 2009 年 2 月报告，同上月相比，2008 年 11 月工业生产下降了 3.5%，与上年相比下降了 7%。与 2008 年相比，初级商品生产下降了 9%，投资商品生产下降了 6.7%。

2008 年第四季度，德国最重要的汽车、钢铁、化工、机器制造和造船业订货、生产、销售和利润全面下滑，减幅高达 10%~40%。

德国咨询机构金鲍姆（Kienbaum）公司对 500 个不同行业企业进行的调查显示，1/3 的德国企业均采取裁员措施，其中，29% 的企业裁减 11~50 个工作岗位，17% 的企业解聘 101~500 名雇员，10% 和 16% 的企业分别裁员 501~1000 人或 1000 人以上。[①]

这大大影响了德国人的信心。德国最重要的经济景气指数——伊福商业景气指数由 2008 年 10 月的 90.2 点下跌至 2009 年 2 月的 82.6 点，落到 1982 年以来的最低水平，这已是德国商业景气指数连续第九个月恶化。据欧洲经济研究中心统计，2008 年 10 月德国的信心指数就比上月下降了 21.9 个百分点，景气预期明显低于历史平均值。[②]

四 德国应对次贷危机的重大举措和特点

（一）成立应对金融危机专家组

2008 年 10 月德国政府宣布，成立应对国际金融危机专家组。默克尔亲自参加了该专家组的第一次会议，强调专家组的主要任务是处理建立金融市场新规则的相关建议，尤其是为 11 月中旬在华盛顿举行的国际金融峰会做准备工作。专家组由德国联邦银行和欧洲央行总经济师奥特马尔·伊辛（Otmar Issing）领导，其成员包括法兰克福大学融资与信贷专业教授克拉能（Jan Pieter Krahnen）、欧盟委员会前高官雷格林（Klaus Regling）和国际清算银行前总经济师怀特（William R. White）等。德国政府代表为财政部国

---

① Wirtschaftswoche, www.wiwo.de, 17.02.2009.
② 以上数字除特别注明出处外，均引自德国联邦经济部 2008 年 11 月、12 月，2009 年 1 月、2 月的月度报告。

务秘书阿斯穆森（Joerg Asmussen）和总理经济顾问魏德曼（Jens Weid-mann）。[①]

（二）大规模救市和稳定、发展经济计划

2008 年 10 月 7 日，联邦政府推出以保民生为目的的"减轻税收负担，稳定社会福利保险费和家庭投资"计划，将私人居户的税负减少 20%，支出最多为年 2 万欧元；从 2009 年 1 月 1 日起，将失业保险金额下调 0.5 个百分点，为 2.8%；提高儿童免税金额，增加子女津贴，从 2009 年 1 月 1 日起，将第一、二个孩子的津贴每月提高 10 欧元，第三个孩子以上的津贴每月提高 16 欧元；提高住房津贴，引进取暖津贴等。

10 月 17 日，联邦政府推出 5000 亿欧元的金融市场稳定基金（SoFFin）救市计划。其中 4000 亿欧元作为银行间货币交易的担保，800（700 + 100）亿欧元作为联邦对需求银行的注资，再加 200 亿欧元的保证金。该计划采取了特批的办事程序，当天由联邦议院和联邦参议院通过，并经总统批准发布。

11 月 5 日，联邦政府通过了名为"促进增长，保障就业"的总额为 320 亿欧元的振兴经济方案，包括 15 项措施，旨在防止金融危机对实体经济造成更严重的威胁。其中的 120 亿欧元是政府通过贷款和行业性减税等措施促进 500 亿欧元的投资，从而确保约 100 万人的就业岗位，在两年内对设备资产动产实行额度为 25% 的屡退折旧；150 亿欧元是复兴信贷银行为中小微企业提供的融资。从方案公布之日起至 2010 年底的两年内，新购汽车免征机动车税最高为一年，如果符合"欧 V"或"欧 VI"标准，免征机动车税最高可为两年；30 亿欧元用于鼓励按节能标准翻修老建筑；20 亿欧元由联邦政府投资来加快交通建设。另外，约 30 亿欧元由复兴信贷银行投资建设欠发达地区的基础设施，

2009 年 2 月，德国战后历史上最大规模的经济景气计划——"德国就业与稳定计划"出台，规模为 500 亿欧元。新方案含五大重点：公共投资（向公共基础设施投资 169 亿欧元）、提供经济信贷、就业和培训、削减税捐（削减所得税和公共医疗保险税项约 180 亿欧元）和可持续财政计划。如将该方案加上 2008 年 11 月 5 日的方案，德国投入的总规模占国内生产总值的 1.5%。

[①] www.de.reuters.com，28.10.2008.

（三）强调国家干预和银行国有化

德国由于实行社会福利市场经济，主张宏观调控，因而也就不难做出"强调国家调控"和"银行国有化"的决定。施泰因布吕克就公开宣传，"没有国家干预，纳税人的负担还要重"。他也主张对某些银行实行国有化，认为，"我们的州银行太多，很多都缺乏令人信服的交易模式。我们需要把8个州银行和合作社部门的优质信贷机构加以合并"，"不对德国地产融资抵押银行实行国有化，就很可能出现第二个雷曼兄弟这样的事件"。① 默克尔也明确地说：不排除银行的国有化，② 并着手德国地产融资抵押银行的国有化。

长期以来，德国银行以其雄厚的资本、高效优质的服务在国际上享有良好的信誉。然而，近年来德国银行业由于不思进取，经营和利润不断滑坡，与其他国家银行业相比差距在不断扩大。在这样的背景下，德国的第二大银行商业银行便被部分国有化了：2009 年 1 月 9 日德国政府通过"金融市场稳定特别基金"向该行注入 100 亿欧元，取得该行 25% 的股权，以缓解该行面临的资金困难。商业银行便成为德国第一家被部分国有化的私人商业银行。

（四）先救虚拟经济，后救实体经济

德国是一个实体经济实力十分雄厚的国家，曾是世界出口冠军，因而受到世界经济危机的冲击也大，与此相比其虚拟经济受到的损失要小得多。但德国政府经反复考虑还是把救援的重点首先放在虚拟经济上，先救虚拟经济，后救实体经济。联邦政府的"虚拟救市"金额达到了 5000 亿欧元，而两项刺激实体经济的计划却分别只有 320 亿和 500 亿欧元。

然而"虚拟救市"计划进展很不顺利，开始只有巴伐利亚和西部州银行和北方银行考虑接受政府援助，其他银行都不太愿意向政府求助。主要原因是银行方面担心失去管理权，也害怕会被同行耻笑。最终迫使默克尔不得不在联邦议院批评这种只要"脸面"，不要国家援助的错误做法。③

五　国际金融危机冲击后的德国经济

从 2008 年开始，在德国，人们仿佛又看到了一个经济巨人在国际金融危机的泥潭里左进右退、腾挪辗转的场面。打拼的结果是：2009 年德国国内

---

① de. news. yahoo. com，19. 02. 2009.

② de. reuters. com/article/companiesNews/idDEBEE4980NM，09. 10. 2008.

③ *Jahresgutachten des Sachverständigenrates 2008.*

生产总值最后定为 5.1% 的负增长，人均国内生产总值下降 4.9%，国债增至 73.1%，财政赤字高达 5.5%，失业人数反弹至 340 万，失业率升至 8.2%，基本建设总投资回落 8.6%，其中设备投资下降 20%，进出口分别下降 8.9% 和 14.7%，进出口值为 3.4% 的负增长。其中绝大多数数据都为联邦德国成立以来的负面最高纪录。[①] 但人们也看到，2009 年第二季度国内生产总值在持续回落之后就增长了 0.4%，第三季度又进一步上升了 0.7%，[②] 整个工业生产从 9 月份开始已经走出了低谷，出现了环比和同比的双增长；2010 年 1 月，工业订货五年来首次增长了 5.1%，[③] 第一季度德国的国内生产总值比 2009 年第四季度增长了 0.2%，比 2009 年同期增加 1.7%。经济增长的主要原因是出口的上升。2010 年 3 月出口环比增长高达 10.7%，是 1992 年 7 月以来的最大增幅。[④] 2010 年国内生产总值全年的增幅就达到 3.7%，2011 年继续增长 3.7%，从而扭转了 2009 年的颓势，走出了国际金融危机造成的低谷。

第三节　欧债危机

2010 年，希腊由于长期"有意误报"经济实情，实际债务占国内生产总值的比重高达 143%，从而拉开了欧债危机的序幕。之后危机日益蔓延，吞噬了南部欧洲的五国。2010 年"欧猪五国"（PIIGS），即希腊、意大利、爱尔兰、葡萄牙、西班牙的债务占国内生产总值的比重分别为 143%、119%、96%、93% 和 60%。

一　欧债危机产生的原因

造成欧债危机的原因很多，包括直接原因和深层次的原因。

直接原因主要有三大项：第一，欧债危机是国际金融危机的延续，主要表现在问题国家为了应对美国金融危机将私人债务转为主权债务，过度利用

---

① *Jahreswirtschaftsbericht 2010*，Januar 2010. 本文中的数据除特别注明者外均引自该报告。

② *Viertes Quartal | Wirtschaftserholung gerät ins Stocken*，www. news. de/wirtschaft/855044217/ wirtschafts-erholung-geraet-ins.../1/，letzter Zugriff am 15. 08. 2012.

③ （Verfasser unbekannt）*Deutsche Wirtschaft zeigt sich stabil*，www. faz. net/.../Doc ~ EA209FB 2282094FDEA8759542015F870C ~ ATpl ~ Ecommon ~ Scont...，letzter Zugriff am 15. 08. 2012.

④ *Erster Quartalbericht des Statistischen Bundesamtes*，www. stern. de/.../erstes-quartal-2010-deutsche-wirtschaft-trotzt-dem-winter – 1565796. Html，letzter Zugriff am 15. 08. 2012.

财政政策刺激经济；第二，是问题各国长期实施高福利、高债务的后果，但并不是实行高福利的国家都陷入了危机；第三，美国评级机构的推波助澜。

深层次的原因则是结构问题，突出的是欧盟（欧元区，下同）生产力与生产关系、经济基础与上层建筑结构的失衡和违背了蒙代尔提出的最佳货币区理论问题，例如应当结构相似，要有共同的财政、货币等政策以及国家要发挥财政的作用等。[①]

（一）生产力与生产关系、经济基础与上层建筑的错位结构[②]

生产力与生产关系、经济基础与上层建筑理论是马克思主义的精髓。当我们采用这一理论来分析欧债危机问题时就感到找到了钥匙。

马克思主义政治经济学一方面把生产关系看作是一个由生产、交换、分配和消费等关系组成的体系，主要研究这些关系的内在结构；另一方面从生产力和生产关系相互作用中研究生产关系的变化和发展规律，研究社会经济制度发展变化的规律。[③]

1. 欧盟特殊的生产力与生产关系、经济基础与上层建筑结构

欧盟不是一个国家，而是一个超国家的组织，是一个由处于不同发展阶段国家组成的综合体。它有自己的生产力、生产关系，也有自己的经济基础和上层建筑，但都十分微小和脆弱。然而加上所有成员国的这一结构却又是十分庞大。于是在这里就呈现出一个极其错综复杂，甚至是畸形的矛盾关系。欧债危机之所以产生恰恰是因为欧盟既缺乏完全与其生产力相适应的生产关系，缺乏与其经济基础完全相适应的上层建筑，也存在脱离其生产力发展的生产关系以及脱离其经济基础的上层建筑。

2. 欧盟依然是典型的资本主义社会的生产力与生产关系、经济基础与上层建筑结构

欧盟如今由 28 个资本主义国家组成。这些国家的生产力与生产关系、经济基础与上层建筑都具有典型的资本主义的特征，而欧盟本身的生产力与生产关系、经济基础与上层建筑则又是这种关系的缩影。这是它同所有资本主义国家的共同之处，因而也就逃脱不了资本主义国家的矛盾和危机。

3. 强大的生产力和经济基础与不健全的生产关系和上层建筑的矛盾

但是欧盟又有同一般资本主义国家不同的地方。它虽然力图使自己国家

---

① Sarrazin, Thilo: *Der Euro, Chancen oder Abenteuer?* Bonn: bpb, 1998, S. 65 – 77.

② 见关海霞《欧债危机和德国应对危机的政策分析》，化学工业出版社，2016，第 81 ~ 84 页。

③ 逄锦聚等主编《政治经济学》，高等教育出版社，2009。

化，但至今仍不是一个国家，其特点就是强大的生产力和经济基础与不健全的生产关系和上层建筑的矛盾。

欧盟的综合生产力（即各国生产力的总和）和经济基础是强大的。人所共知，生产力是在不断发展的，它总是不断突破旧的生产关系的藩篱向前发展，进而要求与其发展相适应的新的生产关系。当今，资本主义社会生产力新发展的趋势集中体现在资本过剩和产能过剩上，尤其体现在虚拟经济和金融衍生品的膨胀上，体现在巨额的主权债务危机上。

与此相对的是，欧盟的上层建筑却是微弱的、不健全的，因而也就没有制约虚拟经济和主权债务危机的机制和手段。于是虚拟经济和借贷资本就像脱缰的野马一样狂奔不已，结果陷入金融危机，产生主权债务危机。

欧盟这种生产力和经济基础的发展以及生产关系和上层建筑的严重缺失是造成欧盟（欧共体）成立以来不断产生危机的根源，也是欧债危机产生的根源。可以预言，就凭欧盟当今的上述结构，还是会不断出现危机，甚至是更为严重的危机。

4. 不同的生产力和经济基础却受制于共同的生产关系和上层建筑的制约

在欧盟的 28 个成员国中生产力的发展大相径庭，经济基础也是千差万别，富国、穷国泾渭分明，但却都在使用着统一的货币政策，统一的债务、赤字、通胀和利率标准。由于欧盟是富国掌大权，这些政策和标准自然主要是迎合富国，特别是德国和法国的利益，而给穷国则带来巨大的困难。它们感到被戴上了紧箍咒，行动艰难、步履蹒跚。生产力与生产关系，经济基础与上层建筑的错位竟然到了如此地步。这不仅使大多数穷国的发展落后于富国，而且使其更易受到欧债危机的感染。

5. 欧盟重视稳定，重视紧缩，因而抑制了生产力的增长和经济基础的扩大

欧盟和德国一样重视稳定，重视紧缩，欧债危机发生后更加强调紧缩，这使欧盟的经济不仅得不到较快的增长，反而遭到抑制。欧盟的生产关系和上层建筑不仅不去推动生产力和经济基础的健康发展（实际上是指实体经济的健康发展），反而加以抑制，使欧盟实体经济生产力的增长极其缓慢，甚至倒退。

6. 生产关系和上层建筑内部的不协调

欧盟的生产关系和上层建筑完全不同于一国的结构。它是由欧盟自身加各成员国的体系综合而成的。问题是，欧盟与成员国的这种关系远达不到一个国家的中央和省、州之间的关系。在一个民族国家，即便其实行联邦制，

中央的权威仍然大于地方，而欧盟正相反，成员国的权威实际大于欧盟，形成了一个倒二元体制。欧盟不仅远不具有各成员国的全面权力，甚至已经立法的权力也经常受到成员国的挑战。另外还有一个不和谐，那就是欧盟上层建筑内的不和谐。在欧洲理事会、欧盟部长理事会、欧盟委员会和欧洲议会之间矛盾不断，内斗迭出，大大制约了欧盟上层建筑的行动能力，欧债危机中的这一表现便是很好的佐证。

（二）南北结构问题

欧盟有严重的结构问题。一是南北差，即富国在北部，穷国在南部，严重卷入欧债危机的"欧猪五国"都在南部。二是东西差，即欧盟后期的扩大主要集中在欧洲的东部，入盟的绝大部分都是穷国，于是又增加了一个东西差。庆幸的是，东欧各国此次没有过深地卷入欧债危机。

（三）收入与支出结构：支出大于收入，寅吃卯粮

欧洲各国长期实施高福利、高债务，其基本路径是：国家举债—人民富裕—企业得利—债务危机。其实，高福利并不一定就会造成高债务，如北欧国家。可以说，搞高福利的国家不一定会出现债务危机，但出现债务危机的大多搞高福利。关键是不能有凯恩斯的赤字财政的指导思想，不能没有严格的财政纪律。欧洲从二战后就开始借债，例如希腊就大搞高福利，公共部门雇员一年可获 14 个月的薪酬，一年至少有 6 周的带薪休假，很多人一年中有 7 个月是下午两点半下班。希腊公务员占人口的比例是英国的 5 倍，他们每个月可以享受 5~1300 欧元的额外奖金，奖金的名目繁多，比如会使用电脑、会说外语等。希腊人退休以后仍然享有一年 14 个月的养老金，到了 2050 年，希腊的养老金开支将上升到国内生产总值的 12%，而欧盟成员国的平均养老金开支还不到国内生产总值的 3%。希腊养老金欺诈现象猖獗，在过去 10 年间，有高达 80 亿欧元的养老金被那些已经去世的老人的家属冒领。希腊人所享受的福利待遇已经远远超出其经济生产能力。此外，在西班牙和爱尔兰，上午 10 点钟上班，中午休息 3 小时，下午 4~5 点钟上班，晚上大玩。他们是在聊天，而不是工作（They just talk，Not work）。今天，这些习惯了阳光、沙滩、海风和下午茶的人们可能要过上一段紧日子了。

（四）货币政策与财政政策结构

一国的经济政策主要靠货币政策与财政政策这两条腿。而欧盟偏偏缺财政政策这条腿，各成员国则是缺货币政策这条腿，于是都成了残疾人。当一国债务达到一定程度后，其利率和汇率都会发生相应的变化，比如利率升

高，货币贬值，但是现在整个欧元区使用单一货币，这就意味着当单个国家债务过高的时候，它不能上调利率，也不能让货币贬值。而在经济一体化程度不够的情况之下，单一货币极易造成"好的愈好，坏的愈坏，多的愈多，少的愈少"的"马太效应"。例如希腊欠债，本来可以采取货币贬值的办法来应对，现在不行；欧盟应对债务危机，本可以采取限债或保增长的办法，现在也不行。[①]

（五）人口结构问题

老年人的比例与中青年人的比例失调。以人口老化为例，在希腊，2005年时，65岁以上的人口占总人口的18%，预计到2030年，这一比例将上升到25%；在西班牙，这一比例将从17%上升到25%。希腊人的平均退休年龄为53岁，因此不要很久，一名就业者将要负担一名退休者的养老金。

二　欧盟的应对举措

几年的欧债危机不仅把欧盟，特别是把欧元区搞得鸡犬不宁，也把世界弄得坐卧不安。有关应对该危机的举措可以说是汗牛充栋，但大致可以归纳为三大问题：其一，是治本还是治标，德国等一些"健康"国家强调治本，"问题"国家则希望治标；其二，是奉行财政紧缩政策还是推行经济增长政策。当时的对峙情况几乎是一半对一半，连作为欧盟双发动机的德国和法国也分庭抗礼；其三，从何渠道出资纾困。前两个问题理论上的答案已经逐步清楚，那就是标本兼治，紧缩和增长双管齐下。然而在执行中各成员国还是各吹各的号，各放各的炮。还需要进一步研究，进一步探讨，最后争取找到平衡点。麻烦的是第三个问题，钱从何而来？其实不管是从哪里来，对出资者来说，都需要考虑，是机遇大于风险，还是风险大于机遇？

2012年9月6日，欧洲央行行长德拉吉宣布了新的购债计划；9月12日，德国联邦宪法法院对"财政契约"和"欧洲稳定机制"（European Stability Mechanism，ESM）是否违反德国宪法一案做出裁决，在附加了一些前提条件后对其予以放行。这些利好消息大大提振了市场的信心，欧美股指一路上扬，各界好评如潮。这多少让人看到了欧债危机出现转机的希望。

（一）立法以治本

在德国毫不妥协的坚持下，欧盟开始了艰难的立法历程。2010年3月成

---

① 黄燕芬：《货币政策与财政政策协调性研究》，《人民日报》2004年4月23日，"学术动态"版。

立了以范龙佩为首的，由 27 个成员国财政部部长组成的"特别工作小组"（task force），开始了立法程序，重点是解决债务和赤字的立法问题。

1. 建立"欧洲学期"，确保欧盟经济治理制度化、程序化

2010 年 9 月，欧洲理事会正式批准了"特别工作小组"提出的"欧洲学期"建议，2011 年 1 月，"欧洲学期"正式实施，每期 6 个月。这是为了尽早发现成员国的财政问题，尽早采取措施进行干预，争取尽早予以解决。

一个"欧洲学期"的具体安排如下：每年 1 月，欧盟委员会开展年度增长调查，找出问题；3 月，欧洲理事会制定相应的年度经济政策重点，提出财政政策和经济政策的建议；4 月，成员国提交一份完整的公共财政改革计划，欧盟委员会进行评估，并向各国政府提出详细的、有针对性的政策指导；6 月，欧盟部长理事会讨论欧盟委员会提交的针对各成员国的指导意见；7 月，欧盟部长理事会正式通过指导意见，各成员国政府据此制定下一年度的财政预算方案以及经济结构改革方案并提交本国议会批准。

2. 六部立法（Six-Pack）

2010 年 9 月，欧盟委员会在参考特别工作小组研究成果的基础上，提出了包含 6 项欧盟立法措施的提案。2011 年 9 月，欧盟部长理事会和欧洲议会投票通过了该提案。这 6 项措施是指 6 部欧盟二级法律，包括 5 部条例和 1 部指令，合起来称为"六部立法"或"六包立法"。2011 年 12 月 31 日，"六部立法"正式生效。其主要内容如下：（1）改革《稳定与增长公约》的预防机制和纠正功能，根据修订后的"超额赤字程序"，政府债务占国内生产总值的比例超过 60% 的成员国必须以每年 5% 的比例削减其债务；（2）引入"反向投票机制"，即欧盟委员会对成员国提出制裁建议后，除非欧盟部长理事会通过有效多数票反对实施制裁，否则制裁自动生效；（3）在欧元区实施更为严格的预算监管；（4）引入预防和纠正宏观经济不平衡的新规则，即过度不平衡程序，它类似于财政方面的"超额赤字程序"，如果成员国持续不能顺利执行纠正计划，将会招致相当于其国内生产总值 0.1% 的罚款；（5）强化"超额赤字程序"，增加政府债务衡量指标，修订处罚规则；（6）建立成员国预算框架。

3. 财政契约

"财政契约"于 2012 年 3 月 2 日经（除英国和捷克外的）25 国签署，2013 年 1 月 1 日生效，主要内容如下。

"财政契约"由六大部分组成：第一部分提出加强预算纪律、经济政策协调以及改善欧元区治理的目标；第二部分说明契约与《欧洲联盟条约》的

一致性；第三部分阐述"财政契约"的主要内容，规定政府结构性赤字不得超过国内生产总值的 0.5%，政府债务应低于国内生产总值的 60%，如偏离中期目标应采取限时纠正措施和结构改革，最重要的是缔约国须将契约各项债务限制写进具有约束力的宪法或者相应的国内法中，以保证"财政契约"各项指标在国内预算过程中能得到严格的遵守，一个或多个缔约国对于违规国家可向欧洲法院提起诉讼，并且实行不超过该国国内生产总值 0.1% 罚金的自动惩罚措施，即采用"反向投票机制"；第四部分提出经济政策协调与趋同，致力于制订欧盟共同经济政策以实现提高竞争力与就业、进一步巩固财政的目标，确保缔约国在实施所有重大经济政策改革前进行沟通与协调；第五部分涉及欧元区治理，规定欧元区国家每年至少召开两次欧元峰会，已经批准"财政契约"的非欧元区国家可以参加峰会讨论；第六部分是最后条款。

4. 两部立法（Two-Pack）

2011 年 11 月 23 日，欧盟委员会又提出了《关于加强欧元区遭受财政稳定严重困难或面临威胁的成员国经济与预算监管条例》和《关于监管和评估欧元区成员国预算计划草案并确保其纠正超额赤字的共同规则条例》，即所谓"两部立法"，被称为"两包立法"。前者规定，在欧元区那些没有被纳入"超额赤字程序"和"超额失衡程序"的成员国中，仅对那些向欧盟委员会提交了下一年的财政预算草案的成员国进行额外的监督，提交预算草案的时间不能晚于每年的 10 月 15 日。欧盟委员会如果发现提交的草案违背了《稳定与增长公约》或"财政契约"中有关债务和赤字的相关条款，可以提前进行预警；后者规定，要求正在执行"超额赤字程序"或"超额失衡程序"的欧元区成员国，或者申请了"欧洲金融稳定基金"（European Financial Stability Facility，EFSF）、"欧洲稳定机制"财政援助计划的成员国，进一步提高其向欧盟委员会提交监管报告的水平和频率。如果某成员国被认为，有可能在"超额赤字程序"最后期限到来时，仍不能达到所要求的目标或不能调整财政整改路线，那么欧盟委员会就有权采取对应措施，向成员国议会发出警告，督促该成员国严格、快速地达到目标。2013 年 3 月 12 日，欧洲议会通过了该两包立法。

（二）紧缩与增长双管齐下

面对欧债危机欧盟各国都在冥思苦想应对之策，基本分为两派。以德国为代表的成员国坚持紧缩理念，但效果甚微。荷兰、希腊、法国等坚持财政紧缩的国家领导人均相继被民意所抛弃，欧洲陆续爆发大规模的反紧缩政策游行。2012 年 5 月 8 日奥朗德（Hollande，Thomas）以"缓紧缩、促增长、增就业"的竞选纲领，击败萨科齐，赢得了法国大选。6 月 14 日，他便向欧盟提交了一份名为《欧洲增长契约》的文件，要求欧盟今后加大高新技术行业、公共事业基础设施等行业的投资，实施金融交易税，并辅以促进年轻人就业的措施，方案的金额高达 1200 亿欧元，可从 3 个渠道为该计划融资：欧盟结构基金拨款 550 亿欧元；欧洲投资银行从金融市场融资 600 亿欧元；发行欧洲债券，从金融市场融资 45 亿欧元。

法国的反紧缩、强调经济增长的方针迅速得到南欧问题国家的赞同，最终竟然发展到同坚持紧缩国家分庭抗礼的地步。于是德国也开始做出了一定的让步，提出六点计划促进投资和增长：（1）增加 100 亿欧元欧洲投资银行的资本，以便能用优惠的贷款利息支持危机国家；（2）发行"项目债券"；（3）调整欧盟福利基金使用方向，提高危机国家职业教育水平，加大资金投入，解决青年人失业问题；（4）引入金融交易税，为增长计划筹措资金；（5）建立经济特区，通过税收优惠等措施吸引外国投资；（6）对劳动力市场和就业制度进行改革、削减社会福利、推动就业、促进投资。这样算是明确了紧缩和增长双管齐下。

在经济学上关于是实行紧缩还是扩张政策，至少也有三大流派：凯恩斯主义主张刺激需求；李嘉图坚持财政赤字中性论，认为紧缩也好扩张也好都于事无补；"财政政策的非凯恩斯效应"派则认为紧缩政策能够带来增长。

（三）筹资

1. 建立"欧洲金融稳定基金"和"欧洲稳定机制"

EFSF 是欧盟救援机制的重要组成部分，是短期的临时性欧元救助机制，有效时限为 3 年。它设在卢森堡，拥有的最高金额可达 4400 亿欧元，所需的贷款金额由 EFSF 从资本市场筹集。2011 年 7 月，欧元区国家政府首脑会议决定对 EFSF 进行扩容，欧元区成员国把最高担保金额提高到 7800 亿欧元。

ESM 是 2012 年 1 月 23 日由欧元区 17 国通过成立的，并于 2 月 2 日获得签署，9 月 27 日生效。这一机制是欧元区成员国依照国际公法成立的政府间组织，总部也设在卢森堡，它将取代现有的 EFSF 这一临时机构，放贷能力达到 5000 亿欧元，被称为欧洲版国际货币基金组织（见表 8 - 1）。

表 8 - 1 "欧洲金融稳定基金"与"欧洲稳定机制"比较

机构	"欧洲金融稳定基金"	"欧洲稳定机制"
性质	公司制	政府间组织
最大借贷能力	4400 亿欧元	5000 亿欧元
资金结构	自身没有资金，需从资本市场自筹，政府承诺最高担保金为 7800 亿欧元	拥有欧元区成员国认购的 7000 亿欧元原始资本，其中 800 亿欧元为实收资本，该笔现金分五批等额注入，6200 亿欧元为可提取资本
职能	为所需资金发行债券，所得资金用于直接贷款，救助重债国	与 EFSF 基本相同
	在一级市场为成员国新发国债提供部分担保	
	在二级市场购买成员国已发售的、可交易国债	
	提供预防性贷款	
	通过贷款给政府为银行注资	
债权人地位	与其他私人投资者一样	有优先债权人地位

资料来源：引自关海霞《欧债危机和德国应对危机的政策分析》，化学工业出版社，2016。略有改动。

EFSF 的职能主要是：以欧元区成员国的信用作为抵押通过在市场发行债券融资，给陷入困境的欧元区成员国发放低息贷款；通过贷款给政府，用于这些国家金融机构的资产重组，从而维护欧元区的金融稳定；为成员国的国债提供部分担保，由 EFSF 承担新发国债 20%～30%的最初损失；可以从私人投资者手中直接购买有债务问题国家的国债；提供预防性贷款。

ESM 是政府间组织，拥有 800 亿欧元实缴资本（实收资本），6200 亿欧元通知即缴资本（承诺资本、可提取资本），最大的放贷额度为 5000 亿欧元，主要任务是为陷入资金困难的欧元区国家提供金融救助，条件是必须签署"财政契约"，必须将"债务刹车"写入国家法律。

2. 欧洲央行成为"最后贷款人"

关于欧债危机中欧洲央行的作用问题欧盟各成员国彼此分歧很大，弄得欧洲央行开始时手足无措，只能从事一些常规业务。随着形势的日益严峻，欧洲央行的态度也日益强硬，特别是新行长德拉吉上台后，表现得更为明显。

（1）将欧元区主导利率维持在超低水平

将基准利率保持在超低水平甚至确定下限为 0，属于常规货币政策的非常规化操作。德拉吉上台后，立即对利率政策进行调整，先后七次下调三大利率，最后使存款利率、主要再融资利率和隔夜贷款利率降至历史低点，分别为 -0.2%、0.05% 和 0.3%。

（2）证券市场计划

2010 年 5 月 14 日，欧洲央行推出证券市场计划（Securities Market Programme，SMP），允许欧洲央行根据有关规定直接从一、二级市场①购买债券。截至 2012 年 3 月 5 日，欧洲央行持有的债券规模已达到 2195 亿欧元。

（3）长期再融资操作

2011 年 10 月，欧洲央行重启 12 个月长期再融资操作（Long Term Refinancing Operation，LTRO），12 月 21 日，欧洲央行推出三年期再融资操作计划，并调低了欧元区银行借贷的抵押和保证金要求，向 523 家欧元区银行提供了总额为 4890 亿欧元 3 年期低息贷款；2012 年 2 月 29 日，又推出了第二轮三年期长期再融资操作，向 800 家银行提供了总额为 5295 亿欧元 3 年期低息贷款。这两次三年期再融资操作计划被称为是"欧版量化宽松计划"，在筹资舒困上起到了积极的作用。

（4）直接货币交易计划

2012 年 9 月 6 日，欧洲央行推出了直接货币交易计划（Outright Monetary Transactions，OMT），暂停证券市场计划，决定在二级市场无限量地购买欧元区成员国发行的政府债券，从而承担起主权债务危机国家的"最后贷款人"（Kreditgeber der letzten Instanz）角色。

（5）资产负债表策略

欧洲央行通过扩大资产负债表规模和调整资产负债表项目结构，为市场提供流动性。

三　欧债危机的现状与展望

欧盟委员会 2014 年 2 月 25 日公布了冬季经济预测报告，欧洲经济终于结束持续数年的萎缩，迎来第一缕复苏曙光，市场出现些许乐观行情，舆论

---

① 一级市场（Primary Market/New Issue Market）是筹集资金的公司或政府机构将其新发行的股票和债券等证券销售给最初购买者的金融市场；二级市场（Secondary Security Market）即证券交易市场也称证券流通市场、次级市场，是指对已经发行的证券进行买卖、转让和流通的市场。在二级市场上销售证券的收入属于出售证券的投资者，而不属于发行该证券的公司。一级市场主要是发行者和承销商的交易；二级市场主要是投资者之间的交易。

按捺不住兴奋情绪，国际机构开始小幅上调欧元区2014年和2015年的经济增长预期，称欧元区经济将迎来温和增长。

根据欧盟统计局的数字，2013年欧元区17国和欧盟28国财政赤字占国内生产总值的百分比分别从2012年的3.7%和3.9%下降到3.0%和3.3%，这是自2008年以来的最低点；2014年2月，欧元区出口额和贸易顺差都创下了欧元区成立以来的第三高，18国的出口额为1533.34亿欧元，同比增加了38亿欧元，贸易顺差达136亿欧元；2014年4月10日，希腊政府发行30亿欧元的5年期国债，这是希腊重返国际资本市场的第一步。4月23日，欧盟统计局确认2013年希腊实现基本财政盈余15亿欧元。同日，葡萄牙也成功地发行了10年期国债。[①] 显然，欧元区经济复苏虽脆弱，但已走出了债务危机的低谷。

然而问题仍然很多、很严重。欧元区和欧盟各国政府的平均债务总额占国内生产总值的百分比不仅不降反而升高。欧洲央行设定的2014年通胀目标为1.0%，2016年回升到1.5%。现实却是，欧元区的通胀率进一步走低，从2014年2月的0.7%再度降至3月的0.5%。[②] 不少人担心会出现通货紧缩。幸好下半年欧盟经济又有了微弱的增长。2014年欧盟的国内生产总值比2013年有了微弱的提高。[③]

但是一波未平一波又起，2015年1月25日希腊大选结束，齐普拉斯（Alexis Tsipras）领导的激进左翼联盟胜出，决定"抛弃灾难性的紧缩政策"，遭到欧盟领导层、国际债权人以及德国等国的坚决反对，掀起一场轩然大波，不少人已经认为，希腊退出欧盟在所难免。然而经过各方的斡旋，双方达成妥协，危机终于缓解。

2015年3月，欧洲央行行长德拉吉经过反复权衡终于推出了颇受争议的欧版量化宽松货币政策，启动每月600亿欧元大规模国债与其他债务购买计划，从2015年3月持续至2016年9月。经过一年的实践，效果还是明显的，加上油价的大幅下跌，欧盟经济呈现出温和的复苏进程。2016年3月10日欧洲央行进一步宣布，下调欧元区主导利率5个基点至零，下调欧元区隔夜贷款利率和隔夜存款利率分别至0.25%和负0.4%，并从4月份起，将资产

---

① （作者不详）：《美联社：欧洲喜讯连连 债务危机退潮》，来源："参考消息网"，2014年4月25日。

② 陈新：《欧版"量宽"只是一张"底牌"》，《人民日报》2014年4月14日，第22版。

③ Eurostat：*Bruttoinlandsprodukt*，letzte Aktualisierung：01 – 08 – 2015.

购买计划规模由每月 600 亿欧元扩大至 800 亿欧元。

2016 年 3 月前，欧盟统计局先后公布了部分重要经济指标：2015 年国内生产总值达到 14.625 万亿欧元，增长 1.9%，通货膨胀率 0.0%；2016 年 1 月欧盟经常项目顺差达到 123 亿欧元，债务总额下降到 91.6%，3 月欧盟和欧元区的就业率分别增长了 0.1% 和 0.3%。对此国际货币基金组织认为，欧元区经济增速预期 2016 年可达 1.7%。[①]

欧盟正经历成立以来的最大危机，但欧盟的发展史反复告诉人们，欧盟越是认识到危机，就越是能推动欧盟的前进。因为几乎所有的成员国都认识到，倒退带来的代价要远远大于目前需要支付的代价，更有像克罗地亚、拉脱维亚和立陶宛这样的国家在 2013 年以及 2014 年、2015 年先后分别加入了欧盟和欧元区，使欧盟成员国上升到 28 个，欧元区国家上升到 19 个。波兰也要求尽快加入欧元区。然而 2016 年英国的脱欧却给了欧盟的发展以沉重的打击，但人们依然希望，欧盟能够继续沿着其传统的前进—危机—再前进的轨迹，渡过这场危机，继续其一体化的进程。

第四节　德国应对欧债危机的方针[②]

在欧债危机中，德国是十分引人注目的。今天当欧债危机中各国的立场和各类要素基本已经水落石出之际，盘点一下德国在欧债危机中的方针、政策及其利益、理论和策略基础就十分必要了，从中既可以看到很多问题，也可以获得众多的启示。[③]

在分析这些利益、理论和策略基础时我们可以看到，它们是相互融合、相互渗透，有时却又是相互矛盾和相互制约的。

一　继续稳定和发展经济

20 世纪的 90 年代末德国开始进行结构改革。施罗德的《2010 议程》同默克尔的"整固、改革与投资"三和弦相结合，使德国国内经济和对外经济都出现了转机，在应对危机中德国更是强化了上述相关措施，突出的是以下几种。

（一）继续大力推进改革，特别是结构改革

施罗德的大刀阔斧和默克尔的精雕细琢逐渐使德国摆脱了"德国病"和"统一病"的窠臼。施罗德推出《2010 议程》，推动经济的结构改革，引进"哈尔茨 IV"方案，控制工资的增长，从而保证了很多企业的国际竞争力。无论作为基础，还是作为持续，施罗德的改革红利都有力地支撑着这根危机中的中流砥柱。

默克尔上台后大力推行整固金融方案，并把投资放在了突出的地位，提高雇员薪酬，提高雇员参资、参股和参利的幅度，在危机中更是引进了《新债务法规》，执行"债务刹车"。这些改革无论是在危机前还是在危机中都为德国抗击欧债危机建立了防火墙，使德国在危机中脱颖而出。

（二）加强管控虚拟经济，继续发展实体经济，力保经济增长

加强虚拟经济的管控，使其在更为严格的监管下运作，特别是加强了联邦金监局的作用，更好地统一监管起银行业、证券业和保险业。2009 年 5 月 29 日和 6 月 12 日，联邦议院和联邦参议院分别批准了《新债务法规》，并于 2011 年生效，正式实行"债务刹车"措施，[①] 使该年及 2012 年和 2013 年的财政赤字大幅度下降，2014 和 2015 年更是做到了略有节余。[②] 国债总额占国内生产总值的比例也从 80% 以上降低到 2015 年的 71.5%。德国金融体制的稳固大大提高了德国的金融地位，在一片萧条的邻国中显得鹤立鸡群，从而给德国带来巨大的收益。如德国首次以 -0.01% 的利率发行了半年期国债，总额约合 50 亿美元，竟被迅速抢购一空。这就意味着大批投资者宁愿倒贴利息也愿意借钱给德国政府。

大力发展实体经济，维护较好的产业结构，使第二产业产值保持在国内生产总值的 30% 左右。如 2012～2015 年德国第一产业、第二产业、建筑业和第三产业增加值占国内生产总值的比重分别为 1%、26%、5% 和 68%，第二产业的比重在西方各工业国中名列前茅，[③] 保证了德国的出口和就业。这一做法也被人誉为"德国模式"，并带动了西方世界的"再工业化"潮流。

竭尽全力保经济增长。2009 年在国际金融危机冲击下德国的国内生产总

---

① Hausner, Karl Heinz/Simon, Silvia: *Deutsche Schuldenregel als Alleskönner?* 15. 09. 2009.
② 联邦财政部:《2015 年 1 月报告》。
③ 联邦统计局:《2013 统计年鉴》。

值下降了 5.1%，2010 年又爆发了欧债危机，但 2011～2015 年德国的国内生产总值仍然保持了增长。

（三）全力保出口、保就业

在债务危机的冲击下，欧洲各国进口需求下降，德国便及时调整出口战略，将目光转向新兴国家，特别是加强了同中国的经贸关系，从而有效地保障了德国外贸出口的继续攀升，使德国的出口贡献一直保持在国内生产总值的一半左右。对外贸易顺差也一直在高位运转，即便是 2009 年也达到 1387 亿欧元，此后数年持续攀升，2010～2014 年分别为 1549 亿欧元、1587 亿欧元、1898 亿欧元、1977 亿欧元、[①] 2171 亿欧元，2015 年德国的外贸顺差进一步上升到 2479 亿欧元，从而拉动了德国经济。

在应对两场危机中，德国政府始终强调"全力保就业"，通过引进低工资工作和增加打短工人数进一步发展了施罗德开创的就业新局面。2013 年、2014 年和 2015 年德国的从业人数分别提高了 0.6%、0.9% 和 0.8%，失业率按德国标准分别为 6.9%、6.7% 和 6.4%，按欧洲国民经济总核算体制的标准分别为 4.9%、4.7% 和 4.3%。[②]

（四）推动研发和创新

推出工业 4.0 计划，实行两元战略：继续贯彻将信息技术与传统高生产技术深度结合的政策，设备制造业着重对信息物理系统进行研发；大力推广电子商务。2012 年，有 1870 万人拥有移动终端设备，其中 31.1% 的用户进行了网购。2013 年，德国网购人数上升到 4330 万人，在整个欧洲位列前茅。预计到 2020 年，德国的电子商务市场营业额将超过 1000 亿欧元。[③] 由于德国全力保护自己的经济，在遭受危机冲击时竟然获得了出乎意料的利益：第一，欧元贬值推动了德国的出口。2009 年德国的出口下降 18.4%，之后总体呈加速趋势。欧元兑美元的汇率从 1∶1.6035 降至 2016 年 1 月 27 日的 1∶1.0866。在不到一年的时间内欧元对主要货币的汇率下跌了 10%，对美元的汇率则下跌了 22%。[④] 于是，2010 年德国的出口就增长了 19.4%，2011、2012、2013、2014 和 2015 年又分别增长了 11%、9%、1.6%、3.7%

---

① 联邦统计局：《2014 统计年鉴》。

② 引自 2015 年和 2016 年德国《经济年度报告》。

③ 尼科里娅·艾普斯托卢：《欧债危机下德国是如何做的？——专访德国联邦外贸和投资署官员》，《中国新闻周刊》2013 年第 35 期，第 38～39 页。

④ （作者不详）：《欧版 QE 实施满月初见成效》，《参考消息》2015 年 4 月 11 日。

和 5.4%；第二，获得丰富的廉价劳力，仅 2011 年上半年德国移民整体数量就同比增加了 19%，达到 43.5 万人，其中来自希腊的移民更是同比暴增84%。2012 年来自希腊、西班牙、葡萄牙和意大利的移民又增加了 11%，来自爱沙尼亚、拉脱维亚、立陶宛、捷克、斯洛伐克、斯洛文尼亚、波兰和匈牙利的移民更是增长了 31%。① 第三，提高了德国在欧洲和世界的地位，使它进一步执欧洲经济的牛耳，并凭借其强大的抗打击能力成为应对欧债危机的中坚力量，柏林也就相应地成了欧洲政治和经济的中心。

需要指出的是，德国并不是没有受到欧债危机的冲击，如 2012 年德国国内生产总值增幅就滑至 0.7%，2013 年只增长了 0.1%。德国应对欧债危机的方针政策则更是受到广泛的抨击和批评。

德国在欧债危机中也算不上是一枝独秀，如爱沙尼亚的经济情况就比德国好得多，2011 年和 2013 年其国内生产总值分别增长 8% 和 10.46%，2010 年和 2011 年其国债总额占国内生产总值的比例分别仅为 6.7% 和5.8%，因而被称为"波罗的海之虎"，② 只是因为其国小量微而不被人注意罢了。

二　不为各类抨击所动，把民意和国家利益置于欧盟的一般利益之上

随着经济全球化对发达国家的负面影响日益突出，特别是国际金融危机和欧债危机的爆发，欧盟及欧盟成员国都受到严重的冲击，成员国的民族主义倾向日益显现，欧盟利益同成员国利益的冲突日益笼罩在各成员国的头上，反欧洲一体化、反欧盟、反欧元区、反欧元的呼声甚嚣尘上，然而欧洲的有识之士却也看得清楚，他们谁也离不开欧盟，更不会振臂高呼推翻欧盟。这一矛盾状况反映在欧盟各国，也影响着德国。

其实德国对欧盟发展所持的态度也日益层次化，至少已分为宏观和微观或核心和外围或重点与一般两个层面。对欧盟的外围、微观和一般发展灵活应对，保持赞成与反对的决策空间；对欧盟的核心、宏观和重点发展则积极支持，坚决守住维护欧洲一体化、欧盟、欧元区和欧元的底线，强调这是德国的国家利益。它坚持治本，努力利用危机取得欧盟结构改革上

---

① 引自联邦统计局《2013 统计年鉴》。
② 参见维基百科"爱沙尼亚"条。

的突破。

两德统一以来，德国的对外政策就日益以本国利益、内政需要为导向，对欧洲一般利益的重视则日益淡薄。但是由于德国始终坚持欧洲一体化、维护欧元区、维护欧元，德国民众对欧洲一体化的支持率与欧盟其他成员国相比，仍然较高。欧债危机以来德国民众对欧洲一体化日益缺乏信心。民调显示，对欧洲信心减少乃至丧失的德国民众占到 63%，对 53% 的德国人而言，欧洲不再是其未来。这一点突出反映在新成立的"德国选择党"身上。该党反对欧元，反对德国给予债务国的巨额救助，反对把欧盟转变成一个"转移支付联盟"，但它在 2013 年 9 月的联邦议院大选中竟然获得 4.7% 的选票，差一点就越过 5% 的门槛，进入联邦议院。

当今德国疑欧情绪的上扬不仅体现在民众身上，也反映在政治家们的身上，特别反映在对希腊的救助问题上。联邦议院通过的救助法案，也每每遭遇大批议员的反对，甚至有人会去联邦宪法法院告状。

更值得注意的是，在此次欧债危机中，默克尔政府始终出于选情考虑紧跟民调，害怕做出有违民意的决定而损坏其所在政党的选情，各政党以及联邦宪法法院等的阻力也限制了德国政府在维护欧洲一体化上的努力。于是德国政府不得不把国家的利益放在了欧盟的一般利益之上，这突出表现在：一是坚持"不救助条款"（No Bail Out Klausel），不愿提供援助，认为救援政策应主要在欧盟层面上展开。2010 年 5 月，德国与其他欧盟国家通过第一轮救助希腊计划后，立即引起了国内的强烈反应。在北威州议会选举中，默克尔领导的基民盟惨败。这就更加加剧了德国政府的不救助立场。德国财政部部长朔伊布勒（Wolfgang Schäuble）明确表示："我们德国人不想把钱放在一个我们无法控制而且我们不清楚德国的钱用在何处的大锅里"；内政部部长德迈齐埃（Thomas de Maizière）说："对欧盟预算贡献最大的国家必须捍卫自己的利益。"① 然而，随着欧债危机的日益恶化，越来越多的欧元区国家卷入债务危机，德国的踌躇也就日渐增长，而这种在"救"与"不救"之间的犹豫正成为危机升级的催化剂。二是反对扩大"欧洲金融稳定基金""欧洲稳定机制"的资金规模，认为，这只会纵容重债国更依赖救助，意味着德国的担保额度将进一步上升，承担的风险将进一步提高。三是反对发行欧元区"共同债券"，认为欧元区共同债券意味着债务集体化，信誉高的国

---

① 丁原洪：《欧洲的"德国问题"重起》，《和平与发展》2010 年第 6 期，第 56～57 页。

家将分担问题国家的违约风险，借债融资成本将迅速攀升。默克尔甚至扬言，"只要我还活着，就没有债务共担"。四是反对欧洲央行充当"最后贷款人"，认为《马约》里有明确的"不救助条款"，欧洲央行不得购买成员国的中央和地方政府的债券，也不得为其提供担保，否则会带来道德风险，成员国不愿再降低本国的财政赤字和债务，还会带来通货膨胀。默克尔还强调指出："按照我们对条约的理解，欧洲央行是不能解决这些问题的"，"如果政治家们指望欧洲央行能够解决问题，那么他们是在自欺欺人"。欧盟各国，特别是问题国家对德国这样的态度十分不解，进而便开始进行猛烈的抨击，默克尔更是被某些媒体攻击为"Madame Non"，甚至遭到了包括法国在内的各方面的尖锐批评。如法国社会党著名政治评论家阿尔诺·蒙特伯（Arnaud Montebourg）就猛烈攻击默克尔说："默克尔夫人的俾斯麦式的政策使德国民族主义问题又起狂澜"。法国《世界报》也刊文说，"德国的欧洲这一幽灵又站了起来"。[①] 在德国、法国、意大利、西班牙这第一、第二、第三、第四的欧元区经济体中传统的 2∶2 格局竟然变成了 3∶1 的格局，德国处于孤立的地位。国际舆论则普遍要求德国在欧盟一体化和解决欧债危机的问题上承担起自己的责任，发挥带头作用。

然而在相当长的时间内德国政府并不为这些批评所动，而是继续我行我素，进而也招致了国内的日益强烈的指责。德国的资深政治家、经济学家、前总理施密特严肃地指出，德国因其在欧债危机中的所作所为已经日益被孤立。前联邦外长菲舍尔则警告说要防止欧洲的失败，"我们必须十分注意不能失去欧洲，当前的风险很大。欧洲大陆即便没有欧元也能过下去，但是作为一个政治－文化项目它将会死亡"。

随着欧债危机的进一步恶化，随着抨击声的日益强烈，随着德国追求的治本目标的实现，德国最终还是承担起了抗击欧债危机实际领导人的角色，为解决危机既出钱又出力，起到了带头人的积极作用。

三　守住维护欧洲一体化、欧盟、欧元区底线，坚持治本，利用危机取得欧盟结构改革上的突破

德国之所以要守住维护欧洲一体化、欧盟、欧元区底线，坚持治本，利用危机取得欧盟结构改革上的突破是因为：第一，如果欧盟和欧元区解体，德国

---

① （Verfasser unbekannt）：*Anti-Merkel-Wahlkampf in Frankreich*，in：*Focus online*，01.12.2011.

无论是在政治上，还是经济上、外交上和对外文化交流上都将遭受重创，60 多年来的心血和巨大投入都将付之东流。根据《环球外汇》2012 年 6 月 18 日的报道，德国六大经济顾问机构之一的基尔世界经济研究所测算，如果欧元区解体，德国或将面临 1.5 万亿欧元（约合 1.90 万亿美元）的金融风险。第二，欧共体和欧盟的建立大大提高了德国的国际地位与话语权，使德国从一个"战败国"成了欧洲的"无冕之王"。第三，共同大市场的建立为德国保障了 550 万个工作岗位。第四，德国的贸易和投资伙伴国主要都是欧盟和欧元区国家。2015 年德国 10 个最大的出口国、进口国和贸易伙伴中均有 7 个是欧盟国家。第五，欧元的引入使德国的出口摆脱了汇率或货币风险的桎梏，不会因过大的贸易顺差而出现当年马克大幅升值的局面。在引进欧元前，马克对美元的名义汇率累计升值幅度达 2.79 倍，极大地冲击了德国的出口。第六，德国和法国的银行持有 55% 的"欧猪五国"国债，保住欧盟、欧元区和欧元将会获益，反之必遭惨重损失，甚至连现已提供的援助金额也无法收回。第七，欧盟各国如经济复苏，将进一步推动德国外向型经济的发展，反之将使出口大降，经济严重衰退。因此有学者估计，欧盟如果崩溃，德国的失败不仅是必然的，损失也将是空前的，德国的现任政府将会成为千古罪人。

于是人们可以看到，在整个欧债危机期间，默克尔等德国政要四处游说，强调欧盟的重要，欧元区的重要，欧元的重要，越是在危机期越是重要，宣传"欧元失败，欧洲失败；欧洲失败，德国失败"。他们还特别注意少谈欧盟的分歧与冲突，多谈欧盟的团结与一致。2010 年 11 月底，默克尔郑重声明，德国是欧元最大的受益者之一，因此使欧元强势符合德国的利益。在 2011 年 7 月联邦议院的讲话中，默克尔又强调，为欧洲和欧元所投入的一切，一定会成倍地得到偿还，欧元是德国经济成功的重要因素。现在，部分欧元区国家由于债务危机引发了对欧元的信任危机，这种信任必须要重新赢取回来。2012 年 2 月 2 日，默克尔在中国社会科学院的讲话中更是谈到，"像德国这样一个国家从欧元中获益良多，它作为欧元区和欧盟的一个出口国能拥有一种共同货币自然要好运作很多"，"一个共同货币就需要共同来保卫"，"这就意味着，未来我们需要的是更多的欧洲，我们的经济政策需要更多的内聚力，我们的创新积极性需要更多的内聚力，欧洲今后会更加团结，德国会特别积极。人们可以说：欧洲会在危机中共生"。[①] 在同萨科齐

①　根据 2012 年 2 月 2 日默克尔在中国社会科学院报告的录音。

总统谈话时，她明确表示"我们的目标是没有国家退出欧元区"，"欧元区不会倒"等。前总理施密特更是严肃地指出，"我们德国人在任何时候都不能成为欧盟这一伟大工程停滞、失效或崩塌的根源。全世界都在等待欧洲终于能用一个声音说话，这其中就包括了德国人与法国人以及其他邻国合作的坚定意志"。"德国对于欧洲而言或许太大，但对于世界而言却又太小。因此，德国若想要在世界上保持现有的地位乃至发挥更大的影响力，离不开一个强大的欧洲"。①

德国不仅极力守陈，更重视突破和创新，坚持治本，坚持立法，坚持欧盟和成员国的结构改革，从而取得了在非危机时期难以取得的成果。这突出表现在"欧洲学期""六部立法""两部立法""财政契约""欧洲金融稳定基金"和"欧洲稳定机制"等重大举措上。

默克尔积极提出"财政契约"提案，并于 2012 年 3 月 2 日在欧洲理事会上得到了除英国和捷克外的 25 个国家和政府首脑的首肯。该条约的核心就是引入德国"债务刹车"模式，并仿效德国，将其植入各国宪法或同类的法律之中。

正是出于这种核心利益的考虑，德国逐步改变了它初期对欧债危机的观望、犹豫、踌躇的态度，同意向危机国家提供援助，但在重大问题上仍不妥协。"财政契约"一签署，德国坚持的治本计划一落实，默克尔心里的一块石头终于落了地，于是德国便改弦更张，真心支持并积极领导欧盟各国投入这场抗击欧债危机的斗争。这突出表现在德国对欧洲央行承担"最后贷款人"的角色身份和成立"欧洲金融稳定基金"及"欧洲稳定机制"的支持上。

2012 年 9 月 6 日，欧洲央行推出了直接在二级市场购买成员国国债的计划，成了实际上的"最后贷款人"。德国央行行长魏德曼照例表示反对，但默克尔和联邦财政部长朔伊布勒则都改变了原先的立场，表示欧洲央行原本就是独立主管货币政策的，颁布这样的计划是其分内之事。

德国一贯主张严格的财政政策和引入国家破产程序，反对直接经济援助，自然也反对欧洲金融稳定基金、欧洲稳定机制和国际货币基金组织这些救市保护伞的举措，因为它们实际上废弃了《里斯本条约》中的"不救助

---

① 郑春荣：《欧债危机使德国进退维谷》，《经济参考报》2013 年 3 月 21 日，第 A05 版。

条款"，而"财政契约"的签订则改变了德国的方针。

德国原本反对"欧洲金融稳定基金"的成立，后来做出了妥协，表示同意，但还是坚持该机制必须以 3 年为期限。

"欧洲稳定机制"是 2012 年 1 月 23 日由欧元区 17 国通过成立的，并于 2 月 2 日获得签署，但德国没有批准。6 月 29 日联邦议院和联邦参议院批准了该条约，但考虑到有人会向联邦宪法法院起诉，联邦总统便没有批准该条约。9 月 12 日，德国联邦宪法法院对"欧洲稳定机制"附加了一些条件后予以放行。其中的主要附加条件是要求必须以"财政契约"为救助前提，同时要求欧盟承诺，保障德国的担保金额在任何情况下都不高于 1900 亿欧元。于是欧元区 17 国常设代表便签署了"联合声明"，以满足德国联邦宪法法院的要求。9 月 26 日德国内阁通过了"解释性声明"（interpretative Erklärung），于是 9 月 27 日"欧洲稳定机制"便正式宣布生效，比原计划提前了 9 个多月。

在"欧洲稳定机制"总共 7000 亿欧元的认缴本金中，德国承担了大头。如果不是因为德国看到治本的努力已见成效，这样的承诺是不可能想象的。

德国同意签署"欧洲稳定机制"的理由有四条，一是欧盟同意，只有那些批准了"财政契约"并相应实施了"债务刹车"的国家，才有资格从"欧洲稳定机制"中获得财政援助；二是欧盟同意德国在 7000 亿欧元的认缴资本中占 27.1464% 的份额，即 1900 亿欧元，但强调如果葡萄牙、西班牙、希腊、爱尔兰和意大利未能履行义务，那么德国还将按比例额外承担 1130 亿欧元，获得了德国的同意；三是"欧洲稳定机制"必须获得高评级，才能以优惠的条件在资本市场上融资，这就要仰仗德国良好的经济发展和三 A 的评级；四是德国获得了最大的权重。"欧洲稳定机制"规定，最重要的决策，比如是否同意救助计划，是否发放贷款等，需要全体成员国一致通过，其他的决议也需要 85% 的投票权重，这就给享有 27% 投票权重的德国提供了足够的保障：只要德国代表在场，没有德国的同意，董事会实际上就不能做出任何决议。

四 受货币理论的影响或左右

德国的欧债危机政策和方针同样受到执政党和央行中某些权威人士信奉的经济理论的影响或左右。这首先表现在货币理论上，特别表现在货币经济与实体经济的相互关系理论上。在这方面主要有五大流派。

（1）古典和新古典经济学流派认为，货币供给的增长只会影响价格水平，不会影响实际产出水平，货币量的增减只会导致一般物价水平同方向、同比例的变化，而不会带动实际收入水平的变化，因而货币是中性的。货币是名义变量，不是实际变量。这就是著名的"货币中性论"，也称"古典二分法"。

（2）凯恩斯主义反对上述意见，认为货币经济（虚拟经济）通过传导机制可以影响实体经济，货币量的增加首先导致利率下降，利率下降又刺激投资，根据收入乘数理论，额外投资会成倍增加，从而刺激商品的总需求。如在开始阶段，就业不充分，生产规模就会扩大，就业也会增加，而在充分就业的情况下就会出现通货膨胀。这被称为第一传导机制理论。

（3）后凯恩斯主义发展了这种传导机制理论，认为通过有价证券也可以使货币经济影响实体经济。这被称为第二传导机制理论。

（4）货币主义则认为，短期来看，由于实际利率与实际工资的下降，货币量增加有望产生扩大生产与提高就业的效果。但是一旦所出现的价格上扬被经济主体认识到并纳入工资与利润额的计算之中，就会使生产与就业水平下滑到原来的状态。这样增长的货币量就仅仅提高了价格水平，与实体经济没有多大的关系。

（5）货币流动性理论不同意货币主义的上述论点。该理论认为，企业等个体经济流动性的大小决定着本单位经济的发展。整个经济的流动性决定着整个经济的发展。货币量就是此类流动性的一种，此外还有借贷、金融机构的存款、其他资产，而且包括主观流动性要素，即乐观的期望、希望和愿望的传播等都会影响整个经济的发展。

德国政府和央行的主流派显然还是受到第一和第四条理论的影响或左右，十分反对欧洲央行实施量化宽松货币政策，坚持"不救助条款"，反对发行欧洲债券，反对央行成为最后贷款人。

五　坚持央行的独立性原则

维持币值稳定的思想最早源于李嘉图提出的建立国家银行的计划。他极力主张建立一个完全独立的央行来发行货币并保持币值稳定，其主要官员由议会任命且与政府完全脱离，以杜绝政府滥发货币。公共选择学派进一步认为，新政府上台后会通过紧缩货币政策降低通货膨胀以迅速获得人民的支持，在选举日之前则会通过扩张货币政策刺激就业与经济增长而赢得连任，这一点更是戳到了政府和央行操纵货币政策的痛处。此后，瓦格纳等学者的研究更进一步揭示了政治因素的确会影响货币购买力变化。还有实证分析说明，央行独立性越强则通胀率越低，于是有人认为，加强央行独立性对于维护通货稳定具有积极意义。美国学者还曾经将世界上的央行根据其独立性，对最不独立到最独立的央行进行了排序并得出结论说，拥有独立性最强的央行，其国家通胀治理表现最好。[①]

然而长期的实证经验却证明了上述理论有重大误区。这就是，主权国家央行无论采取何种形式，都改变不了它是政府重要组成部分的基本事实，它必须履行政府系统赋予的基本职能，不可能完全独立。即使是号称独立性最强的美国、德国与瑞士的央行，也是如此。以美联储为例，它在法律上与名义上都是一家非政府的法人机构，实际上却是一个政府机构。一遇风吹草动，它就会毫不犹豫地采取服从公共利益的抉择，很难坚持一项不受美国总统和国会欢迎的货币政策。事实上，包括美联储主席在内的联邦储备委员会执行委员均需总统任命、参议院批准，因此美联储是无法违背总统或国会的旨意而保持所谓"独立性"的，况且美联储还要向美国财政部上缴利润，从2009 年至 2011 年，美联储上缴的利润分别占其年度利润的 88.8%、98%、99.4%，[②] 此外美联储还身负两重使命，既要维护货币的稳定，还要保障就业。

再如，德国尽管也明确规定，联邦银行独立于政府之外，不接受政府的指令，但实际情况并不如此。联邦政府，特别是联邦总理可以通过下列渠道来控制至少是影响央行的决策。

（1）历届的联邦总理总是任命其亲信担任德国联邦银行的行长。然而即便是联邦银行做出决定，联邦总理也可以不遵守甚至设法加以改变，如德国统一时的联邦银行行长珀尔认为，东马克与西马克应按 2∶1 来兑换，联邦总理科尔还是想方设法决定实施 1∶1 的兑换比例。

（2）联邦政府的代表参加央行董事会的会议，虽说没有表决权，但拥有提出推迟两周表决的权利。联邦政府便可利用这一段时间进行斡旋。

（3）德国联邦银行虽然只管币值的稳定，但要明确支持联邦政府的各项经济政策。

（4）德国央行也要向国家缴纳利润，但原规定不超出 35 亿欧元，剩余

---

① 参见百度百科有关"中央银行独立性"的内容。

② 陈资灿：《央行独立性、国家信用冲突与货币稳定》，《财经科学》2013 年第 1 期，第 11 ~ 19 页。

部分用来偿还遗产和基金的债务。2010 年 1 月 1 日该规定做了修改，主要有两条：超出上交国家利润的部分用来支持第二景气计划；从 2012 年开始德国联邦银行上缴国家的利润最高为 25 亿欧元。

欧洲央行是依照德国央行模式建立的，但并不完全具有其特点，因此一碰上危机它就手足无措，而德拉吉上台后则日益坚决地不顾德国的反对[1]，摆脱掉"独立性"的羁绊，直面欧债危机，以致最终力排德国的阻挠实施量化宽松货币政策。默克尔眼看大势已去，也不得不说，这原本就是其分内之事，聊以自慰。

事实说明，绝对的央行独立性是不可能的，尤其在危机时期，而央行至多只能具有相对的独立性。

六　坚持紧缩政策的理论和经验

人所共知，应对经济危机有两条锦囊妙计，一是开源、节流；二是搞增长、搞紧缩。德国一贯强调紧缩，在应对欧债危机时更是突出了这一重点，其原因究竟在哪里呢？

德国坚持以紧缩来应对欧债危机一是出于自身经验，二是受财政政策非凯恩斯效应理论的影响。

20 世纪德国先后发动了两次世界大战，均遭到惨败，不仅生灵涂炭，而且遭遇到两次恶性通货膨胀的劫难，人民怨声载道。这给德国的政界、经济界和民众都留下了刻骨铭心的惨痛记忆，形成了德国民众的怕战争、怕通胀的"两怕"特殊心理。因此联邦德国成立以来始终把稳定放在特别重要的位置，在"魔力四边形"的四条边中突出币值稳定，并把通胀目标值控制在 1% 以内，坚持稳定，强调"稳定是增长的前提"。

欧债危机爆发后，德国又祭起紧缩大旗，实行了更严格的财政紧缩政策，而且把克服欧债危机的希望压在了紧缩政策上，逢人必谈紧缩，遇助必提削减，因而在危机国家中树敌甚多。很多失业的民众、公务员和政治家大骂德国和默克尔是法西斯行径。有人还特地登出了一幅漫画，给默克尔添上了希特勒特有的小胡须。法国新总统奥朗德上台后便对这一严厉的紧缩措施提出了批评，强调应该增加投资，促进经济增长，进而在欧元区内部形成了同德国代表的紧缩派旗鼓相当的对峙局面。直到此时，默克尔才稍许收敛了

---

[1]　参见徐聪《德国经济治理》，时事出版社，2015，第 153～171 页。

一些。

在是否采用紧缩政策应对欧债危机上欧盟内部分歧很大，从理论上来说至少有三派，即凯恩斯理论、李嘉图理论和非凯恩斯效应理论[①]。凯恩斯认为，紧缩会导致需求下降；李嘉图则认为，紧缩对需求没有影响；而非凯恩斯效应理论则认为，紧缩会提高需求；当时特里谢领导的欧洲央行也认为，从紧的货币政策会引来更多的投资，带来经济的复苏和振兴，并得到德国金融主流派的支持。

所谓财政政策的非凯恩斯效应是 20 世纪 90 年代兴起的一种理论，它与传统的膨胀与紧缩经济理论不同，认为执行财政紧缩政策不仅可以减少政府负债，还能刺激总需求，对经济能产生扩张性影响，并有案例可以证明。丹麦、比利时、加拿大、意大利、葡萄牙和瑞典都实行过紧缩的财政政策，不仅稳固了财政，而且带来了私人消费的持续增长。[②]

紧缩财政政策对经济扩张能起刺激作用的理论主要是基于以下的论断：第一，如果理性经济主体认为当前的财政紧缩措施会让自己免遭今后更为强烈的财政紧缩冲击，那么，消费者便会"两害相权取其轻"减少其预防性储蓄而增加消费，从而产生正财富效应；第二，紧缩财政政策可以降低政府债务的违约风险，于是国债收益率与市场实际利率也会随之降低，私人消费和私人投资也就会相应增加；第三，实施紧缩财政政策后政府的支出会减少，这就会推动私人消费和投资的增加。政府对内支出的减少也会提高劳动力市场的竞争性，迫使工会降低工资要求。于是，单位劳动成本就会下降，利润会增加，从而刺激就业、投资和产出的增长。

显然，上述论断不能说没有道理，而且还有实例佐证。但是我们也看到另外一面，所谓非凯恩斯效应只能在非常严格的前提下方能获得，必须拿捏得当，否则就会走向反面。况且我们不能只看到其成功的经验，而忽略了其失败的教训。

问题是，明明还有一条增长之路为何就不走呢？追求量的增长有弊端，

---

① 储德银、黄文正：《财政政策的非凯恩斯效应》，《经济学动态》2010 年第 10 期，第 97 ~ 101 页；姜欣：《财政政策有效性及非凯恩斯效应：基于中国的经验分析》，博士学位论文，南开大学，2013；王艺明、蔡昌达：《财政稳固的非凯恩斯效应及其传导渠道研究》，《经济学家》2013 年第 3 期，第 12 ~ 23 页。

② 参见李永友《财政政策的凯恩斯效应与非凯恩斯效应》，《上海财经大学学报》2008 年第 2 期，第 63 ~ 70 页。

难道就不可以走质的增长之路吗？再说，紧缩政策带来的政治、社会的矛盾和冲突不是更应被关注吗？希腊的痛苦选择和一半欧盟国家主张"少紧缩、多增长"的诉求不是再三说明，一定要坚持两手抓：既开源又节流，关键是找准增长和紧缩的平衡点。要知道，节流是重要的，但是有限的，而开源才是根本的，是无限的。

第九章

德中经贸关系

中国和联邦德国自建国以来经济关系日益密切，经济合作日益加强。据欧盟统计局统计，2015 年中德双边贸易额为 1562.8 亿美元，下降 13.2%，是 1972 年两国建交时贸易额的约 570 倍。其中，德国对中国出口 797.0 亿美元，下降 19.8%，占德国出口总额的 6.0%，下降 0.7 个百分点；德国自中国进口 765.7 亿美元，下降 5.1%，占德国进口总额的 7.3%，提高 0.6 个百分点。德国对中国的贸易顺差为 31.3 亿美元，下降 83.3%。中国为德国第五大出口市场和第三大进口来源地。[①]

据中方统计，2013 年和 2014 年德国对华投资首次超出年 20 亿美元大关，分别达到 20.78 亿美元和 20.70 亿美元，2015 年又降至 15.60 亿美元；[②] 2014 年德国在华企业 8200 多家[③]（5000 家，括号内为德方统计，下同），实际投入 400 亿欧元，已成欧洲在中国的最大投资国；截止到 2014 年，中国在德企业已有 2000（900）多家，对德国投资达到 40 亿美元（14 亿欧元），年均投资项目超过 100 项，[④] 已成为德国最大的单体投资方；德国工商总会

---

① 关于德中经贸关系有各类统计数字，如中国商务部、中国国家统计局、中国商务部发布的欧盟统计局数据、欧盟统计局、德国联邦统计局和德国联邦银行等发布的数字，而且出入较大。

② 中国商务部，2016。

③ （作者不详）:《中国累计对德投资约 40 亿美元，在德企业 2000 多家》，来源："人民网"，2014 年 7 月 9 日。载人民网国际频道：http://word. people. com. cnln/2014/0709/1002 – 25259889. html，最后访问日期：2015 年 12 月 15 日。

④ （作者不详）:《中国累计对德投资约 40 亿美元，在德企业 2000 多家》，来源："人民网"，2014 年 7 月 9 日。载人民网国际频道：http://word. people. com. cnln/2014/0709/1002 – 25259889. html，最后访问日期：2015 年 12 月 15 日。

的调查也显示，2011 年中国首次取代欧洲成为最受德国工业界青睐的投资地。拟开展对外投资的德国企业中，希望新增或扩大在华销售和生产的企业达 43%。[①]

截至 2012 年底，中国自德国引进技术累计 18398 项，金额 606.7 亿美元。德国是中国引进技术最多的欧洲国家。[②]

第一节　双边贸易

中国同德国的贸易关系源远流长。就中国同联邦德国的双边贸易关系来说，也有 60 多年的历史，其间可以分为五个阶段。

第一阶段：1950～1972 年。这是双方从事贸易交往的起始阶段，发展平稳，但贸易量很小。1957 年德国经济东方委员会与中国国际贸易促进委员会建立关系后，双边贸易曾有过一段迅速增长期，但紧接着便出现了中国的"三年困难时期"，双边贸易下降，直至 1965 年才重新开始活跃。

第二阶段：1973～1978 年。1972 年 10 月，中国和联邦德国建交，此后双边贸易便有了较大发展。1978 年末，中国开始推行改革开放政策，大大推动了双边贸易。

第三阶段：1979～1989 年。中德贸易快速发展，但时高时低，1985 年达到顶峰，然后逐年下降。1989 年"6·4"风波后双边贸易急剧下降。

第四阶段：1990～2000 年。1992 年双边贸易开始回升。总体上看是中国对德国的出口增长率要高于中国自德国进口的增长率，也高于中德贸易进出口总额的增长率。

第五阶段：2001 年至今。两国经贸关系飞速发展。

一　中德贸易关系的特点

（一）发展迅速，贸易量巨大

中德贸易发展非常之迅速。据中国商务部发布的欧盟统计局统计，2015 年中德双边贸易额为 1562.8 亿美元。其中，德国对中国出口 797.0 亿美元；德国自中国进口 765.7 亿美元。中国为德国第五大出口市场和第三大进口来

---

①　人民日报：《中德合作成就与展望》，《人民日报》2011 年 6 月 24 日，第 3 版。

②　（作者不详）：《中国同德国的关系》，"中国驻德大使馆网站"，2013 年 10 月 2 日。

源地。这与德方的统计相距甚远。①

根据德方统计，2015 年中德双边贸易额为 1627.3 亿欧元，德国对中国的贸易顺差为 203.1 亿欧元。2015 年中国已成为德国的第一大进口国、第五大出口国和第四大贸易伙伴。②

从 2001~2015 年中德经贸发展中我们可以看出三条：第一，两国的贸易关系发展得很快。双方通过频繁的高层交往、签订贸易大单拓宽贸易交往的渠道和范围，大大扩充了商品交往的宽度和深度，出现了两国经贸关系中空前高速和健康发展的阶段。两国的贸易额在这 15 年中有 12 年是增长的，增长幅度最大的为 2003 年，增长 50.7%，其中两位数增长的有 10 年，只有 2009 年、2012 年和 2015 年贸易额下降。这样的增幅在国际贸易关系中是不大多见的，在中德两国的对外贸易中也是少有的例外。第二，总体来看，德国对中国的出口大于中国对德国的出口。在 15 年中德国获得贸易顺差 11 年，进入 2011 年后贸易顺差额更是大幅度上扬。中国获得贸易顺差 4 年，而且顺差额较小。第三，由于统计标准（中国、德国和欧盟的统计标准）不同，方法亦不同（详见本章最后一节），使用的统计货币（美元或是欧元）不同，有关两国贸易发展数据的统计会有出入（见表 9-1）。

表 9-1　2001~2015 年中德贸易情况

单位：亿美元

年度	总额	同比增长	中国自德国进口	中国对德国出口	中国顺/逆差
2001	235.2	19.50%	137.7	97.5	-40.2
2002	278	18.2%	164.3	113.7	-50.6
2003	418.8	50.7%	243.4	175.4	-68
2004	541.3	29.3%	303.7	237.6	-66.1
2005	632.5	16.9%	307.2	325.3	18.1
2006	782	23.6%	378.8	403.2	24.4
2007	941.1	20.3%	453.9	487.2	33.3
2008	1149.8	22.2%	558.3	591.5	33.2
2009	1056.8	-8.1%	557.6	499.2	-58.4

---

① 中国商务部发布的欧盟统计局数据，2016。
② 引自联邦统计局，2016。

续表

年度	总额	同比增长	中国自德国进口	中国对德国出口	中国顺/逆差
2010	1423.9	34.7%	743.4	680.5	-62.9
2011	1691.5	18.8%	927.2	764.3	-162.9
2012	1611.3	-4.7%	919.2	692.1	-227.1
2013	1657.2	0.96%	893.6	763.6	-130.0
2014	1802.7	8.8%	996.0	806.7	-189.3
2015*	1562.8	-13.2%	797.0	765.7	-31.3

注：＊为中国商务部发布的欧盟统计局的数字。

资料来源：中国商务部，中国国家统计局。

对于德中经贸关系如此迅速的发展，德国经济部部长布吕德勒（Rainer Bruederle）2010 年就撰文写道："世界经济和德国经济，特别是德国出口经济均从强劲的中国经济中受益。伴随着中国的经济奇迹，德国对华出口自 2000 年以来增长了近四倍。对于德国经济而言，中国早已成为一个举足轻重的市场。"

德国对中国出口的商品主要是三大类，即机电产品、运输设备和化工产品，它们占德国对中国出口的近八成，2015 年的出口额分别为 302.9 亿美元（下降 20.6%，占德国对中国出口总额的 38.0%）、247.0 亿美元（下降 26.6%，占德国对中国出口总额的 31.0%）和 63.9 亿美元（下降 0.9%，占德国对中国出口总额的 8.0%）（见表 9-2）。

表 9-2 2015 年德国对中国出口主要商品构成（海关分类）金额

单位：百万美元

排序	商品类别	2015 年	上年同期	同比（%）	占比（%）
	总值	79704	99432	-19.8	100.0
1	机电产品	30288	38150	-20.6	38.0
2	运输设备	24696	33636	-26.6	31.0
3	化工产品	6388	6449	-0.9	8.0
4	光学、钟表、医疗设备	6249	6876	-9.1	7.8
5	贱金属及制品	4378	5541	-21.0	5.5
6	塑料、橡胶	3159	3739	-15.5	4.0
7	活动物、动物产品	924	664	39.3	1.2

续表

排序	商品类别	2015 年	上年同期	同比（%）	占比（%）
8	陶瓷、玻璃	612	713	−14.2	0.8
9	纺织品及原料	563	693	−18.8	0.7
10	家具、玩具、杂项制品	536	568	−5.7	0.7
11	食品、饮料、烟草	486	440	10.3	0.6
12	纤维素浆、纸张	379	543	−30.3	0.5
13	木及制品	207	287	−27.8	0.3
14	矿产品	183	269	−32.0	0.2
15	贵金属及制品	169	305	−44.7	0.2
16	其他	488	558	−12.5	0.6

资料来源：欧盟统计局，载中国商务部网站，自行列表。

德国自中国进口的主要商品也是三大类：机电产品、纺织品及原料和家具、玩具、杂项制品。它们占德国自中国进口总额的67.7%，进口额合计为517.8亿美元。除上述产品外，贱金属及制品、化工产品、光学钟表医疗设备等也为德国自中国进口的主要大类商品（HS类），在其进口中所占比重超过或接近5%。总体来看，与对中国出口表现不同，德国自中国进口降幅较小，部分商品如光学钟表医疗设备等进口出现微弱增长，大类产品中运输设备、纺织品及原料进口降幅较大。在所有主要进口市场中，自美国进口实现微弱增长，自中国、波兰两国的进口降幅较小。

由此人们看得很清楚，德国自中国进口的主要商品同德国对中国出口的商品既有相同的也有不同的，相同的是机电产品，不同的就多了。这就反映了中德两国经贸关系的特点：既有产业内贸易，也有产业间贸易，产业间贸易大于产业内贸易，但产业内贸易增长得要比产业间贸易快得多。这既给两国贸易带来了机遇，也给两国贸易提出了挑战。需要指出的是，产业内贸易未必就意味着竞争。一是产业内贸易有纵向和横向之分，纵向产业内贸易主要应该是互补的。例如德国的光伏产业主要涉及上游和下游产业，而中国的光伏业则主要涉及中游产业；二是即便横向产业内贸易也有大量的互补成分[1]（见表9−3）。

----

[1] 参看中国商务部的《国别贸易报告》中的德中贸易部分，2015年5月。

表 9 – 3　2015 年德国自中国进口主要商品构成（海关分类）金额

单位：百万美元

排序	商品类别	2015 年	上年同期	同比（%）	占总额比（%）
	总值	76572	80682	– 5.1	100.0
1	机电产品	36262	36915	– 1.8	47.4
2	纺织品及原料	8924	10293	– 13.3	11.7
3	家具、玩具、杂项制品	6592	6690	– 1.5	8.6
4	贱金属及制品	4752	4964	– 4.3	6.2
5	化工产品	3471	3747	– 7.4	4.5
6	光学、钟表、医疗设备	3455	3424	0.9	4.5
7	鞋靴、伞等轻工产品	2562	2721	– 5.8	3.4
8	塑料、橡胶	2397	2531	– 5.3	3.1
9	运输设备	2035	2506	– 18.8	2.7
10	皮革制品、箱包	1355	1515	– 10.5	1.8
11	陶瓷、玻璃	1183	1307	– 9.5	1.6
12	植物产品	653	670	– 2.6	0.9
13	活动物、动物产品	632	729	– 13.3	0.8
14	木及制品	517	565	– 8.6	0.7
15	贵金属及制品	495	595	– 16.8	0.7
16	其他	1286	1508	– 14.7	1.7

资料来源：欧盟统计局，载中国商业部网站，自行列表。

（二）中德两国经贸结构差异性大、竞争性小，互补性强

20 世纪 90 年代后，两国贸易的商品成分变化不大，但比例却有了很大的不同。两国贸易正从产业间贸易向产业内贸易演变，结构出现趋同，竞争性加大，但互补性仍然是主流。中德两国产业内贸易明显的产品有：（1）机电产品；（2）化工产品；（3）塑料、橡胶及其制品；（4）玻璃及其制品；（5）贱金属及其制品；（6）武器、弹药；（7）石料、石膏、水泥、陶瓷制品；（8）天然或养殖珍珠、宝石、贵金属；（9）光学照明。德国在前六类占据优势，对中国的出口价值量大；中国则在后三项上具有优势。

这显示两国在产业内贸易的竞争较为激烈，但并非全都加剧。其中只有贱金属及其制品的产业内贸易指数上升。两国的机电产品虽说都保持了高额增长比例和出口总额比例，但始终同两国的出口总额增长基本保持同步，因此它们的产业内贸易指数便同石料、石膏、水泥、陶瓷制品，天然或养殖珍

珠、宝石、贵金属的指数一样，基本保持平衡，其他五类产品的产业内贸易指数则都呈下降的趋势。

在非上述九类的其他各类产品中，中国对德国的出口大多超过德国对中国的出口，产业内贸易指数一般都偏低，超过 0.5% 的很少，但多数产品的产业内贸易指数都有微弱的上升，下降的很少。

综合上述的各类统计，我们可以看到，两国的出口结构一直处于变化之中，尤其是中国的机电产品出口占总出口的比重迅猛增长，从 1996 年的略高于 20% 上升到 2015 年的 47.4%。这说明两国的出口结构正逐渐趋同，两国的产业内贸易程度随着时间的推移整体上有加强的趋势，竞争性加大，但并不明显，互补性仍然是主流。

事实上，中国对德出口的产品集中度较小，分散性较大，而德国对中国的出口产品则集中度很高，分散性较小，两国出口产品的优势也不同。

（三）中德贸易在中德两国国民经济中的地位和在各自对外区域贸易中的地位在提高

这可从下列几个方面来看：（1）中德贸易额提高得很快，它占两国的对外贸易总额的比重愈来愈大。就以中德贸易额在德国的对外贸易总额的占比来说，1995 年列第 15 位（占德国全年贸易总额的 1.44%），2000 年列第 16 位（1.58%），2005 年和 2008 年都列第 11 位（2.7% 和 3.46%），2010 年列第 7 位（5.59%），2014 年列第 2 位（6.6%），2015 年列第 4 位（6.56%）；（2）1990 年德国自中国的进口占德国进口总额的比重为 1.4%，2015 年达到 6.0%。1995 年至 2010 年，德国自中国进口年均增长 19.5%，是同期德国外贸进口年均增速的 3.3 倍；（3）1995 年德国对华的出口列第 15 位（1.44%），2000 年列第 16 位（1.58%），2005 年列第 11 位（2.72%），2010 年列第 7 位（5.59%），2014 年列第 4 位（6.6%），2015 年列第 5 位（6.0%）；（4）2014 年在 10 大类主要进出口商品中有 5 大类商品中国都是德国的最大出口国，如机电产品占该大类德国进口总额的 13.1%，纺织品及原料占 25.3%，家具、玩具、杂项制品占 19.7%，贱金属及制品占 21.7%，塑料、橡胶占 22.6%。鞋、靴、伞等轻工产品列第四，占 8.2%。[①]（5）2007 年德国自中国进口 487.2 亿美元，向中国出口 453.9 亿美元，中方顺差为 33.3 亿美元。2012 年德国自中国进口为 692.1 亿美元，向中国出口为 919.2

---

① 中国商务部：《国别贸易报告》，2015 年 5 月。

亿美元，德方顺差为 227.1 亿美元。2015 年德国自中国进口 765.7 亿美元，向中国出口 797 亿美元，德方顺差为 31.3 亿美元。（6）1995 年以来中欧贸易一直随中德贸易的增长而增长，占 30% 左右。（7）在德国的东亚贸易中，中国所占比例不断上升，2002 年首次超过日本，成为德国在亚洲的最大贸易伙伴。两国从日益增长的经贸额中都获得了重大的利益，提高了人民的福祉。

（四）中国对德国的贸易条件在改善

所谓贸易条件是用来衡量在一定时期内一个国家出口相对于进口的盈利能力和贸易利益的指标，反映该国的对外贸易状况，一般以贸易条件指数来表示。据中国海关统计，1993 年以前中国的出口价格远远低于进口价格，对德贸易一直处于逆差地位，年均 20 亿美元，1993 年为 22 亿美元。中国与德国的全部商品贸易条件不断恶化，其中资本或技术密集型产品的恶化程度为 55%，劳动密集型产品的恶化程度则达到 72%，贸易条件得到改善的只占 15%。[①] 但按德国统计，德方在 1988 年前一直保持顺差，之后则变为逆差，1993 年约为 41.8 亿马克。实际情况是，随着中国出口价格的不断上升和进口价格的不断下降，逆差越来越小，表现为贸易条件的改善和贸易发展的平衡。

核算贸易条件国际上有 3 种公式，即拉氏价格贸易条件、派（帕）氏价格贸易条件和费氏价格贸易条件。拉氏价格贸易条件也称拉氏公式，指 1864 年德国统计学家拉斯贝尔主张用基期消费量加权来计算价格总指数；派（帕）氏价格贸易条件也称派（帕）氏公式，是 1874 年德国统计学家帕舍提出的用报告期消费量加权来计算价格总指数；费氏价格贸易条件也称费希尔指数，是由费希尔提出的，它是拉氏价格指数和派（帕）氏价格指数的几何平均，可以视为这两个指数的中间值，因为拉氏价格指数对实际通胀计算偏高，而派（帕）氏价格指数则偏低。以这三个公式来测算中德贸易条件显示，中国相对德国的拉氏价格贸易条件一直小于 1，且呈下降的趋势，表明以 1996 年为基期，中国对德国的贸易呈恶化的趋势；派（帕）氏价格贸易条件 1999 年后都大于 1，且呈上升的趋势，表明以 2007 年为基期，中国对德贸易占一定的优势，贸易条件逐年好转；费氏价格贸易条件在 1999 年后基本上在 1 附近波动，变化不大。这大致能够说明，中德两国贸易竞争性有

---

① 孙楚仁、沈玉良：《改革开放以来的中德贸易》，《国际贸易问题》2009 年第 7 期，第 47 ~ 55 页。

增强的趋势，但总体上来说是建立在平等互利的基础上的。①

（五）德国企业获得自中国进口产品的绝大部分增加值

在中德两国企业国际分工合作中，中国企业普遍从事低附加值的生产加工，产品的大部分附加值被德国企业获取。例如，阿迪达斯在全球有 1000多家供应商，其中在中国有 250 多家代工企业，该公司 50% 左右的鞋类产品在中国生产。然而，中国代工企业的平均利润仅为 5% ~ 8%，而阿迪达斯公司通过产品设计和营销等环节获得的毛利率高达 48.6%。广东的裕元鞋厂也是其供货商之一。裕元鞋厂的母公司为台湾宝成工业集团，是阿迪达斯、彪马、爱世克斯和耐克等运动品牌的供应商，拥有工人 40 余万名，2013 年年产运动鞋 3.13 亿双，是中国最大的制鞋厂之一。前不久由于该厂长期未解决的罢工问题，阿迪达斯便撤销了在该厂的订单。②

二　德国发展对华经贸关系的原则

德国对同中国发展经贸关系有深入的思考，也有坚定而具体的原则，主要原则如下。

（1）中国拥有国民经济发展的巨大需求，特别是基础设施和工业结构急需现代化，以便提高自己的国际竞争力和可持续发展能力。德国投资商品工业拥有一切条件和潜力，无论是产品、工艺流程还是专门知识都能够支持中国的现代化。

（2）一方面，中国的商品价廉物美，在德国有很大的需求，也有助于德国稳定物价；另一方面，随着经济的迅猛发展，中国也出现了一个日益庞大的中产阶层，不久将会达到其人口的 1/2。他们购买力强劲，对外国（包括德国）商品的需求也会与日俱增。这会为德国企业未来提供巨大的销售商机，特别是耐用消费品。

（3）德国市场对中国开放，德国也要求中国对德国开放其市场。

（4）德国企业日益加大其对中国的投资，从而也扩大了其在中国的存在。中国应当保证，德国企业在中国享有与当地企业同样的条件。

---

① 孙楚仁、沈玉良：《改革开放以来的中德贸易》，《国际贸易问题》2009 年第 7 期，第 47 ~ 55 页。

② （作者不详）：《罢工导致阿迪达斯撤销在华鞋厂的订单》，来源："德国经商参处"，2014 年 4 月 29 日。载中华人民共和国商务部网站：http://www.mofcom.gov.cn/article/i/jyjl/m/201404/20140400564052.shtml，最后访问日期：2015 年 12 月 15 日。

（5）无论是德国的跨国公司还是中小微企业都在利用中国的销售市场和生产区位的机遇，呼吁中国政府不断改善德国中小微企业市场准入的条件。

（6）要充分执行入世各项规定的前提是市场经济结构。今天，中国在进行市场经济改革的同时一定要大力限制国家对经济的影响。

（7）中国至今对知识产权保护不力，这大大阻碍它充分利用贸易和合作。应当要求中国政府加大保护知识产权的力度。

（8）德国对华进行技术转让一直伴随着压力和强制。应当保证所有相关企业和机构都严格遵循自愿原则。要求中国政府取消所有违背自由转让技术原则的一切官方规定、条例和做法。

（9）中国自入世和日益融入世界经济以来，参与打造国际经济关系的地位和分量都增大了，承担的稳定世界经济的责任也加大了。因此应当不断提醒中国政府要进一步认清这一责任，并坚决加以执行，包括逐步将人民币汇率放开，为削减全球经常项目的不平衡做出自己的贡献。

（10）中国执行的发展目标是雄心勃勃的。为此它需要从国际市场上采购大量的能源和原料，有时甚至违反国际原则和行为准则。因此要让中国日益加入国际协调机制，以便对资源实行负责任的管理。

三　推动中德贸易发展的因素

中德经贸关系发展得如此之好和如此之快是有很多积极的推动因素的。

（1）中德之间在地缘上没有直接的利害冲突，互不构成安全威胁，没有未曾解决的历史遗留问题。

（2）两国在重大的国际问题上有着相同或相近的看法，政府高层互访频繁，双方都在采取一切措施，通过一切渠道来推动两国贸易的发展。

（3）德国经济要克服长期停滞不前的状态，这也会直接影响到外贸出口。

（4）德国主张政治多极化，在统一后一直谋求政治大国的地位，力争成为联合国常任理事国，中国作为联合国常任理事国，自然对此有着举足轻重的影响。

（5）经济全球化和地区经济一体化的趋势为德国的对华贸易提供了良好的国际环境。

（6）欧盟的影响。1995 年 7 月 5 日，欧盟公布了名为《欧中关系长期政策》的文件，强调了对华关系的重要性，提出发展经济贸易联系是对华政策的核心。它在 2012～2013 年的中欧光伏贸易争端中最终采取和解的立场也燃起了人们对它的新期望。2014 年，双方又决定建立中国欧洲商业协会，以便更好地促进双方的经贸关系和投资的发展，这更给人们带来了新的鼓舞。

（7）两国之间日益完善的法律基础和联系渠道。如今，两国政府已经正式签订了贸易和支付协定，成立了促进经济和贸易关系的混合委员会，并由原来的局级提升到部级。此外，两国政府还签订了海运、民航等各类协定，并成立了各种工作小组。两国的贸易和经济合作已经建立在比较完备的法律基础之上，并拥有了多种联系的渠道。

（8）蓬勃开展的经济合作。两国企业已经签订大批经济合作合同，进行广泛的合作。合作的形式有合作生产、来料加工、来图加工、来件组装、补偿贸易、劳务合作、联合投标、合作经营和合资经营等。

四 制约中德贸易发展的因素

应该说，推动中德贸易的因素很多，但阻碍和制约中德贸易的因素也不少。

（1）阻碍中德关系发展的主要因素是传统政治问题，如人权问题、西藏问题、台湾问题等。

（2）德国因素。德国的产品质量高，但价格昂贵。此外，德国出口的机械设备信贷担保费用过高，这就大大增加了中国企业的进口成本。德国企业的融资条件较差，使用政府信贷比较严格。

（3）欧盟因素。在国际贸易领域反倾销诉讼的频率和反倾销惩罚的强度呈螺旋式上升的趋势下，其在 1999 年以来已达到一个新的高峰，中国已经成为全球最大的反倾销受害国。[①] 欧盟成立以来，为了保护欧洲内部市场和照顾中小成员国的利益，以价格、卫生、技术标准为借口，拒绝某些中国商品入境，并对其进行反倾销调查和征收反倾销税，中国也成了欧盟实施歧视性配额限制的主要国家。欧盟还限制对华出口高新技术，至今仍不解除对华的武器禁运，不承认中国的完全市场经济地位。2016 年 1 月欧盟委员会就是否认定中国市场经济地位问题进行了首场辩论，仍然决定暂不认定中国市场经济地位，此后双方进行了多次磋商，虽有进展，但至今尚无定论。人们当然希望，欧盟能在世贸组织确定的 2016 年 12 月 11 日前做出一个正确、合理

---

① 冯泓、马捷：《反倾销、国际寡头竞争与战略性贸易政策》，载臧旭恒、林平等著《现代产业经济学前沿问题研究》，经济科学出版社，2006，第 436 页。

的决定。对于中国商品在国际市场的强劲竞争，欧洲个别国家出现了一种"中国产品冲击论"，有的国家甚至向欧盟提交了所谓中国"不规范竞争"的报告，试图推动整个欧盟采取"海关措施"，对中国产品进行"全面有效的反击"。德国政府尽管对德中双边经贸关系仍采取积极支持的态度，不赞同"中国产品冲击论"的观点，而是肯定了中国"入世"后的积极努力，但作为欧盟经济的核心，也必然会自觉或不自觉地追随欧盟的做法，德国从1996年开始对中国的丝绸产品也实行配额管理，跟着欧盟搞贸易保护主义。德国与欧盟成员之间的内部贸易巨大，加之关税同盟的排他性，也妨碍了德国与中国进一步拓展贸易关系。欧元问世后这一倾向更得到了强化。

（4）中国因素。中国正在积极提高出口商品的质量，并努力按时交货，采取了很多措施来保护知识产权和平等的市场准入，但问题仍时有发生，引起贸易纠纷。

（5）美国因素。美国对中欧和中德贸易始终抱有怀疑和妒忌的心理，不断进行干扰，尤其表现在解除对华武器禁运和承认中国的完全市场经济地位问题上。

总的来说，中德贸易关系的发展面临着不少不利因素，但积极因素是主要的。在上述积极因素的主导下，中德贸易的发展虽有起伏，但增长仍然是主要的。

第二节　双向投资

联邦德国对华直接投资始于20世纪80年代初，主要可分为三个阶段。[①]

第一阶段（1981～1992年）。1992年以前德国对华直接投资增长不快，且投资项目数和投资金额都有一定的波动，有三次小高潮。第一次高潮是1984年，德方协议投资额最高达到1亿多美元；第二次高潮是1988～1989年，1988年批准的项目数最多（22个），1989年在批准项目数减少的情况下，德方协议投资额创1.48亿美元的新纪录；第三次高潮是1991～1992年，1991年德方年投资额最高达6.16亿美元，1992年批准的项目数为130个，比1981～1991年已批准项目的总和还要多。

———————————

① 孙楚仁、沈玉良：《改革开放以来的中德贸易》，《国际贸易问题》2009年第7期，第47～55页。

第二阶段（1993～1996年）。从1993年起，德国对华直接投资达到一个较高水平，德方协议投资额已超过10亿美元，获得批准的德方投资项目年均达300多个。德方实际投资额由1993年的5600万美元上升到1996年的5.1亿美元，增长了近10倍。

第三阶段（1997年至今）。这是德国对华投资的高速发展阶段。2013年和2014年首次超出年20亿美元大关，分别达到20.78亿美元和20.70亿美元，2015年又降至15.60亿美元，已成为欧洲在中国的最大投资国（见图9－1和表9－4）。

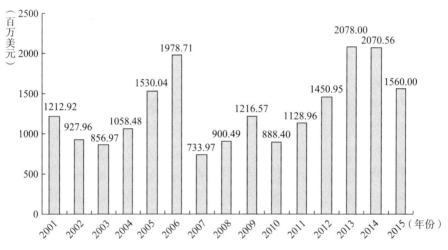

图9－1　2001～2015年德国对华投资

资料来源：中国国家统计局。

表9－4　2010～2014年中国实际利用德国外商直接投资金额

单位：万美元

年份	2010	2011	2012	2013	2014
金额	88840	112896	145095	207800	207056

资料来源：中国国家统计局。

一　德国对华直接投资扩大的主要原因

改革开放以来，中国的经济迅猛发展，居民消费能力大大增强，不少德国厂商看好中国市场。它们日益感到，亚洲是当前世界经济发展最快的地区，中国更是其中的佼佼者。在这种情况下，单纯发展贸易已经远远不够，于是便力求通过加大投资额度来保持和扩大在中国市场的占有份额。根据联合国贸发会议网站发布的统计，2009 年中国吸引外国直接投资为 950 亿美元，2014 年已达 1290 亿美元，首次超过美国，成为全球吸引外国直接投资的第一大国。

中国经济的高速发展、开放的市场和低廉的劳动力资源是推动德国投资的主要因素。一些学者通过对德国在华直接投资数据的实证分析，发现德国对华直接投资的主要决定性因素是中国经济持续高速增长的形势，中国潜在的巨大销售市场，中国的市场规模和需求，中国市场对德国的开放程度，成本低廉且丰富的劳动力资源和中德相对工资差距。至于汇率以及德国在中国境内的前期资本存量以及政策变化等因素对德国在华投资的影响并不那么大。①

如今，中国实际利用外资累计已经达到 1.7 万亿美元，连续 24 年成为吸引外国直接投资最多的发展中国家，现在依然要成为外资投入的热土。

中国利用外商直接投资是从 1979 年开始的。当年中德两国政府也签订了经济合作协议，但德国企业并不像美国和日本厂商那样积极来华投资。它们过于谨慎，因而错过了大好时机，在很长一段时间里，其投资只占外商在中国投资总量的 1%。1983 年中国颁布了《中外合资经营企业法实施条例》，同年中德两国也签订了投资保护协定。1986 年，中国又发布了《关于鼓励外商投资的规定》，② 同年中德两国又签订了避免双重征税协定。1992 年邓小平同志南方讲话后，许多德国大型跨国公司纷纷来华投资，特别是当 1997 年亚洲发生金融危机时，不少外国企业撤资，德国企业则相反，乘势而入，加大了对华投资，使其呈现高水平的增长。当时德国企业的名言就是"来华投资会有很大的风险，但不来华投资会有更大的风险"，使德国的直接投资从占在华投资总额的 1% 上升到 3%，并且日益受到中方的欢迎。

德国经济得了"德国病"，"五高、两低、一结构"的畸形使得很多德国企业不仅感到在国内难以发展，甚至感到难以为继，于是不得不由过去的产品出口改为对外直接投资，甚至不惜关闭国内企业，将生产转移到劳动成本低的发展中国家。

---

① 刘爱龙、吴献金：《德国对华直接投资决定性因素的实证分析》，《世界经济与政治论坛》2006 年第 3 期，第 29～35 页。

② Yue, Haitao: *Wegweiser für ausländische Investitionen*, Beijing: Verlag Beijing Rundschau, 1989, S. 79－284.

此外，由于美国经济不振，"双赤字"的压力和次贷危机的劫难，让德企对在美国投资望而生畏。加上欧洲经济的停滞，此后又连续遭遇国际金融危机和欧债危机的冲击，德企不得不考虑变换投资区位的问题。

二　德国对华直接投资的主要特点

（一）德国企业对华投资的数额较大，资金到位率较高

德国大企业在华均设有子公司或代表处，大众、西门子、巴斯夫、戴姆勒、宝马、拜耳等大公司均在华建立了独资或合资企业。德国企业还参与了上海地铁第一、二期项目和广州地铁工程，小浪底和三峡水利工程，江苏田湾核电站，南京扬巴石化一体化项目等。

德国在华投资项目平均规模大约是一般外商投资项目平均规模的4倍。此外，德国投资项目的资金到位率也比较高。例如，上海大众汽车公司正式成立后，德方在半年内就投资6000万美元，使第一条装配线于当年便顺利竣工。[①]

（二）技术水平高

德国在对华投资上突出的是跨国公司，但大量的是中小微企业，占投资企业的3/4。它们都拥有先进的技术和设备以及良好的售后服务。从产业分布来看，德国在华主要投资领域为制造业，如汽车、化工、发电设备、交通、通信等，许多都是高科技项目，但也非常重视在租赁、商务服务、批发和零售业领域的投资（见表9－5）。

表9－5　2012年德国对华投资的行业分布

单位：亿美元，%

行业	外资项目			实际使用外资		
	数目	同比	比重	金额	同比	比重
合计	419	－8.5	100.0	14.5	28.5	100.0
制造业	135	－19.6	33.2	10.1	36.8	69.7
租赁和商务服务业	60	－18.9	14.3	3.2	138.2	22.0
批发和零售业	157	6.1	37.5	0.5	－8.0	3.5
房地产业	6	200.0	1.4	0.2	10.9	1.4
科学研究、技术服务和地质勘查业	31	－3.1	7.4	0.2	－44.0	1.3

① 参见陈继勇、刘跃斌《德国对外投资的发展与对华直接投资》，《欧洲》1998年第3期，第63～68页。

续表

行业	外资项目			实际使用外资		
	数目	同比	比重	金额	同比	比重
信息传输、计算机服务和软件业	15	−21.1	3.6	0.2	120.3	1.1
交通运输、仓储和邮政业	4	33.3	1.0	0.1	8131.3	0.9
建筑业	1	−66.7	0.2	0.0	0.0	0.0
电力、燃气及水的生产和供应业	0	−100.0	0.0	0.0	0.0	0.0
水利、环境和公共设施管理业	1	−75.0	0.2	0.0	0.0	0.0

资料来源：中国商务部外资司，2013，自行列表。

（三）市场导向突出

绝大多数的德国投资企业认为，产品市场是影响投资地点选择的首要因素。在不同类型投资企业中，合作企业的投资决策更重产品市场和原材料产地因素；合资企业更重产品市场和政策因素；独资企业尤为注意政府政策取向及其变化。绝大多数德国投资企业把产品定位在中国市场是因为中国市场的规模及其潜力。

出于这一考虑，德企将其投资主要集中在改革开放走在前头，政治、经济环境较好，经济较为发达，基础设施、文化水平较高的省市，如江苏、北京、上海、重庆、浙江、山东、广东和天津等省市（见表9-6）。

表9-6　2012年德国对华投资的省际分布

单位：亿美元，%

省市	外资项目			实际使用外资		
	数目	同比	比重	金额	同比	比重
合计	419	−8.5	100.0	14.5	28.9	100.0
江苏省	79	−16.8	18.9	3.2	−0.1	22.1
北京市	47	−25.4	11.2	2.4	37.4	16.6
上海市	156	5.4	37.2	1.9	−33.1	13.1
重庆市	1	−87.5	0.2	1.0	30.1	6.9
浙江省	17	−43.3	4.1	0.5	58.9	3.4
山东省	9	−35.7	2.2	0.4	−33.7	2.8
广东省	11	−64.5	2.6	0.3	−5.8	2.1
天津市	13	30.0	3.1	0.2	−40.8	1.4

资料来源：中国商务部外资司，2013，自行列表。

（四）有助于推动中国经济的发展，深化中国经济体制改革

德国对华直接投资有利于推动中国现代企业制度的建立和完善，有利于促进中国宏观经济管理体制的改革和完善，也有利于促进中国企业集团的产生和发展，有利于深化中国经济体制的改革。

因此，德国企业刚开始时都是把投资集中在中国东部经济较为发达地区，这里几乎囊括了他们85%的投资数额，2008～2010年更是攀上98%以上的高峰，但到2011年和2012年，德资开始向中国的中部和西部地区转移，2012年德企在中国的投资首次出现了下列格局：东部从最高的98.7%下降到68.7%，中部从最低的0.9%上升至23.6%，西部也从最低的0.1%上升至7.7%（见表9-7）。

表9-7 2005～2012年德国对华投资的地区分布

单位：亿美元，%

年份	东部地区		中部地区		西部地区	
	金额	比重	金额	比重	金额	比重
2005	13.1	85.5	2.1	13.7	0.1	0.8
2006	18.8	94.0	1.1	5.5	0.1	0.5
2007	6.8	93.2	0.4	5.6	0.1	1.1
2008	8.9	98.7	0.1	0.9	0.0	0.4
2009	12.0	98.4	0.2	1.6	0.0	0.1
2010	8.7	98.4	0.1	1.4	0.0	0.2
2011	10.1	89.7	0.2	1.5	1.0	8.8
2012	10	68.7	3.4	23.6	1.1	7.7

资料来源：中国商务部外资司，2013，自行列表。

（五）经济效益好

德国在华投资由于技术水平较高，企业经营管理较为严格，经济效益普遍较好，双方都感到满意。

（六）具有引进外资的带动效应

德国投资项目投产后，有两个带动效应：引起外国配套企业来华投资，促使其他外国同行企业也在华投资建立生产基地。这在德国被称之为"滚雪球效应"。

（七）比较注重产品质量和职工培训

德国在华投资企业一般由德方人员负责生产管理，多数产品采用德国工

业标准，对产品质量要求十分严格。为此，德国在华投资企业积极培训中方技术人员和管理人员。

三 德国对华直接投资中存在的主要问题

1995～1998 年，德国的相关机构对中国的投资环境和德国企业的投资意向做了大规模的调查研究。综合其调研结果，我们可以看到接受调查的企业有以下一些担心：机会与市场信息不足（72%），会发生通货膨胀（62%），日本已在亚洲占有优势（57.7%），竞争加剧和缺乏高素质职工（53%），亚洲国家存在进口障碍（50.2%），亚洲投资条件差（47.9%），运输与推销成本问题（46.9%），政府帮助不够（44.3%），地理距离太远（44.2%），文化语言障碍（34.4%），法制不健全（34%），税制缺陷（19%），会发生腐败（12%），通信设施欠佳（10%），行政管理效率低（8%），基础设施不足（7%）等。

显然，这些都构成了德国企业当时在华投资的障碍。经过十多年的努力和改革，上述障碍中的大部分已经被排除或消除。目前的障碍主要存在于下列四个方面。

（1）认为中国十分注意保护本国企业，怠慢甚至歧视外企，包括德企，特别反映在外企不能享受到自由、平等的市场准入。

（2）部分企业生产成本过高，产品在国内销路不畅。中德合资企业的生产成本虽说低于德国国内企业，但仍高于一般外商投资企业。

（3）双方管理人员中有的素质不高。在中德合资企业遇到的问题中，最常见的问题是双方管理人员的素质问题，由此经常发生一些不必要的误会，无法进行有效的管理。

（4）合资企业的外部环境问题。改革开放以来，中国外商投资的环境逐步有了明显改善，但仍存在一些问题。如能源供给不能满足外资经济增长的需要，原材料价格、房价、工资上涨过快，物流状况改进不大，政府收费名目过多，乱收费、乱摊派、乱罚款现象时有发生。在享受优惠政策方面，不能把德国在华投资的高技术生产性企业与一般的低技术外商投资企业加以区别，这不利于德国企业在华扩大投资。

四 中国对德投资，中企并购德企

长期以来，中德之间的投资是单向的，是德国单方面向中国投资。中国企业由于发展阶段上的滞后对德的投资数量很小，发展得也很慢。随着中国企业的高速发展、实力的增强，加之人民币的增值，特别是欧债危机的发生和发酵，德国更渴望中国的资本，于是中国对德投资便有了大幅度的攀升。

据中方公布的统计公报显示，2015 年中国的海外直接投资较前一年增加 18%，达到历史新高的 1456.7 亿美元，在对外直接投资上居世界的第二位，仅次于美国的 3000 亿美元，中国有可能在 2020 年超过美国。中国的海外直接投资也首次超过同期中国实际使用外资额（1356 亿美元），成为资本净输出国。

根据德国联邦银行的统计，"2004 年至 2010 年，中国在德国的直接投资每年都以两位数的速度递增，2008 年的增长率甚至达到了 39.6%"。2009 年、2010 年、2011 年、2012 年、2013 年和 2014 年中国在德国的直接投资额分别为 6.85 亿欧元、8.29 亿欧元、7.07 亿欧元、10.74 亿欧元、3.68 亿欧元和 9.12 亿欧元，投资项目则分别达到 84 个、126 个、158 个、98 个、139 个和 190 个（见表 9 - 8），已成为德国的最大单体投资方，这还不包括企业兼并或收购。根据中方的统计，截至 2014 年 6 月，中国在德企业已有 2000 多家，对德国投资达到 40 亿美元，年均投资项目超过 100 个①。

表 9 - 8　2009 ~ 2014 年中国在德国的直接投资

年份	直接投资 （百万欧元）	项目数 （个）
2009	685	84
2010	829	126
2011	707	158
2012	1074	98
2013	368	139
2014	912	190

资料来源：德国联邦银行。

在中国对德的投资中，中企并购德企的数量和交易额都在不断攀升。2013 年 1 月 23 日，德国发表的格特·布吕歇尔博士和贝恩德·费诺尔博士

---

① （作者不详）：《中国累计对德投资约 40 亿美元，在德企业 2000 多家》，来源："人民网"，2014 年 7 月 9 日。载人民网国际频道：http://word. people. cnln/2014/0709/1002 - 25259889. html，最后访问日期：2015 年 12 月 15 日。

这两位企业咨询专家撰写的一份研究报告说，在过去 10 年间中企共并购了 59 家德企。

从 2002 年至今，中企并购德企至少就有以下重大案例。

2002 年 9 月，TCL 国际绕过欧盟贸易壁垒，通过新成立的施耐德电子有限公司（Schneider Electronics GmbH）以 820 万欧元收购了"德国三大民族品牌之一"的德国施耐德电子公司，连同"施耐德"和"DUAL"两个世界知名品牌及其产品分销渠道。

2004 年，大连机床集团耗资近千万欧元收购了德国兹默曼（Zimmermann）公司 70% 的股权。该公司是世界大型龙门五面铣床方面领先的机床制造商，产品的主要客户有美国、德国、日本以及中国有名的公司；沈阳机床股份有限公司全资收购世界顶级重大型数控机床设备企业德国希斯（SCHIESS）公司的全部净资产，其中包括 8 万平方米的土地、2 万平方米的厂房、44 台大中型机床设备、17 个产品的全套技术和具有百余年历史的商品品牌。

2005 年，哈尔滨量具刃具集团以 950 万欧元收购德国著名数控刀具和量仪产品制造商凯狮（KELCH）公司。该公司拥有多项专利技术，属世界一流水平，并在欧洲等地拥有较完善的市场销售网络。哈量集团收购凯狮公司可获得包括两项重大发明专利在内的 21 项专利技术；江苏的民营钢铁企业沙钢集团斥资 2 亿元整体收购了德国蒂森克虏伯（TyssenKrupp）公司旗下的多特蒙特钢厂，用 20 多艘万吨轮将总重 30 万吨的全套设备拆解回国，以便沙钢向年产千万吨钢的目标迈进；上工申贝宣布以不高于 3500 万欧元的总价，收购德国上市公司杜可普·阿德勒（简称 DA 公司）94.98% 的股权。

2011 年 7 月 26 日，联想以 2.31 亿欧元（约合 3.4 亿美元）收购了德国电子厂商梅迪昂（Medion）36.66% 的股份。由此，联想集团在德国个人电脑市场上的份额将翻一番，超过 14%，成为德国第三大电脑供应商。

2012 年 3 月，中国北方工业集团下属的河北凌云工业集团有限公司参与了联合收购汽车闭锁系统市场占有率全球第一的德国凯毅德（Kiekert）公司 100% 股权的项目，其中凌云集团、北方星光机电有限公司和天津鼎硕股权投资基金合伙企业分别持有凯毅德公司 55%、25% 和 20% 的股权。凌云集团实际成为德国凯毅德公司的控股股东；7 月，中国工程机械行业的徐工集团继成功收购德国 FT（Fluitronics）公司、荷兰 AMCA 公司后又收购了全球混凝土机械领军企业德国施维英（Schwining）公司，徐工集团将拥有施维英公司 52% 的股权；8 月，三一重工发布公告，旗下控股子公司三一德国有限公司将斥资 3.24 亿欧元（折合人民币 26.54 亿元）收购德国著名工程机械公司普茨迈斯特（Putzmeister）90% 的股权；9 月，山东潍柴动力斥资 4.67 亿欧元收购凯傲集团（Kion Group AG）25% 的股份，同时斥资 2.71 亿欧元收购凯傲集团下属林德（Linde）液压业务 70% 的股份，共耗资 7.38 亿欧元，成为迄今为止中国制造业同德国企业的最大一起合作案例。凯傲集团是全球第二大工业叉车制造商，也是中国最大的外资叉车生产商。

2014 年 9 月 19 日，中国南车集团旗下的时代新材料以 2.9 亿欧元收购德国采埃孚集团（ZF Friedrichshafen AG）旗下博戈（BOGE）公司的橡胶与塑料业务。这是中国迄今为止在欧洲汽配行业最大的收购案。收购完成后，时代新材料将拥有该德国公司在德国、美国、法国和中国的相关基地的全部资产。

2015 年，中国投资商对德国企业的收购热潮史无前例，总共进行了 36 件收购（全欧共 179 件）。①

2016 年初，北京控股（Beijing Enterprises Holdings Limited）以 14.38 亿欧元（算上债务近 18 亿欧元）收购德国下萨克森州黑尔姆施泰特垃圾能源公司（niedersächsischer Abfallkonzern EEW）。黑尔姆施泰特垃圾能源公司是行业领先企业，有职工 1050 人，2015 年收益 1.9 亿欧元，每年把 470 万吨废弃物转化为能源；中国化工（ChemChina）以 9.25 亿欧元收购了橡胶塑料化工机械制造商克劳斯玛菲集团（Spezialmaschinenbauer Krauss-Maffei）；美的集团则大幅提高了对机器人公司库卡集团的参股份额。② 据 2016 年 7 月 18 日《参考消息》登载的德国《经理人杂志》网站 7 月 15 日报道，中国企业在 2016 年 6 个月内共斥资 97 亿欧元收购了 37 家德国公司，是去年的近 20 倍。德国经济发展与外贸协会对外事务负责人说：欢迎中国来德投资。去年，他们还特别为中国企业设立了一个并购合作咨询的部门。德意志银行分析师强调，2016 年中国企业将在德国扮演更重要角色，而且不仅限于并购领域。③

第三节　技术转让

技术转让是德中经贸关系的一个重要内容，德国是中国引进技术最多的

---

① 德国之声电台网站 2016 年 1 月 1 日报道，《世界报》文章，《参考消息》2016 年 1 月 5 日。
② 管克江、冯雪珺：《中企在德并购激发互利潜能》，《人民日报》2016 年 2 月 16 日，第 22 版。
③ 管克江、冯雪珺：《中企在德并购激发互利潜能》，《人民日报》2016 年 2 月 16 日，第 22 版。

国家，也是欧盟内对华技术出口最多的国家。2004 年，欧盟居向中国转让技术的首位，占 39.79%，德国则在欧盟对华技术出口中占 39.84%，居欧盟的第一位。① 在 1996 年一年内，德国就批准了 705 个项目，金额达 49 亿美元。2012 年，中国共批准从德国引进技术的合同 18398 项，金额 606.7 亿美元。这大大推动了中国企业的技术改造，对加快中国各类企业的技术升级起到了积极的推动作用。

伴随着德国对华技术出口的不断增长，中国对德国技术出口也不断取得进展，主要集中在卫星发射服务和集装箱船建造等项目上。双方对彼此的技术合作都表示满意。

一　建立德中技术转让法律保障体系

欧洲企业在技术转让上起着重要的作用，尤其是德国企业，它们在技术转让上作用突出而且理性，但它们非常强调技术转让中的法律保障、知识产权的保护问题。因此建立中德技术转让的法律保障体系便成了两国技术转让中的一个关键问题。

1980 年德方开始帮助中方建立了专利权，之后成立了中德律师联合会以促进律师间的学术交流，建立了哥廷根大学和南京大学的法学研究所，德国经济行动组还专门研究以中国为中心的反产品和商标盗版活动，成立了与中国伙伴组织合作的德国政治基金会。德国工商协会还建议，加大对中国法官的培训，降低违反知识产权处罚的门槛，建立全国机构负责打击经济犯罪，以免受地方政府的制约。之后又成立了"中国工商法律保护"工作组，以了解产品盗版的危害状况。此外，德方还在中国举办各类活动来广泛讨论如何在技术转让中防止产品盗版、保护知识产权问题，并重视同国际组织和欧盟委员会协调各类行动。

二　德中技术转让的主要领域

德中技术转让的主要领域是汽车、电子、环保、节能、交通运输、化学和现代物流。其主要的技术引进项目有株洲电力机车厂、鞍山钢铁公司、上汽、一汽、上海磁浮列车、上海地铁、中国高铁、山西阳城电站、广州地

---

① 李夏玲：《中德经贸关系的现状与特点》，《广东财经职业学院学报》2007 年第 4 期，第 65 ~ 68 页。

铁、珠江钢厂、邯郸钢厂和上钢三厂薄板坯项目等。

（一）汽车工业

改革开放后中国开始吸引外资，建立合资企业。当时中方坚持外资的参股额度最高为50%，并要求外资提供培训和允许国产化，1988年以后这一额度突破，可以建立独资企业。

1984年，北京汽车公司同克莱斯勒公司建立了第一家合资企业，生产"标致"牌吉普；1985年，大众同上汽在上海成立了合资企业，生产桑塔纳，2000年后，开始生产帕萨特和波罗；1991年，大众同一汽在长春合作，按许可证方式生产奥迪A6、奥迪100、奥迪200以及捷达和宝来；2003年5月，华晨宝马汽车有限公司注册成立，其注册地和生产厂设在沈阳。华晨宝马是宝马集团和华晨中国汽车控股有限公司共同投资成立的合资企业，从事BMW品牌汽车的制造、销售和售后服务；2005年8月北京奔驰汽车有限公司（简称北京奔驰）成立，是北京汽车股份有限公司与戴姆勒股份公司、戴姆勒大中华区投资有限公司组建的合资企业；2011年比亚迪汽车同戴姆勒公司在深圳联合成立了新技术公司；2016年3月德国汽车品牌宝沃在北京的制造厂投产。

汽车产量和出口的提高在依赖技术转让的同时，也提高了技术转让的力度、广度和深度。1998年中国年产轿车为50万辆，2006年便达到387万辆，如加上其他工业用车，共达到728万辆，使中国超过日本和德国成为世界汽车第二大生产国；2011年中国汽车产量则达到全球产量的40%，中国已成为世界第一大汽车生产国。

（二）电子工业

德国在电子工业上也向中国转让了技术，使中国在2004年已经超过美国成为全球最大的电子产品出口国；2005年中国成为世界电子产品的第二大生产商；从1995年到2005年，中国电子工业的产量增加了10倍，工业附加值从635亿人民币上升到5839亿人民币。

（三）磁浮列车和高铁的技术转让

2000年中德双方拟定了合建磁浮列车的意向声明、协议书和可行性报告；2001年签署供应零件和服务合同，2004年正式通车；中国从德国引进了高铁ETCS2系统，开发了最新的CTCS3系统，把列车的最高时速提高到250～350公里。中国最快的高速列车在京沪段试运行中时速曾达到486.1公里，从而创造了世界纪录，而没有同任何一家外国公司在知识产权上发生争执，并申报了相关技术专利946项。

三 德中技术转让中的主要问题

德中技术转让总体上是很成功的，双方也都表示满意，但问题仍然不少，主要的问题是中方对保护知识产权立法滞后，对德方的知识产权保护不力，德方则夸大其词，强烈要求尽快解决这一问题。

德方指责中方的主要问题是：（1）没有依法实施知识产权保护，违反知识产权保护的规定，不诚信；（2）大量的产品和商标被盗版；（3）缺乏生产程序的保密从而造成在加工生产中专门知识的泄露；（4）中国的专利法机构本身就会将德方涉及商务机密的文件和材料泄露出去，给专利盗版者提供各种方便；（5）大量伪造德国和欧洲的产品及包装；（6）用类似于已在中国登记注册商标的欧洲生产商的贸易名称和商标登记注册；（7）对已有发明和创造稍作改动便申请发明专利；（8）不重视许可证，不缴纳许可证费；（9）强迫德方非自愿转让技术。①

四 德中技术转让的前景

中方将继续推进德中之间的技术转让，进一步加强知识产权的保护。中国已经出台了许多有关知识产权保护的法律和法规。这既是改进中国同外国技术转让所必要的，也是发展中国国内技术合作所必要的，因为随着中国经济的迅速发展中国企业也日益壮大，在国内外也同样面临知识产权的保护问题。但中方也向德方说明，这需要一定的时间。

德方的研究机构也向德方企业提出下列建议以推动德中技术转让更好和更健康地发展。

（1）一进入中国市场便申请专利；

（2）生产那些不易被仿制或伪造的商品；

（3）争取拥有大批固定的客户；

（4）签订长期服务合同以便通过多次交易获得稳定的客户基础（stabile Klientenbasis）；

（5）把生产任务分配给多个中方企业，这样就不会有一家企业能够生产全套产品；

---

① Schüller, Margot: *Technologietransfer nach China — Ein unkalkulierbares Risiko für die Länder der Triade Europa, USA und Japan?* Berlin: Friedrich-Ebert-Stiftung, 2008.

（6）对华投资，成立中外合资企业；

（7）非自愿技术转让在中国常被视为是"敲门砖"，因此在中国无论是进行自愿技术转让还是非自愿技术转让都要采用相应的保护战略；

（8）欧洲企业在选择准备向中国出售或让中国生产的产品时必须不断提高警惕。[1]

可以肯定，随着两国经济和科技的发展，随着两国企业间信任和合作的加强，随着中国在知识产权保护上立法、司法的完善，两国在技术转让上的合作将会出现新的发展和新的天地。

第四节 德国的对华发展援助

中国是世界上最大的发展中国家，德国也是对中国提供发展援助最多的国家之一，既提供技术合作，也提供财政合作。截至 2010 年 5 月底，德国对华提供的无偿技术援助约 8.71 亿欧元。到 2010 年底，中德财政合作累计生效资金约 73 亿美元，共实施项目 214 个。2009 年 11 月，双方签署了关于 2009 年度合作资金承诺备忘录。2009 年德方共投入 2750 万欧元，还做出 200 万欧元的原有已结束项目结余资金的再承诺[2]。

表 9 - 9 2001 ~ 2008 年德国与中国的发展合作

单位：百万欧元

年	财政合作		技术合作
	预算调拨	市场资金	
2001	63.9	43.4	22.5
2002	62.0	49.5	22.0
2003	50.0	13.2	20.0
2004	56.0	98.4	20.0
2005	50.0	40.0	18.0
2006	36.5	114.0	20.0

---

[1] Schüller, Margot: *Technologietransfer nach China — Ein unkalkulierbares Risiko für die Länder der Triade Europa, USA und Japan?* Berlin: Friedrich-Ebert-Stiftung, 2008.

[2] （作者不详）：《中国同德国的关系》，来源：中华人民共和国外交部，载央视网，2012 年 2 月 1 日。

续表

年	财政合作		技术合作
	预算调拨	市场资金	
2007	50.0	102.3	17.5
2008	25.0	85.0	20.0
1982～2008	2673.5		607.5

资料来源：德国外交部、驻华使馆，2009 年 9 月 22 日。

一　技术合作

技术合作就是通过转让和交流技术及专业知识，最终增强个人和组织的工作能力。其目的是强化人们自身的能动性，并使其能通过自己的努力改善生活条件。

1982 年 10 月 13 日，中、德两国政府首次签订技术合作协定。援助形式有技术合作项目、粮食援助、紧急援助、项目外奖学金生和资助研讨会。此后，德国开始向中国提供无偿发展援助，即技术合作援助资金，用于培训各种专业技术人员、派遣专家，提供紧急救灾援款、"营养保障"、粮援资金或某一项目的设备或资料等。

二　财政合作

财政援助是一种低息贷款，通常利率仅为 0.75%，还贷期在 30 年左右，还有几年的宽限期，是人们常说的"软贷款"。

1985 年，中德两国政府签订了第一个财政合作协定，德国开始向中国提供年息 2%、30 年偿还期（含 10 年宽限期）的财政合作援助资金。1989 年后，财政援助条件改为年息 0.75%、40 年偿还期（含 10 年宽限期），金额逐年增加。到 1997 年为止，德方已向中国承诺财政合作资金 33.83 亿马克，其中赠款 4.18 亿马克。另外，德方提供的与财政合作资金相配套使用的出口信贷或市场资金累计已达 15.75 亿马克。

中方利用德国财政合作资金中的 4.2 亿马克建设了上海地铁一号线，又分别利用 7.7 亿马克和 7.86 亿马克的德国财政合作资金建设广州地铁一号线工程和上海地铁二号线工程。中国分别利用德国财政合作资金中的赠款和贷款支持一些城市的污水处理项目和供水项目，也把德国的赠款用于"三北"防护林体系及长江中下游水土保持体系的建设。①

气候保护专项贷款始于 2008 年，到 2010 年底累计达 7500 万欧元。②2008 年 5 月汶川特大地震灾害发生后，德国政府及各界累计向中国提供价值约 2400 万欧元的援助，并将中德发展援助项下的 2000 万欧元用于灾后重建，是向中国提供援助最多的欧洲国家。③

三　合作领域

中国是德国政府对外无偿援助的最大受援国。财政合作领域主要集中在能源、交通、城市基础设施、通信、环保、林业等领域；技术合作则优先支持下列领域。

（1）中国西部城市综合管理与可持续发展；

（2）区域可持续发展；

（3）环境政策合作；

（4）能源利用效率；

（5）企业社会责任；

（6）可再生能源、生物质能优化利用。

两国之间的发展援助合作进行得相当顺利，中国已经上升为德国发展援助的最大接受方。德国对华发展援助的重点领域还有环境和资源保护、扶贫、基础设施促进、职业教育以及私营经济促进等。

根据两国发展战略政策对话达成的共识，未来两国技术合作的重点领域为：经济体制改革，法律合作，金融系统发展及就业促进；环境政策，自然资源管理，能源及城市发展；环境友好的交通系统等。此外，双方希望在公共卫生领域包括艾滋病和血吸虫病防治方面开展发展合作，并将加大对同等待遇专家、退休专家服务、公共与私营部门合作等项目的投入。

四　合作的主要特点

（1）一般国家在执行发展政策中，援助国和受援国之间近乎是一种父子

---

① 裴元伦：《走走停停——中德经贸关系发展轨迹》，《德国研究》1999 年第 3 期，第 6 ~ 9 页。
② 中国信保：《德国投资与经贸风险分析报告》，《国际融资》2012 年 3 月，第 60 ~ 63 页。
③ （作者不详）：《中国同德国的关系》，来源："中国驻德大使馆网站"，2013 年 10 月 2 日。

关系。今天，随着中国经济、科技的飞速发展，双方已经形成了一个很平等的合作伙伴关系，共同学习，互相促进。一些德方专家已经认为，对中国来说，资金上的需求也许并不是第一位的，更多的需求可能是技术、技能和观念，能使知识和技能合理地整合、转化和利用。①

（2）德国在华"发展援助"项目是根据中国的需求来提供的，由中方提出立项要求，然后才开展项目。因此，德方与中方的合作非常紧密。

（3）德国"发展援助"项目在中国有两个主要合作伙伴，即财政部和商务部。与财政部合作的项目主要是以资金形式体现的财政合作项目，资金提供方式为赠款和低息贷款。与商务部合作的项目主要是通过提供专家和咨询等方式开展技术合作，而不是直接提供资金，这方面的资金支出全部采用赠款形式。

（4）合作领域相对集中，综合扶贫与职业教育已不再是中德技术合作的重点，今后的合作将主要集中在环境政策咨询、经济体制改革与法律合作、提高能源利用效率及新能源开发利用、城市可持续发展等方面。

（5）资金规模逐年减少，技术合作资金已从原来的每年 2000 万欧元逐年下降。

（6）合作形式呈多元化趋势。近年来，中德技术合作项目不仅与同等待遇专家、公共和私营部门合作、德国国际继续教育与发展协会等项目加强了合作，而且还与其他国际组织如国际农业发展基金、经合组织、联合国开发计划署共同开展项目活动。

（7）硬件援助比例减少。过去，中德技术合作项目还援助较大比例的实物，如办公设施、车辆、实验室设备等，一般能达到 40% 左右，最高的可达 60%。个别项目还以现金的形式援助。但近年来，德方减少了硬件援助的比例，项目主要是人员培训、专家咨询，硬件的比例已不足 15%，中方也得不到现金援助。

（8）项目越来越大、层次越来越高。中德技术合作已由单个项目转为框架项目合作。每个框架项目的资金额度都在 400 万欧元左右，包括 3~5 个子项目。各个子项目由不同的部门来执行。项目主要在国家层面实施，个别项目是在所选择的示范省份执行。单独由一个省份提出的项目申请很难得到

---

① 高鑫诚:《发展援助:授人以"鱼"还是授人以"渔"——德国"发展援助"活动在山东（上）》,《中国青年报》2004 年 4 月 19 日。

德方的支持。

五 德国取消对华的发展援助

2008 年黑红联盟面对国际金融危机和中国经济的飞速增长，决定取消对中国发展援助中的财政合作，没有把联邦合作与发展部原定 2009 年给中国的 4700 万欧元发展援助款纳入德国联邦预算。[①] 2009 年 11 月 1 日，黑黄联盟上台后就全部中止了对华的发展援助。时任经济合作与发展部部长的迪尔克·尼贝尔说（Dirk Niebel，自民党）："消除贫困对德国来说是更重要的事，因此德国必须集中自己的资金，有效用于最困难地区。而中国和印度等经济巨人不再符合相应标准。"[②] 这完全是违背国际惯例的，因而也受到国内外的强烈批评。绿党代表说，他这样"在做法上是错误的，后果是可怕的"；[③] 前联邦经济合作与发展部部长维乔雷克 - 措伊尔（Heidemarie Wieczorek-Zeul）女士则认为，这样做"目光短浅"，是"错误的"。对华援助已不是传统意义上的发展援助，德国提供的援助也符合德国的利益，实际上是一种新的经济合作形式。据德国官方公布的数据，德国合作与发展部的外援经费中，仍有 6750 万欧元流向中国，主要作为贷款供中国使用，贷款条件接近市场通行标准，中国也按期偿还。在所有合作项目中，中国自己也以相当大的资金参与。[④]

2013 年，第三届大联合政府上台后改变了尼贝尔的政策。据《法兰克福评论报》2014 年 2 月 1 日报道，现任联邦合作与发展部部长穆勒（Gerd Müller，基社盟）宣布："我们会在新兴国家，如印度、中国和巴西继续积极活动。"不过，现在的援助不再是传统意义上的发展援助，而是加强合作，特别是高校之间的合作。德国将促进与新兴国家大学生和科研人员的交流。双方合作领域将包括健康和农业科研。他还说："没有新兴国家，环境和气候保护根本就无法进行。而环境和气候保护是我们的首要兴趣。"

---

① 引自《德政府突然取消明年对华援助款 称中国不缺钱》，载环球网：http://news. QQ. com，2008 年 11 月 28 日。

② 引自《德国将停止对华发展援助——遭猛批被指后果严重》，载金羊网 - 新快报：http://www. dayoo. com，2009 年 11 月 2 日。

③ （Verfasser unbekannt）*Kritik an Niebels Vorstoß*，http://www. n-tv. de/politik/Kritik-an-Niebels-Vorstoss-article 5699 77. html，letzter Zugriff am 15. 02. 2010.

④ 引自《德国政界人士：停止对华经济援助是战略错误》，载金羊网 - 新快报：http://www. dayoo. com，2007 年 8 月 2 日。

他希望用新设立的金融交易税的税收来促进发展援助。① 于是，不少人便认为，德国将对中国继续提供发展援助。其实这是一种误解，实际情况是，中德今后将加强在发展领域的合作。《中德合作行动纲要》96 条说得很清楚："两国商定，就全球发展问题开展交流。双方愿就在他国或与他国开展双边和国际可持续发展合作议题进行沟通。（主要议题包括地区和全球问题、发展政策合作的机构与程序、南南合作经验、可持续发展后 2015 议程等）。"联邦外交部在介绍中德关系的文件中更是明确地说："2009 年德国政府已经决定结束同中国的传统发展合作，此后便没有再向中国提供过新的财政承诺。"②

第五节　中小微企业的合作

在两国的经济结构中，中小微企业均占 99% 以上，但也都面临众多的挑战，因此中小微企业的合作便成了两国发展经济关系的重点。

一　两国中小微企业的地位和特点

与大企业相比，中小微企业具有鲜明的特点，那就是经营灵活、决策果断、就业容量大、就业方式灵活、技术更新迅速。德国的中小微企业更具有技术先进、科技水平高的特点；中国中小微企业的特点则是主要生产劳动密集型产品。

德国中小微企业占企业总数的 99.3%，它们对于推动科技进步、产业升级、增加就业发挥着重要作用，在很多对外贸易和投资领域占有首要地位，③全部在华的德国企业中 3/4 是中小微企业，因此被喻为德国企业的"隐形冠军"。④

中国的中小微企业占企业总数的 99.8%。它们创造的最终产品和服务价值占到国内生产总值的 60%，提供了 65% 的专利、75% 的技术创新、80% 的新产品、75% 以上的城镇就业和 50% 以上的税收总额；其中微型企业（职工人数在 9 人以下）占到整个中小微企业的 56%（不含农户），创造的就业

---

① 乌元春：《德国将对中国继续提供发展援助》，载环球网，2014 年 2 月 2 日。

② Das Auswärtige Amt: *deutsch-chinesische Beziehungen*, *Stand Mai 2015*. www. auswärtiges amt. de.

③ *KMU-Definition des IfM Bonn-Institut für Mittelstandsforschung*, abgerufen am 24. März 2011.

④ 黄发红：《德国中小企业拉近中德距离》，《人民日报》2014 年 6 月 9 日，第 3 版。

人数占到注册劳动人数的 26.8%，为缓解就业压力发挥了积极作用。中小微企业在服装、纺织品、玩具、皮鞋等劳动密集型产品的出口比重高达 90%以上。①

因此，中小微企业既是中德两国经济发展的重点，也是对外经济发展的推进器，是两国企业合作的主要参与者，在国民经济中占有极其重要的地位。

二　两国中小微企业面临的困难

中德两国中小微企业在国民经济发展中都起着重要的作用，但也都面临众多的挑战和困难，发展受到很大的制约，主要有以下几个突出的问题。

（一）融资贷款困难

内源融资是中小微企业融资的主要来源，银行融资在德国占到 26.3%，在中国这一比例则要小得多。中小微企业向银行申请贷款融资难的原因主要是缺少担保或抵押品，自有资本不足等。在德国，银行政策的变更是中小微企业贷款难的特殊原因；在中国则有所有制的约束，因为大批中小微企业均系民营。

中国金融机构提供的融资产品比较单一，主要是银行贷款，难以满足中小微企业特殊的融资需要。而在德国，除传统的银行贷款融资外，夹层融资②和资本证券化融资份额也在不断上升。

德国银行有明确的分工，开设有主要为中小微企业服务的银行机构、存款银行和合作银行。在中国，几乎所有的银行机构都开展了中小微企业融资业务，但是国有大型商业银行对向中小微企业贷款缺乏积极性。

（二）平均寿命苦短

中小微企业的生存期一般都比较短，尤其是新生的中小微企业。德国新生中小微企业中的 20% 经营不到 7 年便破产，40% 的不到 10 年。新生中小微企业的平均破产率高达 79.25%，2006 年的破产率竟然达到 91.5%，创历史新高。③ 中国至今缺少中小微企业破产率的统计。一个粗略的估计是，中

---

① 赵涛：《中小企业兴衰关大计，中央六大政策扶持之》，载 IT 时代网：http://www.cio.itxin-wen.com/2009/0305/35601.shtml，最后访问日期：2015 年 12 月 20 日。

② 夹层融资是介于风险较低的优先债务和风险较高的股本投资之间的一种融资方式，处于公司资本结构的中层。

③ 梁剑：《中德中小企业比较研究与启示》，《当代财经》2008 年第 1 期，第 66～74 页。

国中小微企业在成立后的 3～5 年内破产的比率高达 50%。于是，有人便把中小微企业比作为"市场经济大潮惊涛骇浪中的一叶小舟"，与那些实力雄厚、规模宏大、根底坚实的大企业相比，稍有不慎，就会翻船。

（三）自有资本偏少

中德中小微企业的自有资本较低，因此其经营风险、破产比率也都较高。销售额在 5000 万欧元以上的德国大型企业自有资本占总销售额的平均水平为 25.3%；100 万～5000 万欧元的中型企业该比例为 13.3%；100 万欧元以下的企业这一比例最低。尽管德国中小微企业的自有资本比例不断增加，但 2002 年 66% 的中小企业低于 20%，大多低于 10%。中国中小微企业的注册资本尽管也不断上升，但仍然偏低，1993 年为 28.6 万元，1995 年为 40 万元，2002 年为 250 万元。①

（四）发展差异很大

中德中小微企业的发展都存在着明显的地区和行业差异，尤其是"东西差"。在德国，这主要表现在西部的老州与东部的新州之间的差异；在中国，主要表现在沿海地区和内陆地区之间的差异，特别是东部沿海地区同西部地区之间的差异。因此，中小微企业的发展状况与地区经济发展水平密切相关。

（五）服务体系相异

中德政府都非常重视中小微企业的发展，但采用的手段和方法不同。德国政府重间接的、经济的和法律的手段，中国政府则更多采用直接的行政手段和干预。

德国为中小微企业服务的社会体系健全，包括咨询、信息、融资、审计、会计等各类社会服务机构。德国政府还设立了专门针对出口型中小微企业的行政和社会服务体系。中国为中小微企业服务的社会体系目前还处于建设和不断完善中，最大的问题在于如何完善中小微企业的担保体系。中国至今还缺乏专门为出口型中小微企业服务的社会体系。

（六）危机冲击严重

国际金融危机对两国的中小微企业冲击最大。在国际金融危机和欧洲债务危机的双重冲击下，德国的中小微企业大批破产。中国的中小微企业也遭遇国际金融危机很大的冲击，2008 年 11 月份统计，全国规模以上中小微工业企业经营得十分艰难，亏损面达到了 18%；全国停产半停产的中小微工业

---

① 梁剑：《中德中小企业比较研究与启示》，《当代财经》2008 年第 1 期，第 66～74 页。

企业占总户数的 7.5%。①

三　两国政府重视中小微企业的发展

德国政府一向重视中小微企业的发展，只要谈到经济，中小微企业的经济和发展必然列入重要的议事日程。

中国政府同样重视中小微企业的发展，但由于种种原因，它们在中国的发展还是困难重重，直到改革开放以后才逐步受到重视，而发展民营中小微企业则还是较晚的事情。在这一方面，中国向德国学习了很多东西。2009 年以后中国政府又采取了一系列新的举措。②

（1）进一步完善中小微企业融资和信用担保体系，拓宽融资渠道，缓解中小微企业融资难、担保难的问题。加大财税扶持力度，对中小微企业信用担保机构免征 3 年营业税收。国家还先后四次提高部分商品的出口退税率。

（2）大力推动中小微企业结构调整和产业升级，重点对产业集群骨干企业、具有自主知识产权和自主品牌的中小微企业的技术创新、技术改造、产业升级等给予投资补助或贷款贴息，培育新的经济增长点，使不少中小微企业在结构调整和产业升级上新登了一个台阶，使中小微企业走"专、精、特、新"和与大企业协作配套的路子。

（3）贯彻落实 12 部委联合制定的《关于支持中小企业技术创新的若干政策》，积极支持中小微企业技术创新，增强自主创新能力，加快建立以企业为主体、市场为导向、产学研相结合的中小微企业技术创新体系。

（4）深入贯彻《中小微企业促进法》和"非公经济 36 条"，继续推进中小微企业服务体系建设，完善政策法规体系，营造中小微企业发展的良好环境，整合社会资源，培育服务品牌和核心服务机构，提高对中小微企业服务的能力和水平；支持创业辅导、技术创新、人才培训、融资担保、管理咨询、信息提供等重点服务，提高服务质量和效果。

（5）着力缓解中小微企业经营困难。全力维护企业正常生产经营，保持社会就业形势稳定，引导中小微企业减少停产、关闭和破产，尽量不裁员、少裁员。千方百计帮助企业解决困难。

（6）加强市场开拓与对外合作。帮助中小微企业开拓市场，为中小微企

---

① 刘涛：《中央六策挺中小企业》，《瞭望新闻周刊》2009 年第 9 期。

② 赵涛：《中小企业兴衰关大计　中央六大政策扶持之》，载 IT 商业新闻网，2009 年 3 月 5 日。

业搭建"展示、交易、交流、合作"的平台，为中小微企业创造对外合作的各类条件。

四　政策、机构合作

两国政府联合采取了一系列的行动，本着政府引导、企业主体、市场运作原则扩大合作规模，提升合作水平。

1993 年，德国经济部与中国外经贸部签订了《关于促进两国中小企业合作的意向书》，决定推动德国经济界在天津建立德国工业园，并欢迎德国中小微企业在该工业园投资，再以此为出发点发展同其他地区的合作。

1994 年，中国的外经贸部与德国经合部在波恩举办了首届中德中小企业合作会议，来自浙江、天津、河南、青岛、扬州等地区中小微企业的 60 多名企业家参加了会议，德方有 200 多名中小微企业代表参加，双方达成了 120 多个合作意向。

1996 年，在北京召开了中德第二届中小企业合作会议。

1997 年，成立了中德中小企业合作领导小组。

1999 年，成立了北京德国中心，全部由掌握汉德（英）两种语言的中德工作人员组成。

然而，在 2001 年中国加入世贸组织前，德国的中小微企业不敢贸然来华投资。其主要原因有三个：第一，认为中国搞贸易保护主义，法制不健全，特别是审批程序烦琐，进口税率过高，缺乏知识产权保护；第二，文化差异，主要是价值观的不同，语言障碍，信息难求，谈判艰巨以及对中国伙伴的不信任；第三，认为中国的购买力低和竞争力度大。[①]

2001 年，中国加入世贸组织，中德中小微企业的合作开始升温。

2004 年，两国主管部门签署了《关于在中小企业领域加强中德合作的谅解备忘录》，建立起中德中小微企业政策磋商机制。

2007 年，两国主管部门签署《关于中国中小企业经营管理人员培训合作备忘录》，选派 100 名中国中小微企业经营管理人员赴德培训。

2009 年，中国工信部与德国联邦经合部续签备忘录并将项目执行期延长至 2013 年，同时指出，中德中小微企业政策磋商为两国在该领域合作打下

---

① Schwärmer, Jens/Lynton, Nandani: *Der Chinesische Markt aus Sicht deutscher mittelständischer Unternehmen*, www.nimp.de/docs/China_MgmtSummary_final.pdf, letzter Zugriff am 25.03.2013.

了良好基础，但两国中小微企业间合作仍有待进一步深化，政策、资金扶持力度有待进一步加强。下一步，两国将共同建立中小微企业公共示范平台。

2009 年，双方共同签署了第二期（2011～2013 年）合作备忘录，培训人数增至 200 名。

2011 年，温家宝总理在访问德国时强调，应密切两国中小企业合作。中方不仅重视与德国大型跨国公司合作，也重视推动双方中小企业合作。中方决定设立一项总额为 20 亿欧元的专项贷款，支持中德中小企业合作，充分发挥双方在资金、技术、研发、人才、市场等方面的互补优势，促进共同成长，德方对此表示高度赞赏。

2011 年 12 月，在中国举行第三轮中小企业政策磋商。

2012 年 11 月中德政府合作培训项目首期德国中小微企业经营管理人员培训班来华交流。

2013 年 1 月，举办了第四轮中德中小微企业政策磋商会议，双方回顾了中德在中小微企业领域交流与合作方面所取得的成果，交流了两国中小微企业发展情况和最新政策，探讨了职业教育和提升经营管理者素质的经验做法。德方对中德政府培训项目的成功实施予以了高度评价，中方也表示对合作十分满意。

2014 年，蒲江县在国家工信部中小微企业发展促进中心的支持下与德方合作在蒲江寿安新城建立"中德中小企业合作园"。

2015 年 3 月举办了中德中小微企业合作培训班，150 名广东企业家向德国"取经"。

2015 年 5 月，首届中德中小微企业合作交流会以"一带一路，携手共赢"为主题，建设中德中小微企业交流合作平台，促进合作共赢，实现中国市场与德国技术、中国效率与德国质量的珠联璧合。

2015 年 8 月，在太仓成立了中德（太仓）中小微企业合作示范区。

2016 年 1 月，广东省揭阳市举行第五轮中德中小微企业政策磋商会。

2016 年 6 月，在第二届中德中小微企业合作交流会开幕式上，有 12 个项目成功签约，涉及智能制造、环保技术、医疗器械等方面。

五　信息合作①

信息不足是中德中小微企业开展合作的一大难题。没有信息，一个企业

---

① 何新浩：《采取有力措施加强中德中小企业合作》，《国际贸易》1995 年第 11 期，第 10～11 页。

也会成为"聋子、瞎子和哑巴",更谈不上经营和合作了。在这方面,中国显得尤为滞后,目前双方为克服这一障碍采取了不少积极的措施。

(一) 建立经贸代表机构

两国政府首先从建立经贸代表机构入手。德国联邦和州政府也十分重视在中国设立它们的代表机构,如莱普州政府在北京和厦门建立了联系机构,巴伐利亚州在上海成立了"德国经济之家"咨询公司,德国工商大会在上海设有代表德国工商界的办事处,巴符州国际经济合作协会在南京、沈阳设有代表处;中国在德国也有很多公司及代表处,其中不少是省市的代表机构,它们在提供信息服务上做了不少工作。此外,商务部与德国联邦经合部下属的德国投资与开发公司合作成立了中小微企业合作促进机构。这些代表、咨询机构在提供信息服务上起到了很好的作用。

(二) 加强两国友好省州和城市间的互访活动

充分利用中德之间友好关系组织互访活动。互访代表团主要吸收当地中小微企业参加,重点在两国首都和友好省市,并在当地举办洽谈会。目前,中德之间建有友好关系的省州和城市间几乎都互派了经济代表团进行互访,这为促进中小微企业间的信息交流、相互了解与合作做出了积极的贡献。

(三) 召开两国中小微企业合作会议

1994 年 6 月,当时的中国外经贸部与德国经合部在波恩举办了首届中德中小微企业合作会议。此后,两国连续召开了这样的会议,给中德双方的主管单位和中小微企业界提供了大量珍贵的信息。

(四) 建立统一的信息服务系统

双方都非常重视建立统一的信息服务系统,2001 年 10 月 12 日,双方在北京就举办了一场由德国专家向中方企业代表所做的关于"德国中小企业网络管理"的专题讲座。此后便建立了"中德汇"网站(www.cndep.com)。

"中德汇"网站是在中国工信部中小企业司等单位的支持和指导下,由工信部中小企业发展促进中心主办的中德中小微企业间的官方网站,承担信息交流、资源共享的任务,是支持中德中小微企业商务交流的专业服务网站。

"中德汇"网站宗旨是通过先进的技术手段,收集、整理德国市场专业数据及商务信息,为中国中小微企业走向德国市场提供第一手的专业信息,并整合中德商务交流渠道资源,为中德中小微企业寻找商业合作伙伴。

现在已有近 7000 多户中小微企业在中国中小企业信息网上发布招聘高校毕业生信息,为中小微企业和应届高校毕业生免费搭建了职位发布和应聘信息平台。

六 融资和投资合作

资金不足是中小微企业开展合作的另一个困难。两国企业都经常遇到外汇短缺的问题。于是两国政府间积极开展了为中小微企业融资和投资的合作。

德国政府主要是通过税收政策、国家政策性银行——复兴信贷银行集团（KfW Bankengruppen）间接向中小微企业提供资金支持，注意使各项行政审批制度和程序标准化，加速和简化各项审批程序。德国也十分重视通过德国投资与开发公司为中小微企业提供融资帮助。该公司一方面为中小微企业提供成立合资企业的咨询，另一方面直接在合资企业中参股，这就减轻了德方其他合资方资金的负担。同时随着在中国对外商国民待遇的逐步实现，德国中小微企业外汇短缺的问题正在逐步得到解决。

另外，随着欧盟"亚洲政策"的制定，欧盟委员会也在采取措施鼓励包括德国企业在内的欧盟中小微企业到亚洲和中国投资。例如，欧共体制定的"ECIP"计划，即"欧共体投资伙伴计划"就对特定的以投资为目的的考察计划提供直接补贴。

2006 年，中国国家开发银行与德国复兴信贷银行在北京正式签署了贷款总额为 5000 万美元的小微企业贷款项目的微贷款协议和金额为 300 万欧元的赠款协议，正式启动了中德开发性金融机构在微贷款领域的合作项目。此后，中国国家开发银行又在两年内投入数十亿元人民币的信贷资金，支持合作金融机构开展微贷款业务。自 2005 年 11 月以来，中国国家开发银行把中国包头市城市商业银行和台州市城市商业银行作为首批试点合作银行，发放贷款金额 7488 万元，不良贷款率为零。按照与国际金融机构的合作安排，至 2007 年末，中国国家开发银行还同世界银行和德国复兴信贷银行一起，向 12 家合作银行提供微贷款业务的技术和资金支持。[①]

七 工业园——德中中小微企业合作的重要模式

在中德中小微企业合作中，中国提出的建立工业园的方案受到了各方的

---

① （作者不详）；《中德启动微贷款领域合作—数十亿元支持中小企业》，载国际在线，www.crionline.cn，2006 年 10 月 9 日。

重视。1993 年德国经合部与中国外经贸部签订了《关于促进两国中小企业合作的意向书》，双方决定推动德国经济界在天津建立德国工业园。

自此之后，德国工业园便如雨后春笋般地发展起来，如北京、上海、沈阳、青岛、苏州、无锡、昆山、张浦、太仓、湘潭、佛山都建立起了各类德国工业园。

所谓工业园是建立在一块固定地域上的由制造企业和服务企业形成的企业社区。在该社区内，各成员单位通过共同管理环境和经济事宜来减少固定资本，获取更大的环境效益、经济效益和社会效益。工业园一般分为两种，其目标是通过联合经营来提高经济效益，包括园区内的基础设施和园区企业的绿色设计、清洁生产、污染预防、能源有效使用及企业内部合作。因为一般工业园的基础设施良好，人力资源丰富且素质高，地理环境优越，尤其是对外资企业的咨询和服务比较完备。它们往往是德国中小微企业良好的投资场所，也可以成为进入中国市场的桥梁。①

受德国企业在中国建立工业园良好效果的影响，中国企业也开始在德国建立工业园。最为典型的是三一重工德国贝德堡产业园。这是中国湖南与德国北威州交流合作的成功探索。签约两年多来，三一重工按计划完成了首期4000 多万欧元的固定资产投资，雇佣德国员工 100 多人，三一重工在德国的"家"初步成形。这是三一重工继印度、美国之后，在海外设立的第三个研发制造基地。②

八　人才培训合作

高质量人力资源的缺乏也是两国中小微企业合作的一个突出问题。为此，双方决定加强人才培训的合作，深化并扩大德国双轨制教育模式，促进中德合资企业员工职业培训，首先在上海地区的中德合资企业中进行试验，在积累了足够的经验之后再向其他地区推广。同时，双方决心加快执行"创建有能力的企业，培养企业家"的项目（CEFE），通过提高中国企业家的素质来密切两国企业的合作。2010 年 10 月，前德国经济部部长布吕德勒还专门会见了中德经营管理人员培训计划的成员，对该计划取得的成绩表示肯定

---

① 工业园，百度百科，baike. baidu. com/2014－04－23。

② （作者不详）:《三一重工德国贝德堡产业园举行开业典礼》，来源:"中国驻法兰克福总领馆网站"，2011 年 6 月 21 日，http://www. fmprc. gov. cn/ce/cgFrankFurt/chn/2xxx/t832640. htm，最后访问日期: 2015 年 12 月 20 日。

和满意。① 此外，德国政府还通过提供更多的教育培训机会来提高两国中小微企业经营者的能力，实现中小微企业的可持续发展。

九 加大投资担保

中小微企业由于自有资本偏低，很容易破产。特别是近年来在国际金融危机和欧洲债务危机的不断冲击下，中小微企业的破产不断发生。因此提供并加大投资担保便是促进中小微企业投资的一项重要内容。

德国政府为其企业海外投资提供担保是多种多样的，这对来华投资的中小微企业减少风险是一个有力的保障；中国中小微企业的出口担保体系目前正处于建设之中，但发展很快，已经承担 80% 甚至是全部的风险。2006 年，中国出口信用保险公司推出"中小企业简易保单"，2008 年，又推出了"义乌小商品城贸易信用保险"，2009 年 7 月面对愈演愈烈的国际金融危机，又完善了"中小企业综合保险"，有效帮助一批中小微企业渡过了金融危机的难关。2010 年 11 月 12 日，中国信保又推出了更具针对性和可操作性的"中小企业信用保险 E 计划"，这是专门为中小微企业打造的新产品，其主要特点是：风险保障明确，投保成本优惠，操作手续简便。

十 对中德中小微企业合作的展望

中德双方均认为，与大企业相比，中小微企业具有更灵活应变和更有创新精神的优势。它们在繁荣经济、增加就业、推动创新、改善民生、促进经济和社会健康稳定发展等方面发挥着重要作用，因而均表示愿意通过签署新的中德中小微企业合作协议，进一步促进和推动两国中小微企业开展更多务实合作。尽管它们在标准化产品领域与一些大企业无法抗衡，但在诸如医疗、汽车配件、机械制造、微电子等一些技术专业性较强的领域，中德两国的中小微企业有着相当大的合作空间。这突出表现在四个方面。

贸易合作 贸易合作已经成为中德两国关系的重要组成部分，而且将会有更大的发展。这必然会给两国的中小微企业带来巨大的商机，必将成为推动两国经济迅猛发展的积极因素，特别是在中国"十二五规划"规定的信息技术、节能环保、新能源、生物、高端装备制造、新材料、能源汽车、轨道

---

① （Verfasser unbekannt）: *Wirtschaftsminister trifft chinesische Teilnehmer des Managerprogramms*, Pressemitteilung vom 06. 10. 2010. www. gc21. inwent. org/mp.

交通等产业的发展过程中，德国中小微企业生产的机械设备、电力电子、精密仪表、自动化装置和新材料等高技术产品具有广阔的应用市场；而中国中小微企业生产的各种高性价比的工业品与消费品将继续成为德国民众高福利生活的重要基础。

产业互补　中德两国中小微制造企业的比较优势具有明显的互补性，其具体表现在，德国中小微企业产品的优势为领先技术、专业设计、工艺精湛及可靠耐用，在专业应用领域具有很强的竞争力。而中国中小微企业的产品则以适用性、通用性及高性价比取胜，主要定位于大批量的经济型市场。

在经济全球化时代，两国中小微企业不同的产业优势可以互相衔接、互为补充。这一点在两国传统贸易中是十分突出的，因为两国经济的互补性很强。而在贸易结构逐步趋同的今天，两国中小微企业之间已开始加强产业内的分工与协作，围绕各自的比较优势，建立互补共赢的产业合作新模式。如在德国企业占有竞争优势的设备领域，可以更多采用中国企业生产的非核心部件，这样既可保持产品的性能和质量，又降低了生产成本，增强了市场竞争力；在德国企业相对逊色的标准化产品领域，则可通过来料加工、来图加工、来件组装、补偿贸易、技术转让、许可证贸易、组建合作企业或合资企业等方式与中国厂商合作生产，形成综合竞争优势，填补市场空缺。只要德国的技术研发、工业设计、生产工艺及质量管理体系能够加上中国良好的产业基础及优质廉价的人力资源，就可以形成全球性的制造业竞争优势，推动世界经济发展。

双向投资　中德两国的经济合作经过国际金融危机和欧债危机的洗礼现在已经得到很大的加强，这给了中德中小微企业极大的机遇。95%的德国在华投资企业盈利，41%的德国中小微企业计划对华投资；而更多的中国企业，包括中小微企业，已经或准备进入德国市场。按照德方新的规定，只需25000欧元就可以在德国建立一个公司。这可以说，给中国的中小微企业进入德国创造了极好的机遇。可以肯定，会有更多的中国中小微企业去德国投资。

面对这一趋势，中德双方将在以往成功经验的基础上，进一步形成以大企业为龙头，央企、民企齐头并进，中小微企业梯次跟进的格局，突出重点，搞好产业对接，让合作项目与国家重点支持的领域和方向保持一致，把双向投资推向一个新的档次。

人才培训　中德两国中小微企业合作的加强必然会加剧这些企业人才匮乏的问题，特别是中方这边的困难。因此中方一定要加强中国雇员赴德国企业的培训，加强并扩大已引进的德国"双轨制"职业教育模式，拓宽其内涵，在中德经济合作乃至其他国际合作中发挥示范作用。

第六节　国际金融危机和欧债危机下的中德经贸关系①

2008 年爆发的国际金融危机给中德两国的经济以巨大的冲击，2010 年开始的欧债危机又在欧洲肆虐，对德国和中国的经济也都产生了程度不同的影响。在此背景下，中德两国很快就感到需要联合起来，共同应对这两场危机。

一　捐弃前嫌，抱团取暖

2005 年默克尔上台后，奉行价值观外交，一再批评"中国模式"，抨击中国的人权纪录，扬言要改变德国的亚洲政策，将其外交重点从中国移至印度。2007 年，德国联邦议院通过了所谓"中国强迫劳役"的决议，德国外长对中国知识产权保护不断指责，2007 年 9 月 23 日，默克尔竟然在总理府公开接见达赖，开创了德中关系史上恶劣的先例。中国对此进行了有理、有利、有节的斗争，两国关系降到了 10 年以来的最低点。因此，两国要联合应对危机必须首先迈过这道门槛。

默克尔首先采取行动，她通过其幕僚向中方表示，德国坚持一个中国政策，尊重中国的核心利益，知道了中国的西藏问题底线在哪里，并已汲取了教训。中方从战略全局和根本利益考虑出发，欢迎德国态度的转变，并决定捐弃前嫌，抱团取暖，继续发展对德关系。

二　加强高层互访

关键障碍扫除了，双方的工作便立即跟上，政府官员互访就出现了新的局面，从低层到高层，从一般到频繁，从个人到集体。仅以最高层的互访为例。

---

① 参阅殷桐生《国际金融危机下的中德经贸关系》，《德国蓝皮书：德国发展报告（2012）》，社会科学文献出版社，2012，第 230～244 页；《中德构建"特殊关系"——评默克尔总理第六次访华》，《德国蓝皮书：《德国发展报告（2013）》，社会科学文献出版社，2013，第 234～251 页。

德国前总统克勒于 2008 年 9 月和 2010 年 5 月两次访华；德国现总统高克于 2016 年 3 月访华；默克尔总理于 2008 年 10 月、2010 年 7 月、2012 年 2 月和 8 月、2014 年 7 月、2015 年 10 月和 2016 年 6 月访华，连同她危机之前 2006 年 5 月及 2007 年 8 月的两次，共 9 次访华。

中国国家主席习近平 2014 年 3 月访德，中国总理温家宝 2009 年 1 月、2010 年 10 月、2011 年 6 月访德，中国总理李克强 2013 年 5 月、2014 年 10 月访德。双方签署了一系列重要文件和协议。

此外，双方在国际会议期间的交谈以及经常性的电话交谈更加密切了中德最高层之间的交流。

三　建立战略伙伴关系和全方位战略伙伴关系

2010 年，中德双方决定建立战略伙伴关系，并写入中德之间第二个联合公报之中。所谓战略伙伴关系是中国推广的一种新型国际关系，是一种国与国之间相互平等、相互尊重的国际关系。从首次提出起，它对世界的和平和发展便起着越来越大的影响，但不明其究竟者甚众，怀疑者亦不少，尤其是欧盟和欧洲诸国。真正引起国际舆论重视的还是 2010 年 7 月 15 日德国总理默克尔访问中国时，中国与德国建立了中德战略伙伴关系。这标志着中国力图推进的战略伙伴关系正逐步得到西方大国的认同。正因为如此，温家宝总理特别强调，此次访问具有历史意义。

在全球化发展日益扩大和深化的今天，为了促进多方面发展，一国往往根据自身利益和在国际体系中的位置与其他国家建立各式各样的关系。所谓战略伙伴关系便是一种这样的关系。它大致包含 3 层意思：（1）两国应该是伙伴，而不是对手；（2）这种伙伴关系是建立在战略全局上的，而不是战术上的，是长期的，而不是短暂的；（3）是开放性的，而不是排他性的。这是一种既非结盟又非敌对的合作关系。

2014 年 3 月底习近平主席访德，双方又决定把两国的战略伙伴关系提高到全方位战略伙伴关系。所谓全方位战略伙伴关系是指进一步将战略伙伴关系扩大到政治、文化、科技、教育等各个领域。因此全方位战略伙伴关系的特点应该是：全面、平等、和谐、长期、稳定。这就意味着两国应该从全球、全局、战略的、长期的角度来看待、分析和处理彼此的关系，严格尊重彼此的核心利益和重大关切，深化政治互信，加强在带有战略性重大国际和地区问题上的磋商和协调，扩大各领域的战略伙伴关系，正确处理双边分歧、矛盾和摩擦，建立可持续发展的合作机制。[①]

四 加强磋商，协调两国共同应对危机的方针

国际金融危机爆发后，世界各国，特别是发达国家和新兴国家之间大大加强了多边和双边的磋商。为了应对危机以及危机引起的各类新矛盾、新问题，中德也加强了磋商和合作。例如为了准备在韩国首尔召开的 20 国峰会，两国首脑就加大了磋商，研究如何尽快结束多哈回合谈判，如何改革国际金融体制以及其他国际经济问题。双方同意，应该从此次国际金融危机中汲取教训，重振并发展世界经济。双方表示今后要加强宏观经济方针的协调，共同反对贸易和投资保护主义。在会议上，两国也公开批评了美国的贸易保护主义政策。

面对欧债危机这样的新情况，一方面确认，中国坚持应对欧债危机要相信欧洲的智慧和能力；另一方面也感到中国应对欧债危机的方针可以逐步具体化了。[②] 因此，在与德方的会晤中，中方也相应地提出了下列几点：（1）肯定欧盟提出的标本兼治原则。（2）希望欧洲能够在财政紧缩与经济增长之间找到平衡点。（3）强调信心。尽管中方对欧债问题心存担忧，但对欧洲经济、欧元区以及欧元依然"抱有信心"。[③]（4）继续购买欧洲国家的政府债券。中方一直同德方以及欧盟机构保持着密切接触，如：①参与欧债问题的国际救助，宣布向国际货币基金组织增资 430 亿美元；②中方愿在充分考虑风险防控前提下，继续投资于欧元区国债市场，包括购买欧元区国债和投资欧洲金融稳定基金；③同欧洲金融稳定基金和欧洲金融稳定机制就进一步开展合作进行了积极商谈。[④]（5）要求欧盟承认中国的完全市场经济地位，取消对华武器禁运。默克尔总理承诺说，"要说动欧盟承认中国的

---

① Yin, Tongsheng: *Harmonie in Vielfalt — Ein Kommentar zu Xi Jinpings Deutschlandbesuch*, German, CHINA. ORG. CN, 04. 04. 2014.

② Yin, Tongsheng: *Gewöhnlicher Besuch aber vor ungewöhnlichem Hintergrund*, German, CHINA. ORG. CN, 06. 02. 2012.

③ 郝亚琳、廖雷：《温家宝：对欧债问题解决前景有担忧》，来源："新华网"，2012 年 8 月 30 日，载新华网：http://news. xinhuanet. com/world/2012 - 08/30/c_112905828. htm，最后访问日期：2014 年 1 月 20 日。

④ 郝亚琳、廖雷：《温家宝：对欧债问题解决前景有担忧》，来源："新华网"，2012 年 8 月 30 日，载新华网：http://news. xinhuanet. com/world/2012 - 08/30/c_112905828. htm，最后访问日期：2014 年 1 月 20 日。

完全市场经济地位"。这就突破了她对外经济政策的一个禁区。

五　建立政府间磋商机制

2011 年 6 月，中德举行了首轮政府磋商。这是中德 60 多个对话机制中级别最高、规模最大、议题最广泛的政府间对话，是中德确定战略伙伴关系之后双边关系的一次提升，是中国与西方大国建立的第一个政府间磋商机制，也是两国关系和中欧关系史上的一个创举。首轮磋商在德国柏林举行。6 月 24 日，就在首轮磋商开始之前，《人民日报》发表了《中德合作成就与展望》一文，约 12000 字，全面介绍了中德合作的成就，这在新中国的对外关系上也是罕见的。首轮中德政府磋商由温家宝总理和默克尔总理共同主持。中方 15 个部委和德方的 10 个联邦部的近 30 位部长和副部长参加。

2012 年 8 月 29 日至 31 日，默克尔总理应中方的提议率团访华，参加第二轮中德政府磋商，把中德关系推向了新的高峰，两国战略伙伴关系经历了新的升华。德国著名评论家伯恩哈特·巴尔奇（Bernhard Bartsch）认为："德中关系从来没有像今天这样紧密"，"德国是同中国举行共同内阁会议的唯一国家"，"没有任何一个其他西方政府能具有同第二大经济体更好的联系"。[①] 西方媒体纷纷用"特殊关系"来描绘此次访问，因为它确实具有非同一般的特点。

此次默克尔率领的是一个由 150 名成员组成的代表团，前来参加第二轮中德政府磋商，并对中国进行正式访问。陪同人员中包括了全部 15 名部长中的 7 名部长和两名国务秘书，因此也被称为"半个内阁"，其中有内阁副总理兼经济部部长、外交部部长和财政部部长。这是迄今为止访问中国的最大和最重要的德国政府代表团。此外还有包括西门子和大众公司在内的 20 多名德国跨国公司的高管。

参加此次政府磋商的中方有 8 位部长和 5 位副部长。双方在外交、经济、科技、教育、环保等 23 个部门之间进行了对口会谈，两国总理听取了会谈的工作汇报，并对下一阶段各领域合作进行了指导和部署。

按规定，两国政府磋商会议是每两年举行一次。第二轮会议本应在 2013 年举行，但是中方由于考虑到当年和次年两年将更换党政领导班子，德国次

---

① Bartsch, Bernhard: *Bernhard Bartsch über Merkels China-Besuch*, in: *HAZ*, Leitartikel, 30. 08. 2012.

年也将进行联邦议院大选，提议提前一年举行第二轮政府间磋商，得到德方的积极响应，这就为两国政府领导换届后进一步发展中德关系提前做好了准备，为两国的战略伙伴关系增添了浓墨重彩的一笔，凸显了两国政治关系的发展，政治色彩的加重，政治互信的加深。在此次政府磋商中双方重申，照顾彼此重大利益，加强相互理解和政治互信，确保双边关系长期稳定发展。双方强调，密切在国际问题上的沟通与合作，继续举行法治国家对话和人权对话，欢迎开展"中德未来之桥"项目，增进青年领袖长期联系、交流。[1]默克尔表示，"中国已经成为德国重要的稳定伙伴"，[2] 两国的"友谊很好，因此能经受得住分歧和批评"，[3] 相信德中的友好合作将会继续下去，[4] "第二轮德中政府磋商成果丰硕，双方签署了许多协议，这充分证明，德中关系基础牢固，是名副其实的战略伙伴关系。"[5] 前联邦外长韦斯特韦勒则把中国称之为"21 世纪最重要的建构力量之一"，"对德国来说，这一关系具有突出的动力"，默克尔及其内阁"飞越半个世界，显示了我们关系特殊的宽度和深度"[6]。温家宝总理也明确表示："在这四十年中中德政治关系上了一个新台阶。"[7]

2014 年 10 月 10 日，中德双方在柏林举行第三轮政府磋商会议，中方的14 位部长和德方的12 位部长参加磋商。双方决定发表《中德合作行动纲要：共塑创新》文件，其内容包含：第一，平等互信，更紧密的政治合作与共同责任；第二，互利共赢，可持续的经济合作和金融领域；第三，共塑未来，创新——现代社会的发动机；第四，交流互鉴，教育和文化合作，为两国未来 5~10 年各领域合作做出战略规划。李克强总理说："中方愿同德方携手

---

① 参见《第二轮中德政府磋商联合声明》，来源："新华网"，2012 年 8 月 30 日，载新华网：http://news. xinhuanet. com/2012 – 08/30/C – 112907475. htm？Fin，最后访问日期：2015 年12 月 20 日。

② Bartsch, Bernhard：*Bernhard Bartsch über Merkels China-Besuch*，in：HAZ, Leitartikel, 30. 08. 2012.

③ Pedersen, Britta：*Staatsbesuch in China：Die Solarbranche ist Merkels Bauernopfer*，in：Bild, 2012 dpa-Bildfunk, Leitartikel, 31. 08. 2012.

④ Bartsch, Bernhard：*Bernhard Bartsch über Merkels China-Besuch*，in：HAZ, Leitartikel, 30. 08. 2012.

⑤ （作者不详）：《胡锦涛会见德国总理默克尔》，《人民日报》2012 年 8 月 31 日。

⑥ 摘自 *China-Besuch Merkels Hofstaat gastiert in Peking*，载 news. de/dpa, 31. 08. 2012。

⑦ Fend, Ruth：*Deutsch-chinesisches Wirtschaftsforum in Tianjin anlässlich des Merkel-Besuchs in China*，www ftd. de, 31. 07. 2013.

努力，加强战略沟通与协调，挖掘投资、贸易潜力，共塑创新伙伴关系。"默克尔总理表示："德中进行了广泛交流和坦诚对话，在政治、经济、和平、安全等领域开展了深入合作。两国关系日益紧密，德中政府磋商富有成效，是德中创新合作的重要体现。"双方还签署了多项政府间合作协议和重要商业合同，涉及工业、信息化、能源、科教、农业、卫生、航空航天、节能环保等领域。

2016 年 6 月 12 日~14 日，德国总理默克尔对中国进行第九次访问，并与李克强总理共同主持第四轮中德政府磋商。此次陪同默克尔访华的包括多名德国内阁部长以及一个庞大的工商界代表团，其中包括大众、宝马、西门子、蒂森－克虏伯海洋系统公司、汉莎航空和空中客车公司的负责人。

2016 年 6 月 13 日，第四轮中德政府磋商举行，双方 26 个部门负责人参加，重点是全面规划中德各领域合作，继续落实好《中德合作行动纲要》，培育创新动力，加快战略对接，打造中德合作升级新动能。中国和德国是 2016、2017 两年 G20 会议的主席国，中德如何在 G20 框架下加强协调与合作，是本轮磋商的重要议题。磋商结束后双方发表了《联合声明》，强调在政治、第三国及第三方市场、经贸与投资、创新、环境和气候以及教育与人文领域的合作，共 42 条。

六　签订贸易大单，加强经贸合作，扩大贸易规模

在这样的背景下，两国之间签订经贸大单、扩大经贸合作、提高经贸总额自然就是水到渠成的事情了。这突出表现在如下几点。

（一）签订贸易大单

2009 年 2 月 25 日，继温家宝总理访问后由中国商务部部长陈德铭率领的中国贸易投资促进团访德，双方签署了 36 项采购合作协议，共 79 亿欧元（合 100 亿以上美元）。

2010 年，默克尔总理访华期间中德双方签订了 10 份大单，总值达到 40 多亿美元。

2011 年，李克强副总理访德，双方签署了 87 亿美元的合同协议。[①]

2011 年，温家宝总理访德和德国总理默克尔共同主持首轮中德政府磋

---

① Yin, Tongsheng: *Li Keqiangs Deutschlandbesuch — Im selben Boot den Fluss überqueren*, German, CHINA. ORG. CN, 12. 01. 2011.

商，双方共签署和发表了 22 个合作文件，其中有 14 个经贸合同协议，金额超过 150 亿美元。

2012 年，中德第二轮政府磋商期间双方共签订了 18 项协议，涉及航空、汽车等多个领域：工银金融租赁有限公司与空中客车签署了购买 50 架 A320 客机的合同，合同金额总计 35 亿美元；空客投资 16 亿美元组建新生产线；大众投资 2.9 亿美元在天津兴建汽车零部件生产厂；中兴通讯股份有限公司与德国 IET 控股公司签署了价值 13 亿美元的光纤通信项目等。

2013 年李克强总理访问德国，双方签订了 87 亿美元的经贸大单。

2014 年习近平主席访德，双方在财政、技术、环保和农业等领域签订了 92.3 亿美元的合同。

2014 年李克强总理第二次访德双方共签订了 50 个商业和政府合同，总额达到 181 亿美元。

2015 年默克尔总理访华，双方签订了 186 亿欧元的经济大单。欧洲空客集团同中方签署了 154 亿欧元的协议，提供 130 架 A330 和 A320 型飞机。

2016 年默克尔总理对中国进行第九次访问，第八届中德经济技术合作论坛促成两国企业签约 96 个重大合作项目，价值 150 亿美元。戴姆勒与北汽增资 40 亿元人民币扩建发动机工厂，全新宝马 X1 插电混动版下线，大众设文化交流基金促进中德青少年交流以及宝沃携手 SAP 集团共建大数据平台等重大项目。

（二）扩大贸易规模

2008 年，就在国际金融危机开始冲击两国经济的时刻，两国的贸易总额不仅不降，反而上升到了 1150.1 亿美元，增长 22.2%，提前超过了两国政府 2004 年设定的 2010 年使两国贸易总额达到 1000 亿美元的目标。其中中国向德国出口 591.7 亿美元，增长了 21.5%；德国向中国的出口达到 558.4 亿美元，增长了 23.0%。

2009 年，两国经济受到国际金融危机的巨大冲击，整个德国出口下降 18%，但中德双边贸易额仍达到 1057.3 亿美元，只下降了 8.1%。其中中国对德国出口 499.2 亿美元，下降了 15.7%；而德国向中国的出口却近乎与上年持平，达到 558.1 亿美元。

据统计，95% 的德国在华企业获得盈利。2010 年 4 月，德国工商总会对德国 9000 家工业企业进行的调查显示，37% 的企业将中国作为投资首选目的国，较上年增加了 5 个百分点。其中，1000 人以上大型企业中超过半数视中国为最重要的外国市场。2011 年 3 月，德国工商总会对德国 6000 家工业企业进行的调查显示，43% 的企业首选赴中国投资，较 2009 年增加 6 个百分点，中国首次成为德企的最大投资对象国。其中，59% 的大型企业视中国为最重要的投资对象国，41% 的中小微企业计划对华投资。2011 年中国首次取代欧洲成为最受德国工业界青睐的投资地。与此同时，经中国商务部核准的中国对德国投资也已达到 13.2 亿美元（不含金融类投资）。[①] 德国保证，将考虑修改外资企业在德国投资的法律，以便让更多的中国企业赴德国投资。

国际金融危机和欧债危机中的中德经贸关系日益密切这一点反映在各个方面，特别值得一提的是，中国已成为德国四大支柱产业的重要出口市场。2009 年，当世界汽车市场销售严重滑坡的时候，中国成了世界最大的汽车市场，德国在华的各汽车公司均是获益者。2010 年，德国汽车制造商向中国出口的汽车比 2009 年多出 53%，德国在华的汽车制造商产量提高了 1/3。2009 年大众公司在全世界的销售量为 450 万辆，其中 1/3 是在中国销售的。戴姆勒公司则说，6 月份，它在中国市场的销售量达到 1.37 万辆，同比飙升 177%，为旗下梅赛德斯和精灵（Smart）品牌的全球销量增长 13% 助了一臂之力。2010 年，德国每 100 辆出口轿车中有 11 辆销往中国，大众、奔驰、宝马、保时捷等公司在华销售业绩屡创新高；2010 年德国共向中国出口了 151.2 亿欧元的机械产品，占德国同类产品出口总额的 10.9%，中国已成为德国机械设备行业全球最大的出口市场，德国纺织机械的需求"几乎完全"来自中国；电子产品及电气设备对华出口 99 亿欧元，占比 6.6%。2010 年，西门子公司在华销售额达 55 亿欧元（不含 IT 解决方案、服务集团及子公司欧司朗）；化工产品对华出口 34.9 亿欧元，占比 3.8%。巴斯夫公司在大中华区（含香港、台湾地区）销售额达 58 亿欧元。[②] 2012 年经过第二轮政府间的磋商双方签订了《工银租赁公司与空中客车公司 A320 系列飞机采购协议》，中方还决定在购入的 50 架 A320 系列飞机中 20 架为装配新型发动机的 A320neo 客机。双方还决定将天津总装线的生产合同延长 10 年，并把 A320neo 的总装纳入到该生产线的计划之中。[③] 中国还在稀土贸易上对德国做出让步，德国也同意用政治协商的办法解决欧盟与中国的光伏贸易争端。

---

① 引自《中德合作成就与展望》，《人民日报》2011 年 6 月 24 日。
② 综合中国商务部和德国联邦统计局的相关数据。
③ 王潇雨：《意料之中的空客订单》，《华夏时报》2012 年 9 月 3 日，第 A18 版。

2014 年德国共向中国出口了 190 亿欧元的机械产品，210 亿欧元的汽车，16 亿的药物，26 亿的电器和 8.17 亿的食品和嗜好品。① 2016 年在默克尔总理第九次访华期间，中德车企继续深化合作，提高了"中国制造 2025"和德国"工业 4.0"的契合度。德国众多车企高管，包括大众集团 CEO 穆伦、宝马集团董事长科鲁格等企业家，随默克尔总理一道，推动中德双方汽车工业走向有序、健康且蓬勃的发展。北汽与戴姆勒双方将增加 40 亿元人民币投资，用于进一步扩建北京奔驰发动机工厂；默克尔也见证了宝马首款国产新能源 SUV——全新宝马 X1 插电式混合动力车型的成功下线；宝沃汽车则进一步致力于新能源汽车领域以及移动互联、大数据和云计算技术的应用，它将搭建两个柔性生产平台，包含汽油、柴油和新能源三个动力总成系列，并推动"德国工业 4.0"模式正式在中国进行实践。

中德关系迅猛发展，也明显影响了中欧关系的发展。这也正是李克强在会见默克尔时强调中德关系已"成为中欧关系领跑者"② 的真谛。《莱茵邮报》评论道："中国和德国，世界上的这第二和第四大国民经济体从未像今天这样相互依存过。"③

七 为人民币的国际化创造新的条件

随着中国经济的飞速发展，跨境贸易和投资高速推进，境外对人民币的需求日益增长，人民币国际化已经提上了日程。然而货币政策的理论和实践都告诉人们，人民币国际化将面临巨大的困难和风险，因而只能是一个长期、艰难的发展过程。既不能错失良机，更不宜操之过急。这是因为，一国货币的国际化固然会带来巨大的利好，但也会制造重大的风险，主要是投机资本的涌入、输入性通货膨胀和国内货币币值的动荡。蒙代尔－弗莱明的"三元悖论"认为，在货币政策独立性、资本自由流动和汇率稳定这三者之间存在目标冲突。在这一方面我们要特别注意研究德国在马克国际化中的谨慎态度和方针。④

---

① Das Auswärtige Amt：*deutsch-chinesische Beziehungen*，*Stand Mai 2015.* www. auswärtiges amt. de.

② （作者不详）：《李克强会见德国总理默克尔》，《人民日报》2012 年 8 月 31 日，第 3 版。

③ 引自 *Kommentar zu Merkels China-Besuch —— Mit China im Boot*，in：*Rheinische Post*，30. 08. 2012。

④ 李稻葵、罗兰贝格编著《中国经济的未来之路——德国模式的中国借鉴》，中国友谊出版公司，2015，第 179 ~ 219 页。

人民币国际化至少有五大途径：第一，建立健全境外人民币投资回流机制，逐步放开外商直接投资项目下的人民币投资，促进境外人民币回流到国内实体经济；第二，促进人民币成为区域化的结算货币，搭建人民币对更多外币的交易平台；第三，支持香港建立的人民币离岸中心，鼓励并支持台湾、法兰克福、伦敦和巴黎等地建立人民币离岸中心；第四，稳步推进人民币资本项目可兑换进程，逐步放宽对人民币跨境资本交易的限制；第五，应力争使人民币成为国际货币基金组织特别提款权的组成货币。

既然天涯路已经望尽，自然就应该迈步攀登了。我们确实已经这样做了，而且初步取得了一些成绩。2012 年 9 月 25 日，环球银行金融电信协会发布的报告说，人民币使用量在全球货币中继续上升，7 月份的比重为 0.45%，排名第 15 位，8 月份便增长到 0.53%，排名上升一位。到 2013 年中国以人民币结算的对外贸易额已达 4.63 万亿元，占中国贸易总额的 18%，2010 年仅为 3%。① 人民币外商直接投资额和人民币对外直接投资额均达到上年同期的 1.9 倍。②

2012 年，双方在第二轮政府磋商会议中也贯彻了这一精神，并获得了成功。经过谈判，双方同意在双边贸易结算中增加使用人民币和欧元。双方欢迎德国金融机构投资中国的银行间债券市场，促进两国金融机构开展人民币业务及在德国发行人民币金融产品；与此同时法兰克福的德意志交易所（德交所）也积极打造人民币交易中心，2013 年上半年，德国与中国大陆及香港间的货币支付中已有 8.2% 以人民币结算。③

2014 年 3 月，习近平主席访德时双方达成正式协议，在法兰克福建立人民币交易中心，双方正式签署建立人民币清算机制的谅解备忘录，德国成为中国在欧洲开启设立离岸中心的国家。4 月德国复兴信贷银行在法兰克福市场首发 2 年期、总额 10 亿元的人民币债券（"歌德债"）。5 月中国农业银行和中国建设银行先后在法兰克福成功发行 12 亿和 15 亿元人民币债券，并在法兰克福交易所挂牌上市。6 月中国人民银行正式授权中国银行法兰克福分行为人民币清算行。8 月德意志银行与中国银行签署在法兰克福进行离岸人民币清算和结算备忘录。11 月德意志银行通过法兰克福离岸清算中心完成首

① 何嘉仪：《人民币正逐渐被全球接纳》，《参考消息》2014 年 7 月 21 日，第 5 版。
② 赵婀娜：《人民币有望成第三大国际货币》，《人民日报》2014 年 7 月 21 日，第 10 版。
③ 郑红：《德交所打造人民币交易中心》，《人民日报》2014 年 2 月 13 日，第 21 版。

笔离岸人民币交易，开启德国外资银行在法兰克福离岸市场的清算业务。2014 年 7 月默克尔访华时中方决定向德方提供 800 亿元人民币的 RQFII（人民币合格境外机构投资者）额度。[①] 这些措施都将有利于推进人民币成为国际货币。

2015 年 11 月 30 日，国际货币基金组织正式宣布人民币 2016 年 10 月 1 日起"入篮"，成为特别提款权的组成货币。

第七节　对中德经贸关系的评价

2012 年，中德关系迈入"不惑之年"。从 1972 年两国建交至今中德关系的发展既有凝重的节奏，也有婉约的旋律；既有明川，也有潜流；既有体物，也有缘情；既有定势，也有流向；既有高潮也有低谷。但总体来看，鲜花还是远多于荆棘。双方 40 多年的汗水终于浇灌出了这一鲜艳的花朵，特别表现在国际金融危机和欧债危机的时期。这引起了世界各国和各媒体的极大关注，评论、分析也就纷至沓来。笔者认为，分析中德经贸关系可以集中在下列几个问题上。

一　中德经贸关系受到国际政治和中德政治与外交的重大影响

从辩证法的角度看，政治与经济也是一组对立统一的矛盾。它们既统一又对立，于是从中便可以引出三层意思：其一，中德经贸关系受到两国政治关系的制约；其二，经济并不等于政治，经济关系也不等于政治关系；其三，经济能够反作用于政治。

当年的联邦德国一成立便自觉加入西方阵营，但德国统一后很多国际问题观察家都认为，德国有可能走自己的路，对此时任德国总理的科尔马上出来澄清说："没有一个比动摇于两个世界、动摇于东西方之间的德国对欧洲稳定更有害的东西了。"可以说，德国是西方阵营的一个忠实的成员。它同西方各国一样，奉行同样的对外政策、同样的价值观念和意识形态，同样主张对中国实行西化。早在联邦德国成立并研究对华政策时，它就面临以下四种选择："以打压求变化"，"以屈尊求变化"，"以接近求变化"，"以贸易求

---

① 赵明昊：《推进中德全方位战略伙伴关系，促进中欧关系取得更大发展》，《人民日报》2014年 7 月 8 日，第 3 版。

变化"。最后的结论是：去掉一个最强硬的，再去掉一个最软弱的，于是最后留下了"以接近求变化"和"以贸易求变化"。后来，前联邦外长韦斯特韦勒又提出一个新的口号"以文化交流求变化"。这就是说，"接近"、"贸易"和"交流"都是手段，实质是变化。其实我们也希望中国变化，只是方向不同。我们希望中国经过长期的努力成为一个发达的社会主义法治国家，而西方则坚持要中国西化，也就是资本主义化。

1989 年"6·4"风波之后，西方国家出现了一股强劲的反华浪潮，德国自然也不甘寂寞，其联邦议院以立法的形式通过了西方国家中唯一的一部制裁中国的法案，使两国贸易额出现倒退。1990 年，中德贸易总额比 1989 年下跌了 8.9%，德国对华出口竟然下跌了 20.6%，德国《商报》1991 年11 月 4 日刊登的相关数字甚至高达 32%，直到 1992 年才开始有了恢复性的增长。

1996 年，德国又掀起一股支持藏独的反华浪潮，两国的贸易额再次下跌，从 1995 年的 137 亿美元降至 131.6 亿美元，1997 年进一步降至 126.7亿美元，直到 1998 年才恢复到 143.4 亿美元，其中德国对华出口从 1995 年的 80.3 亿美元分别降为 1996 年的 73.2 亿美元，1997 年的 61.8 亿美元，1998 年的 69.9 亿美元，直到 1999 年才恢复到 83.4 亿美元。

2007 年，默克尔接见达赖，也严重影响了两国关系，所幸时间较短，经贸损失还不算大。

以上事实充分说明，中德经贸关系是受制于中德政治与外交关系的。然而人们也看得很清楚，政治与经济之间制约是一个方面，统一是一个方面，但还有对立的一面，不统一的一面，这样的事例同样举不胜举。就拿中德经贸关系来说，中华人民共和国同德意志联邦共和国之间建立外交关系是在1972 年，但两国的贸易却从 1949 年两国一建国就已经开始了；再说中国的对台方针，中国同意联邦德国像其他西方国家一样同中国台湾发展经贸关系，但绝不同意它们同中国台湾发展政治关系、外交关系。当然最典型的还要说当今的中德经贸关系，尽管中德之间社会制度不同，价值观念和意识形态迥异，外交政策也有不少分歧，而且德国媒体和政界人士也日益用挑剔的眼光来审视中国，但两国的经贸关系却能发展得如此之好，甚至还建立了全方位战略伙伴关系。

第三层需要强调的是，经贸关系可以反作用于政治关系，而且往往是政治关系变化的先兆。这样的事例同样也是俯拾皆是。例如欧洲的联合问题。

自从统一的欧洲分为各个民族国家以来，欧洲的仁人志士有过多少奔走呼号，拿破仑和希特勒又涂炭了多少生灵，践踏了多少欧洲的大地，希望重建一个统一的欧洲，但都没有成功，最后还是建立经济共同体的目标真正燃起了欧洲人的联合希望。再说默克尔本要对中国大搞价值观外交，抨击"中国模式"，把德国一直推行的以中国为重点的亚洲政策改变为以印度为重点。然而国际金融危机和欧债危机以及中德经贸关系发展的现实却使她改弦更张，继续并发展了对华的友好关系。原因在哪里？就是因为经贸关系涉及的是左右一国对外政策至高无上的国家利益问题，涉及的是国家利益的核心——物质利益问题。恩格斯早就指出："迄今存在过的联合体，不论是自然地形成的，或者是人为地造成的，实质上都是为经济目的服务的，但是这些目的被意识形态的附带物掩饰和遮盖了。"①

谈政治对经济的制约作用不能只谈消极的，也应该谈积极的。回顾中德关系数十年的历程，我们可以清楚地看到，这种关系之所以能迅速发展是由多方面原因造成的，自然不会因领导人的更替而变化。这是因为两国总的战略目标是一致的，主张政治多极化、经济全球化、文化多元化和社会信息化。战略利益主体不是零和博弈，而是双赢，也不存在历史遗留下的尚未解决的问题。两国在国际重大的问题上一向持有相同和相似的观点，中国一贯支持德国的统一，支持德国在国际上承担更大的义务；德国也始终坚持一个中国的立场，支持中国的改革开放政策，默克尔还表示要推动欧盟承认中国的完全市场经济地位，这就为两国双边关系的发展打下了一个良好的政治基础。

二　国家利益和价值观念决定着一国对外经贸关系的走向

德国有许多学者认为：国家利益控制着一国的行动，价值观念则是决定一国走向的转折器，而利益的动力正是在这一走向内驱动着国家的行动。德国前总统魏茨泽克（Richard von Weizsäcker）认为，"没有道德的利益是不可期待的，而不用在利益上的道德则是虚幻的"。②然而现实却不像理论那样简单，要想在现实中正确处理好利益和价值观念还是一件十分纠结的事情。

---

① 《马克思恩格斯全集》第21卷，人民出版社，1965，第447页。
② Weizsäcker, Richard von: *Interessen ohne Moral sind unzumutbar, Moral ohne Anwendung auf die Interessen ist Schwärmerei*, www.zeit.de, 19.02.1993.

默克尔就经历了这样的纠结。2007 年她在总理府公开接见达赖，开创了中德关系史上恶劣的先例，两国关系降到了 10 年以来的最低点。这迫使她开始思考自己的外交方针，加之严峻的经济发展形势，使她决心调整对外政策。于是，在她 2009 年开始第二任期时便提出了"以利益为主导、以价值为制约"的外交政策。而国际金融危机和欧债危机以及中德经贸关系发展的现实和中国的大度最终使她下定决心、改弦更张，弱化分歧，把人权问题降至次要地位，加强发展对华友好关系，并将其提升到一个空前未有的高度，因而对华"微笑多，批评少"，德国的著名中国问题专家埃伯哈特·桑特施耐德（Eberhard Sandschneider）一针见血地指出："人权问题已经退居次要地位，它已被蓬勃发展的经济和债务危机所遮蔽了。"①

三　多边关系羸弱，双边关系成了推动经济发展的主要动力

当前，国际贸易出现了重大的变化。金融危机和欧债危机下，贸易保护主义的泛滥不断冲击着以贸易自由化为目标的多边贸易体制，特别是世界贸易组织（WTO）和世界银行等国际组织的影响力日趋削弱，双边体系的重要性日益超过多边体系的重要性。中德双边关系越来越紧密，这既有特殊性，也有普遍性。德国以及其他国家领导人频繁来华访问，一方面说明中国市场很具吸引力，另一方面也说明国际关系的现状，那就是国际多边体系处于衰退甚至停滞状态，双边关系日益成了推动经济发展的主要动力。

四　欧盟仍然起着重要作用，我们要推动它的积极面，抑制它的消极面

说多边关系羸弱，并不是说多边关系已经不起作用了。它的作用还在，而且还相当有力量，例如欧盟。它在国际关系中依然活跃，在中德经贸关系中依然起着重要的作用，但这种作用是两重的，一种是积极的，一种是消极的；一种是促进的，一种是促退的。1995 年 7 月 5 日，欧盟委员会公布了题为《欧中关系长期政策》的草案。这是欧盟委员会与 15 个成员国的代表历时半年多讨论完成的，其中很大部分反映了德国的意见。该文件突出的一点是，要求同中国"全面发展政治、经济和贸易关系，加强双方在所有领域的合作"，主张以"一种更积极主动，全面系统的战略来同中国发展对话与合

---

① Rinke，Andreas：*Merkel in China-Besuch bei einem besonderen Partner*，Reuter，28. 08. 2012.

作，以达到共享发展成果的目的"，强调发展对华关系是长期目标，希望拓宽与华接触面。2013 年中欧又签订了《中欧合作 2020 战略规划》，特别强调发展经贸关系，德国也将因此而受益良多。

欧盟对华经贸关系的消极性也是很明显的。1979～2005 年欧盟共向中国提出 107 项反倾销诉讼；1995 年欧盟把中国的纺织品列入进口配额限制，2005 年世贸组织决定取消纺织品的配额限制，于是中国对欧盟的某些纺织品出口便迅猛增长，欧盟便立即威胁中国要动用中国入世时的安全条款，最后是中国采取自我限制措施方才了结了这一争端。此外，欧盟还弱化中国发展中国家的地位，逐步将中国的进口产品从欧盟普惠制名单删除。[①] 这主要是由于下列原因，（1）欧盟国家和中国在社会制度、意识形态、价值观念有很大差异；（2）欧盟作为一个区域经济集团的排他性；（3）欧盟一体化程度提高和内部双层结构给双边经贸交往增加了复杂性；（4）欧盟的贸易保护主义抬头。[②]

当前的欧盟正处于十分困难之中，随着经济全球化对发达国家的负面影响日益显现，随着国际金融危机和欧债危机对欧盟国家的冲击，欧盟为了保护其成员国的利益，不断推出各种贸易保护措施，尤其是对经济发展迅速、已成为全球化大赢家的中国发难，不仅不解除对华的武器禁运，不承认中国的完全市场经济地位，而且一再制造贸易壁垒和反倾销措施，对中国搞"双反"。它是世界上最早提出对华反倾销调查的贸易方，而且不断减少中国普惠制受惠产品的范围。德国作为欧盟的重要成员国和经济核心，自然不得违背其做出的各类制约中国的重大方针原则。可以视作例外的是，此次中欧光伏贸易争端无论是进程还是结果都与以往的贸易争端不同。希望中欧今后的贸易摩擦和争端都能以此作为范例得到妥善解决。我们必须看到，在自由贸易和贸易保护主义这对矛盾中，自由贸易是一种理想目标，贸易保护主义却是现实。[③] 理想和现实往往有差距，而且有时会有很大的差距。我们必须争取自由贸易这一最好的可能，却要认真应对贸易保护主义这一最不好的现实。

---

① 史世伟著、译《中德经贸关系研究：汉德对照》，对外经济贸易大学出版社，2013，第 69 页。

② 张曙宵等著《中国对外贸易结构新论》，经济科学出版社，2009，第 229～230 页。

③ Kamppeter, Werner: *Kapital- und Devisenmärkte als Herausforderung der Wirtschaftspolitik*, Frankfurt/New York: Campus Verlag, 1990, S. 53－56.

五 双边关系无论怎样密切，都不可能没有矛盾

我们说两国关系发展良好，并不意味着两国关系中不存在问题。任何两国的双边关系无论怎样亲密都不可能没有矛盾，这既无先例也不会有后例。中国和德国过去有过矛盾，现在有矛盾，今后还会有矛盾，而且历届政府都不例外。科尔执政时期，如1989年德国因中国"6·4"风波对华进行的所谓"制裁"，1990年联邦总统会见达赖，1995年联邦外长又会见达赖，1996年德国某些政要对中国台海演习无端指责，同年德国某政党又掀起了一场所谓"西藏问题"的闹剧；施罗德执政时期有，如1998年某联邦外长一上台就接见魏京生，1999年会见达赖，2004年又掀起一股反对中国购买哈瑙核电站的风波等。因此默克尔当政也就不可能不出问题。但人们也都看到，中德关系每次都能消除障碍，不断发展，不断前进。

六 不少德国媒体和德方人士至今还不真正了解中国，要多做工作

由于种种原因，不少西方人士至今还不真正了解中国。德国杜伊斯堡－埃森大学东亚研究所所长海贝勒（Thomas Heberer）教授说得好，"毫无疑问，中德经济关系之中有很多的问题亟待解决。在法治和权力的运用上，两国也存在着极大的分歧。但是，在我看来，主要的障碍在于两国之间相互理解的难度。因为我对这两个国家非常了解，所以我一次又一次地发现，两个国家对彼此是多么缺乏了解。这并不是因为双方对彼此缺乏了解的意愿，而是因为中国对于欧洲人来说是非常难以理解的：中国独特的区域和地方特色，文化、经济和社会结构的多样性和复杂性，很难为外人所能理解和归纳。我经常用各种颜色的宝石镶嵌在中国的地图上用来说明中国的多样性。德国尽管要小得多，但因其现代历史的特殊经历，促使它对许多问题更为敏感。这包括法治和人权问题。中国必须了解这些问题，才能理解德国在某些事件上的反应。因此，最为重要的一点是，那些理解德国的中国人和那些理解中国的德国人，必须为中德双方理解和互信的改进架立起一座沟通的桥梁"。①

七 两国面临共同的挑战，需要共同加以应对

中德两国在国际上都面临类似的挑战：保持经济增长，应对政治、经

---

① 黄超：《中德关系主要障碍在于相互缺乏了解》，《东方早报》2011年6月28日，第A14版。

济、金融和债务危机，改善全球金融体系，反恐，气候，移民，防止网络战等问题。解决此类问题，最高级别的政府定期磋商会谈对中德两国来说都是非常重要、非常必要的，这便于双方在处理问题时能彼此协调和相互合作。德国是中国唯一的一个建立两国政府磋商机制的西方国家，这很明显地意味着，德国对于中国来说将在欧洲扮演更为特殊的角色。此外，德国对中国也有超出经济合作和支持欧元的期待。两国在应对国际金融危机和欧债危机中的方针和政策就很值得继承和发扬。

对中德经贸关系在抗击危机中的这一发展，还是海贝勒教授说得好，2010 年联邦政府已经知道，德国经济的飞速发展应归功于中国增加了对德国商品的进口。德国应该把中国视为伙伴而不是对手。① 德国著名经济评论家赫勒斯（Jürgen Heräus）则评论说："在国际金融危机的时候，中国让德国经济界看到了一位可靠的伙伴。当欧洲每个国家都在思考，动用纳税人的钱来为国家振兴消费或是支撑深陷危机银行的措施时，中国却加强了同欧洲伙伴的合作。"② 德国《法兰克福汇报》称，"中国与德国的相互关系越来越重要。任何地区甚至美国都没有像以德国为中心的欧盟那样，对中国经济起着决定性作用。金融危机和世界贸易走弱推动了德国经济的中国化，……中国现在是德国最重要的国外市场"。③ "中国够朋友"，"中国不愧为德国的忠实朋友"，"中国不是救世主，但中国是德国的危机拯救人"，这样的评论和讲话不断见诸德国媒体和报端。

八　在经济领域，两国具有巨大的互补性，产业内贸易同样具有互补性

其一，经济战略互补性。中德在政治多极化、经济全球化、文化多元化和社会信息化以及其他重大的国际问题上具有相同和相近的看法，这就为两国发展经贸合作打下了重要的互补基础。双方已经建立起全方位战略伙伴关

---

① （Verfasser unbekannt）：*Deutsche und chinesische Experten loben engere bilaterale Beziehungen im Jahr 2010*，2011/01/05，www. china-botschaft. de/det/sbwl/t783678. htm，letzter Zugriff am 15. 02. 2011.

② （Verfasser unbekannt）：*Chinesen in Deutschland auf Einkaufstour*，aktualisiert am 25. 02. 2009，Wirtschaft bei t-online. de，letzter Zugriff am 10. 08. 2009.

③ 何亮亮：《中德关系升温，西方傲慢终将改变》，来源："香港《文汇报》"，2010 年 7 月 21 日，载中国新闻网：http://www. Chinanews. com/hb/2010/07 - 21/2416651. Shtml，最后访问日期：2015 年 12 月 20 日。

系，从而进一步扩大了两国的经济战略互补性，既有北南之间的战略互补，也有新兴国家同发达国家之间的战略互补。中国拥有辽阔的市场，巨大的市场需求，良好的生产要素结构，丰富、廉价的劳动力和日益改善的投资环境，德国企业能从中国获得在其他国家无法找到的巨大的商机和互利合作的潜力；德国则拥有雄厚的资金，先进的技术，科学的管理，良好的贸易、投资诚信，优惠的技术转让条件，超群的产品质量和售后服务，中国从德国也能获得在其他国家难以找到的巨大的商机和互利合作的潜力。这样突出的战略互补性就为两国经贸合作创造了极为有利的框架条件。"中国速度"和"德国制造"的结合将会创造出无与伦比的经济奇迹。

其二，贸易的互补性。中德贸易中产业间的互补性大这是人所共知的。然而，随着中国经济高速发展、技术进步飞速向前，产品迅速更新换代，对德国出口的产品中技术含量也在日益提高。例如 2010 年在中国对德出口中机电产品已经占到 65.2%；同年，德国向中国出口的商品中，机电产品仍然占了 79.7%。由此可见，中德贸易中产业间的贸易量正在逐步下降，产业内的贸易额则不断提高。中国向德国一直出口大量的劳动密集型商品，如皮革制品、玩具、灯具、土畜产品、食品、抽纱等，大多属产业间贸易，但比例在逐渐减少，2010 年为 35%；德国对中国出口的车辆、航空器、钢材、化工等非机电产品大多也属产业间贸易，占 20%。总体上说，德国对中国出口的商品以资本和技术密集型商品为主，而中国对德国出口的商品则既有资本和技术密集型商品，又有劳动密集型商品。产业间贸易显然是互补的。至于产业内贸易是不是就只有竞争而没有互补呢？这是中德双方必须弄清楚的一个重要经贸问题。按照赫克歇尔－俄林－张伯伦模式的经济学观点，国与国之间在从事产业内贸易时，绝大部分的商品也都是不同的，这种不同不是表现在大的商品类别上，如机械、服装等，而是反映在相同的大类商品的不同样式、质量、档次、价格、款式上。出现这样的产品多样性是因为各生产国的要素禀赋结构不同、经济发展的阶段不同、经营企业的规模优势不同、劳动成本不同、消费者的偏好不同、收入水平不同。显然，这样的产业内贸易不仅包含了竞争性，也包含了互补性。例如德国的汽车一般具有结实、耐用的优点，但耗油量较大，价格较为昂贵；日本的汽车一般则具有实用、廉价的优点，但不够结实，不够耐用。这显然也是一种互补，否则就无法解释很多德国人在国内购买日本汽车，更无法解释今天的德国仍然主要同欧盟国家、美国、日本、加拿大开展对外贸易。众所周知，它们之间的贸易往来很大一部分都是产业内贸易。再看服装，这是劳动密集型产品，也是中国向德国出口的大宗商品，2010 年占中国对德全部出口总额的 12%，但在对德贸易中，这属产业内贸易，因为德国是世界上第四大纺织品出口国，第二大服装纺织品进口国，但其纺织品生产主要集中在高新技术产品，而中国出口德国的服装则主要属于中低档产品，两国的服装业发展呈现出良好的差异性和互补性。赫克歇尔－俄林－张伯伦模式还告诉我们，两个国家的要素禀赋越是雷同，产业间贸易的基础就越小，产业内贸易就越大。显然，中德之间的要素禀赋是很不相同的，因此即便从长远看，产业间贸易的基础仍然会是很大的，产业内贸易会逐渐增加，但不会过量，不会达到德国同美国，以及同欧盟中其他发达国家那样的高度。

其三，投资互补性。德国企业拥有雄厚的资金、先进的技术、科学的管理经验和理性的技术转让政策，十分希望能在国外找到新的投资区位，以便输出这些，获得更大的收益。事实已经说明，如果德国投资者能在中国投资，便能很好满足自己的愿望。今天在中国投资的德国企业绝大多数都能获利就是一个有力的证明；然而红利还远不止此。一旦德国投资家能以中国为基地，就更易打开亚太国家的市场。中国拥有巨大的市场、巨大的购买力、廉价的劳动力和相对丰厚的资源，中国企业非常渴望以合资经营方式来获得德国的先进技术。中国企业家，由于中国经济的迅猛发展，资金日益雄厚，资金和产能也出现过剩，加上人民币不断升值，也渴望去德国投资，渴望并购德国的企业，从而增大了两国之间投资的互补性。

在我们全面考量了新对外经济理论，中德之间的经济战略，贸易、出口和投资之后，我们可以看得很清楚，中德之间经贸的互补性仍然是主要的，竞争性在增加，但竞争性还是次要的。

九　中德之间贸易平衡是主要的，不平衡是次要的

德国一贯希望奉行对外经济平衡政策，中国今天同样也是力主对外经济平衡，不刻意追求扩大贸易顺差，因此两国都非常关心彼此之间贸易关系的发展是否平衡。值得注意的是，双方会同时认为，两国之间的贸易不平衡，本方贸易逆差大，对方的贸易顺差大，而且都有数据为证。出现这种貌似难以理解的争执的原因主要有两个：其一，根据国际惯例，中德双方都长期对一般出口商品按离岸价格计价，进口商品按到岸价格计算；其二，同样长期

按照国际惯例，出口额不计入转口贸易，而进口额则计入转口贸易。这就造成了两国因对经香港和鹿特丹等地转口货物的统计口径不同而在贸易统计上出现差异。正是这种统计差异等因素导致德国对中国贸易逆差被高估。于是德方一再抱怨，中国是德国在全球最大的逆差来源国。而按中方统计，近年来中德贸易基本平衡，2005～2008年中方有小额顺差，其余时间大体都是德方拥有贸易顺差。但2010年默克尔访华时仍然当面向温总理抱怨说，德国的贸易逆差太大。按德方的说法，2009年这两个世界出口大国的贸易额约920亿欧元，但中国对德国出口554亿欧元，远远超出了德国对中国365亿欧元的出口。[①] 而按中方的统计，2009年中国对德国出口499.2亿美元，德国对中国出口557.6亿美元，中方逆差为58.4亿美元。结果，中德双方都称本方处于双边贸易的逆差地位。其实，中国同样也是主张并实施对外贸易平衡的，也十分愿意帮助德国实现贸易平衡，但不同意采取削弱中国出口的办法，而是希望德国加大对中国的出口，特别是高科技的出口，而这恰恰是欧盟所不愿意的。

其实，只要我们平静地面对两国统计上的不同，再理智地看待双边贸易主要是在自由贸易基础上进行的事实，就不应该对两国贸易之间逆差的大小看得过重。即便从具体统计数字上来说，至少双方都同意1988年之前主要贸易逆差是在中方，2005～2008年贸易逆差则在德方。而无论是以拉氏价格贸易条件、派（帕）氏价格贸易条件还是以费氏价格贸易条件来衡量，两国的贸易条件从总体上来看还应该说是平衡的。特别是，如今德国也不同意采取贸易保护主义的措施来减少贸易逆差，同样主张加大本国的贸易出口。障碍还在欧盟，它至今不同意对中国开放某些高技术产品的出口。

十　知识产权保护是当前中德经贸关系中突出的一个问题，要认真加以解决

德国一再指责中国没有依法实施对外国知识产权的保护，说德国大量的产品和商标被盗版，泄露德国生产中的专门知识，大量伪造德国和欧洲的产品及包装，对已有发明和创造稍作改动便申报发明专利，不缴纳许可证费，

① Vgl. (Verfasser unbekannt): *Merkel stellt in China Forderungen*, http://bazonline. ch/ausland/asien-und-ozeanien/Merkel-stellt-in-China-Forderungen/story/19657928, letzter Zugriff am 15. 02. 2011.

强使德方做非自愿技术转让等。中国承认在保护知识产权方面的缺陷，也愿意听取德方的意见和批评，而且至今已经颁布了多部有关专利、商标、著作权和特殊使用权，包括互联网域名的法律，其水平在国际上均属一流。但德国也应该清楚，中国面临的问题几乎也是所有发达国家曾经面临的问题。1871 年德国统一后不也同样遭遇过这样的指责吗？中国也希望德国等发达国家给予足够的时间，以便迎头赶上，因为中国自身也日益感到知识产权保护问题对经济发展的重大意义，但中国反对夸大事实和急于求成。

中德经贸关系发展到今天这个规模是十分令人满意的，但提升的空间仍然很大。最近，通过习近平主席、李克强总理和默克尔总理的互访，两国又及时提出了新的目标，发展"全方位战略伙伴关系"，实现《中德合作行动纲要：共塑创新》目标，把 2015 年定为两国"创新年"，要大力加强在《德国工业 4.0 战略计划实施建议》和《中国制造 2025 规划》框架内的合作。这当然是一个振奋人心的目标，也是一个双方必须全力以赴力争的目标。

对中德经贸关系了解得越广，思考得越深，就越感到，促进中德经贸关系的积极因素很多，阻碍中德经贸关系的消极因素也很多。真可谓，机遇与挑战齐飞，促进共阻碍一色。但只要我们加以理性剖析，就不难得出结论：积极因素多于消极因素，促进因素压过了阻碍因素。为此我们必须做好以下几件特别重要的事：

（1）紧紧抓住全方位战略伙伴关系和政府磋商，进一步发挥中德经济技术合作论坛和中德经济合作联委会的作用，协调两国经贸关系高层的宏观调控，正确处理经济全球化、区域、多边、双边的经贸关系，拟定新的发展目标、协调双边贸易方针、化解贸易争端、应对国际挑战和机遇，争取在承认中国的完全市场经济地位和解除武器禁运上取得突破性进展；

（2）实现《中德合作行动纲要：共塑创新》目标，加强《中国制造2025》和德国《工业 4.0 战略计划》的对话和合作，在标准化、电动汽车、高能效智慧能源控制、智慧家居、供水及污水处理、移动互联网、物联网、云计算、大数据等领域的合作；

（3）探索新的经贸合作领域，建立新的贸易增长点，进一步扩大双边贸易规模，优化贸易结构，尤其是扩大在气候变化、节能减排、循环经济和生物技术、基础设施、交通和物流、金融服务、信息和通信技术以及在可再生能源发展和提高能效等领域的合作；

（4）完善协商机制，保证两国的经贸合作能够得到健康的发展，要关注双方贸易结构、产业间和产业内贸易和贸易平衡的发展变化并及时加以协调；

（5）进一步改善中方的投资环境，扩大中方在德方的投资，拓展德方投资领域；

（6）中方保证并实现所有在中国依法设立的外资企业都能享受国民待遇，各类企业的知识产权都将得到有效保护；

（7）中国企业出口的产品必须大力提高质量、革新花色品种、开拓新的销售渠道、改善售后服务、重视品牌商标等；

（8）增进企业界交往，扩大中小微企业合作。

中德之间关系发展到今天这样的高度是两国人民长期努力的结果，可以说是来之不易，理应值得双方的珍惜和爱护。而历史和现实也都告诉我们，中德之间在每次冲突之后，只要双方处理得当，便会很快捐弃前嫌，使两国关系沿着正常的轨道继续前进，而且会发展得更好。

可以肯定地说：中德经贸关系会进一步发展，但不会没有摩擦，个别问题出现倒退也不能完全排除，但中德经贸关系显然已经成了新兴国家同发达国家之间合作的一个范例。

参考文献

一 中文主要文献

1. 《列宁全集》第 13、32、34、39 卷，人民出版社，1985、1986。

2. 《马克思恩格斯全集》第 1、3、4、19、20、25、26、37 卷，人民出版社，1995。

3. 《毛泽东选集》1~4 卷，人民出版社，1964。

4. 《人民日报》：《中德合作成就与展望》，《人民日报》2011 年 6 月 24 日。

5. 《斯大林文集（1934~1952 年）》，人民出版社，1985。

6. 阿萨·林德贝克：《新左派政治经济学——一个局外人的看法》，苏剑译，商务印书馆，2013。

7. 埃里克·罗尔：《经济思想史》，陆元诚译，商务印书馆，1981。

8. 艾哈德：《大众的福利》，武汉大学出版社，1999。

9. 彼得·圣吉：《第五项修炼：学习型组织的艺术和实务》，郭进隆译，上海三联书店，2001。

10. 彼扎吉·艾伦斯坦：《国营部门的私有化》，巴黎，1988。

11. 曾韵婷：《德国监管者加强对银行离岸财富管理业务的监管》，《星闻晨报》2013 年 4 月 25 日。

12. 陈朝高等著《西欧市场经济》，时事出版社，1995。

13. 陈共编著《财政学》，中国人民大学出版社，2009。

14. 陈海嵩：《德国能源问题及能源政策探析》，《德国研究》2009 年第 1 期。

15. 陈继勇、刘跃斌：《德国对外投资的发展与对华直接投资》，《欧洲》

1998 年第 3 期。

16. 陈强、霍丹：《德国创新驱动发展的举措及对中国的启发》，《科技创新导报》2014 年第 20 期。

17. 陈强等：《德国国际科技合作及其对中国的启示》，《科技管理研究》2013 年第 23 期。

18. 陈水英：《德国职业教育特色及启示》，《浙江旅游职业学院学报》2013 年第 1 期。

19. 陈宪等编著《国际贸易——原理、政策、实务》，立信会计出版社，1998。

20. 陈新：《欧版"量宽"只是一张"底牌"》，《人民日报》2014 年 4 月 14 日，第 22 版。

21. 陈信华、叶龙森：《金融衍生品：天使抑或恶魔》，上海财经大学出版社，2007。

22. 陈源、高玲玲编著《国际贸易》，北京大学出版社，1994。

23. 储德银、黄文正：《财政政策的非凯恩斯效应》，《经济学动态》2010 年第 10 期。

24. 戴启秀：《德国模式解读——建构对社会和生态负责任的经济》，上海同济大学出版社，2008。

25. 道格拉斯·诺思：《经济史上的结构和变革》，厉以平译，商务印书馆，1992。

26. 德国联邦统计局：《德国联邦统计工作概览》，中国统计出版社，1997。

27. 德国托管局：V1BC4，中央报告。

28. 邓果宇：《德国企业并购的做法和经验》，《冶金管理》2009 年第 11 期。

29. 邓小平：《邓小平文选》第 1，2，3 卷，人民出版社，1993。

30. 丁纯：《德国社会保障体制的现状与改革》，《国际经济评论》2000 年第 2 期。

31. 丁纯：《统一后德国经济发展的回眸与前瞻》，《欧洲》1996 年第 3 期。

32. 丁大伟：《交货期决定竞争力》，《人民日报》2013 年 3 月 15 日。

33. 丁勇、刘增锐：《经济数学》，清华大学出版社，2007。

34. 丁原洪：《欧洲的"德国问题"重起》，《和平与发展》2010 年第 6 期。

35. 法莱蒂：《为讨好北京，默克尔抛弃欧洲的光伏企业》，《参考消息》2012 年 9 月 2 日。

36. 方福前：《当代西方经济学主要流派》，中国人民大学出版社，2014。

37. 方长平：《国家利益的建构主义分析》，当代世界出版社，2002。

38. 冯泓、马捷：《反倾销、国际寡头竞争与战略性贸易政策》，载臧旭恒、林平《现代产业经济学前沿问题研究》，经济科学出版社，2006。

39. 冯丽云主编《现代市场营销实务》，首都经济贸易大学出版社，1999。

40. 冯兴元：《德国的环保政策及环保的行为主体》，《德国研究》1996 年第 4 期。

41. 冯兴元：《欧盟与德国：解决区域不平衡问题的方法和思路》，中国劳动社会保障出版社，2002。

42. 逄锦聚等主编《政治经济学》，高等教育出版社，2009。

43. 付庆云：《美、德、英、日等国能源结构变化和发展方向》，《国土资源情报》2005 年第 7 期。

44. 傅志华：《德国财政政策的发展变化及其特点》，《经济研究参考》1993 年 Z1 期。

45. 高鸿业主编《西方经济学》（宏观部分），中国人民大学出版社，2004。

46. 高鸿业主编《西方经济学》（微观部分），中国人民大学出版社，2004。

47. 高鑫诚：《发展援助：授人以"鱼"还是授人以"渔"——德国"发展援助"活动在山东（上）》，《中国青年报》2004 年 4 月 19 日。

48. 葛正良编著《证券投资学》，立信会计出版社，2001。

49. 关海霞：《欧债危机和德国应对危机的政策分析》，化学工业出版社，2016。

50. 管克江、冯雪珺：《中企在德并购激发互利潜能》，《人民日报》2016 年 2 月 16 日，第 22 版。

51. 管克江、黄发红：《德国弃核，无关安全》，《人民日报》2013 年 6 月 19 日，第 2 版。

52. 管克江、郑红：《德国为能源转型目标再加码》，《人民日报》2014 年 12 月 5 日，第 22 版。

53. 管克江：《三大挑战考验德国能源政策》，《人民日报》2013 年 4 月 20 日，第 8 版。

54. 管克江：《"邻避效应"与能源转型》，《人民日报》2013 年 8 月 13 日，第 21 版。

55. 郭景仪：《联邦德国税收政策探索》，《世界经济文汇》1985 年第 4 期。

56. 郭泳涛：《德国企业的理性文化》，《企业改革与管理》2005 年第 7 期。

57. 海尔曼·亚当：《德意志联邦共和国的经济政策和政治体制》，薛福庭、王文慈译，辽宁人民出版社，1998。

58. 韩正忠：《德国企业管理模式》，《发展》2002 年第 4 期。

59. 郝敬之主编《经济体制与基本经济制度》，大连理工大学出版社，1994。

60. 何嘉仪：《人民币正逐渐被全球接纳》，《参考消息》2014 年 7 月 21 日，第 5 版。

61. 何新浩：《采取有力措施加强中德中小企业合作》，《国际贸易》1995 年第 11 期。

62. 胡海峰、胡吉亚：《美日德战略性新兴产业融资机制比较分析及对中国的启示》，《经济理论与经济管理》2011 年第 8 期。

63. 胡瑾等：《欧洲当代一体化思想与实践研究：1968～1999》，山东人民出版社，2002。

64. 华民：《国际经济学》，复旦大学出版社，1998。

65. 黄超：《中德关系主要障碍在于相互缺乏了解》，《东方早报》2011 年 6 月 28 日，第 A14 版。

66. 黄达编著《货币银行学》，中国人民大学出版社，2002。

67. 黄达编著《金融学》，中国人民大学出版社，2013。

68. 黄发红：《德国能源转型，效率公平难两全》，《人民日报》2014 年 7 月 25 日，第 22 版。

69. 黄发红：《德国能源转型拉响警报》，《人民日报》2013 年 9 月 16 日，第 22 版。

70. 黄发红：《中国企业在法兰克福再掀上市热潮》，《人民日报》2012 年 6 月 12 日，第 22 版。

71. 黄发红等：《德法经济表现不济　对俄制裁伤及自身：欧元区经济复苏再遇曲折》，《人民日报》2014 年 8 月 15 日，第 22 版。

72. 黄立华：《论欧元时代德国财政政策的困境与出路》，《当代经理人》2005 年第 3 期。

73. 黄群编译《德国 2020 高科技战略：创意·创新·增长》，《科技导报》2011 年第 8 期。

74. 黄素庵等：《重评当代资本主义经济：科学技术进步与资本主义的变化》，世界知识出版社，1996。

75. 黄燕芬：《货币政策与财政政策协调性研究》，《人民日报》2004年4月23日，"学术动态"版。

76. 黄燕芬、辛洪波：《欧洲央行在应对欧债危机中的作用：政策、成败与反思》，《德语国家资讯与研究》第2辑，2014。

77. 黄燕芬：《欧洲央行负利率政策——背景、原因和评价》，《德语国家资讯与研究》第4辑，2015。

78. 江建国：《德国打造电子商务》，《人民日报》2001年1月15日。

79. 江建国：《施罗德尝试走出困境》，《人民日报》2004年2月10日。

80. 江山、胡爱国：《二战后德国环保运动之肇端与演进》，《南京林业大学学报（人文社会科学版）》2015年第1期。

81. 姜德义等：《德国能源经济的变迁与能源政策的未来取向》，《中国矿业》2003年第6期。

82. 姜建清主编《国际商业银行监管环境与体制》中刘卫兵撰写的德国部分，中国金融出版社，2006。

83. 姜欣：《财政政策有效性及非凯恩斯效应：基于中国的经验分析》，博士学位论文，南开大学，2013。

84. 蒋振中编著《国际经济学原理》，上海财经大学出版社，1997。

85. 蒋自强等著《当代西方经济学流派》，复旦大学出版社，1996。

86. 荆文娜：《"取经"德国，制造业大国如何摆脱雾霾困扰——访德国驻中国大使柯慕贤》，《中国经济导报》2015年5月23日，第C02版。

87. 景琴玲、王革：《德国职业教育体系透析与展望》，《国家教育行政学院学报》2012年第2期。

88. 莱斯特尔·图罗夫：《资本主义的未来》，纽约，1996。

89. 劳埃德·雷诺兹：《宏观经济学》，马宾译，商务印书馆，1994。

90. 劳埃德·雷诺兹：《微观经济学》，马宾译，商务印书馆，1994。

91. 蕾切尔·卡森：《寂静的春天》，吕瑞兰、李长生译，上海译文出版社，2008。

92. 李晨旭、段素革：《德国汽车品牌成功背后的启示》，《环渤海经济瞭望》2013年第10期。

93. 李琮主编《西欧社会保障制度》，中国社会科学出版社，1989。

94. 李稻葵、罗兰贝格编著《中国经济的未来之路——德国模式的中国借鉴》，中国友谊出版公司，2015。

95. 李钢：《金融危机催生德国银行改革》，《企业技术进步》2009 年第 2 期。

96. 李宏军等：《德国煤炭工业现状》，《中国煤炭》2010 年第 2 期。

97. 李俊江、王姝：《欧洲债务危机中德国保险监管的应对与借鉴》，《工业技术经济》第 4 期。

98. 李文武：《德国银行业的特点及启示》，《农业发展与金融》2010 年第 1 期。

99. 李夏玲：《中德经贸关系的现状与特点》，《广东财经职业学院学报》2007 年第 4 期。

100. 李新春、陈凌、张胜洋：《回归市场——民主德国经济转型与国企改造》，广东人民出版社，1999。

101. 梁剑：《中德中小企业比较研究与启示》，《当代财经》2008 年第 1 期。

102. 梁姝月、龙志德：《经济全球化及其对国际关系的影响》，《现代商业》2007 年第 17 期。

103. 梁小民：《西方经济学导论》，北京大学出版社，1993。

104. 林毅夫：《新结构经济学：反思经济发展与政策的理论框架》，张自庄、赵人伟译，北京大学出版社，2012。

105. 刘爱龙、吴献金：《德国对华直接投资决定性因素的实证分析》，《世界经济与政治论坛》2006 年第 3 期。

106. 刘光耀：《德国社会市场经济——理论、发展与比较》，中共中央党校出版社，2006。

107. 刘红：《德国职业教育教学特色与启示》，《中国电力教育》2013 年第 11 期。

108. 刘佼：《"德国制造"的诱惑》，《工程机械文摘》2013 年第 2 期。

109. 刘涛：《中央六策挺中小企业》，《瞭望新闻周刊》2009 年第 9 期。

110. 刘卫兵：《欧洲中央银行体系、结构与职能》，《现代商业银行》2000 年第 3 期。

111. 刘文革、段颖立：《西方转轨经济理论述评》，《经济理论与经济管理》2002 年第 2 期。

112. 刘兴华：《德国财政政策与货币政策的走向及其协调》，《德国研究》2009 年第 4 期。

113. 刘英杰：《德国农业和农村发展政策特点及启示》，《世界农业》2004 年第 2 期。

114. 罗百辉：《德国企业管理的特色》，《先锋队》2013 年第 2 期。

115. 罗伯特·库尔茨：《资本主义黑皮书——自由市场经济的终曲》（上下），钱敏汝等译，社会科学文献出版社，2003。

116. 罗慧等：《可持续发展理论综述》，《西北农林科技大学学报（社会科学版）》2004 年第 1 期。

117. 罗泳泳等：《德国金融体系的发展历程及其启示》，《经营管理者》2012 年第 5 期。

118. 洛贝尔图斯：《关于德国国家经济状况的认识》，商务印书馆，1982。

119. 马连杰：《德国中小企业的融资体系对我国的启示》，《经济导刊》1999 年第 3 期。

120. 莫书莹：《欧盟财长就〈稳定与增长公约〉改革达成协议》，《第一财经日报》2005 年 3 月 22 日。

121. 聂文星：《国际经济学》讲义，《国际经济学》word 版全文讲义，2010 年 6 月 14 日。

122. 秦俊峰：《德国制造长盛不衰的秘密》，《中国企业家》2013 年第 2 期。

123. 裘元伦、罗洪波主编《中国与欧洲联盟就业政策比较》，中国经济出版社，1998。

124. 裘元伦：《欧洲的经济改革》，中国社会科学出版社，2013。

125. 裘元伦：《走走停停——中德经贸关系发展轨迹》，《德国研究》1999 年第 3 期。

126. 裘元伦：《裘元伦文集》，上海辞书出版社，2005。

127. 赛康德：《争夺世界技术经济霸权之战》，张履棠译，中国铁道出版社，1998。

128. 商德文、何冬阳：《当代国际投资理论评述》，《东方论坛》1995 年第 1 期。

129. 沈玉芳、张之超：《德国创新中心建设的发展概况和有关政策》，《上海综合经济》2002 年第 10 期。

130. 沈越：《德国社会市场经济评析》，中国劳动社会保障出版社，2002。

131. 盛晓白：《德国的环保政策和措施》，《审计与经济研究》2000 年第 4 期。

132. 施罗德、布莱尔：《伦敦宣言》1999 年 10 月 16 日。

133. 史世伟著、译《中德经贸关系研究：汉德对照》，对外经济贸易大学出版社，2013。

134. 宋坚：《德国经济与市场》，商务出版社，2003。

135. 宋玮：《德国银行监管模式研究》，《成人高教学刊》2002 年第 4 期。

136. 宋卫国等：《国家创新指数与国际同类评价量化比较》，《中国科技论坛》2014 年第 7 期。

137. 苏东水：《产业经济学》，高等教育出版社，2006 年 3 月第 3 次印刷，。

138. 苏汝劼、夏明：《国民经济核算概论》，中国人民大学出版社，2004。

139. 孙楚仁、沈玉良：《改革开放以来的中德贸易》，《国际贸易问题》2009 年第 7 期。

140. 孙天仁等：《中欧"太阳能战争"一触即发——中国准备还击》，《环球时报》2012 年 9 月 7 日。

141. 孙晓青、崔巍：《欧盟能源供应安全战略》，载中国现代国际关系研究院经济安全研究中心编《全球能源大棋局》，时事出版社，2005。

142. 孙晓青：《新技术革命促进联邦德国工业结构调整》，《世界经济研究》1985 年第 5 期。

143. 田春生：《新自由主义学说及其政策在转型国家的失败——以俄罗斯转型前 10 年的结案为例》，载中国世界经济学会编《世界经济前沿问题报告 No.1》，社会科学文献出版社，2005。

144. 王鹤：《欧盟对华长期政策与中欧经贸关系》，社会科学文献出版社，2000。

145. 王鹤：《欧盟经济概论》，社会科学文献出版社，2014。

146. 王鹤：《欧洲经济货币联盟》，社会科学文献出版社，2002。

147. 王健：《当代西方经济学流派概览》，国家行政学院出版社，1998。

148. 王晋忠：《衍生金融工具》，中国人民大学出版社，2014。

149. 王磊编译《德国的能源难题：默克尔要帮核电厂"延寿"?》，《中国报道》2010 年第 11 期。

150. 王廷静：《"德国制造"的成功之道》，《光彩》2013 年第 3 期。

151. 王宪磊：《当代世界经济与欧元》，社会科学文献出版社，1998。

152. 王潇雨：《意料之中的空客订单》，《华夏时报》2012 年 9 月 3 日，第 A18 版。

153. 王欣新：《德国和英国的破产立法之二》，《人民法院报》2005 年 10 月 28 日，第 B4 版。

154. 王新程：《循环经济对环保的理论贡献》，《中国环境报》2005 年 12 月 13 日，第 3 版。

155. 王艺明、蔡昌达：《财政稳固的非凯恩斯效应及其传导渠道研究》，《经济学家》2013 年第 3 期。

156. 薇安·A. 施密特：《欧洲资本主义的未来》，张敏、薛彦平译，社会科学文献出版社，2010。

157. 维克塞尔：《经济学的目的与方法》，载林达尔主编的《维克塞尔经济理论文选》，伦敦，1958。

158. 魏爱苗：《德国期待扩大对华经贸合作》，《经济日报》2012 年 9 月 1 日，第 2 版。

159. 文暄：《德国企业文化的启示》，《军工文化》2011 年第 1 期。

160. 乌尔里希·罗尔主编《德国经济：管理与市场》，顾俊礼等译，中国社会科学出版社，1995。

161. 吴刚：《欧元区复苏绕不开结构性难题》，《人民日报》2014 年 4 月 28 日，第 22 版。

162. 吴建藩：《德国石油储备的建设与管理》，《石油化工技术经济》2002 年第 2 期。

163. 西格玛尔·加布里尔：《金融危机时代的民主和正义》，载该书编写组编《西式民主怎么了Ⅱ—西方人士评西方民主》，学习出版社，2014。

164. 夏汛鸽：《生态市场经济——德国为例》，中国经济出版社，2015。

165. 夏汛鸽：《推倒柏林墙之后——德国东部经济重建》，外文出版社，1998。

166. 项俊波：《结构经济学——从结构视角看中国经济》，中国人民大学出版社，2009。

167. 肖辉英、陈德兴：《德国：世纪末的抉择》，当代世界出版社，2000。

168. 谢亚宏：《核电不能丢，仍然有前途》，《人民日报》2013 年 6 月 30 日，第 3 版。

169. 徐聪：《德国经济治理》，时事出版社，2015。

170. 徐聪：《德国双元制职业教育体系的体制性优势分析》，《中国证券期货》2013 年第 8 期。

171. 徐丽莉：《德国经济结构问题》，吉林人民出版社，2015。

172. 徐四季：《以德国为例的福利国家研究》，九州出版社，2014。

173. 许闲：《金融危机下德国保险监管的应对与借鉴》，《中国金融》2010

年第 1 期。

174. 许新主编《转型经济的产权改革——俄罗斯东欧中亚国家的私有化》，社会科学文献出版社，2003。

175. 薛宝龙等编著《国际金融》，东北财经大学出版社，1995。

176. 亚当·斯密：《道德情操论》，樊冰译，山西出版集团，2010。

177. 亚当·斯密：《国民财富的性质和原因的研究》，郭大力、王亚南译，商务印书馆，1972、1974。

178. 闫斌：《德国对华投资对中德双边贸易额的影响分析》，山东财经大学硕士论文，2014。

179. 杨逢珉、张永安编著《欧洲联盟经济学》，华东理工大学出版社，1999。

180. 杨海洋：《德国制造业优势产生并保持的原因分析》，《改革与战略》2013 年第 1 期。

181. 杨同华、曹国清：《德国职业教育探微》，《河南科技学院学报》2013 年第 6 期。

182. 杨雪冬、薛晓源：《"第三条道路"与新的理论》，社会科学文献出版社，2000。

183. 姚先国、H. 谬尔德斯：《两德统一中的经济问题》，科学技术文献出版社，1992。

184. 殷桐生主编《德国外交通论》，外语教学与研究出版社，2010。

185. 殷桐生：《从 2001 年德国经济的发展看施罗德的"新中派"经济政策》，《国际论坛》2002 年第 4 期，外语教学与研究出版社。

186. 殷桐生：《德国大联盟政府经济政策剖析》，《国际论坛》2006 年第 4 期，外语教学与研究出版社。

187. 殷桐生：《德国大联盟政府时期的经济发展述评》，载刘立群、连玉如主编《德国·欧盟·世界》，社会科学文献出版社，2007。

188. 殷桐生：《德国经济与"德国病"》，《国际论坛》2001 年第 2 期，外语教学与研究出版社。

189. 殷桐生：《德国政府要使更多雇员成为"小资本家"政策的剖析》，《国际论坛》2009 年第 2 期，外语教学与研究出版社。

190. 殷桐生：《国际金融危机冲击后的德国经济》，载刘立群主编《金融危机背景下的德国及中德关系》，社会科学文献出版社，2011。

191. 殷桐生：《国际金融危机对德国经济的冲击》，《德意志文化研究》第 5

辑，外语教学与研究出版社，2009。

192. 殷桐生：《国际金融危机下的中德经贸关系》，《德国蓝皮书：德国发展报告（2012）》，社会科学文献出版社，2012。

193. 殷桐生：《国际金融危机引发的理论思考》，《殷桐生选集》，外语教学与研究出版社，2011。

194. 殷桐生：《盘点德国的欧债危机政策》，《德语国家资讯与研究》第5辑，外语教学与研究出版社，2015。

195. 殷桐生：《施罗德的"新中派"经济政策》，《国际论坛》2001年第4期，外语教学与研究出版社。

196. 殷桐生：《增值税40年——对大联盟政府提高增值税率的反思》，《德意志文化研究》第3辑，外语教学与研究出版社，2008。

197. 殷桐生：《中德构建"特殊关系"——评默克尔总理第六次访华》，《德国蓝皮书：(德国发展报告（2013)》，社会科学文献出版社，2013。

198. 殷叙彝：《第三条道路与社会民主主义的国家理论》，《欧洲》2000年第5期。

199. 于洪平、毕乐强主编《发展经济学》，东北财经大学出版社，1999。

200. 袁寿庄等：《国民经济统计学》，中国人民大学出版社，1994。

201. 袁正清：《国家利益分析的两种视角》，《世界经济与政治》2001年第9期。

202. 袁志刚主编《管理经济学》，复旦大学出版社，1999。

203. 约翰·梅纳德·凯恩斯：《就业、利息和货币通论》，陕西人民出版社，2004。

204. 约瑟夫·E. 斯蒂格利茨：《社会主义向何处去——经济体制转型的理论与证据》，周立群等译，吉林人民出版社，1998。

205. 约瑟夫·E. 斯蒂格利茨等：《稳定与增长：宏观经济学、自由化与发展》，刘卫译，中信出版社，2008。

206. 臧旭恒、林平：《现代产业经济学前沿问题研究》，经济科学出版社，2006。

207. 张婧：《浅析德国环境政策演变的原因》，《中共贵州省委党校学报》2009年第6期。

208. 张凯：《德国出口贸易结构研究》，商务出版社，2012。

209. 张克利等：《德国、法国国有企业改组、企业破产重组考察报告》，《中国经贸导刊》2004 年第 8 期。

210. 张曙宵等著《中国对外贸易结构新论》，经济科学出版社，2009。

211. 张兴慧：《德国银行坏账黑洞或引发新一轮金融危机》，《中国青年报》2009 年 1 月 19 日，第 7 版。

212. 张秀生、余爱军：《现代融资理论与中小企业融资问题》，《光明日报》2008 年 5 月 20 日，第 10 版。

213. 赵婳娜：《人民币有望成为第三大国际货币》，《人民日报》2014 年 7 月 21 日，第 10 版。

214. 赵广宇：《应对企业破产风险：防范与救济》，《国际融资》2010 年第 6 期。

215. 赵辉、朱忆凡：《如何收购德国破产企业？》，《中国机电工业》2009 年第 11 期。

216. 赵丽芬：《管理理论与实务》（第二版），清华大学出版社，2015。

217. 赵明昊：《推进中德全方位战略伙伴关系，促进中欧关系取得更大发展》，《人民日报》2014 年 7 月 8 日，第 3 版。

218. 郑春荣：《欧债危机使德国进退维谷》，《经济参考报》2013 年 3 月 21 日，第 A05 版。

219. 郑德如、胡清友：《统计学》，立新会计出版社，1998。

220. 郑红、管克江、刘歌：《德国 33 个城市遭欧盟警告》，《人民日报》2013 年 3 月 2 日，第 3 版。

221. 郑红：《德国火力发电获得"新生"》，《人民日报》2013 年 2 月 27 日，第 22 版。

222. 郑红：《德国成欧洲最大移民目的地》，《人民日报》2014 年 5 月 26 日，第 22 版。

223. 郑红：《德国个性化消费已成主流》，《人民日报》2014 年 6 月 18 日，第 23 版。

224. 郑红：《德国六成中学毕业生选择双轨制教育》，《人民日报》2013 年 8 月 12 日，第 22 版。

225. 郑红：《德交所打造人民币交易中心》，《人民日报》2014 年 2 月 13 日，第 21 版。

226. 中国世界经济学会：《世界经济前沿问题报告 No.1》，社会科学文献出版社，2005。

227. 钟鑫、吴华：《欧元的诞生与影响——挑战·对策·实务》，经济管理出版社，1999。

228. 周弘等：《德国马克与经济增长》，社会科学文献出版社，2012。

229. 周玉久：《德国企业破产与重组的策略及借鉴》，《企业经济》1997 年第 12 期。

230. 朱成全：《经济学方法论》，东北财经大学出版社，2011。

231. 朱孟楠、郭晔：《投资学》，中国人民大学出版社，2014。

232. 朱小平等：《美国、日本、德国金融体系比较及其对企业筹资管理的影响》，《对外经贸财会》1999 年第 9 期。

233. 朱钟棣编著《国际经济学》，上海财经大学出版社，1999。

二 德（外）文主要文献

1. Adam, Hermann: *Wirtschaftspolitik und Regierungssystem der Bundesrepublik Deutschland*, Bonn: bpb, 1992.

2. Aden, Menno: *Märkte, Preise, Wettbewerb — Eine Einführung in die soziale Marktwirtschaft*, Berlin: Verlag Neue Wirtschaftsbriefe, 1992.

3. Altmann, Jörn: *Wirtschaftspolitik*, Stuttgart/Wien: Paul Haupt Verlag Bern, 2000.

4. Altmann, Jörn: *Volkswirtschaftslehre, Einführende Theorie mit praktischen Bezügen（auch Arbeitsbuch）*, Stuttgart: Gustav Fischer Verlag, 1990.

5. Andresen, Knud u. a.: *Nach dem Strukturbruch*, Bonn: bpb, 2011.

6. Arendt, Walter（Hrsg.）: *Mitbestimmung*, Köln, 1976.

7. Bartsch, Bernhard: *Bernhard Bartsch über Merkels China-Besuch*, in: *HAZ*, Leitartikel, 30.08.2012.

8. Bauer, Michael: *Wirtschaft heute*, Bonn: bpb, 2009.

9. Bäumchen, Franz: *Deutsche Wirtschaftssprache für Ausländer*, München: Max Hueber Verlag, 1982.

10. Bergmann, Hellmuth u. a.: *Probleme von Raumordnung, Umwelt und Wirtschaftsentwicklung in den neuen Bundesländern*, Hannover: Verlag der ARL, 1991, Vorwort Ⅶ.

11. Blank/Clausen/Wacker: *Internationale ökonomische Integration — Von der Freihandelszone zur Wirtschafts- und Währungsunion*, München: Verlag Vah-

len，1998.

12. Bleich，Susanne/Jia，Wenjian/Schneider，Franz（Hrsg.）：*Kommunikation in der globalen Wirtschaft*，Frankfurt am Main：Europäischer Verlag der Wissenschaften，2003.

13. Blum，Ulrich：*20 Jahre Deutsche Einheit — Schöpferischer Aufbau*，in：*Wirtschaftsdienst*，30. 09. 2010.

14. BMBF：*Berufsbildungsbericht 2013*.

15. BMBF：*Reform des Hochschullehrerprivilegs*，verabschiedet vom Bundestag am 30. 11. 2001，trat am 07. 02. 2002 in Kraft.

16. BMBF：*Bundesbericht Forschung und Innovation 2014*，Kurzfassung，Bonn/Berlin，2014.

17. BMBF：*Professorenbesoldungsreformgesetz*，in：*Bundesgesetzblatt Jahrgang 2002* Teil I Nr. 11，ausgegeben zu Bonn am 22. Februar 2002.

18. Bode，Otto F. /Hirschmann，Kai：*Qualifizierungsmaßnahmen*，Marburg，1992.

19. Bode，Thilo u. a.：*Patient Deutschland — Eine Therapie*，Stuttgart/München：Deutsche Verlags-Anstalt，2002.

20. Bofinger，Peter：*Wir sind besser, als wir glauben — Wohlstand für alle*，Hamburg：Rowohlt Verlag，2006.

21. Brander，J. A.：*Intra-Industry Trade in Identical Commodities*，in：*Journal of International Economics*，Vol. 11，1981.

22. Brandt，Adelhaid：*Lust oder Frust? 15 Jahre Deutsche Einheit*，2006.

23. Brockhoff，Klaus：*Unternehmer im Übergang zur Marktwirtschaft*，in：*WiSt* Heft 2，1992.

24. Brasche，U.：*Europäische Integration Wirtschaft, Erweiterung und regionale Effekte*，München：Oldenbourg Verlag，2013.

25. Bundesfinanzministerium：*Mehrwertsteuer im EU-Vergleich*，01. 2008.

26. Bundesminister für Arbeit und Sozialordnung：*Mitbestimmung — Mitbestimmungs-Gesetz, Montan-Mitbestimmung, Betriebsverfassung*，Köln：acon，1976.

27. Bundesministerium der Finanzen Referat Öffentlichkeitsarbeit：*Der Euro stark wie die Mark*，Bonn：Frotscher Druck Leipzig，GmbH.

28. Bundesministerium für Bildung und Forschung：*Berufsbildungsbericht 2013*.

29. Bundesministerium für Wirtschaft：*40 Jahre Soziale Marktwirtschaft in der*

Bundesrepublik, Sinzig/Rhein：Grunzke & Partner, 1989.

30. Bundesministerium für Wirtschaft：*Jährlicher Jahreswirtschaftsbericht.*

31. Bundesministerium für Wirtschaft：*Wirtschaftliche Förderung in den neuen Bundesländern*, 1991.

32. Bundesregierung：*Der Pakt für Forschung und Innovation*, 2004.

33. Bundesregierung：*Energiekonzept*, 28. 09. 2010.

34. Bundesverband deutscher Banken：*Das Geldbuch — Vom Verdienen, Sparen und Ausgeben*, Bonn：bpb. 2003.

35. Bundeszentrale für Politische Bildung：*jährlicher Datenreport.*

36. Busch, Ulrich：*Monetäre Probleme*, Marburg, 1992.

37. Buscher, Herbert：*Wirtschaft heute*, Bonn：bpb, 2000.

38. Czada, Peter：*Wirtschaft — Aktuelle Probleme des Wachstums und der Konjunktur*, Opladen：Leske Verlag + Budrich GmbH, 1984.

39. De Bono, Edward：*De Bonos neue Denkschule — Kreativer denken, effektiver arbeiten, mehr erreichen*, München：mvg verlag, 2013.

40. Der Vorstand der Industriegewerkschaft Chemie-Papier-Keramik：*Der Betriebsrat*, Textausgabe, Stand vom August 1977.

41. Deutsche Bank：*Energie kostet Geld. Sparen Sie beides*, Frankfurt am Main：Karl Wenschow GmbH München, 1981.

42. Deutsche Postbank AG：*Höhere Mehrwertsteuer verändertes Sparverhalten*, 12. 10. 2006.

43. Deutsche Telekom Stiftung/Bundesverband Deutscher Industrie u. a. ：*Innovatiosindikator 2014*, 10. 2014.

44. Diefenbacher, Hans u. a. ：*Ökologische Probleme regionaler Strukturpolitik*, Marburg, 1992.

45. Domschke/Scholl：*Grundlagen der Betriebswirtschaftslehre*, Berlin/Heidelberg/New York：Springer Verlag, 2003.

46. Dornbusch/Fischer/Startz：*Makroökonomik*, München/Wien：R. Oldenbourg Verlag, 2003.

47. Eichener, V. u. a. ：*Organisierte Interessen in Ostdeutschland*, Marburg, 1992.

48. Engels, Benno（Hrsg.）：*Das vereinte Deutschland in der Weltwirtschaft*, Hamburg, 1991.

49. Engels，Wolfram：*Mehr Markt — Soziale Marktwirtschaft als politische Ökonomie*，Stuttgart：Seewald Verlag，1976.

50. Erhard，Ludwig：*Wohlstand für alle*，Düsseldorf，1957.

51. Erichsen，Fredrick von：*Deutsche Wirtschaft，2007 wird ein goldenes Jahr*，12. 03. 2007.

52. Eucken，Walter：*Die Grundlagen der Nationalökonomie*，New York/Berlin/Heidelberg：Springer Verlag，1989.

53. Feldenkirchen，Wilfried：*Die deutsche Wirtschaft im 20. Jahrhundert*，München：R. Oldenbourg Verlag，1998.

54. Fröhlich，Hans-Peter：*Währungspolitische Weichenstellungen in Osteuropa*，in：*WiSt* Heft 1，1993.

55. Galbraith，John Kenneth/Stanislaw-Menschikow：*Kapitalismus und Sozialismus*，Köln，1988.

56. Glismann/Horn u. a.：*Weltwirtschaftslehre，II. Entwicklungs- und Beschäftigungspolitik*，Zürich：Vandenhoeck & Ruprecht in Göttingen，1987.

57. Görzig，Bernd/Gornig，Martin：*Produktivität und Wettbewerbsfähigkeit der Wirtschaft der ehemaligen DDR*，Berlin，1991.

58. Grözinger，Gerd：*Nur Blut，Schweiß und Tränen?* Marburg，1991.

59. Gruber，Utta/Kleber，Michaela：*Grundlage der Volkswirtschaftslehre*，München：Verlag Franz Vahlen，1994.

60. Grunenberg，Nina：*Die Wundertäter — Netzwerke der deutschen Wirtschaft 1942 – 1966*，München：Pantheon Verlag.

61. Gutmann/Klein u. a.：*Die Wirtschaftsverfassung der Bundesrepublik Deutschland*，Stuttgart/New York：Gustav Fischer Verlage，1979.

62. Hamer，Eberhard：*Ende-Wende-Wiederaufbau*，Hannover，1993.

63. Hankel，Wilhelm：*Die sieben Todsünden der Vereinigung*，Gütersloh：Siedler Verlag，1998.

64. Hardes/Krol u. a.：*Volkswirtschaftslehre — problemorientiert*，Tübingen：Wilhelm Fink Verlag，1995.

65. Hasse，Rolf H. /Schneider，Hermann/Weigelt Klaus（Hrsg.）：*Lexikon Soziale Marktwirtschaft，Wirtschaftspolitik von A bis Z*，Paderborn：Ferdinand Schöningh Verlag，2002.

66. Hauchler, Ingomar/Messner, Dirk/Nuscheler, Franz: *Globale Trends 2004/ 2005 — Fakten Analysen Prognosen*, Bonn: Fischer Taschenbuch Verlag, 2003.

67. Hausner, Karl Heinz/Simon, Silvia: *Deutsche Schuldenregel als Alleskönner?* 15. 09. 2009.

68. Herr, Hansjörg/Hübner, Kurt (Hrsg.): *Der "lange Marsch" in die Marktwirtschaft*, Berlin: Fachhochschule für Wirtschaft Berlin, 1999.

69. Hickel, Rudolf: *Der Wirtschaftswissenschaftler Professor Rudolf Hickel kritisiert Koalitionsvertrag*, in: *Neues Deutschland*, 14. 11. 2005.

70. Hoffmann, Lutz: *Warten auf den Aufschwung — eine deutsche Bilanz*, Regensburg, 1993.

71. Hopfmann, Arndt: *Transformationstheorie — Stand, Defizite, Perspektiven*, Münster: Lit Verlag, 2001.

72. Hoppenstedt: *Wir vermessen Deutschland — Die Unternehmen in Deutschland im Überblick*, in: *Mecklenburgische Seenplatte*, 14. 06. 2012.

73. Hübl, Lothar/Schepers, Walter: *Strukturwandel und Strukturpolitik*, Darmstadt: Wissenschaftliche Buchgesellschaft, 1983.

74. Jahrmann, F. -Ulrich: *Außenhandel*, Ludwigshafen: Friedrich Kiehl Verlag GmbH, 1998.

75. Jarchow, H. -J/Rühmann, P.: *Monetäre Außenwirtschaft — I. Monetäre Außenwirtschaftstheorie*, Göttingen: Vandenhoeck & Ruprecht, 1994.

76. Jia, Wenjian: *Werbegeschichte als Kommunikationsgeschichte — Analyse der Anzeigenwerbung im SPIEGEL von 1947 bis 1990*, Göttingen: Cuvillier Verlag, 2002.

77. Joanneum Research, Technopolis, ZEW: *Das deutsche Forschungs- und Innovationssystem: Endbericht, Studien zum deutschen Innovationssystem* Nr. 11 – 2010, Kurzfassung.

78. Jung, H. u. a.: *BRD-DDR Vergleich der Gesellschaftssysteme*, Köln, 1971.

79. Kamppeter, Werner: *Kapital- und Devisenmärkte als Herausforderung der Wirtschaftspolitik*, Frankfurt/New York: Campus Verlag, 1990.

80. Keim, Helmut/Klodt, Henning: *Strukturwandel und Arbeitsmarktproblem in Deutschland*, in: *Die Weltwirtschaft*, 2004, Heft 3, Heidelberg: Springer-

Verlag, 2004.

81. Keim, Helmut/Steffens, Heiko（Hrsg.）: *Wirtschaft Deutschland*, Köln: Wirtschaftsverlag Bachem, 2000.

82. Kloten, Norbert: *Die Transformation von Wirtschaftsordnung*, Tübingen, 1991.

83. Köhler, Claus: *Der Übergang von der Planwirtschaft zur Marktwirtschaft in Ostdeutschland*, Berlin, 1995.

84. Kolodko, Grzegorz W.: *From Shock to Therapy: The Political Economy of Postsocialist Transformation*（Unu/Wider: *Studies in Development Economics*）（Hardcover）by Kolodko, Grzegorz W. published by Oxford University Press, USA, 2000.

85. Kuhrt, Eberhard: *Die Endzeit der DDR-Wirtschaft — Analysen zur Wirtschafts-, Sozial- und Umweltpolitik*, Obladen: Leske + Budrich, 1999.

86. Lachmann, Werner: *Über die Folgen der Einheit*, Sonderdruck, Erlangen, 2003.

87. Lachmann, Werner: *Volkswirtschaftslehre*, Berlin/Heidelberg/New York: Springer Verlag, 2003.

88. Lafontaine, Oskar/Müller, Christa: *Keine Angst vor der Globalisierung*, Bonn: Dietz Verlag, 1998.

89. Laier, Andreas: *Mitarbeiterbeteiligung als personal/unternehmenspolitisches Konzept*, 25. 11. 2002.

90. Lampert, Heinz: *Lehrbuch der Sozialpolitik*, Berlin/Heidelberg/New York/Tokyo: Springer-Verlag, 1985.

91. Lancaster, K.: *Intra-industry trade under perfect monopolistic competition*, in: *Journal of International Economics*, Vol. 10, Nr. 2, 1980.

92. Leipold, Helmut: *Die Politik der Privatisierung und Deregulierung — Lehren für die Wirtschaftsreformen im Sozialismus*, Marburg, 1991.

93. Leipold, Helmut: *Probleme und Konzepte der Privatisierung von Staatseigentum*, in: *WiSt* Heft 2, Marburg, 1992.

94. Levcik, Friedrich: *Die Transformation der Wirtschaft im Osten*, Wien: Wiener Institut für Internationale Wirtschaftsvergleiche.

95. Lohmann, Gerhard: *Wirtschaftliche Transformation als Ordnungsproblem*, Baden-Baden: Nomos Verl. -Ges. 1997.

96. Maier, Gerhart: *Die Wende in der DDR*, Bonn: bpb, 1991.

97. Marshall, Matt: *Die Bank — Die europäische Zentralbank und der Aufstieg Europas zur führenden Wirtschaftsmacht*, München: Karl Blessing Verlag, 1999.

98. Matthöfer, Hans: *Agenda 2000 — Vorschläge zur Wirtschafts- und Gesellschaftspolitik*, Bonn: Verlag J. H. W. Dietz Nachf. , 1993.

99. Mayr, Robert: *Mitbestimmung, Betriebsverfassung*, Köln: acon, 1976.

100. Müller-Prothmann, Tobias/Dürr, Nora: *Innovationsmanagement*, München: Carl Hanser Verlag, 2014.

101. Musgrave, R. A. u. a. : *Die öffentlichen Finanzen in Theorie und Praxis*, J. C. B. Mohr (Paul Siebeck) Tübingen: eine Arbeitsgemeinschaft der Verlage, 1994.

102. Neumann, Lothar F. /Schaper, Klaus: *Die Sozialordnung der Bundesrepublik Deutschland*, Bonn: bpb, 1998.

103. North, Michael: *Deutsche Wirtschaftsgeschichte — Ein Jahrtausend im Überblick*, München: Verlag C. H. Beck, 2005.

104. Nützinger, Hans G. : *Osterweiterung und Transformationskrisen (Schriften des Vereins für Sozialpolitik, Band 277, neue Folge)*, Berlin, 2000.

105. NWB-Redaktion: *Wichtige Steuergesetze mit Durchführungsverordnungen*, Herne/Berlin: Verlag Neue Wirtschafts-Briefe, 1999.

106. Obinger, Herbert/Wagschal, Uwe/Kittel, Bernhard (Hrsg.): *Politische Ökonomie*, Obladen: Leske + Budrich, 2003.

107. Ohr, Renate (Hrsg.): *Europäische Integration*, Stuttgart/Berlin/Köln: Verlag W. Kohlhammer, 1996.

108. Ohr, Renate: *Kommt die Währungsunion zum richtigen Zeitpunkt?* in: *Der Euro — Das Lexikon zur Währungsunion*, Mannheim: Dudenverlag, 1998.

109. Oppenländer, Karl Heinrich: *Wiedervereinigung nach sechs Jahren — Erfolge, Defizite, Zukunftsperspektiven im Transformationsprozess*, Berlin/München: Dunker & Humbolt, 1997.

110. Paqué, Karl-Heinz: *Die Bilanz — Eine wirtschaftliche Analyse der deutschen Einheit*, Bonn: bpb, 2010.

111. Pedersen, Britta: *Staatsbesuch in China — Die Solarbranche ist Merkels Bauernopfer*, in: *Bild*, 2012 dpa-Bildfunk, Leitartikel, 31. 08. 2012.

112. Peters, Hans-Rudolf — *Transformationstheorien und Ordnungspolitik*, in: "*WiST*", Heft 8, 1990.

113. Pilz, Frank: *Der Sozialstaat — Ausbau-Kontroversen-Umbau*, Bonn: bpb, 2009.

114. Pohl, Reinhard: *Handbuch DDR-Wirtschaft*, Hamburg: Rowohlt Verlag, 1985.

115. Posener, Alan: *Imperium der Zukunft — Warum Europa Weltmacht werden muss*, München: Pantheon Verlag, 2007.

116. Ragnitz, Joachim: *Sektoraler Strukturwandel in Deutschland seit 1991*, Marburg: Schüren, 2004.

117. Reich, Robert B. : *Die neue Weltwirtschaft — Das Ende der nationalen Ökonomie*, Frankfurt am Main: Fischer Taschenbuch Verlag, 1996.

118. Richardi, Reinhard: *Arbeitsgesetze*, München: Deutscher Taschenbuch Verlag, 1986.

119. Rinke, Andreas: *Merkel in China-Besuch bei einem besonderen Partner*, Reuter, 28. 08. 2012.

120. Rippert, Ulrich: *Neoliberale Politik in sozialdemokratischer Verpackung*, 02. 12. 2005.

121. Roesler, Jörg: *Ostdeutsche Wirtschaft im Umbruch 1970 – 2000*, Bonn: bpb, 2003.

122. Röpke, Wilhelm: *Civitas humana — Grundfragen der Gesellschafts- und Wirtschaftsreform*, Stuttgart: Verlag Paul Haupt Bern, 1979.

123. Rühl, Christof: *Institutionelle Reorganisation in den neuen Ländern*, Marburg 1992.

124. Rühl, Christof: *Konsolidierung des Binnenmarktes in den neuen Ländern*, Marburg, 1992.

125. Sachverständigenrat: *jährliches Jahresgutachten*, Berlin.

126. Sarrazin, Thilo: *Der Euro, Chancen oder Abenteuer?* Bonn: bpb, 1998.

127. Sarrazin, Thilo: *Deutschland schafft sich ab — Wie wir unser Land aufs Spiel setzen*, München: Deutsche Verlags-Anstalt, 2010.

128. Schayan, Janet: *25 Jahre Deutsche Einheit*, in: *Magazin Deutschland*, CH2/2015.

129. Schickling, Willi: *Entscheidung in Frankfurt — Ludwig Erhards Durchbruch*

zur Freiheit — 30 Jahre Deutsche Mark — 30 Jahre Soziale Marktwirtschaft, Stuttgart: Seewald Verlag, 1978.

130. Schmachtenberg, Rolf: *Die soziale Abfederung der Preisreform in der DDR*, Bonn, 1990.

131. Schmidt Reinhard H.: *Grundzüge der Investitions- und Finanzierungstheorie*, Wiesbaden: Betriebswirtschaftlicher Verlag, 1997.

132. Schmiedt, Rudi: *Zwischenbilanz — Analysen zum Transformationsprozess der ostdeutschen Industrie*, Berlin, 1993.

133. Schröder, Gerhard: *Entscheidungen*, Hamburg: Hoffmann und Campe Verlag, 2006.

134. Schüller, Alfred/Barthel, Alexander: *Zur Transformation von Wirtschaftssystemen*, in: *WiSt* Heft 2, 1992.

135. Schüller, Alfred: *Probleme des Übergangs von der Staatswirtschaft zur Marktwirtschaft* in: Hamel, Hannelore: *zum 60. Geburtstag*, *Zur Transformation von Wirtschaftssystemen: Von der Sozialistischen Planwirtschaft zur Sozialen Marktwirtschaft*, Arbeitsberichte zum Systemvergleich der Forschungsstelle zum Vergleich wirtschaftlicher Lenkungssysteme Nr. 15, Marburg, Juli 1990.

136. Schüller, Margot: *Technologietransfer nach China — Ein unkalkulierbares Risiko für die Länder der Triade Europa*, *USA und Japan?* Berlin: Friedrich-Ebert-Stiftung, 2008.

137. Schwanfelder, Werner: *Aktien für Einsteiger — Schritt für Schritt zum Anlage-Erfolg*, Frankfurt/New York: Campus Verlag, 1997.

138. Seeker, Petra: *Der Euro*, Wien/Zürich/Mannheim: Dudenverlag, 1998.

139. Seitz, Konrad: *Wettlauf ins 21. Jahrhundert*, Berlin: Siedler Verlag, 1998.

140. Sesselmeier, Werner: *Der Arbeitsmarkt*, Marburg, 1991.

141. Siebert, Horst: *Außenwirtschaft*, Stuttgart: Verlag Fischer, 2000.

142. Simons, Heinz-Josef: *Steuern*, Augsburg: mvg-verlag, 1996.

143. Sinn, Hans-Werner: *Die Basar-Ökonomie — Deutschland: Exportmeister oder Schlusslicht?* München: Ulstein Buchverlage GmbH, 2005.

144. Sinn, Hans-Werner: *Ist Deutschland noch zu retten?* München: Ulstein Buchverlage, 2005.

145. Sinn, Hans-Werner: *Interview*, in: *Die Welt*, 28. 04. 2007.

146. Sperber, Herbert: *Wirtschaft verstehen*, Stuttgart: Schäffer-Poeschel Verlag, 2007.

147. Statistisches Bundesamt: *jedes Statistische Jahrbuch*.

148. Statistische Ämter des Bundes und der Länder: *25 Jahre Deutsche Einheit*, 2015.

149. Stobbe, Thomas: *Steuern kompakt mit Unternehmenssteuerreform 2008*, Sternenfels: Verlag Wissenschat & Praxis, 2008.

150. Strothe, Alfred: *Treuhandanstalt: Besser als ihr Ruf*, Holm: Agrimedia Verlag, 1994.

151. Strunz, Herbert/Dorsch, Monique: *Internationale Märkte*, München: R. Oldenbourg Verlag, 2001.

152. Suntum, Ulrich van: *Die unsichtbare Hand*, Berlin/Heidelberg: Springer Verlag, 1999.

153. Taenzer, Uwe: *Soziale Marktwirtschaft, Grundlagen und Aufgaben, Ökonomische Kernprobleme in Deutschland*, Stuttgart: Ernst Klett Verlag für Wissen und Bildung, 1992.

154. Thierse, Wolfgang/Spittmann-Rühle, Ilse: *Zehn Jahre Deutsche Einheit*, Bonn: bpb, 2000.

155. Timmermann, Heiner: *Wirtschaftsordnungen im Dialog*, Saarbrücken, 1989.

156. Varian, Hal R.: *Grundzüge der Mikroökonomik*, München/Wien: R. Oldenbourg Verlag, 2001.

157. Volkmann, Dirk: *Solarindustrie — Warum sie in Deutschland kaum eine Zukunft hat*, in: *Wirtschaftswoche*, 04. 01. 2013.

158. Wandel, Eckhard: *Banken und Versicherungen im 19. und 20. Jahrhundert*, in: *Enzyklopädie Deutscher Geschichte*, Oldenbourg, 1998.

159. Weber, Rolf L.: *Walter Eucken und der Wandel von Wirtschaftssystemen*, in: *WiSt* Heft 11, Marburg, 1992.

160. Wegner, Eckhard (Hrsg.): *Finanzausgleich im vereinten Deutschland*, Marburg, 1992.

161. Wehner, Burkhard: *Das Fiasko im Osten*, Marburg, 1991.

162. Weidenfeld, Werner: *Demokratie und Marktwirtschaft in Osteuropa — Strategie für Europa*, Bonn: bpb. 1995.

163. Willgerodt, Hans： *Untersuchung der Wirtschaftspolitik*，Köln，1990.

164. Willgerodt, Hans： *Vorteile der wirtschaftlichen Einheit Deutschlands*，Bamberg，1990.

165. Wolf, Jakob： *Markt- und Imageforschung im Handel*，Stuttgart：expert verlag/Taylorix Fachverlag，1981.

166. Yergin, Daniel/Stanislaw, Joseph： *Staat und Markt — Die Schlüsselfrage unseres Jahrhunderts*，Frankfurt/New York：Campus Verlag，1999.

167. Yin, Tongsheng： *Gewöhnlicher Besuch aber vor ungewöhnlichem Hintergrund*，German，CHINA. ORG. CN，06. 02. 2012.

168. Yin, Tongsheng： *Harmonie in Vielfalt — Ein Kommentar zu Xi Jinpings Deutschlandbesuch*，German，CHINA. ORG. CN，04. 04. 2014.

169. Yin, Tongsheng： *Li Keqiangs Deutschlandbesuch — Im selben Boot den Fluss überqueren*，German，CHINA. ORG. CN，12. 01. 2011.

170. Yue, Haitao： *Wegweiser für ausländische Investitionen*，Beijing：Verlag Beijing Rundschau，1989.

171. Zeitler, Franziska： *Deutschland — Standort mit Zukunft*，Bornheim：Druckerei Franz Paffenholz GmbH，1994.

三　主要德文电子文献

1. AGP： *Mitarbeiterbeteiligung in der Praxis*，www. agpev. de/mitarbeiterbeteiligung/index. html-17k，letzter Zugriff am 25. 07. 2011.

2. （Verfasser unbekannt）*Arbeitgeberverbände kritisieren Mitarbeiterbeteiligung*，www. spiegel. de/wirtschaft/0，1518，574622，00. html，letzter Zugriff am 15. 07. 2011.

3. Aufhäuser, Siegfried： *Produktionsmittelmonopol oder Miteigentum*，library. fes. de/gmh/main/pdf-files/gmh，letzter Zugriff am 25. 07. 2011.

4. Bafin： *Alle Versicherungsunternehmen im Überblick*，www. bafin. de，abgerufen am 20. 08. 2013.

5. Benson, Niels： *Auswirkungen der Finanzkrise in Deutschland mildern durch Regierungs-Investitionspaket?* www. liberty-blog. de/content，letzter Zugriff am 07. 11. 2013.

6. Berli News： *Strukturwandel zur Wissenswirtschaft*，www. berlinews. de/archiv-

2002/1211.

7. Bischoff, Joachim: *Produktivvermögen im Shareholder-Kapitalismus — Zu eini-gen Entwicklungstendenzen*, www. Rosaluxemburgstiftung. de/fileadmin/rls_up-loa-ds/pdfs/bischoff_3. pdf, letzter Zugriff am 23. 02. 2009.

8. BMBF: *Deutschlands Rolle in der globalen Wissensgesellschaft stärken — Strategie der Bundesregierung zur Internationalisierung von Wissenschaft und Forschung*, Bonn/Berlin. s. 8 – 10, http://www. bmbf. de, letzter Zugriff am 26. 07. 2015.

9. BMBF: *Die Neue Hightech-Strategie-Innovation für Deutschland*, http://www. bmbf. de/de/24375. php, letzter Zugriff am 09. 07. 2015.

10. BMBF: *Gesetz zur Förderung der beruflichen Aufstiegsfortbildung*, Stand 01. 07. 2009, http://www. bmbf. de, letzter Zugriff am 09. 07. 2015.

11. BMBF: *Agendaprozess "Zukunft sichern und gestalten" — Forschung zu den großen gesellschaftlichen Herausforderungen*, http://www. bmbf. de, letzter Zugriff am 08. 07. 2015.

12. BMBF: *das neue Forschungsprogramm "Innovationen für die Produktion, Dienstleistung und Arbeit von morgen"*, http://www. bmbf. de, letzter Zugriff am 07. 07. 2015.

13. BMBF: *das neue Forschungsrahmenprogramm und Digitale Agenda 2014 – 2017*, http://www. bmbf. de, letzter Zugriff am 08. 07. 2015.

14. BMBF: *Hochschulrahmengesetz, in der Fassung der Bekanntmachung vom 19. Januar 1999* (BGBl. I S. 18), zuletzt geändert durch Artikel 2 des Ge-setzes vom 12. April 2007 (BGBl. I S. 506), http://www. bmbf. de, letzter Zugriff am 09. 07. 2015.

15. BMBF: *Hochschulrektorenkonferenz auf einen Blick*, http://www. bmbf. de, letzter Zugriff am 25. 06. 2015.

16. BMBF: *Ideen. Innovation. Wachstum — Hightech-Strategie 2020 für Deutsch-land*, Bonn/Berlin 2010, http://www. bmbf. de, letzter Zugriff am 09. 07. 2015.

17. Bundesministerium für Wirtschaft und Technologie: *Europäische Energiepolitik*, www. bmwi. de > Startseite > Themen > Energie > Energiepolitik, abgerufen am 04. 08. 2013.

18. Bundesregierung: *Hochschulpakt 2020 für zusätzliche Studienplätze*, 2007,

http://www. bundesregierung. de，letzter Zugriff am 23. 07. 2015.

19. Chromow，Robert：*Die Folgen der Mehrwertsteuer-Erhöhung*：*So rechnen Sie richtig*！04. 07. 2006 in：www. akademie. de/.../tipps/finanzwesen/mehrwertsteuer-erhoehung-richtig-rechnen. html？page = 1 – 39k，letzter Zugriff am 24. 05. 2013.

20. Csizi，Veronika：*Ein Stück vom Kuchen der Unternehmensgewinne — Mitarbeiterbeteiligung*，www. tagesspiegel/de/wirtschaft/Verbraucher-Geldanlage-Lohnzusatz；art131，2333106，letzter Zugriff am 09. 07. 2015.

21. DFG：*Jahresbericht 2014*，*Aufgaben und Ergebnisse*，http://www. dfg. de，letzter Zugriff am 25. 07. 2015.

22. DPA：*Kabinett stärkt Mitarbeiterbeteiligung*，http://www. dpa. de//20080827/tde-kabinett-strkt-mitarbei-terbeteiligun-b33f0ce. html-22k，letzter Zugriff am 12. 07. 2010.

23. Fend，Ruth：*Deutsch-chinesisches Wirtschaftsforum in Tianjin anlässlich des Merkel-Besuchs in China*，in：www ftd. de，31. 08. 2012，letzter Zugriff am 31. 07. 2013.

24. Geiger，Michaela：*Miteigentümer*，17. Dezember 2007，www. welt. de/muenchen/article1469320/Bayerns_Firmen_beteiligen_ihre_Mitarbeiter. html-90k，letzter Zugriff am 09. 07. 2011.

25. Hammer，Thomas：*Investivlohn — Geballtes Risiko*，www. zeit. de/online/2007/10/Querdax-55k，letzter Zugriff am 12. 07. 2011.

26. Henning，Dietmar：*Kriegserklärung an die Bevölkerung*，in：www. wsws. org/de，letzter Zugriff am 24. 05. 2013.

27. Horn，Karl-Werner：*Mitarbeiterbeteiligung — Günstiges Geld für die Firma*，18. 04. 2006，www. impulse. de/the/fin/268538. html，letzter Zugriff am 28. 08. 2009.

28. Internationales Büro des BMBF：*Jahresbericht 2011*，Bonn，September 2012，http://www. bmbf. de，letzter Zugriff am 25. 07. 2015.

29. Koch，Hannes：*Vom Angestellten zum Mitarbeiteraktionär*，www. spiegel. de/wirtschaft/0，1518，547886，00. Html，letzter Zugriff am 25. 07. 2011.

30. Krause，Holmer u. a. ：*Motivation der Mitarbeiter durch Mitarbeiterbeteiligung*，www. Diplomarbeiten 24. /vorschau/3077. html，letzter Zugriff am 25. 07. 2011.

31. Mayr, Robert: *Die Privatisierungspolitik der Treuhandanstalt — eine Analyse zum Vertragscontrolling auf der Basis einer empirischen Untersuchung*, www. google. com. hk/boo…2014 – 05 – 13; KPD/ML: *Der Beitritt Wie die DDR zur BRD kam*, 3. Auflage (erweitert), letzter Zugriff am 25. 07. 2010.

32. Peter, Hans: *Rekordergebnis von VW beschert Mitarbeitern hohe Bonuszahlung*, www. shortnews. de/start. cfmid = 701366 – 164k, letzter Zugriff am 25. 08. 2011.

33. Schader-Stiftung: *Beschäftigung nach Sektoren*, www. schader-stiftung. de, letzter Zugriff am 05. 07. 2010.

34. Schneider, Hans J. : *Formen und Gestaltung einer Erfolgsbeteiligung*, www. competence-site. de/personal management. nsf/91E733C4B7D0581BC1256AE 60035AD74/ $File/mitarbeiter, letzter Zugriff am 25. 08. 2011.

35. Schwärmer, Jens/Lynton, Nandani: *Der Chinesische Markt aus Sicht deutscher mittelständischer Unternehmen*, www. nimp. de/docs/China_MgmtSummary_final. pdf, letzter Zugriff am 25. 03. 2013.

36. Seehofer, Horst: *Soziale Kapitalpartnerschaft — freiwillige betriebliche Erfolgs-, Vermögens- und Kapitalbeteiligung der Mitarbeiter*, www. csu. de/arbeitsgemeinschaft/csa/aktuelles/142610729. htm-27k, letzter Zugriff am 25. 08. 2013.

37. Seifert, Leonie: *Wie Mitarbeiter zu Kapitalisten werden*, www. stern. de/wirtschaft/arbeit-karriere/ : Mitarbeiterbeteiligung-Wie-Mitarbeiter-Kapitalisten/636362. html, letzter Zugriff am 25. 08. 2013.

38. Seifert, Leonie: *Gesetzentwurf zur Mitarbeiterbeteiligung — Arbeitnehmer als Kapitalisten*, www. faz. net/s/…/Doc ~ E096F 128424EC 433 BB BAF9EDD C05CBEEA ~ ATpl ~ Ecom, letzter Zugriff am 25. 08. 2011.

39. Tietmeyer, Hans: *Mitarbeiterbeteiligung — Auf freiwillige Lösungen setzen*, www. hanstietmeyer. de/tietmeyermitarbeiterbeteiligunggewinntbedeutung. ht, letzter Zugriff am 22. 06. 2011.

40. Wais, Rudi: *Die Finanzkrise und deren Auswirkungen in Deutschland*, www. augsburger-allgemeine. de, 06. 10. 2008, letzter Zugriff am 20. 10. 2013.

41. Wegner, Wenke: *Mitarbeiterbeteiligung als Motivationsfaktor Innovativ?* www. uni-weimar. de/medien/manage-ment/sites/ss2000/grundlagen/grundlagen _ content/hausarbeiten, letzter Zugriff am 20. 05. 2011.

42. Weizsäcker, Richard von: *Interessen ohne Moral sind unzumutbar, Moral ohne*

Anwendung auf die Interessen ist Schwärmerei，in www. zeit. de，19. 02. 1993.

四　主要中文电子文献

1. 封兴良：《2022 年前全面弃核——德国能源政策面临转折点》，载新浪财经，2012 年 12 月 25 日，http://www. finance. sina. com. cn，最后访问日期：2013 年 2 月 20 日。

2. 郭景仪：《联邦德国经济政策探索》，www. cnki. net，最后访问日期：2014 年 2 月 20 日。

3. 郝亚琳、廖雷：《温家宝：对欧债问题解决前景有担忧》，来源："新华网"，2012 - 8 - 30，载新华网：http://news. xinhuanet. com/world/2012 - 08/30/c_112905828. htm，最后访问日期：2014 年 1 月 20 日。

4. 何亮亮：《中德关系升温，西方傲慢终将改变》，来源：香港《文汇报》，2010 - 07 - 21，载中国新闻网：http://www. Chinanews. com/hb/2010/07 - 21/2416651. Shtml，最后访问日期：2015 年 12 月 20 日。

5. 胡小兵：《德国平静应对金融市场危机》，来源："新华网"，2008 - 3 - 27，载新华网：http://news. xinhuanet. com/newscenter/2008 - 03/27/content_7871586. htm，最后访问日期：2012 年 1 月 20 日。

6. 胡小兵：《综述德国大力推动新能源建设》，载新华网，2010 - 10 - 11，http://news. xinhuanet. com/world/2010 - 10/11/C - 13551397. htm，最后访问日期：2012 年 1 月 20 日。

7. 梁剑：《中德中小企业比较研究与启示》，载无忧会计网，2008 年 5 月 27 日。

8. 廖雷、郝亚琳、白洁：《温家宝：中德同意协商解决光伏产业问题》，来源："新华网"，2012 - 8 - 30，载新华网：http://news. xinhuanet. com/energie/2010 - 8/20/C - 123652547. htm，最后访问日期：2014 年 1 月 20 日。

9. 罗泳泳等：《德国金融体系的发展历程及其启示》，载豆丁网，2013 年 7 月 6 日，最后访问日期：2014 年 5 月 20 日。

10. 孙时联：《全球企业并购第五波》，载新浪财经，http://finante. sina. com. cn/globe/globe/2000 - 20 - 25/20839. html，最后访问日期：2013 年 11 月 25 日。

11. 王田歌：《国家创新指数报告发布，中国创新能力稳中有升》，来源：《羊城晚报》2015 - 07 - 21，载中国社会科学网，http://www. cssn. cn/

2x/shwv/shhnew/201507/t20150721_2088044. shtml，最后访问日期：2015
年 12 月 15 日。

12. 乌元春：《德国将对中国继续提供发展援助》，载环球网，2014 - 2 - 2。

13. 张庆阳：《德国低碳经济走在世界前列》，载中国天气网，2010 - 06 - 14。

14. 赵涛：《中小企业兴衰关大计，中央六大政策扶持之》，载 IT 时代网，
http://www. cio. itxinwen. com/2009/0305/35601. shtml，最后访问日期：
2015 年 12 月 20 日。

15. 中国煤炭资源网：《德国 2010 年煤炭储量是上年的 6 倍》，2011 年 6 月
10 日。

16. 中国驻德使馆商参处：《德国煤炭现状分析》，载煤炭网，2010 - 6 - 14。

人名对照索引

内容索引

图书在版编目(CIP)数据

德国经济通论 / 殷桐生著. -- 北京:社会科学文
献出版社, 2017.1 (2017.8 重印)
(德国研究丛书)
ISBN 978 - 7 - 5097 - 9853 - 9

Ⅰ.①德…　Ⅱ.①殷…　Ⅲ.①经济 - 研究 - 德国
Ⅳ.①F151.6

中国版本图书馆 CIP 数据核字(2016)第 254804 号

德国研究丛书
德国经济通论

著　　者 / 殷桐生

出 版 人 / 谢寿光
项目统筹 / 高明秀　祝得彬
责任编辑 / 刘　娟　刘学谦　楚洋洋

出　　版 / 社会科学文献出版社 · 当代世界出版分社 (010) 59367004
　　　　　　地址:北京市北三环中路甲 29 号院华龙大厦　邮编:100029
　　　　　　网址:www. ssap. com. cn
发　　行 / 市场营销中心 (010) 59367081　59367018
印　　装 / 三河市尚艺印装有限公司

规　　格 / 开　本:787mm × 1092mm　1/16
　　　　　　印　张:49　字　数:853 千字
版　　次 / 2017 年 1 月第 1 版　2017 年 8 月第 2 次印刷
书　　号 / ISBN 978 - 7 - 5097 - 9853 - 9
定　　价 / 198.00 元